INUPIK-ESKIMO
INUPIK-ESKIMO
INUPIK-ESKIMO
INUPIK-ESKIMO
INUPIK-ESKIMO
NASKAPI
CREE
MONTAGNAIS
BEOTHUK
CREE
OJIBWA
ASSINIBOINE
OJIBWA
MICMAC
MALISEET
ALGONQUIN
ABNAKI
YANKTONAI NAKOTA
OTTAWA
PENOBSCOT
MENOMINEE
HURON
YANKTON NAKOTA
FOX
WINNEBAGO
MASSACHUSET
SANTEE DAKOTA
POTAWATOMI
IROQUOIS
PEQUOT
MAHICAN
DELAWARE
PONCA
IOWA
ERIE
SUSQUEHANNOCK
OMAHA
MIAMI
NANTICOKE
MISSOURI
ILLINOIS
TUTELO
VIRGINIA ALGONQUIAN
OCCANEECHI
SHAWNEE
CHEROKEE
NORTH CAROLINA ALGONQUIAN
TUSCARORA
OSAGE
CATAWBA
YUCHI
CHICKASAW
CADDO
WICHITA
CREEK
CUSABO
CHOCTAW
NATCHEZ
TONKAWA
BILOXI
SEMINOLE
ATAKAPA
CHITIMACHA
TIMUCUA
KARANKAWA
CALUSA

James Wilson

Und die Erde wird weinen

Die Indianer Nordamerikas –
ihre Geschichte, ihre Spiritualität, ihr Überlebenskampf

Aus dem Englischen
von Ulrich Enderwitz und Rüdiger Hentschel

Deuticke

FÜR PAULA UND FÜR TOM, KIT UND MEINE MUTTER
IN LIEBE UND DANKBARKEIT

Eines Tages wird die Erde weinen, sie wird um ihr Leben flehen, sie wird Tränen von Blut weinen. Ihr werdet die Wahl haben, ihr zu helfen oder sie sterben zu lassen, und wenn sie stirbt, sterbt ihr auch.

John Hollow Horn, Oglala Lakota, 1932

INHALT

DANKSAGUNGEN

Dieses Buch verdankt sich einer mehr als zwanzigjährigen Beschäftigung mit den Ureinwohnern Nordamerikas. Viele Menschen haben, beabsichtigt oder unbeabsichtigt, zu seiner letzten Gestalt beigetragen. Am wichtigsten natürlich sind die Hunderte von amerikanischen Ureinwohnern selbst, die mir ihr Wissen und Verständnis großzügig zur Verfügung gestellt haben. Auch wenn es unmöglich wäre, sie alle beim Namen zu nennen, möchte ich ihnen für ihre Leitung, Gastlichkeit und Freundschaft, die ich über die Jahre erfuhr, meinen großen Dank sagen.

Für im Text benutzte Zitate oder für Material, das mir bei der Abfassung bestimmter Abschnitte hilfreich war, bin ich besonders verpflichtet: N. Scott Momaday, dem späten Nanepashemet, Wayne Newell und Dwayne Sockabasin vom Stamm der Passamaquoddy in Maine, Irving Powless jr. von der Onondaga-Nation, Tom Porter und Harold Tarbell von der Mohawk-Nation, Alex O. Sheperd vom Indianerstamm der Paiute in Utah, Gloria B. Benson vom Stamm der Kaibab Paiute in Arizona, Eleanor Whittier und Gilbert C. Innis von den Indianergemeinden am Fluß Gila, Arizona, Gouverneur Robert E. Lewis und Andrew L. Othole vom Pueblo der Zuñi, Roy Montoya vom Pueblo Santa Ana, Rosilda Lopez-Manuel vom Stamm der Tohono O'odham, Arizona, Ronnie Lupe vom Stamm der White Mountain Apachen, Arizona, Lauren Bomellyn vom Stamm der Tolowa in Kalifornien, Faith Mayhew, Chuck Kimbol, Mary Gentry und Gordon Bettles von den Klamath-Stämmen in Oregon, dem späten Joe Redthunder, seinem Sohn Soy und seiner Tochter Jeannie Moon, von der Joseph-Gruppe, Colville Reservat, Washington, Horace Axtel und Elsie Franks vom Stamm der Nez Percé in Idaho, Gordon Watters und Fermore und Priscilla Craig aus Pendleton, Oregon, Ben Black Bear jr. und Albert

White Hat vom Stamm der Rosebud Sioux, Charlotte Black Elk, Gerald Clifford, John Haas, Johnson Holy Rock, Claudia Iron Hawk, Birgil Killstraight, Celene Not Help Him, Marie Not Help him, Gerald One Feather, Leola One Feather, Matt Two Bulls, Alex und Debbie White Plume, Harry Bird und James Bad Wound vom Stamm der Oglala Sioux, Grace Jameson und Ron Neill vom Stamm der Standing Rock Sioux und Harry Charger vom Stamm der Lower Brule Sioux. Danken möchte ich auch dem Volk der Innu aus Utshimassit und Sheshatshiu in Labrador, besonders Pien und Metthew Penashue und ihren Familien, Ben Andrew und seiner Familie, dem späten *Kaniuekutat* und seiner Familie und meinen Freunden George und Charlotte Gregoire und ihrer Familie – die, obwohl sie außerhalb des in diesem Buch behandelten geographischen Gebiets wohnen, mir enorm wertvolle Einsichten gewährt haben. Zwei Menschen bin ich zu besonderem Dank verpflichtet: dem späten George Manuel, Präsident der National Indian Brotherhood von Kanada und Begründer des World Council of Indigenous People, für seine unschätzbare Freundschaft und Begleitung und dem Sioux-Wissenschaftler und -Schriftsteller Vine Deloria jr., sowohl für seine Texte – die ich ausführlich zitiere – als auch für die Zeit, die er sich unter schwierigen Umständen zur Lektüre und Kommentierung meines Manuskripts genommen hat.

Im Laufe der Jahre hatte ich das Glück, die Geschichte der amerikanischen Ureinwohner mit einer Anzahl führender Fachleute zu diskutieren. Bedanken möchte ich mich bei William Cronon, Francis Jennings, Duane H. King, Neal Salisbury, Bernard Sheehan, Dean Snow und Russell Thornton für die Hilfe bei der Vertiefung meines Verständnisses einiger hier angesprochener Probleme. Dank sagen möchte ich auch für die großzügige Hilfe und Freundlichkeit Dr. Floyd O'Neills, des emiritierten Direktors des American West Center an der University of Utah, dessen Begleitung und enzyklopädisches Wissen mir von großer Hilfe waren und der sich heldenhafterweise bereit erklärte, meinen Text im Manuskript zu lesen. Unnötig zu sagen, daß verbleibende Irrtümer oder Auslassungen ganz auf meine Verantwortung gehen.

Was die vielen anderen Menschen in Nordamerika betrifft, die mir geholfen haben, geht mein besonderer Dank an: Siobhan Oppenheimer-Nicolau, früher Ford Foundation, für ihre Unterstützung, Elizabeth Weatherford vom Museum of the American Indian, Anthony Jenkinson, Milley Fraser und meine Schwiegermutter Margot Emerick.

Auf dieser Seite des Atlantiks bin ich verpflichtet: Jony Mazower, Amerikas Campaign Officer bei Survival International, Dr. Colin Samson von der University of Essex für seine unschätzbare Hilfe bei der Auffindung von Quellen und Verweisen, Ken Kirby und Sandra Eggleston, meinen Kollegen und Begleitern auf mehreren Reisen nach Indian Country, meiner Nichte Charlotte Wilson für bibliographische erste Hilfe, Jon Riley, der dieses Buch in Auftrag gab und es mit großer Kunstfertigkeit durch seine frühen Stadien hindurch führte, meinen Verlegern, Christine Kidney und Richard Milner, für ihre Begeisterung und Unterstützung und Rachel Lockhart, die das Manuskript redigierte. Ich möchte mich auch speziell bei meinem Agenten, Derek Johns von A. P. Watt, für seine beharrliche Ermutigung und seinen ausgezeichneten redaktionellen Rat bedanken.

Schließlich muß ich mich bei meiner Familie bedanken: bei meiner Mutter für ihre unermüdliche Lektüre und Neulektüre und Kommentierung des Textes und für eine lebenslängliche Ermutigung und Unterstützung, bei meinen Kindern, Tom und Kit, für ihre Geduld und ihr Verständnis und bei meiner Frau Paula, die jeden Kapitelentwurf sorgfältig durchging, für ihre unschätzbare redaktionelle Hilfe, ihre Loyalität, ihre Toleranz und ihre Begleitung nach Indian Country und darüber hinaus.

EINE BEMERKUNG ZUR TERMINOLOGIE

Wie im Nachwort ausgeführt, wirft jeder allgemeine Name für die indigenen Völker Nordamerikas Probleme auf. Um der Klarheit willen habe ich – denn es gibt keine einfache, allgemein anerkannte Alternative – beide Termini: »amerikanischer Ureinwohner« und »Indianer« benutzt, obwohl ich mir der legitimen Einwände gegen beide bewußt bin.

Wo immer es geht, vermeide ich allgemeine Termini und verwende den Namen des »Stammes«, obwohl auch dies nicht unproblematisch ist. Die Namen, unter denen die meisten »Stämme« bekannt sind, unterscheiden sich gewöhnlich von denen, die sie selbst gebrauchen: Oft sind sie von den mehr oder weniger abschätzigen Bezeichnungen ihrer Nachbarn abgeleitet, die diese im Umgang mit den frühen europäischen Händlern und Entdeckern gebrauchten. (Analog könnte man sich Besucher von einem anderen Planeten in England vorstellen, die wissen wollen, wer auf der anderen Seite des Kanals wohnt, und die Antwort bekommen: »Bloody Frogs«.) Verständlicherweise bemühen sich viele Gruppen heute um die Anerkennung ihres eigenen Namens, doch bis auf wenige Ausnahmen – »Tohono O'odham« statt »Papago« zum Beispiel – sind diese noch immer nicht allgemein bekannt oder akzeptiert. Um Verwirrung zu vermeiden, habe ich versucht, die momentan gebräuchlichste Form zu verwenden, obwohl ich sie in einigen Fällen – wie *Ani-Yunwiya* für »Cherokee« und *Hotinonshonni* für »Irokesen« – mit den Eigennamen der Völker abgewechselt habe.

Schließlich: Die ersten europäischen Entdecker, Händler und Siedler in Nordamerika bezeichneten die indigenen Gesellschaften, auf die sie trafen, meist als »Nationen« oder »Völker« und nicht als »Stämme«. In meiner Behandlung der frühen Epoche habe ich im allgemeinen versucht, ihrem Beispiel zu folgen, da

»Stamm« etwas »Primitiveres« und Rechtloseres suggeriert als der euro-amerikanische »Staat«. Nach dem US-Recht jedoch werden alle föderativ anerkannten indianischen Gesellschaften als ›Stämme‹ geführt, und wenn ich von einer Gemeinde des 19. oder 20. Jahrhunderts als von einem »Stamm« rede, dann in diesem eingeschränkten Sinn.

EINLEITUNG

Im Dezember 1990 brachen 300 Lakota (Sioux) auf, um die ein Jahrhundert zurückliegende letzte Reise von Häuptling Big Foot und seiner Gefolgsschar noch einmal zu durchleben. Auf Pferden und in offenen Wagen, oft bei minus 10 Grad im Freien schlafend, fastend und betend, kämpften sie sich fünf Tage lang durch die eisigen Schneestürme, die im Winter über die Great Plains fegen. Ihr Ziel war Wounded Knee in Süd-Dakota: hundert Jahre auf den Tag genau, an dem hier Big Foot und die meisten seiner Leute durch die Siebte US-Kavallerie getötet worden waren. In einer besonderen Zeremonie sollten ›die Tränen weggewischt‹ und die Geister der Opfer befreit werden.

Die Fahrt erregte enorme Aufmerksamkeit – gemessen zumindest an den gängigen Geschichten über amerikanische Ureinwohner, die ohne einen tödlichen Gewaltausbruch oder einen großen Skandal in den Spielkasinos der Reservate nicht in die Schlagzeilen kommen. Das liegt, denke ich, unter anderem daran, daß von allen historischen Stätten, die mit amerikanischen Indianern verbunden sind, Wounded Knee noch immer die größte Bedeutung für das moderne Amerika hat. Als Schauplatz des ›letzten Gefechtes der Indianerkriege‹ ist dies der Ort, an dem die amerikanischen Ureinwohner, nach den Worten eines Historikers, »das Stadium der Geschichte abstreiften«. 1890 wurde er noch mit dem endgültigen Triumph von Fortschritt und Zivilisation verbunden (wenn auch mit einem wehmütigen Unterton); mit der veränderten Einstellung des letzten Jahrhunderts – vor allem der letzten 30 Jahre – hat er einen eher reuigen und elegischen Klang angenommen. Anschaulich zeigt sich diese Veränderung am Hinweisschild zum historischen Schauplatz selbst: Statt »Schlacht von Wounded Knee 1890« heißt es nun »Massaker von Wounded Knee 1890«. Wenn man nahe hintritt, erkennt man das aufgeschraubte Schild mit dem neuen Wort.

Doch wenn auch der Ton sich verändert haben mag, letztlich scheint die Angelegenheit Wounded Knee erledigt zu sein. Dee Browns *Bury My Heart At Wounded Knee*, das vielleicht mehr als alles andere zu einem mitfühlenden Blick auf die Indianer beigetragen hat, schließt mit dem bewegenden Zitat von Black Elk: »Ich wußte damals nicht, wieviel zu Ende gegangen war. Wenn ich jetzt von diesem hohen Hügel meines Alters zurückschaue, kann ich noch immer die niedergemetzelten Frauen und Kinder sehen, wie sie in Haufen und zerstreut an der krummen Schlucht liegen, so deutlich, als sähe ich sie mit noch jungen Augen. Und ich kann sehen, daß da noch etwas anderes in dem blutigen Schlamm starb und im Schneesturm begraben wurde. Hier starb der Traum eines Volkes. Es war ein schöner Traum ... das Rad der Nation ist zerbrochen und zersprengt. Es gibt kein Zentrum mehr, und der heilige Baum ist tot.« Beim Lesen kann man sich nur schwer der Stimmung bleierner Endgültigkeit entziehen: des Gefühls, daß die erschütternde Geschichte der Sioux von Black Elk (und damit des indianischen Amerika) vorbei ist.

Aus dieser Sicht erscheint die Fahrt nach Wounded Knee nur als ein Epilog: ein Anhang zu einem lange abgeschlossenen Kapitel – und diesen Eindruck hat auch sicherlich ein großer Teil der Presse erweckt. In ihren Schlagzeilen tauchte immer wieder das Wort ›Geist‹ auf – einerseits ein Verweis auf die vielen Anhänger des Geistertanzkultes in Big Foots Gefolgsschar, andererseits, implizit, eine Beschreibung der Fahrer selbst. In dieselbe Richtung wiesen Bilder und Fernsehen: die meisten zeigten eine Phalanx undeutlicher, von Schnee monoton reduzierter Gestalten. Ob bewußt oder nicht, beschworen sie archetypische Bilder: die Fotografien des Edward S. Curtis aus dem frühen 20. Jahrhundert (selbst schon sorgsame Nachschöpfungen einer idealisierten Vergangenheit) oder alte Filme. Sie vermittelten das untrügliche Gefühl, Zeuge eines nicht ganz *realen* und/oder zumindest nicht zeitgenössischen Ereignisses zu sein.

Ganz anders die Stimmung unter den Teilnehmern. Jeden Abend saßen die Fahrer – *Sitanka Wokiksuye* genannt – bei riesigen Lagerfeuern und diskutierten mit dem Schmerz und der Aufgewühltheit von Menschen, die an einer Erweckungsveranstaltung teilnehmen, die Erfahrung ihrer Vorfahren und deren tiefe Bedeutung für die gegenwärtigen Lakota. Eine Frau in den Dreißigern, Marie Not Help Him, brach bei der Erinnerung an die Mütter, die ihre Kinder mit dem Körper zu schützen versuchten, in Tränen aus. »Ich weiß, wie tapfer sie waren«, fuhr sie fort. »Ich hoffe, daß ich auch so stark sein kann wie sie ...« Eine andere sagte mit brechender Stimme: »Ich wollte immer etwas tun, womit ich meinem Volk helfen könnte, diesen Menschen hier und heute und jenen Menschen, die vor hundert Jahren ihr Leben verloren und etwas Gutes getan haben.«

Diese Tiefe des Gefühls gegenüber den Opfern des Massakers rührte zum Teil aus Geschichten, die über sie erzählt und von einer Generation zur anderen weitergegeben werden und ihre Erinnerung als *Individuen* wachhalten: ihre Charaktere, ihre Eigenheiten, lustige oder tragische Begebenheiten aus ihrem Leben. (Wie viele Europäer oder Amerikaner kennen auch nur den Namen ihrer hundertjährigen Vorfahren?) Aber auch ihre Geister wurden als greifbare, hier und jetzt lebendige Wesen verspürt. *Sitanka Wokiksuye* selbst wurde in Übereinstimmung mit ihren Anweisungen durchgeführt – Anweisungen, die sie einem jungen Lakota fünf Jahre zuvor im Traum gegeben hatten. Viele der Reiter meinten die Geister auf der Reise zu fühlen oder zu hören. »Die Geister gaben mir ein wirkliches Zeichen ihrer Anwesenheit«, sagte einer, »und das war der Klang ihrer Hufschläge. Daß ich tatsächlich dieselbe Route reiste, die sie genommen hatten, und daß sie mit mir gingen.«

Dieselbe Vorstellung sprach aus Birgil Kills Straight, einem der Koordinatoren der Fahrt: »Die Geister sind mit uns ... Wenn man fastet, kommt man an den Punkt, an dem man ihre Gegenwart spürt, man sieht sie, man hört sie, man reist mit ihnen, sie sagen uns Dinge über die Zukunft und die Vergangenheit. Wir nennen das das Rad, das Verständnis ... es ist alles eins; es existiert in dem, was das heilige Rad genannt wird.«

Die Vorstellung, im Zentrum einer Realität zu stehen, in der Vergangenheit, Gegenwart und Zukunft zusammenlaufen, findet sich in vielen Kulturen der amerikanischen Ureinwohner. Das heißt, daß bei einem Ereignis wie dem des Wounded Knee Ride das Totengedenken mit der Sorge um die Lebenden und Ungeborenen unauflöslich verschränkt ist. Daß es nicht nur ein einfaches Gedenken war, daran ließen die Organisatoren des *Sitanka Wokiksuye* keinen Zweifel. Mit der Beendigung einer hundertjährigen Trauerzeit wollten sie beide: die Opfer des Massakers und deren Nachkommen befreien und *alle* Lakota in den Stand versetzen, mit der »Heilung des heiligen Rades« zu beginnen. Und in diesem Prozeß einer nationalen Erneuerung ging es nicht nur um die Rückkehr zu traditionellen spirituellen Praktiken, sondern auch – wie ein anderer Koordinator, Alex White Plume, erklärte – um konkrete Schritte zur Lösung aktueller Probleme: Zusammenbruch von Gesellschaft und Familie, Umweltverschmutzung, Alkohol- und Drogenabhängigkeit.

Dieses Anliegen für Gegenwart und Zukunft wurde jedoch von den Medien meist übergangen. Von einem westlichen Standpunkt aus gesehen, bestätigte die Rede der Lakota von Geistern und vom heiligen Rad nur den Eindruck, daß es sich hier um Relikte einer primitiveren (wenn auch nicht notwendigerweise weniger reizvollen) Zeit handelte.

Zweifellos waren die meisten Zuschauer von der Fahrt und der Tiefe der hervorgerufenen Gefühle aufrichtig bewegt. Aber es gab auch einen hartnäckigen Verdacht, daß die Teilnehmer irgendwie die Rolle spielten, die von ihnen erwartet wurde, die Hauptrolle der Indianer in der US-Kultur des 20. Jahrhunderts: Amerika bei der Vorstellung seiner eigenen Geschichte zu helfen.

* * *

Bis auf einige Gebiete, vor allem im Südwesten, scheinen die amerikanischen Ureinwohner im heutigen Amerika auf unheimliche Weise abwesend zu sein. Viele Amerikaner haben niemals einen ›wirklichen‹ Indianer gesehen, geschweige denn getroffen. Praktisch nichts an der Landschaft von Ohio (abgesehen von ein paar verstreuten prähistorischen Hügeln) oder Iowa oder Kansas deutet auf die Eigenheiten des Volkes hin, das dort vor der europäischen Besiedlung lebte, nichts darüber, wie sie das Land nutzten, welche Art von Behausungen sie bauten, die Größenordnung ihrer Gesellschaften – oder was mit ihnen geschah. Jedes sichtbare, sinnliche Zeichen ihrer Existenz scheint getilgt zu sein.

Doch ist der ›Indianer‹ nicht aus der amerikanischen Kultur verschwunden. Das Schweigen und die Leere sind mit Surrogaten bevölkert: anschaulichen simplen Bildern, die eine frühere, bewegtere Zeit assoziieren und noch immer einen außergewöhnlichen Einfluß auf die Phantasie ausüben. Sie tauchen in Filmen, Büchern und Fernsehprogrammen auf, in Markenzeichen (Pontiacwagen, Red Man Tabak), Ortsnamen (›Massachusetts‹ oder dem allgegenwärtigen ›Indian Lake‹ und ›Shawnee Drive‹) und Redewendungen wie ›Indian giver‹ (jemand, der einem etwas gibt und es dann wieder zurückhaben möchte). Hersteller benutzen Namen wie ›Apache‹ oder ›Cherokee‹, um das Bild des wilden freibeuterischen Kriegers zu beschwören. (Würde man einen *Aborigine* in den Kampf fliegen? Einen *Schweden* quer durch die Wüste fahren?) Nach demselben Muster gibt es noch immer Sportteams, die sich ›The Braves‹ (Die Krieger) oder ›Redskins‹ (Rothäute) nennen – gerade so, als würde man (worauf amerikanische Ureinwohner hingewiesen haben) eine Mannschaft ›the Buck Niggers‹ (Bocknigger) oder ›the Jewboys‹ (die Judenjungen) nennen. Und Besucher von Ureinwohnergemeinden werden (wie ich selbst bezeugen kann) noch immer von Nicht-Indianern gewarnt, ›auf ihren Skalp aufzupassen‹. (Das ist natürlich nicht ernst gemeint, wie etwa »Geh nicht nach Einbruch der Dunkelheit in die Stadt«, sondern soll ein Scherz sein, der allerdings immer düster vorgetragen wird.)

Nun gibt es ein weit verbreitetes Unbehagen darüber, daß diese Bilder sich bloßen ›Mythen‹ über die Indianer verdanken. Und eine Flut von Schriftstellern und Filmemachern hat sich in den letzten 30 Jahren vorgenommen, endlich ›die Wahrheit hinter den Mythen‹ zu enthüllen. Beginnend in den 60er und 70er Jahren mit dem starken und tief empfundenen *Bury My Heart At Wounded Knee* und Filmen wie *Soldier Blue* und *Little Big Man*, hat eine ganze Generation von Büchern, Filmen und Fernsehserien versucht, oft ganz respektabel, die Dinge richtig zu rücken und eine indianische Perspektive auf die Eroberung des Westens vorzustellen. In der Hoffnung, die negativen Stereotypen mit der

Wurzel auszureißen, haben Verteidiger der political correctness neue Termini eingeführt: *Native American* (amerikanischer Ureinwohner) anstatt *Indian*. Aus dem brummenden Rohling Hollywoods wird ein tragisches Opfer: ein sanfter, vergeistigter Naturfreund des jungfräulichen Kontinents. Durch diesen einfühlsameren – und momentan modischeren – Blick sind die amerikanischen Ureinwohner sowohl zu einem Emblem der Grünen (ein berühmter Fernsehwerbespot aus den 70ern zeigt unter dem Slogan ›Umweltverschmutzung: Eine schreiende Schande!‹ einen bezopften Indianer im Birkenkanu, der den Müll des Weißen Mannes beweint) als auch der New Age-Spiritualität geworden. Tausende junger Amerikaner und Europäer übernehmen Praktiken wie Schwitzhütten, Sonnentanz und Schamanentrommel, überzeugt, daß Kulturen der Ureinwohner eine zeitlose Weisheit verkörpern, die der westlichen Zivilisation verlorengegangen ist.

Doch bei aller guten Absicht ist diese romantische Version der Indianer nicht weniger mythisch als die, die sie ersetzen möchte. In einer Analyse des gebräuchlichen ›romantischen Kolonialvokabulars‹ für die Beschreibung der amerikanischen Ureinwohner – *Stamm* statt *Nation*, *Medizinmann* statt *Doktor, Geistlicher, Psychiater* usw., *Krieger* statt *Soldat* – stellt der Cherokee-Künstler Jimmie Durham eine Verknüpfung mit der Vorstellung des ›Guten Wilden‹ des 18. Jahrhunderts (und noch früher) her und kommt zu dem Ergebnis, daß diese Sprache »dazu dient, uns zu entmenschlichen und unsere Angelegenheiten und politischen Systeme weniger seriös und fortgeschritten erscheinen zu lassen als die anderer Völker«. Letztlich existiert der »gute Indianer« sowenig wie der »schlechte«.

Warum erweisen sich diese – positiven und negativen – Vorstellungen über amerikanische Ureinwohner als so hartnäckig? Ein Grund ist, daß sie bis auf die ersten Versuche der Europäer zurückreichen, der »Neuen Welt« und ihren Bewohnern unmittelbar nach der »Entdeckung« einen Sinn zu geben. Was diese Vorstellungen verbindet, ist der Glaube, daß »der Indianer« im wesentlichen der Vergangenheit und nicht der Gegenwart angehört. Er (oder sie) ist ein exotisches Relikt aus einer früheren Zeit, die wir bereits hinter uns gelassen haben: entweder – je nach Standpunkt – eine primitive Anarchie, die wir (in der Natur, in uns selbst) überwunden haben, oder ein unschuldiges Goldenes Zeitalter, das wir durch Gier und Zerstörung verwirkt haben.

Dieser ursprünglich unschuldige Gedanke ist über Jahrhunderte ausgearbeitet worden, um die europäische und amerikanische Behandlung der Indianer zu rechtfertigen und zu erklären. Im Kern lautet er: Da Ureinwohner und Nicht-Ureinwohner wesentlich verschiedene Welten bewohnen, kann man von ihnen kein Zusammenleben erwarten – das Gestern muß immer dem Morgen weichen. Ihren Höhepunkt erreichte diese Ansicht im 19. Jahrhundert mit der Vorstellung des Indianers als des *verschwindenden Amerikaners*. Unfähig, sich selbst zu verändern, bezeugen die Gesellschaften der amerikanischen Ureinwohner umgekehrt *unsere* Fähigkeit, sich zu entwickeln und Fortschritte zu machen. Naturhaft und unbezähmbar wie die wilden Tiere, mit denen sie die Wildnis teilen, können sie sich angesichts einer fortgeschritteneren und stärkeren Zivilisation nicht anpassen und sind dazu verurteilt, »wie Schnee in der Sonne« dahinzuschmelzen. Die einzige Hoffnung, die dem oder der *einzelnen* Indianer/in bleibt, ist, mit seiner oder ihrer Stammestreue zu brechen und sich zu »zivilisieren«.

Der besondere Reiz dieses Glaubens ist leicht zu erkennen. Er nimmt die Invasion und Eroberung Amerikas aus der historischen Arena heraus, in der einzelne Menschen Entscheidungen treffen und für ihre Handlungen moralisch haftbar sind, und verwandelt sie in einen rein mechanischen Prozeß. Sicher, die Vorgänge sind traurig – eine Art tragische Oper mit bewegenden Arien, wie die Kapitulationsrede Häuptling Josephs oder die (stark umgeschriebenen) Gedanken Häuptling Seattles über Mutter Erde –, aber letztlich hätte es nicht anders laufen können. Wie es der Reformer Herbert Welsh – einigermaßen umständlich – bereits 1890 ausdrückte: »... der Glaube, daß der Indianer einer verurteilten, zivilisationsunfähigen Rasse angehörte, war so vorherrschend und steckte so fest in den Köpfen unserer Leute, daß sie nationales Unrecht als unerläßliche Nebenerscheinung eines unvermeidlichen Schlusses beschönigten.«

In diesem Denken gibt es einen Zirkelschluß, wie in der mittelalterlichen Hexenprobe, bei der die Verdächtigte in einen Teich geworfen wurde: schwamm sie, hatte sie übernatürliche Kräfte und mußte auf dem Scheiterhaufen verbrannt werden; ertrank sie, war sie eindeutig keine Hexe – aber natürlich auch tot. Ähnlich beweisen die amerikanischen Ureinwohner ihre Authentizität nur, wenn sie im unwiderstehlichen Strom der Geschichte untergehen. Wenn sie *nicht* untergehen, wenn sie sich statt dessen verändern und anpassen, dann sind sie per definitionem keine wirklichen amerikanischen Ureinwohner. Um General Sheridan leicht verschoben zu zitieren, ist der einzig wirkliche Indianer ein toter – oder zumindest sterbender – Indianer.

Obwohl die Rhetorik des *verschwindenden Indianers* heute kaum noch in Gebrauch ist, bestehen viele ihrer ideologischen Voraussetzungen unvermindert fort. Anders als die »Ureinwohner« Afrikas und Asiens, sind die eingeborenen Völker Amerikas niemals entkolonisiert worden; und wir waren nicht gezwungen – oder haben es uns erlaubt –, sie in einer fundamental anderen Rolle zu sehen. Statt dessen haben wir immer neue Variationen über das gleiche Grundthema entwickelt, die – wie gefühllose Hautschichten über einem blanken Nerv – Amerika immer noch erfolgreich von der Wahrnehmung des Faktums fernhalten, daß es auf dem Rücken eines enteigneten und beinahe ausgelöschten Volkes zu seiner Größe aufgestiegen ist. Gebrochen durch die Kultur der mächtigsten Gesellschaft der Welt – eine Kultur, die mehr als jede andere die Vorstellungskraft des 20. Jahrhunderts geformt hat –, sind diese Stereotypen nun so tief in unser Bewußtsein eingedrungen, daß sie fast unüberwindlich scheinen.

Die Folge – für Nicht-Indianer – ist tiefe Verwirrung darüber, wer die amerikanischen Ureinwohner sind und was mit ihnen geschehen ist. Für die Indianer selbst sind die Folgen noch einschneidender. Seit fünf Jahrhunderten wird ihre Geschichte und die Welt, in der sie heute leben, von dem Bild bestimmt, das sich die Europäer von ihnen machen. Von ihrem täglichen Umgang mit den Angestellten des Amtes für Indianische Angelegenheiten in den Reservaten bis hin zu den Bildern über sich selbst im Fernsehen werden ihre Erfahrungen als Völker und Individuen weitgehend von *unserer* Fehlwahrnehmung geprägt.

* * *

Physisch sind die amerikanischen Ureinwohner niemals aus Amerika »verschwunden«. Obwohl sich ihre Zahl gegen Ende des 19. Jahrhunderts so drastisch reduziert hatte, daß viele sie am Rande der Auslöschung wähnten, haben sie in den letzten hundert Jahren um fast das Achtfache zugenommen. Heute gibt es 554 gesetzlich anerkannte »Indianerstämme« mit einer gemeinsamen Bevölkerung von beinahe zwei Millionen und – nach einer kürzlichen Schätzung – weiteren 25 Millionen oder mehr US-Bürgern, die einen anerkannten amerikanischen Ureinwohner als Vorfahren haben.

Viele amerikanische Ureinwohner haben gleichwohl das Gefühl, daß sie irgendwie – um mit dem Sioux-Schriftsteller Vine Deloria jr. zu sprechen – »unsichtbar« sind. Es gibt eine bezeichnende Geschichte, die ich von mehreren Stämmen gehört habe und die zu so etwas wie einem indianischen urbanen Mythos geworden ist: Die Besucherin eines Reservats hält ihren Wagen vor einer Gruppe amerikanischer Ureinwohner an und fragt: »Wo sind denn hier die Indianer?«

Warum haben die Indianer das Gefühl, nicht gesehen – oder, vielleicht genauer, nicht *erkannt* zu werden? Ein Grund ist, daß sie trotz ihrer Regeneration im 20. Jahrhundert eine winzige Minderheit geblieben – weniger als ein Prozent der US-Bevölkerung – und im ganzen Land verstreut sind, wenn auch im Westen und Südwesten konzentriert: Ungefähr die Hälfte aller Indianer lebten in Oklahoma, Kalifornien, Arizona, Neu Mexiko, Alaska oder im Staate Washington. Etwa 60 Prozent sind Städter, mischen sich jedoch – mit einigen wenigen Ausnahmen – eher mit anderen Gruppen, als sich in »Indianergebieten« zu versammeln, wo sie leicht identifizierbar wären. Und die meisten der noch verbliebenen Stammesgebiete – die von vielen städtischen Indianern noch immer als ihre Heimat betrachtet werden – sind relativ isoliert, so daß Reisende und Besucher der großen Zentren sie kaum zu Gesicht bekommen, wenn sie ihre Route nicht verlassen.

Doch selbst diejenigen, die sich zu einem Besuch aufraffen, sind oft verblüfft über das, was sie vorfinden. Das kommt, weil, wie eine moderne Führerin der Ureinwohner, Suzan Shown Harjo, sich ausdrückt, »die Leute über die Indianer immer in der Vergangenheitsform denken«. Heute machen viele Ureinwohnergemeinden weniger den Eindruck exotischer Stammes-Enklaven, als den kleiner Vorstädte mit säuberlich angeordneten Reihenhäusern, Supermärkten und Schulbussen; andere ähneln mehr ländlichen Slums mit Baracken und Wohnwagen in einer mit Autowracks, alten Kühlschränken und sonstigem amerikanischem Konsumschrott übersäten Landschaft. Viele der Menschen, die man in einer Reservatsstadt wie Pine Ridge sehen kann, sind fettleibig; einige sind eindeutig betrunken oder haben den verschleierten Blick der Problemtrinker; fast alle sind »modern« gekleidet (wenn auch mit Zusätzen traditionellen Schmucks). Manche sind – aufgrund von Heirat mit Nicht-Indianern – nicht einmal rassisch besonders erkennbar. Für jemanden, dessen »Indianer«bild sich noch immer an der Gestalt in Pelz und Federn- und Perlenschmuck orientiert, die unergründlich aus einem Foto des 19. Jahrhunderts herausblickt, erscheinen sie beunruhigend unecht und unklassifizierbar.

Die Annahme, daß *irgendein* Volk und besonders das der amerikanischen Ureinwohner noch genauso aussehen sollte wie vor hundert Jahren, ist natürlich ziemlich unrealistisch. Alle Kulturen entwickeln sich: Die amerikanischen Indianer waren zudem Zwängen und Veränderungen ausgesetzt, von denen sich die meisten Völker keine Vorstellung machen können.

Wie die Gletscher, die während der Eiszeit eine neue Landschaft hervortrieben, hat die europäische Invasion Amerikas in den letzten vier Jahrhunderten die Welt der Einheimischen zutiefst verändert. Eine moderne Landkarte des »Indianerlandes« – etwa 55 Millionen Morgen, die noch unter Stammeskontrolle stehen – enthält fast keinerlei Bezüge mehr zu den Lebensgewohnheiten der Menschen und Kulturen von 1492. Der unerbittliche Besiedlungsstrom hat ganze Nationen entwurzelt und sie Tausende von Kilometern von ihrer Heimat abgesetzt. In vielen Gebieten, die zur Zeit der Ankunft der Kolonisatoren »dicht bevölkert« waren, gibt es jetzt fast keine amerikanischen Ureinwohner, während Orte, die heute eine hohe Konzentration indianischstämmiger Bewohner aufweisen, damals nur relativ schwach bevölkert waren. Einige Volksgruppen sind enorm angewachsen und stärker geworden: Die Navajo zum Beispiel wuchsen aus einer Handvoll kleiner nomadischer Gruppen zum größten Stamm des Landes, mit einer Bevölkerung von 250 000 Menschen, einem Reservat von der Größe Belgiens, mit Fernseh- und Rundfunkstationen, die in ihrer eigenen Sprache senden. Andere dagegen, die von den frühen Entdeckern als »große Nationen« beschrieben wurden – Massachusett, Wampanoag, Narragansett, Natchez und viele andere –, sind gänzlich verschwunden oder auf versprengte Überreste mit ein paar Morgen Land und spärlichen Spuren ihrer präkolumbischen Kultur reduziert worden.

Nicht nur, daß sie den größten Teil ihres Landes, an dem ihre Lebensform hing, verloren haben, Generationen amerikanischer Ureinwohner sind auch vom ständigen Angriff auf ihre soziale, psychologische und geistige Welt und durch ein atemberaubendes, ehrgeiziges sozialtechnisches Experiment traumatisiert. In der Zeit, die auf das Ende der »Indianerkriege« folgte, wurden indianische kulturelle und geistige Praktiken geächtet und indianische Kinder zu Tausenden in Internate geschickt, wo sie manchmal für Jahre von zu Hause ferngehalten und für das Sprechen ihrer eigenen Sprache – oft brutal – bestraft wurden. Aus »Indianern« sollten »Amerikaner« werden: Geschichte und Identität eines ganzen Volkes sollte über Nacht einer anderen Geschichte und Identität weichen. Gleichzeitig benutzten die Vereinigten Staaten ihre enorme Macht über die besiegten Stämme, die Reservate selbst neu zu gestalten, indem sie »Traditionalisten«, die an ihrer Kultur festzuhalten versuchten, bestraften und einen Großteil dieses Jahrhunderts bestrebt waren, den Status des Stammes gänzlich zu zerstören und die Indianer zu zwingen, sich dem amerikanischen »Schmelztiegel« anzupassen.

Daß die amerikanischen Ureinwohner aus diesen Erfahrungen als eine der schwierigsten Minderheiten in Amerika hervorgegangen sind, ist nicht gerade erstaunlich. Ihre Gemeinden sind von sozialen und Gesundheitsproblemen geplagt: schlechte Wohnbedingungen, Diabetes, Alkoholismus, sozialer Zusammenbruch, Gewalt, schwere Unfälle (die zweithäufigste Todesursache), Mord und Selbstmord. Auch wenn es Ausnahmen gibt – wie die winzige Pequot-Gemeinde in Connecticut, die ihren Stammesstatus benutzt hat, um ein äußerst profitables Spielkasino und einen Freizeitkomplex hinzustellen –, so ist doch ihre Mehrheit, gemessen an US-Standards, sehr arm. Nach dem *Bureau of Labor Statistics* sind 45 Prozent der in Reservaten oder deren Nähe lebenden Indianer arbeitslos – gegenüber acht Prozent der Amerikaner insgesamt –, doch dürfte auch diese Zahl noch zu tief gegriffen sein, da sie mehrere Kategorien von Menschen ohne Jobs ausschließt. (In vielen Reservaten, wie Pine Ridge, beläuft sich die Arbeitslosigkeit regelmäßig auf 60, 70 oder sogar 80 Prozent.) Von denen, die Arbeit haben, verdienen nur 25 Prozent mehr als 7000 Dollar im Jahr.

Angesichts dieser Statistiken und der zurückliegenden massiven Indianeraufstände kann man leicht glauben, daß es der Regierung nach hundert Jahren Reservat gelungen ist, aus den Ureinwohnern nur eine andere Gruppe armer Amerikaner zu machen. Aber unterhalb der Oberfläche, für den zufälligen Besucher nicht sichtbar, unterscheiden sich viele Ureinwohnergemeinden weiterhin zutiefst vom Rest Amerikas. In einem Reservat wie Pine Ridge mögen die Häuser so ärmlich aussehen wie sonst im öffentlichen Wohnungsbau, doch spiegelt ihre Anordnung die Verwandtschaftsstrukturen der Gruppen wider, die dort vor mehr als hundert Jahren siedelten. Der über die Landschaft verstreute Plunder mag amerikanisch sein, aber die Art, wie er angeordnet ist, wie über ihn verfügt und wie er ausgetauscht wird, transportiert immer noch indianische Werte und Erfahrung. In den Worten von Birgil Kills Straight:

> Nach hundert Jahren und allen Versuchen, uns auszurotten, sind wir noch immer am Leben, besitzen noch immer unsere ... Spiritualität, unsere Sprache, haben wir unsere eigene Art zu wirtschaften, haben wir unsere eigenen Infrastrukturen. Vielleicht sieht man sie

nicht, aber es gibt sie. Da ist vieles, was uns klar vom weißen Amerika oder schwarzen Amerika oder gelben Amerika unterscheidet, und das wird auch so bleiben.

Am ehesten vielleicht erhält sich dieses Identitätsgefühl in der mündlichen Tradition. Als schriftlose Gesellschaften überlieferten die amerikanischen Ureinwohner vor Ankunft der Europäer jeden Aspekt ihrer Kultur – von Geographie und Pflanzen- und Tierkunde bis zu Geschichte und Glauben – durch das gesprochene Wort. Daher nahmen Geschichten, Mythen und Legenden einen zentralen Raum in ihrem Leben ein – tiefster Ausdruck ihrer selbst und sicherster Führer durch die Welt. Auch wenn Tausende dieser Erzählungen verlorengegangen sind, so haben sich doch viele erhalten: zu mächtig, zu flüchtig, zu beweglich, um noch vom gewissenhaftesten Missionar unterdrückt werden zu können. In vielen Stämmen haben sie das für jede Gemeinde zentrale historische Wissen am Leben erhalten: daß wir trotz allem immer noch *wir* und nicht *sie* sind.

Obwohl viele der mündlichen Berichte ein hohes Alter zu haben scheinen (manche zum Beispiel enthalten Bezüge zu Naturereignissen, die sich vor Tausenden von Jahren abspielten), kann man – bis auf sehr wenige Ausnahmen – nicht ausschließen, daß sie sich seit der präkolumbischen Zeit gewandelt haben. Zweifellos wird die Erfahrung der letzten 500 Jahre in sie eingegangen sein und ihre Elemente modifiziert haben, so daß sie nun eine vollständigere Welterklärung darstellen. Doch verraten diese Geschichten – wie die europäischen Berichte über die »Entdeckung« der »Neuen Welt« – immer noch die unverwechselbare Handschrift der Kulturen, die sie hervorgebracht haben. Manchmal liefern sie eine Version eines historischen Ereignisses, die von der der »offiziellen« westlichen Geschichte erheblich abweicht; noch öfter jedoch lassen sie fundamental verschiedene Werte und Grundannahmen erkennen. Viele Stämme kennen zum Beispiel mythologische Berichte vom Ursprung der verschiedenen Rassen (Widerhall der europäischen Mythologisierung der »Indianer« in Begriffen der westlichen Kosmologie), die der euro-amerikanischen Kultur einen erstaunlichen Zerrspiegel vorhalten. Eine Tohono O'odham (Papago)-Geschichte erzählt, wie der Heros I'itoi vor langer Zeit die Opfer eines riesigen Mörderadlers ins Leben zurückbrachte. Die schon am längsten tot und am meisten verwest und am bleichsten waren, verwandelte er in weiße Menschen. Weil sie so lange tot gewesen waren, daß sie alles vergessen hatten, was sie einst wußten, gab ihnen I'itoi die Macht zum Schreiben als Erinnerungshilfe. Aus der Sicht eines Tohono O'odham stellt die Schriftlichkeit offensichtlich so etwas wie eine Krücke dar: Weit entfernt, das Emblem einer kulturellen Überlegenheit zu sein, ist sie ein Beleg für die Verlorenheit, Unwissenheit und fehlende Selbsterkenntnis der Europäer.

Oft ist es schwer, die verbliebene mündliche Tradition zu interpretieren: Durch die Verschriftung einer Geschichte wird sie nicht nur in eine andere Sprache übersetzt, sondern auch aus dem kulturellen Kontext herausgenommen, in dem sie ursprünglich erzählt wurde. Aber selbst unter dieser Einschränkung sagt sie uns unmißverständlich, daß wir an eine Welt rühren, die sich von der Euro-Amerikas deutlich unterscheidet: eine Welt, in der Indianer die erste Rolle spielen, in der sich die Bedeutung ihrer Geschichte nach *ihnen* und nicht nach uns richtet und in der sich die Auffassung von Geschichte radikal von der westlichen unterscheidet.

Um die Erfahrung der amerikanischen Ureinwohner zu verstehen, müssen wir uns in ihre Welt hineinversetzen. Zugleich müssen wir die Fäden der euro-amerikanischen Kultur auftrennen, die die Indianer so lange gefangengehalten hat, müssen erkennen, wie Vorstellungen über »den Indianer« in politische Strategien – und ihre Rechtfertigungen – umgemünzt und gegen sie und ihre heutige Realität eingesetzt worden sind. Das bedeutet, viele unserer Grundanschauungen über die Welt und letztlich unseren Begriffsapparat zu überprüfen. Das kann natürlich nicht in einer einzelnen Arbeit und auf einmal geschehen, doch hoffe ich, mit diesem Buch einen Beitrag dazu zu leisten. Durch die Verflechtung von »offizieller« Geschichte und Archäologie, Anthropologie, mündlicher Tradition und den Zeugnissen gegenwärtiger amerikanischer Ureinwohner – sowohl aus Publikationen als auch aus meinen eigenen jahrelangen Gesprächen und Interviews – will dieses Buch einer nichtindianischen Öffentlichkeit eine Geschichte vorlegen, die trotz (oder gerade wegen) der vielen Worte, die über sie gemacht worden sind, merkwürdig unterbelichtet und verborgen geblieben ist.

Ich möchte jedoch klarstellen, daß ich es nicht darauf abgesehen habe, »endlich die Wahrheit hinter dem Mythos« hervorzuholen: Es gibt keine Wahrheit zu enthüllen, sowenig wie es den einen »Mythos« gibt, der sie verhüllt. Als Nicht-Indianer kann ich auch nicht beanspruchen, *für* die amerikanischen Ureinwohner zu sprechen, indem ich »die indianische Seite der Geschichte« liefere (ein Unternehmen, das jedenfalls Hunderte von Bänden erfordern würde). Dies ist vielmehr meine ganz persönliche und durchaus fehlbare Ansicht einer komplexen, schwer faßbaren und beträchtlich mißverstandenen Geschichte, eine Ansicht, die ich mir in mehr als 20 Jahren der Arbeit mit amerikanischen Ureinwohnern von Alaska bis Arizona gebildet habe.

TEIL I
URSPRÜNGE

1
Wie es wirklich war: Zwei Ansichten von Geschichte

Vor langer langer Zeit, als die Welt noch so neu war, daß sogar die Sterne dunkel waren, da war sie sehr sehr flach. Chareya, Old Man Above, konnte durch die Dunkelheit die neue, flache Erde nicht sehen. Noch konnte er zu ihr hinabsteigen, da sie so weit unter ihm lag. Mit einem großen Stein bohrte er ein Loch in den Himmel. Dann schob er Massen von Eis und Schnee durch das Loch, bis eine große Pyramide von der Ebene aufwuchs. Old Man Above kletterte durch das von ihm geschaffene Loch hinunter und ging von Wolke zu Wolke, bis er seinen Fuß auf die Spitze der Eis- und Schneemassen setzen konnte. Dann erreichte er mit einem großen Satz die Erde.

Die Sonne schien durch das Loch im Himmel und brachte das Eis und den Schnee allmählich zum Schmelzen. Sie machte Löcher in das Eis und den Schnee. Als es weich war, bohrte Chareya seinen Finger hier und dort in die Erde und pflanzte die ersten Bäume. Ströme schmelzenden Schnees bewässerten die neuen Bäume und ließen sie wachsen. Dann sammelte er die Blätter, die von den Bäumen fielen, und hauchte sie an. Sie wurden zu Vögeln. Er nahm einen Ast und brach ihn in Stücke. Aus den kleinen Enden machte er Fische und setzte sie in die Gebirgsflüsse. Aus der Mitte des Astes machte er alle Tiere bis auf den Grizzlybär. Aus dem großen Ende des Astes entstand der Grizzlybär, der zum Herrn über alle eingesetzt wurde. Grizzly war groß und stark und klug. Als die Erde neu war, ging er auf zwei Füßen und trug eine große Keule. Grizzly war so stark, daß Old Man Above sein eigenes Geschöpf fürchtete. Um vor ihm sicher zu sein, höhlte Chareya die Pyramide aus Eis und Schnee zu einem Tipi aus. Dort erlebte er viele tausend Schneefälle. Die Menschen wußten, daß er dort lebte, denn sie konnten den sich kräuselnden Rauch aus dem Rauchloch des Tipi sehen. Als der Weiße Mann kam, ging Old Man Above. Es gibt keinen Rauch mehr aus dem Rauchloch. Die weißen Männer nennen das Tipi Mount Shasta.

Shastika, Kalifornien

Die meisten Kulturen der amerikanischen Ureinwohner unterscheiden nicht klar zwischen »Erzählung« (*story*) und »Geschichte« (*history*). Beide gehören zur mündlichen Tradition, zur Überfülle an Anekdoten und Legenden, mit denen jeder Stamm und jede Nation die Erschaffung der Welt und ihren eigenen Ursprung und ihre Erfahrung erklärt. Aus Sicht der meisten westlichen Wissenschaftler sind sie bloße »Mythen«, die – mit einigen Ausnahmen – über das, »was wirklich geschah«, nichts Nennenswertes aussagen.

Doch ein Mythos ist nicht einfach eine »Lüge« oder eine kindliche Phantasie. Der Schriftsteller Ronald Wright drückt es so aus:

> Ein Mythos ist ein Arrangement von Vergangenem, ob real oder imaginär, ein Denkmuster, das mit den tiefsten Werten und Zielen einer Kultur zusammenstimmt. Mythen schaffen und bestärken Archetypen, die so selbstverständlich, so axiomatisch sind, daß sie keinen Widerspruch erfahren. Mythen sind so bedeutungsschwer, daß wir mit ihnen leben und sterben. Sie sind die Karten, die die Kulturen durch die Zeit lotsen.

Und auch wenn wir die Mythen der westlichen Kultur bewußt abgelehnt haben, so bestimmen sie doch noch immer unser Weltbild – einschließlich unserer Sicht von Geschichte. Viele Grundannahmen des Westens über die Welt – Postulate, die uns von anderen Kulturen am tiefsten trennen – haben ihre Wurzel in unserem eigenen Ursprungsmythos. Das Buch Genesis ist eine Geschichte von Sünde, Vertreibung und Verlust: Es erzählt, daß wir die Herren der Schöpfung sind, ausersehen zu einem Leben in Muße und Harmonie im Garten Eden, daß wir aber durch unsere Verderbtheit das Paradies verwirkt haben. Nachdem Gott bemerkte, daß Eva vom Baum der Erkenntnis des Guten und Bösen aß, verfluchte er die Schlange, die sie »verführt« hatte.

> Und zum Weibe sprach er:
> Ich will dir viel Beschwerden machen in deiner Schwangerschaft; mit Schmerzen sollst du Kinder gebären! Nach deinem Manne wirst du verlangen; er aber soll dein Herr sein.
> Und zu Adam sprach er:
> Weil du auf deines Weibes Stimme gehört und von dem Baum gegessen hast, von dem ich dir gebot: du sollst nicht davon essen, so ist um deinetwillen der Erdboden verflucht. Mit Mühsal sollst du dich von ihm nähren dein Leben lang. Dornen und Disteln soll er dir tragen, und das Kraut des Feldes sollst du essen. Im Schweiße deines Angesichtes sollst du dein Brot essen, bis du wieder zur Erde kehrst, von der du genommen bist; denn Erde bist du, und zur Erde mußt du zurück (Gen. 3, 16–19).
> Nun aber, daß er nur nicht seine Hand ausstrecke und auch von dem Baume des Lebens breche und ewig lebe! So schickte ihn Gott der Herr fort aus dem Garten Eden, daß er den Erdboden bebaue, von dem er genommen war. Und er vertrieb den Menschen und ließ östlich vom Garten Eden die Cherube sich lagern und die Flamme des zuckenden Schwertes, den Weg zum Baum des Lebens zu bewachen (Gen. 3, 22b–24).

Diese ursprüngliche Katastrophe hat uns entwurzelt: Exilanten in einer fremden Wildnis, müssen wir diese mühevoll unterwerfen. Mit jeder Generation entfernen wir uns weiter vom Garten Eden. Nur durch Träume von der Wiedergewinnung der verlorenen Unschuld oder der Schaffung eines neuen Himmels auf Erden halten wir uns aufrecht.

Anstatt uns wieder in den ursprünglichen Gnadenstand einzusetzen, vertieft die Inkarnation noch die Kluft durch Bewahrung des linearen Zeitbegriffs: Indem Gott in einem bestimmten Moment in unser Schicksal eingreift, markiert er einen fixen Punkt, von dem aus sich unsere Geschichte wie eine Bindfadenrolle abspult – weg von Eden. In den Worten des Philosophen Alan Watts: »… nach dem Heiligen Augustinus von Hippo bewegt sich das Universum in einer geraden Linie … Wenn Zeit zyklisch ist, müßte Jesus Christus immer wieder gekreuzigt werden. Es gäbe dann nicht dieses eine vollkommene und ausreichende Opfer:

Darbringung und Sühne für die Sünden der Welt. Zeit müßte eine gerade Linie von der Schöpfung bis zur Erfüllung des Jüngsten Gerichts sein.« Diese Vorstellung ist eines der Prinzipien, die unsere Wirklichkeitsauffassung bestimmen; sie liegt nicht nur der aufklärerischen Idee eines Fortschritts und der Evolutionstheorie, sondern auch unserer Geschichtsauffassung zugrunde.

Im Gegensatz dazu kennen die meisten Kulturen der amerikanischen Ureinwohner keinen ursprünglichen Sündenfall. In einigen Traditionen gibt es Geschichten über einen Schöpfergott oder -geist, aber dessen Beziehung zur Schöpfung ist von der Jahves sehr verschieden. Nach der Tradition der Lakota zum Beispiel »wünschte« Inyan (der »zur Zeit der ersten Bewegung existierte, ... bevor noch irgend etwas Bedeutung hatte«), »daß ein anderer existiere«.

> Aber es gab nur Inyan, also konnte kein anderer sein,
> es sei denn, Inyan schuf den anderen aus sich selbst,
> als Teil seiner selbst, um für immer zu bleiben,
> an seiner Seite ...
> Er mußte diesem Geschöpf auch etwas von seiner Macht
> und einen Teil seines Geistes abgeben.
>
> Also entnahm Inyan etwas von sich und formte eine Scheibe,
> die hüllte er um sich.
> Er nannte dieses neue Wesen »Maka«.
> Er wünschte, daß Maka groß sei,
> also öffnete er seine Venen und
> ließ sein Blut frei fließen.
>
> Da wurde aus Maka die Erde
> und aus der Flüssigkeit seines Blutes wurde das Wasser, Mini,
> das die Erde umschloß,
> das Blau seines Blutes umgab Maka
> und wurde zum Himmel – Marpiya To.
>
> So entstand der andere, Inyan entnahm von sich selbst, vollständig,
> jetzt waren sein Geist, seine Macht und Bedeutung verringert.
> Jetzt wurde er inyan – der Stein – spröde und hart,
> das erste aller Dinge, existierend seit Anfang der Bewegung.

In anderen Worten, Inyan wird nicht aus seiner Schöpfung oder auch nur einem Teil davon evakuiert: Sein Geist ist überall anwesend und macht alles – Felsen, Wasser, Erde, Pflanzen, Tiere und Menschen – heilig. Immer wieder werden in den Geschichten der amerikanischen Ureinwohner menschliche Wesen als integraler Bestandteil einer »natürlichen« Ordnung angesehen, die die gesamte Schöpfung umfaßt.

Trotz zahlreicher Mythen über Verfehlungen und ihre Folgen gibt es bei den amerikanischen Ureinwohnern so gut wie keine Entsprechung zur jüdisch-christlichen Idee einer Erbsünde, die uns isoliert und einer feindlich materiellen Welt entgegensetzt. Die geschaffene Natur, wie abweisend sie einem Außenseiter auch erscheinen mag, ist so, wie sie sein sollte, und die »Menschen« – wie Adam und Eva vor dem Sündenfall – gehören wesentlich dazu. Durch ihre Beziehung zum Land und dessen anderen Bewohnern werden sie zu denen, die sie sind. Zu ihrer Bestimmung gehört es nicht, das Land zu ändern oder von ihm wegzuziehen, sondern es nach den »uranfänglichen« Anweisungen ihres Schöpfers oder Kulturheros zu erhalten.

Diese Vorstellung ist in fast allen Kulturen der amerikanischen Ureinwohner lebendig. Sie drückt sich in den Riten kleiner Jagdgruppen aus, beispielsweise im Ritus des *Shaking Tent*, der ›die Menschen‹ wieder direkt an die heiligen Schöpfermächte zurückbindet. Viele größere Gesellschaften kennen umfangreiche Jahreszeremonien; da ist der Sonnentanz der Plains-Indianer, der Grünkorntanz der Cherokee, da sind die Sommer- und Winterfeste der Pueblos, die die Beziehung zum Ewigen erneuern und das Ursprungsdrama reinszenieren. Heiliger und profaner Raum, heilige und profane Zeit laufen parallel; durch das Ritual haben die Menschen noch immer Zugang zur heiligen Dimension. Die historische Zeit ist weniger eine gerade Linie als ein sich schließender Kreis: Sie führt nicht Schritt für Schritt vom Anfang weg, sondern jedes Jahr gewissermaßen zu ihm zurück.

Natürlich ist es gefährlich zu verallgemeinern: Der genaue Zeitbegriff war von Kultur zu Kultur verschieden. In einigen Stämmen war er vergleichsweise verschwommen. So gab etwa der Schriftsteller und Künstler der Kiowa, Scott Momaday, folgende

Auskunft: »(Es) ist ein interessanter Begriff ... Ich weiß nicht, ob jemand die Zeit wirklich erklären kann ... Ich denke, daß sie weniger vergeht als steht, und Leute laufen durch die Zeit, so wie sie durch einen Canyon laufen, und man kann eine Pause machen und in der Zeit stehenbleiben ... Es ist nicht unbedingt etwas, das vorbeirauscht, man kann es festhalten.« In anderen Volksgruppen war die Zeit zentral. Die großen Agrargesellschaften Zentralamerikas zum Beispiel besaßen komplizierte Kalender, mit denen sie (wie die Maya) die Zeit nach Jahrmillionen mit größerer Genauigkeit messen konnten als ihre europäischen Zeitgenossen. Doch war auch hier die Zeit in ihrer zyklischen, jahreszeitlichen Bedeutung entscheidend: Die Azteken zum Beispiel glaubten, daß jeder Zyklus 52 Jahre dauert und in einer Periode der Ungewißheit und Gefahr endet – eine Vorstellung, die sich verheerend auswirken sollte, als die Spanier am Wendepunkt zwischen den Zyklen in Mexiko auftauchten.

Notgedrungen konstituiert diese Zeitauffassung einen Geschichtsbegriff, der sich vom europäischen erheblich unterscheidet. In den Kulturen der amerikanischen Ureinwohner hängt die Wichtigkeit einer Erfahrung nicht davon ab, *wann sie geschieht*, sondern davon, *was sie bedeutet*. Wenn Zeit wesentlich zyklisch ist, gibt es keine gerade Kette von Ursache und Wirkung: Ereignisse dürfen nicht in ihrer chronologischen Aufeinanderfolge, sondern müssen innerhalb einer komplexen Weltauffassung gesehen werden, die in der Ursprungsgeschichte wurzelt, in der Zeit, Raum, Geistiges und Lebendiges miteinander verschränkt sind. Die Funktion von Geschichte ist kein lineares Protokoll, sondern ein Lebensentwurf, der für bestimmte Menschen an einem bestimmten Ort gilt.

Daher können Ursprungsgeschichten von einer Kultur und Region zur anderen erheblich variieren. Während zum Beispiel die Agrargesellschaften des Südwestens und des Südostens komplexe Vorstellungen darüber haben, wie ihre Vorfahren aus dem Untergrund auftauchten und in ihre gegenwärtige Heimat wanderten, sprechen die Irokesen aus dem Nordosten von der ersten Frau, die durch ein Loch im Himmel fällt. Viele Stämme kennen Geschichten von einer Zeit des »Es war einmal«, in der Tiere und

Menschen noch eins waren und miteinander reden konnten. Zahlreiche Traditionen erzählen vom Umsturz dieser alten Ordnung und der Verwandlung der »ersten Menschen« durch einen »Trickster« oder eine verheerende Flut oder ein Feuer in Geschöpfe, so wie wir sie heute kennen.

Doch haben diese Geschichten bei aller Verschiedenheit eine ähnliche Atmosphäre. Setzt man sie der biblischen Genesis zur Seite, treten die Gemeinsamkeiten sofort deutlich zutage: Sie gehen ganz in der Neuheit und Unmittelbarkeit der Schöpfung auf und liefern für das Verhalten eines Tieres, die Form eines Felsens oder Berges, den man immer noch sehen kann, anschauliche Erklärungen. Viele Stämme und Nationen bezeichnen sich selbst als das »erste Volk«, »ursprüngliche Volk« oder »wirkliche Volk«. Durch ihre Geschichten sind sie an einem Ort von besonderer Macht und Bedeutung festgelegt. Ein Tohono O'odham in Arizona kann durch den Hitzeschimmer der Wüste den heiligen Gipfel des Baboquivari sehen, der im Mittelpunkt der Welt steht; traditionelle Pikuni (Schwarzfuß) pilgern immer noch nach Badger-Two Medicine in Montana, Teil des »Rückgrats der Welt«. Weit davon entfernt, die Menschen als aus dem Paradies Vertriebene zu betrachten, bestätigen ihnen die indianischen Mythen, daß sie (es sei denn, sie wurden durch den Kontakt und die Siedlung der Europäer verdrängt) noch immer an dem Ort leben, für den sie gemacht wurden: entweder an der Stätte ihres Ursprungs oder ihrer Schöpfung oder in einem »Gelobten Land«, das sie nach langer Wanderung erreichten.

Daß sich die Mythen ihrer Nachbarn von ihren eigenen unterschieden, war für die amerikanischen Ureinwohner kein Grund zur Beunruhigung, wurden doch ihre Nachbarn als Teil einer anderen Landschaft geschaffen und verstanden ihre Ursprünge natürlich nur im Kontext ihrer spezifischen Erfahrung. So erläutert der moderne Sioux-Schriftsteller Vine Deloria jr.:

> Die Menschen glaubten, daß jeder Stamm seine eigene besondere Beziehung zu den höheren geistigen Mächten, die die Welt regierten, unterhielt und daß die einzelnen Glaubensvorstellungen der Stämme ihren jeweiligen Zweck erfüllten, egal, was die anderen taten. Das

> Stammeswissen war daher nicht bruchstückhaft, sondern besaß seine Gültigkeit innerhalb des historischen und geographischen Erfahrungsbereichs der Menschen. In einem Gespräch mit John Neihardt gab Black Elk [ein herausragender geistiger Führer der Lakota] eine gute Erklärung der Methode: »So reden sie, und ob es sich wirklich ereignete oder nicht, weiß ich nicht: aber wenn man darüber nachdenkt, sieht man, daß es wahr ist.«

Doch hat sich dieser Ansatz stets mit der westlichen, jüdisch-christlichen Tradition gerieben. Verbannte aus dem Garten Eden sind nicht *Teil* eines besonderen Ortes, einzigartig verknüpft mit *besonderen* Felsen und Bergen, Flüssen und Bäumen: Sie sind von der unbeseelten »natürlichen« Welt getrennt, zu der sie verbannt worden sind, und können sie nach Belieben manipulieren und ausbeuten. Sie sehen diese materielle Welt als das Werk eines bewußten, rationalen und allmächtigen Schöpfers, das auch durch rationale, erforschbare Gesetze, die zu allen Zeiten und an allen Orten für alle Wesen gelten, bestimmt sein muß. Und sie glauben, durch Gottes Wort eine einzigartige Offenbarung Seiner wahren Natur erhalten zu haben, die ihnen einen umfassenden und buchstäblichen Deutungsschlüssel für die Realität gibt und ihnen erlaubt, die Anschauungen anderer Leute als sachlich falsch abzulehnen.

Nahezu seit den Zeiten des Kolumbus hat die Fähigkeit der amerikanischen Ureinwohner, zwei Realitäten synkretistisch zu verbinden – zu akzeptieren, daß verschiedene Menschen verschiedene Wahrheiten haben, oder zu glauben, daß zwei offensichtlich widersprüchliche Aussagen in verschiedener Art wahr sein können –, die an eine einzige, monolithische Wahrheit gewohnten Europäer verblüfft und frustriert. Die Berichte der Missionare, angefangen von den *Berichten* der Jesuiten des 17. Jahrhunderts, schäumen über vor ohnmächtiger Wut angesichts der Weigerung der Indianer, ihren Glauben als *falsch* anzuerkennen, nur weil der Glaube der Europäer *richtig* ist. So berichtete zum Beispiel Pater Paul Le Jeune, ein französischer Missionar, der den Winter 1634 mit drei Innu-(Montagnais)Familien an der Küste von St. Lawrence verbrachte:

> Knochen der weiblichen Biber und Stachelschweine werfen die Wilden den Hunden nicht vor – zumindest bestimmte Knochen; kurz, sie achten genau darauf, daß die Hunde keine Knochen von Vögeln und anderen Tieren, die im Netz gefangen werden, fressen, sonst werden sie keine mehr fangen, es sei denn mit unvergleichlichen Schwierigkeiten ... Es ist bemerkenswert, wie sie diese Knochen sammeln und mit großer Sorgfalt aufbewahren, so als wäre ihr Wild verloren, wenn sie ihren Aberglauben nicht einhielten. Als ich über sie lachte und ihnen sagte, daß Biber gar nicht wüßten, was mit ihren Knochen geschähe, antworteten sie: »Ihr wißt nicht, wie man Biber fängt, und Ihr wollt mitreden« ... Ich sagte ihnen, daß die Irokesen ... die Knochen der Biber ihren Hunden vorwürfen und daß sie dennoch viele davon fingen: und daß unsere Franzosen weit mehr Wild als sie fingen und unsere Hunde diese Knochen dennoch fräßen. »Ihr redet Unsinn«, antworteten sie, »seht Ihr nicht, daß Ihr und die Irokesen den Boden bebaut und seine Früchte sammelt und wir nicht, und daß das daher nicht dasselbe ist?« Als ich diese bedeutungslose Antwort hörte, begann ich zu lachen. Das Problem ist, ich stottere nur, ich verwechsle die Begriffe, ich habe eine schlechte Aussprache; und so endet meist alles in Gelächter.

Es überrascht nicht, daß die moderne Wissenschaftstradition noch immer viele Annahmen mit der Missionarskultur teilt, von der sie teilweise ihren Ausgang nahm. In einer Sprache, die der Pater Le Jeunes nicht unähnlich ist, haben Wissenschaftler des 20. Jahrhunderts die Vorstellungen der amerikanischen Ureinwohner über ihre Geschichte selbstsicher als »Aberglauben« abgetan und ihnen ihre empirische und »vernünftige« Version des »wirklichen Geschehens« entgegengesetzt. So werden etwa Hunderte von indianischen Ursprungsmythen einheitlich abgewiesen – es sei denn, sie enthalten ein paar Bröckchen »Fakten« über eine Migration oder ein Naturereignis – und durch die »bewiesene« wissenschaftliche Darstellung ersetzt. Ein hoch angesehenes Lehrbuch, Carl Waldmans *Atlas of the North American Indian*, gibt die allgemein akzeptierte Ansicht wieder:

> Nach Jahrzehnten der Vermutungen und unbegründeten Theorien über verschwundene europäische Stämme und verschwundene Kon-

tinente hält man es heute für »schlüssig«, daß die Menschen in der Zeit des Pleistozän aus Asien über die Landbrücke der Beringstraße, auch als Beringia bekannt, nach Nordamerika kamen. Im Millionen Jahre dauernden Pleistozän gab es vier Eiszeiten, mit Eiskappen, die sich von Norden nach unten erstreckten; sie waren durch Zwischeneiszeiten getrennt. Die Wisconsin-Eiszeit dauerte (in Entsprechung zur Wurm-Eiszeit in Europa) von etwa 90 000 oder 75 000 bis 8000 v. Chr. Man nimmt an, daß zu verschiedenen Zeiten des Wisconsin soviel Wasser eingefroren war, daß sich die Spiegel der Ozeane merklich senken und Land, das heute unter Wasser ist, freilegen konnten. Wo sich heute in der Beringstraße 56 Meilen Wasser von 180 Fuß Tiefe befinden, hätte sich damals eine Tundra von 1000 Meilen ausgedehnt und die beiden Kontinente verbunden. Die Inseln von heute wären überragende Berge gewesen. Das Großwild der Eiszeit könnte über die Landbrücke gewandert sein. Und das vordeste Raubtier unter ihnen – der speerschwingende Mensch – könnte ihnen gefolgt sein. Diese Paläo-Sibirier waren die ersten Indianer, die wirklichen Entdecker der Neuen Welt.

Tatsächlich ist die Landbrückentheorie – wie der Sioux-Schriftsteller Vine Deloria jr. in seinem jüngsten Buch *Red Earth, White Lies* schreibt – weit davon entfernt, »schlüssig« zu sein. Selbst nach den ihr zugrunde liegenden wissenschaftlichen Maßstäben ist sie voller Lücken und Zweideutigkeiten: So wurde das Alter einiger Artefakte und Überreste von Menschen in Mexiko auf mehr als 200 000 Jahre geschätzt, ein Alter, das nicht nur die Behauptung einer Einwanderung erster Menschen nach Amerika über die Beringstraße, sondern auch herrschende Vorstellungen über die menschliche Evolution in Frage stellen würde. Die Leistung ist gleichwohl beeindruckend: Da haben Wissenschaftler aus nur wenigen Bruchstücken von Daten eine verführerische Erzählung gebastelt, die fast durchgängig als Faktum akzeptiert wird. Das zeigt sowohl die Tatkraft westlicher Wissenschaft als auch das enorme Vertrauen, das wir ihr entgegenbringen.

Aber während Archäologen die Ursprungslegenden als eine Beschreibung amerikanischer Vorgeschichte *ersetzen*, können einige amerikanische Ureinwohner – gewohnt, mit anderen Völkern zusammenzuleben, deren Geschichten sich von den ihrigen unterscheiden – die wissenschaftliche Darstellung in die Ursprungslegende einbauen, ohne ihren Glauben aufzugeben. Alfonso Ortiz, der in einem Tewa-Dorf aufwuchs und dann an eine amerikanische Universität ging, um sich als Sozialwissenschaftler auszubilden, gibt ein gutes Beispiel für die Fähigkeit dieser doppelten Sichtweise:

> Meine Welt ist die Tewa-Welt. Sie ist verschieden von eurer Welt ... Archäologen sagen euch, daß wir vor mindestens 12 000 Jahren aus Asien über die Beringlandbrücke herüberkamen und uns über die beiden amerikanischen Kontinente ausbreiteten. Diese Archäologen haben unzählige Erdlöcher auf der Suche nach Speerspitzen, Knochen, Feuerspuren gegraben. Sie haben diese Objekte einer ausgeklügelten Datenanalyse unterworfen – um eine Hypothese oder ein Datum zu beweisen oder zu widerlegen. Ich kenne ihre Arbeit. Ich selbst bin in Sowjetasien gewesen und habe Höhlenmalereien und ein altes Zeremonialgewand gesehen, das einem in Amerika gefundenen bemerkenswert ähnlich war. Aber ein Tewa ist an der Arbeit von Archäologen nicht sonderlich interessiert.
>
> Ein Tewa interessiert sich für seine eigene Ursprungsgeschichte, weil sie alles enthält, was er über sein Volk wissen muß und wie man als Mensch leben sollte. Die Geschichte bestimmt unsere Gesellschaft. Sie sagt, wer ich bin, woher ich komme, sie zeigt mir die Grenzen meiner Welt und welche Ordnung in ihr herrscht; sie sagt, wie das Leiden, das Übel und der Tod in die Welt kamen und was mit mir nach dem Tod wahrscheinlich passieren wird ...
>
> Unsere Vorfahren kamen aus dem Norden. Ihre Reise kann nicht in Jahrhunderten gemessen werden, da sie sowohl eine Reise des Geistes als auch die Wanderung eines Volkes war. Die Tewa wissen nicht, wann die Reise nach Süden begann, noch wann sie endete, aber wir wissen, wo sie begann, wie sie vor sich ging und wo sie endete. Die historische Zeit geht uns nichts an, doch kennen wir bis in die kleinste Einzelheit die Merkmale der zwölf Stationen, an denen unsere Vorfahren anhielten.
>
> Wir weisen auf diese Orte hin, um zu zeigen, daß die Reise tatsächlich stattfand. Das ist der einzige Beweis, den ein Tewa fordert. Und

> jedesmal, wenn ein Tewa einen Ort erinnert, an dem sie anhielten, wie lange auch immer, wird jedes Merkmal der Erde und des Himmels und die Reise selbst wieder lebendig.

Zunehmend jedoch lehnen amerikanische Ureinwohner wie in einer Art Spiegelbild unserer eigenen Intoleranz die wissenschaftliche Darstellung insgesamt ab und insistieren – wie einige christliche Fundamentalisten – auf der wörtlichen und exklusiven Wahrheit ihrer Auffassungen. In einigen Gemeinden ist das Thema zu einer emotionsgeladenen Streitfrage geworden und hat aus der Akzeptanz der Ursprungslegende eine Art Talisman des kulturellen Stolzes und der Identität gemacht. Dieser Vorgang muß vor dem Hintergrund der jüngeren historischen Geschichte: der Erfahrung von Generationen von Indianern gesehen werden, deren Glaube, Sprache und Praxis lächerlich gemacht und oft brutal unterdrückt wurden.

Die Debatte hat jedoch auch eine wichtige rechtliche und politische Dimension. Wenn, wie die Archäologen meinen, die amerikanischen Ureinwohner zu einer bestimmten Zeit nach Amerika kamen und dann mehr oder weniger ständig herumzogen, wobei sie sich in die Quere kamen, gegenseitig veränderten und verdrängten, dann ist ihr Anspruch auf eine absolute Beziehung zu einem bestimmten Landstrich unterminiert. Dann sind sie mehr oder weniger auf denselben Immigrantenstatus wie alle anderen Nordamerikaner reduziert: Die europäische Invasion, die sie enteignete, war dann nur die jüngste der Wanderungswellen, die sie als erste nach Amerika brachte. Nicht nur, daß Archäologie und Ethnographie die Legitimität der indianischen Landansprüche zu schwächen scheinen, in bestimmten Fällen wurden sie auch gegen die Stämme eingesetzt: Gegner der Sioux-Kampagne zur Zurückgewinnung der Black Hills brachten zum Beispiel Material vor, das belegen sollte, daß die Sioux erst in den letzten drei Jahrhunderten in das Gebiet eingewandert waren, in dem zuvor andere Stämme gelebt hatten.

Doch die Implikationen der Ursprungskontroverse reichen noch tiefer. Der wissenschaftliche Blick gründet in unserer Kultur und unserem Weltbild. Er weist klare Parallelen zur Geschichte der

Genesis auf: Er macht die amerikanischen Ureinwohner, wie uns alle, zu Wanderern auf Erden, Exilanten des afrikanischen Eden, des Wohnortes der ersten Menschen. (Als Wissenschaftler zum ersten Mal die Hypothese von der Abstammung aller Menschen von einer einzigen weiblichen Vorfahrin aufstellten, tauften sie diese »Eva«.) Wie der biblische Bericht beschreibt dieser Blick mit großer Phantasie einen epischen Zug durch eine feindliche Wildnis und beschwört das Bild heroischer Gestalten in Felle gehüllt, die sich durch einen Schneesturm kämpfen, um einen neuen Kontinent zu erobern und sich dann nach Generationen in die unzähligen Gesellschaften des ursprünglichen Amerika aufzuspalten. Und wie alle guten Mythen bestärkt er unsere Grundwahrnehmung der Realität. Er bestätigt, daß Geschichte ein linearer Prozeß ist, dessen Sinn Veränderung heißt: Je mehr wir uns von unseren Anfängen entfernen, um so mehr Fortschritte machen wir und bezwingen sowohl eine fremde Welt als auch unsere eigene Unwissenheit und Unvernunft. Dabei lassen wir andere, weniger »entwickelte« Völker hinter uns: »barbarische Stämme« – in den Worten des englischen Historikers Hugh Trevor-Roper –, »deren Hauptfunktion in der Geschichte darin besteht ... der Gegenwart ein Bild der Vergangenheit zu zeigen, der sie, durch Geschichte, entkommen ist.«

Diese Vorstellung gibt uns eine Art Gradmesser für die Bestimmung des »Fortschritts« anderer Gesellschaften. Unsere Kultur – die Kultur der wissenschaftlichen Aufklärung, die in der christlichen Zivilisation wurzelt – steht an der Spitze der Stufenleiter und ist der (bislang) unangefochtene Gipfel aller Evolution: Unter uns erstrecken sich die tieferen Stufen, über die sich unsere Vorfahren unablässig emporgearbeitet haben. Diese Stadien sind objektiv bestimmbar – Jäger und Sammler, Ackerbauer, Gruppe, Stamm, Häuptlingstum, Staat –, und alle Völker gehören ihnen zu irgendeinem Zeitpunkt ihrer Geschichte an. Als »Begründer der modernen Anthropologie« hat es Edward Tylor 1871 wie folgt formuliert:

> [Mein] Maßstab bei der Beurteilung von Fortschritt oder Niedergang entspricht nicht dem Ideal von gut oder schlecht, sondern der

> einer graduellen Abstufung von Wildheit, Barbarei und Zivilisation. Ich möchte die Behauptung wagen, daß der Zustand der Wildheit gewissermaßen eine frühere Bedingung der Menschheit darstellt, aus der sich die höhere Kultur durch Prozesse, die noch immer gelten, nach und nach entwickelt oder herausgebildet hat, wobei das Ergebnis zeigt, daß sich der Fortschritt insgesamt gegen den Rückgang deutlich durchgesetzt hat.

Mehr oder weniger bestimmt diese Denkart noch immer die wissenschaftliche Literatur über die amerikanischen Indianer. In einigen Büchern, wie Peter Farbs *Man's Rise to Civilization*, bildet sie einen expliziten Rahmen für die Analyse und den Vergleich verschiedener Kulturen. In anderen liegt sie der These unausdrücklich, vielleicht unbewußt zugrunde. So kann zum Beispiel Harold Driver in seinem Standardlehrbuch *Indians of North America* schreiben: »Ein Vergleich des Tempos der Kulturentwicklung in der Neuen Welt mit dem der Alten Welt zeigt, daß sich die Kultur der amerikanischen Indianer von ihrer ersten Erscheinung an bis etwa 7000 v. Chr. schneller entwickelte ... Als die Indianer mit dem Ackerbau begannen ... lagen sie nur etwa zweitausend Jahre hinter dem frühesten Ackerbau in der Alten Welt ... Von dieser Zeit an jedoch fielen die Indianer zurück ...«

Wenn man von dieser Vorstellung eines vorbestimmten Entwicklungsmusters, eines evolutionären Zeitmaßes ausgeht, dann leben die amerikanischen Indianer gewissermaßen in unserer Vergangenheit. Unsere Reaktion darauf ist zutiefst ambivalent: Während wir sie für ihre Zurückgebliebenheit bemitleiden (und vielleicht verachten), sehen wir in ihnen zugleich wehmütig, ja sehnsüchtig die Überreste unserer eigenen verlorenen Unschuld. Wir studieren sie als Schlüssel für unsere eigene Geschichte; wir debattieren, ob ihre Primitivität Resultat von Umständen oder angeborene Minderwertigkeit ist; wir versuchen, ihnen bei der Erfüllung ihrer Bestimmung zu helfen, indem wir sie uns ähnlicher machen; wir entwenden ihrer Kultur Bruchstücke der Weisheit der Alten, die wir durch Ursünde oder Kapitalismus oder Patriarchat meinen verwirkt zu haben. Nur eines können wir nicht: Akzeptieren, daß sie unsere Zeitgenossen sind und mit uns in derselben Wirklichkeit leben.

Es wäre gewiß falsch, für diese Sicht nur die moderne Wissenschaft verantwortlich zu machen: Die Annahme, daß sich Europäer und amerikanische Ureinwohner auf verschiedenen Entwicklungsstufen befinden, liegt der europäischen Haltung seit den Zeiten des Kolumbus zugrunde. Jahrhundertelang hat sie die Gewißheit bestätigt, daß eine größere Kraft als wir (Gott, Geschichte, Evolution) die Europäer und Euro-Amerikaner dazu bestimmt – zum besseren oder schlechteren –, die Wildnis zu unterwerfen und den »Indianer« zu verdrängen. Und natürlich bestätigt sie unsere Überzeugung, daß unser Weltbild, unsere Auffassung von Zeit, Geschichte und Ursprung der Menschen, dazu bestimmt ist, die ihrige zu ersetzen. Von unserem olympischen Standpunkt auf dem Gipfel der Schöpfung aus kann es keine bleibende Koexistenz, keine Gleichheit zwischen der »objektiven« Realität, die wir wahrnehmen, und den Legenden »primitiverer« Menschen geben.

Wenn wir die Erfahrung der amerikanischen Ureinwohner verstehen wollen, müssen wir uns von der Tyrannei dieser Sichtweise in unseren Köpfen befreien.

2
Kontakt

Kolumbus' Ankunft auf den Westindischen Inseln nimmt in unserer Geschichte einen einzigartigen Platz ein. Schriftsteller und Historiker sprechen dem Moment eine überragende, fast heilige Bedeutung zu. Kaum ein anderes Ereignis inspiriert zu solchen Höhenflügen, wie sie etwa Samuel Eliot Morison unternimmt, wenn er über die letzten Stunden der Pinta, Santa Maria und Niña vor der Landsicht schreibt:

> Stampfend, schlingernd, sprühend eilen die Schiffe voran – weiße Wellen am Bug und weißes Kielwasser, das den Mond widerspiegelt ... Mit dem sechsten Glas der Nachtwache läuft auch ein Zeitalter aus, das mit der Morgenröte von Geschichte begann. Noch wenige Minuten und das Schicksal wird eine Sanduhr aufstellen, deren Verrinnen wir noch immer beobachten. Seit Christi Geburt ist keine Nacht für die Menschheit so bedeutungsvoll gewesen.

Seit den 40er Jahren dieses Jahrhunderts, als Morison diese Zeilen schrieb, haben Revisionisten dieses Bild von Kolumbus zunehmend in Frage gestellt: Seine Bedeutung sei überschätzt worden (er starb im Glauben, Asien erreicht zu haben, und hätte nicht er Amerika entdeckt, dann hätte es eben ein anderer getan), oder er sei eher ein berechnender Schurke als ein visionärer Held gewesen. Doch ließ sich am Mythos von der »Entdeckung« der Neuen Welt nur schwer rütteln. So benutzte 1994 etwa der Direktor einer prominenten Privatschule in Neuengland diesen Mythos als zentrales Motiv für einen bewegenden Essay über die Ziele der Erziehung:

> Wovon träumten die Indianer ... in der Nacht, bevor Kolumbus an Land ging? ... In dieser Nacht, bevor die Alte und die Neue Welt

> zusammenkamen, gab es Träume an Land und in der Pinta und der Niña. Und am folgenden Tag sollten sich die Dinge für immer ändern ... Unsere Aufgabe ist es, unsere Schüler darauf vorzubereiten, am Horizont Segel zu sehen, wo es einst nur Kanus gab.

Warum übt dieser historische Augenblick noch immer eine solche Macht über unsere Phantasie aus? Zum Teil, denke ich, weil er den Zusammenstoß zweier ungleicher und unvereinbarer Realitäten zu repräsentieren scheint. Auf der einen Seite Europa, streitsüchtig, chaotisch, dynamisch, schäumend vor Energie und Entdeckerdrang; auf der anderen Seite ein unbekannter Kontinent, ein riesiges Shangri-La, das Zehntausende von Jahren in einem Zustand der Betäubung verharrt hatte, außerhalb der Geschichte, abseits des Hauptstroms menschlicher Entwicklung. Was die Situation so schmerzlich und dramatisch macht, ist, daß noch keine der beiden Seiten ahnt, was wir heute wissen: daß eine von beiden Seiten dazu verurteilt sein würde, die andere zu unterwerfen und zu verdrängen. Ob sie es wollen oder nicht, wird ihre Begegnung dem fremden, schönen, zeitlosen Schlaf des indianischen Amerika ein Ende bereiten und zugleich einen neuen, unvorstellbaren amerikanischen Traum schaffen.

Jahrhundertelang hat uns diese Vision eines Amerika vor dem Kontakt – Vision eines zeitlosen, passiv »jungfräulichen Landes«, kaum geprägt von einer hauchdünnen Ureinwohnerschaft – nicht losgelassen und verlockt – bis dahin, daß wir aus dem Mythos – noch vor kurzem – eine anerkannte wissenschaftliche Tatsache gemacht haben. So konnte noch vor 25 Jahren der moderne Ökologe und Philosoph John Stewart Collis selbstsicher erklären, daß zu Beginn der europäischen Besiedlung

> ... der gesamte nordamerikanische Kontinent sechstausend Jahre hinter der europäischen Zivilisation zurücklag. Er war nur von Indianern bewohnt, nicht mehr als einer Million, während weite Strecken wilder Wiesen und Urwald überhaupt unbewohnt waren. Ein wildes, schönes, fruchtbares Land, das nur eine Million Indianer trägt – man kann es sich heute schwer vorstellen.

Dann fährt Collis mit einer Beschreibung der edlen Einfachheit des indianischen Lebens fort und mahnt uns

> ... erinnert euch ... an die Dinge, die sie nicht wollten, die Kleidung, die sie nicht trugen, die Gesetze, die sie nicht machten, die Güter, die sie nicht verkauften ... daran, wie sie in der Dunkelheit sehen konnten, wie sie flinker als Wildpferde rannten, wie sie von gleich zu gleich mit dem Adler rangen, wie sie über weite Entfernungen hören konnten, wie sie nackt, ohne Kälte zu spüren, in Schnee und Eis laufen konnten; wie sie von morgens bis abends mit der Natur zusammen lebten ...

Man sieht gleich, woran dieses Bild appelliert: Nicht viel anders als eine Ursprungslegende der amerikanischen Ureinwohner, befriedigt es in uns ein tiefes psychologisches Bedürfnis. Die evozierten Gefühle – bittersüße Wehmut über eine verlorene Welt der Unschuld und Harmonie, vermischt mit Stolz über die eigenen Errungenschaften – passen genau zu unserer widersprüchlichen Haltung gegenüber der Vergangenheit. Und indem es die Unterschiede zwischen der Alten und Neuen Welt unterstreicht, indem es ihr Zusammentreffen als Teil eines großen historischen Prozesses vorstellt, der nur ein Ergebnis haben konnte, bekräftigt es die Bedeutung unserer Vorfahren und entlastet sie zugleich von jeder persönlichen Verantwortung für das Geschehene.

Daß sich diese Vorstellung trotz aller überwältigenden Gegenbeweise – selbst im eingeschränkten Sinn des eigenen europäischen Weltbildes – erhalten hat, ist ein Zeichen ihrer ungeheuren Macht.

* * *

Entscheidend für Collis' Bild eines ursprünglichen Nordamerika ist die Annahme, es sei von »nicht mehr als einer Million« Indianer bewohnt gewesen. Wahrscheinlich entnahm er diese Zahl den Arbeiten des Anthropologen James Mooney, der 1910 den ersten ernsthaften wissenschaftlichen Versuch unternommen hatte, die Größe der amerikanischen Urbevölkerung zur Zeit der Kontaktaufnahme zu ermitteln. Gestützt auf frühe europäische Reiseberichte aus verschiedenen Teilen des Kontinents, kam er auf eine Gesamtzahl von 1,148 Millionen für ganz Nordamerika nördlich von Mexiko.

Von anderen Wissenschaftlern wurde dieser Schluß umgehend angezweifelt. Mooneys Abhängigkeit von europäischen Autoren machte seine Ergebnisse höchst fragwürdig: Man konnte nicht wissen, wie genau ihre Beobachtungen waren oder ob sie nicht sogar vorsätzlich logen. Mooney selbst scheint einige dieser Bedenken geteilt zu haben, da er in seiner Berechnung viele der in seinen Quellen angegebenen Zahlen reduzierte – manchmal bis zu 50 Prozent oder mehr. Mehr noch, da sich seine Schätzung der indianischen Bevölkerung auf den Augenblick bezog, in dem die Europäer den Indianern zum ersten Mal begegneten, kalkulierte sie die Auswirkung der europäischen Krankheiten, die der Grenze oft voraneilten und Jahre vor der ersten Berührung ganze Stämme dezimierten oder auslöschten, nicht ein. Allein für das östliche Waldland nimmt der Archäologe H. J. Spinden 1924 aufgrund der indianischen Grabhügel eine Bevölkerung von »mehreren Millionen« an.

Trotz dieser offensichtlichen Schwächen wurde Mooneys Zahl von führenden Experten des Fachs, unter ihnen vor allem der Pionier der amerikanischen Anthropologen A. L. Kroeber, übernommen. Anfang dieses Jahrhunderts nahm sie für viele Autoren und Wissenschaftler – darunter eben auch Stewart Collis – den Rang einer akzeptierten Tatsache ein.

Zweifellos steht eine Schätzung der indianischen Bevölkerung Amerikas im Jahre 1492 vor fast unüberwindlichen Schwierigkeiten: Das Material ist schrecklich dünn gesät, unvollständig und läßt die verschiedensten Interpretationen zu. Ernst zu nehmende Wissenschaftler aus verschiedenen Fachrichtungen, die sich guten Glaubens des Gegenstands annahmen, sind zu erstaunlich widersprüchlichen Ergebnissen gekommen, die oft 100 oder gar 1000 Prozent auseinander liegen. Es lohnt sich jedoch zu fragen, warum ausgerechnet Mooneys Zahl – die bei weitem niedrigste »respektable« Schätzung – zur einzig maßgeblichen avanciert sein sollte.

Einen Teil der Antwort liefert einer der ersten modernen Forscher auf diesem Gebiet, Henry F. Dobyns: »Die Vorstellung der Sozialwissenschaftler von der Größe der nordamerikanischen Urbevölkerung bestimmt unmittelbar ihre Interpretation der Zivilisationen und Kulturen der Neuen Welt.« Wie der Historiker Francis Jennings zeigt, bleibt diese Aussage auch in ihrer Umkehrung wahr. Traditionell neigen wir dazu, dichte Bevölkerungen mit »fortgeschrittenen Zivilisationen« und spärliche Bevölkerungen mit »primitiven Kulturen« zu assoziieren: Je geringer daher die Meinung von den kulturellen Errungenschaften der amerikanischen Ureinwohner, desto kleiner wahrscheinlich ihre geschätzte Zahl. Collis' Behauptung, daß es »nicht mehr als eine Million« Indianer gab, hängt eng mit seiner Überzeugung zusammen, daß sie »sechstausend Jahre hinter der europäischen Zivilisation zurücklagen«.

Was die Frage der indianischen Ursprünge betrifft, spielt hier ein starkes (obwohl oft uneingestandenes) politisches Moment hinein. Oft sind Liberale eher bereit oder sogar erpicht zu akzeptieren, daß die europäische Besiedlung das Leben Millionen amerikanischer Ureinwohner kostete, während sich Konservative eher an die Vorstellung klammern, daß es nur eine kleine, »zurückgebliebene« präkolumbische Bevölkerung gab – eine Vorstellung, die nicht nur geeignet ist, das Ausmaß der menschlichen Tragödie zu verringern, sondern auch den Triumph der europäischen Kultur unvermeidlicher und, letztlich, wünschenswerter erscheinen zu lassen. Es ist kein Zufall, daß eine wachsende Infragestellung der amerikanischen Geschichte im Jahrhundert nach der endgültigen militärischen Unterwerfung der Indianer – und vor allem während der letzten 35 Jahre – mit einem zunehmenden Respekt für die Kulturen der amerikanischen Ureinwohner und einer Korrektur der Bevölkerungsgröße nach oben zusammengeht.

Neuere Wissenschaftler haben Mooneys Rechnung nicht nur kritisiert, sondern auch neue Ansätze zur Lösung des Problems vorgelegt. Eine Methode schätzt die Aufnahmekapazität eines bestimmten Gebiets vor dem Hintergrund der damals verfügbaren Technologie; eine andere geht vom Tiefstpunkt der Bevölkerung am Ende des 19. Jahrhunderts aus und zieht Informationen über die Auswirkung der europäischen Besiedlung andernorts für die Schätzung der Niedergangsrate in Nordamerika heran und versucht von dort, auf eine Zahl vor dem Kontakt zurückzuschließen.

Auch wenn es noch keinen Konsens gibt, so stimmen doch die meisten Forscher darin überein, daß die Bevölkerung um ein Vielfaches größer gewesen sein muß als Mooneys geschätzte Million. Vor allem glauben heutige Wissenschaftler, daß die Epidemien der europäischen Krankheiten unter den Ureinwohnern weit verheerender gewirkt haben, als angenommen. Jüngste wissenschaftliche Schätzungen der präkolumbischen Bevölkerung bewegen sich zwischen über zwei und 18 Millionen, doch dürfte Russell Thorntons Summe von sieben Millionen oder mehr einem allgemeinen Konsens am nächsten kommen. Zusammen mit den weit höheren Zahlen für Mexiko, Mittel- und Südamerika mit ihren großen und bevölkerungsreichen Agrargesellschaften ergibt sich für die westliche Hemisphäre eine Gesamtheit von 75 bis 100 Millionen (verglichen mit etwa 70 Millionen für Europa). Somit könnte 1492 einer von fünf Menschen ein amerikanischer Ureinwohner gewesen sein. Mit Collis' jungfräulicher Wildnis dürfte diese Welt sehr wenig zu tun gehabt haben.

* * *

Das Amerika von 1492 zu rekonstruieren, ist extrem schwer. Schriftliche Dokumente waren unter den amerikanischen Ureinwohnern nördlich von Mexiko unbekannt; viele ihrer Kulturen – darunter die meisten, die unter der vollen Wucht der ersten Kontakte an der Atlantikküste zu leiden hatten – sind heute erloschen. Mit Hilfe einer Kombination ethnographischen und archäologischen Materials, europäischer Berichte und kleiner Fragmente der indianischen mündlichen Geschichte läßt sich jedoch wenigstens im Ansatz ein allgemeines Bild zeichnen, das sowohl Wissenschaftlern wie Ureinwohnern als einigermaßen zutreffend erscheint.

Was hier vielleicht am meisten verblüfft, ist die ungeheure kulturelle und gesellschaftliche Vielfalt des Amerika der Ureinwohner. Ende des 15. Jahrhunderts gab es in den heutigen Vereinigten Staaten und Kanada wahrscheinlich mehr als 600 autonome Gesellschaften mit eigener Lebensweise. Ein Gradmesser für diese Vielfalt ist die Sprache: Im Unterschied etwa zu Europa, wo die meisten Sprachen auf eine einzige indo-europäische Quelle zurückverfolgt werden können, gehen die Wissenschaftler in Nordamerika nördlich von Mexiko von vielleicht zwölf ganz verschiedenen und offensichtlich unzusammenhängenden Sprachgruppen aus, die manchmal weiter auseinander lagen als das Englische und das Chinesische.

Zu einem großen Teil spiegelt die große Bandbreite der Kulturen die riesige geographische und klimatische Vielfalt Nordamerikas wider. Auf einem Satellitenfoto des Kontinents von 1492 könnte man an der Spitze von Alaska und Kanada einen schmalen Rand arktischer Tundra sehen: Hier wohnten Inuit (Eskimo), die vom Fischen und Jagen der Meeressäugetiere lebten. Weiter südlich, noch zu kalt für eine Landwirtschaft, lag ein ausgedehnter Nadelwald, der den größten Teil des kanadischen Ostens bedeckte und in das nördliche Neuengland hinunterreichte: Dort folgten nomadische Jäger wie die Innu, Creek und Dene den jahreszeitlichen Wanderungen der Karibu, Elche und anderer Wildarten. Noch weiter südlich, in den Prärien des südlichen Kanada und in einem großen Keil durch die Mitte der Vereinigten Staaten, gab es ein großes Flach- und Graslandgebiet, in dem Bisonherden – insgesamt vielleicht 60 Millionen oder mehr Tiere – umherzogen. Auch hier waren die Trockenheit des Landes und die extreme Kälte des Winters der Landwirtschaft nicht förderlich, und die meisten Menschen lebten weiterhin von Jagd, obwohl einige Gruppen im Westen des Gebiets mit dem Anbau von Mais und anderen Feldfrüchten begonnen hatten und sich nur für eine bestimmte Zeit des Jahres in die Prärie wagten.

Diese mittleren und nördlichen Regionen des ursprünglichen Amerika kommen Collis' Bild (und dem vieler anderer) noch am nächsten: Weite Landstriche, deren spärliche Bewohner – kleine Jägergruppen – in der Landschaft keine dauerhaften Spuren hinterließen. Sogar hier jedoch gab es noch eine beträchtliche Vielfalt: Jede Gruppe hatte ihre lokalspezifische Lebensform entwikkelt und ihre charakteristischen Werkzeuge, Fertigkeiten, Lieder, Geschichten und Tänze hervorgebracht.

Anderswo jedoch ändert sich das Bild erheblich. Jenseits der Rocky Mountains, in Kalifornien und im größten Teil Oregons, begünstigten eine üppige Landschaft und ein gemäßigteres Klima eine ungleich dichtere Bevölkerung, die hauptsächlich vom Sammeln wilder Pflanzen lebte. Weiter nördlich, entlang der Pazifikküste von Washington State bis Alaska, waren die Nootka, Haida und Kwakiutl, deren Leben sich um die riesigen Lachsschwärme abspielte, die jeden Frühling zum Laichen flußaufwärts schwammen. In diesem Gebiet waren die Naturressourcen so verschwenderisch, daß die Indianer der Nordwestküste in festen Dörfern leben und komplexe, hierarchische Gesellschaften mit einem reichen Zeremoniell entwickeln konnten. Sie bauten solide Plankenhäuser (manche davon 18 Meter lang), flochten aus Zedernrinde Decken, Kleider und Körbe und entwickelten einen unverwechselbaren Stil des Holzschnitts: Ihre komplizierten, hell angemalten Holzmasken, Kisten, Häuserfronten und »Totempfähle«, dekoriert mit den Gestalten von Tieren und übernatürlichen Wesen wie dem Donnervogel, sind vielleicht die bekanntesten Bilder der indianischen Kunst Nordamerikas.

Auf der anderen Seite des Kontinents erstreckte sich in einem breiten Band an der Ostküste vom Golf von Mexiko bis nach Neuengland eine feuchte Region aus Bergen, Tälern und Küstenebenen, die von einem dichten Laub- und Nadelwald bedeckt war. Auch wenn die Jagd und – vor allem an der Nordküste des Golfs – der Fischfang wichtig blieben, waren die Menschen dieser Region mehrheitlich Bauern, die in festen Städten und Dörfern lebten und in ihren Gärten Mais, Bohnen, Kürbis und anderes Gemüse anpflanzten. Das gesellschaftliche Leben war hoch organisiert und drehte sich um jahreszeitliche Zeremonien und Rituale, wie den »Grünkorntanz«; auf Sporttätigkeiten, wie Lacrosse oder »Stockspiel«, wurde großes Gewicht gelegt. In manchen Gegenden schlossen sich mehrere Stämme oder Gemeinden zu größeren Konföderationen zusammen: so die Liga der Fünf (später Sechs) Nationen im Norden oder die Powhatan und Creek weiter südlich, die jeweils 60 000 oder mehr Menschen gezählt haben dürften.

Im heißen trockenen Hügel- und Flachlandgebiet Arizonas und Neu Mexikos schließlich lebten mehrere Kulturen nebeneinander: halbnomadische Völker wie die Navajo und Apachen; Wüstenbauer und Nahrungssammler wie die Tohono O'odham und die Pima; und die Tewa, Zuñi und andere Pueblo, die kompakte, gut beschützte Städte aus Lehmziegelhäusern bauten und von einer erfindungsreichen Form der Landwirtschaft lebten, die ihnen die höchste Bevölkerungsdichte nördlich von Mexiko einbrachte. Die Wüstenstämme entwickelten eine großartige, hell gemusterte Korbflechterei und Töpferei, und besonders die Pueblo (wie die bäuerlichen Stämme weiter östlich) folgten einem jährlichen Zyklus von Zeremonien, in denen das Drama ihres Ursprungs von prachtvoll gekleideten Tänzern wiederaufgeführt wurde.

Diese höchst selektive Darstellung kann die Bandbreite der Gesellschaften der amerikanischen Ureinwohner nur andeuten: Insgesamt haben die Anthropologen etwa elf »Kulturgebiete« mit jeweils Hunderten von lokalen Variationen ausgemacht. Doch bei allen Differenzen scheinen die meisten Gruppen amerikanischer Ureinwohner einige Merkmale geteilt zu haben, die sie scharf von europäischen Kulturen abhoben und ihre Erfahrung nach dem Kontakt bestimmten.

So verfügte nur eine kleine Minderheit über Metallwerkzeuge oder -waffen (meistens Kupfer), auch wenn einige Völker – vor allem im Süden mit seinem starken mexikanischen Einfluß – Gold, Silber und Kupfer zur Verzierung benutzten. Stein, Knochen, Holz und Obsidian wurden zu Speer- und Pfeilspitzen, Messern und Schrappern verarbeitet, doch waren sie nicht haltbar genug, um die Landschaft so zu prägen wie Eisen und Stahl. Zur Modifizierung ihrer Umwelt verließen sich die amerikanischen Ureinwohner daher ganz auf das Feuer, das sie zur Rodung des Waldes, zur Treibjagd und – in einigen Gegenden – zur Schaffung großer, parkähnlicher Räume (die die besondere Aufmerksamkeit früherer europäischer Beobachter erregten) nutzten, um Hirsche und anderes Wild anzulocken.

Ein zweiter, damit zusammenhängender Faktor war das Fehlen

großer Haustiere in Nordamerika, was bedeutete, daß die amerikanischen Ureinwohner, anders als die Europäer mit ihrer »intensiven« Landwirtschaft des Pflügens und Düngens, ein Gebiet ein paar Jahre »extensiv« kultivierten und dann weiterzogen, um den Boden sich erholen zu lassen. Die meisten Gruppen – Jäger und Sammler wie auch Ackerbauer – betrachteten Land als eine gemeinsame Ressource und nicht als Rohstoffmarkt, der besessen werden kann. Stämme und Familien hatten das Recht, an bestimmten Plätzen zu jagen, zu fischen oder Feldfrüchte anzupflanzen. Die Vorstellung eines abgezäunten Stück Landes im exklusiven Eigentum eines einzelnen wäre den meisten, wenn nicht allen amerikanischen Ureinwohnern, höchst fremd erschienen.

Die indianische Haltung dem Land gegenüber war Teil einer breiteren, fundamentalen Realitätsauffassung, die dem gesamten Leben zugrunde lag. Obwohl auch hier wieder Mythologie und Ritual starke lokale Abweichungen kannten, gab es wichtige gemeinsame Elemente. Das wichtigste verkörperte vielleicht der Glaube an eine heilige Macht: die Vorstellung, daß alles im Universum miteinander verbunden war und eine geistige Kraft oder Energie besaß, die das Leben der Menschen und aller anderen Lebewesen beeinflussen konnte. Die Erlangung von Macht und von Beistand mächtiger Wesen war absolut lebenswichtig: für Jagderfolg, reiche Ernte, Gesundheit, gedeihende Kinder und Sieg im Kampf. Aber Macht war auch gefährlich. Durch Fehltritte oder Nachlässigkeit konnte man die Geister allzu leicht beleidigen: Dann versickerte die Nahrungsquelle, die Familie wurde krank oder die eigene Gemeinschaft wurde besiegt. Und es gab immer die Möglichkeit, daß Feinde Macht gegen andere wendeten und jemanden krank machten oder in Gestalt eines Wolfes oder eines Bären erschienen, um jemanden zu belästigen oder anzugreifen.

In Gesellschaften, in denen die Kultur mündlich weitergegeben wird, sind Erfahrung und Denken in Geschichten und Legenden eingebettet. Oft liefern sie den Schlüssel für die Wahrnehmungsweise eines Volkes. Fast jede Gruppe amerikanischer Ureinwohner kennt zahlreiche Geschichten von einem Trickster, meistens ein Kojote – Schlaglicht auf eine Welt, die ständig am Rande des

Wunders und Verderbens schwebt. Wie der Clown in anderen Kulturen ist der Trickster oft faul, lüstern, feige und betrügerisch. Weil er die Autorität mißachtet und Tabus bricht, bringt er die Leute zum Lachen. In vielen Stämmen ist er aber auch ein Heros oder Schöpfer, der die Wirklichkeit, in der die Menschen leben, geprägt hat. Indem er seine Gestalt wechselt, um einen Ahnungslosen zu überlisten oder mit der Frau eines anderen zu schlafen; indem er geniale Pläne ausheckt, um einen Gegner auszutricksen und dann – manchmal – selbst ausgetrickst zu werden, bringt der Trickster die Spontaneität und Unberechenbarkeit einer fließenden Welt treffend zum Ausdruck.

Wir neigen dazu, dieses Weltbild als »animistisch« oder »primitiv« zu klassifizieren, doch ist es in vieler Hinsicht mit religiösen Traditionen vergleichbar, die wir ansonsten als »fortgeschritten« zu bezeichnen pflegen, insbesondere die Chinas und Indiens. Nach John Snelling betont zum Beispiel der Buddhismus die »dynamische Natur der Existenz ... Ständig versuchen wir, den dynamischen Weltentanz, der eine Einheit ist, in getrennte ›Dinge‹ zu zerschlagen, die wir dann zu Gedanken einfrieren. Doch beharrlich entzieht sich der Weltentanz der Fragmentierung und Einfrierung. Er wirbelt weiter, von Augenblick zu Augenblick wechselnd, und lacht über unsere jämmerlichen Versuche, ihn dingfest zu machen.«

Mit dieser ungewissen, aber wunderbaren Welt werden die amerikanischen Ureinwohner mit Hilfe von Ritualen und Zeremonien fertig. Meist war das Ritual das Geschenk einer gütigen Gottheit, die es im Anfang den Menschen gebracht hatte, oder es wurde von einem Kulturheros auf der Reise in eine andere Wirklichkeitsdimension oder -stufe erworben. (Viele Kulturen glaubten an eine parallel zu dieser Welt existierende obere oder untere Welt, die von Wesen mit entsprechender Macht aufgesucht werden konnte.) Durch Befolgung von Vorschriften konnten sich die Menschen der Gunst und Unterstützung mächtiger Geister versichern. Doch ging es hier um weit mehr als um bloße Befriedigung unmittelbar physischer Bedürfnisse. Da alles in der Welt miteinander verbunden war und da die Menschen im Mittelpunkt von allem standen, regelten die Rituale nicht nur deren Beziehung zum Heiligen und zu anderen Lebewesen, sondern hielten auch die Gesamtheit der natürlichen Ordnung aufrecht.

Eine zentrale Vorstellung unter den Völkern der Ostküste und – in variierter Form – auch anderer Teile des Kontinents bildeten die geistigen »Herren« (oder »Wächter« oder »Besitzer«) der Tiere, die das Wild, von dem die Jäger als Nahrung abhingen, kontrollierten. Einen Hirsch oder ein Rebhuhn zu töten, bedeutete an sich noch keine Verminderung des Bestandes, da – wie die Anthropologin Ruth Underhill sagt – die Tiere »nicht richtig starben. Sie warfen nur ihr Fell oder ihre Federn ab und kehrten in ihre Heimat zurück.« Wenn aber das Wild in der falschen Weise oder ohne das entsprechende Ritual getötet, das Fleisch respektlos behandelt, vergeudet oder in der Gruppe nicht großzügig genug verteilt wurde, wurden die Herren der Tiere zornig und hielten in Zukunft die Nahrung zurück. In den Worten eines älteren Innu-Jägers in Labrador, dessen Familie noch immer größtenteils von Jagd lebt:

> Wenn eine Tötung stattgefunden hat, gibt der Jäger das, was er getötet hat, weg. Dann wird dieselbe Art von Tier noch einmal getötet ... Ich bin mein ganzes Leben lang Jäger gewesen und habe mich stets um das, was ich getötet habe, gesorgt. Ich habe immer geteilt, was ich tötete. So muß es sein – die Herren der Tiere wollen es so. Es ist genau so, wie Karipuru kassi kueu [der Herr aller Tiere] es will.

Für Gruppen wie die Innu und ihre Nachbarn, die Creek, die gänzlich von der Jagd abhingen, war das Zufriedenstellen der Herren durch Rituale – wie mukushan (ein heiliges Mahl aus Knochenmark und Wildfett) – und die Versicherung ihrer Hilfe durch Träume und Visionen für das Überleben entscheidend. Und selbst bei den Cherokee und Irokesen, die in der Hauptsache von Landwirtschaft lebten, war die Aufrechterhaltung einer richtigen Beziehung zur Tierwelt nicht nur für die Nahrung unverzichtbar, sondern auch für das geistige Wohlergehen der Gemeinde.

Auch die Landwirtschaft kannte natürlich ihre Rituale. Während die Jagd gemeinhin Domäne der Männer war, lag der Anbau in der Hand der Frauen, die in vielen Fällen sowohl das Land kontrollierten als auch die meiste Arbeit taten. Wie bei vielen Völkern in der Welt sahen die Ackerbau treibenden amerikanischen Ureinwohner einen engen Zusammenhang zwischen weiblicher Fruchtbarkeit und Fruchtbarkeit des Bodens. (Tatsächlich war die Vorstellung der Erde als Mutter vielen Stämmen, auch nicht Ackerbau treibenden, gemeinsam.) Blaue Kornfrau und Weiße Kornfrau, die Kulturheroen der Tewa (und anderer Pueblo), die den Menschen zuerst den Mais brachten und die in zahlreichen Ritualen und Tänzen gefeiert werden, tauchen in den Mythologien vieler anderer Ackerbau treibenden Stämme auf. Die Cherokee-Kornfrau Selu zum Beispiel, die Korn aus ihrer Achselhöhle und Lende herauskratzen konnte, wurde von ihren Söhnen als Hexe getötet. Doch bevor sie starb, versprach sie, in Gestalt des Korns bei den Menschen zu bleiben, solange diese ihr durch den Grünen Korntanz und andere Zeremonien Ehre erwiesen.

In vielen Gesellschaften, vor allem unter den Ackerbau treibenden Stämmen, wurden die Welten der Frauen und Männer strikt getrennt gehalten: Eine Vermischung, besonders während der Menstruation einer Frau, würde ihre jeweilige Macht unterminieren oder verunreinigen. Es gab auch andere Grenzen, die nur mittels Ritual überschritten werden konnten: Riten, die Übergänge markierten – wie Geburt, Pubertät, Heirat und Tod – und Übergänge von Frieden zu Krieg, wenn die Männer zu Kriegern wurden und Zugang zu den Machtquellen gewannen. In einer Welt ohne feste Grenzen, in der Identität eher kulturell als ethnisch oder über nationale Grenzen hergestellt wurde, konnte das Ritual auch dazu benutzt werden, Außenstehende in Gruppenmitglieder zu verwandeln. Viele Gesellschaften adoptierten Gefangene, besonders Frauen und Kinder, in ihre eigene Gemeinde und gaben ihnen manchmal Namen und Aufgaben einzelner gestorbener Stammesangehöriger.

Im Zentrum dieser rituellen Welt stand die Vorstellung der wechselseitigen Abhängigkeit und des Gleichgewichts. Die Menschen nahmen von den Tieren entgegen, revanchierten sich jedoch mit Gesten des Respekts und gaben schließlich ihre Körper dem Boden zurück, um neue Generationen von Lebewesen aufkommen zu lassen. Das gesellschaftliche Leben, insbesondere Abmachungen zwischen verschiedenen Gruppen, drehte sich um einen sorgfältig ausgedachten Gabentausch, der gegenseitige Anerkennung und Wohlwollen symbolisierte, aber subtil auch das relative Machtverhältnis ausdrückte. Den gleichen Sinn für Balance scheint auch in den Kriegen geherrscht zu haben, die selten zur Auslöschung oder Enteignung des Gegners unternommen wurden. In den Worten eines zeitgenössischen Historikers der amerikanischen Ureinwohner, Nanepashemet:

> Wenn zwei Ureinwohnergemeinden gegeneinander in den Krieg zogen, gab es bestimmte Einschränkungen ihres Handlungsspielraums. Man konnte sich als geschädigte Partei betrachten, die ihre Beziehung (zu einem Nachbarn, mit dem sie uneinig war) wieder ins Lot bringen wollte. Sehr geachtet wurde auf Verhältnismäßigkeit: Der Feind sollte nicht mehr als notwendig geschädigt werden. Auch war es Ehrensache, keinen der Feinde unbedingt zu töten, sondern ihn aus dem Feld zu schlagen oder zu entmutigen oder wenigstens zu beschämen ... um in Ruhe gelassen zu werden.

Um alle Elemente dieses Komplexes in der richtigen Beziehung zueinander zu halten, bedurfte es einer ständigen Anstrengung und Aufmerksamkeit. Fast jede Gruppe besaß Spezialisten – Schamanen oder Priester –, die durch Erfahrung oder Ausbildung die Fähigkeit erlangt hatten, in den Kern der Wirklichkeit einzudringen, neue, wirksamere Mittel der Machterlangung zu verordnen und bei Mißgeschicken die Ursache zu bestimmen. Oft wurden Probleme wie Krankheit, Hunger oder Unterlegenheit im Krieg der fehlenden Ausübung notwendiger Rituale zugeschrieben; dann forderten geistige Führer die ganze Gemeinde auf, zu den ursprünglichen Lehren, die sie »im Anfang« empfangen hatte, zurückzukehren.

Als Beweis dafür, daß die Gesellschaften der amerikanischen Ureinwohner, weit davon entfernt, in einer stagnierenden Vorgeschichte zu verharren, offen, vital und dynamisch waren und voneinander, pragmatisch, neue kulturelle Praktiken übernahmen, weisen Anthropologen auf die vielen Ähnlichkeiten in Glauben,

Mythologie und Zeremonie unter den verschiedenen Völkern hin. Diese Annahme findet Bestätigung in dem weitläufigen Handelsnetz, das so weit entfernte Gebiete wie Mexiko und das moderne Kanada miteinander verknüpfte und sicherlich nicht nur Materialien und Werkzeuge, sondern auch Menschen und Ideen über den Kontinent hin und her bewegte.

Noch ein letztes, entscheidendes Merkmal war den Völkern der westlichen Halbkugel 1492 gemeinsam: Sie besaßen so gut wie keine Widerstandskraft gegen eine ganze Palette von Krankheiten, die sich unabhängig in der Alten Welt entwickelt hatten – von gewöhnlicher Erkältung und Masern bis hin zu Pocken und Beulenpest.

* * *

Natürlich fällt es uns einfacher, das Europa Kolumbus' zu rekonstruieren, als das ursprüngliche Amerika wieder erstehen zu lassen. Immerhin besitzen wir schriftliche Zeugnisse aus dieser Zeit und sind mit den Menschen, die sie verfaßten, durch eine ungebrochene kulturelle Tradition verbunden. Gleichwohl erfordert das sich Einleben in ihre Perspektive immer noch eine beträchtliche Phantasieanstrengung. Ein Globus ohne westliche Halbkugel ist merkwürdig schief; eine Nahrung ohne Tomaten, Kartoffeln und Mais und eine Geschichte ohne die Vereinigten Staaten ist fast unvorstellbar. Viele unserer Lebensgrundlagen sind in den letzten 500 Jahren geschaffen worden: Es fällt schon schwer, viele von ihnen überhaupt zu identifizieren, geschweige denn, sie aus unseren Köpfen wegzudenken.

Verglichen mit heute war Europa 1492 dünn besiedelt – die britischen Inseln zum Beispiel hatten wahrscheinlich eine Bevölkerung von etwa fünf Millionen, weniger als ein Zehntel der heutigen Einwohnerschaft. Da die meisten Leute auf dem Lande lebten und über relativ wenige Kontakte verfügten, verbrachten sie ihr Leben wahrscheinlich in der Nähe ihres Geburtsortes und identifizierten sich mit ihrer Region oder Gemeinde ebenso wie mit ihrem Land. Trotz der Differenzen in Sitte und Tradition war Europa weit homogener als das ursprüngliche Amerika. Die Menschen auf dem Kontinent lebten überwiegend von Landwirtschaft. Ihr Alltag drehte sich meist um die gleichen Tätigkeiten: pflügen, säen, Äcker bestellen, ernten, Vieh züchten und schlachten. Die Technik war allen gemeinsam und basierte auf Zugtieren und Eisengerät. Sozialstruktur und politische Institutionen richteten sich durchgängig nach dem Modell des Königtums und feudaler Verpflichtung. Und dazu übte die katholische Kirche ihre zentripetale Wirkung auf ganz Westeuropa aus: Durch eine gemeinsame religiöse Weltauffassung und eine Verkehrssprache, die der Verwaltung eine grenzüberschreitende Kommunikation von Skandinavien bis zum Mittelmeer erlaubte, brachte sie verschiedene Völker in einer genuin kontinentalen Kultur zusammen.

Die Macht der Kirche wurzelte in einer gemeinsamen historischen Erfahrung. Die meisten Westeuropäer lebten in den Ruinen des römischen Reiches und waren Nachkommen entweder der unterworfenen Völker oder der »barbarischen« Stämme, die 1000 Jahre zuvor die Verteidigungslinien des Reiches durchbrochen hatten. Die Kirche, die sich als direkte Erbin des konstantinischen Reiches ansah, hielt die römische Vormachtstellung in Europa aufrecht und stellte einen ausdrücklichen Zusammenhang zwischen Christentum und römischer Zivilisation her. Dies sollte einen bestimmenden Einfluß auf die Art und Weise haben, in der sich, zumindest die Elite, in bezug auf nicht-europäische – vor allem nicht-christliche – Gesellschaften definierte.

Für die Europäer war die wichtigste nicht-christliche Kultur natürlich der Islam. Im 7. und 8. Jahrhundert zogen arabische Invasoren durch die iberische Halbinsel und über die Pyrenäen, um schließlich in der Schlacht von Poitiers durch Charles Martell aufgehalten zu werden – ein legendärer Sieg in der christlichen Welt. Auch wenn sie aus Frankreich vertrieben worden waren, verblieben die Moslems in großen Teilen Spaniens und gründeten 756 einen islamischen Staat.

Der Islam und das mittelalterliche Christentum waren sich in vieler Hinsicht sehr ähnlich. Beide waren militante Religionen mit Wurzeln in den jüdischen Traditionen des Mittleren Osten (die Moslems, die gegenüber den Christen im allgemeinen toleranter waren als umgekehrt, erkannten diese Verbindung an: sie sahen in Christus einen Propheten und akzeptierten Juden und Christen als »Völker des Buches« wie sie selbst; beide glaubten, daß sie eine universale und ausschließliche Wahrheit, von Gott offenbart, besaßen, die sie der Menschheit überbringen wollten; beide waren Glaubenskrieger, erfüllt von Märtyrertum. Der sich lange hinziehende Kampf zwischen beiden Gruppen, der diese Tendenzen auf beiden Seiten verstärkte, prägte die europäische Wahrnehmung der Welt jenseits der Grenzen und die Art des Umgangs mit ihr.

Im Kampf gegen die moslemische Herrschaft in Spanien stellten die christlichen Militärbefehlshaber von Aragonien, Kastilien und Leon Trupps harter und gut ausgebildeter Soldaten auf, die bald zur gefürchtetsten Streitmacht Europas wurden. Ihr unnachgiebiger religiöser Fanatismus spiegelte die moslemische Idee eines »Heiligen Krieges« wider; und es war das spanische Beispiel, das die anderen christlichen Mächte inspirierte, das Heilige Land von der türkischen Herrschaft zu befreien, als die türkischen Ottomanen 1071 Byzanz angriffen, Armenien besetzten und das östliche Mittelmeer hinunterfuhren, um Palästina und Jerusalem zu erobern.

Letztlich waren die Kreuzzüge für die Europäer eine ernüchternde Erfahrung: Trotz zeitweiliger Erfolge fehlte ihnen die Stärke, logistische Fähigkeit und der nötige Reichtum, um ein mächtiges und selbstsicheres islamisches Reich, das sich im Zentrum der zivilisierten Welt fühlte, zu verdrängen. Die Ottomanen bauten ihre Macht weiter aus, bis sie 1453 schließlich selbst Konstantinopel nehmen konnten und große Teile Osteuropas unter moslemische Herrschaft brachten.

Die Auswirkung der Kreuzzüge war paradox: Auf der einen Seite verstärkten sie bei den Christen das Gefühl der physischen und metaphysischen Unsicherheit und führten zu einer Haltung gegenüber dem Islam (und anderen Kulturen), die heute paranoid zu sein scheint; auf der anderen Seite erweiterten sie den Horizont, regten den Handel an und führten eine ganze Reihe neuer Produkte – Zitronen, Zucker, Reis, Gewürze und Seide – ein, so wie sie auch ein Bewußtsein für die arabische Wissenschaft und Medizin entwickelten.

Währenddessen war der Feldzug gegen die Moslems in Spanien von mehr Erfolg gekrönt. Am Ende des 13. Jahrhunderts hatte

Kastilien das islamische Andalusien erobert und nutzte den Seehafen von Sevilla – lange Zeit eine wichtige Verbindung zu Afrika – als Basis für Handel und Entdeckungsreisen, wie auch für Expeditionen gegen die arabischen Kernländer auf der anderen Seite des Mittelmeers. 1496 führte die Heirat von Ferdinand und Isabella Kastilien und Aragonien zusammen, und mit vereinten Kräften konnte der Sieg über die Mauren vervollständigt werden. Im Januar 1492 – einer der Zeugen hieß Cristoforo Colombo – ergab sich der letzte maurische König den Spaniern: Ohnmächtig mußte er zusehen, wie sie ihre Banner aufpflanzten und ein riesiges silbernes Kreuz über seiner Stadt errichteten.

Mit der Vertreibung der Araber (und, kurz danach, der Juden) hatten die Spanier endlich erreicht, wofür sie mehr als sieben Jahrhunderte gekämpft hatten. Während dieser Zeit hatten sie eine furchterregend brutale und leistungsstarke militärische Kultur entwickelt, die sich plötzlich ohne Aufgaben fand. Voller Selbstvertrauen und religiöser Triumphgefühle, aber nicht ohne einen dunklen Unterton, getragen von Angst und Paranoia, blickten sie sich nach neuen Ländern zur Eroberung um. Wie Francisco López de Gómara 1523 schrieb, »begann die Eroberung Ost-Indiens, als die der Mauren vorüber war«.

Bereits 1490 hatten die Spanier mit der Kolonisierung der Kanarischen Inseln begonnen, in der Hoffnung, von den Ureinwohnern der Guanche mit billigen und zahlreichen Arbeitskräften versorgt zu werden. Statt dessen starben die Guanche schnell an Krankheiten, gegen die sie keine Widerstandskraft hatten.

Zwei Jahre später gewann Kolumbus Ferdinand und Isabella für die Finanzierung seiner Expedition: auf der Suche nach neuen Inseln, neuen Handelsgelegenheiten, neuen Quellen von Reichtum und Arbeitskräften.

* * *

Obwohl die Erfahrung des Kampfes gegen den Islam von entscheidender Bedeutung war, besonders in Spanien, war sie nicht der einzige Faktor, der die Haltung gegenüber der Neuen Welt bestimmte. So war die europäische Phantasie, besonders in Ländern, deren letzte bewaffnete Auseinandersetzung mit der moslemischen Zivilisation auf die letzten Kreuzzüge zurückging, auch mit Vorstellungen und Bildern bevölkert, die ganz andere Erwartungen schufen.

Eine von ihnen war der weit verbreitete Glaube an die Existenz eines »irdischen Paradieses«, eines Landes von wunderbarer Schönheit, Muße und Überfluß, frei vom Jammer und Kummer der Welt. Wo dieses »irdische Paradies« zu finden sei, war zwar noch umstritten, doch identifizierten es viele Leute mit dem biblischen Garten Eden und siedelten es irgendwo im »fernen Osten der Welt« an. Nach einer bekannten mittelalterlichen Darstellung lag es jenseits des Landes von Prester John (eines mythischen christlichen Königs, von dem man verschiedentlich annahm, daß er in Asien und Nordafrika lebte) und bildete die Quelle der vier großen Flüsse der Welt, wovon einer »den Jungbrunnen (speiste), denn die, die von ihm trinken, scheinen immer jung zu sein und leben ohne große Krankheiten ... da er so tugendhaft ist ...«. Das irdische Paradies selbst war »das höchste Land der Welt, und es ist so hoch, daß es beinahe die Bahn des Mondes berührt«.

Diese Vorstellung muß im europäischen Mittelalter sehr lebendig gewesen sein. Nach der Ostergeschichte war die Genesis vielleicht der bekannteste christliche Mythos: Seine eindringliche Erzählung der Vertreibung unserer Vorfahren aus einem Garten der unendlichen Freude blieb der vorwiegend analphabetischen Bevölkerung stets vor Augen, nicht nur im Medium des Gottesdienstes, sondern auch der großartigen Bilder an den Wänden und Buntglasfenstern der Kirchen und der jährlichen Ereignisse, wie der in vielen Dörfern und Städten abgehaltenen Mysterienspiele. Eine Stütze oder wenigstens einen Anklang schien der Glaube an ein jüdisch-christliches Eden an dem zweiten Hauptstrang des europäischen Denkens zu finden: dem griechisch-römischen und dessen Gedichten und Mythen über ein Goldenes Zeitalter des Friedens und des Überflusses am Anfang der Geschichte, von dem die Menschheit mehr und mehr abgefallen sei.

Die Sehnsucht nach einem irdischen Paradies und anderen Wundern wurde im Mittelalter von einer Anzahl von »Reiseerzählungen« genährt, die vorgaben, einen »wahren Bericht« von Reisen in ferne Weltteile zu geben. Das Reisebuch des Ritters John

Mandeville zum Beispiel, das um die Mitte des 14. Jahrhunderts zuerst in Frankreich erschien und in der Folge in mehrere andere Sprachen übersetzt wurde, eingeschlossen Latein und Englisch, beschrieb nicht nur genauestens das irdische Paradies, sondern auch Giganten, Monster, Anthropophagen (Leute, die ihre eigenen Kinder fraßen), Lebewesen mit Gesichtern in der Brust und Geschöpfe, die halb Tier, halb Mensch waren. Anders als die Heroen und Trickster in der amerikanischen indianischen Mythologie, deren Verbindung von Tier und Mensch ihre Macht und Funktion begründete, wurden diese tierischen Geschöpfe gewöhnlich als verderbt und grauenerregend dargestellt – dunkle Antithese zu den engelgleichen Wesen, die das irdische Paradies bewohnten. Diese beiden gegensätzlichen Vorstellungen – das Engelhafte und das Bestialische – bildeten die Zwillingskategorien, innerhalb derer seltene und exotische Völker angesiedelt werden konnten.

Bescheiden gab der Autor von Mandevilles *Voiage* zu (wahrscheinlich ein Franzose, der seinen Stoff aus mehreren Quellen, inklusive Plinius, schöpfte und diese als die Abenteuer des »Sir John« verkaufte), daß er selbst das irdische Paradies nicht gesehen hatte, doch brachte er Berichte »aus erster Hand« von Völkern, die nahe am Ursprungszustand des Menschen lebten. Die Bewohner von Sumatra zum Beispiel

> ... gehen alle nackt und verachten alle, die bekleidet sind, da sie sagen, daß Gott Adam und Eva nackt geschaffen hat ... und die Frauen sind nicht verheiratet, sondern allen gemeinsam und sie entsagen keinem Mann. Und sie sagen: Gott gebot Adam und Eva ... Wachset und vermehret euch und füllet die Erde, und kein Mann kann sagen: Dies ist meine Frau, und keine Frau kann sagen: Dies ist mein Mann. Und wenn sie Kinder haben, geben sie sie nach ihrem Belieben Männern, mit denen sie sich gemischt haben. Auch ist das Land allen gemeinsam und jeder Mensch nimmt, was er will, denn was dieser eine Mensch in einem Jahr hat, das hat ein anderer Mensch in einem anderen Jahr. Auch alle Güter, wie Korn und Tiere, sind allen gemeinsam. Denn da alle gleich reich sind, ist nichts unter Verschluß ...

Daß sich die Vorstellungen der Einwohner Sumatras oder anderer so nahtlos den Vorgaben einer anderen Mythologie fügen sollten, hat natürlich etwas Lächerliches. Aber angesichts der damaligen Überzeugungen – daß jeder vom selben Ursprungspaar abstammte und irgendeine Beziehung zum selben Gott haben mußte – war es eine berechtigte Annahme. Auffällig ist nur die Ambiguität des Mandevilleschen Bildes. Auf der einen Seite suggeriert es eindeutig Unschuld und natürliche Tugend, eine Gesellschaft ohne die weltlichen Sünden des Eigennutzes, der Konkurrenz und der List. Auf der anderen Seite deutet es in seiner fast schlüpfrigen Beschreibung der sexuellen Freiheit und des allgemeinen Besitzes etwas völlig anderes an: ein Volk, das sich kaum über die Tiere erhebt, weil es die Konventionen der »bürgerlichen Gesellschaft« – Heirat, Eigentum, Recht – nicht kennt, die den gefallenen Menschen vom Tier unterscheiden und es ihm erlauben, seine niedere Natur im Griff zu halten. Zwischen diesen beiden Polen, diesen beiden widersprüchlichen Versionen unserer eigenen Vergangenheit, nahm die Vorstellung des »Wilden« ihren unsicheren Lauf.

Die »Entdeckung« Amerikas fiel mit einer zunehmenden Verwirrtheit in der Haltung Europas gegenüber fremden Menschen zusammen – und trug auch selbst zu dieser Verstärkung bei. Eine Reihe zusammenhängender Veränderungen – der Schwarze Tod des 14. Jahrhunderts, dem vielleicht ein Drittel der Bevölkerung zum Opfer gefallen war, dynastische Konflikte wie die Rosenkriege in England und der Wechsel zur Geldwirtschaft – markierten den allmählichen, schmerzhaften Übergang von einem Europa der fließenden feudalen Monarchien zu einem Europa der klar abgegrenzten – und hart konkurrierenden – Nationalstaaten. Dieser Prozeß ließ Millionen von Menschen traumatisiert und verunsichert zurück und steigerte sowohl ihre Sehnsucht nach einem Goldenen Zeitalter wie auch ihre Angst vor einem Rückfall in chaotische Bestialität. Gleichzeitig sorgten wachsende Spannungen innerhalb der Kirche, die 50 Jahre nach Kolumbus' erster Reise zur Reformation in England führen sollten, für eine Atmosphäre zunehmender religiöser Intoleranz. Ausgerüstet mit diesen widersprüchlichen Vorstellungen, Sehnsüchten und Ängsten, brach Europa zur Begegnung mit dem ursprünglichen Amerika auf.

* * *

Kolumbus' erste Eindrücke von der Neuen Welt und ihrer Einwohner überzeugten ihn, daß er in der Tat in ein Goldenes Zeitalter hineingeraten war. Seinen königlichen Schirmherrn schrieb er:

> Diese Leute sind so fügsam, so friedlich, daß ich Euren Majestäten schwöre, daß es kein besseres Volk auf Erden gibt. Sie lieben ihre Nächsten wie sich selbst, und ihre Rede ist süß und freundlich und wird von einem Lächeln begleitet, und auch wenn sie nackt sind, ist ihr Betragen anständig und lobenswert.

Im Bewußtsein, daß er die kommerziellen Hoffnungen Ferdinands und Isabellas mit sich trug, beeilte sich Kolumbus mit dem Hinweis nicht nur auf den Charme, sondern auch auf das wirtschaftliche Potential »der Indianer«. Zu vertrauensselig, um bei einer Eroberung Widerstand zu leisten, und zu fügsam, um nach erfolgter Gefangennahme zu rebellieren, würden sie ausgezeichnete Sklaven ausmachen. »Von hier«, schwärmte er, »können wir im Namen der Heiligen Dreifaltigkeit alle Sklaven verschicken, die verkauft werden können.«

Er wurde enttäuscht. Niemand weiß, wie viele Ureinwohner 1492 auf Hispaniola (das heutige Haiti, wo sich die Spanier zuerst niederließen) lebten, doch nahmen damalige Beobachter eine Bevölkerung von zwei bis vier Millionen an, und eine neuere Schätzung kommt sogar auf acht Millionen. 1520 war sie auf nur 20 000 gefallen. Wie die Guanches der Kanarischen Inseln vor ihnen, gingen die karibischen Ureinwohner an der extremen Brutalität der Kolonisten und den Krankheiten, gegen die sie nicht resistent waren, nahezu zugrunde: So soll etwa die erste Pockenepidemie auf Hispaniola 1507 ganze Gemeinden ausgelöscht haben. Der katastrophale Zusammenbruch der Inselbevölkerung zwang die Spanier, sich auf der Suche nach Sklaven weiter vorzuwagen und auf diese Weise die ersten großen Entdeckungen des amerikanischen Festlandes zu machen.

Wenn die karibischen Ureinwohner ein Goldenes Zeitalter suggerierten, müssen die städtischen Gesellschaften Zentralamerikas und Mexikos wie eine Horrorvision des Islam gewirkt haben. Der ganze Haß und die Verunsicherung der Spanier angesichts einer mächtigen ungläubigen Zivilisation wurde wieder geweckt und verstärkt. Mexiko-Stadt war größer als jede damalige Stadt in Europa, eine weite Fläche von Kanälen, Plätzen, Märkten, Tempeln und hell bemalten Häusern, Läden und Schulen. Eine Armee von tausend Mann hielt die Straßen sauber. Abfall wurde mit Lastkähnen abgefahren und als Düngemittel verwendet. Wie der maurische Adel badete die Elite jeden Tag. (Als sie den Spaniern begegneten, hielten sie sich gegen den Gestank Blumen unter die Nase.) In einer Welt jedoch, die den islamischen Glauben verteufelte, schien die aztekische Religion mit ihrem Kult des Menschenopfers unfaßbares Entsetzen hervorzurufen.

Was in den Köpfen der Conquistadores vorging, als sie betrügend, folternd, niederbrennend, verstümmelnd, mordend und massakrierend durch Süd- und Mittelamerika zogen, ist schwer zu verstehen. Die von ihnen angerichtete Zerstörung war so schlimm, daß ihr Landsmann Pedro de Ciéza de Léon klagte: »Wo immer Christen erobernd und erkundend vorbeikamen, scheint es, als hätte sich ein Feuer durchgefressen.« Die einfachste Erklärung ist, daß sie eben zynische Desperados waren, die – wie Cortés in grimmiger und vielleicht unfreiwilliger Ironie den Mexikanern sagte – »an einer Krankheit des Herzens leiden, und Gold hilft uns«. Aber es muß noch mehr im Spiel gewesen sein. Obwohl ihre eigenen Heldentaten sicherlich weit schlimmere Anblicke boten, waren Cortés und seine Männer vom Anblick der rituellen Menschenopferung offenbar tief schockiert. Ihr Schauder prägt die europäischen Wahrnehmungen bis heute. (In den Menschenopfern das bestimmende Merkmal der mexikanischen Zivilisation zu sehen, heißt, im Hängen, Strecken und Vierteilen ein bestimmendes Merkmal des Shakespeareschen England zu sehen.) Bevor er Montezuma folterte und tötete und 1521 Mexiko-Stadt einnahm, machte Cortés wiederholte Versuche, ihn zum Christentum zu bekehren: als könnte dieser eine Akt die unvorstellbaren Verwüstungen der Eroberung rechtfertigen. Offenbar muß es eine Perspektive geben, von der aus diese Realitätssicht – eine anscheinend unauflösbare Verbindung von Gier, Grausamkeit, Betrug, Opportunismus und Frömmigkeit – irgendeinen Sinn macht.

Einen flüchtigen Einblick in diese Sicht erlauben die »Erfordernisse«, die der Papst den Spaniern auferlegte, als er ihnen 1493 den größten Teil Südamerikas »gab«. Bevor sie physische Gewalt anwandten, sollten die Conquistadores den Indianern zuerst ein Dokument vorlesen, in dem sie aufgefordert wurden,

> ... die Kirche als eure Herrin und als Herrscherin der Welt und des Universums und den Hohen Priester, Papst genannt, in Ihrem Namen und Seine Majestät an Ihrer Stelle, als Gebieter und König anzuerkennen ... Und wenn ihr das nicht tut ... werde ich mich mit Gottes Hilfe mit Macht gegen euch wenden und ich werde euch überall und in jeder mir möglichen Form bekriegen, und ich werde euch dem Joch und Gehorsam der Kirche und Seiner Majestät unterwerfen, und ich werde eure Frauen und Kinder ergreifen, und ich werde sie zu Sklaven machen, zum Verkauf und zur Verfügung Seiner Majestät, und ich werde euch alles Üble und Schädliche tun, dessen ich fähig bin. Und ich bestehe darauf, daß die Toten und die Zerstörung, die aus diesem Willen folgen, eure Schuld sein werden.

Daß die Verlesung dieses Dokuments die Spanier wirklich von aller Verantwortung für ihre Handlungen freisprechen könnte, scheint eine verrückte Vorstellung zu sein – und tatsächlich rief sie schon damals Kritiker auf den Plan, vor allem den großen humanistischen Kirchenmann Bartolomé de las Casas, der – wie er sagte – nicht wußte, ob er »lachen oder weinen« sollte. Aber auf einer Ebene, wenn auch nur der des Wunschdenkens, erfüllte sie doch ein dringendes Bedürfnis der Conquistadores: In einer Welt des manischen Legalismus, in der die Befolgung äußerer Formen des wahren Glaubens entscheidend war und in der alles durch Befolgung eines kirchlich sanktionierten Mechanismus verziehen werden konnte, konnten sie der Rechtmäßigkeit ihrer Sache und der Rettung ihrer Seelen versichert werden.

Von ihren Basen in der Karibik und Zentralamerika aus und mit derselben Mischung aus Neugier, Habsucht und religiöser Inbrunst drangen die Spanier im 16. Jahrhundert in mehreren Wellen in den heutigen Süden der USA vor. Zwischen Europäern und Ureinwohnern kam es zu einem verstärkten Antagonismus und Konflikt. Weiter nördlich jedoch hatte der Kontakt zwischen Europäern und amerikanischen Ureinwohnern kaum begonnen. Die Berichte über die spanischen Entdeckungen riefen im übrigen Westeuropa Begeisterung und Tatendrang hervor, doch war bis auf Portugal keine andere Macht für die entmutigende Aufgabe einer groß angelegten Eroberung und Kolonisierung ausgerüstet. Allenfalls konnten sie eine Scheinflotte entsenden, in der verzweifelten Hoffnung, sich als erste vor anderen sehen zu lassen und dadurch die Souveränität über riesige Territorien zu errichten, die physisch zu besitzen sie keine unmittelbare Aussicht hatten. Am schnellsten handelte König Heinrich VII.: 1497 finanzierte er eine Reise entlang der atlantischen Küste, durchgeführt von John Cabot, der prompt ein riesiges Gebiet – inklusive Neufundland – für die englische Krone beanspruchte. Schnell folgten Portugal und Frankreich mit eigenen Expeditionen, doch hatte keiner der europäischen Rivalen Spaniens, trotz einiger vorsichtiger Siedlungsversuche (die Kolonien der französischen Hugenotten in Süd-Carolina und Florida in den 60er Jahren des 16. Jahrhunderts und die vom Unglück verfolgte englische Roanoke-Kolonie 20 Jahre später), das nötige Vertrauen und die Mittel, um vor dem 17. Jahrhundert im nordamerikanischen Festland eine dauerhafte Präsenz zu behaupten.

Doch während die Forschungsreisenden ihre staatlich gecharterten Expeditionen durchführten, um nationale Macht (wenn auch nur symbolisch) geltend zu machen oder nach mythischen Städten Ausschau zu halten, wurden Kontakte auch auf einer ganz anderen Ebene geschlossen. Bald nach Kolumbus' und Cabots »Entdeckungen« (und möglicherweise sogar noch vor ihnen) waren baskische und englische Seeleute zu gefährlicher Fahrt über den Atlantik aufgebrochen, um die fischreichen Gewässer vor der Küste Neufundlands auszubeuten. Ihre Geschichten von riesigen, praktisch ungenützten Schwärmen von Kabeljau und Meeressäugetieren zogen schnell Fisch- und Walfangflotten aus ganz Westeuropa an und sorgten für ein sehr einträgliches Geschäft. Nach dem Historiker Donald P. Quinn beschäftigte die Fischerei in Neufundland 1580 pro Jahr 500 Schiffe: Damit rangierte sie »unter den größten europäischen Unternehmungen«.

Der erste beständige Kontakt mit Ureinwohnern scheint sich in dem Augenblick hergestellt zu haben, als die Fischer und Walfänger zum Dörren oder Verarbeiten ihres Fangs an Land gingen. Neugierig auf die Männer, die so anders aussahen, und fasziniert von ihren seltsamen Booten und Geräten, näherten sich manchmal lokale Indianer (oft mit Geschenken) vorsichtig bis auf Blickweite an. Bald begannen die Seeleute europäische Kleider, Schmuckstücke, Eisengeräte und Werkzeuge für frisches Fleisch, Mais, Beeren und andere Nahrung (die getrocknete und gesalzene Nahrung muß äußerst monoton gewesen sein) und für Biberpelze und andere Felle einzutauschen, die selten und in Europa hoch geschätzt waren und zu Hause mit Gewinn wiederverkauft werden konnten. Dieser zaghafte Austausch wuchs sich bald zu einem florierenden informellen Handel aus: Es gab ihn schon, als Cartier 1534 den Sankt Lorenz hinauffuhr und Ureinwohner (wahrscheinlich Micmac) antraf, die im Umgang mit Europäern offensichtlich bewandert waren und Handel mit ihnen treiben wollten.

Die Handelsbeziehung tendierte dazu, die Vorstellung von einem Goldenen Zeitalter, in dem die Indianer lebten, zu bestärken. Anders als die von den Spaniern angetroffenen Agrarvölker waren die Küstenbewohner Ostkanadas und nördlich von Neuengland vorwiegend Jäger ohne festen Wohnsitz und mit sehr wenig Besitz, die sich wie die Bewohner des irdischen Paradieses in einer grenzenlosen Landschaft frei zu bewegen schienen. Sie lebten von den reichen Gaben der Natur und schienen mit ihrem wenigen Besitz absolut freigiebig umzugehen: Cartier berichtet, daß die Micmac am Ende mit »nichts als ihrem nackten Körper« dastanden, »da sie uns alles, was sie hatten, gegeben hatten«. Und Lescarbot erklärt am Anfang des folgenden Jahrhunderts: »... die Wilden haben diese edle Eigenschaft, daß sie frei geben und demjenigen, den sie ehren wollen, das zu gebende Geschenk vor die Füße werfen.« Einfach, frei, großzügig und unverdorben von Künstlichkeit, Berechnung oder Habsucht – eben dies waren die Charakteristika des Edlen Wilden, den Europäer, angeleitet durch Mandeville und andere, in besonders begünstigten Winkeln der Welt anzutreffen gehofft hatten.

Weit schwieriger ist es, von der anderen Seite aus auf die Begegnung zu schauen und sich in die Wahrnehmungsweise der amerikanischen Ureinwohner zu versetzen. Ganze Kulturen sind einfach vom Erdboden verschwunden oder haben sich in den letzten vier Jahrhunderten bis zur Unkenntlichkeit verändert. Aufgrund der begrenzten Informationen, die wir haben, scheint es mir, daß den amerikanischen Ureinwohnern im 16. Jahrhundert die Begegnung mit Europäern an der Ostküste völlig anders vorgekommen sein muß. Um Nanepashemet noch einmal zu zitieren:

> Das Weltbild der Ureinwohner unterschied sich stark von dem der Europäer, weil die Einheimischen nicht von einem endlichen Wissen ausgingen. Wissen war unendlich. Jeder konnte neue Kenntnisse erwerben und sie in seine Gemeinde einbringen. Waren sie nützlich, wurden sie akzeptiert. So waren zwar die Vorstellungen der Europäer, ihre materielle Kultur und ihre Überzeugungen den Leuten fremd, doch aufgrund ihrer Kultur konnten sie neue Informationen akzeptieren ... Sie konnten europäische Güter akzeptieren, obwohl sie viele Dinge nach eigenen kulturellen Vorgaben gebrauchten. So benutzten sie Messingkessel für die Herstellung von Pfeilspitzen, Löffeln und Ornamenten ebenso wie für das Kochen. Und sie schneiderten europäische Stoffe nach einheimischer Art. Diese Dinge ... wurden einfach ihren eigenen kulturellen Bedürfnissen angepaßt.

Aus Sicht der amerikanischen Ureinwohner war der Handel mit den Europäern eine Art des Gabentausches, eine Form des zeremoniellen Geschenketausches, durch den sie die Neuankömmlinge in ihre Welt der gegenseitigen Verpflichtung einbinden konnten. Ihre Großzügigkeit war keine Naivität, wie viele Europäer dachten, aber auch kein zynischer Opportunismus. Wie Lescarbot (ein ungewöhnlich einfühlsamer und wacher Beobachter) ausführte: »Mit dabei ist die Hoffnung, eine gegenseitige Aufmerksamkeit zu empfangen, was eine Art von Vertrag ist, den wir, ohne ihm einen Namen zu geben, nennen: ›Ich gebe dir, damit du mir gibst.‹« Nach diesem Muster funktionierte für den Indianer die ganze Welt.

Über ein Jahrhundert – mehr als drei Generationen – bildete der informelle Handel die entscheidende Beziehung zwischen den amerikanischen Ureinwohnern und den Europäern im nordöstlichen Nordamerika und prägte das gegenseitige Bild. Sicher gab es auch negative Aspekte: Europäische Krankheiten vernichteten mehrere Gemeinden, und einige Begegnungen, vor allem solche, bei denen Engländer im Spiel waren, arteten in bedrückender Regelmäßigkeit in einen plötzlichen Konflikt aus, nachdem die Europäer, völlig unprovoziert (und wahrscheinlich für die indianische Seite unverständlich), arrogant und aggressiv aufgetreten waren. Andere jedoch müssen harmonisch verlaufen sein und zu einer praktischen, unkomplizierten Kooperation geführt haben, die – wenigstens am Anfang – einen gegenseitigen Vorteil versprach. Belege aus der Zeit zeigen, daß diese Kontakte oft aus mehr als nur geschäftlichen Beziehungen bestanden: Bei einigen findet sich eine überraschende, rührende Spur von menschlicher Wärme, die darauf hindeutet, daß Europäer wie Indianer sehr wohl in der Lage waren, ihre eigenen Mythen zu transzendieren und starke persönliche Beziehungen über die kulturelle Kluft hinweg zu entwickeln. Noch waren sie nicht von unserem düsteren Determinismus gefangen, dem Gefühl, Teil eines schicksalhaften historischen Zusammenstoßes zwischen zwei feindseligen Welten zu sein.

Die engsten Beziehungen zu Einheimischen scheinen die Basken entwickelt zu haben, vielleicht, weil sie keine Herrschaftsambitionen hatten. Bereits in den 30er Jahren des 16. Jahrhunderts gibt es Schilderungen von Innu, die nicht nur zum Handeln, sondern auch aus Gründen der Geselligkeit an Bord baskischer Schiffe eingeladen wurden: Die Seemänner bewirteten sie mit Käse, Mandeln, Rosinen und anderen europäischen Nahrungsmitteln und bestaunten ihre Fähigkeit zur Aufnahme der baskischen Sprache. Diese Darstellungen haben einen Hauch ungekünstelter Bewunderung: So beschrieb ein Baske aus Fuentebarrabia, Clemente de Odeliza, die Innu als »außergewöhnlich kompetent und talentiert«, und der Historiker Lope de Isasti sprach von ihnen »als wahre Verbündete und Freunde«. Zu Beginn des 17. Jahrhunderts hatten sich die Welten der »christlichen« Basken und »heidnischen Wilden« so weit vermischt, daß – nach Aussage der Teilnehmer mindestens einer englischen Expedition – der Unterschied zwischen ihnen verwirrend unscharf geworden war. Als im Mai 1602 die Mannschaft des Schiffes von Bartholomew Gosnold, der Concord, eine gut ausgerüstete baskische »Schalluppe« draußen vor der Küste von Maine auf sich zusteuern sah, nahm sie natürlich an, daß die sechs Leute an Bord »Christen in Not« seien, doch als das Boot beidrehte, stellten sie entsetzt fest, daß die Insassen »von dunkler Gesichtsfarbe« waren; einer trug eine schwarze Serge-Kniehose und eine Weste, ein anderer blaue Kniehosen und der Rest lief nackt herum. Vertrauensvoll gingen die Indianer an Bord des englischen Schiffes, sprachen »verschiedene christliche Worte« und »schienen weit mehr zu verstehen als wir, die wir keine Sprachkenntnisse hatten«.

Zweifellos waren der Konflikt und das gegenseitige Mißverständnis zwischen den Kulturen Europas und Amerikas lange vorher angelegt; man könnte von einer tragischen Prädisposition sprechen. Doch eröffnen Episoden wie die der Begegnung zwischen Innu und Basken manchmal erregende Einblicke in eine andere Beziehung – eine Ahnung dessen, was hätte geschehen können, wenn die Karten etwas anders gemischt gewesen wären. Gescheitert ist diese andere Beziehung letztlich an der europäischen Entscheidung, vom Handel zur Besetzung des Landes überzugehen.

TEIL II
INVASION

3
Nordosten: Eins

Warum von uns mit Gewalt holen, was ihr auch mit Liebe bekommen könnt? Warum uns vernichten, die wir euch zu essen gegeben haben? Was könnt ihr durch Krieg erreichen? Wir können unsere Vorräte verstecken und in die Wälder fliehen; und dann müßt ihr hungern, nachdem ihr euren Freunden unrecht getan habt. Was ist der Grund für eure Eifersucht? Ihr seht uns unbewaffnet und bereit, eure Wünsche zu befriedigen, wenn ihr in freundlicher Absicht kommt und nicht mit Schwertern und Gewehren, als wolltet ihr einen Feind überfallen.

Wahunsonacock, *Powhatan*, 1609

Vielleicht mehr als anderswo in Nordamerika scheint der nordöstliche Küstenstreifen der USA seine indianische Vergangenheit zu verleugnen. Städte wie Baltimore, Providence und Boston haben etwas vom organisch gewachsenen Charakter europäischer Städte. Ihre historischen Zentren, schöne, klassizistische öffentliche Gebäude, Häuserzeilen in georgianischem Stil, manchmal sogar ein Fachwerkhaus, sind ganz offensichtlich tief in der englischen Kultur verwurzelt. Mit ihrem sanften bunten Teppich aus Farmen, Dörfern, Wäldern und gepflegten kleinen Kolonialstädten, unbehelligt vom Einbruch anderer Wirklichkeiten, strahlt die Landschaft, besonders Neuenglands, ganz die Atmosphäre der Alten Welt aus. Nur in der Verliebtheit Neuenglands in die Melancholie des Herbstes scheinen die Indianer zu überleben: in den bittersüßen Erfindungen jährlicher Thanksgivingsfeiern und der Litanei melodischer Ortsnamen algonkinischer Herkunft, die in der Landschaft herumspuken.

Diese Wehmut ist nicht neu. 1787 beschwor Philip Freneau in seinem Gedicht »anläßlich eines Besuches in einem alten indianischen Friedhof« eine bereits verlorene Vergangenheit:

Im Mondschein der Mitternacht, über frischen Tau,
Gekleidet in der Jägertracht
Verfolgt der Jäger noch immer den Hirsch,
Jäger und Hirsch – ein Schatten!

Und lang noch sieht die furchtsame Phantasie,
Den bemalten Häuptling und gespitzten Speer,
Und die Vernunft selbst beugt ihr Knie
Vor den Schatten und Täuschungen hier.

Die Verwandlung der meisten Küstenindianer innerhalb zweier Jahrhunderte in »Schatten und Täuschungen« macht es sehr schwierig, ihre Welt und das, was ihr zustieß, zu verstehen. Auch wenn es südlich von Neuengland bis Virginia noch einige winzige Gemeinden von Ureinwohnern gibt, sind ihre Sprachen und ein großer Teil ihrer mündlichen Überlieferung ausgelöscht. Unser Blick auf die Kulturen und Lebensformen der Ostküstenindianer ist daher völlig auf die Schriften der Europäer aus dem 17. und 18. Jahrhundert angewiesen – Missionare, Entdecker, Händler, Kolonisatoren, die meistens ein starkes, bewußtes oder unbewußtes Interesse hatten, die Ureinwohner in einer bestimmten Art darzustellen, und die manchmal auch nicht vor offenen Lügen zurückscheuten. Selbst jene, die einfühlsam waren und sich um größte Ehrlichkeit bemühten, waren natürlich in ihrer eigenen Kultur verwurzelt und verstanden wahrscheinlich vieles von dem, was sie sahen, falsch.

Auch hat die lange Abwesenheit der Indianer selbst zur Bildung einer Fülle von Vorstellungen über sie und die Gründe ihres Verschwindens geführt. Mitte des 19. Jahrhunderts hatte sich Freneaus wehmütige Stimmung in eine tiefe Sehnsucht nach der verschwundenen Welt der Ureinwohner Neuenglands verwandelt. 1845 beklagte zum Beispiel Ralph Waldo Emerson in seinem Tagebuch:

Wir in Massachusetts sehen die Indianer nur als eine pittoreske Antiquität. Massachusetts, Shawmut, Samoset, Squantum, Nantasket, Narraganset, Assabet, Musketaquid. Aber wo bleiben die Menschen?

Unverkennbar liegt dieser Aufzählung untergegangener Völker ein Gefühl des Verlustes zugrunde, ein Schmerz über den Niedergang des modernen Neuengland, das sich von seinem natürlichen und unschuldigen Zustand entfernt hat. Elf Jahre später wurde Emersons Freund Henry Thoreau noch deutlicher, als er sich nach einer Aufzählung der Tiere, die seit der europäischen Besiedlung ausgestorben waren, beklagte: »... Ich kann mich des Gefühls nicht erwehren, in einem gezähmten und gewissermaßen kraftlosen Lande zu leben. Ist es nicht eine verstümmelte und unvollkommene Natur, mit der ich vertraut bin?« Die Implikation hier ist klar: Wie die kürzlich ausgestorbenen »Puma, Panther, Luchs, Vielfraß, Wolf, Bär, Elch und andere Tiere«, waren die amerikanischen Ureinwohner *Teil* der Natur, ein Volk, das nach Tausenden von Jahren in der »vollkommenen«, »unbezähmten« und »unverstümmelten« Wildnis Nordamerikas keine erkennbaren Einwirkungen hinterlassen hatte. Dagegen hatten die Europäer in nicht weniger als zwei Jahrhunderten die jungfräuliche Landschaft verdorben, den ursprünglichen Lebensraum, von dem die Indianer – wie andere wilde Kreaturen – abhingen, zerstört und sie damit in den Untergang getrieben.

Ein zweiter, offensichtlich entgegengesetzter Denkstrang jedoch sah in den Ureinwohnern Neuenglands seine schlimmsten Feinde. »Nicht weil die Zivilisation sie zerstörte, lösten sich die Indianer auf«, knurrte 1867 der Historiker Francis Parkman, »sondern weil ihre eigene Wildheit und hartnäckige Trägheit sie daran hinderte, in der Gegenwart zu leben.« Diese Ansicht spiegelte die Meinung Lewis Cass' wider, eines Politikers des frühen 19. Jahrhunderts und selbsternannten Indianerfachmanns, der von einer rassisch bedingten »starken Erregbarkeit« ausging, die die Ureinwohner in »endlose Feindseligkeiten« trieb, welche letztlich, »mehr als andere Gründe, zu ihrer traurigen Entvölkerung geführt haben ...«.

Gerade weil es so schwierig ist, diese Vorstellungen über die Ostküstenindianer zu entwirren, ist es auch so wichtig. Die englischen Kolonien im 17. Jahrhundert waren eine Feuerprobe und schufen einen Präzedenzfall für die Invasion und Eroberung des übrigen Amerika wie auch gleichzeitig eine Schablone für deren

Rechtfertigung und Verständnis. Und trotz mancher Beweislücken hat die Arbeit von Archäologen, Anthropologen und Historiker der letzten 30 Jahre ein fragiles, aber reiches historisches Mosaik geschaffen, das die offensichtlich widersprüchlichen Vereinfachungen Emersons und Parkmans sowohl in Frage stellt als auch erklärt.

* * *

Wissenschaftler ordnen die Ureinwohner Neuenglands und der mittelatlantischen Staaten dem größeren Kulturareal des nordöstlichen Waldlandes zu, einer riesigen Region, die sich von Maine bis zu den Carolinas und landeinwärts bis zu den Great Lakes und dem Stromgebiet des Mississippi erstreckt. Die 400 Jahre seit Beginn der europäischen Besiedlung bilden nur einen winzigen Bruchteil der Geschichte dieses Teils Nordamerikas: Nach Archäologen betraten ihn die ersten »Paläo«-Indianer vor 12000 oder mehr Jahren und setzten einen Prozeß der kontinuierlichen Besitzergreifung, des Experiments und der kulturellen Entwicklung in Gang, der schließlich zu der unverwechselbaren Lebensform zur Zeit der Kontaktaufnahme führte.

Die ersten Bewohner des Nordostens waren wahrscheinlich nomadische Eiszeitjäger, die von der Jagd auf Mammuts, Moschusochsen, Riesenbiber und andere große Säugetiere lebten. Mit dem Anstieg der Temperaturen wurde diese Lebensform jedoch unhaltbar: Das Großwild starb aus oder zog nach Norden, und die zurückweichenden Gletscher gaben zuerst einer baumlosen Tundra, dann einem Fichten- und Birkenwald und schließlich der gegenwärtigen Mischung von Laub- und Nadelwald Raum. Die Paläo-Indianer stellten sich auf die Jagd kleinerer Tierarten um und differenzierten sich allmählich in Fischfänger und – schließlich – Sammler.

Etwa vor 3500 Jahren kam eine begrenzte Form der Landwirtschaft auf und förderte mit ihrer Ausbreitung auf andere Gebiete und der Schaffung einer größeren und seßhafteren Bevölkerung die Entwicklung größerer, komplexerer Gesellschaften. Den größten Einfluß übten die »hügelbauenden« Adena- und Hopewell-Kulturen aus, die massive Erdanlagen und Grabhügel in geometrischer, pflanzlicher und tierischer Form errichteten (das Schlangenbild in der Nähe von Locust Grove in Ohio zum Beispiel ist über 182 Meter lang) und einen ausgedehnten Handel in und jenseits der Region trieben. Etwa 700 n. Chr. brachte eine neue Zivilisation im Mississippi-Tal dem Nordosten mehrere Neuerungen – vor allem Mais –, die sich allmählich mit den bestehenden Kulturen dieses Areals vermischten, um dann die Gesellschafts- und Lebensformen auszubilden, die die Europäer antrafen.

Zu der Zeit, da die ersten französischen und englischen Entdecker im 16. Jahrhundert vorsichtig die atlantische Küste sondierten, war der Nordosten die Heimat verschiedener Volksgruppen. Mitglieder der größten Sprachgruppe Nordamerikas, der Algonkin, bewohnten den größten Teil der Region, aber ein Keil irokesisch sprechender Nationen zog sich durch den oberen Teil des heutigen Staates New York und am Sankt Lorenz-Strom entlang, und an den südlichen und westlichen Randgebieten lagen verstreut andere Irokesen und Sioux. Es gibt eine Spekulation, wonach die nördlichen Irokesen jüngere Migranten aus dem Süden gewesen sein können, die aufgrund ihrer intensiveren, auf Mais basierenden Landwirtschaft die dort lebenden Algonkin verdrängt oder absorbiert haben.

Versucht man, dieses Bild durch einen Blick auf die Karte zu erfassen, so ist man zunächst verwirrt. Da ist keine der einfachen geraden Linien, die wir von den politischen Einteilungen her kennen: Die Namen – vor allem entlang der Atlantikküste, die die erste Wucht der Kontakte zu spüren bekam – gehen wild durcheinander, zusammengequetscht oder im schiefen Winkel, um noch hineinzupassen. Südlich des Sankt Lorenz-Stroms, heute Maine und Nova Scotia, findet man Micmac, Malecite, Passamaquoddy, Penobscot und Abenaki; darunter, an der Südküste Neuenglands, sind Massachusett, Narragansett, Wampanoag und vereinzelte Häufchen kleinerer Stämme von, zum Westen hin, Nipmuc, Pequot und Mohegan; südlich wieder, zwischen Long Island und Chesapeake Bay, sind Montauk, Wappinger, Lenni Lenape (oder Delaware) und Powhatan. Die Sache bekommt nur Sinn, wenn man sich vor Augen hält, daß man es hier mit einer Momentaufnahme innerhalb einer sich ständig verändernden Situation zu tun hat: Dies sind keine Nationalstaaten, sondern Gruppen kulturell – und oft physisch – verwandter Völker, die sich innerhalb von Grenzen bewegen, die eher von Sitte und gegenseitigem Verständnis als von Rechtsdefinitionen geprägt sind. Doch der Eindruck von Chaos – ein europäisches Wahrnehmungsmuster in bezug auf die östlichen Indianer – trügt: Auch wenn jede Gruppe ihre unverwechselbar eigene Beziehung zum Land und zu ihresgleichen unterhielt, so war doch ihre Welt mindestens so geordnet wie die des zeitgenössischen Europa.

Die mehr fließende Herangehensweise zeigt sich erst mit der Subsistenz. Mit Ausnahme des heutigen Maine, wo die nördlichen Algonkin fast ausschließlich von der Jagd abhängig blieben, praktizierten die östlichen amerikanischen Ureinwohner eine Mischwirtschaft, die auf einem Jahreszyklus von Aktivitäten basierte, die den lokalen Ressourcen angepaßt waren. Während der längsten Zeit des Jahres lebten sie in festen Städten oder Dörfern aus »Langhäusern« oder Wigwams, die mit Birkenrinde bedeckt waren – oft von hohen Schutzpfählen umgeben –, und bauten auf den nahen Feldern oder »Gärten« Mais, Bohnen und Kürbis an. Zu bestimmten Jahreszeiten jedoch verließen einige oder alle Leute ihre Basisgemeinde, um in den Wäldern, Flüssen, Seen und im Ozean eine andere Nahrung zu suchen: Hirsch, Fisch, Wildgeflügel, Muscheln, Nüsse, Beeren und mehr.

Obwohl oft Männer die Felder rodeten, lag der größte Teil der Landwirtschaft in der Hand von Frauen. Dabei folgten sie einem ausgeprägten Muster, das viele europäische Beobachter verblüffte. Nach Jahrhunderten des selektiven, nährwertsteigernden Anbaus in Mittelamerika war aus dem Mais – nach den Worten des holländischen Reisenden Isaack de Rasieres – »ein Korn [geworden], in das viel Arbeit gesteckt werden muß, mit Jäten und Ausgraben, oder es gedeiht nicht«. Die Algonkin pflanzten es sorgfältig an, fünf oder sechs Körner auf einmal, in »Haufen wie Maulwurfshügel«, und häuften dann, wenn es anfing zu wachsen, zum Schutze der Wurzeln vor den Vögeln noch mehr Erde auf. Um den Mais herum (der eine natürliche Bohnenstange abgab, oft 1,5 bis 1,8 Meter hoch) wurden Bohnen, Kürbis und Tabak angebaut. Frauen kümmerten sich um die Feldfrüchte und beseitigten mit Hacken aus Muschelschalen das Unkraut, bis die Felder am Ende des Sommers zu einem dichten, bunt verschlungenen Teppich von Nahrungspflanzen geworden waren. Wenn sich der Boden nach acht oder zehn Jahren erschöpft hatte, zogen die Indianer weiter, überließen ihn der Regeneration und rodeten neue Felder.

Einige Wissenschaftler des 19. und 20. Jahrhunderts wollen in diesem System keinen wirklichen Ackerbau erkennen, sondern nur eine Art zeitweiligen Gartenbau. Nach dem Anthropologen A. L. Kroeber zum Beispiel war der amerikanische Ureinwohner überhaupt »kein Bauer in unserem Sinne des Wortes« und »der Ackerbau ... für das Leben im Osten nicht grundlegend; er war ein Zusatz, in gewissem Sinne ein Luxus ... Anbau für den Überschuß wurde nicht praktiziert, noch hätte er einen ökonomischen oder sozialen Nutzen oder eine Vermehrung der Produktion zur Folge gehabt. Neunundneunzig Prozent oder mehr von dem, was entwickelt hätte werden können, blieb unberührt ...«

Es lohnt sich, einen Augenblick bei dieser Behauptung zu verweilen, weil sie die entscheidenden Gedanken Thoreaus und Parkmans zu bestätigen scheint: daß Nordamerika zur Zeit der Kontaktaufnahme eine mehr oder weniger unberührte Wildnis war. Ähnlich wie bei den amerikanischen Bevölkerungszahlen ist dies mehr als nur ein akademisches Problem. Dahinter lauert die ständige Frage, wieweit die Indianer das Land wirklich »nutzten« und wie gerechtfertigt oder unvermeidlich daher – in europäischen Augen – ihre Beseitigung war. Worum es dabei – für den konventionell westlichen Blick – geht, hat Emerich Vattel, Theoretiker des internationalen Rechts im 18. Jahrhundert, kurz und knapp gesagt:

> Während die Eroberung der zivilisierten Reiche von Peru und Mexiko eine offenkundige Usurpation war ... könnten die Kolonien auf dem nordamerikanischen Kontinent, wenn innerhalb richtiger Grenzen errichtet, gänzlich gesetzmäßig gewesen sein. Die Bevölkerung dieser weiten Landstrecken *durchzogen diese eher, als daß sie sie bewohnten.* [Kursivierung von mir]

Auch wenn die Vorstellung des »durchziehenden« amerikanischen Indianers für die Advokaten – und Apologeten – der europäischen Kolonisation ein zentraler Glaubenssatz blieb, zeigen doch die Erfahrungsberichte der frühen Reisenden und Siedler ein ganz anderes Bild der Einheimischen. Bereits 1585 wies Thomas Hariot in seiner Beschreibung der Algonkin von den Carolinas auf ihre »geniale« Landwirtschaft hin, einschließlich des Gebrauchs »eines Kornes von wunderbar großer Vermehrung, eintausend-, fünfzehnhundert- und zweitausendfach«; eine Generation später schätzte ein Jamestown-Kolonist die Maisanbaufläche einer einzigen Indianergruppe, der Kecoughtan, auf 3000 Morgen. Noch schlagender zeigt sich der Umfang der indianischen Landwirtschaft an der einfachen Tatsache, daß die ersten englischen Kolonisten die ersten Jahre nur deswegen überleben konnten, weil sie von den amerikanischen Ureinwohnern um sie herum ständig mit Mais und anderen Produkten versorgt wurden. Ohne eine regelmäßige Surplusproduktion der indianischen Landwirtschaft wäre dies wohl kaum möglich gewesen.

* * *

Während sich das Leben der Frauen meist im Rhythmus von Säen, Unkraut jäten und Ernten bewegte, wurde die Arbeit der Männer zu einem großen Teil noch vom älteren, unregelmäßigeren Muster des Jagens und Fischens bestimmt; hier wechselten Phasen der intensiven Aktivität (und Gefahr) weit weg von zu Hause mit Perioden relativer Muße ab. Im Frühling bauten sie in den Flüssen die Fischreusen auf, jagten Zugvögel und brannten das Unterholz großer Waldflächen nieder, um grasige »Gehege« zu schaffen, die das Wild anlockten und leicht zu durchqueren waren; später im Jahr gingen sie vielleicht zum Jagen in die Wälder oder bauten Kanus oder machten Fischzüge an der Küste; im Herbst, nach der Ernte, gab es oft einen zweiten Durchgang der Lichtung des Unterholzes.

Im Oktober lösten sich die Dörfer in Familieneinheiten auf, um zu jagen und sich ein paar Monate später zu treffen und dann für den Rest des Winters zusammen zu bleiben. Oft war das Gebiet rund um ihre Hauptsiedlungen durch ständige Benutzung und Bewohnung abgeholzt worden; dann verbrachten sie den kältesten Teil des Jahres an einem anderen Ort – vielleicht einem waldreichen Tal – mit viel Brennmaterial. Angesichts des hohen Stellenwerts von warmen Feuern für die Indianer bemerkte ein Kolonist: »Ihre Feuer ersetzen unser Bettzeug.«

Ein Faktor für die europäische Unterschätzung des Agrarsektors in der Ökonomie der Algonkin war deren gesellschaftliche Mobilität. Ein anderer war sicherlich die Arbeitsteilung, die die englischen Kolonisten immer wieder überraschte. »Die Männer verbringen ihre Zeit mit Fischen, Jagen, Krieg und anderen männlichen Beschäftigungen«, schrieb John Smith über die Indianer von Virginia, »und lehnen jede weibliche Beschäftigung ab, was ein Grund ist, daß die Frauen sehr viel arbeiten und die Männer oft müßig sind. Die Frauen und Kinder erledigen den Rest der Arbeit. Sie fertigen Matten, Körbe, Töpfe, Mörser an, zerstampfen Mais, machen Brot, bereiten ihre Lebensmittel zu, pflanzen Mais, tragen alle Arten von Lasten und dergleichen.« Noch direkter formulierte es Christopher Levett weiter nördlich, in Neuengland: »Ihre Frauen sind ihre Sklaven und machen alle Arbeit; die Männer tun nichts weiter als Tiere zu töten, zu fischen usw.« Noch bemerkenswerter war die anscheinend klaglose Akzeptanz dieser Rolle seitens der Frauen, die nach Lescarbot »weder gezwungen noch gepeinigt« wurden. (Die Indianer ihrerseits gaben die Verwunderung zurück und nannten – wie John Clayton berichtete – »die Engländer Narren, weil sie selbst arbeiteten und ihre Frauen untätig hielten«.) Auch wenn die Indianermänner wirklich weniger gearbeitet haben mögen als ihre Frauen, so dürfte doch ein Besucher einer Gemeinde von Ureinwohnern nur sehr wenig von dem zu Gesicht bekommen haben, was sie *tatsächlich* beitrugen, führten doch die meisten männlichen Aufgaben sie von zu Hause weg. Anders als die amerikanischen Ureinwohner neigten zudem die Europäer dazu, die männlichen Domänen der Jagd und des Fischfangs eher als Muße zu betrachten als eine Subsistenztätigkeit. Das verstärkte den Eindruck einer männlichen Trägheit und trug zur weiteren Unterminierung des – in den Augen der Europäer – bereits schwachen

Anspruchs der Indianer auf »Nutzung« des Landes bei. Im Laufe des 17. Jahrhunderts wurden diese anfänglich unschuldigen Mißverständnisse in Argumente zur Rechtfertigung der Enteignung der Ureinwohner umgewandelt; noch lange nachdem sie ihre politische Schuldigkeit getan haben, bestimmen sie noch immer das Bild von der »unberührten Wildnis«, die von den ersten Siedlern angeblich entdeckt wurde.

Auch andere Aspekte des Lebens amerikanischer Ureinwohner ließen sich von den Europäern leicht mißverstehen und ausbeuten. Die Gesellschaft der Algonkin der Ostküste konnte unmöglich in den einfachen binären Begriffen eines Nationalstaats verstanden werden (man ist entweder englisch oder nicht englisch): Sie war aus mehreren, unterschiedlichen Strängen zusammengesetzt, die ein komplexes Netz von Treuebeziehungen und Verpflichtungen konstituierten und jedem einzelnen eine Reihe komplementärer Identitäten zuwiesen. Wie Nanepashemet erläutert: »... die Menschen konnten sich verschiedentlich identifizieren. Sie konnten sich als Person identifizieren. Sie konnten sich als Mitglied einer Familie identifizieren, die sich in andere Gemeinschaften hinein erstrecken konnte. Es gab die Identifizierung als Gemeinde und die Identifizierung mit Menschen, die dieselbe Sprache sprachen.« Welche dieser komplementären Identitäten im jeweiligen Augenblick die entscheidende war, hing von Umständen ab: von der Jahreszeit, von dem, was man tat und von dem Ort, an dem man sich befand.

Das wahrscheinlich wichtigste Element war der »Clan« oder die »Familie«, eine Gruppe von Blutsverwandten, die ihre Abstammung auf einen gemeinsamen – meist weiblichen – Vorfahren zurückführten. Oft verband diese Form der Verwandtschaft nicht nur ein paar Familien, sondern Hunderte von Individuen, da – wie ein holländischer Beobachter des 17. Jahrhunderts berichtete – die Indianer »Blutsverwandtschaft bis zum achten Grad rechnen«.

Die Algonkin gehörten jedoch auch Großfamilien, Gruppen und Dörfern an, die quer zu den Banden der Blutsverwandtschaft standen. Weil sie exogamisch organisiert waren (d. h., man konnte nicht innerhalb der eigenen Familie heiraten), brachte eine

Heirat nicht nur die sehr verschiedenen Welten von Frauen und Männern zusammen, sondern schuf auch ein Band zwischen zwei Verwandtschaftsgruppen. Jede Ebene der Gesellschaft, vom Einzelhaushalt aufwärts, verknüpfte das Individuum unvermeidlich mit einem Netzwerk von Menschen außerhalb des Clans und schuf einen anderen Schwerpunkt der Loyalität. Sozialwissenschaftler wollen in dieser Art von Arrangement einfach einen Mechanismus zur Ausweitung gegenseitiger Verpflichtungen erkennen; so etwa Edward B. Taylor in seiner forschen Formulierung von 1888: »Unter Stämmen niedriger Kultur gibt es nur ein verfügbares Mittel, ein ständiges Bündnis aufrechtzuerhalten, und dieses Mittel ist die Heirat untereinander.« Eine genauere – wenn auch immer noch schwache – Vorstellung dessen, was es für die Algonkin selbst bedeutete, bekommen wir, wenn wir an unsere eigenen, sich überlappenden Gefühle für unsere Familien, Schwäger, Nachbarn, Arbeitskollegen und Landsleute denken.

In Wirklichkeit waren die »Nationen«, auf die die Europäer stießen, Bündnisse von zwei oder mehr Familien. Was ihnen, zu einem großen Teil, ihre kollektive Identität und Macht verlieh, war die Qualität der Führer – in Virginia allgemein als *werowances,* in Neuengland als *sachems* oder *sagamores* bekannt –, die bei Fragen allgemeinen Interesses wie der Zuweisung von Jagdgründen oder der diplomatischen Beziehung zu anderen Völkern für die ganze Gruppe sprachen und handelten. Normalerweise erbte ein *werowance* oder *sachem* sein Amt, doch hing der Grad seiner real auszuübenden Autorität großenteils von seinen persönlichen Merkmalen ab: Familienbeziehungen, Reichtum, Charisma, politisches Geschick und – manchmal – militärische oder religiöse Fähigkeit. Um seine Macht zu behalten, mußte er die Unterstützung seines Volkes gewinnen und bewahren, und wenn – um die deutlichen Worte des Kolonisten William Wood zu benutzen – »seine Regierung sich nicht als gut erweist, werden sie ihn bald entthronen«.

Die Führungsform der Algonkin stellte die Europäer vor ein Rätsel. Roger Williams, der jahrelang in der Nähe der Narragansett lebte und einer der wenigen englischen Puritaner mit einem wirklichen (wenn auch vielleicht eher begrenzten) Einblick in die

Gesellschaft der amerikanischen Ureinwohner war, drückte es so aus: »Obwohl die *sachem* eine absolute Monarchie haben, entscheiden sie nichts gegen den Willen des Volkes, seien es Gesetze oder Subventionen oder Kriege, denen das Volk abgeneigt ist und zu denen es auch durch sanfte Überredung nicht gebracht werden kann.« Anders gesagt, waren sie Despoten, die, weil sie über keine Sanktionsgewalt verfügten, letztlich vom Konsens abhingen.

Dies war zwar der Position vieler vor-mittelalterlichen Monarchen in Europa nicht unähnlich (das Wort *king* hängt mit *kin* [Verwandtschaft] zusammen und meinte ursprünglich »Stammeshäuptling«), doch erschien es den Bürgern eines entstehenden Nationalstaats paradox. Aus ihrer Sicht bestand der schwache Punkt der Algonkin-Gesellschaften (und sie beeilten sich denn auch, ihn auszunutzen) in ihrer Anfälligkeit für Fragmentierung und Sezession. Wenn es einem nicht gefiel, wo man wohnte, konnte man den Ort verlassen und sich woanders einem Verwandten anschließen; ganze Gemeinden konnten sich trennen und ihren eigenen Stamm bilden oder sich einem anderen Führer anschließen. Ebenso konnte ein erfolgreicher *sachem* oder *werowance* seinen (oder, manchmal, ihren) Einfluß ausdehnen, indem er eine Anzahl kleinerer Gruppen an sich heranzog oder eroberte und diese zu einer größeren Allianz von gemeinsamer Schlagkraft zusammenfügte. Wahunsonacock zum Beispiel, Führer der Powhatan, hatte Jahre darum gekämpft, »seinen Namen und Ruhm groß zu machen«, bis er schließlich Herr über eine »Konföderation« von etwa 30 anderen Stämmen mit einer gemeinsamen Bevölkerung von 12 000 oder mehr war. Doch hing auch hier der politische Zusammenhalt letztlich von der Treue ab, die der »Große Herrscher« seinen »Unterkönigen« abverlangen konnte, und vom Rückhalt, den sie wiederum bei ihren Völkern genossen; auch hier, wie anderswo, war also die Gefahr des Zerfalls gegeben.

Quer durch alle Stufen der Ostküstengesellschaft und jeden Lebensaspekt der Indianer zog sich der allgegenwärtige Glaube an »Macht«. Auch wenn – mit wenigen Ausnahmen, vor allem im Norden des Gebietes – *werowances*, *sachems* und *sagamores* selbst keine Schamanen waren, so teilten sie doch die Sicht einer von mächtigen numinosen Kräften geprägten und durchdrungenen Welt. Hier, wie in so vielen anderen Bereichen, hatten die starren und strikten Unterscheidungen der europäischen Kultur keine Gültigkeit mehr: Wo jede menschliche Handlung geistig vermittelt ist und das Wohl des »Volkes« beeinflussen kann, gibt es keinen klaren Schnitt zwischen »heilig« und »profan«. Schamanen – oder *pow-wows* – nutzten ihre Fähigkeiten nicht nur zur Sicherung erfolgreicher Jagden und Ernten und Heilung von Kranken, sondern auch zur politischen, diplomatischen und militärischen Beratertätigkeit. (Tatsächlich wurden sie im Krieg oft als unverwundbar angesehen.) In einigen Gesellschaften bildeten Menschen von außergewöhnlicher geistiger Macht ein regelrechtes Beratergremium, das den *sachems* oder *werowances* zur Hand ging.

Am besten vielleicht versteht man die Welt der Küsten-Algonkin als eine Abfolge zweiseitiger, reziproker Beziehungen: zwischen Männern und Frauen, zwischen Familien und Stämmen, zwischen Menschen und Geistern. Kontakte und Bewegungen zwischen diesen verschiedenen Sphären mußten durch Rituale und Gabentausch vermittelt werden, die die jeweiligen Positionen der beiden Seiten anerkannten und sie zur Erfüllung ihrer gegenseitigen Verpflichtungen anhielten. Ein konkretes – und noch immer aktuelles – Modell dafür ist die Beziehung des Innu-Jägers zum Herrn der Tiere: Es wird erwartet, daß der rituelle Ausdruck von Respekt und ein freigebiges Teilen unter den verschiedenen Mitgliedern der Gruppe umgekehrt eine weitere Nahrungsgabe seitens der »Herren« zur Folge hat.

Diese Themen spiegeln sich (soweit wir sehen) im ganzen Festzyklus wider, der das Jahr der Algonkin prägt. Roger Williams zum Beispiel bemerkte, wie beim *Keesaqúnnamun*-Erntefest eine Gruppe von Männern vor den singenden Dorfbewohnern tanzte und dann ihr Vermögen einem armen Mitglied der Gemeinde übergab. Bei einer anderen Feier, dem *Nickòmmo*, spendete der Gastgeber oder die Gastgeberin »je nach eigenem Vermögen und manchmal auch darüber« Güter an andere Leute. (Anthropologen sehen in diesem Verhalten einen Mechanismus zur Reduktion möglicher Spannungen durch Umverteilung von Reichtum. Für die Algonkin dürfte es allerdings noch eine tiefere Wahrheit enthalten: daß Geben Empfangen heißt. Wie es einst ein Freund und kanadischer Shuswap-Indianer ausdrückte: »Je mehr man gibt, desto reicher ist man.«)

Die Zeremonien, die die Beziehungen außerhalb des Stammes regelten, folgten einem ähnlichen Muster. Diplomaten eröffneten Handels- oder Friedensgespräche mit Gaben, in denen sich stillschweigend die erhoffte Gegengabe und die Einschätzung der Machtposition der jeweiligen Gruppen ausdrückten. Unterworfene Stämme machten dem herrschenden *sachem* einer Konföderation Angebote zur Abgabe von Nahrung, Tierhäuten oder *wampum* – hochgeschätzte Perlen aus Seemuscheln, die als eine Art Geld gebraucht werden konnten –, im sicheren Bewußtsein, bei Annahme des Tributs auf Schutz rechnen zu können.

Die gleichen Prinzipien der Reziprozität und Balance wurden auch im Bereich des Konflikts angewandt. Mord war zum Beispiel kein Verbrechen gegen einen abstrakten und unpersönlichen Staat, sondern eine Verletzung der Verwandtschaftsgruppe des Opfers, die dessen Verwandte zur Vergeltung verpflichtete. Bei den meisten Stämmen jedoch konnte die Verwirkung des Lebens des Mörders in eine materielle Entschädigung der Familie des Toten umgewandelt werden, die zugleich das Gleichgewicht zwischen den zwei Clans wiederherstellte und den Streit von einer Ausweitung in eine endlose Blutfehde abhielt. Ähnliche Arrangements scheinen manchmal Stammeskriege verhindert oder beendet zu haben: 1615 zum Beispiel regelten nach Champlain die Huron und ihre Algonkin-Nachbarn einen Streit durch Zahlung von *wampum*. Hinter diesem Verhalten standen gemeinsame und wohl meist unausgesprochene Überzeugungen. Einen kleinen Einblick erhalten wir durch das, was ein Lenape-Indianer einem Pennsylvanier des 17. Jahrhunderts erzählte (vermutlich, weil er das Gefühl hatte, daß man einem Europäer die Regeln zu verdeutlichen habe):

> Wir sind friedlich gesonnen: Wenn wir je Krieg gegen euch führen wollen, lassen wir es euch wissen und die Gründe, warum wir Krieg

> gegen euch machen: und wenn ihr uns für die angetane Verletzung, wegen der der Krieg beabsichtigt ist, entschädigen wollt, dann werden wir keinen Krieg gegen euch führen. Und wenn ihr je gegen uns Krieg führen wollt, würden wir es gerne von euch wissen und die Gründe, aus denen heraus ihr Krieg gegen uns macht, und wenn wir euch keine Genugtuung für die euch angetane Verletzung verschaffen, dann mögt ihr Krieg gegen uns führen, aber sonst nicht.

Es gab natürlich auch Konflikte und Spaltungen, die nicht unter Kontrolle gebracht werden konnten. Manchmal spalteten sich Gemeinden, und in der Atmosphäre von Spannung und Konkurrenz, die durch die Rangelei zwischen verschiedenen *sachems* oder *werowances* und Verwandtschaftsgruppen entstand, muß es oft zu Kämpfen gekommen sein, wobei Kriegertrupps (meist junge Leute) aufbrachen, um territoriale Verstöße zu bestrafen, Gefangene zu machen oder die Vorherrschaft über einen anderen Stamm zu errichten. Doch selbst diese Ziele waren weithin von Ritualen geprägt. Selten bestand der Zweck darin, einen Feind zu enteignen oder zu vernichten (Frauen und Kinder wurden selten getötet, obwohl oft gefangen und adoptiert). Nach Zufügung eines begrenzten Schadens zog sich der Sieger gewöhnlich zurück und nahm einen Tribut an Nahrung oder anderen Gütern mit sich, als Zeichen der neuen Beziehung zu den Verlierern.

Die angebliche »Wildheit« und »Grausamkeit« der östlichen Algonkin im Krieg macht – ebenso wie ihre »primitive« Landwirtschaft – einen zentralen Bestandteil der Argumentation Parkmans und seiner Anhänger aus. Kroeber zum Beispiel behauptet, daß ihr Leben im Bann einer »irrsinnigen, endlosen, zermürbenden« Kriegführung stand und daß dieses Muster »dermaßen in der ganzen Struktur der östlichen Kultur integriert war und von ihr so betont wurde, daß ein Ausbrechen daraus nachgerade unmöglich war ... Die Gruppe, die sich von Krieg auf Frieden umstellen wollte, war fast mit Sicherheit zum Untergang verurteilt.« Harold E. Driver behauptet, daß »das bestimmendste Merkmal der Kriegsführung im Osten, verglichen mit anderen Gebieten ... die Betonung der Gefangenenfolter war«, und erklärt selbstsicher, daß »kein junger Mann je an Heirat oder Anerkennung als Erwachsener dachte, der nicht vorher einen Feind erschlagen und zum Beweis einen Skalp zurückgebracht hatte«.

Diese Ansicht ist aus zwei Gründen bemerkenswert. Zunächst reicht eine kleine Überlegung, um zu erkennen, daß ein solches Leben unhaltbar gewesen wäre: Für die Tätigkeiten des Lebensunterhalts hätte es keine Zeit und keine Sicherheit gegeben und die allgemeine Forderung, vor der Verheiratung einen Feind zu töten, hätte – wie Francis Jennings ausführte – »unweigerlich, Jahr für Jahr, nicht nur zu einem Bevölkerungsrückgang, sondern zur gänzlichen Auslöschung geführt«.

Zweitens steht diese Ansicht im glatten Widerspruch zu frühen positiven wie negativen Berichten über die Indianer. Als Roger Williams zum Beispiel Zeuge eines Krieges zwischen den Pequot und Narragansett war, fand er ihn »weit weniger blutig und verzehrend als die grausamen Kriege Europas«. Der englische Soldat Captain John Underhill berichtete, leicht herablassend, daß seine indianischen Alliierten die »Kampfweise der Engländer sehr bewunderten«, jedoch der Meinung waren, sie sei »zu stürmisch und tötet zu viele Menschen«; ein anderer Kolonist, Captain John Mason, machte aus seiner Verachtung der indianischen Kriegsführung kein Hehl. In einer Schlachtbeschreibung schrieb er: »... sie liefen los und fielen in ihrer schwächlichen Art wahllos mit Bogen, Beilen, Messern usw. über die anderen her: Tatsächlich verdiente es kaum den Namen *Kämpfen.*« Nach allgemein vorherrschender Meinung sollen die irokesischen Stämme weiter westlich vor Ankunft der Europäer ihre Gefangenen manchmal gefoltert haben. Demgegenüber hat der Franzose Marc Lescarbot – einer der frühesten und verläßlichsten Beobachter der östlichen Algonkin – »weder gehört noch gelesen ..., daß irgendein wilder Stamm derart mit seinen Feinden umgeht«. Tatsächlich stellte er kategorisch fest, daß »unsere Küstenindianer« keine Folter praktizierten.

Kroebers und Parkmans Beschreibung des eingeborenen Amerika erscheint so grotesk und steckt so voller Eigenlob, daß man versucht ist, ins andere Extrem des pastoralen Idealismus von Thoreau und Emerson zu verfallen. Tatsächlich haben diese gegensätzlichen Positionen eine gemeinsame Wurzel: die Tendenz, bewußt oder unbewußt, die Indianer aus der Wirklichkeit, in der *wir* leben, und damit aus dem moralischen und historischen Bereich herauszunehmen, innerhalb dessen wir unsere Beziehungen zu anderen Menschen normalerweise betrachten. Die schwierige Wahrheit ist, daß die Welt der Algonkin weder ein Alptraum noch eine Idylle war. Wie jede Gesellschaft war sie eine eigentümliche Mischung aus Konflikt, Harmonie, Brutalität, Härte und Freude. Offensichtlich überrascht berichtete der Kolonist William Strachey aus Virginia: Wie »unter den Christen« befanden sich auch unter den amerikanischen Ureinwohnern »große Menschen ... einige sehr kleine ... einige sprachen artikulierter und klar und andere mehr in sich gekehrt und dunkel ... einige höflich und ziviler, andere grausam und blutig«.

Entscheidend für die Welt der Ostküste war, daß sie *funktionierte*. Über Tausende von Jahren hatten die Algonkin eine gutgehende und erfinderische Lebensweise entwickelt, die von den Ressourcen einen intelligenten Gebrauch machte und mit dem Rest der Schöpfung im Einklang blieb. Obwohl sie auf die Europäer einen desorganisierten Eindruck machten, befanden sie sich – gerade durch ständige Fortbewegung, wie beim Fahrrad fahren – im Gleichgewicht und waren mindestens so stabil wie die schwerfälligeren Kulturen der Alten Welt. Was sie letztlich außer Kontrolle brachte, war eine tödliche Kombination fremder Krankheiten einerseits und Menschen andererseits, die – unbegreiflicherweise – keine Gegenseitigkeit kannten.

* * *

Eine der Ironien der »Entdeckung« Amerikas ist, daß sie die Unterschiede zwischen den amerikanischen Ureinwohnern und den Europäern eher vergrößerte als verkleinerte. Auch wenn 1492 die westliche Halbkugel größer, reicher und bevölkerter war als Europa, so waren doch beide meistenteils Selbstversorger und hingen ökonomisch primär von einer Kombination aus Landwirtschaft und Binnenhandel ab. Fast auf einen Schlag jedoch kippte die Balance zu Europas Gunsten, und dann wuchsen die Ungleichheiten in exponentiellem Tempo. Der Abfluß an Reichtum,

Ideen und Produkten aus der Neuen Welt führte zu einer enormen Ausweitung der europäischen Weltmacht und trug zu einem raschen und ständigen Anstieg der Bevölkerung, des Wohlstands und der Kultur bei. Auf der anderen Seite erlebte das Amerika der Ureinwohner als Folge von Eroberung und Krankheit eine fast unvorstellbare Katastrophe. Gleichzeitig verursachte die weltweite Verbreitung von amerikanischem Mais eine Bevölkerungsexplosion in Afrika, die es den Europäern letztlich ermöglichte, ihre aussterbenden indianischen Arbeitskräfte durch schwarze Sklaven zu ersetzen.

Zugleich mit der wachsenden Stärke und Selbstsicherheit der Europäer in der Neuen Welt kam es in Europa zu einer Verschärfung nationaler und religiöser Grenzen, die die europäische Landkarte nicht unverändert ließ. Als Folge der Reformation wichen die feudalen Königs- und Fürstentümer, die (wenigstens theoretisch) noch durch die gemeinsame Anerkennung einer päpstlichen Autorität zusammengehalten worden waren, einer Reihe von streitenden Nationalstaaten, die sich nur ihren eigenen politischen und geschäftlichen Interessen verpflichtet fühlten.

Im letzten Drittel des 16. Jahrhunderts waren die Auswirkungen ihrer Rivalität an der gesamten atlantischen Küste Nordamerikas zu spüren. Nachdem Spanien Frankreich vertrieben hatte, errichtete es in Florida 1565 St. Augustine (die erste ständige europäische Siedlung in den Vereinigten Staaten) und schickte in immer neuen Wellen und auf der Suche nach neuen Eroberungen Sklavenhändler, Missionare und – als blinde Passagiere – Krankheitsepidemien die Ostküste hinauf. Weiter nördlich hatte sich der Austausch von Schmuckstücken und Tierhäuten zu einem profitablen Handel entwickelt, der durch einen anscheinend unstillbaren europäischen Appetit nach Biberhüten in Gang gehalten wurde. Französische, englische und holländische Handelsgesellschaften waren fieberhaft auf der Suche nach neuen Quellen – und staatlichen Monopolrechten für ihre Ausbeutung –, ohne viel Rücksicht darauf, wem das Land, das sie ausbeuteten, »gehörte«. Allmählich wurde es den Hauptkonkurrenten Spaniens klar, daß, wenn sie sich ihren Anteil an Amerikas grenzenlosem Reichtum sichern wollten, eine einfache Behauptung von Souveränität qua »Recht der Entdeckung« nicht ausreichen würde: Um ein Mitbewerber zu sein, mußte man das beanspruchte Land auch besetzen.

Frankreich rührte sich zuerst und gründete 1605 – nach mehreren Fehlstarts – Port Royal, das heutige Nova Scotia. Dabei ging es sowohl um den Schutz und die Ausweitung der Handelsaktivitäten, als auch um die Eindämmung der spanischen Expansion von Florida aus. Es folgten die Niederländer: 1612 errichteten sie eine Handelsniederlassung auf Manhattan Island, und über die nächsten Jahre zog sich ein dünner holländischer Siedlungsstreifen den Hudson River hinauf, bis er 1617 Fort Orange (das heutige Albany, New York) erreicht hatte.

Bei aller Zerbrechlichkeit hatten diese winzigen Kolonien eine ungeheure Wirkung. Sie veränderten den Charakter der Beziehungen zwischen Ureinwohnern und Europäern im Nordosten und verwandelten das Leben Tausender Indianer, die niemals einen Franzosen oder Holländer getroffen hatten – und niemals treffen würden. Ihre Macht rührte vom Pelzhandel, der seine Fühler schon tief in den Kontinent ausgestreckt hatte. Dabei unterhöhlte er die Selbständigkeit der Indianer und zog sie zunehmend in ein Wirtschaftssystem hinein, das von London, Paris und Amsterdam kontrolliert wurde. Dieser Prozeß nahm mit Ablauf des Jahrhunderts an Intensität und Geschwindigkeit zu.

Wie konnte ein Tauschhandel von solch unschuldigen Anfängen mit der Verstrickung – und, in einigen Fällen, Vernichtung – des größten Teils der Urbevölkerung Nordamerikas enden? Ein Teil der Erklärung liegt in seiner ansteckenden Wirkung – wie die oft mitreisenden Krankheiten. Metallwerkzeuge und Waffen änderten nicht nur das Leben der Stämme, die sie erwarben, sondern auch das ihrer Feinde und Nachbarn, die sich plötzlich im Nachteil befanden und gezwungen waren, zur Versorgung und Verteidigung ihrer Leute einen eigenen Zugang zu europäischen Gütern zu suchen. Dies wiederum wirkte sich auf *deren* Nachbarn aus und destabilisierte eine weitere Reihe von genau durchdachten, rituell gestützten Stammesbeziehungen und stürzte weitere Gruppen in die verzweifelte Suche nach Handelsbeziehungen.

Hatten sich die Indianer einmal im System verstrickt, gab es keinen Weg mehr zurück. Die Pelzjagd unterbrach den normalen Zyklus von Aktivitäten, die dem Lebensunterhalt dienten, und führte zu einem Zerfall des Handwerks – etwa der Kochtöpferei –, für das der Handel bereits eine europäische Alternative bot. Aus autarken Ackerbauern oder Jäger-Sammlern in einem genuinen – wenn auch prekären – Gleichgewicht mit der Welt, wurden die Indianer zu Spezialproduzenten in einer globalen Ökonomie, die nur existieren konnte, indem sie von ihnen mehr nahm als zurückgab. Die riesigen Handelsprofite gründeten einfach in der Differenz zwischen dem, was ein Händler für Pelze in Amerika bezahlte und dem, was er dafür in Europa bekam. Selbst wenn dies den meisten amerikanischen Ureinwohnern nicht deutlich wurde, untergrub doch jede Transaktion ihre eigene Position und leitete, im Endeffekt, stets weiteren Reichtum und Macht von der Neuen Welt in die Alte um.

Viele Pelzhändler, vor allem französische *coureurs du bois*, die auf der Suche nach neuen Quellen tief ins Landesinnere reisten, entwickelten enge persönliche Beziehungen mit ihren Lieferanten. Oft heirateten sie Ureinwohnerinnen und gründeten »indianische Familien«. Die großen Gesellschaften jedoch, die den Pelzhandel dominierten, betrachteten die amerikanischen Ureinwohner als rein kommerzielle Quellen. Waren sie am Anfang noch gezwungen, sich der indianischen Auffassung vom Handel als einer Form des zeremonialen Austausches zwischen Völkern anzubequemen, gaben sie mit der Verschiebung des Machtgleichgewichts zu ihren Gunsten mehr und mehr jeden Schein von Reziprozität auf. In seiner späten Phase wurde der Pelzhandel zu einer Art Drogenhandel, bei dem Händler die Indianer durch Schaffung und Bedienung eine Drogenabhängigkeit kontrollierten, wohl wissend um die tödlichen Folgen der Sucht. Einblick in die Art und Weise, wie die Pelzhandelsmonopole in der Kolonialzeit diesen Ansatz als gute Geschäftspraxis rationalisierten, gibt ein Brief des Vertreters der Hudson Bay Company im westlichen Kanada, 200 Jahre nach den ersten Besiedlungen in Neuengland geschrieben:

> Ich habe es mir zur Forschungsaufgabe gemacht, die Natur und den Charakter der Indianer zu untersuchen, und bin überzeugt, wie sehr es auch unseren Gefühlen zuwiderlaufen mag, daß sie mit der Eisenstange regiert werden müssen, um sie unterwürfig zu machen, und das beste Mittel, dies zu erreichen, ist, sie ihre Abhängigkeit von uns fühlen zu lassen ... Wenn sie sich nicht bessern, sollte diese Maßnahme nächstes Jahr in den Wäldern und nördlichen kargen Gegenden streng durchgeführt werden, und es sollte ihnen kein Kredit, nicht einmal eine Munitionsladung, gegeben werden, bevor sie nicht ihre Bereitschaft zu erkennen geben, ihr Arbeitsverhalten zu erneuern. In den Ebenen jedoch wird dieses System nicht funktionieren, da sie hier unabhängig von uns leben können, und durch das Zurückhalten der Haupthandelsartikel von Munition, Tabak und Schnaps kehren sie nur zu ihren Bogen und Speeren zurück und verlieren ihre Rauch- und Trinkgewohnheiten aus dem Auge; es ist daher notwendig, diese Stämme durch milde und vorsichtige Maßnahmen herumzukriegen ...

Die Errichtung ständiger Siedlungen, die sich schnellstmöglich selbst tragen und dann einen Profit für die Investoren abwerfen sollten, fachte die Nachfrage nach Pelzen an. Stämme in der Nähe der Handelsniederlassungen hatten auf ihrem Gebiet ihren Bestand an Bibern und anderen Felltieren bald erschöpft und waren gezwungen, in die Jagdgründe ihrer Nachbarn einzufallen oder andere, weiter landeinwärts lebende Völker zu unterwerfen, um an die benötigten Häute heranzukommen. Gleichzeitig setzte die größere europäische Präsenz die amerikanischen Ureinwohner noch mehr den tödlichen Wirkungen der Krankheiten der Alten Welt und des Alkohols aus. Beide, Kolonisten und Indianer, sahen den Zusammenhang zwischen dem Kontakt und einem Niedergang der Urbevölkerung, auch wenn sie nicht die biologische Infektion als Ursache identifizierten: 1610 sagte Membertou, *sagamore* der Micmac, Handelspartner der Franzosen, Marc Lescarbot, daß in seiner Jugend sein Volk »hier so dicht gepflanzt war wie die Haare auf seinem Kopf«, daß sich aber seit Ankunft der Franzosen ihre Zahl dramatisch verringert hätte. Das dringende Bedürfnis nach Handelswaren würde sie jedoch immer wieder zwingen, ein weiteres Desaster zu riskieren.

Die Kolonien führten auch einen neuen Aspekt in die Situation ein. Neufrankreich, Neuniederlande und – später – Neuengland waren keine einfachen Handelsposten: Wie schon ihre Namen suggerierten, waren sie – aus europäischer Perspektive – Erweiterungen der Mächte der Alten Welt, die sie gegründet hatten. Als die Micmac in Port Royal ein Handelsabkommen mit dem Vertreter des französischen Königs Pierre de Monts abschlossen, verbündeten sie sich letztlich mit der Krone selbst.

Es ist klar, daß beide Seiten das Abkommen verschieden interpretieren. Für Frankreich und die anderen Kolonialländer konnten heidnische Wilde nur als Untertanen oder bestenfalls als Schützlinge in eine formale Beziehung zu einem christlichen Monarchen treten. Die Indianer dagegen betrachteten ihren Handel mit den Franzosen, sehr zur Belustigung und Verzweiflung der europäischen Beobachter, weiterhin im traditionellen Rahmen als einen rituellen Tausch zwischen Gleichgestellten. Der Jesuitenpater Pierre Biard berichtete:

> Sie betrachten sich als Brüder des Königs, und es ist nicht zu erwarten, daß sie im mindesten von der ganzen Farce ablassen werden. Gaben müssen getauscht und Reden gehalten werden, bevor sie sich zum Handel herbeilassen; ist das erledigt, müssen sie den Tabagie, in anderen Worten, das Bankett haben. Dann werden sie tanzen, Reden halten und *Adesquidex*, *Adesquidex* singen. Das heißt, daß sie alle gute Freunde, Verbündete, Kompagnons des Königs und der Franzosen sind.

Aus beider Sicht jedoch hatten die neuen Beziehungen tiefgreifende Folgen. Jede Seite wurde in die Angelegenheiten der anderen hineingezogen und kam mit einer anderen Dynamik in Berührung. Wenn Frankreich seine Handelspartner bei (meist handelsmotivierten) Raubüberfällen unterstützte, verteidigte es – in seinen Augen – vitale politische und geschäftliche Interessen. In den Augen der Indianer jedoch erfüllte es die Verpflichtungen eines Bündnisses, das durch den Gabentausch zementiert worden war. Das verfehlte bei Freund und Feind nicht seinen Eindruck und hatte oft weitreichende Konsequenzen für die französische Politik. 1609 und 1610 zum Beispiel erwiesen sich die mit Musketen bewaffneten Franzosen als entscheidender Faktor beim Sieg der Huron, Algonkin und Innu über die irokesischen Mohawk. Das brachte Frankreich die Feindschaft der mächtigsten Konföderation im Nordosten, der Irokesischen Liga der Fünf Nationen, ein und trieb diese in die Arme zuerst der Holländer und dann der Engländer und gab England letztlich einen entscheidenden Vorteil in der Schlacht um Nordamerika.

Für die Seite der amerikanischen Ureinwohner waren die Folgen sogar noch bedeutsamer. Die koloniale Expansion war ein Lotteriespiel, das den Stämmen eine begrenzte Kontrolle über die Wahl ihrer Geschäftspartner gab und wenig Einsicht in die langfristigen Konsequenzen ihres Tuns. Daß sie sich beim Handelsabkommen nicht nur einzelnen Personen vor ihnen und einem unsichtbaren »König« verbanden, sondern etwas unendlich Mächtigerem auf der anderen Seite des Atlantik, konnte ihnen nur vage bewußt sein. Als sich die koloniale Rivalität zuspitzte, mußten Tausende von Indianern feststellen, daß sie sich ahnungslos als Hilfs- oder gar Fronttruppen bei einer Reihe immer bösartiger werdender europäischer Kriege verpflichtet hatten. Kurzfristig gesehen muß die Frage, ob man sich auf der Gewinner- oder Verliererseite wiederfinden würde, so entscheidend wie unberechenbar gewesen sein. Langfristig gesehen gab es, wie auch im Pelzhandel selbst, bei den amerikanischen Ureinwohnern keine Gewinner.

* * *

Während sich Frankreich und die Niederlande beeilten, ihr Handelsnetz zu knüpfen und zu erweitern, war England immer mehr von der Idee der Besiedlung besessen. Ein dramatischer Anstieg der Bevölkerung (zwischen 1550 und 1650 verdoppelte sie sich fast) und eine Reihe sozialer und ökonomischer Veränderungen – Abschaffung der Klöster, Preisinflation, hervorgerufen durch den Zustrom amerikanischen Silbers, landwirtschaftliche Umzäunungen – hatten zu einem enormen Zuwachs an Arbeitslosigkeit, Landlosigkeit und Bettelei geführt. In der angespannten Atmosphäre des nachreformatorischen Zeitalters, in dem Dissidenten im Innern und Feinde in Übersee eine ständige Gefahr für die Sicherheit und Legitimität des Staates darstellten, konnten diese Probleme besonders bedrohlich werden, und es entstand bei einflußreichen Persönlichkeiten – nicht zum letzten Mal – die Idee, sie zu exportieren. Sir Humphrey Gilbert schreibt in seinem *Discourse*:

> Wir könnten einen Teil dieser Länder [Amerika] bewohnen und dort jene bedürftigen Landsleute ansiedeln, die jetzt unserem Commonwealth Schwierigkeiten bereiten und durch Not gezwungen sind, verabscheuungswürdige Verbrechen zu begehen, wobei sie täglich am Galgen enden.

Doch Männer wie Gilbert und sein Halbbruder Sir Walter Ralegh sahen in der Kolonisation nicht nur einen praktischen Weg, unerwünschte Personen loszuwerden, sondern so etwas wie ein mystisches Tor zu persönlichem Reichtum und nationaler Größe. Angefeuert von Berichten der spanischen Eroberung von Mexiko und Peru und überzeugt, daß Englands irdisches Paradies sie irgendwo in der Neuen Welt erwartete, träumten sie von sagenhaftem Reichtum und ausbeutbaren Arbeitskräften. Zugleich konnten sich die englischen Protestanten als bedeutende christliche Macht ausweisen, die »die Wilden zur Zivilisation brachten« und Seelen dem wahren Glauben zuführten.

Die Innenwelt der elisabethanischen Abenteurer scheint fast so unergründlich gewesen zu sein wie die der spanischen Konquistadoren. Wieweit Männer wie Ralegh religiöse Bekehrung als ein echtes Motiv ansahen und wieweit es nur ihre Eigeninteressen bemäntelte, ist schwer zu beurteilen. Sicher war auch Berechnung im Spiel: Als Richard Hakluyt der Ältere (auf Raleghs Veranlassung) der Königin die Sache der Kolonisation vortrug, gab er als Hauptziel die Rettung von »Millionen jener unglücklichen Menschen [an], ihre Rückführung von Dunkelheit zu Licht, von Verblendung zu Wahrheit, von dummen Idolen zum lebendigen Gott, von tiefster Hölle zum höchsten Himmel«. Mit dieser Rhetorik konnte man sich im 16. und 17. Jahrhundert die königliche Zustimmung und öffentliche Unterstützung für koloniale Unternehmungen sichern. Ihre Wirksamkeit jedoch (später entdeckten die Kolonien Neuenglands, daß eine Bitte um Geld für die Mission den Geldbeutel der einfachen Leute am ehesten öffnete) erklärt sich aus der Befriedigung eines realen und verständlichen psychologischen Bedürfnisses. Es ist schwierig, eine Bitte um Hilfe abzuschlagen, die zugleich die eigene kulturelle und religiöse Überlegenheit über andere bestätigt.

Bewußt oder nicht, entwarf die koloniale Propaganda ein Bild von Menschen, die direkt aus dem Goldenen Zeitalter kamen und sich nichts lieber als die Ankunft der geschätzten Engländer wünschten. Als 1580 die erste englische Ausgabe der Reisen von Cartier herauskam, enthielt die Widmung (wahrscheinlich von Hakluyt dem Jüngeren) ein starkes Plädoyer für eine Besiedlung, um »diese wilde Nation« zu zivilisieren, die, »obwohl in den Sitten einfach und grob und bar der Kenntnis Gottes oder guter Gesetze«, doch von Natur freundlich und fügsam und bereit ist, die christliche Religion aufzunehmen und sich einer guten Regierung zu unterwerfen: Diese rosige Vision verzückte Möchtegernkolonisten und Investoren für mehr als eine Generation: Man rechnete mit freundschaftlichen, paternalistischen Beziehungen zu dankbaren Ureinwohnern.

Doch viele der Berufssoldaten und Abenteurer, die sich für die Kolonisierung einsetzten, hatten ganz andere Vorstellungen, die sowohl von der Erfahrung der Spanier in der Neuen Welt als auch von Englands eigener Eroberung der Iren in den 60er und 70er Jahren des 16. Jahrhunderts geprägt waren. Wie der Historiker Nicholas Canny betont, waren die »Jahre in Irland Lehrjahre«, in denen die spätere Politik gegenüber »wilden Völkern« in Nordamerika vorweggenommen wurde. Sir Humphrey Gilbert zum Beispiel, einer der ersten, der ein königliches Patent für die Kolonisierung in Amerika bekam, war ein Veteran des irischen Feldzuges. Dort hatte er die Bevölkerung durch die folgende Anordnung terrorisiert:

> Die Köpfe all derer (welcher Art auch immer), die tagsüber getötet wurden, sollten von ihren Körpern abgetrennt und an den Ort gebracht werden, an denen sie ihr Nachtlager hatten, und sollten dort

> auf jede Seite des Weges, der in sein Zelt führte, auf den Boden gelegt werden, so daß jeder, der in das Zelt kam, durch eine Gasse von Köpfen passieren mußte, die ihm ad terrorem dienten ... [Es brachte] großen Schrecken über die Bevölkerung, als sie die Köpfe ihrer toten Väter, Brüder, Kinder, Verwandten und Freunde sahen ...

Bezeichnenderweise wurde diese willkürliche Brutalität dadurch gerechtfertigt, daß die Iren »wilde Heiden« seien: Tatsächlich war ihr Katholizismus eine Art von »Heidentum« und ihre Praxis der Herdenwanderung – d. h., die Tierherden im Laufe des Jahres zu verschiedenen Weideplätzen zu treiben – machte sie zu Nomaden und daher Barbaren, die wie wilde Tiere behandelt werden konnten.

Die widersprüchlichen Elemente der britischen Vorstellungen über die »Besiedlungen« sind in Hakluyts 1585 aufgestellter Liste von »Inducements to the liking of the voyage intended towards Virginia« [Anreize für die beabsichtigte Reise nach Virginia] säuberlich zusammengefaßt. »Die Ziele dieser Reise«, schrieb er, »sind folgende: 1. die christliche Religion anzupflanzen; 2. zu reisen; 3. zu erobern, oder alles drei zusammen.« Als das Kolonialunternehmen im selben Jahr schließlich in Gang kam, war es diese charakteristische Mischung aus schikanöser Arroganz, rücksichtslosem Pragmatismus und unrealistischen Erwartungen, die es fast zerstörte.

* * *

Die erste »Siedlung« war Raleghs Kolonie Roanoke, gegründet auf einer Insel an der Küste von North Carolina. Anstatt Felder zu bebauen, scheinen die Siedler einen Hauptteil ihrer Zeit damit verbracht zu haben, nach nicht-existierenden Goldminen zu suchen, während Gouverneur Ralph Lane eine Reihe unprovozierter Angriffe gegen die lokalen Indianer durchführte, von denen sie wegen Nahrung abhingen. Es überrascht nicht, daß die von England nur unregelmäßig und ungenügend unterstützte Siedlung innerhalb eines Jahres verschwand.

Die 1607 in Virginia gegründete Jamestown-Kolonie war von ähnlichen Problemen heimgesucht. Nach fast einem Jahrhundert europäischer Plünderei an der Küste war die lokale Konföderation der amerikanischen Ureinwohner, die Powhatan, verständlicherweise mißtrauisch gegenüber den Neuankömmlingen. Um die Sache noch schlimmer zu machen, tauchten die Siedler mitten in einem Stammeskonflikt zwischen den Powhatan und Chesapeake auf und gerieten offensichtlich ins Kreuzfeuer. (Nach einer überlieferten Geschichte hatten die Powhatan-Schamanen Wahunsonacock den Rat gegeben, die Chesapeake zu überraschen und zu besiegen, bevor sie ihn vernichteten. Nachdem er dies getan hatte, mußte er hören, daß eine andere Macht in der Gegend aufkommen würde, um seine Konföderation zu erobern.) In den ersten Wochen wurden die Siedler mehrmals von kriegerischen Indianern angegriffen, bis Wahunsonacock seine Leute zu einem vorübergehenden Frieden anhalten konnte. Auch wenn er weiter mißtrauisch blieb, hoffte er doch durch friedlichere Beziehungen an Handelswaren heranzukommen und – möglicherweise – wertvolle militärische Unterstützung gegen seine Feinde zu erhalten.

Allein während des ersten Sommers starb die Hälfte der Kolonisten an Krankheiten. Wie ihre Vorgänger in Roanoke bemühten sich die Überlebenden (bis auf die Goldsuche) wenig um ihren Lebensunterhalt: Indem sie »ihre alten Vorräte verschwendeten und es versäumten, neue zu sammeln«, wie der Historiker der Kolonisten Robert Beverly es 1705 ausdrückte, gerieten sie bald in eine solche Not, daß die Jahre 1609 und 1610 als »die Hungerzeit« bekannt wurden. Wie schon bei den Roanoke-Siedlern lag ihre einzige Hoffnung in der Bereitschaft der amerikanischen Ureinwohner, sie zu ernähren. Wie George Percy freimütig zugab, war es indianisches »Brot, Mais, Fisch und Fleisch in großen Mengen, was unsere geschwächten Männer wieder aufrichtete, anderenfalls wären wir gestorben«.

Die *Virginia Company* hatte schon damit gerechnet, daß im ersten Jahr eine Versorgung durch Ureinwohner nötig werden würde. Sie wies die Kolonisten an, »sehr darauf zu achten, die Eingeborenen nicht zu kränken« und »Mais und andere haltbare Lebensmittel zu kaufen ... bevor sie eure Absicht erkennen, sich unter ihnen anzusiedeln ...«. (Ein deutlicher Beweis, daß die nüchternen Kolonialherren sich über die Bereitschaft der Ureinwohner, sich dem englischen Gesetz »selbst zu unterwerfen«, keine Illusionen machten.) Es gab jedoch eine klare Erwartung, daß sich Jamestown bald selbst tragen könnte.

Von einer kurzen Periode abgesehen, waren die Kolonisten tatsächlich jedoch fast zwei Jahrzehnte »darauf angewiesen, jährlich von den Indianern Mais zu kaufen«. Bald beherrschte diese Abhängigkeit die Beziehung zwischen beiden Seiten: Sie schuf riesige praktische und psychologische Probleme und legte die tiefen Widersprüchlichkeiten in der englischen Haltung gegenüber den Ureinwohnern bloß. War die Überlegenheit der christlichen Zivilisation die zentrale Rechtfertigung für die Ansiedlungen gewesen, so hingen hier doch zivilisierte Christen vom guten Willen und der landwirtschaftlichen Kompetenz von Wilden ab, die angeblich nicht wußten, wie sie von ihrem Land Gebrauch machen sollten. Wie schmerzlich und demütigend dies die Oberen in der Heimat ankam, zeigen ihre Mitteilungen an die Kolonisten. 1621 zum Beispiel wies der *London Council* Jamestown an, mit der Abhängigkeit von »den Wilden« zu brechen, »die schon lange von den Engländern hätten ernährt und am Leben erhalten werden sollen, nicht die Engländer von ihnen ...«. Zwei Jahre später erklärte der Gouverneur:

> Nichts kann für unsere Nation unehrenhafter sein, als in ihrer elementarsten Versorgung auf diese Wilden angewiesen zu sein, und auch nichts gefährlicher, als in unserem Leben und dem der Kolonie von der ungewissen Hoffnung auf Handel mit ihnen abhängig zu sein.

Auch in anderer Beziehung erfüllten die Indianer nicht die Erwartungen. Angeblich lebten sie »ohne Gesetz oder Regierung«, doch war Wahunsonacock »ein großer Herrscher«. Eindeutig übten er und seine Unterkönige eine reale Macht über eine große Bevölkerung aus. Nach Alexander Whitaker »ehren und gehorchen [die Powhatan] ihren Königen, Eltern und Gouverneuren«, und selbst der kritische John Smith schrieb: »Obwohl die Bewohner des Landes sehr barbarisch sind, haben sie doch eine Regierung, die mit ihrer Beamtenschaft, ihrer Verwaltung und ihrem gehorsamen Volk manches Land, das als sehr zivil gilt, übertrifft.« Wilde lebten angeblich unbekümmert in den Tag hinein, doch besaß Wahunsonacock ein riesiges Lagerhaus, vollgestopft mit Surplusprodukten, die er mit den Kolonisten tauschte. Während sie die offensichtlichen Vorteile der westlichen Zivilisation erkennen und sich willig der »Zivilisierung« unterwerfen sollten, zeigten sie sich vielmehr – mit sehr wenigen Ausnahmen (darunter die berühmteste: Wahunsonacocks Tochter Pocahontas) – als »in keiner Weise willig, ihre Kinder zu verkaufen und sich von ihnen zu trennen«, damit sie zum Christentum bekehrt und in einer englischen Schule erzogen wurden. Zur großen Irritation jedoch lief die Geschichte tatsächlich andersherum: Scharen von Siedlern zogen das »wilde« dem »zivilisierten Leben« vor und desertierten trotz der Androhung schwerer Strafen aus Jamestown, um in indianischen Gemeinden zu leben, wo sie ein reichliches Essen und relative Freiheit genießen konnten.

Natürlich konnten den Engländern die Divergenzen zwischen ihrer Erwartung und ihren Erfahrungen – daß die Powhatan keine wirklichen »Wilden« waren – nicht verborgen bleiben. Nur zu verständlich und voraussehbar, wandelten sie daher alle Gründe für die Bewunderung der Urgesellschaft in Argumente für deren Verunglimpfung um. Waren die Indianer nicht hilflos und fügsam, dann mußten sie etwas Schlimmeres sein: Wenn sie die Macht besaßen, die englische Sicherheit und Selbstachtung zu bedrohen, so konnten sie nur mit dem Satan verbündet sein. In diesem Punkt war John Smith – wie fast alle anderen Beobachter – in seiner Beschreibung der Religion der Powhatan ziemlich eindeutig:

> Alles, was ihnen schaden kann und wogegen sie nichts vermögen, verehren sie in ihrer Art des täglichen Gottesdienstes: wie Feuer, Wasser, Blitz, Donner, unsere Geschütze, Pferde usw. Aber der eigentliche Gott, den sie anbeten, ist der Teufel. Sie nennen ihn Oke und dienen ihm mehr aus Furcht als aus Liebe.

Nach demselben Muster war Wahunsonacock ein blutrünstiger Tyrann, der mit Furcht und Schrecken regierte (anders als die Engländer, deren gewohnheitsmäßiges Schlagen, Foltern und Hinrichten von Gott und der zivilen Gesellschaft sanktioniert war), und die Siedler, die zu den Indianern überliefen, ergaben sich dem wollüstigen Wilden in sich selbst.

Je mehr die Realität der Abhängigkeit ins Bewußtsein drang, desto schlechter wurde die Wahrnehmung und Behandlung der Ureinwohner. Auch wenn sich die Indianer oft genug über den Handel freuten, war die unaufhörliche Nachfrage der Kolonisten nach Lebensmitteln eine ständige Quelle von Querelen. Unter Führung Captain John Smiths entwickelten die Engländer ein System des Zwangskaufes: Wenn sich Indianer weigerten, Mais zu verkaufen, nahmen sie ihn sich mit Gewalt und hinterließen ein paar Schmuckstücke als symbolische Bezahlung. Mit dieser Methode, schrieb Smith, »garantiere ich, genügend Mais von den Wilden für 300 Mann zu haben, für ein paar Kleinigkeiten. Und sollten sie ungehörig sein (wie sicher anzunehmen), genügen dreißig oder vierzig gute Männer, um sie alle zur Ordnung zu rufen ...« In Zeiten der Hungersnot ließen die Engländer oft noch diesen dürftigen Anschein eines fairen Handels fallen und stahlen einfach, was sie brauchten, unter Bedrohung oder Tötung all jener, die sie daran zu hindern versuchten. Als Folge litten die amerikanischen Ureinwohner oft selbst an Hunger oder hatten nicht genug Saat für das folgende Jahr. »Unsere Leute hungerten«, schrieb Robert Johnson 1612 ehrlich, »und die armen Indianer wurden durch Unrecht und Verletzungen zu unseren Feinden ...«

Trotz aller Anstrengungen Wahunsonacocks kulminierten Groll und Zorn der amerikanischen Ureinwohner gegen diese Art von Behandlung in einem Ausbruch von Gewalt: George Percy berichtete, wie ein Trupp Kolonisten auf der Suche nach Proviant »erschlagen« aufgefunden wurde, »ihre Münder mit Brot vollgestopft, wie in Verachtung und Hohn, daß andere ähnliches erwarten würde, die bei ihnen um Brot und Hilfe nachsuchen sollten«. Zwischenfälle wie diese, die für indianische Begriffe eine sorgsam berechnete Warnung darstellten, bestärkten die Engländer in ihrem Glauben an die unausrottbare Wildheit der amerikanischen Ureinwohner, die nur durch Terror in die Knie zu zwingen seien.

Um die Spannungen abzubauen, boten die amerikanischen Ureinwohner an, den Kolonisten den Anbau von Mais und den Bau von Fischreusen beizubringen, doch konzentrierten sich die Siedler auf die Produktion von Tabak für den Export nach England und verließen sich weiterhin auf ihre Fähigkeit, die amerikanischen Ureinwohner zur Herausgabe von Lebensmitteln zu überreden oder zu erpressen oder sie sich – zunehmend – einfach gewaltsam zu nehmen. Immer noch wies die Virginia Bay Company die Kolonisten an, »mit jenen, die sich einem guten und geselligen Handel anpassen, gerecht, freundlich und gütig umzugehen«, und einige Siedler machten heroische Anstrengungen, um mit den Indianern friedlich zu leben und auf gleicher Ebene zu verhandeln. Doch Smith sah darin eine gefährliche Sentimentalität. Später schrieb er:

> Nachdem die Wilden erfahren hatten, daß wir sie auf Anordnung *Englands* nicht verletzen durften, wurden sie sehr kühn; dieser Hunger und ihre Unverschämtheiten zwangen mich, mit unserem Auftrag und unseren Anweisungen zu brechen; ... und den König von *Pamaunki* gefangenzunehmen; und auch den König von *Paspahegh* zu fesseln und seine Männer zur doppelten Arbeit zu zwingen, bis neun und dreißig ihrer Könige uns Abgaben zahlten, und die straffällig gewordenen Wilden wurden nach Jamestown geschickt, um dort nach unserem Gutdünken bestraft zu werden: in den letzten beiden Jahren, in denen ich dort war, hieß ich keinen einzigen Mann töten.

Die Powhatan nahmen die wachsende Macht der Engländer nicht einfach passiv hin: Mit ihren Mitteln versuchten sie, die Macht einzudämmen und zu ihrem Vorteil zu wenden. Wie Smith war Wahunsonacock (von den Siedlern Powhatan genannt) ein schlauer, starker, intelligenter und manchmal skrupelloser Mann mit einem bemerkenswerten politischen Instinkt. Als zum Beispiel die Engländer in dem Versuch, Souveränität über die gesamte Powhatan-Konföderation zu erlangen, Wahunsonacock einluden, nach Jamestown »zu seinem Vater zu kommen«, um Geschenke zu empfangen und zu einem Unterkönig von James I. gekrönt zu werden, begriff Wahunsonacock sehr wohl, was es hieß, Geschenke von einem »Vater« entgegenzunehmen. Als »subtiler Wilder«, um Smiths widerwillig bewundernde Worte zu gebrauchen, antwortete er: »Wenn euer König mir Geschenke gesandt hat, bin auch ich ein König und dies ist mein Land; ich werde 8 Tage bleiben, um sie zu empfangen. Euer Vater muß zu mir kommen, nicht ich zu ihm, auch nicht zu eurem Fort, an diesen Köder beiße ich nicht an.« Die Zeremonie wurde statt dessen in der Hauptstadt Powhatans abgehalten. Als sie vorbei war, übergab Wahunsonacock den Engländern, die sie abgehalten hatten, symbolisch »seine alten Schuhe und seinen Mantel«. Im selben Jahr boten die Engländer ein Bündnis gegen die Feinde der Powhatan: die Monacan an. Wahunsonacock akzeptierte zunächst, besann sich jedoch dann plötzlich eines Besseren, da er fürchtete, die Engländer könnten die Seiten wechseln. Es war eine hellsichtige Intuition: 1609 wurden die Kolonisten angewiesen, ein Bündnis mit den Monacan einzugehen, um die Powhatan in Schach zu halten.

Doch auf die brutale Asymmetrie, die durch die englische Besiedlung geschaffen wurde, waren die Indianer in keinster Weise vorbereitet. Statt eines durch symbolischen Tausch und Demonstrationen von Stärke und Status aufrechterhaltenen Gleichgewichts fanden sie sich plötzlich in einer Welt wieder, in der sich, egal was sie taten und wie sorgsam auch immer sie ihre Gesten und Antworten erwogen, die Machtbalance immer zu ihren Ungunsten verschob. Der Häuptling der Paspahegh gab Smith eine außergewöhnlich klarsichtige Einschätzung der Situation aus Sicht der amerikanischen Ureinwohner, in der man immer noch eine verzweifelte Hoffnung auf Wiederherstellung der alten reziproken Welt erkennen kann:

> Wir sehen und wissen sehr wohl, daß ihr uns zerstören wollt, die wir hier sind, um eure Freundschaft zu begehren, und unsere Häuser zu genießen und unsere Felder zu bestellen, an deren Früchten ihr teilhaben sollt, sonst wird es euch durch unsere Abwesenheit schlimm ergehen, da wir überall anbauen können, wenn auch mit viel Arbeit. Wir wissen, ihr könnt nicht leben, wenn es euch nach unserer Ernte

> verlangt, und wir bringen euch Erleichterung, wenn ihr uns Frieden versprecht, werden wir euch glauben, wenn ihr Rache üben wollt, werden wir das Land aufgeben.

Doch der Frieden kam nie. Statt dessen fiel die Zahl der Indianer durch wiederholte Epidemien, und die englische Bevölkerung schien sich trotz horrender Sterblichkeitsraten durch unsichtbare Quellen ständig zu ergänzen und zu erweitern. Als neue Einwanderer ankamen, ergossen sie sich über das kleine Gebiet, in dem Wahunsonacock sie einzudämmen versucht hatte, füllten das Vakuum, das durch die indianische Entvölkerung entstanden war und drangen auf Felder vor, die noch immer benutzt wurden. Zur gleichen Zeit bemerkten die erschöpften Powhatan, daß sie die anschwellenden Ströme englischer Kolonisten ernähren sollten, die – mit wachsendem Selbstvertrauen – immer aggressiver, unberechenbarer und feindlicher wurden. 1621 beschrieb George Thorpe (einer der wenigen Engländer, die sich konsequent um eine gerechte Behandlung der Indianer bemühten) die Stimmung der Siedler:

> Es gibt kaum jemanden unter uns, der ihnen gut gesonnen ist, und die meisten verfluchen sie, als hätten uns diese armen Leute alles Übel angetan, wozu die Böswilligkeit des Teufels oder Menschen fähig ist …

Als Wahunsonacock 1618 starb, befand sich die Powhatan-Kultur in der Krise. Nach einem Muster, das bald in allen Stämmen des Kontinents Schule machen sollte, fand die Verwirrung, Verzweiflung und Sehnsucht nach Rettung ihren Ausdruck in einem charismatischen Propheten, dem Pamunkey-Kriegshäuptling Nemattanew. Eine grandiose Figur im Federumhang zur Beschwörung der Powhatan-Gottheit Okee (was ihm seitens der Siedler den Namen *Jack of the Feathers* einbrachte), versprach Nemattanew die Rückkehr zur Stille und Ruhe der alten, vor-englischen Welt durch eine Erneuerung der heiligen Macht. Als Vertrauter des neuen Powhatan-Führers Opechancanough, des Bruders von Wahunsonacock, drängte er ihn, gegen die expandierende Kolonie Stellung zu beziehen. Was schließlich den Gegenangriff beschleunigte, war der Mord an Nemattanew selbst 1622.

In mustergültiger Strategie koordinierte Opechancanough einen Überraschungsangriff auf die Engländer, bei dem 347 Siedler (mehr als das Dreifache der ursprünglichen Bevölkerung der Kolonie von 1607) den Tod fanden. Es hätte weit mehr Tote geben können, wenn Jamestown nicht von einem bekehrten Indianer gewarnt worden wäre. Die Hauptsiedlung und etwa drei Viertel der Kolonisten überlebten.

Der »Powhatan-Aufstand« vervollständigte in den Augen der Engländer die Verwandlung der Virginia-Indianer in unmenschliche Bestien. Smith beschrieb sie als »perfide und unmenschlich«, nach Edward Waterhouse hatten sie »nicht nur alle Menschlichkeit abgestreift, sondern waren zu Untieren geworden«. Die Kolonisten fühlten sich von aller Pflicht zur Zurückhaltung befreit: Mit »Pferden, Bluthunden, Doggen, die auf diese nackten, braunen, deformierten Wilden Jagd machen wie auf ein wildes Tier ...«, sollten die Powhatan und ihre Verbündeten vernichtet und unterworfen werden. Ziel war es, die amerikanischen Ureinwohner »als Volk vom Gesicht der Erde« auszulöschen. Allein bei einem Vorfall starben 200 Indianer, als die Engländer einen Vertrag mit den rebellischen Chiskiack abschlossen und ihnen dann zum Toast auf die »ewige Freundschaft« vergifteten Sherry zu trinken gaben.

Der Angriff der Indianer auf die Kolonie wurde auch als Freibrief betrachtet, ihr Land zu nehmen. »Wir, die wir bis jetzt nicht mehr als ihr Brachland und unsere Erwerbungen besaßen«, schrieb Edward Waterhouse frohlockend, »... können nun durch Kriegsrecht und Völkerrecht das Land besetzen und jene vernichten, die uns vernichten wollten: wobei wir ihre angebauten Plätze genießen werden ... Nun werden ihre gerodeten Böden in ihren Dörfern (die in den fruchtbarsten Gegenden des Landes liegen) von uns bewohnt werden ...« Seltsamerweise, aber nicht zufällig, wurden just in den 20er Jahren des 17. Jahrhunderts, als dieses Argument zu einer zusammenhängenden Ideologie der Eroberung entwickelt wurde, die Virginia-Indianer, von deren Landwirtschaft die Kolonisten so lange abhängig gewesen waren, wieder als nicht-bäuerliche Nomaden entdeckt. Nach dem einflußreichen Samuel Purchas war die Landnahme gerechtfertigt, weil Gott es lieber sah, daß das Land kultiviert wurde als daß es »unbewohnte wilde Fläche blieb, die sie eher durchstreifen als bewohnen«.

Ein Blick auf die Geschichte von Jamestown ist dem Blick auf das Ultraschallbild eines Embryos vergleichbar, in dem sich alle Eigenschaften bereits abzeichnen, aber noch nicht ganz durchgeformt sind. In Neuengland formiert sich das Bild klarer: Fast jedes Element ist extremer, läßt die Beziehung zwischen amerikanischen Ureinwohnern und Europäern schärfer hervortreten und zeigt die unmißverständliche Gestalt des Kommenden.

4
Nordosten: Zwei

Mitark, der letzte Erbhäuptling, rief das Volk bei Sonnenuntergang am Indianischen Hügel zusammen und sagte ihm, er werde sterben, und während er sprach, erhob sich ein weißer Wal aus dem Wasser des Hexenteichs und Mitark sagte, das sei ein Zeichen, daß ein anderes neues Volk von der Farbe des Wals [kommen werde], man solle ihm aber nicht das ganze Land überlassen, sonst würden die Indianer verschwinden. Dann starb er und kurz danach erschienen die weißen Menschen.

Aufgezeichnet von Gladys Tantaquidgeon
von den Gay Head Wampanoag, 1928

Der Name »Neuengland« wurde von Captain John Smith geprägt, der 1614 die Küste für eine Handelsgesellschaft erkundete und sie typischerweise sofort als seine »Entdeckung« ausgab. In Wirklichkeit war das Gebiet den Europäern schon seit fast einem Jahrhundert oder länger bekannt: gewiß seit Verrazanos Reise von 1524 und wahrscheinlich (da Verrazano Ureinwohnern begegnete, die bereits Erfahrungen mit Händlern gemacht zu haben scheinen) noch länger. Während der zweiten Hälfte des 16. Jahrhunderts hatten Basken und Franzosen einen blühenden Fellhandel mit den Küstenstämmen eröffnet, und zur Zeit der Reise von Smith versuchten die Behörden von Neufrankreich, die formale Kontrolle über das Gebiet auszuweiten. Währenddessen begannen holländische Kaufleute, von ihrer Basis auf Manhattan Island nach oben vorzudringen.

Wie andere frühere Beobachter war Smith von der Landschaft des südlichen Neuengland stark beeindruckt. Die indianische Gewohnheit, Wälder zu lichten und Unterholz abzubrennen, hatte riesige offene Räume geschaffen – ein Bericht schätzte, daß das Land der Narragansett auf einem Küstenstreifen von acht bis zehn Meilen vollständig gerodet worden war, während Verrazano von Gebieten berichtete, die »sogar von einer großen Armee« leicht durchquert werden konnten – und die ganze Küste war dicht mit indianischen Städten, Dörfern und Farmen übersät. Angesichts eines »so mit Gärten und Maisfeldern bebauten« Landes, schwärmte Smith, »bewohnt von ansehnlichen, starken und gut proportionierten Menschen ... muß man zugeben, daß dies ein höchst ausgezeichneter Ort ist, sowohl für Gesundheit wie Fruchtbarkeit«. Er schloß (mit einem Selbstwiderspruch, der die Fähigkeit der Virginier zeigt, die Produkte der indianischen Landwirtschaft zu verbrauchen und zugleich zu leugnen, daß die Indianer Bauern waren): »... von allen vier Teilen der Welt, die ich *unbewohnt* gesehen habe, würde ich lieber hier als woanders leben, hätte ich nur die Mittel, eine Kolonie zu transportieren« [meine Hervorhebung].

Smiths Projekt einer Kolonie Neuengland wurde von Sir Ferdinando Gorges, einem Berufssoldaten mit starkem Interesse an »Besiedlungen«, der schon bei mehreren früheren, gescheiterten Kolonisierungsversuchen dabei gewesen war, stark unterstützt. Zusammen dachten sich beide Männer einen Plan aus, wobei Smith (nun mit dem hochtrabenden Titel »Admiral von Neuengland) zwei Schiffsladungen mit Kolonisten in das Gebiet bringen sollte. Das Projekt endete im Fiasko, als der »Admiral« von den Franzosen gefangen und mehrere Monate festgehalten wurde, doch hielt Gorges an seinem Ehrgeiz fest. 1619 schickte er eine Expedition unter Captain Thomas Dermer in die Gegend, begleitet von einem Wampanoag-Indianer namens Squanto, der (mit neunzehn anderen) fünf Jahre zuvor von Smiths Leuten gekidnappt worden war. Im Unterschied zu früheren Entführungsopfern, erfüllte Squanto großzügig Gorges' Erwartungen, indem er als eine Art Abgesandter der Möchtegernkolonisten fungierte.

Alles, was er und Dermer erreicht hatten, wurde jedoch im Sommer 1620 wieder zunichte gemacht, als eine andere Mannschaft einige Wampanoag an Bord ihrer Schiffe einlud, sie ohne Provokation erschoß und dadurch eine neue Eskalation heraufbeschwor. In Martha's Vineyard führte der noch tief über seine eigene Verschleppung und Gefangenschaft verbitterte *sachem* der

Wampanoag, Epenow, einen Angriff gegen die Expedition durch, bei dem der größte Teil der Mannschaft auf der Stelle getötet und Dermer tödlich verletzt wurde.

Trotz dieses Debakels ließ sich Gorges nicht entmutigen. Vor seinem Tod hatte Dermer von einer radikalen Wandlung der Situation in Neuengland berichtet, die das Machtgleichgewicht zwischen den Ureinwohnern und den Engländern radikal verändert hatte. Seit Smiths Besuch sechs Jahre zuvor hatte eine »Seuche« (möglicherweise Pocken oder Windpocken) die Küstenstämme erfaßt und in einigen Dörfern 90 Prozent oder mehr der Bevölkerung dahingerafft (Squantos eigene Gemeinde, zum Beispiel, war vollkommen ausgelöscht worden) und hatte die ganze Gegend, in den Worten des Historikers Neal Salisbury, in ein »riesiges Katastrophengebiet« verwandelt, »vergleichbar den Hinterlassenschaften moderner Kriege und anderer Mega-Katastrophen«. Für Gorges war dies der ideale Moment für die Errichtung einer »Siedlung«: Wie feindlich auch immer sie den Engländern gesinnt sein mochten, so würden doch die schockierten und verwirrten Überlebenden kaum einen effektiven Widerstand aufbringen. Daher entwickelte er einen neuen, ehrgeizigeren Plan für eine umfangreiche Kolonisierung und ersuchte um ein königliches Patent für das ganze Territorium zwischen Virginia im Süden und Neufrankreich im Norden, einschließlich eines beträchtlichen Gebiets, das von Virginia selbst reklamiert wurde. Die Charta wurde am 3. November 1620 besiegelt, und acht Tage später landete die *Mayflower* mit etwa hundert zukünftigen Kolonisten an Bord bei Cape Cod. Ihre Führer trugen eine Kopie des letzten Briefes von Dermer mit sich, der Squantos entvölkertes Dorf Patuxet – von Captain John Smith auf den neuen Namen »Plymouth« getauft – als eine mögliche Siedlungsstätte empfahl.

* * *

... ein aus dieser Gegend stammender Indianer ... [erzählte] uns von seinem viele Jahre zurückliegenden Traum ... Vor zahlreichen Zeugen ... sagte er, »daß es etwa zwei Jahre, bevor die Engländer in diese Gegend kamen, ein großes Sterben unter den Indianern

gab, und eines Nachts konnte er nicht schlafen, bis er in einen Traum fiel, in dem er viele Männer in diese Gegend kommen sah, die ganz so wie die Engländer gekleidet waren, und unter ihnen erhob sich ein Mann, ganz in schwarz, mit einem Gegenstand in seiner Hand, von dem er jetzt erkennt, daß es das eine Buch der Engländer war; dieser schwarze Mann, sagte er, stand erhöhter als die anderen, und auf der einen Seite von ihm waren die Engländer, auf der anderen viele Indianer: dieser Mann sagte allen Indianern, daß Gott moosquantum oder zornig mit ihnen sei und er sie für ihre Sünden töten werde ...

Aus: *The Clear Sun-Shine of the Gospel Breaking Forth upon the Indians in New England* von Thomas Shepard, 1648

Die Erfahrung der Küstenstämme im südlichen Neuengland zwischen 1616 und 1620 war symptomatisch, sinnbildlich. Nach Henry Dobyns gab es zwischen dem ersten Kontakt und dem Beginn des 20. Jahrhunderts beinahe hundert Epidemien und Pandemien europäischer Krankheiten unter den amerikanischen Ureinwohnern. In anderen Worten: »Im Durchschnitt alle vier Jahre und zweieinhalb Monate zwischen 1520 und 1900 befiel eine ernste ansteckende Krankheit mit hoher Sterblichkeitsrate die Völker der amerikanischen Ureinwohner.« Durch die Schnelligkeit und Heftigkeit der Ausbrüche konnte ein und dieselbe Gemeinde mehrere Male innerhalb einer oder zwei Generationen betroffen sein und keine Zeit zur Erholung haben. »Ohne Zweifel«, schreibt der Cherokee-Historiker und Demograph Russell Thornton, »war der bedeutendste einzelne Faktor im Niedergang der amerikanischen indianischen Bevölkerung die zunehmende Sterblichkeitsrate aufgrund von Krankheiten, die aus der östlichen Hemisphäre eingeschleppt wurden.«

Die Auswirkung dieser Katastrophe auf das Leben der Indianer ist schwer vorstellbar. Die Sterblichkeitsrate überstieg bei weitem alles, was moderne westliche Nationen je erfahren haben. Der oft als Apotheose der Massenvernichtung angesehene Erste Weltkrieg tötete rund zwei Prozent der britischen Bevölkerung über einen Zeitraum von vier Jahren. Viele Gemeinden amerikanischer Ureinwohner verloren 75 Prozent oder mehr ihrer Mitglieder innerhalb nur weniger Wochen – Verluste, wie sie für einen nuklearen Holocaust vorhergesagt werden, und sicherlich größere als die in Hiroshima erlittenen. Unvermeidlich waren die Überlebenden geschockt, untröstlich und verwirrt. »Die Überlebenden sind in ihrer Kraft gebrochen«, schrieb Robert Cushman über die Indianer rund um Plymouth, »ihr Gesichtsausdruck ist deprimiert, und sie machen den Eindruck eines zutiefst verstörten Volkes.«

Der in den 30er Jahren des 17. Jahrhunderts schreibende Gouverneur von Plymouth, Bradford, gibt eine plastische Schilderung der Seuche:

> Sie [die Indianer] verfallen in einen beklagenswerten Zustand, wie sie auf ihren harten Matten liegen, die Pocken aufbrechen, eitern und ineinander überlaufen und ihre Haut an der Matte kleben bleibt. Wenn sie sich dann umwenden, ziehen sie sofort eine ganze Seite mit ab und sind voll Blut, schrecklich anzusehen. Und da sie sehr entzündet sind und noch andere Krankheiten haben, sterben sie wie elende Schafe.

Auf die Überlebenden kamen andere Probleme zu. Aufgrund der Epidemien verpaßten sie oft die entscheidenden Phasen des jährlichen Existenzkreislaufes – säen, ernten, jagen – und wurden bald an den Rand des Hungertodes gebracht. Gleichzeitig kam das komplizierte Gefüge der reziproken Beziehungen zwischen und unter den Gruppen in Unordnung. Die faktische Auslöschung ganzer Familien – oft einschließlich der *sachems* und anderer hochrangiger Personen – zerriß das komplexe Netz von Verwandtschaft und Autorität, das die Gemeinden zusammenhielt, und veränderte die Positionen der verschiedenen Nationen drastisch. Mächtige Konföderationen fanden sich plötzlich auf eine Handvoll Familien reduziert und waren gezwungen, sich in den Schutz früherer Gegner oder tributpflichtiger Nationen zu begeben: Nach der Epidemie von 1616–1620 zum Beispiel mußte sich der Führer der einst bevölkerungsreichen Wampanoag, Massasoit, vor den traditionellen Feinden seines Volkes, den Narragansett, die der Epidemie größtenteils entkommen waren, demütigen.

Viel wichtiger aber war, daß die europäische Krankheit das Selbstvertrauen und Weltbild der amerikanischen Ureinwohner untergrub. Angesichts des Versagens der Schamanen vor Pocken und Beulenpest brach ein ganzes Glaubenssystem zusammen: Die Rituale, Zeremonien, Sicherungssysteme funktionierten nicht mehr und das ganze Universum schien aus den Fugen zu geraten. In einer typischen und verbreiteten Reaktion auf die Katastrophe suchten einige Neuengland-Indianer eine Erklärung des Geschehens in eigenen geistigen Versäumnissen, wie der – angesichts der Epidemien – erfolgten Aufgabe der üblichen Begräbnissitten und ihrer Ersetzung durch Massenbestattungen. (Das Überleben der Narragansett 1616–1620 wurde dafür als Beweis angesehen: Die oberste Gottheit, *Cautantowwit*, habe sie verschont, weil sie ihre Toten weiter in der richtigen Form begraben hätten.) Andere deuteten die Epidemien als Beweis der größeren europäischen geistigen Macht. Als die Massachusett 1616 der Seuche erlagen, sahen es zum Beispiel einige von ihnen als die Erfüllung einer Prophezeiung an, die ein Jahr zuvor ein französischer Gefangener gemacht hatte, als er ihnen sagte, sein Gott könne sie vernichten. Dieser Glaube an die religiöse Durchschlagskraft der Neuankömmlinge – verstärkt durch die Tatsache, daß so wenige Europäer von der Epidemie betroffen zu sein schienen – führte zu einer Reihe von Bekehrungen zum Christentum auf dem Sterbebett. »Mehrere von ihnen«, schrieb John Winthrop 1663, »bekannten in ihrer Krankheit, daß der Gott der Engländer ein guter Gott sei; und daß sie ihm dienen würden, wenn sie wieder auf die Beine kämen.«

Die Pilger ihrerseits suchten nach einer religiösen Bedeutung der Epidemie. »Soweit hat die gütige Hand Gottes unsere Anfänge begünstigt ...«, berichteten sie, als sie das entvölkerte Patuxet erreichten. »Indem er große Zahlen von Ureinwohnern hinwegraffte ... kurz bevor wir dorthin kamen, daß er uns Raum verschaffte.« Das war mehr als konventionelle Pietät: Es war das Eingeständnis, daß sich die englischen Kolonien ohne die Auswirkungen der Krankheit niemals erfolgreich in Neuengland hätten etablieren können. Amerikanische Ureinwohner, wie die Menschen von Patuxet, ebneten den Weg für die Kolonisten, indem sie kraft ihrer Kenntnis und Erfahrung die besten Standorte für die Dörfer aussuchten und rodeten, um sie dann mit Ausbruch der Epidemie plötzlich geräumt und fertig für die Neuankömmlinge zu verlassen. (Sie hinterließen allerdings grausige Erinnerungsmale der »gütigen Hand Gottes«: noch 1622 boten die »Knochen und Schädel« der Toten von Plymouth nach Thomas Morton »ein derartiges Schauspiel ... daß es mir wie ein neues Golgatha vorkam«.)

Mehr als fünfzig der ersten Siedlungen wurden auf Überresten indianischer Gemeinden errichtet, ein Muster, das sich im Laufe der Westverschiebung der Grenze wiederholen sollte. Überzeugend formuliert der Historiker Francis Jennings: »Das amerikanische Land war eher eine Witwe als eine Jungfrau. Die Europäer stießen hier auf keine Wildnis; eher machten sie eine, wenn auch unfreiwillig. Jamestown, Plymouth, Salem, Boston, Providence, New Amsterdam, Philadelphia – alles Stätten, die vormals von indianischen Gemeinden besetzt waren ... Die sogenannte Besiedlung Amerikas war eine *Wieder*-besiedlung, die erneute Besetzung eines Landes, das durch Krankheiten und Demoralisierung infolge der Neuankömmlinge brachgelegt worden war.«

* * *

Obwohl sie dreizehn Jahre nach den ersten Jamestown-Siedlern in der Neuen Welt ankamen, gelten die »Pilgerväter« allgemein als die wahren geistigen Gründer Amerikas. Es umgab sie etwas Verrufenes, die Herren Abenteurer und verzweifelten Vertragsarbeiter, die für einen schnellen Profit nach Virginia kamen und sich dann innerhalb weniger Generationen zu einer Sklavenhalter-Aristokratie entwickelten. Die Pilger dagegen – Leute der »mittleren« oder »fleißigen Sorte«, die mit ihren Familien in der Hoffnung in die Neue Welt zogen, ein festes Zuhause zu finden, wo sie ihre Religion unbelästigt ausüben und ihre Dinge selber regeln konnten – wurden zu einem ermutigenden Symbol für Generationen von Einwanderern, die in Amerika einen neuen Anfang machen wollten. Seitdem sie in der amerikanischen Revolution von den rebellischen Kolonisten als Vorfahren reklamiert wurden, hat man in ihnen die Verkörperung der höchsten Ideale Amerikas gesehen: Unabhängigkeit, Selbstvertrauen und ein einfacher, unerschütterlicher Sinn für richtig und falsch. Ihr Verhalten gegenüber den Indianern wird oft als ein Modell gewissenhafter Fairneß gepriesen, das zeigt, wie Amerika mit seinen Ureinwohnern umgehen konnte – und es in seinen besten Zeiten auch tat. Nicht Smiths bewaffnete Überfälle auf die Lagerhäuser von Powhatan sollen den eigentlichen Beginn der amerikanischen Nation markieren, sondern Thanksgiving: die feierliche Teilhabe an der Fülle der Natur durch beide: amerikanische Ureinwohner und Kolonisten. Es ist daher wichtig, die Pilger und ihr Verhalten im einzelnen zu untersuchen.

Die »Pilger« waren Mitglieder einer kleinen protestantischen Sekte, die von der Korruptheit der Kirche von England überzeugt war und daher der Aufforderung des zweiten Korintherbriefes: »Darum ziehet aus ihrer Mitte aus und sondert euch ab, spricht der Herr« folgen zu müssen meinte. Einige Jahre hatten sie in der toleranteren Atmosphäre der Niederlande zu leben versucht, fühlten sich jedoch auch hier in ihrer ausgeprägten Identität – und ihrem Engländertum – bedroht. Eine Gruppe von ihnen war daher nach England zurückgekehrt und plante, in Amerika zu siedeln.

Nur ein Drittel der Plymouth-Kolonisten waren wirkliche »Pilger« – der Rest bestand aus »Fremden« mit eher wirtschaftlichen als religiösen Reisemotiven –, doch waren es die Pilger, die die Führung übernahmen und den »*Mayflower*-Vertrag« verfaßten, in dem sich die Siedler »zu einer bürgerlichen politischen Gemeinschaft verpflichten und zusammenschließen«. Auch wenn der Schutz der religiösen Identität und des Glaubens vor dem Anglikanismus und anderen »Verunreinigungen« bei der Gründung der Gemeinschaft ein wichtiger Gedanke war, so vergaßen die Separatisten doch auch nicht, auf eine gute Rendite des Kapitals zu achten, das sie und ihre kaufmännischen Geldgeber in London in das Projekt investiert hatten. Diese Ziele wurden in keinster Weise als widersprüchlich angesehen: Wie einer der Führer der Kolonie, Edward Winslow, es hübsch ausdrückte, war Neuengland für solche gedacht, bei denen »Religion und Profit zusammenfallen«.

Die Fixierung der Pilger auf »Separation« bestimmte ihre Haltung gegenüber den anderen Gemeinden, einschließlich der amerikanischen Ureinwohner. Ihre Politik gegenüber den Indianern nahm während ihres kurzen Aufenthalts auf Cape Cod Gestalt an, als sie jeden Kontakt mit den lokalen Stämmen zu vermeiden suchten und nur von Zeit zu Zeit den militärischen Kommandeur der Kolonie ausschickten, um Nahrungsvorräte zu »finden« (d. h. zu stehlen). »Es war Gottes Vorsehung, daß wir [etwas] Mais [der Indianer] fanden«, schrieb Bradford, »denn wir wußten nicht, wie wir mit Indianern zusammenkommen konnten, ohne in Unannehmlichkeiten zu geraten.« Ähnlich verfuhren sie noch vier Monate nach ihrer Ankunft in Patuxet, doch stellte sich bald heraus, daß kurze Nahrungsmittelexpeditionen nicht unbegrenzt hundert oder mehr Leute ernähren konnten. Mit Einbruch des Winters wurde die Lage der Siedler zunehmend verzweifelt, und im Frühling 1621 war etwa die Hälfte ihrer Mitglieder an Krankheit oder Hunger gestorben.

Es waren die benachbarten Wampanoag, die zuerst den Kontakt suchten. Auch wenn sie sich verständlicherweise vom Verhalten der Kolonisten gekränkt fühlten, versprachen sie sich doch einen beidseitigen Nutzen von einer besseren Beziehung. Offensichtlich benötigten die Siedler dringend Lebensmittel und Rat, wie man in Neuengland überleben konnte; die Wampanoag ihrerseits waren verzweifelt um die Wiederherstellung des Gleichgewichts bemüht, das durch die Ankunft der Europäer bereits in Unordnung geraten war. Ihre Zahl hatte sich durch die jüngsten Epidemien drastisch verringert. In ihren Verhandlungen mit anderen Stämmen, besonders den Narragansett – die, nachdem sie der Seuche entgangen waren, ihren Überlegenheitsanspruch mit überzogenen Tributforderungen bekräftigten – und den Micmac – die, mit französischen Waffen ausgestattet, die Küste auf der Suche nach Mais und anderen Produkten regelmäßig überfielen, um ihre eigene, zunehmend prekäre Position im Fellhandel zu behaupten –, sahen sie sich nun in einem ernsten Nachteil. Ermutigt von Squanto, der seit Dermers Tod mit den Wampanoag gelebt hatte, und Samoset, einem Maine-Indianer, der auch von den Engländern verschleppt worden war, kam der *sachem* der

Wampanoag, Massasoit, allmählich zu der Einsicht, daß ein Bündnis mit Plymouth ein Mittel sein könnte, ein Stück seiner verlorenen Macht wiederherzustellen. Nach einer dreitägigen Versammlung, in der sich die Indianer wahrscheinlich rituell von ihrer früheren Feindschaft mit den Engländern reinigten (Bradford sah darin typischerweise eine Art von Hexerei und schrieb, daß sie sich getroffen hätten, »um sie [die Engländer] mit ihren Zaubersprüchen zu verfluchen und zu verwünschen«), schickte er Squanto und Samoset, um ein Treffen zu arrangieren, das mit einem formalen Vertrag endete.

Nach Ansicht einiger Historiker sei dieses erste Abkommen zwischen Ureinwohnern und Siedlern, was immer danach in der Kolonisierung Amerikas schiefgelaufen sein mag, fair und ausgewogen gewesen und habe den guten Glauben und Willen beider Seiten gezeigt. In Wirklichkeit enthält es den Keim vieler späterer Mißverständnisse und Konflikte. Das Abkommen sah vor, der anderen Seite im Falle eines Angriffs durch dritte beizustehen, doch begünstigten viele andere Klauseln eindeutig die Engländer. Massasoit zum Beispiel mußte seine Autorität einsetzen, um auch seine »Nachbar-Konföderierten« zur Einhaltung des Vertrags anzuhalten und durchzusetzen, daß jeder Indianer, der eine Straftat gegen die Engländer begangen hatte, der Kolonie zur Verurteilung übergeben wurde, doch gab es hier keine umgekehrte Bestimmung, daß ein englischer Straftäter auch an die Wampanoag ausgeliefert wurde. Die Pilger scheinen auch nicht ganz über kleine Betrügereien erhaben gewesen zu sein: Das ursprüngliche Abkommen sah vor, daß beide Seiten sich entwaffnen sollten, wenn sie sich trafen, tatsächlich jedoch trugen die Kolonisten oft Waffen, und in dem offiziellen Bericht, der von Nathaniel Morton geschrieben wurde (und in Bradfords privater Geschichte), ist der Abschnitt über die englische Entwaffnung ausgelassen.

Der wohl entscheidende Passus im Vertrag lautet, daß »König James ihn [Massasoit] als seinen Freund und Verbündeten ansieht«, ein Satz, den die Wampanoag mit Sicherheit im Sinne einer mehr oder weniger gleichberechtigten Partnerschaft interpretierten. Nach Morton jedoch bedeutete es, daß Massasoit »sich bereit erklärte, Untertan unseres obersten Herrn, des vorgenannten Königs, seiner Erben und Nachfolger, zu sein, und alles angrenzende Land ihnen und ihren Erben für immer zu geben«. Nach Neal Salisbury »zeigen diese Diskrepanzen, daß die Engländer unter sich den Vertrag nicht als einen der Allianz und Freundschaft zwischen Gleichen betrachteten, sondern der Unterwerfung der einen Seite unter die Herrschaft der anderen«. Darüber hinaus mußten viele englische Grundbegriffe, wie die Vorstellung der Souveränität und der Übertragung von Rechtsansprüchen auf Land, der algonkinischen Kultur zutiefst fremd sein.

Einige dieser kulturellen Differenzen wurden schnell offensichtlich. Aus der Perspektive der amerikanischen Ureinwohner lag die Bedeutung des Vertrags nicht im Dokument selbst, sondern im begleitenden Austausch von Geschenken und Reden, die rituell die Feindschaft zwischen zwei Völkern beendete und die trennenden Grenzen aufhob. Ihr neues Bündnis war nicht nur eine politische Allianz, sondern eine geistige Neuausrichtung, die die beiden Völker in einem Netzwerk gegenseitiger Verpflichtungen verband. Kurz nach Unterzeichnung des Vertrags schauten durchreisende Wampanoag in Plymouth vorbei und erwarteten von ihren neuen Freunden, mit Essen und Unterkunft bewirtet zu werden. Für die Pilger, deren Reinheitswahn so groß war, daß sie sogar vor ihren eigenen Landsleuten emigriert waren, schienen diese gelegentlichen Besuche der »Wilden« ihre physischen, kulturellen und religiösen Grenzen, an denen ihre Identität und Zweckbestimmung in der Neuen Welt hing, zu übersteigen. Eilig schickten sie Edward Winslow und Stephen Hopkins zu Massasoit, um klarzustellen, daß sie die Beziehung als eine formale Vereinbarung zwischen Führern betrachteten und Plymouth daher nur den *sachem* selbst oder einen seiner Stellvertreter empfangen würde.

Winslows Bericht von der Reise vermittelt einen lebhaften, wenn auch unbeabsichtigt komischen Eindruck von der moralischen Panik der Pilger angesichts der Verwischung der Unterschiede zwischen ihrer und der indianischen Welt. Während des gesamten Weges zu Massasoits Dorf wurden die beiden Engländer von kreuzenden Wampanoag zu Essen und Trinken eingeladen. Bei ihrer Ankunft wurden sie eingeladen, über Nacht zu bleiben und ein Holzbett mit Massasoit selbst, seiner Frau und zwei anderen Männern zu teilen. Am anderen Tag wurden sie gebeten, länger zu bleiben, doch lehnten sie ab. »Wir wollten den Sabbat zu Hause feiern und fürchteten, daß wir aus Schlafmangel benommen sein würden, da wir wegen der schlechten Unterbringung, der barbarischen Gesänge der Wilden (da sie sich selbst in den Schlaf singen), der Läuse und Fliegen drinnen und der Mükken draußen die ganze Zeit kaum schlafen konnten; wir fürchteten sehr, daß, wenn wir länger blieben, wir nicht mehr in der Lage wären, wieder nach Hause zu finden aus Entkräftung.«

Kaum hatten sie die streng autoritäre und legalistische Gesellschaft in England hinter sich gelassen, fühlten sich die Pilger von der Dynamik und dem fließenden Charakter der indianischen Welt zutiefst verunsichert. Hatten sie geglaubt, alle lokalen Stämme durch Massasoit kontrollieren zu können, mußten sie jetzt entnervt erkennen, daß er, weit davon entfernt, ein absoluter Monarch zu sein, nur eine begrenzte Gewalt über sein Volk hatte und noch weniger über seine »Nachbar-Konföderierten«. Angesichts der ständigen Rivalitäten und Eifersüchteleien zwischen den verschiedenen indianischen Führern (an einem Punkt sogar zwischen Massasoit und seinem eigenen Bruder), fühlten sich die Pilger verständlicherweise in ihrer Sicherheit bedroht. Als Antwort schlossen sie eine Reihe getrennter, zweiseitiger Abkommen mit verschiedenen Gruppen, die sie alle – in den Augen der Engländer – zu »loyalen Untertanen von König James« machten. (Wiederum gibt es Hinweise, daß sie es mit diesen Vereinbarungen nicht allzu genau nahmen: Bei mindestens einer Gelegenheit zum Beispiel scheinen sie den Namen eines *sachem* rückwirkend in den Vertrag eingefügt zu haben, um ihm eine Vertragsverletzung nachweisen zu können.) Durch dieses expandierende Bündnissystem begannen die Pilger, eine ihrer primären geschäftlichen Absichten – und die ihrer Geldgeber – zu realisieren: die Entwicklung des Pelzhandels.

Doch wurde ihr religiöser Purismus und ihre Hegemonie über die benachbarten amerikanischen Ureinwohner bald aus anderer Richtung bedroht, als neue englische Kolonien an der Küste auftauchten. Die Pilger zögerten nicht, die kleine Siedlung von Wessagusset unter Druck zu setzen, indem sie die lokalen Massachusetts-Indianer durch Emordung vier ihrer Führer so sehr erzürnten, daß es für die Kolonisten keine sichere Bleibe mehr gab, und wandten dann ihre Aufmerksamkeit Ma-re Mount zu, eine neue »Siedlung«, die von dem Nicht-Separatisten Thomas Morton gegründet worden war. Indem Morton seine Vertragsarbeiter zu Partnern in der Kolonie machte und herzliche und entspannte Beziehungen zu seinen Massachusetts-Nachbarn unterhielt, deren Gesellschaft er der seiner Landsleute vorzog (»Je mehr Wilde, desto besser die Gegend, je mehr Christen, desto schlimmer die Gegend«, schrieb er), gelang es ihm, den zugleich religiösen, sozialen und kulturellen Unterbau der separatistischen Lebensform zu bedrohen. Sein schlimmstes Vergehen war es, einen Maibaum zu errichten – mit Hilfe von Indianern, die gekommen waren, um »unsere Art des Feierns« zu sehen – und den Wilden die Teilnahme an den Feierlichkeiten erlaubt zu haben. Unter der Anklage, Morton sei ein »schlechter Regierungsherr geworden und betreibe (gewissermaßen) eine Schule des Atheismus«, ließ ihn Bradford 1628 deportieren.

Doch der Zustrom der Siedler ließ sich immer schwieriger aufhalten. 1629 erhielt die Massachusetts Bay Company eine königliche Charta, um das Gebiet zwischen den Flüssen Merrimack und Charles zu besiedeln und ein selbstverwaltetes puritanisches Gemeinwesen zu errichten. Anders als Plymouth verfügte die Massachusetts Bay über riesige Ressourcen (ihre Geldgeber, die gute Beziehungen hatten, investierten 200 000 Pfund in das Projekt, während die Pilger lediglich 7000 Pfund hatten aufbringen können), und ihre Führer trieben die neue Kolonie kräftig voran.

Es gab keinen Mangel an potentiellen Kolonisten. Ende der 20er und Anfang der 30er Jahre des 17. Jahrhunderts sahen Tausende der – meist puritanischen – »Mittelständler« in England ihre ökonomische Sicherheit durch eine tiefe Rezession untergraben und ihren religiösen Glauben durch eine wachsende offizielle Feindschaft gegenüber dem Calvinismus bedroht. Gleichzeitig malten begeisterte Berichte über Neuengland das Bild eines Landes von unbegrenztem Überfluß, von freundlichen Eingeborenen spärlich bevölkert, das nur auf seine Besetzung wartete. (Einige dieser Berichte waren so übertrieben, daß Captain Christopher Levett sich genötigt fand, 1628 die Dinge wieder zurechtzurükken: »Weder dürfen die Leute denken, daß der Mais von alleine wächst (oder auf Bäumen), noch kommen die Hirsche auf Abruf und lassen sich ruhig abschießen ... noch springt der Fisch in den Kessel ... was so wenig wahr ist, wie daß sich die Hühner mit Bratspießen präsentieren.«) Geschickt nutzte die Massachusetts Bay diese Vorstellung aus: Das Siegel der Company, das einen lächelnden Indianer zeigte, der zwischen zwei Bäumen stand und sagte: »Komm rüber und hilf uns«, suggerierte einerseits eine zu erfüllende christliche Pflicht, andererseits ein neues, besseres Leben für Siedler und ihre Familien.

Zwischen 1630 und 1633 stießen im Zuge der »Großen Wanderung« etwa 3000 englische Siedler zur Massachusetts Bay. Schon vor ihrer Ankunft hatten die Epidemien und Konflikte der vorangegangenen zwei Jahrzehnte dafür gesorgt, daß sich Neuengland mehr dem phantasievollen Bild seiner Propagandisten anglich. Große Gebiete, die von amerikanischen Ureinwohnern gerodet und besiedelt worden waren, verwandelten sich wieder in Wälder: William Wood zum Beispiel beschrieb Orte, »wo die Indianer vor etwa vierzehn Jahren an der Seuche gestorben waren« und die nun mit »viel Unterholz« bedeckt waren, »weil es nicht abgebrannt wurde«. Sahen sich die Pilger von – wie sich Bradford ausdrückte – einer grauenhaften und trostlosen Wildnis, voll wilder Tiere und wilder Menschen umgeben, war Massachusetts Bay in einem Gebiet angesiedelt, das von den amerikanischen Ureinwohnern bereits größtenteils gelichtet worden war. John Winthrop Senior, der Hauptarchitekt der neuen Kolonie und – ab 1630 – ihr Gouverneur, war zuversichtlich, daß die Indianer keine große Bedrohung für die Siedler darstellen würden, und schrieb: »Es gibt von ihnen nicht so viele im Umkreis von 20 Meilen wie von uns, denke ich.«

Anders als die Gründer von Jamestown oder Plymouth, war Winthrop ein ausgebildeter Jurist, der sich viele Gedanken darüber machte, wie man die Kolonisierung auf eine rechtliche

Grundlage stellen könnte. Wie andere Europäer seiner Zeit ging er davon aus, daß ein christlicher Fürst Souveränität über ein »heidnisches« Volk und sein Territorium behaupten könne, und er glaubte, daß Charles I. letztlich in Neuengland diese Autorität an die Massachusetts Bay Company delegiert habe. Er berief sich auch auf die allgemein akzeptierte Theorie vom *vacuum domicilium*, wonach Land, das nicht »unterworfen« (d. h. nach europäischer Art kultiviert) war, legitimerweise angeeignet und »verbessert« werden könnte. Da der größte Teil des von den amerikanischen Ureinwohnern genutzten Territoriums per definitionem »nicht unterworfen« war und da sie als »Wilde« keine »bürgerliche Regierung« hatten, von der man sagen konnte, daß sie ihre eigene Souveränität ausübt, so folgte, daß sie weder ein »natürliches« noch ein »bürgerliches« Recht auf das Land hatten (obwohl akzeptiert wurde, daß sie ein »moralisches Recht« auf ihre Felder und Gärten hatten, was nach europäischem Muster Besitz meinte).

Es gab englische Kritiker von Winthrops Politik, hauptsächlich der extreme Separatist Roger Williams, der der Meinung war, daß die Ureinwohner sehr wohl Souveränität besaßen und daß infolgedessen die Kolonisten sich nicht einfach auf ihr königliches Patent verlassen konnten, sondern Titel direkt von den *sachems* kaufen müßten. Williams blieb eine einflußreiche Figur (seine Ansichten bestimmten die Debatte über Landrecht in Neuengland bis weit in das 18. Jahrhundert hinein), doch wurde er von den Führern der Massachusetts Bay schnell an den Rand gedrängt. Er wurde zu einem – aus englischer Sicht im wörtlichen Sinne des Wortes – einsamen Rufer in der Wildnis, der mit den Narragansett lebte, von denen er 1636 genug Land kaufte, um die Dissidenten-Kolonie Providence (später Rhode Island) zu gründen.

Obwohl sie Williams Argument ablehnte, erkannte die Massachusetts Bay in der Praxis an, daß die Indianer auf Gebiete, die für die Besiedlung benötigt wurden, »ein Erbrecht beanspruchen« könnten, und die Kolonisten wurden angewiesen, mit ihnen zu einem »vernünftigen Vergleich« zu kommen, damit »wir den geringsten Verdacht einer Störung vermeiden«. Aber indem sie einem »Vergleich« zustimmten, gaben die Indianer – aus Sicht der Kolonisten – nicht nur die Einwilligung zum Verkauf von Eigentum; sie unterwarfen es auch und sich selbst der englischen Rechtsprechung. Es ging nicht mehr um Beibehaltung der Stammesunabhängigkeit innerhalb der Grenzen der Kolonie oder um Behauptung der Stammeskontrolle über ein Gebiet, nachdem es in englische Hände übergegangen war: Die Übertragung von Land und Autorität war eine reine Einbahnstraße.

Den meisten der amerikanischen Ureinwohner dürfte sich die Transaktion sehr anders dargestellt haben. Was in ihrem politischen System einem Vergleich am nächsten kam, war entweder eine Allianz zwischen zwei verschiedenen Gruppen oder die symbolische Übertragung der Treue von einem *sachem* auf einen anderen. Dieser Prozeß konnte die Überlassung gewisser Rechte an die neuen Führer innerhalb ihres Territoriums und die Einwilligung zur Zahlung von Tribut im Austausch gegen Unterstützung und Schutz implizieren, aber nicht die komplette und irreversible Räumung des Gebiets und die Auflösung ihrer Identität als selbständige Gesellschaft. Der im Juli 1636 geschlossene Vertrag zwischen dem Pelzhändler William Pynchon und dem Dorf Agawam eröffnet einen tiefen Einblick in die Sichtweise der amerikanischen Ureinwohner. Dreizehn Indianer unterzeichneten das Dokument, in dem sie dem Verkauf eines Gebiets von vier oder fünf Meilen entlang des Connecticut River zustimmten, sich jedoch das Recht vorbehielten, »den ganzen cottinackeesh oder Grund, der nun bebaut ist, zu genießen und zu nutzen, und die Freiheit, Fisch und Rotwild, Erdnüsse, Walnüsse, sasachiminesh und eine bestimmte Art Erbsen« zu entnehmen. Als die Kolonisten bestimmter auftraten und ihre Ziele den Indianern klarer wurden, führte die grundsätzliche Differenz zwischen den Ansichten beider Seiten zu ernsthaften Konflikten.

Am Anfang jedoch gab es, wie Winthrop vorhergesehen hatte, wenig Spannungen. Die lokalen Massachusett und Pawtucket, deren gemeinsame Bevölkerung auf etwa 200 geschrumpft war, begrüßten die Massachusetts Bay – so wie Massasoit einst Plymouth begrüßt hatte –, von der sie sich Schutz gegen mächtigere Feinde und Rivalen erwarteten. Sie glaubten nicht nur den Engländern auf Land zu siedeln, das durch die Epidemien entvölkert worden war, sie waren auch so geschwächt, daß sie anscheinend den Anspruch der Kolonie auf die Rechtshoheit akzeptiert haben, was sie – in den Worten von Neal Salisbury – zu nicht mehr als »domestizierten Untertanen« machte. Es gibt zahlreiche Berichte aus der frühen Geschichte der Massachusetts Bay von Gerichtsfällen zwischen Siedlern und ihren indianischen Nachbarn. Wie in einem ironischen Kommentar zur englischen Behauptung, im Gegensatz zu den wurzellos nomadisierenden Indianern bodenständige Bauern zu sein, drehten sich diese Streitfälle oft um das herumstreunende Vieh der Kolonisten, das die Feldfrüchte der Indianer zerstörte und aus Rache von den Indianern getötet wurde.

Doch trotz dieser partiellen Einbindung von Indianern in ihr eigenes Rechtssystem, teilte die Massachusetts Bay das Unbehagen von Plymouth über die Entwicklung zu enger sozialer Beziehungen zu ihnen. Nach dem Beispiel der Pilger teilte die Gesellschaft ihren Kolonisten mit, »daß wir es angebracht finden, zur Vermeidung von Schaden, der durch zuviel Vertraulichkeit mit den Indianern entstehen könnte, sie nur zu bestimmten Zeiten und Orten, die ihnen zugewiesen werden, zu eurer Siedlung kommen zu lassen«. Als immer mehr amerikanische Ureinwohner als Diener für die Siedler arbeiteten – was ein Schlaglicht auf das Ausmaß des Verlustes ihrer wirtschaftlichen Unabhängigkeit wirft –, war der Verwaltungsrat der Kolonie alarmiert und verfügte hastig, daß in Zukunft niemand einen Indianer ohne seine ausdrückliche Zustimmung anstellen könne. Das gleiche Bedürfnis um Aufrechterhaltung der Schranken zwischen Engländern und »Wilden« leitete die Massachusetts Bay in ihrem Verbot des Anbaus oder des Gebrauchs von Tabak durch die Siedler und – nachdem einmal Baumaterial aus England angekommen war – des Baus von Wigwams anstatt von Häusern.

Bis 1633 hatte die expandierende Kolonie das ganze »überschüssige« Land absorbiert und drang in Gebiete vor, die von noch überlebenden indianischen Gruppen genutzt wurden, die – nach Edward Johnson – begonnen hatten, »mit ihnen über ihre Landesgrenzen zu streiten«. Im gleichen Jahr waren beide, Siedler und Indianer, von einer langen Dürre schwer betroffen, die erst dann aufhörte – nach ihrer übereinstimmenden Interpretation –, als der englische Gott auf die Gebete der Puritaner um Regen antwortete. Kurz danach griff eine verheerende Pockenkrankheit in der Region um sich, die die Kolonisten praktisch unberührt ließ, aber die meisten im Umkreis der Massachusetts Bay verbliebenen Indianer tötete und sich nach Süden und Westen ausbreitete, wo sie unter zwei mächtigen Gruppen wütete, die bislang größtenteils verschont geblieben waren: die Narragasett und ihre Nachbarn, die Pequot. Die Schlußfolgerung für die demoralisierten Überlebenden der Massachusett und der Pawtucket war klar: Der englische Gott hatte sie bestraft, weil sie es gewagt hatten, die Kolonie in Frage zu stellen. Gouverneur Winthrop zog einen ähnlichen Schluß, als er schrieb: »Gott hat dadurch unseren Anspruch auf diesen Platz geklärt.«

Doch das Verlangen der Massachusetts Bay nach neuem Land wuchs schneller, als ihr »Anspruch« darauf durch Krankheit »geklärt« werden konnte. Schon 1633 hatten religiöse Differenzen und Unzufriedenheit über die Leitung der Kolonie einige Gruppen von Siedlern dazu gebracht, sich weiter draußen nach einem Siedlungsort umzuschauen. Ihr Entschluß, in das fruchtbare Connecticut-Tal zu ziehen, sollte eines der Schlüsselereignisse der Kolonialgeschichte zur Folge haben: den »Pequot-Krieg«. Er löste nicht nur viele der Probleme, die die puritanische Gemeinde teilte, sondern beantwortete letztlich auch die Frage, wie Engländer und amerikanische Ureinwohner zusammenleben sollten.

* * *

Anfang der 30er Jahre des 17. Jahrhunderts waren die Pequot eine der mächtigsten Gruppen in Neuengland, kontrollierten ein großes Gebiet innerhalb des heutigen Ost-Connecticut und herrschten über mehrere tributpflichtige Stämme. Nach einem frühen Bericht sollen sie und ihre nahen Verwandten, die Mohegan, erst vor kurzem in dieses Gebiet gekommen sein, vielleicht eine Splittergruppe der Hudson Valley-Mohikaner, die nach Osten gezogen waren und sich mehrere Lokalgruppen durch Terror gefügig gemacht hatten. (Nach dieser Version bedeutet der Name *Pequot* »Zerstörer«.)

Unmittelbar nach den ersten Siedlungen konnten die Pequot, die etwas landeinwärts von den Küstenstämmen lagen und von den ersten Wellen der Krankheit und Landnahme abgeschirmt waren, die neue Situation zu ihren Gunsten wenden. In den 20er Jahren des 17. Jahrhunderts nutzten sie ihre mächtige Position, um mit den Holländern ein Handelsmonopol zu errichten. Sie kontrollierten den Pelzhandel und häuften riesige Mengen des hoch geschätzten *wampum* an, das in dem Maße, in dem die Indianer in das europäische Wirtschaftssystem hineingezogen wurden, in Neuengland als eine Art Währung benutzt und sogar – für kurze Zeit – von der Massachusetts Bay als gesetzliches Zahlungsmittel anerkannt wurde. Die Macht und Arroganz der Pequot führte bei ihren tributpflichtigen Stämmen, denen der direkte Zugang zu europäischen Gütern verwehrt war und die einen beträchtlichen Tribut zahlen mußten, zu Unmut. Daher begrüßten sie anfänglich das Eintreffen der Engländer.

Ab 1633 wurden die Pequot von einer raschen Folge von Unglücksschlägen getroffen, die sie in eine Krise stürzten. Als sie entdeckten, daß die Holländer mit anderen Indianern im Gebiet Geschäfte machten, töteten sie im Zorn einige ihrer Rivalen an der Handelsniederlassung House of Good Hope. Die Holländer reagierten mit der Verschleppung und Ermordung ihres *sachem*, Wopigwooit, und brachen den Handel ab. Die Antwort der Pequot enthielt zwei folgenschwere Entscheidungen: Sie wählten Wopigwooits Sohn Sassacus als Nachfolger und zogen ihn damit dem *sachem* der Mohegan, Wonkos, vor – ein gewalttätiger, eifersüchtiger und rachsüchtiger Mann, der von nun an zu einem erbitterten Feind seiner Pequot-Verwandten werden sollte. Und sie schickten Abgesandte nach Boston, um die Engländer anstelle der Holländer zum Handel einzuladen.

Fast gleichzeitig wurden die Pequot von einer anderen Katastrophe heimgesucht: Wie früher die Küstenstämme wurden sie nun von einem neuen Ausbruch von Pocken niedergestreckt. Die Epidemie tötete nicht nur einen großen Teil der Bevölkerung, sondern lockerte auch den Klammergriff der Pequot um ihre tributpflichtigen Stämme gerade in dem Moment, in dem die groß angelegte englische Siedlungsbewegung das fein austarierte System der Stammesbeziehungen im Connecticut Valley durcheinanderbrachte. Als die Pequot ihre frühere Position wieder behaupten wollten, indem sie entweder selbst Siedler bedrängten oder unterworfene Stämme unterstützten und protegierten, die das Eindringen in ihr Territorium zu verhindern versucht hatten, provozierten sie eine unverhältnismäßige – und für die Indianer gänzlich unerklärliche – englische Antwort. Nach dem Tod zweier englischer Händler wies die Massachusetts Bay 1636 Captain John Endecott an, nach Block Island zu segeln und jeden auftauchenden männlichen Indianer zu töten. 90 Indianer wurden ermordet, die meisten davon Narragansett, die mit den Pequot nichts zu tun hatten. Dann ging Endecott zum Angriff auf die Pequot selbst über und brannte zwei ihrer Dörfer nieder, wobei jedoch nur ein Mann getötet wurde. Die Pequot reagierten mit dem Versuch, ein Bündnis mit dem Narragansett-*sachem* Canonicus zu schließen. Sollte er sich nicht bei der Abwehr der Engländer beteiligen, warnten sie, würden die Engländer zuerst Sassacus besiegen und sich dann später gegen die Narragansett wenden. Canonicus schwankte, entschied sich jedoch schließlich – offensichtlich auf Intervention Roger Williams –, sich selbst mit der Massachusetts Bay zu verbünden.

Ohne sich entmutigen zu lassen, lancierte Sassacus einseitig eine Reihe sehr begrenzter Angriffe gegen das Fort Saybrook in Connecticut Valley, in der klaren Erwartung – oder wenigstens Hoffnung –, daß dieses wohlkalkulierte Signal ausreichen würde, die Ehre seines Volkes wiederherzustellen und weitere Aggressionen der Briten zu verhindern. Nach indianischem Brauch riefen seine Männer an einem bestimmten Punkt einen Waffenstillstand aus und fragten den englischen Lieutenant Gardiner, ob er »genug gekämpft« habe? Als Gardiner keine Neigung zum Friedensschluß zeigte, fragten sie, bestrebt zu wissen, was für eine Art von Kriegsführung sie zu erwarten hätten, »ob wir auch Frauen und Kinder zu töten pflegen?«, worauf Gardiner antwortete, »daß sie es später sehen würden«. Darauf reagierten die Pequot in der für sie typischen demonstrativen Bravour und sagten: »Wir sind Pequot und haben Engländer getötet und können sie wie Moskitos töten, und wir werden nach Connecticut gehen und Männer, Frauen und Kinder töten, und wir werden ihnen die Pferde, Kühe und Schweine wegnehmen.«

Im April 1637 machten die Pequot ihre Drohung wahr. Der *sachem* einer ihrer früheren tributpflichtigen Stämme hatte sie gegen die Siedler von Wethersfield, die ihn enteignet hatten, um Hilfe gebeten. Sassacus antwortete mit der Entsendung einer Kriegstruppe, die neun Siedler, zwanzig Rinder und ein Pferd töteten und zwei Frauen gefangen nahmen. Im Vergleich zu Endecotts Massaker auf Block Island scheint dies (und war höchstwahrscheinlich auch so gedacht) eine angemessene Vergeltungsmaßnahme zu sein, doch rief sie unter den Kolonisten große Angst und Entrüstung hervor. Ihre Panik wurde durch den besiegten Wonkos angeheizt – den Engländern als Uncas bekannt –, der gierig die Gelegenheit ergriff, Sassacus' Position zu untergraben: Er verbreitete, Sassacus habe in seinem »Wahnsinn« einen totalen Krieg gegen die Siedler vor. Die Massachusetts Bay hatte den Connecticut-Siedlern ausdrücklich verboten, die Pequot anzugreifen, doch lieferte Wonkos' Drängen ihnen die nötige Rechtfertigung. Als der Connecticut General Court am 1. Mai 1637 einen »offensiven Krieg« gegen Sassacus erklärte, schrieb Thomas Hooker an John Winthrop sen.: »Die hiesigen befreundeten Indianer drängten uns so hartnäckig, Krieg zu machen, daß wir, wenn wir nichts unternommen hätten, unsere Leute dem Verdacht der Angst und Feigheit ausgeliefert und sie zu unseren Feinden gemacht hätten: Gegen unseren Willen, notgedrungen, haben wir eine Kompanie losgeschickt ...« Wie Winthrop jedoch gewußt haben muß, gab es andere Motive für die Entscheidung. So waren die Connecticut-Siedler entschlossen, sich von der Massachusetts Bay unabhängig zu machen, die immer noch eine Rechtsprechung über sie ausübte. Sie wußten, daß es ihrer Sache zugute käme, wenn sie zuerst handeln und die Pequot alleine besiegen würden. Abgesehen von einer Demonstration militärischer Macht der flügge gewordenen Kolonie, würde ein Sieg ihr einen potentiellen Anspruch – durch »Recht der Eroberung« – nicht nur auf das Land der Pequot, sondern auch ihre Kontrolle des Handels von *wampum*-Perlen und Pelzen geben. Es gibt Hinweise, daß die zeitliche Ansetzung des Krieges von dieser innerkolonialen Rivalität bestimmt war und die angeblichen Vergehen der Pequot (einige davon waren vor Jahren geschehen und in Wirklichkeit nicht von Pequot begangen worden) nicht mehr als ein Vorwand waren.

Connecticut stellte eine Streitmacht von 90 englischen Soldaten, 70 Mohegan und »Flußindianern« auf. Die Engländer standen unter dem Kommando von Captain John Mason, einem Berufssoldaten, der in den holländischen Kriegen in Europa gekämpft hatte; die Indianer wurden von Wonkos angeführt, der seine Treue gegenüber den Engländern dadurch demonstrierte, daß er sieben Pequots, die ihm über den Weg liefen, ermordete. Nach Mason, der einen detaillierten Bericht des Krieges mit Zeichnungen hinterließ, war es der »Auftrag« der Expedition, das Territorium der Pequot direkt anzugehen und eine Strafaktion gegen sie durchzuführen, doch hatte er das Gefühl, eine andere Strategie anwenden zu müssen. Obwohl er sich ungewöhnlich zurückhält, wird deutlich, daß der Plan bei zwei seiner Lieutenants, Lion Gardiner und John Underhill, auf beträchtlichen Widerstand stieß. Sie konnten erst überredet werden, nachdem der Kaplan, Herr Stone, die ganze Nacht auf gesessen hatte, um »unsere Situation dem Herrn [anzuvertrauen] ... damit er uns zeige, in welcher Weise wir uns verhalten sollten ...«. Wir können zwar nicht sicher sein, aber aus den nachfolgenden Ereignissen läßt sich schließen, daß Gott um Entscheidung darüber gebeten worden war, ob Ihm die Engländer, Sein Auserwähltes Volk, bei der »Klärung ihres Anspruchs« auf Amerika legitimerweise dadurch helfen könnten, daß sie, zum ersten Mal, eine ganze Nation vorsätzlich ausrotteten. Stones Schluß – daß er mit Masons Vorschlag »völlig einverstanden« war – sollte weitreichende Implikationen nicht nur für die Pequot, sondern für alle amerikanischen Ureinwohner haben.

Seinem neuen Plan folgend, segelte Mason in die Narragansett Bay, wo er Canonicus mitteilte, »daß wir nun gekommen sind, um Gott zu helfen, sich an ihnen [den Pequot] zu rächen«. Canonicus – vielleicht darauf bedacht, die Gunst der Engländer zu gewinnen, indem er sich als ebenso guter Freund wie Wonkos erwies – schickte seinen Kriegsführer Miantonomo und 200 Krieger zur Unterstützung der Expedition.

Wonkos sagte Mason, es gäbe zwei gut befestigte Siedlungen der Pequot: eine, nahebei, in Mystic und die andere – wo sich Sassacus und die meisten seiner Leute befanden – ein paar Meilen weiter aufwärts. Begierig, den *sachem* selbst zu töten, drängte Wonkos darauf, beide Gemeinden gleichzeitig anzugreifen, doch Mason beschloß, Mystic zuerst zu zerstören und dann gegen Sassacus vorzugehen. Als das Gerücht dieses Planes den Soldaten der indianischen Verbündeten zu Ohren kam, schmolzen die Narragansett ab; nach Mason »zeigten sie große Angst«. Angesichts dessen jedoch, daß Mystic das militärisch leichtere Ziel war, dürfte Feigheit als Erklärung ausfallen; wahrscheinlicher – und später bestätigt – waren die Narragansett von der in ihren Begriffen nicht zu rechtfertigenden Rücksichtslosigkeit Masons entsetzt. Mason fragte Wonkos, »was die Indianer seiner Meinung nach tun würden?«, und Wonkos antwortete, daß »die NARRAGANSETT uns alle verlassen würden, doch was ihn SELBST beträfe, würde er uns niemals verlassen, und so kam es auch …«.

Als sie sich der Pequot-Festung in Mystic spätnachts näherten, hörten die Engländer »die beleidigenden und jubelnden Gesänge des Feindes«. Offensichtlich hatten sie »aus unseren, einige Tage zuvor vorbeisegelnden Pinassen geschlossen, daß wir vor ihnen Angst hätten und ihnen nicht zu nahe zu kommen wagten …«.

Die Soldaten griffen in der Morgendämmerung an. Eine Wache entdeckte sie und schrie: »Owamux! Owamux!« (»Engländer! Engländer!«), doch lagen die meisten »Feinde« noch, wie sich Mason ausdrückte, »in einem tiefen, in der Tat letzten Schlaf«. Mason und seine Männer fielen wild um sich feuernd und hauend über die entsetzten Pequot her – meist schwach bewaffnete alte Männer, Frauen und Kinder. Dann:

> … sagte der Captain … WIR MÜSSEN SIE VERBRENNEN, zog sofort einen brennenden Holzscheit hervor und steckte ihn in die Matten, mit denen sie bedeckt waren, und setzte dadurch die Wigwams in Brand … Die Indianer liefen schrecklich verwirrt herum.

> Und wirklich ließ der ALLMÄCHTIGE eine solche schreckliche Angst über sie kommen, daß sie von uns wegflohen und geradewegs in die Flammen rannten, wo viele von ihnen umkamen.
> ... So wurden sie und ihre uneinnehmbare Festung in weniger als einer Stunde vernichtet, bis auf sechs oder sieben Hundert ... Es wurden nur sieben Gefangene gemacht & und etwa sieben konnten entkommen.
> ... *So stand Gott in der Höhe und vernichtete seine stolzen Feinde und die Feinde seines Volkes ... Er verbrannte sie im Feuer seines Zornes und düngte den Boden mit ihrem Fleisch: Es war das Tun des Herrn, und es ist wunderbar in unseren Augen!*

Die Rücksichtslosigkeit des Angriffs entsetzte die meisten indianischen Verbündeten der Kolonisten: Das war eine Art von Kriegsführung, die sie noch nie gesehen oder sich vorgestellt hatten. Man spürt noch ihr Entsetzen in Captain Underhills triumphierendem Bericht über die Zeit danach:

> Unsere Indianer kamen zu uns und jubelten über unsere Siege und bewunderten sehr die Art des Kampfes unserer Engländer, riefen jedoch »Mach it, mach it«, was heißt »Es ist böse, es ist böse«, weil es zu wild ist und zu viele Menschen tötet.

Als sich die Engländer zurückzogen, wurden sie von einem Kriegstrupp von 300 Pequot aus der anderen Stadt angegriffen und mit Pfeilen eingedeckt, bevor er nach Mystic weitereilte. Empört über das, was sie dort vorfanden, brachen die Krieger sofort wieder auf, um die Mörder zu verfolgen, aber die Engländer – bewaffnet mit Musketen und Artillerie gegen Pfeil und Bogen der Indianer – konnten den Angriff zurückschlagen und die vier wartenden Schiffe erreichen. Auf einer Schaluppe traf Mason Captain Patrick und ein Kontingent von 40 Männern an, die von Gouverneur Winthrop geschickt worden waren, »um uns vor Verfolgung zu retten, obwohl es dafür nicht das geringste Anzeichen gegeben hatte«. Dieser verspätete Versuch der Massachusetts Bay, sich einen Anteil am Sieg (und seiner Beute) zu sichern, ärgerte Mason, der Patrick »offen sagte«, daß »wir in Wahrheit seine Company weder wünschten noch besonders froh über sie wären«.

Entschlossen, ihre Ansprüche auf das Territorium der Pequot nicht aufzugeben, entschied jedoch die Bay Kolonie, sich der Fortführung des Krieges gegen Sassacus anzunehmen. Innerhalb weniger Wochen hatte sich eine neue Streitmacht von 120 Mann unter Israel Stoughton Patrick angeschlossen, um die überlebenden Pequot ausfindig zu machen und zu vernichten; über die nächsten Monate wurden die restlichen »Feinde des Gottesvolkes« fast bis zur Auslöschung verfolgt.

Die praktische Ausrottung der Pequot verblüffte die anderen Indianer des südlichen Neuengland. Wenn die Engländer die Macht – und den Willen – hatten, die stärkste und gefürchtetste Konföderation der Region in Grund und Boden zu stampfen, dann konnte sich kein Stamm militärisch selbst verteidigen. Für viele Gruppen schien nun die Hoffnung auf Überleben nicht im offenen Widerstand zu bestehen, sondern im Akzeptieren der Machtstellung der Kolonisten und im Einsatz von Verhandlung, Diplomatie und Schmeichelei zur Gewinnung ihrer Gunst oder wenigstens zur Vermeidung ihres Ärgers. Innerhalb weniger Wochen hatten mehrere Stämme – einschließlich der *wampum*-Produzenten des östlichen Long Island – gezeigt, daß sie die neue Realität anerkannten, und sich freiwillig unter den »Schutz« der Engländer begeben.

Es scheint auch Kolonisten gegeben zu haben, die Bedenken gegenüber dem Geschehenen trugen. In offensichtlicher Reaktion auf Kritik schrieb Captain Underhill: »Man mag fragen: Warum so wütend? (wie einige gesagt haben). Sollten Christen nicht barmherziger und mitleidiger sein?« Wie seinerzeit Mason nimmt er zum Alten Testament Zuflucht und stellt den Engländer als *underdog* in einem Kreuzzug gegen das Böse dar:

> Ich verweise euch auf Davids Krieg ... Wenn sich ein Volk mit so viel Blut und Sünde wider Gott und Mensch besudelt hat ... Manchmal sagt die Schrift, Frauen und Kinder müssen mit ihren Eltern sterben ... Unser Vorgehen stand unter dem Licht des Wortes Gottes.

Diese theologische Argumentation war – auch wenn sie für moderne Leser besonders häßlich und falsch klingt – für das puritanische Geschichtsverständnis zentral. Jedes Ereignis, sei es noch so trivial, wurde nach Hinweisen auf eine göttliche Vorsehung durchgegangen: 1630 zum Beispiel, als sich eine Gruppe von Siedlern »einigen hundert« Indianern gegenübersah, erlaubte Gott – so ihr Bericht – den Indianern nicht, sie anzugreifen, sondern »brachte sie dazu ... uns mit sehr billigem Fisch auszuhelfen«. Dieses stark von der calvinistischen Prädestinationslehre geprägte Weltbild läßt im Menschen keine unabhängige Motivation, ja Moralität zu: Er ist eine bloße Marionette Gottes oder des Teufels im großen kosmischen Drama. In einem solchen Kontext ist es schwierig, ein so bedeutendes Ereignis wie das Massaker von Mystic anders als ein göttlich vorgesehenes zu interpretieren. So half der Pequot-Krieg, andere Beziehungsmöglichkeiten zwischen Ureinwohnern und Engländern abzuschneiden und die Debatte über die Rechte der Kolonisten entschieden in die Ecke der fanatischsten Anti-Indianer-Fraktion zu drängen. Von jetzt ab gab es einen mächtigen Beweis, daß die Tötung und Vertreibung von Indianern, die den Engländern Widerstand leisteten, Gottes Segen fand.

* * *

Auch in anderer Weise trug der Puritanismus zur fortschreitenden Auflösung der indianischen Welt bei. Seit Jahren hatte die Bay Colony in England Geld gesammelt, um den »Hauptzweck« ihrer Charta zu erfüllen, »die Ureinwohner zur Erkenntnis und zum Gehorsam gegenüber dem einzig wahren Gott und Retter der Menschheit und zum christlichen Glauben« zu gewinnen und anzuspornen, doch war nach Thomas Lechford bis 1642 »niemand von der Kirche ausgesandt worden, um die Sprache der Indianer zu lernen oder sie in Religion zu unterrichten«.

Die Haltung der Puritaner zur Bekehrung war immer ambivalent gewesen – welchen Sinn sollte es haben, unter »Wilden« Mitglieder der Auserwählten zu entdecken, wenn, wie die Calvinisten glaubten, selbst unter dem erwählten Gottesvolk, den Engländern, nur eine Minderheit gerettet wurde? –, doch machte dieses Versehen in England einen ungünstigen Eindruck. Als sich die Massachusetts Bay für ein königliches Patent bewarb, um sich in die Narragansett Bay zu erweitern, lehnten die englischen Behörden das Ersuchen ab, weil sie offenbar vom Versprechen der Kolonisten, die Botschaft »den Ureinwohnern, die jetzt im Dunkeln sitzen«, zu überbringen, nicht überzeugt waren. Um die Sache noch schlimmer zu machen, war es Roger Williams gelungen, eine Charta für *seine* Siedlung im Gebiet zu erhalten – jener Williams, der die Puritaner ständig wegen ihrer Überheblichkeit gegenüber den amerikanischen Ureinwohnern und ihrem Mangel an wahrer Religion geschmäht hatte. Es war klar, daß irgend etwas getan werden mußte.

Massachusetts übernahm seine missionarische Verantwortung in typisch legalistischer und berechnender Art und entwickelte eine Strategie, die es ihr erlaubte, unter einer religiösen Oberfläche ihre weltlichen Ziele stillschweigend, aber effektiv zu verfolgen. Wie das Massaker von Mystic begründete diese Politik – auf Grundlage derselben Annahme, daß europäische und indianische Gesellschaften nicht koexistieren könnten – einen Ansatz zum »Indianerproblem«, der von Generationen von Europäern und Euro-Amerikanern befolgt werden sollte. So wie die Vernichtung der Pequot durch die Puritaner einen Präzedenzfall für spätere genozidale Kriege schuf, so legte ihre »Überbringung der Botschaft an die Ureinwohner« den Grund für das Reservationssystem.

Nach dieser Politik sollten Indianer, die innerhalb der Grenzen der Kolonien lebten, in »Betstädte« abgesondert werden, wo sie, unter der *politischen* Kontrolle der englischen Behörden, in Religion unterrichtet und »zur Zivilität gebracht« werden konnten. Im März 1644 unterschrieben fünf *sachem* in den Chartergrenzen der Bay Colony einen »Vertrag der freiwilligen Unterwerfung«, in dem sie ihren Untertanenstatus dadurch formalisierten, daß sie sich selbst, ihr Volk und ihr Land den »gerechten Gesetzen und Verordnungen [Massachusetts], soweit wir befähigt werden, sie zu verstehen«, unterstellten. Und dann verpflichteten sie sich, »von Zeit zu Zeit in der Erkenntnis und im Dienen Gottes unterwiesen zu werden«. Zwei Jahre später, nach einem erneuten Aufschrei in England über die seelsorgerische Untätigkeit der Puritaner, fing John Eliot, der »Apostel der Indianer«, zu predigen an. Über das nächste Vierteljahrhundert gründete er mehr als ein Dutzend »Betstädte«, wo die Bekehrten – ausgestattet mit englischen Geräten – europäische Fertigkeiten wie Spinnen lernten, sich den Kolonisten durch die Herstellung von Besen, Körben und Aalreusen nützlich machten und Fisch, Wildbret und Beeren verkauften.

Auch wenn sicherlich einige amerikanische Ureinwohner ernsthaft zum Christentum übertraten (manchmal in der Erwartung, Zugang zu den Quellen der überlegenen Macht der Europäer zu bekommen und sich gegen Krankheiten zu schützen), war Eliot gegen Ende seiner Laufbahn von dem Ergebnis enttäuscht. Sein Kollege Daniel Gookin räumte 1674 ein, daß von 1100 »betenden Indianern« nur 119 getauft waren, oder das Abendmahl empfingen. Die Wirkung dieser Missionierungen jedoch reichte weit über diese kleine Minderheit hinaus. Bei den meisten Stämmen waren die gesellschaftlichen, politischen und geistigen Bereiche unauflöslich miteinander verschränkt; eine Verordnung, wonach »kein Indianer jemals pawwaw oder seinen falschen Göttern dienen dürfe« und jeder, »der den wahren Gott verleugne ... zum Tode verurteilt werde«, war geeignet, die Autorität der *sachem* zu untergraben und sowohl das rituelle Leben der Gemeinde als auch das Netzwerk der verwandtschaftlichen Verpflichtungen, das die Gruppe zusammenhielt und jedem oder jeder seine oder ihre Identität gab, zu zerstören. In Neal Salisburys Worten: »Die Forderung an den potentiellen Konvertiten, in einer Betstadt zu wohnen, verlangte nicht weniger als ein vollständiges Lossagen nicht nur von seiner Kultur, sondern auch von seiner Gemeinde.«

Natürlich gibt es nur wenige direkte Zeugnisse darüber, wie die amerikanischen Ureinwohner selbst die Missionierung empfanden, doch gibt es genug Hinweise, die vermuten lassen, daß viele, wenn nicht alle, deren zerstörerische Wirkung erkannten. Wieder einmal stellten die *sachem* der Narragansett ihren klaren Blick für die Bedrohungen ihrer Integrität und Autonomie als Volk unter Beweis, als sie 1653 Roger Williams baten, »ihre Petition dem hohen Sachem von England vorzulegen, daß sie nicht von ihrer

Religion mit Gewalt abgebracht werden mögen und für ihr Festhalten an der Religion nicht mit Krieg überzogen werden mögen«. Und der Wampanoag-*sachem* Metacom, Sohn des Massasoit, sagte einer Gruppe von Quäkern aus Rhode Island (die »die Wahrheit verbürgen konnten«), daß sein Volk »große Angst davor habe, daß irgendeines seiner Mitglieder ein christlicher Indianer genannt werde, denn die seien in allem boshafter ... und ... die Engländer mögen sie nicht zu Untertanen ihrer Könige machen ...«.

Dazu paßt es, daß Metacom (von den Engländern König Philip genannt) im Mittelpunkt des letzten Aufbäumungsversuchs der südlichen Neuengland-Stämme gegen ihre eigene Zerstörung stehen sollte. In dem halben Jahrhundert, seitdem sein Vater die Pilger begrüßt hatte, hatte die winzige Plymouth-Siedlung trotz wiederholter Versicherungen, nicht weiter vorzudringen, unablässig die Landbasis der Wampanoag untergraben, und als Metacom 1671 protestierte, war er gezwungen, einen demütigenden Kapitulationsvertrag zu unterschreiben. Einem englischen Freund soll er geschrieben haben: »Wenig bleibt vom Land meiner Vorfahren, ich aber bin entschlossen, nicht den Tag zu sehen, an dem ich kein Land habe.«

Die meisten Darstellungen des »Krieges von König Philip« datieren seinen Anfang auf die heimliche Reise des über seine Behandlung bitterlich gekränkten Metacom zu den anderen Stämmen im Nordosten, um einen allgemeinen Aufstand gegen die Engländer zu schüren. Es gibt jedoch Hinweise, daß diese angebliche »Verschwörung« – wie der »Krieg« der Pequot – von den Puritanern erfunden oder mindestens übertrieben wurde, um einen Vorwand für die militärische Unterwerfung der Indianer zu haben. Wie Roger Williams trocken bemerkte: »Alle gewissenhaften und klugen Menschen kreuzen gegen den Wind, um ihre Kriege als defensive zu behaupten.«

Als eine Gruppe von Quäkern zu vermitteln versuchte, »lehnte [der Gouverneur von Plymouth] eine Entscheidung des Streits ab, und kurze Zeit, nachdem wir mit den Indianern zusammengetroffen waren, begann der Krieg«. Nicht nur, daß die Puritaner offensichtlich den ersten Schritt machten, auch Massachusett und

Connecticut scheinen sich auf die Gelegenheit gestürzt zu haben, endlich mit den Narragansett abzurechnen, obwohl – wie Williams sagte – die *sachem* mit Philip »in diesem seinem Aufstand gegen die Engländer kein Abkommen« hatten und mindestens ein führender Militär sich gegen das »Schaffen« eines anderen Feindes aussprach, da die Kolonien schon »genug Schwierigkeiten mit ... einem« hätten. Am Ende stand schließlich ein Massaker, das sogar das von Mystic in den Schatten stellte: Nach einer überlieferten Quelle starben bei einer einzigen Auseinandersetzung 2000 Männer, Frauen und Kinder der Narragansett, die meisten durch Verbrennung. Als die Überlebenden »die Asche ihrer Freunde, vermischt mit der Asche ihrer Festung, sahen ... wo die Engländer ein gutes Tagwerk vollbracht hatten«, berichtete Increase Mather gutgelaunt, »heulten, brüllten, stampften sie, rissen sich die Haare aus ... und boten das Bild verzweifelter *Teufel*«.

Der Krieg wurde auf beiden Seiten mit großer Grausamkeit geführt. Metacom trug einige bemerkenswerte Siege davon und hielt die Puritaner einige Monate lang in der Defensive, doch wurde er schließlich tödlich geschwächt, als seine Truppen von den Mohawk unter Führung des Gouverneurs der neugegründeten Kolonie New York angegriffen und besiegt wurden. Unterstützt von »betenden Indianern« und Mohegan (Wonkus war zu der Zeit schon zu sehr Alkoholiker, um noch selber zu kämpfen, fettleibig und von Pocken heimgesucht, doch schickte er ein Kontingent zur Unterstützung der Engländer), gelang es den Kolonisten, einen Umschwung herbeizuführen. Metacoms Frau und Kind wurden gefangengenommen – »Es muß für ihn so bitter wie der Tod gewesen sein«, schrieb Mather, »da die Indianer gegenüber ihren Kindern wunderbar zärtlich und liebevoll sind« –, und schließlich wurde »König Philip« selbst getötet. Sein Kopf wurde über dem Eingang nach Plymouth aufgespießt. Seine Familie und Hunderte von Indianern – einschließlich solcher, die sich unter dem Versprechen des Schutzes ergeben hatten – wurden nach Bermuda in die Sklaverei verkauft. Mit dieser verheerenden Niederlage war der indianische Widerstand im südlichen Neuengland endgültig gebrochen.

Das grausame Ebenmaß des Schicksals der Wampanoag – Massasoit hilft den Neuankömmlingen, sich in einem neuen Kontinent einzurichten, und zwei Generationen später verstoßen diese seine Nachkommen in Ketten in eine andere Welt – ist nicht die einzige Ironie. Während Tausende amerikanischer Ureinwohner als »teuflische Wilde« verbrannt oder erschlagen wurden, wurde Wonkus, dessen Trunkenheit, Grausamkeit und Verrat den Inbegriff der europäischen Vorstellung vom »Wilden« prägte (er soll nach der von den Engländern in Auftrag gegebenen Ermordung des Narragansett-*sachem* Miantonomo Teile seines Körpers mit den Worten gegessen haben: »Dies ist das süßeste Fleisch, das ich jemals aß. Es stärkt mein Herz.«) und der die Annahme des Christentums verweigerte, als »großer Freund« des von Gott auserwählten Volkes gefeiert. Als die Haltung gegenüber den Ureinwohnern Neuenglands nicht mehr von Rassen- und religiösem Haß bestimmt wurde, sondern von wehmütiger Sehnsucht, vollendete James Fenimore Cooper die Verwandlung Wonkus', indem er seinen anglisierten Namen für den freundlichen Uncas benutzte, seinen fiktiven verschwindenden Amerikaner, und auf diese Weise den ersten der Mohegan in »den letzten Mohikaner« umänderte. 1789 hatte, selbst die verbliebenen Mohegan die überwiegend melancholische Stimmung ergriffen. Mit der Klage, daß »unser gesamter Fischfang, unsere Jagd und Vogeljagd fort ist«, ersuchten sie den Staat von Connecticut um Hilfe:

> Die Zeiten haben sich sehr geändert, ja die Zeiten haben alles auf den Kopf gestellt oder genauer, wir haben die guten Zeiten geändert. Vor allem durch die Hilfe des Weißen Mannes. In vergangener Zeit lebten unsere Vorväter in Frieden, Liebe und großer Harmonie und hatten alles in großer Fülle ... Doch leider ist es jetzt nicht mehr so.

5
Irokesen: New York und »Ohio Country«

Anders als im Süden Neuenglands ist im Norden des Staates New York die Gegenwart amerikanischer Ureinwohner heute noch greifbar. Nach vier Jahrhunderten, in denen die meisten ihrer Nachbarn von aufeinanderfolgenden Wellen der Krankheit, Besiedlung und des Krieges fortgerissen wurden, ist die Landkarte noch immer von verstreuten irokesischen Gemeinden übersät: von Akwesasne an der kanadischen Grenze – wo man steuerfreie Zigaretten am *Eastern Door Convenience Store* oder *Wolf Clan Truck Stop* kaufen kann – bis zum Allegheny-Reservat an der Grenze zu Pennsylvania.

Obwohl relativ klein – die größte mißt gerade über 30 000 Morgen, die kleinste nur 32 Morgen – und vom Lärm und Gewirr des modernen Amerika umgeben und durchdrungen, haben diese Enklaven noch immer etwas vom Flair unabhängiger Gesellschaften. Anders als viele heutige Indianersiedlungen in Neuengland, die einmal als »Betstädte« unter straffer kolonialer Kontrolle entstanden, haben die sechs irokesischen Völker – die Mohawk, Onondaga, Seneca, Oneida, Cayuga und Tuscarora – niemals das Recht aufgegeben, sich selbst zu definieren oder ihr eigenes Leben zu führen. Wenn auch der unablässige Assimilationsdruck ohne Zweifel ihre Kultur angefressen und in ihren Gemeinden große Spannungen und Spaltungen erzeugt hat, haben sie doch stur an ihrer Sprache, Religion und vor allem an der Überzeugung festgehalten, daß sie souveräne Nationen bleiben. So liegt etwa am Rande von Syracuse, New York, das 7000 Morgen große *Onondaga Nation Territory*, wo – im Unterschied zu den meisten anderen Reservaten amerikanischer Ureinwohner, die gewöhnlich von Räten verwaltet werden, die nach westlichem Vorbild gewählt sind – die Regierung noch immer aus traditionellen Häuptlingen besteht, die von den Müttern des Clans eingesetzt werden.

Der Schlüssel zu dieser außerordentlichen Ausdauer und Erneuerungsfähigkeit ist die einzigartige religiöse und politische Konföderation der Irokesen, die *Hotinonshonni* oder die Liga der Fünf (später Sechs) Nationen, die ihnen nicht nur ein tiefes Bewußtsein ihrer gesonderten Identität und ihres Schicksals verlieh, sondern sie auch in die Lage versetzte, eine entscheidende Rolle in der Geschichte des kolonialen Amerika zu spielen, die noch immer nachwirkt. Mehr als jede andere Ureinwohnergruppe waren es die *Hotinonshonni*, die die Erfahrung der amerikanischen Ureinwohner an der Kolonialgrenze im Jahrhundert zwischen dem Krieg König Philips und der Amerikanischen Revolution prägte. Ihr Einfluß war nicht auf ihre militärische und diplomatische Macht begrenzt, die die Europäer und besonders Engländer nötigte, eine andere Art des Umgangs mit ihnen einzuführen; ihre Organisation und ihr Funktionieren rief auch die (wenn auch manchmal widerwillige) Bewunderung vieler Kolonisten hervor, die zur Einnahme neuer Haltungen gegenüber »den Wilden« und zur Entwicklung des europäischen und euro-amerikanischen politischen Denkens bis weit in das 19. Jahrhundert hinein beitrug.

Wegen ihres Ruhms und ihrer Bedeutung haben Generationen von Europäern und Euro-Amerikanern über die Liga geschrieben und eine Masse historischen und ethnographischen Materials hinterlassen. Ungewöhnlicher noch bedeutet ihr Fortbestehen bis in die Gegenwart das Vorhandensein einer alternativen, *irokesischen* Version der Ursprünge der *Hotinonshonni* und ihrer Beziehung zu den Europäern, die in einer ungebrochenen Linie bis ins 17. Jahrhundert zurückreicht. Obwohl Teile ihrer mündlichen Tradition verlorengegangen und vieles – wie alle Geschichten – über die Jahrhunderte hinweg modifiziert worden sind, gewährt sie uns einen bemerkenswerten Einblick in die Welt der amerikanischen Ureinwohner und ein indigenes Verständnis von Ereignissen, für die es keine anderen authentischen indianischen Quellen gibt.

DIE IROKESISCHE SCHÖPFUNGSGESCHICHTE

In ferner Vergangenheit war die gesamte Erde von tiefem Wasser bedeckt, und die einzigen Lebewesen waren Wassertiere. Es gab keine Sonne, keinen Mond oder Sterne, und die wässerige Erde lag im Dunkeln. Menschen lebten über der großen Himmelskuppel. Dort in der Welt der Wolken wuchs ein großer immerblühender Baum, der die Ratssitzungen der Übernatürlichen beschattete. Eines Tages wurde der Große Häuptling krank und er träumte, er würde geheilt, wenn der Baum entwurzelt würde. Ferner befahl er seiner schwangeren Tochter, Himmelsfrau, auf die wässerige Dunkelheit hinunterzuschauen. Er sagte ihr, sie solle den Wurzeln des Baumes folgen und Licht und Land zu der unteren Welt bringen. Der Feuerdrachen, der im Loch schwebte, gab ihr Mais, einen Mörser, einen Topf und brennende Holzscheite zum Kochen. Dann wickelte der Große Herrscher sie in das Licht des Feuerdrachen und warf sie durch das Loch.

Durch das niedergehende Licht wurden die Tiere der Wolken zum Handeln aufgerüttelt. Wasservogel erhob sich, um den Fall von Himmelsfrau mit seinen Flügeln aufzufangen. Biber tauchten, um Erde für trockenes Land für Himmelsfrau zu finden. Aber Biber ertranken und trieben leblos an die Oberfläche. Seetaucher, Ente und andere versuchten es ebenfalls und schafften es auch nicht. Schließlich versuchte es Bisamratte und kam mit einer Pfote Erde zurück, die sich ausdehnte und wuchs. »Wer wird sie tragen?« fragte er. Schildkröte stieg hoch, um die wachsende Erde zu tragen, und Seetaucher begleitete sanft die fallende Himmelsfrau zum neuen Land. Von Zeit zu Zeit ist Schildkröte, die Erdträgerin, noch immer unruhig, und wenn sie sich rührt, gibt es Erdbeben und hohe Wellen.

Zeit verging und Himmelsfrau gebar eine Tochter. Die Tochter wuchs schnell heran, und als sie die Reife erlangt hatte, wurde sie von einem Mann besucht. Der legte zwei Pfeile in sie, einer mit Feuerstein versetzt, der andere nicht. Die Tochter gebar dafür Zwillinge. Der schöne gute Zwilling kam auf gewöhnlichem Wege zur Welt und wurde ›Teharoniawako‹ (Halter der Himmel) genannt. Der häßliche böse Zwilling zwang sich selbst durch die

Achselhöhle seiner Mutter und tötete sie dabei. Er wurde ›Sawiskera‹ (der Bösartige) genannt. In Trauer schuf Teharoniawako aus dem Gesicht seiner Mutter die Sonne. Der böse Zwilling machte die Dunkelheit, um die Sonne nach Westen zu treiben. Teharoniawako zog den Mond und die Sterne aus der Brust seiner Mutte und schuf große Berge und gerade Flüsse, um das Land zu schmücken. Sawiskera brachte die Berge durcheinander und krümmte die Flüsse. Teharoniawako setzte Wälder auf die Hügel und Fruchtbäume in die Täler, doch Sawiskera machte die Wälder knorrig und schleuderte Stürme gegen das Land. Teharoniawako schuf menschliche Wesen und pflanzte Mais, Tabak und andere nützliche Pflanzen. Sawiskera schuf Monster und machte Unkraut und Ungeziefer, um die Pflanzen von Teharoniawako anzugreifen. Teharoniawako machte ein Feuer, das Sawiskeras Beine abblättern ließ, dann warf Teharoniawako noch mehr Holz in das Feuer, und bald begann Sawiskeras ganzer Körper abzublättern, und er rann weg. Schließlich besiegte Teharoniawako seinen Bruder, indem er ihn mit Hirschgeweihen schlug, und verbannte ihn in eine unterirdische Höhle. Doch kann Sawiskera immer noch böse Geister aussenden, und ihre Hartnäckigkeit sorgt dafür, daß es in allen Dingen Gutes wie Böses gibt.

Die algonkinischen Feinde der *Hotinonshonni* nannten sie das ›Tötervolk‹, was baskische Fischer mit *Hilokoa* übersetzten und französische Missionare schließlich als *Hiroquois* übernahmen. So wurden sie, wie viele andere Völker der amerikanischen Ureinwohner, nicht unter ihrem eigenen Namen, sondern der – meistens nicht schmeichelhaften – Bezeichnung durch ihre Nachbarn bekannt. In jüngster Zeit haben Wissenschaftler das Wort *Irokesien* auf die Heimat der Fünf Nationen bezogen und *irokesisch* nicht nur auf die *Hotinonshonni* selbst, sondern auf eine ganze Gruppe von kulturell und sprachlich verwandten Völkern – so wie sich *Germanisch* nicht nur auf die Deutschen, sondern auch auf andere Nordeuropäer bezieht.

Zur Zeit des Kontakts waren Irokesen über verschiedene Teile des östlichen Nordamerika verstreut, doch befand sich die größte Konzentration in einem großen Keil quer über die heutige USkanadische Grenze. Die *Hotinonshonni* selbst besiedelten den größten Teil des Staates New York und benachbarte Teile von Pennsylvanien, Ontario und Quebec; weiter westlich, um die östlichen Großen Seen, erstreckte sich ein Band ähnlicher Gesellschaften: die Huron-, Petun- (oder Tobacco), Neutral- und Erie-Konföderationen. Sowohl nach den Berichten der Irokesen selbst als auch nach Einschätzung euro-amerikanischer Wissenschaftler waren diese Völker relativ jungen Datums: Nach der momentan herrschenden Theorie, die auf archäologischer und linguistischer Forschung basiert, zogen sie 900 n. Chr. aus Appalachia in diese Gegend. Zu diesem Zeitpunkt besaßen sie schon eine Reihe charakteristischer kultureller Eigenschaften, die es ihnen nach Meinung von Sozialwissenschaftlern erlaubte, die existierende algonkinsprechende Bevölkerung zu verdrängen oder zu absorbieren. Anders als ihre damaligen algonkinischen Nachbarn hatten sie bereits gelernt, Mais wie auch Bohnen und Kürbis anzupflanzen, wodurch sie eine höhere Bevölkerungsdichte entwickeln konnten. Mehr noch folgte ihre »matrilokale« Sozialstruktur – bei der verheiratete Paare mit der Familie der Mutter der Frau zusammenwohnen – einem Muster, das nach Anthropologen eine Ausdehnung der Stammesvölker begünstigt. In den Worten von Dean Snow: »... matrilokale Wohnfolge ... bricht Gruppen von Brüdern auf, was wiederum Fehden und innere Kriege unterdrückt. Gleichzeitig begünstigt es die Organisation äußerer Kriege und ermöglicht es der sich eindrängenden Gesellschaft, mit dem gewaltsamen Widerstand des verdrängten Volkes effektiv umzugehen.«

Natürlich sahen – und sehen – die Irokesen selbst ihre eigene Gesellschaft nicht in diesen abstrakten und utilitaristischen Begriffen. Wie ihr Ursprungsmythos zeigt, resultiert die Bedeutung von Mais nicht aus der Macht, die er zur Beherrschung anderer Völker verleiht, sondern aus seiner Bedeutung als heilige Gabe, von der ihr Leben abhängt. (Eine andere Version der Geschichte drückt diese Vorstellung so aus: Wenn die Tochter der Himmelsfrau begraben wird, wachsen Mais und andere Pflanzen aus ihrem Grab, und der gute Zwilling nennt die Erde »unsere Mutter«, weil »ihre Mutter mit der Erde eins geworden war«.) Die wichtigste Verpflichtung der *Hotinonshonni* ist es, diese Beziehung mit dem Heiligen in einem Jahreszyklus von Zeremonien zu feiern und aufrechtzuerhalten. Der Zyklus beginnt mit der Zeremonie der Wintersonnenwende – »der Zeit, da alle Dinge wieder neu sind« – und durchläuft eine Reihe von zehn weiteren jahreszeitlichen Tänzen und Ritualen. Ziel des Zyklus ist es nicht, unmittelbar geistige Hilfe zu erbitten – anders als viele andere Völker, glauben die Irokesen, daß es falsch ist, den Schöpfer um irgend etwas zu *fragen* –, sondern »unsere Würdigung allen Lebens auszudrücken«. In der mündlichen Tradition heißt es: »Alle diese Zeremonien bringen uns näher zu unserem Schöpfer, um uns an unseren Zweck in diesem Leben zu erinnern: dankbar zu sein für alles, was wir haben.«

Ähnlich verkörperte sich das »matrilokale Wohnmuster« der Irokesen in einer konkreten *Erfahrung*: dem »Langhaus« als dem Fokus ihres sozialen und emotionalen Lebens und des zentralen Motivs ihrer Kultur (*Hotinonshonni* heißt wörtlich »Volk, das Langhäuser baut«). Das Langhaus war ein einstöckiges Gebäude mit Birkenrindenabdeckung und Runddach, das ein ganzes Geschlecht beherbergte: die – meist ältere – »Clanmutter«, ihre weiblichen Nachkommen und deren Ehemänner und Kinder. Über dem Eingang war das Clantotem eingeschnitzt, und innen gingen von einem breiten zentralen Korridor für jede Kernfamilie separate Abteilungen ab, die mit Schlafbänken, Vorratsbereichen und einem Herd ausgestattet waren, der im allgemeinen mit dem gegenüberliegenden Nachbarn geteilt wurde. Mit wachsender Zahl der Hausbewohner – manchmal erreichten sie bis zu hundert Menschen – wurden weitere Abteilungen hinzugefügt, um die neuen Familien unterzubringen. So waren einige Langhäuser sehr groß: Überreste eines Hauses, das auf mindestens hundert Jahre vor Kolumbus datiert wird, sind 101 Meter lang.

Nach Angaben mehrerer Quellen der *Hotinonshonni* wurde die Liga etwa 1450 gegründet, obwohl einige Wissenschaftler sie in das folgende Jahrhundert datieren. Die mündliche Überlieferung, die voll von lebhaften Verweisen auf eine damals um sich greifende Angst und Instabilität in der irokesischen Welt ist, berichtet, daß Deganawida, der »Friedensstifter«, der Sohn einer

Huron-Jungfrau war, die träumte, daß ihr Kind »ein Bote des Schöpfers sein und Frieden und Harmonie zu den Völkern auf Erden bringen würde«. Als er aufwuchs, sagte der junge Mann seiner Mutter und Großmutter: »Ich werde nun mein Kanu aus diesem weißen Stein bauen, da die Zeit für meine Mission in dieser Welt gekommen ist. Ich weiß, ich muß weit auf Seen und Flüssen reisen, um das Ratsfeuer der Nationen jenseits dieses Sees zu finden, und mich in Richtung Sonnenaufgang halten. Es ist jetzt Zeit für mich zu gehen und das Blutvergießen unter den Menschen zu beenden.«

Auf seinem Weg quer durch das Territorium der Fünf Nationen begegnete Deganawida einer Gruppe von Jägern, die vor dem Blutvergießen in ihrem Dorf floh. Er gab ihnen die Anweisung: »Geht zurück zu eurem Volk und sagt ihm, daß gute Nachrichten von Frieden, Macht und Rechtschaffenheit auf eure Nation gekommen sind.« Als er seine Reise fortsetzte, traf er auf eine böse Frau, die Jäger mit dem Versprechen einer Mahlzeit nach drinnen lockte und sie dann vergiftete. Er gebot ihr, »mit dieser bösartigen Praxis aufzuhören und die gute Botschaft anzunehmen, die ich von meinem Vater bringe ... die Menschen sollen einander lieben und in Frieden zusammenleben«. Die Frau nahm die Botschaft an und gelobte, hinfort niemandem etwas anzutun, und Deganawida sagte: »Da du die erste bist, die das Gesetz des Friedens akzeptiert, erkläre ich, daß es Frauen sein werden, die den Häuptlingstitel besitzen werden. Sie sollen die Häuptlinge ernennen.«

In der vielleicht bekanntesten Version der Geschichte war Deganawidas nächster Konvertit ein bösartiger Kannibale, Ayonhwathah (später von Longfellow zu *Hiawatha* anglisiert und erdichtet), der ebenso bereute, als ihm der Friedensstifter »einen neuen Geist« gab. Deganawida sandte Ayonhwathah mit der Friedensbotschaft zu Thadodaho, einem besonders boshaften Schamanen mit Schlangen im Haar, während er sie selbst zu der Nation der Mohawk trug. Nachdem er seine geistige Macht demonstriert hatte, gelang es Deganawida, die Mohawk zu bekehren, die zu den Gründern der Liga wurden.

Doch hatte Thadodaho in der Zwischenzeit die Annäherungen Ayonhwathahs zurückgewiesen und in einem Wutanfall seine drei Töchter getötet. Niedergeschmettert wandte sich Ayonhwathah dem Land der Mohawk zu. Als er an einen See kam, trug ein Entenschwarm das Wasser zur Seite, so daß er ihn trockenen Fußes überqueren konnte. Der Boden war mit Muschelperlen bestreut, die Ayonhwathah aufsammelte und in eine Bockshauttasche steckte. Einige von ihnen reihte er als Symbol seiner Trauer auf eine Schnur auf.

Deganawida fand Ayonhwathah, als er ziellos im Wald wanderte. Er nahm die Perlen, fertigte mehr Schnüre und sprach dann, während er sie eine nach der anderen auslegte, zum ersten Mal die Worte der »Lebenserneuerung«: die Kondolenzzeremonie. Dies hob Ayonhwathahs Traurigkeit weg, und zusammen fuhren er und Deganawida fort, die vier anderen Nationen der Liga zu bekehren. Am Ende kehrten sie zu Thadodaho zurück und konnten mit der vollen Autorität der Fünf Nationen im Rükken schließlich »seinen Kopf wieder gerade setzen«. Thadodaho wurde eingeladen, Sprecher der Liga zu werden, ein Amt, das ihm den Status eines Ersten unter Gleichen eintrug. Ayonhwathah pflanzte in seinem Dorf den »großen Baum des Friedens«, unter dessen Schatten »wir für dich und deine stammesverwandten *sachem* Sitze vorbereitet haben, um das Feuer des Konföderationsrats zu unterhalten und zu hüten«.

Das von Deganawida aufgestellte *Kaianerekowa* (Großes Gesetz) ist ungeheuer komplex und kompliziert. In seinem Zentrum steht der fünfzigköpfige Rat der Ligahäuptlinge, in den alle Fünf Nationen Delegierte (oder *royaneh*) schicken. Das Auswahlverfahren variiert von Nation zu Nation, doch sind die Häuptlinge in jedem Fall männlich und ihre Ernennung – und, wenn nötig, Absetzung – ist Sache der Clanmütter. Dadurch ist ein Gleichgewicht zwischen den Geschlechtern und verschiedenen Clans gesichert. Ein Mann von herausragender Fähigkeit, der zu keinem der erblichen und von den Clans kontrollierten *sachem*-Ämter berechtigt ist, kann gleichwohl als »Fichtenhäuptling« am Rat teilnehmen. Insgesamt wird die Liga als ein riesiges Langhaus aufgefaßt, dessen westliche Tür von den Seneca und dessen östliche Tür von den Mohawk bewacht wird, während die Onondaga das Feuer in der Mitte unterhalten. Jeder Häuptling ist ein Baum oder ein Stützpfeiler, der zur Festigung des gesamten Baus beiträgt.

Die Fünf Nationen sind nicht gleichmäßig im Rat repräsentiert – es gibt zum Beispiel vierzehn Onondaga-*royaneh*, aber nur acht Seneca –, doch das heißt nicht, daß die Macht ungleich verteilt ist, werden doch Beschlüsse eher durch Konsens als durch Mehrheit gefaßt. Um die Chancen einer Einigung zu erhöhen, werden die Themen manchmal zuerst in einem *caucus* [Gremium] diskutiert (ein Wort, das aus dem algonkinischen *cawaasough*: Berater abgeleitet sein soll). Besonders wenn es starke Differenzen gibt, warten die älteren Häuptlinge, bis jeder gesprochen hat, und versuchen dann, eine gemeinsame Grundlage zu finden. Wenn es nach einer erschöpfenden Diskussion keinen Konsens gibt, ist jede Nation – und sogar jede Fraktion innerhalb einer Nation – frei, ihren eigenen Weg zu gehen, solange sie kein anderes Mitglied der Liga beeinträchtigt. Die Gefahr einer Ausweitung von Unstimmigkeiten in einen offenen Konflikt wird durch das Netzwerk von Clanzugehörigkeiten vermindert, das sich über nationale Grenzen hinweg erstreckt: Ein Cayuga zum Beispiel, der zum Wolf-Clan gehört, wird ein Oneida-Mitglied des Wolf-Clans als seinen Clanbruder erachten, was bedeutet, daß es ihm streng verboten ist, Krieg gegen ihn zu führen. Beschlüsse der Liga, wie auch Verträge, wichtige historische Ereignisse und die Bestimmungen des Großen Gesetzes selbst sind in kompliziert gemusterten »Wampum-Gürteln« symbolisiert und werden durch besonders ausgewählte und ausgebildete »Wampum-Träger« Wort für Wort mündlich weitergereicht.

Mit ihrer Mischung aus weiblich und männlich, erblich und erwählt und ihrem bemerkenswerten Erfolg bei der Beendigung der endemischen Kriege zwischen den *Hotinonshonni* ohne Anwendung von Gewalt oder eine strenge Exekutive, hat die Liga Generationen europäischer und euro-amerikanischer Denker fasziniert und inspiriert. Nicht wenige sahen in ihr eine mögliche Antwort auf aktuelle politische Fragen ihrer eigenen Kultur. Lewis Morgan, ein Rechtsanwalt aus dem 19. Jahrhundert, dessen Buch *The League of the Iroquois* oft als grundlegend für die moderne Ethnologie zitiert wird, stellte fest: »Ihre ganze zivile Politik war der Konzentration von Macht in den Händen einzelner abgeneigt und befürwortete das entgegengesetzte Prinzip der Teilung unter Gleichen ...

Die Regierung lastete nur schwach auf dem Volke, das eigentlich nur wenig regiert wurde. Sie sicherte jedem die individuelle Unabhängigkeit zu, die die ... [Irokesen] genauso zu schätzen wußten wie die Angelsachsen ...« Gestützt auf Morgans Werk, sah Friedrich Engels in den *Hotinonshonni* ein Musterbeispiel für die marxistische Idee des »primitiven Kommunismus«: Unter »ihrer wunderbaren Verfassung«, schrieb er im *Ursprung der Familie, des Privateigentums und des Staats*, »geht alles seinen geregelten Gang: Ohne Soldaten, Gendarmen und Polizisten, ohne Adel, Könige, Statthalter, Präfekten oder Richter, ohne Gefängnisse, ohne Prozesse ... Arme und Bedürftige kann es nicht geben ... Alle sind gleich und frei – auch die Weiber.«

Das Thema der Frauenrechte wurde von der Suffragettenbewegung aufgenommen. Etwas blumenreich erklärt Harriet Maxwell Converse:

> Die Frau von heute, die ihre eigene Sache vertritt und einklagt, sollte der Erinnerung an die irokesischen Indianer, die die Erde ihre »mächtige Mutter« nannten und aus Gerechtigkeitssinn den Müttern ihres Volkes mütterliche, politische, soziale, zivile, religiöse und Landrechte gab, ein Dankesopfer darbringen!

Doch eine Interpretation der Liga in Begriffen westlicher Kultur und Interessen ist – zumindest teilweise – ein Mißverständnis. Obwohl persönliche Autonomie für die Irokesen und andere Ureinwohner sehr wichtig war (und ist), ging das Große Gesetz nicht auf jene abstrakte Konzeption individueller Menschenrechte zurück, wie sie in der europäischen Aufklärung entwickelt wurde. Anders als die Monarchien in der Alten Welt, kannten die *Hotinonshonni* keine feste soziale oder politische Hierarchie. Tatsächlich wäre in einer Gesellschaft, in der einem Gefangenen die Identität eines Verstorbenen rituell übertragen werden konnte, die bloße *Vorstellung* eines Individuums als eines unveränderlichen Wesens mit unveräußerlichen Rechten ziemlich sinnlos gewesen. Die in der irokesischen Ursprungsgeschichte verwurzelte Vision Deganawidas war davon sehr verschieden: Sie sah das Universum als eine Verbindung von Gut und Böse an, in der die Harmonie der Teharoniawako-Welt durch die Umtriebe des bösartigen Zwillings ständig verzerrt und aus dem Gleichgewicht gebracht wird. Es war die Mission des Friedensstifters – das geht aus vielen Darstellungen der Liga hervor –, das natürliche Gleichgewicht wiederherzustellen, von dem das Wohlergehen der Individuen, Gesellschaften, letztlich der ganzen Schöpfung abhing. Nicht, indem er Hexen und Missetäter *vernichtete*, sondern indem er sie *heilte* und »ihren Kopf wieder geradesetzte«, so daß sie das Gute in sich selbst wieder entdecken konnten, erreichte er sein Ziel – eine Vorstellung, die in der Erlösung von Kannibalen und Hexen wie Thadodaho ihren bewegenden Ausdruck findet. Deganawidas Rolle war daher im wesentlichen schamanistisch: darauf gerichtet, das Ungleichgewicht zu korrigieren, das sowohl persönliche als auch kollektive Krankheit verursachte. Er selbst äußerte sich darüber ziemlich deutlich: »Gesundheit bedeutet Frieden, denn das ist es, was herauskommt, wenn der Geist gesund ist und der Körper versorgt.«

Funktionssystem und Symbole der Liga sind noch immer von Deganawidas Geschichte geprägt. Wenn jemand ein *royaneh* wird, erbt er den Namen und die Funktion eines der 50 Häuptlinge, die im ersten Rat saßen. Sitzungen beginnen noch immer mit der Kondolenzzeremonie, die den »Wahnsinn der Trauer« bei jenen vertreibt, die seit der letzten Ratssitzung Verwandte verloren haben und tote Häuptlinge durch rituelle Einsetzung neuer Amtsinhaber »aufhebt«. Und Wampum-Träger rezitieren weiter in allen Einzelheiten die Bestimmungen des Großen Gesetzes und die Erfahrungen, die die Geschichte der *Hotinonshonni* prägten:

DER URSPRUNG DES MENSCHEN

Als Teharoniawako alle Wasser, Pflanzen, Bäume und Tiere der Welt schuf, beschloß er, ein Wesen, das ihm ähnlich war, aus der Natur zu erschaffen.

Dieses Wesen sollte einen überlegenen Geist haben, so daß es mit der Verantwortung für seine Schöpfung betraut werden konnte. Dann beschloß er, daß es besser sei, wenn er mehr als nur ein Wesen schaffen und jedem ähnliche Anweisungen geben würde, um nach einer gewissen Zeit nachzusehen, ob sie auch durchgeführt wurden.

Das erste Wesen, das Teharoniawako machte, war aus der Rinde eines Baumes, das zweite aus dem Schaum des großen Salzwassers, das dritte aus schwarzer Erde und das letzte aus roter Erde.

All das tat er an einem Tag. Er begann am frühen Morgen, als die Sonne den neuen Tag grüßte, indem er bestimmte Sorten Rinde vom Baum [des] Lebens nahm und eine menschliche Form schuf; gegen den Himmel gehalten, ergab sie eine gelbliche Erscheinung. Teharoniawako entschied, dies sollte ein Menschentypus sein, der auf dieser Erde existierte. Nachdem Teharoniawako seinen ersten Menschen vollendet hatte, ging er zum großen Salzwasser und nahm vom Meer etwas weißen Schaum; zusammen mit anderen Elementen der Natur schuf er ein anderes Wesen. Im Vergleich zur natürlichen Umgebung erschien dieses Wesen bleich, doch war er zufrieden, daß er eine andere besondere Art des Menschen geschaffen hat [sic!]. Danach reiste Teharoniawako in den dichtesten Teil eines großen Waldes und brachte etwas schwarze Erde zurück; wieder schuf er zusammen mit anderen Elementen der Natur einen anderen Menschen. Dieses Wesen war in der Farbe sehr dunkel, und er war zufrieden, wieder einen anderen Typus für die Welt geschaffen zu haben.

Nun dachte Teharoniawako bei sich, der Tag geht seinem Ende zu und ich habe drei Wesen geschaffen, doch da alles auf dieser Welt in Viererzyklen existiert, werde ich noch ein weiteres Wesen schaffen. So schaute er wieder nach etwas anderem innerhalb der Natur, und diesmal fand er etwas rötlich-braune Erde. Mit ihr verband er noch einmal andere Elemente des Landes und schuf eine menschliche Form. Als er fertig war, bemerkte er, daß diese Form sehr gut mit der natürlichen Umgebung harmonierte, besonders gegen die untergehende Sonne, die der Form eine rötliche Farbe gab.

Teharoniawako versammelte die vier menschlichen Formen an einen Ort und sagte zu sich: »Ich habe mich sehr darum bemüht, jede Form mit bestimmten Charakteristiken zu versehen, die ihre einmaligen und starken Eigenschaften widerspiegeln. Ich werde jetzt allen Formen Leben geben und sehen, ob sie ihre Gaben nutzen können.«

Als die Wesen Leben annahmen, bemerkte er, wie deutlich sie sich unterschieden. Das weiße Wesen war das erste, das sich bewegte, es war auch das neugierigste und beobachtete seine Umgebung genau. Als nächstes fingen das schwarze und das gelbe Wesen an, sich zu bewegen. Als das schwarze Wesen ein helles, farbiges Objekt anzupfte, von dem es angezogen war, stürzte sich das weiße Wesen auf es, warf es zu Boden und nahm das Objekt an sich. Gleichzeitig nahm das gelbe Wesen Partei für das schwarze, und bald brach ein Kampf zwischen den dreien aus.

Teharoniawako bemerkte, daß das vierte Wesen immer noch auf dem Boden saß, durch seine Umgebung getarnt. Nun wurde es Teharoniawako klar, daß diese vier nicht in derselben Umgebung existieren und überleben konnten.

Teharoniawako beendete ihren Streit, brachte sie an einen Ort und sagte ihnen: »Es gibt einen Grund, warum ihr nicht in derselben Weise geschaffen wurdet, gerade so wie Vögel und Tiere ähnlich ausschauen und doch in ihrer Art verschieden sind, so auch ihr. Sie haben ihre eigene Sprache, ihre eigenen Lieder, doch haben sie gelernt, ihre Welt zu teilen. Aus diesem Grunde habe ich euch geschaffen: ihr sollt alle lernen, eure Unterschiede zu respektieren und zu schätzen. Es ist ziemlich klar, daß ich euch nicht zusammentun kann, um über meine Schöpfungen zu wachen, da ihr sie wahrscheinlich zerstören würdet, genauso wie euch selbst. Ihr müßt lernen, miteinander wie auch mit anderen lebenden Dingen zurechtzukommen. Ich werde euch dabei helfen, doch zuerst muß ich euch auseinanderhalten. Ihr werdet nach einer Zeit wieder zusammenkommen, wenn ich einen Boten geschickt habe, der jeden von euch besucht und euch einen Weg gibt, für die guten Dinge dankbar zu sein wie auch andere lebende Geschöpfe zu respektieren.«

Darauf trug Teharoniawako die weißen, schwarzen und gelben

Wesen über das Salzwasser und setzte sie weit voneinander nieder. Das rote hielt er am Ursprungsort. Teharoniawako sagte ihm: »Du sollst Onkwehonve heißen (Ursprungswesen). Du sollst mich Sonkwaiatison (der Schöpfer) nennen, ich habe dir die Gabe des Lebens gegeben. Du wurdest aus der Erde dieses Landes geschaffen. Ich merke jetzt, daß du unter den anderen nicht lange überleben würdest, da du zu sehr Teil der Natur bist, was gut ist, aber du brauchst Zeit, bevor du mit den anderen Wesen in Kontakt kommst. Auch du wirst von einem Boten, der dich und deine Nachkommen besuchen wird, einen heiligen Weg bekommen.«

Nun dachte Teharoniawako bei sich: »Sie werden alle eine Chance haben, den Grund ihrer Existenz und einen guten Lebensweg zu erkennen.«

Jacques Cartier trieb während seiner Erkundungen des Sankt Lorenz-Stromes zwischen 1534 und 1542 Tauschhandel mit irokesischsprechenden Verwandten der Fünf Nationen. Archäologischen Hinweisen zufolge sollen europäische Handelsgüter um 1550 bis zu den *Hotinonshonni* gelangt sein. Ein großer Teil dieses Handels jedoch lief über zufällige Kontakte oder über andere Indianer. Zwischen ihnen und dem Sankt Lorenz standen die traditionellen algonkinischen Feinde der Irokesen und machten einen regulären Handel mit den Franzosen fast unmöglich. Wie verwundbar sie waren, wurde den *Hotinonshonni* allzu bewußt, als 1609 Samuel de Champlain und eine Streitmacht seiner verbündeten Huron und Algonkin mit den Traditionen der indianischen Kriegsführung brachen und Feuerwaffen gegen eine Armee der Mohawk einsetzten. Obwohl die Irokesen periodisch Friedensverträge unterzeichneten und mit den Franzosen über die nächsten 150 Jahre Handel trieben, schuf dieser Angriff – dessen noch immer in einem wampum-»Erinnerungsgürtel« gedacht wird – eine erbitterte Feindschaft, die Frankreich niemals ganz überwinden sollte.

1614 gründeten die Holländer Fort Nassau (später als Fort Orange neu gebaut), nahe des jetzigen Albany, New York. Mit direktem Zugang zu europäischen Gütern, konnten die Irokesen die militärische und politische Stärke der Liga ausbauen und zur herrschenden Macht der amerikanischen Ureinwohner in der Region werden. Doch kam 1634 diese Entwicklung zu einem jähen Stillstand, als eine Pockenepidemie zum ersten Mal die *Hotinonshonni* und benachbarte Völker erfaßte und in wenig mehr als drei Monaten mindestens die Hälfte der Bevölkerung dahinraffte. Unter den Älteren und Jüngsten war die Sterblichkeitsrate besonders hoch und vernichtete sowohl das angesammelte Kulturwissen als auch die Zukunftshoffnungen.

Auf eine Gesellschaft, die zwischen physischer Gesundheit und dem Wohl der Welt einen engen Zusammenhang sah, mußte sich die Krankheit besonders verheerend auswirken. Die zunehmende Aktivität schamanistischer Organisationen, die sich traditionellerweise mit Krankheit befaßten (und noch immer befassen), muß als eine Reaktion gesehen werden und ist ein Zeichen für die Unverwüstlichkeit der Irokesen und ihre Fähigkeit zur Selbsterneuerung angesichts von Katastrophen. Diese sogenannten »Medizingesellschaften«, die zu den komplexesten innerhalb der Kultur der amerikanischen Ureinwohner gehören, nutzen eine Skala von geistigen Kräften, um Krankheiten zu diagnostizieren und zu heilen: für die Husk Faces zum Beispiel sind die Schutzmächte Ackerbau-Geister, während die Gesellschaft der Mystischen Tiere – wie der Name suggeriert – auf Bär, Otter und andere mächtige *»Herren der Tiere«* zurückgreift. Oft wird die genaue Form eines Heilungsrituals auf einen der Träume des Patienten abgestimmt; wie Freud verstehen die *Hotinonshonni* den Traum als Ausdruck eines unterdrückten Wunsches, der anerkannt und erfüllt werden muß.

Als Beweis dafür, daß sie durch europäischen Kontakt tiefgreifend verändert wurde, weisen die Anthropologen darauf hin, daß eines der auffälligsten Kennzeichen der Medizingesellschaft – die Masken der »Falschgesichter« mit ihren grauenhaft verdrehten Augen, Nasen und Mündern, die einige Mitglieder während der Zeremonien tragen und die wahrscheinlich zu den bekanntesten Bildern in der irokesischen Kultur geworden sind – nicht vor dem 17. Jahrhundert aufgekommen zu sein scheint. Die *Hotinonshonni* selbst jedoch führen die Masken auf ihre *Bedeutung* anstatt auf ihren zeitlichen Ursprung zurück. Nach mündlicher Überlieferung soll der Schöpfer nach Beendigung seiner Arbeit dem Häuptling der Faces begegnet sein, der behauptete, daß *er* es gewesen sei, der die Welt gemacht habe. Sie beschlossen, den Streit dadurch zu schlichten, daß jeder versuchen sollte, einen entfernten Berg zu sich kommen zu lassen. Der Schöpfer war erfolgreich, und als der Häuptling herumfuhr, um zu sehen, was passiert war, schlug sein Gesicht gegen den Felsen. Obwohl er verloren hatte, erkannte der Schöpfer, daß der Häuptling eine beträchtliche Macht hatte, also bat er ihn, den Jägern zu helfen und die Kranken zu heilen. Der Häuptling willigte ein, unter der Bedingung, daß die Menschen Gesichtsmasken von ihm machten und ihm Tabak und Maisbrei als Opfer brachten.

Die Jahrzehnte, die auf den Ausbruch der Pocken folgten, brachten weitere Turbulenzen in die irokesische Welt. Ab 1641 führten die *Hotinonshonni* eine Reihe von Angriffen auf ihre Verwandten um die Großen Seen aus, was um 1657 in der praktischen Vernichtung der Erie, Neutral und Huron endete. Einige Historiker haben in diesen Konflikten – oft »Biber-Kriege« genannt – hauptsächlich Versuche der Irokesen gesehen, sich neue Quellen von Pelzen zu sichern, nachdem sie ihren eigenen Bestand an Felltieren überjagt hatten. Es ist jedoch wahrscheinlich, daß sie wenigstens teilweise eine extreme Form der traditionellen »Trauerkriege« waren, die zur Rächung und Ersetzung der Toten geführt werden und die durch die massiven Verluste infolge der europäischen Krankheit außer Kontrolle geraten waren. Auch wenn die Fünf Nationen manchmal der »Ausrottung« anderer Irokesen beschuldigt werden, so hatten sie doch gewiß keinen Völkermord im Sinn. In den Worten des *Hotinonshonni*-Wissenschaftlers Te-ha-ne-torens: »Beim Lesen der von Nicht-Indianern geschriebenen Geschichte wird man zu dem Glauben verleitet, alle Huron seien von den Fünf Nationen massakriert worden, niemandem sei irgendein Pardon gegeben worden, alle seien auf dem Scheiterhaufen gestorben, usw.« In Wirklichkeit – führt er aus – »wurden viele Huron, nachdem sie von den Fünf Nationen 1650 besiegt worden waren, von den Irokesen aufgenommen. Ganze Dörfer wurden von den Seneca und Mohawk adoptiert.«

Diese massenhafte Aufnahme wird nicht nur durch die eigenen Traditionen der Fünf Nationen – es gibt aus dieser Zeit noch immer einen »Huron-Bündnisgürtel« –, sondern auch durch Dokumente belegt. So zeigen französische Berichte, daß 1657 eine Gruppe von Häuptlingen der Fünf Nationen nach Quebec ging, um fast 600 Huron-Flüchtlinge zur Ansiedlung unter den Mohawk zu überreden, und ein Jahrzehnt später berichteten Jesuiten, daß fast zwei Drittel einer irokesischen Gemeinde von Huron und Algonkin adoptiert wurden.

Te-ha-ne-torens und andere Historiker vermuten, daß die Franzosen – und vor allem die Jesuiten – die irokesische Brutalität für ihre eigenen Zwecke absichtlich übertrieben haben. Die Huron waren in diesem Gebiet die indianischen Hauptverbündeten Frankreichs, und viele von ihnen hatten bereits die jesuitische Missionstätigkeit akzeptiert und waren zum Katholizismus übergetreten. Die Franzosen hatten also ein starkes Motiv, sie zu dekken. In einem Versuch, die Fünf Nationen niederzuwerfen und sich in ihr Territorium auszudehnen, versuchte Neufrankreich wiederholt, die *Hotinonshonni* untereinander zu spalten und ihre indianischen Nachbarn zu Angriffen gegen sie aufzustacheln, und so könnte es versucht haben, diese Strategie dadurch zu rechtfertigen, daß es die Liga – wie es einst die Puritaner von Connecticut mit den Pequot taten – als besonders grausam und bösartig hinstellte. Aber es ist auch möglich, daß zumindest einige Europäer in ihrem – verständlichen – Versuch, das Gesehene in den Begriffen ihrer eigenen Kultur zu begreifen, einfach mißverstanden, was die Irokesen taten. Sogar noch bevor sie durch Kontaktaufnahme zerbrach, muß die fließende Welt der Irokesen – mit ihrer ständig den Wohnort, politische Bündnisse und sogar die Identität wechselnden Bevölkerung – für jemanden, der in den festen Sicherheiten des Nationalstaats aufgewachsen war, extrem schwierig zu deuten gewesen sein. Im plötzlichen Strudel von Handel, Krankheit, Krieg, Besiedlung und Missionstätigkeit wurde sie in etwas geworfen, das wie Chaos aussah. Die Fünf Nationen nahmen zahlreiche Huron- und Neutral-Flüchtlinge auf, viele *Hotinonshonni* traten auch selbst zum Katholizismus über und zogen in französische Missionen in Kanada. (Nach

Schätzungen sollen um 1700 etwa zwei Drittel aller Mohawk in Quebec gelebt haben.) Durch all diese Änderungen ging die irokesische Bevölkerung ständig zurück und kam um 1700 bei weniger als einem Viertel ihres Niveaus von 1630 an.

In der Zwischenzeit wurde auch die koloniale Landkarte neu gezeichnet, was für die Irokesen – und letztlich für die Indianer ganz Nordamerikas – tiefgreifende Konsequenzen haben sollte. 1664 nahm England New Netherland von den Holländern ein und gab ihm den neuen Namen New York, und zehn Jahre später ernannte der Duke of York (später James II.) Edmund Andros zum Gouverneur der neuen Kolonie. Anders als die Gründer Neuenglands, die eine »Stadt auf einem Hügel« gründen wollten, die von den religiösen und politischen Zwängen der Alten Welt frei und von der Wildheit der Neuen unverdorben sein sollte, war Andros ein pragmatischer Royalist, der sich hauptsächlich um die Konsolidierung der Macht des englischen Empires kümmerte. Für ihn – wie für die Franzosen in Kanada – waren Indianer weniger eine physische und geistige Bedrohung als vielmehr ein potentieller Aktivposten im schärfer werdenden Kampf zwischen Frankreich, Spanien und England um die Herrschaft in Nordamerika. Sein radikal anderer Ansatz sollte den britischen Umgang mit den amerikanischen Ureinwohnern im nächsten Jahrhundert bestimmen.

Andros trat sein Amt fast zeitgleich mit dem Ausbruch des Krieges von König Philip in Neuengland an. Besorgt, der Konflikt könne sich zu einem allgemeinen Aufstand gegen die Engländer ausweiten, wiegelte er die Mohawk zu dem fatalen Angriff auf, der Metacoms Ende bedeutete. Unmittelbar danach jedoch ließ er wissen, »daß alle Indianer, die herkommen und sich ergeben, aufgenommen werden, um unter dem Schutz der Regierung zu leben …«. Kriegsflüchtlinge strömten nach New York, und Andros verbot den Kolonien von Neuengland streng, sie zu verfolgen oder die Mohawk für ihre Gefangennahme zu bezahlen. Er weigerte sich sogar, die sieben »führenden Indianer« auszuliefern, die den Krieg angezettelt haben sollen.

Andros rechtfertigte sein Verhalten mit der Behauptung, daß ohne Vertrauen auf seinen Schutz die Indianer in die Arme der

Franzosen getrieben und dadurch die Gefahr für alle englischen Siedlungen in Amerika noch erhöht worden wäre. Es scheint jedoch klar, daß es ihm auch um die Stärkung New Yorks – und damit der Krone – auf Kosten der mehr unabhängig gesinnten puritanischen Kolonien ging. 1677 rief er eine Konferenz in Albany ein, auf der sich Mohawk verpflichteten, keine Überfälle mehr in Neuengland zu unternehmen, und die Puritaner stimmten umgekehrt zu, daß nur New York direkt mit den Irokesen verhandeln sollte. Diese Einschränkung ihrer Autonomie, die sie letztlich New York unterordnete, stieß natürlich auf das Mißfallen der Massachusetts Bay und Connecticuts, doch war nicht viel dagegen zu machen: Anders als das unabhängige Rhode Island war die neue Kolonie königlicher Besitz und konnte nicht ungestraft angefochten oder ignoriert werden.

Andros machte die Irokesen zum Eckstein seiner Indianerpolitik, da sie mit dem Zusammenbruch der Mahican und anderer Algonkin – wie sein Nachfolger Thomas Dongan 1687 sagte – »zum Schrecken aller Indianer in diesen Gebieten Amerikas [geworden waren], und ... eine bessere Verteidigung für uns waren, als wenn sie ebenso viele Christen gewesen wären«. Er unterzeichnete einen Vertrag mit den Fünf Nationen, in dem er ihre herausragende Stellung anerkannte und ihnen erlaubte, andere Stämme – ihre »Kinder« – in ein Bündnis mit den Engländern hinzuzuziehen. Alle, die dieser »Chain of Covenant« (Bundeskette) beitreten, erklärte er, »sollen vor jeder Untat oder Gewaltanwendung geschützt sein, und ich werde nicht dulden, daß sie gestört oder belästigt werden, sondern werde gegen jeden Akt von Gewalt genauso vorgehen, als wäre er mir persönlich angetan worden«. Er scheint seine Worte auch in die Tat umgesetzt zu haben: Als etwa die Schagticoke 1700 dankbar ihre Mitgliedschaft im Bündnis erneuerten, erinnerten sie daran, daß »wir fast tot waren, als wir Neuengland verließen und als erste von dieser Regierung aufgenommen wurden«.

Die Strategie hinter der »Chain of Covenant« war einfach. Gouverneur George Thomas von Pennsylvania brachte sie klar zum Ausdruck, als er 1744 zu Vertretern einiger älterer Kolonien sprach:

> Durch ihre Situation bilden diese Indianer eine Grenze zu einigen [englischen Kolonien] und sind daher, wenn befreundet, in der Lage, ihre Siedlungen zu verteidigen, wenn verfeindet, um grausame Verwüstungen bei ihnen anzurichten; wenn neutral, können sie den Franzosen den Durchzug durch ihr Land verweigern und uns rechtzeitig über ihre Pläne benachrichtigen. Dies sind nur einige der Motive für die Pflege einer guten Beziehung mit ihnen ... Dies ist die Methode, wie sie von New York und Pennsylvania angewandt wird, und sie kostet euch in zwanzig Jahren nicht soviel wie ein einziger Krieg gegen sie.

Von Anfang an jedoch bewerteten beide Seiten die »Chain of Covenant« sehr verschieden. Für die Irokesen war sie eine Erweiterung derselben Prinzipien, die der Liga zugrunde lagen: ein Zusammenschluß wesentlich autonomer Völker, die sich zur gegenseitigen Verteidigung verbanden. Deganawida hatte bereits vorausgesehen, daß andere Gruppen bei den *Hotinonshonni* Zuflucht nehmen könnten: Ausdrücklich sieht der »Wing« oder »Dust Fan« der Konföderierten Nationen – vielleicht der bekannteste der wampum-Gürtel – vor: »Wenn ein Mensch oder eine Nation außerhalb der Fünf Nationen den Gesetzen des Großen Friedens gehorcht und seine oder ihre Bereitschaft den Häuptlingen der Konföderation erklärt, mögen sie die Wurzeln zum Baum finden, und wenn ihr Geist rein ist und sie gehorsam sind und versprechen, den Wünschen des Konföderationsrates zu gehorchen, sollen sie willkommen sein, unter dem Baum der Langen Blätter Schutz zu nehmen.« Nach Te-ha-ne-torens sind mindestens 39 andere Gruppen amerikanischer Ureinwohner bezeugt, die von der Liga aufgenommen wurden. In seinen Worten: »Das irokesische Territorium wurde, besonders nach Ankunft des Weißen Mannes, zum großen Asyl vieler indianischer Völker. Es wurde zu einem großen ›Schmelztiegel‹ enteigneter Indianervölker.«

Waren die abhängigen Nationen fraglos Juniorpartner, so waren sie doch nicht *unterworfen* und konnten rechtlich nicht gezwungen werden, Beschlüsse der Liga zu akzeptieren (auch wenn ihnen eine Verweigerung durch ihre relative Schwäche natürlich sehr erschwert wurde). Wie so oft in den Gesellschaften der amerikanischen Ureinwohner wurde die Beziehung in Begriffen der Reziprozität und Verwandtschaft gesehen: So wie die Mohawk, Onondaga und Seneca in der Liga als »ältere Brüder« und die Cayuga und Oneida als »jüngere Brüder« angesehen wurden, so firmierten die nicht-irokesischen Mitglieder des Bündnisses oft als »Neffen«, die umgekehrt die *Hotinonshonni* als »Onkel« ansprachen.

Die Engländer jedoch zogen es vor, die Kette als eine Art von Pyramide anzusehen, mit New York an der Spitze, die Irokesen (und, bis zu einem gewissen Grad, die Kolonien Neuenglands) in der Mitte und unten die verschiedenen abhängigen Nationen der amerikanischen Ureinwohner. Die oberste Autorität über alle diese Völker und Länder hatte die englische Krone inne. Das paßte zu den noch immer wesentlich feudalen Vorstellungen des europäischen 17. und frühen 18. Jahrhunderts und verschaffte England mit einem Schlag eine Pufferzone für seine Siedlungen und zugleich – wie es meinte – Souveränität über jede Gruppe, die bei der Liga Schutz suchte. Die Irokesen wurden ermutigt, ihren Einfluß weit über die bestehenden Kolonien hinaus ins Innere zu erweitern und dabei englische »Ansprüche« auf weite Strecken Nordamerikas zu erwerben – besonders auf das fruchtbare »Ohio Country« –, das auch andere europäische Mächte zu erwerben versuchten. In einem Versuch, diesen zweifelhaften Anspruch zu unterstützen, haben Autoren wie Cadwallader Colden, dessen erster Band einer Geschichte der Fünf Nationen 1727 erschien, die Liga als eine imperiale Macht dargestellt, die andere Völker »durch das Recht der Eroberung« unterwarf. In den Worten Francis Jennings: »Da ihnen bis zur gewaltsamen Vertreibung der Franzosen vom Kontinent eine vernünftige Alternative fehlte, schenkten die Briten den Irokesen ein Imperium, um es für sich selbst zu beanspruchen.«

Die *Hotinonshonni* waren sich ihrerseits der Gefahren sehr wohl bewußt, die ihrer eigenen Unabhängigkeit durch ihre Beziehung mit England drohten, und hielten ihr mit großem diplomatischem Geschick stand. Nach ihrer mündlichen Überlieferung symbolisiert das »Zwei-Reihen-Wampum«, das zwei parallele Linien dunkler Perlen zeigt, »das Abkommen und die Bedingungen, unter denen die Irokesen die weißen Menschen in diesem Land willkommen hießen«.

> »Du sagst, du bist unser Vater und ich bin dein Sohn.« Wir sagen: »Wir sind nicht wie Vater und Sohn, sondern wie Brüder.« Dieser ... Gürtel bekräftigt unsere Worte. Diese zwei Reihen symbolisieren zwei Pfade oder zwei Boote, die zusammen denselben Fluß hinunterfahren. Eines, ein Birkenrindenkanu, ist für das indianische Volk, seine Gesetze, sein Brauchtum und seine Gewohnheiten. Das andere, ein Schiff, ist für das weiße Volk und seine Gesetze, sein Brauchtum und seine Gewohnheiten. Zusammen bereisen wir den Fluß, Seite an Seite, aber jeder im eigenen Boot. Keiner von uns macht Zwangsgesetze oder mischt sich in die inneren Angelegenheiten des anderen ein. Keiner von uns versucht, des anderen Boot zu steuern.

England war noch viel zu sehr auf den Schutz und das Wohlwollen der Irokesen angewiesen, um einen direkten Angriff auf ihre Unabhängigkeit zu riskieren. Im Laufe des 18. Jahrhunderts nahm der europäische Konkurrenzkampf um die amerikanischen Kolonien an Härte zu. Französische Händler waren auf dem Mississippi schon weit ins Landesinnere vorgedrungen. 1701 festigte Frankreich seine Präsenz im Gebiet, indem es einen ersten Gouverneur ernannte. 1718, als New Orleans als Hauptstadt der neuen Provinz gegründet wurde, waren die Spanier in Alamo zugange und schon nach Norden und Osten in die Plains vorgestoßen; sie hatten eine Kette von Missionsstationen errichtet, die an einem Punkt nur fünfzehn Meilen von der nächsten französischen Siedlung entfernt lag. Beide Länder schickten Expeditionen zur weiteren Erkundung und zur Gewinnung der Freundschaft der Plains-Stämme aus. Währenddessen drangen die Engländer von ihren Küstenkolonien nach Süden und Westen vor, um mit den Cherokee, Chickasaw, Choctaw, Creek und Nachbarstämmen Handelsabkommen zu schließen, wobei sie in gefährliche Nähe sowohl zum französischen Louisiana als auch zum spanischen Florida gerieten. Die sich ständig verschiebenden

Grenzen bildeten einen Unruheherd. Skrupellos manipulierten die europäischen Mächte die Siedler und Händler für ihre eigenen Zwecke oder machten zunehmend die Erfahrung, daß ein lokaler Konflikt zwischen Kolonisten sie in eine größere Auseinandersetzung hineinzog, die sie bei bestem Willen nicht verhindern oder eindämmen konnten.

38 von 74 Jahren zwischen 1689 und 1763 befand sich England (und, nach dem *Act of Union* 1707, Britannien) im Krieg mit einem oder beiden seiner kolonialen Konkurrenten in Nordamerika, die sich auch noch untereinander bekämpften. In fast jedem dieser Konflikte spielten amerikanische Ureinwohner eine entscheidende Rolle. Oft stellten sie den größten Teil der kolonialen Kriegstruppen – die manchmal nicht mehr als eine Handvoll Europäer enthielten – und erlitten fast unweigerlich die größten Verluste. Sogar Menschen, die den amerikanischen Ureinwohnern allgemein abweisend gegenüberstanden, erkannten die Bedeutung ihres Beitrags an: Als General Braddock (nachdem er den indianischen Rat hochmütig ignoriert hatte) die Briten bei Fort Duquesne 1755 in die Niederlage führte, schrieb zum Beispiel George Washington über die Indianer: »Sie sind weit brauchbarer als doppelt soviel Weiße Männer. Wenn sie in ihre Heimat zurückkehren, kann ihr Verlust nicht mit Worten ausgedrückt werden.«

Während dieser ganzen Periode – trotz Streit zwischen den Mitgliedern der Liga und Abgleiten in Neutralität – blieben die *Hotinonshonni* die mächtigsten und beständigsten Verbündeten Britanniens in Nordamerika, und die Notwendigkeit guter Beziehungen mit ihnen zwang die Kolonialbehörden, dem französischen Beispiel zu folgen und sich mehr den Bedürfnissen der indianischen Kultur anzupassen. Das Bild der »Chain of Covenant« entsprach mehr der reichen Metaphorik der *Hotinonshonni* – dem Langhaus, dem Großen Friedensbaum – als dem wortgetreuen Legalismus Europas. Soldaten und Verwalter hatten bald gelernt, daß sie sich zur Sicherung der irokesischen Zustimmung und Kooperation dem diplomatischen Stil der amerikanischen Ureinwohner anpassen mußten, wonach Treffen zuerst Rituale der Reziprozität waren, die der Erneuerung der Grundlagen des

Bündnisses dienten. Erst nach Tagen des Festessens, der Reden und des Gabentauschs konnten sie ins Geschäft kommen, und selbst dann konnte – vor dem Hintergrund der irokesischen Konsenskultur – eine definitive Entscheidung noch Wochen der Diskussion in Anspruch nehmen oder niemals erreicht werden. William Bull beschreibt eine Konferenz in Albany:

> Es waren etwa 130 Männer der Sechs Nationen vertreten, zusammen mit ihren Frauen und Kindern machten sie über 300 aus. Sie bauten sich Hütten auf den Hügeln ... Hier wurde ihnen jeden Tag frisches Fleisch, Brot und Bier gereicht, deren tägliche Kosten bis zu 85 Pfund betrugen ...
> Am 4. Juli ... kondolierten sie mit Seiner Exzellenz zum Tode des Prinzen von Wales, und Seine Exzellenz kondolierte umgekehrt zum Verlust mehrerer Krieger und sachem, [da] sie niemals zum Geschäftlichen kommen, bis die Kondolenzzeremonie durchgeführt ist ...
> Am 6. [saß] der Gouverneur auf einem Stuhl in der Straße vor seinem Haus, und zu seinen beiden Seiten saßen der Rat dieser Provinz und die Ausschußmitglieder aus South Carolina, Boston und Connecticut, der indianische Sekretär saß an einem Tisch vor ihm, und die Sechs Nationen auf Holzklötzen, die auf der Straße aufgestellt waren ... Dann warnte er sie vor den Kriegslisten der Franzosen und schlug ihnen vor, das französische Fort am Niagara auf ihrem Land zu zerstören ...
> Am 8. Juli gaben sie dem Gouverneur die Antwort, Absatz für Absatz.

Die Beziehung der Briten gegenüber ihren Verbündeten, insbesondere den Irokesen, reflektierte und war teilweise Ursache einer allgemein positiveren europäischen Einstellung gegenüber den amerikanischen Ureinwohnern im 18. Jahrhundert. Die erschreckend grausamen und zerstörerischen Kriege zwischen Katholiken und Protestanten des letzten Jahrhunderts – und, in England, der Bürgerkrieg – hatten viele Menschen, vor allem unter der Elite, wachsam gegenüber jeder Art des religiösen Extremismus gemacht, der die Puritaner nach Neuengland getrieben und ihre Behandlung der dortigen Indianer gebilligt hatte. Das christliche Dogma wurde von zwei Seiten angegriffen: von Aufklärungsphilosophen wie Voltaire und Hume, die die Grundlagen seines Anspruchs auf exklusive Offenbarungswahrheit in Frage stellten, und von der Wissenschaft – dort vor allem Isaak Newton –, die im Gegensatz zum theistischen Glauben an einen persönlichen, eingreifenden Schöpfergott die deistische Auffassung der Welt als einer gigantischen, durch einen unpersönlichen ersten Beweger in Gang gesetzten Maschine zu bestätigen schien. An die Stelle des göttlichen Eingriffs trat das wissenschaftliche Prinzip des unvermeidlichen Fortschritts als Beweggrund der Geschichte, auch wenn diese immer noch als linearer Prozeß verstanden wurde. Die Idee einer systematischen Beziehung zwischen verschiedenen Kulturen und Gesellschaften, der Gedanke, daß sie in Wirklichkeit verschiedene Entwicklungsstufen verkörpern könnten, nahm Form an.

Der Abscheu vor Bigotterie, Intoleranz und »Aberglauben« des 17. Jahrhunderts paarte sich mit einer neuen Begeisterung für den anderen Strang der europäischen Zivilisation: das Erbe der »heidnischen« Antike. Maler, Dichter, Komponisten und Architekten strebten nach den klassischen Idealen von Ordnung, Harmonie und dem Supremat der menschlichen Vernunft und benutzten Formen und *Motive* aus der griechisch-römischen Kultur. Ein vielgeliebtes Thema, eine Art Schattenseite des Fortschrittsglaubens, war das Goldene Zeitalter, Morgendämmerung der Geschichte, in dem die Menschen noch frei von Korruption und Tyrannei gewesen sein sollen. In den Parks und Gärten beschwor die neue Landschaftsarchitektur Bilder Arkadiens, in denen Nymphen und Burschen in ländlicher Ausgelassenheit und Freude spielten. In einigen Fällen wurde die Fantasie der verlorenen Unschuld auch tatsächlich ausagiert – wie in Marie-Antoinettes Weiler in den Anlagen von Versailles, wo sie und ihre Damen Schäferinnen spielten.

In diesem Klima konnte ein intensives Interesse für die eingeborenen Amerikaner entstehen. In seinem berühmten Essay *Von den Menschenfressern* hatte der französische Philosoph des 17. Jahrhunderts, Michel de Montaigne, bereits in arkadischen Begriffen über drei brasilianische Indianer geschrieben, die er in Paris getroffen hatte.

> Diese Völker scheinen mir ... in diesem Sinne barbarisch, daß sie nur sehr wenig Zuschliff von Menschengeist erfahren haben und ihrer ursprünglichen Unbefangenheit noch sehr nahe sind ... mir scheint das, was wir am Beispiel dieser Völker sehen ... alle Schilderungen zu übertreffen, mit denen die Dichtkunst das Goldene Zeitalter ausgeschmückt hat. (Übers. H. Lüthy)

In der bekanntesten Passage erzählt Montaigne, wie den Eingeborenen »nicht ahnend, wie teuer sie eines Tages die Kenntnis unserer Sittenzerrüttung zu stehen kommen (wird)«, die Stadt gezeigt wird und wie sie vom Anblick »üppiger, mit allen Annehmlichkeiten gesättigter Menschen« einerseits und »von Armut und Hunger ausgemergelter [Menschen, die] bettelnd vor ihren Türen stünden« andererseits geschockt sind und »es wunderlich fanden, wie diese derart bedürftige Hälfte eine solche Ungerechtigkeit ertragen konnte«.

Ähnliches wurde auch von anderen Schriftstellern, besonders den Jesuiten, die mit den Huron und anderen Völkern in Kanada arbeiteten, thematisiert. Bei Paul Le Jeune, der 1634 mit einer Gruppe von Innu (Montagnais) zusammenlebte, mischen sich Verachtung für ihre »Erbärmlichkeit« und Ablehnung ihrer Religion mit einer Art wehmütiger Bewunderung ihrer »Natürlichkeit« und Offenherzigkeit:

> ... Wenn es ein großer Segen ist, von einem großen Übel befreit zu sein, dann sind unsere Wilden glücklich; denn in ihren großen Wäldern haben die zwei Tyrannen, die vielen von uns Europäern die Hölle bereiten, keine Macht – ich meine Ehrgeiz und Geiz ...
> Bis jetzt glaubte ich, daß die Bilder römischer Herrscher eher das Ideal der Maler als die wirklichen Menschen repräsentierten, so stark und mächtig sind ihre Häupter; aber auf den Schultern dieser Menschen hier sehe ich die Köpfe von Julius Cäsar, Pompeji, Augustus ...
> Die Abwesenheit von Zeremonien erspart diesen einfachen Men-

> schen viele Worte. Mir scheint, daß es im Goldenen Zeitalter so ähnlich gewesen sein muß …

Ein Teil der Begeisterung für den »Edlen Wilden« war einfach Mode. In Paris zum Beispiel schnitten sich jugendliche Cliquen ihr Haar im irokesischen Stil und nannten sich Mohawk, während sich englische Aristokraten darum rissen, den *Hotinonshonni*-Führer Theyanoguin (von den Europäern Hendrick genannt) zu unterhalten, als er 1710 nach London gebracht wurde, um Königin Anne zu treffen. Es gab jedoch auch eine weniger frivole Seite. Baron de Lahontan, der sich zwischen 1683 und 1694 bei den Huron aufhielt, schrieb eine Reihe einflußreicher Bücher über seine Erfahrungen, die die – in seinen Augen – starken Unterschiede zwischen der Freiheit der amerikanischen Ureinwohner und der Tyrannei, unter der die Europäer litten, hervorhoben. Einer seiner Huron-Informanten sagte ihm:

> Wir sind als freie und vereinigte Brüder geboren, jeder ein so großer Herr wie der andere, während ihr alle die Sklaven eines einzigen Mannes seid. Ich bin der Herr meines Körpers. Ich verfüge über mich selbst, ich tue, was ich wünsche, ich bin der erste und der letzte meiner Nation … nur dem großen Geist unterworfen …

Lahontans Vorstellungen – er prägte das Wort »Anarchie«, um das politische System der Huron zu beschreiben – wurden nicht nur durch seine eigenen Bücher verbreitet, sondern auch durch eine Reihe von Theaterstücken und Opern. Vielleicht am bekanntesten war Delisle de la Drevetières *Arlequin Sauvage*, die Geschichte einer französischen Frau, die flüchtet, um mit ihrem indianischen Liebhaber in Freiheit zu leben – ein Stück, das ein riesiger Publikumserfolg wurde und auf Jean-Jacques Rousseau und andere einen großen Eindruck machte. Sogar der Tory Anglikaner Samuel Johnson schimpfte nicht nur über die Greueltaten der Sklaverei, sondern schrieb auch eine rührende Geschichte über einen »Indianerhäuptling«, der unrechtmäßig um Land und Freiheit gebracht wurde. Eine Ahnung vom Ausmaß dieser kulturellen Veränderung bekommt man, wenn man die dämonisierenden Beschreibungen der indianischen Kultur der Virginier und Puritaner – oder sogar der Jesuiten – mit Jean-Bernard Bossus Bericht von seinem Besuch in Fort Toulouse 1759 vergleicht. Während des ganzen Weges trafen er und seine Leute auf Scharen von Indianern, die sie immer wieder mit Brot, Truthähnen, Wildbret, Eierkuchen, Eiern und Zungen versorgten, und als sie ankamen, hörte er einen Häuptling ausrufen:

> Junge Männer und Krieger! Mißachtet nicht den HERRN DES LEBENS. Der Himmel ist blau – die Sonne ist ohne Flecken – das Wetter ist gut – der Boden ist weiß – alles auf der Erdoberfläche ist ruhig, und das Blut von Männern sollte nicht darauf vergossen werden. Wir müssen den HERRN DES LEBENS bitten, sie rein und unbefleckt unter den uns umgebenden Nationen zu erhalten.

In diesem Begeisterungssturm für das ursprüngliche Amerika reproduzierte sich nur ein altbekanntes Muster der letzten 500 Jahre: Während die Grenzsiedler im »Wilden« immer wieder den Teufel sahen, den man nur töten und enteignen kann, vernarrten sich ihre Landsleute in den großen Städten romantisch in den »armen Indianer«. Im 18. Jahrhundert jedoch war dieser Prozeß von einer wirklichen intellektuellen Erregung und Neugier begleitet. Als die Europäer zögerliche Versuche machten, Prinzipien eines neuen, weniger despotischen politischen Systems zu bestimmen, und als ihre Nachfahren in der Neuen Welt sich an Selbstverwaltung und Unabhängigkeit herantasteten, war man ernsthaft überzeugt, daß die amerikanischen Ureinwohner – vor allem die egalitäre und zwanglose Liga der Irokesen – ein mögliches Modell bereitstellen könnten. Der Onondaga-*sachem* Canasatego sprach einigen seiner Zuhörer wohl aus dem Herzen, als er, frustriert von der Zankerei der englischen Kolonien, den Ausschußmitgliedern von Pennsylvania, Virgina und Maryland 1744 sagte:

> Von Herzen empfehlen wir Eintracht und eine gute Verständigung zwischen euch, unsere Brüder …
> Unsere weisen Vorväter führten Eintracht und Freundschaft zwischen den Fünf Nationen herbei; das hat uns mächtig gemacht; das

hat uns ein großes Gewicht und Sagen über unsere Nachbar-Nationen gegeben.
Wir sind eine mächtige Konföderation; und wenn ihr den gleichen Weg, den unsere weisen Vorväter genommen haben, beachtet, werdet ihr neue Kraft und Macht schöpfen.

Unter Canasategos Zuhörerschaft war Benjamin Franklin, der sich von seiner Rede Notizen machte und zehn Jahr später mehrere Elemente der *Hotinonshonni*-Verfassung in seinen eigenen Entwurf einer Konföderation der Kolonien übernahm. »Es wäre schon seltsam«, schrieb er, »wenn Sechs Nationen von unwissenden Wilden fähig sein sollten, eine solche Vereinigung zu entwerfen und so auszuführen, daß sie Zeitalter gehalten hat und unauflöslich erscheint, und daß eine ähnliche Vereinigung für zehn oder ein Dutzend englische Kolonien nicht praktikabel sein sollte.« Auch Thomas Paine, der radikale Quäker, der als erster die Formulierung »Vereinigte Staaten von Amerika« benutzte, machte sich über die Irokesen viele Gedanken und schrieb 1794, daß »in jedem Land Europas die Lage von Millionen weit schlechter ist, als wenn sie vor Beginn der Zivilisation oder unter den Indianern Nordamerikas geboren worden wären ...«. Auch wenn offen bleibt, wieweit der *direkte* Einfluß der *Hotinonshonni* auf die amerikanischen Gründungsväter reicht – in den letzten Jahren hat es darüber eine hitzige akademische Debatte gegeben –, so ist es doch klar, daß die intellektuelle Atmosphäre, in der sie arbeiteten, von der *Idee* der Liga und der Identifikation der Indianer mit Freiheit tiefgreifend geprägt wurde.

Wie echt jedoch auch diese größere Sympathie und Bewunderung für die amerikanischen Ureinwohner war, sie hielt den Zerstörungsprozeß nicht auf. Stämme wurden weiterhin durch Krankheit dezimiert, Siedler strömten weiterhin in indianisches Land ein und griffen bei Widerstand gelegentlich zum Mittel des Massakers und der gewaltsamen Vertreibung, trotz der gelegentlichen – meist sehr schwachen – Versuche der Gouverneure, sie zu stoppen; und unbeeindruckt von der liberaleren Haltung zu Hause, fuhren viele Beamte und Generale des Empire fort, die amerikanischen Ureinwohner, obwohl sie sie ausbeuteten, mit einem Haß und einer Bigotterie zu betrachten, die der des Captain John Masons nicht nachstand. So berichtete zum Beispiel der französische Gouverneur von Louisiana nach einem vom Empire losgetretenen Konflikt: »Die Choctaw ... haben etwa vierhundert Skalps aufgebracht und einhundert Gefangene gemacht ... [Dies] ist ein höchst bedeutender Vorteil, den wir erreicht haben, um so mehr, als er uns keinen Tropfen französisches Blut gekostet hat, indem ich die Barbaren gegeneinander ausgespielt habe. Nur durch ihre auf diese Weise bewirkte Selbstzerstörung kann der Frieden in der Kolonie wirksam gewahrt bleiben.« Und der englische Soldat Lord Jeffrey Amherst betrachtete die Indianer als »eine gemeine und launenhafte Bande«, die er, nachdem er ihre militärische Unterstützung nicht länger brauchte, »fest entschlossen [war] ... mit Stumpf und Stiel auszurotten«.

Gegen diese Feindseligkeit bzw. Unterminierung ihres Landes und ihrer Macht waren die Irokesen nicht immun, doch gelang es ihnen mit beträchtlichem diplomatischem Geschick, eine Schlüsselrolle für sich zu bewahren. Durch die weitere Aufnahme von Stämmen, die aus anderen Gebieten vertrieben worden waren – einschließlich ihrer eigenen Verwandten, die Tuscarora, die aus North Carolina vertrieben worden waren und 1722 formell als Sechste Nation der Liga aufgenommen wurden –, konnten sie ihre Bevölkerungszahl und hervorragende Militärmacht halten. Durch subtile Andeutungen, sie könnten gezwungen sein, die Seiten zu wechseln und zu den Franzosen überlaufen, nutzten sie die Unsicherheiten der Engländer aus und spielten geschickt die Rolle des Züngleins an der Waage. 1753 zum Beispiel, am Vorabend des Konflikts, der zum Siebenjährigen Krieg führen sollte, beklagte sich Theyanoguin in New York über das ständige Vordringen der Siedler in sein Land und über die Angriffe der Franzosen, denen sie ausgesetzt seien, während »ihr hier in Frieden und Ruhe sitzt«. Dann ließ er durchblicken, daß die Franzosen den Irokesen *wampum* geschickt und sie zu Gesprächen eingeladen hätten, wobei er trocken hinzufügte, daß es wohl ihre Absicht sei, die Mohawk zu einem Festessen zu verlocken und sie dann zu ermorden. Als der Gouverneur von New York, Admiral George Clinton, den Wink ignorierte und sich weigerte, eine angemessene Wiedergutmachung anzubieten, war Theyanoguin wütend: »Die Bundeskette ist zerbrochen ... Ihr werdet von mir nichts mehr hören, und wir wollen auch nicht mehr Bruder von euch genannt werden.«

Die Handelsherren in London waren über Clintons versäumte Besänftigung der *Hotinonshonni* entsetzt. »Wenn wir betrachten, von welch großer Bedeutung die Freundschaft und das Bündnis der »Sechs Nationen« für alle Kolonien und Siedlungen Seiner Majestät in Amerika im allgemeinen wie auch für New York im besonderen ist«, schrieben sie ihm, »können wir nur sehr besorgt sein ... Fatale Konsequenzen ... müssen unweigerlich aus ihrer Vernachlässigung folgen.« In einem Versuch, den Schaden wiedergutzumachen, schickten sie William Johnson, einen Briten, der mehr als ein Jahrzehnt unter den Mohawk gelebt hatte, um Theyanoguin mit Versprechen und Geschenken zu umwerben.

Johnson war ein Mann von beträchtlicher politischer Bedeutung (wenn vielleicht auch nicht so beträchtlich, wie er uns gerne glauben lassen möchte). Seine Beziehung zu den *Hotinonshonni* verkörpert Britanniens ambivalente Haltung zu den verbündeten amerikanischen Ureinwohnern in der späten Kolonialzeit. Nach seiner Emigration nach New York 1738 gründete er im Mohawk-Tal ein Handelshaus und wurde ungeheuer reich. Er erwarb ein riesiges Grundstück und baute sich eine Villa in georgianischem Stil, wo er in feudaler Pracht lebte und seine irokesischen Nachbarn, Versorger und Klienten regelmäßig unterhielt. Er lernte nicht nur ihre Sprache und nahm begeistert an ihren Festen und Tänzen teil, sondern heiratete auch (nach irokesischem Brauch) eine Mohawk-Frau, Molly Brant, die ihm acht Kinder gebar. Es war die Art von Leben, die Thomas Morton in Ma-re Mount vielleicht geführt hätte, wenn die Kolonie nicht von den Puritanern geschlossen worden wäre.

Johnsons Nähe zu den Mohawk machte ihn zu einem natürlichen Vermittler zwischen den *Hotinonshonni* und den Briten, und 1746 ernannte ihn New York zum »Colonel der Irokesen«. Doch bei allem Verständnis für ihre Kultur und offensichtlichen Zuneigung zu Freunden und (durch seine Frau) Verwandten der Mohawk, wurde Johnson doch – wie spätere Generationen von

Administratoren es ausdrückten – niemals »zu einem Eingeborenen«. Seine Rolle, die auf persönlichem Reichtum und der Ausübung von Patronage basierte, ähnelte mehr der eines mächtigen, wenn auch aufgeklärten englischen Lords (tatsächlich wurde ihm von einer dankbaren Regierung die Baronetswürde verliehen), als der eines *Hotinonshonni*-Führers. Eifrig nahm er die Irokesen gegen schlechte Behandlung in Schutz – er erreichte zum Beispiel 1753 den Bau eines Forts zum Schutze einer Gemeinde und ein anderes Mal den Rückzug illegaler Siedler von Mohawk-Land –, aber nur so lange, wie ihr Überleben den langfristigen Zielen des britischen Empire diente (oder sie wenigstens nicht bedrohte). Als im Siebenjährigen Krieg eine Divergenz zwischen den Interessen der Krone und denen der *Hotinonshonni* auftauchte, unterstützte er klar die Krone.

Der Konflikt entzündete sich an der sich verschärfenden anglofranzösischen Konkurrenz in Ohio. Während des vorangegangenen Jahrhunderts hatte dieses Gebiet, westlich des englischen Pennsylvania und eingezwängt zwischen dem französischen Kanada und Louisiana, eine Fülle von Stämmen und Stammfragmenten aufgenommen, die von europäischen Siedlern und gegenseitigen Vernichtungskriegen vertrieben worden waren. Die größten und mächtigsten Gruppen waren die Delaware, Shawnee und Mingo (der Name für die in Ohio lebenden Irokesen). Es gab jedoch auch Flüchtlinge der Abenaki, Ottawa und einer Reihe anderer Stämme. Dieser Kosmopolitismus brachte Ohio kulturelle und politische Beziehungen zu so weit entfernten Gebieten wie dem heutigen Georgia und atlantischen Kanada ein und machte es – wie zu der Zeit vor der Kontaktaufnahme – zu einem vitalen Knotenpunkt des indianischen Handels, der Diplomatie und Information.

Nach Ansicht beider, der Engländer und der *Hotinonshonni*, waren die meisten Ohio-Indianer durch die »Chain of Covenant« den Irokesen untergeordnet. Als Frankreich jedoch das Gebiet beanspruchte und Britannien zur Abschreckung Forts baute, sahen die »Sechs Nationen« – die schon in ihrem Kernland unter wachsendem Druck gerieten – ihre Autorität über die westlichen »Neffen« schwinden. Zur gleichen Zeit brachte der Westdrang der Kolonien noch mehr enteignete Indianer und einen Strom anglo-amerikanischer Siedler in das Gebiet und bedrohte die Jagdgründe nicht nur der »abhängigen« Völker, sondern auch der westlichsten der »Sechs Nationen« selbst, der Seneca. In den 40er Jahren des 18. Jahrhunderts hatten einige Führer der Ureinwohner in Ohio mit der Organisierung einer koordinierten indianischen Widerstandsbewegung begonnen, um die Grenze aufzuhalten. Dadurch wurde die irokesische Kontrolle über ihre »Abhängigen« weiterhin geschwächt.

Als 1754 Feindseligkeiten zwischen Frankreich und England ausbrachen, blieben die »Sechs Nationen« neutral, obwohl die Mohawk – trotz der Drohungen Theyanoguins – immer noch pro-englisch waren, während die Seneca verständlicherweise mit den Franzosen sympathisierten. 1755 half ein irokesischer Kriegstrupp den Briten in Pittsburgh, doch ließ die Arroganz und Inkompetenz von General Edward Braddock die Indianer noch befremdeter zurück. »Es ist nun gut bekannt ... wie unglücklich wir von den Franzosen besiegt worden sind ...«, klagte Oneida-Häuptling Scarouady. »Ihr müßt wissen, daß es der Stolz und die Ignoranz dieses großen Generals aus England war ... Er schaute zu uns wie auf Hunde hinab und ließ sich von uns nichts sagen ... Jene, die von der anderen Seite des großen Meeres kommen ... sind nicht geeignet, in den Wäldern zu kämpfen.« Die Briten reagierten mit der Schaffung eines neuen »Department of Indian Affairs« und der Einsetzung Johnsons 1756 zum Superintendenten seiner nördlichen Gebiete. Wenigstens die Mohawk begrüßten die Entscheidung klar: »Wir lieben ihn, und er liebt uns«, sagte Theyanoguins Bruder zustimmend.

Johnsons Auftrag war es, den wachsenden Unmut und die Frustration der Irokesen zu überwinden und sie durch Wiederbelebung der »Chain of Covenant« in eine feste anti-französische Allianz einzubinden. 1759 schien er damit auch Erfolg zu haben – und nahm ihn auch sicherlich für sich in Anspruch –, als eine Streitmacht aus Seneca- und englischen Truppen das französische Fort Niagara eroberte. Heute jedoch scheint es klar, daß die Seneca – getreu dem Vorbild europäischer Strategien – den Angriff selbst lancierten und ein eigenes Kalkül verfolgten. Nachdem sie mit englischer Hilfe die Franzosen losgeworden waren, wollten sie nun auch die Engländer vertreiben. 1761 hatten sie die anderen Häuptlinge der Liga in Onondaga davon überzeugt, einen allgemeinen Aufstand gegen die Briten zu planen.

Aus Sicht der Seneca war dieser Plan wahrscheinlich die letzte Chance, die irokesische Autorität über die westlichen Stämme wiederzuerlangen und ihre Unabhängigkeit zu bewahren. Die relative Stärke der *Hotinonshonni* hatte an ihrer Stellung als dritte Kraft zwischen Frankreich und Britannien gehangen, und es war klar, daß sie, egal welche Seite jetzt gewinnen würde, diese entscheidende Position verlieren würden. Es ging das Gerücht, daß die Briten mit der Niederschlagung der Franzosen nicht nur deren indianische Verbündete, sondern auch ihre eigenen unterwerfen wollten. Dieser Verdacht wurde von Lord Jeffrey Amherst genährt, der gegen Johnsons Rat seine Indianersoldaten, von denen viele infolge der zerstörten Dörfer und Felder hungerten, einfach aufgab, wenn er sie nicht länger benötigte.

Dieser Strudel aus Gerüchten, Angst und Unzufriedenheit bündelte sich in einem Visionär der Delaware: Neolin, der Erleuchtete, der 1761 unter den Ohio-Stämmen eine große Gefolgschaft anzog. Wie Nemattanew in Virginia und Hunderte anderer Propheten vor und nach ihm, glaubte er, daß sich die amerikanischen Ureinwohner durch Vernachlässigung ihrer geistigen Kräfte und Anpassung an europäische Verhaltensweisen selbst ins Unglück gestürzt hatten. 1762 unternahm Neolin eine geistige Reise in das Land des Herrn des Lebens, der ihm sagte:

> Das Land, auf dem ihr seid, habe ich für euch gemacht, und nicht für andere: warum laßt ihr zu, daß die Weißen in euren Ländern leben? Könnt ihr nicht ohne sie auskommen? ... Habt ihr euch, bevor jene, die ihr eure Brüder [d. h. Europäer] nennt, ankamen, nicht durch Pfeil und Bogen ernährt? Ihr brauchtet weder Gewehre, Pulver noch irgendein anderes Ding. Das Fleisch der Tiere war eure Nahrung, ihre Haut euer Gewand. Aber als ich eure Neigung zum Bösen sah, zog ich die Tiere in die Tiefen der Wälder zurück ...
> Vertreibt aus euren Ländern diese rotgekleideten Hunde [die Briten]; sie sind nur eine Kränkung für euch. Wenn ihr etwas wollt,

wendet euch an mich ... Werdet gut und es wird euch an nichts fehlen.

Neolins Botschaft verbreitete sich rasch über das »Ohio Country« und darüber hinaus und feuerte die Befürworter eines bewaffneten Widerstands zur Aktion an. Im Mai 1763 erhoben sich Tausende von Seneca, Ottawa, Delaware, Chippewa und andere gegen die Briten. Johnson zögerte in seiner Parteinahme keinen Augenblick: Nachdem er Jahre daran gearbeitet hatte, die Irokesen und die westlichen Stämme durch die »Chain of Covenant« zusammenzubinden, versuchte er nun verzweifelt, sie gegeneinander auszuspielen. In einem Brief an General Gage beschrieb er »die großen Mühen, die ich ständig habe, um sie zu spalten und ihre Einmütigkeit zu verhindern ... und eine Vereinigung unmöglich zu machen, vor der man sich nicht genug hüten kann«.

»Pontiacs Krieg« – typischerweise gingen die Engländer davon aus, daß der Aufstand nur das Werk eines einzelnen Mannes sein konnte, und benannten ihn nach einem Ottawa-Kriegshäuptling, der in Wirklichkeit nur einer von vielen Führern war – wurde auf beiden Seiten mit großer Heftigkeit geführt. Die Aufständischen töteten mehr als 2000 Siedler, die meisten von ihnen illegal auf indianischem Land, und nahmen neun britische Forts ein. Als Reaktion beschloß Amherst, »die Verbrecher mit gänzlicher Vernichtung zu bestrafen«, und gab Anweisung, »keine Gefangenen« zu machen. Mit dem Befehl, »die Pocken in die nichtbetroffenen Stämme zu schicken«, führte er eine primitive Form der biologischen Kriegsführung ein. Der Versuch, den tödlichsten Feind der amerikanischen Ureinwohner für die eigenen Kriegszwecke einzuspannen, gelang: Der Kommandeur des Pitt-Forts lud einige der belagernden Delaware zu einer Verhandlung ein und überreichte ihnen pockeninfizierte Decken aus der Krankenstation des Forts als Zeichen der Wertschätzung. Als die Epidemie ausbrach, untergrub sie zunehmend die Kampfkraft der Indianer, und das Kriegsglück wandte sich gegen sie. Einige der gegnerischen Häuptlinge wurden im September 1764 zum Frieden gezwungen und akzeptierten im Vertrag von Detroit mit der Anerkennung König Georgs als ihres *Vaters* anstatt ihres *Bruders* die britische Oberhoheit. Zwei Jahre später ergaben sich Pontiac und die anderen verbliebenen Aufständischen im Vertrag von Oswego.

In der Zwischenzeit hatte Johnson die fünf östlichen irokesischen Nationen davon überzeugt, daß ein britischer Sieg in ihrem eigenen Interesse läge, und Ende 1763 waren die Seneca, von den anderen Liga-Häuptlingen lediglich streng ermahnt, schnell wieder in die »Chain of Covenant« aufgenommen worden. Über diese Nachsicht mit den feindlichen Stämmen waren viele Waldsiedler empört, verglichen mit der eigenen – in ihren Augen – schäbigen Behandlung seitens der Regierung. Nach dem Historiker Bernard Knollenberg »war es ganz klar, daß die britische Armee nicht nur bei der Verteidigung der Kolonialgrenzen, sondern auch bei der prompten Bestrafung der Indianer kläglich versagt hatte«.

Neue Nahrung fand die Unzufriedenheit der Siedler in der Königlichen Proklamation von 1763, die eine feste Grenze entlang des Gebirgskammes der Appalachen zwischen den englischen Kolonien und dem »Indian Country« zu ziehen versuchte und erklärte, daß weiteres Territorium nur durch die Krone und mit voller Zustimmung der betroffenen Stämme erworben werden könne. Angebliches Ziel dabei war die Erhaltung des Friedens, der den amerikanischen Ureinwohnern in ihren Heimatländern ein Gefühl der Sicherheit geben und die Möglichkeiten der illegalen Siedlung oder des betrügerischen, konfliktträchtigen Landkaufs reduzieren sollte. Andere Historiker jedoch sahen darin nur einen Vorwand für die Aufrechterhaltung einer großen militärischen Präsenz in Nordamerika, um die zunehmend unzufriedenen Kolonisten einzuschüchtern und, wenn nötig, zu unterdrücken. Andere teilen die zynische Ansicht George Washingtons, der – in der Absicht, sein Grundstück über die Grenze hinaus zu erweitern – an einen Freund schrieb: »Ich kann in dieser Proklamation (aber ich sage das nur zwischen uns) nur einen zeitweiligen Notbehelf sehen, die Gemüter der Indianer zu beruhigen.«

Wie auch immer das Motiv oder die Motive waren, gab es in den Kolonien einen Aufschrei über die Königliche Proklamation.

Aus Sicht der Kolonisten war sie nur eine weitere Fessel des Empire, eine nicht zu duldende Verletzung ihres »Rechts, ihre eigenen Grenzen zu bestimmen«, und die Bemühungen der königlichen Gouverneure, illegale Siedler zu hindern oder zu entfernen, rief Empörung hervor und bewies noch mehr – wenn es überhaupt noch eines Beweises bedurfte – die Tyrannei der Krone und ihre Mißachtung der eigenen Untertanen. In der Hitze der amerikanischen Revolution wurde dieser erste und letzte Versuch Britanniens, die Grenze anzuhalten oder wenigstens zu kontrollieren – zusammen mit dem Drum und Dran des königlichen »Despotismus« –, weggespült. Die bleibende Bedeutung der Proklamation liegt im Präzedenzfallcharakter, den das von ihr festgelegte Verfahren zur Erwerbung indianischen Landes für die Vereinigten Staaten und Kanada behalten hat.

Der folgende Unabhängigkeitskrieg war der endgültige Schlag gegen die irokesische Militärmacht und territoriale Integrität. In Erkenntnis ihrer äußersten Bedrohung rieten viele Liga-Häuptlinge, vor allem unter den westlichen Nationen, zur Neutralität, doch war der Druck zur Parteinahme zu groß. Sir William Johnson hatte in Vorahnung des Konflikts mit den Kolonien gewissenhaft an einer noch stärkeren Anbindung der »Sechs Nationen« an die Krone gearbeitet, indem er dafür gesorgt hatte, daß sein talentierter Schützling – und Schwiegerbruder – Thayendanegea eine englische Erziehung genoß und als Fichtenhäuptling aufgebaut wurde. Johnson selbst war 1774 gestorben, doch wurde Thayendanegea bei Ausbruch von Feindseligkeiten nach London eingeladen, um die Beziehung seines Volkes zu Britannien – wieder einmal – zu erneuern. Zum letzten Mal ergriff er die Gelegenheit, die irokesische Stellung als dritte Kraft in einem Krieg zwischen Europäern auszunutzen. Lautstark beklagte er sich über anhaltende Grenzverletzungen und gab dem König ohne Umschweife zu verstehen, daß die Unterstützung der *Hotinonshonni* davon abhing, ob diese Beschwerden »zu unserer Zufriedenheit geregelt werden, nachdem die Probleme in Amerika vorbei sind«.

In der Zwischenzeit wurden die Tuscarora und Oneida von Samuel Kirkland, einem Neuengland-Missionar, der einige Jahre bei ihnen gearbeitet hatte, für die amerikanische Sache umworben. In einem Versuch zur Schließung des Grabens trafen sich die Liga-Häuptlinge bei Onondaga, doch erwies sich die Spaltung zwischen den Nationen als zu tief, um noch einen Konsens zu erreichen. Als Onondaga 1779 von einer Pockenepidemie erfaßt wurde, die drei *sachem* tötete, verschlimmerte sich die Krise. Die Überlebenden griffen zu dem äußersten Mittel, das Feuer in der Mitte des Langhauses auszulöschen und damit die Arbeit der Liga symbolisch zu beenden. Eine Delegation überbrachte den Briten die »traurige Nachricht«, daß »es kein Ratsfeuer mehr in der Hauptstadt der Sechs Nationen gibt«.

Durch eine rasche Folge verheerender amerikanischer Angriffe wurden viele Mohawk gezwungen, nach Kanada zu flüchten. Trotz wiederholter Provokationen seitens der Rebellen gelang es den westlichen *Hotinonshonni*, größtenteils neutral zu bleiben, bis George Washington 1779 den Befehl gab, das irokesische Territorium »nicht einfach zu überrennen, sondern zu zerstören«. Prompt fiel General John Sullivan in das westliche New York ein, vernichtete die indianischen Obstgärten und Felder, brannte ihre Dörfer nieder und zerstörte mehr als eine Million Scheffel Getreide, während Colonel Daniel Brodhead in einer Attacke, die als »squaw-Feldzug« bekannt werden sollte, Hunderte von *Hotinonshonni*-Frauen und -Kindern niedermetzelte.

Wie immer lag die Rechtfertigung für diese Brutalität bei der angeblichen »Wildheit« der Indianer. Die Amerikaner schmähten die Briten, so wie die Briten die Franzosen geschmäht hatten, für ihre Bereitschaft, Streitkräfte der amerikanischen Ureinwohner gegen »zivilisierte« Europäer einzusetzen, und die angeblichen Greueltaten der Indianer machten ein Hauptthema der Rebellenpropaganda aus. Besonders geschmäht wurde – vielleicht wegen seiner engen Beziehung zu den Briten, seiner unzweifelhaft militärischen Begabung oder der Tatsache, daß er mit seiner Patina von englischer Kultur besorgniserregende Fragen über den Unterschied zwischen »Wildheit« und »Zivilisation« aufwarf – Thayendanegea (von den Kolonisten Joseph Brant genannt): Bemerkenswerterweise beschrieb ihn ein Autor des 19. Jahrhunderts als »das bösartigste Wesen, das jemals von der menschlichen Natur hervorgebracht worden ist«.

In Wirklichkeit verbot Thayendanegea die Folter und ließ, sooft er konnte, Zivilisten frei, überzeugt, daß »es eine Schande ist, Wehrlose zu vernichten«. Bei einer Gelegenheit schickte er ein gefangenes Kind mit folgender kurzer Mitteilung zurück: »Sir, ich sende Ihnen durch einen meiner Läufer das Kind, um zu zeigen, daß, was immer andere tun, ich keinen Krieg gegen Frauen und Kinder führe.« Vielleicht in einer Anspielung auf die mit ihm kämpfenden Loyalisten fügte er hinzu: »Es tut mir leid zu sagen, daß Leute mit mir im Dienst sind, die wilder als die Wilden selbst sind.«

Thayendanegea bedrängte die Rebellen so erfolgreich, daß 1781 der neue Gouverneur von New York (ein anderer George Clinton) zugeben mußte: »Uns ist jetzt ... ein großes Stück unseres wertvollsten und gut bewohnten Territoriums abhanden gekommen ... Wir sind nicht in der Lage, Truppen für die Verteidigung der Grenze aufzustellen.« Im folgenden Jahr jedoch gab Britannien plötzlich den Feldzug zur Wiedergewinnung seiner amerikanischen Kolonien auf und ließ die Indianer, wie Joseph Brant schrieb, »gewissermaßen zwischen zwei Höllen« stehen. Durch die britische Niederlage waren Thayendanegea und viele seiner Gefolgsleute gezwungen, mit den United Empire Loyalists nach Kanada aufzubrechen, doch wurde den meisten anderen indianischen Verbündeten der Krone sogar dieser Ausweg versperrt. Zum Entsetzen der Indianer und zur Empörung vieler Beamter, die mit ihnen zu tun gehabt hatten, sah der Vertrag von Paris 1783 keinen Schutz für die Indianer vor, die so hart gekämpft und einen so hohen Blutzoll für die Krone entrichtet hatten – man schätzt zum Beispiel, daß die Hälfte der Irokesen im Unabhängigkeitskrieg umgekommen ist. Ein Engländer klagte, daß eine Klausel für die Einhaltung bestehender Vertragsverpflichtungen »leicht hätte ausbedungen und eingebaut werden können ... was die Ehre der Regierung gerettet hätte ...«.

Ab 1790 waren die *Hotinonshonni* zerstreut und geteilt; das große Langhaus der Liga war verfallen. Die meisten Irokesen befanden sich in Kanada; jene, die in New York geblieben waren, waren fast ständigen Angriffen auf ihre verbliebenen Landstücke ausgesetzt. Demoralisiert und von ihrem traditionellen Lebenserwerb abgeschnitten, wurden sie von den Problemen so vieler geschlagener amerikanischer Ureinwohner eingeholt: Trunkenheit, Gewalt und sozialer Absturz. Ohne die Kondolenzzeremonie und die anderen Rituale, die sie zusammenhielt, wurden ihre Gemeinden von wachsender Angst und dem Verdacht der Hexerei heimgesucht.

Doch in ihrer außerordentlichen Erneuerungsfähigkeit brachten die *Hotinonshonni* aus diesem Chaos und dieser Verzweiflung gleichwohl einen anderen visionären Führer hervor, der sie vom Rand der kulturellen Auslöschung zurückholte. Skanyadariyoh (Skanientariio) oder Handsome Lake war ein Seneca, der 1799 nach langer Alkoholismuskrankheit zusammengebrochen war und dem Sterben nahe schien. In seinem Koma hatte er die erste von vielen Begegnungen mit dem Schöpfer, der ihm sagte, er solle mit dem Trinken aufhören oder sterben. Nachfolgende Visionen offenbarten Anweisungen für die *Hotinonshonni* zur Sicherung ihres Wohlergehens und des Überlebens der Welt. Daraus entstand ein neuer Kodex, das *Gai'wiio* oder die Gute Botschaft, die es den Irokesen erlaubte, einige Aspekte der europäischen Kultur, wie Haustiere und Einfamilienhäuser, zu übernehmen, aber die Beibehaltung und Wiederbelebung des heiligen Zeremonienzyklus und anderer Aspekte ihres traditionellen Lebens verlangte.

Gerade in der größten Gefahr ihres Untergangs wies Skanyadariyoh – wie schon Deganawida vor ihm – den *Hotinonshonni* eine neue Richtung und einen neuen Sinn. Als sie im 19. Jahrhundert zu immer kleiner werdenden Reservaten zusammengedrängt wurden, half ihnen die Botschaft, sich der neuen Gesellschaft um sie herum anzupassen und zugleich ihre eigene Identität zu bewahren. Nach zwei Jahrhunderten einer fast unvorstellbaren Veränderung, in der die *Hotinonshonni* von inneren Spaltungen und äußerem Druck heimgesucht wurden, sind seine Vision und die von ihr verkörperte lange Tradition der irokesischen Kultur noch nicht erloschen.

6
Cherokee: der Südosten und die »Fünf Zivilisierten Stämme«

Als wir jenseits des großen Wassers lebten, gab es zwölf Clans, die zum Cherokee-Stamm gehörten ... damals war das Land großen Fluten ausgesetzt.

So hielten wir im Lauf der Zeit Rat und beschlossen, ein Lagerhaus zu bauen, das bis zum Himmel reichen sollte. Die Cherokee sagten, daß, wenn das Haus gebaut sein würde und die Fluten kämen, der Stamm einfach die Erde verlassen und in den Himmel gehen würde ... wir begannen, das große Gebäude zu bauen und als es in einen der höchsten Himmel ragte [,] zerstörten die großen Mächte die Spitze und machten sie um die Hälfte kleiner. Doch da der Stamm fest entschlossen war, um der Sicherheit willen in den Himmel zu bauen [,] waren sie nicht entmutigt, sondern begannen, den von den Göttern angerichteten Schaden zu reparieren. Schließlich vollendeten sie den stolzen Bau und betrachteten sich als sicher vor den Fluten ... als er vollendet war [,] zerstörten die Götter wieder den oberen Teil. ... Dann hielt der Stamm einen anderen Rat und beschloß, aus dem überfluteten Land auszuziehen und nach einem trockeneren und geeigneteren zu suchen. So reisten sie viele Tage und Jahre und kamen endlich in ein Land, das ein gutes Klima hatte und geeignet [war], Korn anzubauen und vieles anderes, wovon der Stamm lebte. Auch andere rote Stämme oder Clans des Cherokee-Stammes kamen aus dem alten Land. Die Auswanderung dauerte viele Jahre, nie wußten sie, daß sie das große Wasser überquerten. Im Laufe der Zeit wurde der alte Pfad, der von den Clans benutzt worden war, durch das Einbrechen eines Landstückes in die tiefe See abgeschnitten. Dieser Pfad kann bis auf den heutigen Tag durch den abgebrochenen Felsblock gefunden werden.

Viele Jahre, nachdem sie sich in ihren neuen Wohnstätten im neuen Land eingerichtet hatten [,] begannen sie, nach den Clans des Cherokee-Stammes zu suchen ... nach fruchtloser Suche gaben [sie] schließlich auf und errichteten ein neues System von sieben heiligen Clans für den Stamm. Von jenem Tag bis zu diesem sind sie auf der Suche nach den fünf verlorenen Clans der Cherokee gewesen.

Aus: *Eine Cherokee-Vision von Eloh*

Vielleicht mehr als anderswo in den Vereinigten Staaten straft der Südosten die Vorstellung von den statischen und entwicklungsunfähigen Gesellschaften der amerikanischen Ureinwohner Lügen. Von den bewaldeten Bergen und satten Tälern der Atlantikküste bis zum flachen Grasland von Texas am Golf von Mexiko ist die Landschaft von indianischen Zivilisationen geprägt, die sich auf immer neue Bedingungen eingestellt haben. Die Bruchstücke ihrer Experimente liegen über das ganze Land verstreut, und ihr kulturelles Erbe bestimmt noch immer das Leben Hunderttausender moderner Amerikaner: Indianer wie Nicht-Indianer.

Diese dynamische Tradition reicht lange vor Kolumbus zurück. Bereits 2500 v. Chr. hatten die dortigen Jäger- und Sammlervölker von den wachsenden Agrarzivilisationen Mittelamerikas die Töpferei und andere Charakteristika übernommen, und ungefähr 1000 Jahre später kam die erste einer Reihe hoch organisierter Ackerbaukulturen auf. Von etwa 1000 v. Chr. an verlagerte sich der Kultureinfluß von Mittelamerika zur Hügelbau-Tradition der Adena-Hopewell-Kultur, die einen großen Teil des Nordostens beherrschte. Um 700 n. Chr. jedoch tauchte eine neue Kultur im Mississippi-Tal auf, die wiederum sehr unter dem Einfluß Mittelamerikas zu stehen schien. Der Anbau neuer und ergiebigerer Maissorten aus Mexiko führte zu intensiverem Ackerbau, größerer Bevölkerungsdichte und zur Entstehung hoch stratifizierter, theokratischer Gesellschaften.

Beim Anblick des »mississippischen« Kunsthandwerks – Töpferei, Masken, Skulpturen und Kupferplatten mit stilisierten Schädeln, Knochen, weinenden Augen oder gefederten Schlangen – oder der Anlage ihrer Städte fallen die Ähnlichkeiten mit der mittelamerikanischen Zivilisation sofort ins Auge. Die Gemeinden waren stark befestigt und um große, oben abgeflachte Pyramiden herumgebaut, auf denen die Häuser führender Männer oder Tempel thronten, die die »ewige Flamme« bewahrten – das Zentrum des religiösen Kults.

Die Gemeinden konnten sehr groß sein: Auf ihrem Zenit im 12. Jahrhundert erstreckte sich die größte: Cahokia – in der Nähe des heutigen St. Louis –, sechs Meilen am Illinois-Fluß entlang. Mit einer zentralen Pyramide von 16 Morgen Grundfläche und 100 Fuß Höhe, 85 kleineren Tempeln und Grabhügeln und einer geschätzten Bevölkerung von zwischen 10 000 und 75 000, war Cahokia die größte Stadt nördlich von Mexiko und in der Größe damaligen europäischen Hauptstädten wie London und Paris vergleichbar. (Bezeichnenderweise jedoch sprechen Wissenschaftler zuweilen immer noch von ihr als einem *Dorf*, während weit kleinere Gemeinden der Alten Welt, wie das mittelalterliche Bristol, durchgängig als *Städte* bezeichnet werden.)

Innerhalb weniger Jahrhunderte scheint sich die neue Kultur über das östliche und zentrale Nordamerika ausgebreitet zu haben. Manche Wissenschaftler meinen, die Expansion sei zu schnell und zu intensiv gewesen, als daß sie auf dem normalen Weg einer kulturellen Ausbreitung hätte verlaufen können, vielmehr muß sie das Ergebnis von Invasion und Eroberung gewesen sein. Eine Theorie ist, daß die ersten Mississippianer Vorfahren der Natchez waren, eine Gruppe, auf die die frühesten europäischen Entdecker im »Kerngebiet« der Kultur stießen und die von Mexiko aus in die Region eingewandert waren, wo sie die einheimische Bevölkerung teilweise unterwarfen und dann ihren Einfluß durch Handel und Krieg ausdehnten.

Für diese Auffassung gibt es in der mündlichen Überlieferung der Natchez selbst einen zwingenden Indizienbeweis, wonach sie aus dem Südwesten in den Mississippi eingewandert sein sollen. Frühe französische Berichte beschreiben ihre Gesellschaft als stark hierarchisch, auffällig unterschieden von ihren Nachbarn, aber mit starken mittelamerikanischen Einflüssen. An ihrer Spitze stand die »Große Sonne«, ein absoluter Herrscher, der als direkter Abkömmling des Sonnengottes verehrt wurde. Wenn eine Große Sonne starb, wurden seine Frau und sein Gefolge erdrosselt, damit sie ihm in sein Nachleben begleiten konnten, und seine

Schwestern – die »Frauensonnen« – ernannten seinen Nachfolger. Unterhalb der »königlichen Familie« standen Adlige, »Vornehme« und Gemeine, »Stinktiere« genannt. Innerhalb des komplexen Kastensystems mußten alle Mitglieder des Adels Stinktiere heiraten, während nur die Kinder von Aristokratinnen ihren adligen Rang behielten.

Was auch immer die letzte Quelle der Mississippi-Kultur gewesen sein mag, so hat sie doch bis zur Zeit des europäischen Kontakts das Leben vieler amerikanischer Ureinwohnervölker im Südosten umgewandelt. Den einzigen – und oft aufreizend informationsarmen – Einblick in ihre Welt liefern die Berichte der spanischen de Soto-Expedition in das Gebiet zwischen 1539 und 1543.

De Soto landete in Tampa, Florida, mit 550 Soldaten, schwarzen und mexikanischen Sklaven, Handwerkern (inklusive Schmiede, die eiserne Halsbänder und Ketten für Gefangene anfertigten), 200 Pferden, Kampfhunden und einer Schweineherde, die nicht nur als Nahrung diente, sondern auch die indianischen Kornfelder zerstörte und Hinterhalte aufspürte. Getrieben von der ständigen Suche nach Gold, wandten sie sich nach Norden durch Wälder und intensiv kultivierte Flußtäler, die sie an Peru und Mittelamerika erinnerten, mit riesigen Maisfeldern – die sich manchmal mehrere Meilen entlang der Straße erstreckten – und großen Städten, die von Herrschern regiert wurden, die auf Sänften reisten und Gewänder aus Baumwolle und Federmosaik trugen. Die Indianer signalisierten die Annäherung de Sotos mit einer Übertragung von Leuchtfeuern, konnten jedoch die Expedition nicht aufhalten, die eine Spur geschändeter Tempel, geplünderter Lagerhäuser und zerstörter Städte hinterließ.

Nachdem sie den Winter in der Nähe von Tallahassee verbracht hatten, wandten sich die Spanier im Frühling 1540 dem heutigen Georgia zu. Nach Überquerung des Savannah-Flusses betraten sie einen Staat namens Cofitachiqui, dessen Menschen (höchstwahrscheinlich Creek) »sehr sauber und höflich« waren; »da sie Schuhe und Kleider trugen, waren sie zivilisierter als die anderen in den Territorien Floridas«. Die Herrscherin war eine junge Frau, geschmückt mit Pelzen und Perlen, die, inmitten einer

Kanuflotte mit Geschenken, die Expedition begrüßen kam. Nach dem Sekretär de Sotos »trugen hochrangige Indianer [sie] auf ihren Schultern mit viel Respekt, in einer Sänfte, die mit feinem weißem Leinen bedeckt war. Und sie setzte in einem Kanu über und sprach ganz anmutig und ungezwungen zum Gouverneur. Sie war ein junges Mädchen von guter Haltung; und sie nahm eine Perlenschnur ab, die sie um ihren Hals trug, und legte sie als Zeichen ihrer Gunst dem Gouverneur als eine Halskette um ...«

De Soto raubte die junge Frau und zwang sie, ihn zu den Appalachen zu führen, wo er überzeugt war, Gold zu finden. An einem Ort namens Xualla (vielleicht das moderne Qualla, North Carolina) fand statt, was wahrscheinlich der erste europäische Kontakt mit den Cherokee war: Die »Tsalagi« begrüßten ihn mit ungewöhnlicher Gastfreundschaft, überhäuften ihn mit Geschenken und stellten ihm Träger für seine Reise zur Verfügung. Kurz nachdem sie aufgebrochen waren, flüchtete die Creek-»Prinzessin« und nahm zu de Sotos Verdruß die Perlenschachtel mit, die er als Preis für ihre Freilassung zu fordern beabsichtigt hatte. Nachdem sie sich durch die Berge geschleppt hatten, erreichten die hungrigen und erschöpften Spanier schließlich eine große, stufenförmig angelegte Cherokee-Stadt, wo man ihnen 300 Hunde zu essen gab.

Nachdem sie kein Gold fanden, wandte sich de Soto wieder südwestlich dem Territorium der Creek zu. Bei Coosa wurde er von flötenspielenden Männern und einem Herrscher in einer Robe aus Marderhaut begrüßt. Die Soldaten nahmen den Häuptling und mehrere seiner Leute als Sklaven und zogen weiter zum Choctaw-Land, wo sie von Tuskaloosa willkommen geheißen wurden, »der Souverän vieler Territorien und eines vielköpfigen Volkes«. De Soto forderte wie gewöhnlich Frauen und Träger, und der Häuptling versprach, sie in einer Stadt namens Mabila zu versammeln, doch als die Spanier ankamen, entdeckten sie, daß die Choctaws ihre Befestigungen verstärkt und sich auf einen Krieg vorbereitet hatten. In der folgenden Schlacht erlitten die Spanier schwere Verluste, sammelten sich jedoch und setzten die Stadt in Brand, wobei die meisten Bewohner in den Flammen umkamen. Im folgenden Frühling provozierte de Soto einen ähnlichen Zwischenfall in der Stadt Chickasaw, wo die Expedition den Winter verbracht hatte; als Ergebnis verlor er elf seiner Männer und die meisten seiner Pferde.

Dieses sich immer wiederholende Muster begleitete die Spanier auf ihrem Weg nach Norden und Westen durch das heutige Alabama, Mississippi, Louisiana und Arkansas. Als sie den Mississippi überqueren wollten, tauchten 200 Krieger (wahrscheinlich Quapaw) mit »großen Büscheln weißer und andersfarbiger Federn« auf, umringt von einer Armada von Kanus, die mit Häuten, Büffelfellen, getrockneten Früchten und Fisch beladen waren. Die Indianer legten ihre Geschenke ans Ufer, zogen sich jedoch dann in Angst zurück, und die Spanier feuerten hinter ihnen her und töteten mehrere Männer. In Arkansas verließen die Menschen bei der Annäherung der Expedition ihre großen, dicht bewohnten Städte, doch konnten die Spanier immer noch eine Anzahl von Männern und Frauen gefangennehmen, wie auch natürlich ihre Lebensmittellager plündern.

Nach einem weiteren Winter trat de Soto seine Rückreise an. Wieder am Mississippi angelangt, wurde er krank, sandte jedoch eine Botschaft zu einer Stadt am anderen Ufer, in der er um Träger und Lebensmittel bat. Mit unverfrorenem Zynismus, der zeigt, daß er es wenigstens zu einem minimalen Verständnis der einheimischen Kultur gebrachte hatte, behauptete er, das »Kind der Sonne« zu sein: »wenn er käme, sollten ihm alle gehorchen und Tribut zollen«. Offenbar nicht leicht einzuschüchtern, antwortete der Häuptling lakonisch, daß das Kind der Sonne in der Lage sein müßte, den Fluß auszutrocknen. Mittlerweile zu geschwächt, um überzusetzen, ordnete de Soto zur Abschreckung die Zerstörung einer nahegelegenen anderen Stadt an. Die ahnungslosen Bewohner wurden völlig überrascht. Nach dem spanischen Chronisten waren »die Schreie der Frauen und Kinder derart, daß sie ihre Verfolger betäubten«. Kurz danach starb de Soto. Seine Männer behaupteten, er sei »zur Sonne aufgestiegen«, und versenkten ihn heimlich im Mississippi, aus Furcht, die Indianer könnten angreifen, wenn sie seine Leiche fänden.

Anscheinend war de Soto das Opfer eines »Fiebers« aus der Alten Welt, das von spanischen Schiffen in die Neue Welt eingeschleppt worden war. Noch vor seinem Tod hatten dieselben – oder ähnlichen – Krankheitserreger ihren tödlichen Vormarsch durch die angestammte Bevölkerung angetreten, und im nächsten Jahrhundert setzte die europäische Krankheit ihr Zerstörungswerk im Südosten fort, fast ohne Zutun der Europäer selbst.

* * *

Nachdem sie lange in Frieden und Wohlstand gelebt hatten, nahm der Stamm der Cherokee an Bevölkerung stark zu. Sie bauten die cahtiyis [Stadthäuser] in allen sieben Clans der Nation auf der Grundlage universaler Brüderlichkeit, die die ganze Welt einschloß, ausgenommen die fünf verlorenen Clans.

Während der Stamm der Cherokee in seinem neuen Land lebte, geschah es, daß seltsame weiße Kanus aus der Weite des großen Wassers auftauchten. In Verwunderung und Staunen über die Ankunft dieser seltsamen Schiffe in ihren Gewässern versammelten sich die Clans am Ufer. Mehrere Tage strichen diese weißen Kanus in Sichtweite hin und her, als hätten sie kein Vertrauen, vom Stamm freundlich empfangen zu werden. Die Clans, die dachten, sie wären Wesen vom Himmel, winkten ihnen, ans Ufer zu kommen. Die Clans bereiteten Korn mit süßen Nüssen, Wildbret und anderer Nahrung zu, um es diesen weißen Wesen in ihren Kanus zu überreichen. Da bei den Cherokee das Weiße ein Emblem der Reinheit ist, sahen sie auf diese weißen Wesen wie auf eine reine Rasse aus der oberen Welt. Bald waren die weißen Wesen der weißen Kanus überzeugt, daß ihnen nichts passieren würde, und sie landeten. Die Fremden wurden von dem Stamm willkommen geheißen und mit Nahrung bewirtet.

Tabak, der gereinigt worden war und Friedens-chola [tsola oder einheimischer Tabak] genannt wurde, wurde auch gebracht, zusammen mit Pfeifen, und die Fremden wurden gebeten, mit den Clans zu rauchen.

Aus: *Eine Cherokee-Vision von Eloh*

Um die Mitte des 17. Jahrhunderts, als die Engländer und Franzosen zum ersten Mal das Innere des Südostens erreichten, war die Mississippi-Kultur zusammengebrochen. Wahrscheinlich als ein Ergebnis von Epidemien, vielleicht verschlimmert durch andere kulturelle oder politische Probleme, waren die meisten der großen Metropolen wie Cahokia verlassen worden, und die übriggebliebene Bevölkerung hatte sich in kleinere Farmen und Dörfer verstreut.

Weiter westlich des Gebiets, angrenzend an die südlichen Plains, lebten die Caddo-sprechenden Caddo; weiter östlich waren die Natchez, und dann erstreckten sich in einem breiten U-förmigen Bogen eine Reihe von Muskogee-sprechenden Völkern: Chickasaw und Choctaw in Mississippi und Louisiana, eine mächtige Creek-Konföderation im jetzigen Alabama und Georgia; und Yamasee an der Grenze zwischen Georgia und South Carolina. Weiter nördlich in South Carolina waren die Catawba – entfernt mit den Sioux verwandt – und die irokesisch sprechenden Tuscarora. Eine Reihe kleinerer Gruppen, von Calusa in Florida bis zu Tonkawa in Texas, waren über die Region zerstreut.

Mit einem Territorium von 40 000 Quadratmeilen, konzentriert in den Bergen des westlichen North Carolina und östlichen Tennessee und mit Einschluß von Teilen fünf weiterer heutiger Staaten, bildeten die etwa 20 000 Cherokee die größte Nation. Da sie das Gebiet südlich ihrer Verwandten, der Irokesen, bewohnten – man kann die Familienverbindung an dem Namen, den sie sich selbst geben, erkennen: *Ani-Yunwiya* oder »Hauptvolk«, was entfernt an das irokesische *Onkwehonwe*, »Ursprungsvolk«, erinnert –, befanden sie sich oft mit einer oder mehreren der Fünf Nationen, die mit ihnen um die Vorherrschaft über Kentucky und West Virginia konkurrierten, im Krieg. Sieben ihrer etwa 64 Gemeinden – die »Mutterstädte« der sieben Clans – wurden als besonders bedeutend angesehen, doch verfügten die *Ani-Yunwiya*, anders als die *Hotinonshonni*, über keine wirkliche Zentralgewalt. Jede Stadt wurde von einem Rat von »Geliebten Männern« regiert, gewöhnlich Krieger oder Redner von herausragender Fähigkeit. Frauen erfreuten sich eines höheren Status als bei anderen Völkern und stiegen manchmal zu politischen Führerinnen auf. (Ein »Geliebter Mann« bemerkte spitz gegenüber einem britischen Gouverneur: »Bei uns ist es Brauch, Frauen zu den Räten zuzulassen ... Ist das nicht auch Brauch bei den weißen Menschen, die, wie die roten, von Frauen geboren worden sind?«)

Außer in Süd-Florida und am Rande des Golfs von Mexiko, wo Gruppen wie die Calusa hauptsächlich von Schaltieren lebten, ähnelten sich die meisten Völker des Südostens in der Lebensweise: sie beruhte auf dem Anbau von Mais, Bohnen, Melonen, Tabak, Sonnenblumen und anderen Feldfrüchten. Wie ihre Nachbarn im Norden ergänzten sie diese Hauptnahrungsmittel mit einer breiten Vielfalt an wilder Nahrung, die – dank des milden Klimas und hoher Regenfälle – besonders reichhaltig war. Die Flüsse der Gegend wimmelten von Fisch, und die satten Täler und Eichen-, Pinien- und (Hickory-)Nußbaumwälder bargen Bär, Hirsch, Truthahn, Wildvögel und anderes Wild ebenso wie Nüsse und Beeren. Selbst wenn eine Ernte ausfiel oder von Feinden vernichtet wurde, reichte dieser natürliche Überfluß aus, um Hunger zu vermeiden.

Hätte man im späten 17. oder frühen 18. Jahrhundert eine Gemeinde im Südosten besucht, wäre man zuerst auf die »Stadtfelder« gestoßen, wo die ganze Bevölkerung, Männer und Frauen, zu bestimmten Zeiten des Jahres gemeinsam arbeitete. Die Feldprodukte wurden gewöhnlich in einem Lagerhaus aufbewahrt und vom Häuptling zur Bewirtung von Besuchern, Versorgung von Armen und, in Notzeiten, zur Ernährung der ganzen Gemeinde benutzt. Um in die Stadt selbst zu gelangen, mußte man eine Umzäunung durchqueren (in den 70er Jahren des 17. Jahrhunderts beschrieb ein englischer Händler eine Cherokee-Stadt als von einer zwei Fuß dicken und zwölf Fuß hohen Mauer umgeben). Das Straßennetz war von individuell gestalteten Wohnungen gesäumt. Die Wohnhäuser der Creek bestanden manchmal aus vier getrennten Gebäuden – Küche, Lagerraum, Winter- und Sommerwohnung –, die um einen kleinen Platz herum gruppiert waren; bevor die Europäer mit ihren Äxten den Gebrauch von Baumstämmen einführten, lebten die Cherokee gewöhnlich in rechteckigen, Ein-, Zwei- oder Drei-Zimmer-Häusern aus Flechtwerk und Lehm mit einer Feuerstelle und Schlafplattformen an einem Ende. Anschaulich beschrieb ein Beobachter:

»Sie flechten Zweige und verkleistern sie mit weißem Lehm, der mit kleinen Stücken von Talk versetzt ist, was diesen Häusern an Sommertagen ... den Glanz unpolierten Silbers verleiht.«

Das Herzstück der Gemeinde war meistens ein Platz festgedrückter Erde, manchmal auf einer Terrasse, umgeben von vier hallenförmigen Gebäuden, in denen Mitglieder des Rates sich zu den Treffen versammelten. Dies war das Zentrum für wichtige Rituale und Feste, mit einem heiligen Gemeinschaftsfeuer in der Mitte, und wurde peinlich sauber gehalten. In der Nähe gab es eine tiefer eingelassene Fläche für zwanglose Tänze und Spiele wie *chenco* (oder »chunkey«), die mit geworfenen Stöcken oder rollenden Steinen gespielt wurden, oder wie das »Stockspiel«, eine aggressive Version von Lacrosse, bekannt als »der kleine Bruder des Krieges«. In manchen Gemeinden gab es auch ein kegelförmiges »Treibhaus«, wo Leute bei schlechtem Wetter zusammenkommen konnten.

Wie für alle amerikanischen Ureinwohner drehte sich auch für die südöstlichen Völker das Jahr um eine Reihe heiliger Zeremonien. Die wichtigste im größten Teil der Region war der Grünkorntanz oder »Busk« (aus dem Creek *boskita*: »fasten«), im Spätsommer abgehalten, um die Ernte zu feiern und einen neuen Jahreszyklus zu beginnen. Die Stadt wurde sorgfältig gefegt und gesäubert, die Teilnehmer reinigten sich rituell – die Cherokee, indem sie »zu Wasser gingen« oder badeten; die Creek, indem sie den »schwarzen Trank« tranken, ein starkes Abführmittel –, und alle Feuer in der Gemeinde wurden gelöscht. Alte Kleidung, Werkzeuge und Hausrat wurden vernichtet und ersetzt, und mit der Vergebung von Missetätern – Mörder ausgenommen – wurde ein neuer moralischer und geistiger Anfang gemacht und die Risse zwischen Individuen und Clans geheilt. Nach vier (oder manchmal acht) Tagen des Fastens, Feierns, der Zeremonie und des Tanzes wurde der Erneuerungsprozeß mit der Wiederanzündung der Herdfeuer durch die erneuerte heilige Flamme beendet.

Die Wurzeln des Grünkorntanzes – der wegen der Bedeutung des »ewigen Feuers« und anderer ähnlicher Elemente in der mittelamerikanischen Kultur von einigen Wissenschaftlern als ein Überbleibsel der mississippischen Tradition erachtet wird – reichen in das Zentrum des Weltbildes der südöstlichen Völker. Obwohl die Details von Kultur zu Kultur variieren, erinnern sie durchgängig an das Maisgeschenk durch eine Ahn-»Kornfrau«, deren Blut die Macht hat, Feldfrüchte hervorzubringen. (Selu, die Cherokee-Göttin, wurde als eine Hexe von ihren Söhnen getötet, und in einer Version entsprang an der Stelle, an der das Blut hingefallen war, das Korn. In anderen Darstellungen bittet die Frau darum, getötet zu werden, und fordert ihre Verwandten auf, ihren Körper um ein Feld zu tragen, das später voll von Korn gefunden wird.) Noch nach ihrem Tod fährt die Göttin fort, die Menschen in Form von Mais zu ernähren, aber nur so lange, wie sie weiter die Grünkornzeremonie abhalten. Nach einer Quelle erinnerte sie die Cherokee, daß »ihr nirgendwoanders Milch finden werdet, deren Quelle so unerschöpflich ist wie meine«, und warnte, daß sie verhungern würden, wenn sie sie vernachlässigten. »Wenn ihr nicht mehr an mich denkt ... sondern mich benützt, ohne meine Worte zu erinnern, werde ich den Verwüster unter euch schleudern!«

Die enge Verbindung zwischen Blut und Fruchtbarkeit der Frau machte diese zu einer mächtigen – und damit potentiell gefährlichen – Kraft und bestärkte das Bedürfnis nach einer strikten Trennung zwischen den männlichen und weiblichen Welten. Wie in vielen Gesellschaften hatten sich Mädchen und Frauen während der Menstruation abzusondern. Während der *boskita* und anderer Zeremonien sollten Paare Abstinenz üben. Männer enthielten sich auch der Sexualität, wenn sie sich auf den Krieg vorbereiteten oder an ihm teilnahmen. James Adair, ein irischer Händler aus dem 18. Jahrhundert, der fast 40 Jahre mit den Cherokee gelebt hatte, schrieb: »Tradition oder göttliche Prägung der menschlichen Natur sagt ihnen, daß der Mensch nicht in einem Kriegszustand geboren wurde; und da sie glauben, durch Vergießen menschlichen Bluts unrein zu werden, beeilen sie sich, drei Fastentage einzuhalten.« Um sich aus friedlichen Mitgliedern der Gemeinde in Krieger zu verwandeln, mußten sie sich rituellen Reinigungen unterziehen und dann die Hilfe unterweltlicher Wesen herbeirufen (oft eine riesige Schlange), die den weiblichen Mächten fundamental feindlich gegenüberstanden.

Das Tabu bezüglich der Vermischung der Welt des Krieges mit der Sphäre der Frauen veranlaßte viele frühe europäische Beobachter zu Kommentaren über die sexuelle Zurückhaltung der amerikanischen Ureinwohner. So schrieb der französische Reisende J. B. C. im 18. Jahrhundert: »Im allgemeinen haben die Wilden Hemmungen, eine weibliche Gefangene zu belästigen, und betrachten es als Verbrechen, selbst wenn die Frau ihre Zustimmung gibt.«

Die untere Welt war nur eine von vielen Ebenen auf der komplexen Weltkarte der südöstlichen Indianer. Es gab auch eine Himmelswelt – Heimat des »Herrn des Lebens« oder »Herrn des Atems« und letzte Quelle allen Segens der Völker –, die, normalerweise getrennt, auch von Visionären und Schamanen besucht werden konnte, die einer rituellen Passage fähig waren. Außerdem hatte jede der vier Himmelsrichtungen ihre eigene Bedeutung, die durch eine symbolische Farbe dargestellt wurde. Der um die Jahrhundertwende schreibende Ethnologe James Mooney fand zum Beispiel bei den Cherokee die Entsprechungen »Ost = rot = Erfolg, Triumph; Nord = blau = Niederlage, Problem; West = schwarz = Tod; Süd = weiß = Frieden, Glück.« Durch die Einteilung ihrer fünfzig Gemeinden in »Rote Städte«, die vor allem der Verteidigung und dem Krieg dienten, und »Weiße Städte«, die in Friedenszeiten die meisten zivilen Häuptlinge und die Regierung der Konföderation stellten, bauten die Creek diese Symbole sogar in ihre soziale und politische Struktur ein.

Bei aller Vielfalt der Farbensymbolik bei den verschiedenen Völkern, so wurde doch, nach Mooneys Beobachtungen, »aus offensichtlichen Gründen schwarz allgemein als Symbol des Todes verstanden, während weiß und rot jeweils Frieden und Krieg bedeuteten«. Nach mündlicher Überlieferung der Cherokee waren die Indianer daher »bei der Invasion der weißen Menschen verwirrt, da deren Farbe ›Reinheit und Geistigkeit‹ verkörperte«.

* * *

Dann baten die weißen Fremden, die aufgrund ihrer weißen Haut als Besucher aus dem Himmel angesehen wurden, daß man ihnen ein kleines Stück Erde zum Lagern, Kochen und Schlafen lassen möge; es wurde ihnen freundlich gewährt. Diese Fremden wurden von den Cherokee-Clans sehr großzügig unterhalten, und man bot ihnen reichlich Nahrung und andere Annehmlichkeiten. Dann gaben diese Fremden ihren Wunsch und ihren Willen kund, bei den einheimischen Cherokee-Clans zu bleiben, wenn man ihnen erlaubte, ein kleines Stück Boden zum Lagern und Schlafen zu erwerben. Sie ließen den Stamm wissen, daß sie nur ein kleines Stück Land, etwa von der Größe einer Stierhaut, brauchten. Diese bescheidene Bitte wurde den Fremden ohne weiteres gewährt und das Land für ein geringes Entgelt verkauft. Dann schnitten die angeblichen himmlischen Fremden eine der mitgebrachten Stierhäute in einen schmalen Streifen auf, den sie um einen Platz von mehreren hundert Quadratmetern legten. Dieses sei, behaupteten sie, in Übereinstimmung mit dem Kaufvertrag, dem der Stamm schließlich zustimmte, wobei er zugleich sagte, er sei betrogen worden. Andere Erwerbungen von Land wurden getätigt, für welche die weißen himmlischen Fremden immer ein Entgelt entrichteten und nach dessen Abtretung der Stamm immer feststellte, betrogen worden zu sein.

Schließlich kam der Stamm zu dem Schluß, daß dieser weiße Fremde vom Gegenpol des Himmels stammte und seine weiße Haut nur zum Zwecke des Betrugs trug. Dann griffen die Cherokee zur Zerstörung der weißen Eindringlinge ... Aber die weißen Eindringlinge setzten Feuerwaffen gegen sie ein, und die Cherokee wurden mehr und mehr zurückgetrieben.

Aus: *Eine Cherokee-Vision von Eloh*

Die erste bekannt gewordene Begegnung zwischen den *Ani-Yunwiya* und den Briten fand 1654 statt, als ein »einfallender« Kriegstrupp von Cherokee eine kombinierte Streitkraft aus Kolonisten und Indianern in Virginia besiegte, doch scheint es bis zur Gründung einer permanenten englischen Siedlung in South Carolina 1670 keinen regulären Kontakt gegeben zu haben. 1684 unterzeichnete die neue Kolonie einen Vertrag mit acht *Ani-Yun-*

wiya-Städten, und 1690 wurde der irische Händler Cornelius Dougherty der erste von vielen britischen Händlern, die bei den Cherokee dauerhaft siedelten. Im folgenden Jahr hatte sich offenbar ein anderes vertrautes Muster etabliert: South Carolina forderte eine Untersuchung und einen Bericht an, da Kolonisten »ohne jede Kriegserklärung [mehrere Cherokee] überfallen und ermordet hatten«.

Trotz periodisch wiederkehrender Konflikte – die Cherokee beklagten sich bitter über den Raub einiger ihrer Leute als Sklaven und schlossen sich 1715 einem allgemeinen indianischen Aufstand gegen die Bewohner South Carolinas an – konnten die *Ani-Yunwiya* und die Kolonisten während der frühen Kolonialzeit einen prekären Frieden bewahren. Zunächst profitierten beide Seiten von einer blühenden Handelsbeziehung. Bereits 1700 hatten die Cherokee Gewehre erworben und trugen zu einem kräftigen »Indianerhandel« mit Leder und anderen einheimischen Erzeugnissen bei: Allein in den ersten 15 Jahren des 18. Jahrhunderts konnte South Carolina eine Million Hirschhäute exportieren.

In einem Versuch, die Geschäfte mit den *Ani-Yunwiya* zu systematisieren, schloß der Gouverneur von South Carolina einen Vertrag mit den Häuptlingen von 37 Städten und ernannte ein »Oberhaupt der Nation«, das mit der Kolonie verhandeln sollte. Besorgt über den wachsenden französischen Einfluß, stattete Sir Alexander Cuming neun Jahre später den Cherokee einen Besuch ab, um die Beziehung durch das Angebot eines Handels- und Verteidigungspaktes mit der Krone zu bekräftigen. Ein neuer »Kaiser«, *Moytoy* von Tellico, wurde gewählt: »Mit großer Feierlichkeit wurde Sir Alexander auf einen Stuhl gesetzt ... Moytoy und die Zauberer standen um ihn, während ihn die Krieger mit dreizehn Adlerschwänzen schlugen und ihre Sänger vom Morgen bis in die Nacht sangen ... Nachdem diese Feierlichkeit des Schlagens vorbei war, forderte Sir Alexander Moytoy und alle Ober-Krieger auf, sich selbst als pflichtbewußte Untertanen und Söhne König Georgs zu bekennen.«

Es ist zweifelhaft, ob die Cherokee die Vereinbarung in derselben Weise verstanden, doch nach einigen Ausflüchten nahmen sieben Häuptlinge eine Einladung zur Reise nach England an, um das Bündnis mit dem König in Person zu bekräftigen. Unter der Delegation befand sich ein junger Mann namens *Attakullakulla*, bei den Engländern als »der kleine Zimmermann« bekannt, der in der Folge zu einem der herausragenden *Ani-Yunwiya*-Führer des 18. Jahrhunderts werden sollte. Erschrocken entdeckten er und die anderen Botschafter, daß sie durch die modische Begeisterung für »Wilde« zu Berühmtheiten in Europa geworden waren. »Sie können mich gerne wie ein seltsames Geschöpf ansehen«, bemerkte *Attakullakulla* bissig angesichts der um ihn gescharten Menge. »Sie sehen nur einen, und umgekehrt geben Sie mir die Gelegenheit, Tausende zu sehen.« Die Cherokee gaben dem König »die Krone der Cherokee-Nation«, fünf Adlerschwänze und »vier Skalps von indianischen Feinden, die Seine Majestät alles dankbar annahm«. Sie sagten den Lord Commissioners:

> Die Krone unserer Nation ist verschieden von der, die der große König Georg trägt ... aber für uns ist sie eins; und das Band der Freundschaft soll zu unserem Volk getragen werden ... Auch wenn wir rot sind und ihr weiß seid, sind doch unsere Hände und Herzen zusammengeschlossen. Wenn wir unserem Volk bekannt gemacht haben werden, was wir gesehen haben, werden es unsere Kinder von Generation zu Generation erinnern. Im Krieg werden wir immer eins mit euch sein; die Feinde des großen König Georg werden auch unsere Feinde sein; sein Volk und unseres werden immer eins sein, und wir werden zusammen sterben.

In Wirklichkeit hielten die mittlerweile vertrauten Begleiterscheinungen der kolonialen Begegnung – Krankheit, Rivalität um Herrschaft und unablässiger Druck auf Land – das Bündnis mit England in fast ständiger Spannung. Weniger als zehn Jahre nach *Attakullakullas* Besuch in London erlagen die Cherokee einer Pockenepidemie, die auf Sklavenschiffen nach South Carolina eingeschleppt worden war und innerhalb von Monaten fast die Hälfte ihrer Bevölkerung dahinraffte. Anschaulich beschrieb James Adair die Verzweiflung der Opfer beim Anblick ihrer eigenen Verunstaltung: »Einige erschossen sich, andere schnitten sich die Kehle auf, andere erstachen sich ... viele warfen sich in düsterem Wahnsinn ins Feuer und verendeten langsam ...« Religionsführer »zerbrachen ihre alten geweihten Arzneitöpfe und warfen alle anderen für heilig gehaltenen Dinge weg ... überzeugt, daß sie ihre göttliche Macht verloren hatten, und im Glauben, wie die Schamanen Neuenglands, daß die Krankheit die Vergeltung für die Aufgabe traditioneller spiritueller Praktiken war«.

Frankreich sah in dieser Katastrophe eine Gelegenheit, seinen eigenen Einfluß auszuweiten. Aus Machttrivialität hatte es bereits ein Bündnis mit den Choctaw geschmiedet: 1729 gewann es ihre Unterstützung bei einem genozidalen Krieg gegen die Natchez (wie die mit Connecticut gegen die Pequot verbündeten Narragansett, waren auch die Choctaw über das Ausmaß der Zerstörung schockiert) und wiegelte sie zu einem Angriff auf die mit den Engländern sympathisierenden Chickasaw. Währenddessen warben Franzosen, Spanier und Engländer allesamt um die mächtigen Creek; James Oglethorpe, der 1733 Georgia gegründet hatte, war es gelungen, eine Teilkonzession zu erringen, wenn die Konföderation zur Sicherung des englischen Handels einwilligte, »keine anderen weißen Menschen zu ermutigen ... unter uns zu siedeln, und keine Korrespondenz mit den Spaniern oder Franzosen zu haben«. In einem Versuch, den Einfluß South Carolinas auf die *Ani-Yunwiya* zu schwächen, besuchte nun ein französischer Agent Chota, die »Hauptstadt« des von den Briten anerkannten Cherokee-»Kaisers«, und überzeugte den Kriegsführer *Oconostota*, daß die Engländer die Epidemie vorsätzlich eingeführt hatten.

Die Briten waren äußerst alarmiert. Obwohl ihnen – wie Lord Amhersts Verhalten nach der Pontiac-Rebellion demonstrierte – der Einsatz bakteriologischer Kriegswaffen nicht fremd war, bildeten gute Beziehungen zu den Cherokee im Augenblick ein wesentliches Element der Kolonialpolitik. »Gute Freundschaft mit ihnen ist für uns absolut notwendig«, schrieb der Gouverneur von South Carolina wenige Jahre später. »Während wir sie als Freunde bezeichnen, können wir sie als Bollwerk in unserem Rücken betrachten.« Der Franzose wurde prompt festgenommen und eingesperrt. Unter dem Eindruck des ständigen Vordringens der Kolonisten in ihr Land schwankte jedoch in den 40er und frühen 50er Jahren des 18. Jahrhunderts die Treue der *Ani-Yunwiya* zu Britannien. 1752 klagte *Moytoys* Nachfolger *Caneecatee* (wegen seines Humpelns von den Kolonisten Alter Hopser genannt): »Als ich ein kleiner Junge war, begannen die weißen Menschen im Lande dicht zu siedeln, und der ganze Boden zwischen dort [Charleston] und hier gehörte uns ... doch nun stelle ich fest, daß man uns die Lizenz dafür entzieht ... Die Menschen der Unteren Städte erhielten einige Geschenke oder Entschädigungen, doch haben weder ich noch mein Volk, das in der Mutterstadt [Chota] lebt, je etwas bekommen ...«

Als sich jedoch der Siebenjährige Krieg näherte, erneuerte die *Ani-Yunwiya* ihren Bund mit den Briten. *Attakullakulla* hatte einen großen Teil des vergangenen Jahrzehnts in Kanada verbracht, angeblich als Gefangener der Ottawa, und seine Kontakte zu den maßgeblichen französischen Behörden scheinen ihn zu der Überzeugung gebracht zu haben, daß Britannien den bevorstehenden Kampf um die Herrschaft in Nordamerika gewinnen würde. Im Juni 1755 vereinbarten die *Ani-Yunwiya* unter der Bedingung, daß Britannien zum Schutz ihrer Städte vor den Franzosen Forts bauen würde, die englischen Kriegsanstrengungen mit Personal zu unterstützen.

Britannien baute wie versprochen die Forts, und die Cherokee schickten ein großes Kampfkontingent zur Grenze Virginias, wo sie mithalfen, das Kriegsglück zugunsten Englands zu wenden, doch verschlechterten sich die Beziehungen zwischen beiden Seiten schnell. 1758 nahmen der Kommandeur und einige seiner Soldaten von Fort Prince George, die eigentlich die Cherokee-Gemeinde Keowee beschützen sollten, betrunken an einer Vergewaltigung von *Ani-Yunwiya*-Frauen teil. Jüngere Cherokee-Krieger, die schon über den Mord an einem Trupp befreundeter *Ani-Yunwiya* zwei Jahre zuvor erzürnt waren, nahmen Rache und griffen Grenzbewohner an, und innerhalb weniger Wochen war ein Krieg ausgebrochen. Nicht länger von der militärischen Unterstützung der Cherokee abhängig, führte Amherst einen brutalen Feldzug gegen die *Ani-Yunwiya*, bis sie 1761, nahe dem

Verhungern und von einem neuen Pockenausbruch getroffen, zum Friedensschluß gezwungen waren.

Im folgenden Jahr besuchten drei Cherokee London und kamen schockiert von dem, was sie gesehen hatten, zurück: »Die Zahl der Krieger und Menschen von nämlicher Farbe, die wir in England gesehen haben«, sagte *Ostenaco*, der ›Menschentöter‹, »überstieg weit das, was wir für möglich hielten.« Von der Sinnlosigkeit eines weiteren bewaffneten Widerstands gegen einen so mächtigen Gegner überzeugt, schlug die Cherokee-Führung in den auf den Siebenjährigen Krieg folgenden Jahren einen versöhnlichen Ton ein. Als Tausende von Siedlern, befreit von der Franzosenfurcht oder der Notwendigkeit von Bündnissen mit amerikanischen Ureinwohnern, die in der Königlichen Proklamation von 1763 festgesetzten Grenzen verletzten und nach Westen in das Territorium der *Ani-Yunwiya* strömten, mußten *Attakullakulla* und die anderen Häuptlinge Stück für Stück Land aufgeben, ohne viel mehr tun zu können, als zunehmend verzweifelte Appelle an die bessere Natur der Siedler zu richten, sie doch am weiteren Vordringen zu hindern. Nach einer Vereinbarung von 1768 sagte der ältere *Oconostota*:

> Das Land ist nun für die Nutzung der roten und der weißen Menschen geteilt, und ich hoffe, die weißen Menschen an der Grenze werden die markierte und vereinbarte Linie beachten. Wir haben den weißen Menschen nun genug Land zum Leben gegeben und hoffen umgekehrt, daß sie es gut nutzen werden.

Innerhalb eines Jahres schrieb er dem Vertreter der Krone:

> Die weißen Menschen achten nicht auf die Gespräche, die wir geführt haben. Sie jagen in Scharen inmitten unserer Jagdgründe ... Die ganze Nation füllt sich mit Jägern, und die Gewehre knattern auf allen Pfaden, flußaufwärts und flußabwärts. Sie haben ein großes Stück Land diesseits der Linie besiedelt.

Die wachsende Spannung zwischen Siedlern und königlichen Beamten in den Jahren vor der Amerikanischen Revolution wurde im Südosten durch die Tatsache kompliziert, daß viele Repräsentanten der Krone Familienbande zu den »Wilden« hatten, die sie schützen wollten. Captain John Stuart, der 1763 Superintendent für die südlichen Stämme wurde – das Gegenstück zu Sir William Johnsons Stellung bei den Irokesen –, folgte der Tradition, die die irischen Händler am Ende des 17. Jahrhunderts eingeführt hatten, und heiratete eine Cherokee-Frau. Die von Stuart als königliche Vertreter bei den *Ani-Yunwiya* bestellten Alexander Cameron und John McDonald nahmen auch Cherokee-Frauen und siedelten im Stamm permanent an. Ihre Sympathien lagen natürlich weit mehr bei ihren adoptierten Leuten als bei den eifernden anti-indianischen Siedlern, die in ihr Land eindrangen. Was Cameron von den Waldsiedlern hielt, zeigt seine Bemerkung: »Keine Nation war jemals von so vielen Schurken und Pferdedieben heimgesucht.« Die Familien der britischen Händler und Beamten – oft gebildete, wohlhabende, englisch sprechende Leute, die mit der nichtindianischen Welt auf vertrautem Fuß standen, aber ihren eigenen Stämmen zutiefst verpflichtet waren – bildeten eine dynastische ›mischblütige‹ Elite unter den Cherokee (und bis zu einem gewissen Grade unter den Creek), die auf die Geschichte der südöstlichen Indianer lange nach der Amerikanischen Revolution eine nachhaltige Auswirkung haben sollte.

Am 17. März 1775 waren *Attakullakulla*, *Oconostota* und mehrere andere Häuptlinge gezwungen, den »Henderson Purchase« zu unterzeichnen, in dem sie Daniel Boone und einem Bodenspekulanten namens Richard Henderson für einen Gegenwert von 10 000 Pfund in Handelsgütern einen großen Teil des heutigen Kentucky und Tennessee – fast die Hälfte des den *Ani-Yunwiya* verbliebenen Territoriums – übergaben. Für einige jüngere Cherokee war diese Abtretung der letzte Tropfen, der das Faß zum Überlaufen brachte. *Attakullakullas* eigener Sohn, *Ciu Canacina* (Dragging Canoe), verweigerte seine Zustimmung und erklärte zornig (und vorausahnend):

> Wo sind nun unsere Großväter, die Delaware? Wir hatten gehofft, daß die weißen Menschen nicht über die Berge ziehen würden. Diese Hoffnung ist nun dahin. Sie haben die Berge überquert und haben

> sich auf dem Boden der Cherokee niedergelassen. Sie möchten diese Usurpation vertraglich sanktioniert haben. Wenn das erreicht ist, wird derselbe Geist des Vordringens sie in andere Gebiete der Cherokee führen. Neue Abtretungen werden gefordert werden. Schließlich wird das ganze Land, das die Cherokee und ihre Väter so lange bewohnt haben, verlangt werden und der Rest der Ani-Yunwiya, »Das Wirkliche Volk«, einst so groß und gewaltig, wird gezwungen sein, in einer fernen Wildnis Zuflucht zu suchen. Dort wird es sich nur kurz aufhalten dürfen, bis es erneut die Banner derselben gierigen Masse auftauchen sehen wird. Da den elendigen Cherokee keine weitere Zufluchtsmöglichkeit mehr zugewiesen werden kann, wird die Auslöschung der ganzen Rasse verkündet werden. Sollten wir daher nicht lieber alles riskieren und alle Konsequenzen eingehen, anstatt eine weitere Einbuße unseres Landes hinzunehmen? Solche Verträge mögen für Männer, die zu alt zum Jagen oder Kämpfen sind, richtig sein. Ich aber habe junge Krieger um mich. Wir werden unser Land behalten.

Als *Ciu Canacina* geendet hatte, wandte er sich an einen der Spekulanten: »Sie haben ein schönes Land gekauft, doch über ihm hängt eine schwarze Wolke. Seine Besiedlung wird sich als dunkel und blutig herausstellen.«

Aus Sicht der anderen, älteren Häuptlinge war die Entschlossenheit von Dragging Canoe, die Grenze mit Gewalt anzuhalten, unrealistisch und zutiefst gefährlich: Wie sehr und untolerabel sie auch mißbraucht worden waren, ein Aufstand der *Ani-Yunwiya* gegen die Anglo-Amerikaner würde nur ihren eigenen Untergang durch einen unschlagbaren Feind provozieren. Seine Analyse jedoch reflektierte eine wachsende Einsicht in Geschichte und Schicksal der amerikanischen Ureinwohner seit dem Aufstand der Grenzstämme in den frühen 60er Jahren des 18. Jahrhunderts. Die »Nativisten«, wie sie manchmal genannt wurden, sahen das Dilemma ihrer Völker in einem breiteren Kontext, der das Schicksal vieler Gruppen in Neuengland und Virginia als Menetekel für sich selbst begriff. Einige Jahre später sollte ihr berühmtester Vertreter, der Shawnee Tecumseh, die Frage stellen:

Wo sind heute die Pequot? Wo die Narrangansett, die Mohawk, die Pocanet und die vielen anderen einst mächtigen Stämme unseres Volkes? Sie sind vor der Habsucht und Unterdrückung des Weißen Mannes verschwunden ...

Der Delaware-Schamane Neolin, der Pontiac und seine Nachfolger inspirierte, war nur einer von vielen »Propheten«, die die Schuld für dieses Unglück der Indianer bei ihnen selbst sahen, weil sie Aspekte der europäischen Kultur übernommen und die geistigen Wurzeln ihrer Macht vernachlässigt hatten. Nur wenn sie Alkohol, Christentum und andere »weiße« Verunreinigungen zurückwiesen und zu ihren eigenen Ritualen und Zeremonien zurückkehrten, konnten die amerikanischen Ureinwohner die Stärke finden, die Eindringlinge zurückzuschlagen.

Obwohl er für eine Wiederbelebung »traditioneller Werte« eintrat, stellte der Nativismus in Wirklichkeit eine neue Entwicklung in der Welt der amerikanischen Ureinwohner dar. Er schuf ein diplomatisches Netzwerk, das weit dauerhafter und umfangreicher war als das ursprüngliche System von *Ad-hoc*-Allianzen, das sich auf seinem Höhepunkt von den Großen Seen bis zum Golf von Mexiko erstreckte und viele Völker – darunter viele traditionelle Feinde – in einer gemeinsamen Sache verband. Die Shawnee, die oft den ersten Anstoß gaben, unterhielten in anderen Nationen mehr oder weniger permanente Botschaften, um Aktionen zu besprechen und zu koordinieren. Der ganzen Bewegung lag ein neues *rassisches* Bewußtsein zugrunde: Nativisten begriffen sich nicht nur als Mitglieder bestimmter Stämme, sondern als eine ›rote Rasse‹, die der eindringenden ›weißen Rasse‹ fundamental entgegengesetzt war. (Jedoch war die Unterscheidung selbst hier eher kulturell als biologisch: Nativistische Gruppen adoptierten und assimilierten weiterhin europäische Gefangene.)

Für Kulturen, die anfangs fast durchweg die Neuankömmlinge und deren technische Erneuerungen begrüßt hatten, stellte der Glaube, daß die Welten der amerikanischen Ureinwohner und der »Weißen« wesentlich unversöhnlich seien, einen radikalen Bruch dar. Zum Teil reflektiert er ein wachsendes Bewußtsein davon, daß die Abhängigkeit von Handelsgütern die Autonomie der Indianer untergraben und sie in hoffnungslose Konkurrenz zueinander gebracht hatte, in der sie nun, von den Europäern angestachelt, Gefahr liefen, sich gegenseitig auszulöschen. Entscheidender noch spiegelt er die europäische – und besonders englische – Ansicht wider, daß ›wilde‹ und ›zivilisierte‹ Gesellschaften nicht miteinander existieren könnten. Immer wieder hatten amerikanische Ureinwohner in neue, engere Grenzen eingewilligt, in der Hoffnung, nun dauerhaft an der Seite der Europäer leben zu können, nur um nach ein paar Jahren festzustellen, daß sie noch mehr zugestehen mußten. Diese Geschichte von gebrochenen Versprechen und wiederholten Vertreibungen bestimmte zutiefst den Glauben der Nativisten: Das läßt sich gut an der Geschichte eines ungenannten Schamanen zeigen, der starb und in die Himmelswelt reiste, wo sein »Großvater« die dringende Warnung gab: »Hüte dich vor der Religion des Weißen Mannes: ... jeder Indianer, der sie übernimmt, ist gezwungen, die Straße in den Himmel des Weißen Mannes zu nehmen; und doch findet dort kein Roter Mann Einlaß, sondern muß für immer ruhelos umherwandern.«

Viele Nativisten sahen im Ausbruch der Amerikanischen Revolution die Chance, auf die sie gewartet hatten, und Anfang 1776 besuchte eine Abteilung von Mohawk, Shawnee, Delaware und anderen die Cherokee, um sie zu einem all-indianischen Bündnis gegen die Kolonisten einzuladen. Die Delegierten berichteten, daß sie 70 Tage für die Reise gebraucht hätten, weit mehr, als sie gerechnet hatten, da sie bei dem Versuch, ein Gebiet zu überqueren, »das bis vor kurzem noch als Jagdgründe der Shawnee und Delaware galt«, feststellen mußten, daß es »dicht [von Weißen] und von bewaffneten Menschen bewohnt« war, und gezwungen waren, »ein großes Stück auf der anderen Seite von Ohio runterzugehen und zur Vermeidung einer Entdeckung einen Umweg von 300 Meilen zu machen«. Beim Ausrollen eines neun Fuß langen, »zinnoberrot übermalten« Kriegsgürtels erklärte ein Shawnee: »Es ist klar, daß sie uns ausrotten wollen, und ich denke, daß es besser ist, wie Männer zu sterben, als nach und nach weniger zu werden ... Unsere Sache ist gerecht, und ich hoffe, das Große Wesen, das alles regiert, wird [es] begünstigen.«

Dragging Canoe nahm den Kriegsgürtel begeistert an, doch *Attakullakulla* und die anderen älteren Cherokee-Führer, überzeugt, daß die Rebellen gewinnen könnten, und voller Vorahnung, saßen »niedergeschlagen und schweigsam« da. Ihre Befürchtungen wurden bald gerechtfertigt. Nancy Ward, eine »Geliebte Frau«, die mit einem Kolonisten verheiratet war und den Krieg ablehnte, nahm der Kampagne von Dragging Canoe den Wind aus den Segeln, indem sie die Siedler warnte. Prompt schlugen die Kolonien zurück und schickten eine Armee von mehr als 6000 Soldaten in das Territorium der Cherokee. Obwohl nur eine Minderheit der *Ani-Yunwiya* zu den Waffen gegriffen hatten, machten die Amerikaner zwischen »Feind« und »Freund« keinen Unterschied und zerstörten wahllos 50 Städte der Nation. Nachdem Hunderte ihrer Leute getötet, Hunderte gefangen oder als Sklaven verkauft worden waren und der Rest zu verhungern drohte, mußten im Mai 1777 die alten Häuptlinge um die Beendigung eines Krieges flehen, den sie nicht begonnen oder gekämpft hatten. Wie üblich, bestand der Preis in weiteren Landabtretungen. In einer scharfsinnigen Beurteilung des euro-amerikanischen Verhaltens klagte *Onitositah* (Corn Tassel):

> Wenn wir mit unseren Brüdern, den Weißen, in Verhandlungen eintreten, lautet ihr einziger Schrei: *Mehr Land!* In der Tat, früher war es wenigstens eine Sache der Form, nach dem zu fragen, von dem sie wußten, daß wir es nicht verweigern konnten …
> Laßt uns die Fakten eures gegenwärtigen Eindringens in unser Land untersuchen … Was habt ihr getan? Ihr seid mit einer überlegenen Streitmacht in unsere Territorien einmarschiert … eure Zahl lag weit über der der unseren, und wir flüchteten in die Festung unserer ausgedehnten Wälder, um unsere Frauen und Kinder zu schützen … Ihr habt einige verstreute und wehrlose Individuen getötet, Feuer gelegt und Verwüstungen angerichtet, wo immer es euch gefiel, und seid in eure Behausungen zurückgekehrt … Eure Gesetze gelten nicht für unser Land und haben es niemals getan. Ihr sprecht vom Gesetz der Natur und dem Gesetz der Nationen, und beide sind gegen euch.

> In der Tat, vieles von dem, was ihr Zivilisation nennt, ist bei den Indianern vorangebracht worden; und es sind uns viele Vorschläge gemacht worden, eure Gesetze, eure Religion, eure Sitten und Gebräuche zu übernehmen. Doch müssen wir gestehen, daß wir noch nicht die Richtigkeit oder Machbarkeit einer solchen Reformation sehen, und es lieber hätten, die gute Auswirkung dieser Lehren in eurer eigenen Praxis zu sehen, als euch nur darüber reden zu hören ... Ihr sagt: Warum bestellen die Indianer nicht den Boden und leben so wie wir? Können wir nicht ebenso berechtigt fragen: Warum jagen die weißen Menschen nicht und leben so wie wir?

Ciu Canacina weigerte sich, die Friedensbedingungen zu akzeptieren. Er und Hunderte seiner Gefolgsleute zogen den Tennessee River hinunter nach Chickimauga (nahe dem jetzigen Chattanooga), wo sie näher an britischen Beständen und gegen Angriffe besser geschützt waren, und begannen einen unversöhnlichen Guerillakrieg gegen die Rebellen und – mit dem Ende der Amerikanischen Revolution 1783 – die neu gebildeten Vereinigten Staaten.

Der Sieg der Kolonisten beseitigte die letzten Unsicherheiten bezüglich der Absichten der Anglo-Amerikaner. Nicht länger von den Grenzen zurückgehalten, die die Königliche Proklamation gezogen hatte, konnte sich die neue Republik westlich bis zum Pazifik ausbreiten. Die englischen Gentlemen jedoch, die die Revolution in Gang gesetzt hatten, waren an einer »ehrenwerten Ausdehnung« interessiert und wollten mit den amerikanischen Ureinwohnern »in bestem Vertrauen« verhandeln und mit der britischen Praxis formaler Vertragsabschlüsse zur Absicherung des geordneten Kaufs und der Landbesiedlung fortfahren. Letztlich dachten sie, dieser Prozeß eines nationalen Wachstums würde sowohl den europäischen als auch den angestammten Amerikanern zugute kommen. Als Kinder der Aufklärung glaubten sie – in den Worten des Freundes von Jefferson, Benjamin Rush –, daß »die menschliche Natur in allen Zeitaltern und Ländern gleich ist« und es darum keinen Grund gab, warum der »wilde Jäger« bei entsprechender Erziehung und Ausstattung nicht ein »zivilisierter Bauer« werden sollte. »Während sie mit weniger Land besser auszukommen lernen«, schrieb Jefferson, »werden unsere zunehmenden Zahlen nach mehr Land rufen, und so wird es einen Interessenaustausch geben zwischen denen, die Land übrig haben und andere Bedarfsartikel brauchen, und denen, die solche Bedarfsartikel übrig haben und Land brauchen.«

Diese Vorstellung gehörte zu einer langen »humanitären« Tradition, die in den »Betstädten« des kolonialen Neuengland wurzelte und die Indianerpolitik der zweiten Hälfte des 19. Jahrhunderts ankündigte. Auch wenn sie sich als eine Alternative zur Ausrottung präsentierte, sah sie keine langfristige Zukunft für die amerikanischen Ureinwohner vor: weder als eigene Gesellschaften noch als erkennbare Volksgruppe. Wie viele spätere Politiker glaubte Jefferson, daß die schwindende indianische Bevölkerung einfach durch die anschwellende Flut der Euro-Amerikaner geschluckt werden würde. »Ihr werdet euch mit uns durch Heirat vermischen«, sagte er einer Delegation von Delawares 1808. »Euer Blut wird in unseren Venen fließen und wird sich mit uns über diese große Insel ausbreiten.« Zur Unterstützung dieses Prozesses bot 1784 ein Staat, Virginia, sogar eine Prämie für ›weiße‹ Partner indianisch/euro-amerikanischer Heiraten an.

Aber nur wenige Grenzbewohner sahen die Mischehe als eine Lösung des »Indianerproblems« an. Schon vor der Amerikanischen Revolution war der englische Reisende John D. F. Smith bei den Kolonisten auf »die boshafteste Abneigung‹ gegenüber den amerikanischen Ureinwohnern gestoßen: sie »reden von ihrer totalen Tilgung von der Erdoberfläche, Männer, Frauen und Kinder«. Der Krieg – in dem die meisten Indianer auf der Seite der Briten gestanden hatten – hatte diese Feindschaft nur noch vertieft. (Wie gewöhnlich wurden in den Köpfen der Leute auch die Indianer, die neutral geblieben waren oder an der Seite der Amerikaner gekämpft hatten, mit der »feindlichen« Mehrheit in einen Topf geworfen.) Eine der gegen Georg III. in der Unabhängigkeitserklärung erhobenen Anschuldigungen lautete, daß er »versucht hatte, die Bewohner unserer Grenzen, die gnadenlosen indianischen Wilden, zu fördern, deren bekannte Kriegsregel die unterschiedslose Vernichtung von jung und alt, Mann und Frau und aller Lebensbedingungen ist«, und der Kongreß-Ausschuß, der später die Politik gegenüber den amerikanischen Ureinwohnern bestimmte, sprach von Indianern als »Aggressoren im Krieg, sogar ohne einen provokatorischen Vorwand«.

Diese tiefsitzende Feindseligkeit gegenüber Indianern, vermischt mit einem Hochgefühl von Freiheit nach hart erkämpftem Sieg, schuf eine hitzige Atmosphäre, in der die Siedler Einschränkungen seitens der Vereinigten Staaten noch weniger hinnahmen als früher von Britannien. Bereits 1789 beschwerte sich der Kriegsminister über eindeutige Vertragsverletzungen: »Wenn eine so direkte und offene Mißachtung der Autorität der Vereinigten Staaten straflos hingenommen wird, wird man vergeblich den Arm der Bundesregierung bis zu den Grenzen erstrecken wollen.« Wie die Briten versuchte die Bundesregierung zuweilen, illegale Siedler zu vertreiben, gab sich jedoch meistens schließlich mit ihnen ab und zwang die Indianer, sich durch Abtretung von mehr Land damit abzufinden. Dann – innerhalb von manchmal nur wenigen Monaten – begann der ganze Prozeß von neuem, wenn noch mehr Siedler die neuen Grenzen durchbrachen.

In den Jahrzehnten, die auf die Unabhängigkeit folgten, trieben ökonomische Probleme, wuchernde Spekulation und Rechtsstreitigkeiten mehr und mehr Siedler nach Westen auf der Suche nach eigenem Land und hielten die Vereinigten Staaten in fast ständigem Konflikt mit den amerikanischen Ureinwohnern. Im »Alten Nordwesten«, der Gegend südlich der Großen Seen und dort, wo die Nativisten am aktivsten gewesen waren, setzten Indianer, noch lange nachdem ihre früheren britischen Verbündeten Frieden geschlossen hatten, ihren Kampf fort: Einer Schätzung zufolge töteten sie zwischen 1783 und 1790 bei Überfällen auf isolierte Gemeinden 1500 Siedler. Die Nordwest-Verordnung von 1787, die die amerikanische Siedlung und Entwicklung in der Region ermutigen sollte, rief einen noch organisierteren Widerstand hervor. Obwohl sie vorsah, daß »Land und Eigentum [der Indianer] niemals ohne ihre Einwilligung weggenommen werden darf« und daß sie »niemals überfallen oder gestört werden dürfen, es sei denn in gerechten und gesetzlichen Kriegen, die vom Kongreß autorisiert sind«, war die Verordnung in der Praxis nicht erfolgreicher als frühere Proklamationen zum Schutz amerikanischer Ureinwohner gegen Überfall, Mord, Raub und Diebstahl, und 1790 standen Hunderte von empörten Kriegern zum Krieg bereit. Eine vom kompetenten Miami-Häuptling Little Turtle angeführte Koalition aus Shawnee, Potawatomi, Ottawa, Ojibway, Delaware und anderen vernichtete zwei Expeditionen, die von Präsident Washington zur »Befriedung« des Gebiets geschickt worden waren, und wurde schließlich nur von einer überwältigenden Streitmacht in der Schlacht von Fallen Timbers 1794 geschlagen. Die Überlebenden flohen nach Fort Miami, das noch immer von einer britischen Garnison, die sie ermutigt und unterstützt hatte, gehalten wurde, doch fürchtete der Kommandeur, in einen offenen Krieg mit den Vereinigten Staaten hineingezogen zu werden, und weigerte sich, die Tore zu öffnen: Hunderte von Indianern wurden von den amerikanischen Verfolgern getötet.

Schließlich sahen Little Turtle und seine Gefolgsleute die Unmöglichkeit eines militärischen Sieges ein und schlugen einen mehr »anpaßlerischen« Kurs ein. So akzeptierten sie von der US-Regierung Jahresrenten im Austausch gegen Land und erlaubten Quäkern die Errichtung von *demonstration farms*, die ihnen euroamerikanische Agrartechniken vorführen sollten. Ihre Haltung gab amerikanischen Hoffnungen auf einen Erfolg der Washingtoner »Zivilisations«politik Auftrieb und rief zur gleichen Zeit einen starken Widerstand bei den nativistischen Fraktionen unter den eigenen Leuten hervor. Im Gefolge des Vertrags von Greenville 1795, in dem die Stämme des Alten Nordwestens praktisch das ganze jetzige Ohio und große Teile Indianas abtraten, entwickelte der aufsteigende Shawnee-Führer Tecumseh die These, daß kein Stamm oder kein einziger amerikanischer Ureinwohner das Recht habe, Land zu verkaufen. Wie er einige Jahre später William Henry Harrison sagen sollte: »Ein Land verkaufen! Warum nicht die Luft verkaufen, die Wolken und die große See, wie auch die Erde? Hat der Große Geist sie nicht zum Nutzen aller seiner Kinder gemacht?«

Während des ersten Jahrzehnts des 19. Jahrhunderts wurden Tecumseh und sein Bruder Tenskwatawa, »der Prophet«, zum Anlaufpunkt einer erneuerten nativistischen Bewegung. Wie der

Irokese Handsome Lake hatte Tenskwatawa ein ausschweifendes Leben geführt, bevor er in einer Vision den Schöpfer der amerikanischen Ureinwohner sah, der ihm enthüllte: die Anglo-Amerikaner seien »dem Abschaum des großen Wassers entstiegen, als es von einem bösen Geist bedrängt wurde und der Schaum von einem starken Ostwind in die Wälder getrieben wurde. Sie sind zahlreich, aber ich hasse sie. Sie sind ungerecht; sie haben euer Land weggenommen, das nicht für sie gemacht war.« 1808 gründeten die beiden Brüder die »Stadt des Propheten« in Indiana, in der Menschen verschiedener Stämme, abgeschottet vom korrumpierenden Einfluß des »weißen« Amerika, zusammenleben sollten. Hier entwickelten sie das Konzept eines permanenten indianischen Staates, der mit den Vereinigten Staaten zusammenleben, aber von ihm durch eine feste Grenze getrennt sein sollte.

Anfänglich hoffte Tecumseh, durch Demonstration der kulturellen Einheit und Stärke die »Weißen« von seiner Idee überzeugen zu können. Es wurde jedoch klar, daß die Anglo-Amerikaner auf einen solchen radikalen Sinneswandel nicht vorbereitet waren. 1809 versammelte Gouverneur Harrison in Fort Wayne eine Gruppe unrepräsentativer Häuptlinge, machte sie mit Alkohol gefügig und übertölpelte sie mit dem »Verkauf« von drei Millionen Morgen von Indiana-Land gegen 7600 Dollar. Tecumseh war außer sich und bereitete sich auf die gewaltsame Verteidigung der Grenze vor. Auf Reisen von Kanada bis Georgia drängte er eine Unzahl von Stämmen zu einer riesigen pan-indianischen Koalition, die unter der Voraussetzung, daß sie ihre absolute Einheit bewahrte und erst zu gegebener Zeit losschlug, das Werk von Metacom und Pontiac vollenden sollte.

Trotz eines katastrophalen Präventivangriffs seines Bruders auf die Amerikaner 1811, konnte Tecumseh die meisten seiner Gefolgsleute zurückhalten, bis sich 1812 mit dem Ausbruch eines neuen Konflikts zwischen Britannien und den Vereinigten Staaten die erwartete Gelegenheit bot. Auf einem Treffen von Führern der amerikanischen Ureinwohner sprach er von der einmaligen »Chance ... für uns Indianer Nordamerikas, uns zu einer großen Vereinigung zusammenzuschließen«.

In Erkenntnis seiner militärischen Begabung ernannten die Briten Tecumseh zum Brigadiergeneral. Er erzielte im Gebiet der Großen Seen eine Reihe spektakulärer Erfolge, doch war die amerikanische Besiedlung schon weit genug nach Westen gedrungen, um das diplomatische Netzwerk der Indianer zu zerreißen, die südlichen und nördlichen Stämme zu teilen und eine wirksame koordinierte Aktion unmöglich zu machen. Als Tecumsehs Freund, Sir Isaac Brock, der britische Kommandeur, getötet und von dem inkompetenten Colonel Henry Proctor ersetzt wurde, wandte sich das Kriegsglück gegen die Indianer. Trotz der dringenden Bitte der Indianer, seine Stellung zu halten, floh Proctor im Oktober 1813 vor der vorrückenden amerikanischen Armee, und Tecumseh fand bei der Deckung seines Rückzugs den Tod.

Im Südosten jedoch erreichte seine Botschaft noch immer Menschen. Die meisten Cherokee – abgesehen von den Chickimaugan – und Choctaw hatten sich im Bewußtsein ihrer eigenen Verwundbarkeit den Waffen verweigert; einige hatten sogar Männer zu den amerikanischen Streitkräften entsandt, ängstlich darauf bedacht, ihre Treue zu den Vereinigten Staaten zu bekunden. Eine wachsende Minderheit von Creek jedoch zeigte sich empfänglicher. Seit der Amerikanischen Revolution war es einer Reihe begabter bürgerlicher Führer – oft, wie viele der Cherokee-Elite, Kinder oder Enkelkinder von schottischen Händlern, die die euro-amerikanische Kultur in sich getragen hatten – gelungen, die Einheit der Konföderation und ihren Frieden mit den Vereinigten Staaten zu bewahren, doch hatte das unablässige Vordringen in das *Muskogee*-Territorium ihre Autorität untergraben. Als Tecumseh 1808 die Creek zuerst besuchte, hatten sie bereits Millionen Morgen in betrügerischen Land»käufen« verloren. Wahrscheinlich unter seinem Einfluß beschloß der Rat, jeden Häuptling, der einer unautorisierten Abtretung zustimmte, mit dem Tode zu bestrafen. Tecumseh ließ einen Verwandten zurück, Seekaboo, um die nativistische Religion seines Bruders zu lehren, und 1813 waren Hunderte von »Red Sticks« – so genannt nach den zinnoberrot bemalten Kriegskeulen – bereit, den Anweisungen des Propheten Folge zu leisten: »Krieg jetzt. Krieg für immer. Krieg den Lebenden, Krieg den Toten; grabt ihre Körper aus der

Erde aus; unser Land darf den Knochen eines Weißen Mannes keine Ruhe gönnen.«

Die Kampagne der Red Sticks zerstörte schließlich die Einheit der Creek. Unter dem enormen Druck der Vereinigten Staaten verhafteten und exekutierten die »White Sticks« acht »Feinde«, die Siedler getötet hatten, und setzten damit eine Spirale des Bürgerkriegs zwischen Nativisten und pro-amerikanischen Fraktionen in Gang. Die Kluft vertiefte sich, als die Red Sticks mit der staatlichen Miliz zusammenstießen und Fort Mims angriffen und dadurch die Vereinigten Staaten direkt in den Krieg zogen. Als General Andrew Jackson mit einer Armee von 3500 Mann in das Kernland der Nativisten einmarschierte und Städte in Brand setzte, Männer tötete und Frauen und Kinder zwangsweise umsiedelte, waren mit ihm nicht nur Cherokee-, Choctaw- und Chickasaw-Regimenter, sondern auch Kontingente der ›White Stick‹-Mehrheit der Creek selber. Zahlen- und waffenmäßig weit unterlegen, wurden die Red Sticks schließlich in ihrer Hochburg bei Horseshoe Bend am Tallapoosa-Fluß im März 1814 umzingelt. In einer wilden, einen Tag dauernden Schlacht – während der Jacksons Leben von einem Cherokee gerettet wurde – wurden 750 der etwa 1000 Red Stick-Verteidiger getötet. Einige der wenigen Überlebenden flohen in die relative Sicherheit des spanischen Florida, wo sich eine wachsende Zahl vertriebener Creek – bekannt als »Seminolen«, wahrscheinlich aus dem spanischen ›cimarrón: ›wilde Menschen‹ – niedergelassen hatten. Hier führten sie für mehr als eine Generation den Krieg gegen die Eindringlinge fort und zwangen die Armee der Vereinigten Staaten schließlich zum Rückzug, ohne einen entscheidenden Sieg zu erringen.

Die Creek-Konföderation ging aus dem Konflikt empfindlich geschwächt hervor. In nur neun Monaten war etwa die Hälfte der Red Stick-Kämpfer getötet, die meisten ihrer Gemeinden zerstört worden. Die Verluste der White Sticks waren geringer gewesen, doch hatten auch sie immer noch einen beträchtlichen Preis für einen Krieg zu zahlen, in dem sie in vielen Fällen für die Vereinigten Staaten gekämpft hatten. Bis auf einen waren alle Häuptlinge, die den berüchtigten Vertrag von Horseshoe Bend unterzeichneten, in dem die Konföderation gezwungen wurde,

23 Millionen Morgen als ›Kompensation‹ für den Krieg aufzugeben, Bündnispartner der Amerikaner gewesen.

Die Botschaft dieser Katastrophe blieb bei den *Muskogee* und ihren Nachbarn nicht ohne Wirkung. Sie bedeutete den Zusammenbruch der fundamentalen Prinzipien, die aus Sicht der amerikanischen Ureinwohner die Beziehungen zwischen den Gesellschaften regelten. Nach den Maßstäben der Reziprozität hätte eine Politik der politischen Unterwerfung und freiwilligen Landabtretung mit dem Schutz der Vereinigten Staaten honoriert werden müssen, wie auch ein Krieg vor weiterer Aggression hätte abschrecken müssen. In Wirklichkeit schienen sowohl Anpassung als auch Widerstand den Zufluß der Siedler und den Verlust von indianischem Land nur noch zu beschleunigen. Sogar der Nativismus, der endlich erkannt hatte, daß die Europäer niemals in ein gleichberechtigtes Miteinanderleben mit den amerikanischen Ureinwohnern einwilligen würden, war bei seinem Versuch gescheitert, die Indianer wieder mit der heiligen Macht zu verbinden, die sie brauchten, um die Europäer zu vertreiben.

* * *

Brüder! Ich habe viele Reden unseres großen Vaters gehört. Als er zuerst über das große Wasser kam, war er nur ein kleiner Mann ... sehr klein. Seine Beine waren durch das lange Sitzen in seinem großen Boot verkrampft, und er bat um ein kleines Stückchen Land, um sein Feuer anzumachen ... Aber als sich der Weiße Mann am Feuer der Indianer gewärmt und sich mit ihrem Maisbrei gefüllt hatte, wurde er sehr groß. Mit einem Schritt setzte er über die Berge, und seine Füße bedeckten die Ebenen und die Täler. Seine Hand erfaßte die östliche und westliche See, und sein Kopf ruhte auf dem Mond. Dann wurde er unser Großer Vater. Er liebte seine roten Kinder und sagte: »Geht ein bißchen weiter, sonst trete ich auf euch ...«

Brüder, ich habe sehr viele Reden unseres Vaters gehört. Aber sie begannen immer und endeten mit diesem – »Geht ein bißchen weiter; ihr seid zu nah an mir«.

Speckled Snake, Creek

Schon vor dem Krieg der Red Sticks hatten einige südöstliche Indianer über dieses Problem nachgedacht und angefangen, eine andere Politik zu entwickeln, von der sie hofften, daß sie ihnen das Überleben sichern würde. Als vorwiegend wohlhabende, »weiße«, gebildete Cherokee aus den einflußreichen »mischblütigen« Dynastien, hatten sie von ihrer privilegierten – aber oft unbequemen – Warte an der Grenze zwischen zwei Welten einen doppelten Einblick, durch den sie die euro-amerikanischen Motive fast von innen heraus sehen und verstehen konnten. Sie kamen zu dem Schluß, daß die Weigerung Anglo-Amerikas, mit den amerikanischen Ureinwohnern zusammenzuleben, von der Auffassung herrührte, daß sie ›Wilde‹ seien, und von dem Glauben – wie Benjamin Lincoln es 1792 ausdrückte –, daß »zivilisierte und unzivilisierte Menschen nicht auf demselben Territorium oder gar in derselben Nachbarschaft zusammenleben können«. Um in ihrer Heimat bleiben zu können, müssen Indianer die »weiße« Feindschaft überwinden, indem sie sich »zivilisieren«.

Gab sie sich kulturell auch anpaßlerisch, so teilte doch die neue Strategie die nativistische Überzeugung, daß das Stammesterritorium bewahrt werden müsse. Als die Cherokee-Nation 1820 in Georgia formell zu einer Republik wurde, mit zwei gewählten Kammern für die Gesetzgebung, einer Justiz nach europäischem Vorbild und einer leichten Kavallerie für die Polizei, erklärte sie den unautorisierten Verkauf von Land zu einem Akt des Verrats, der mit dem Tode bestraft wurde. Vier Jahre später erklärte der National Council, daß, nachdem er schon den größten Teil seines ursprünglichen Territoriums an Britannien und die Vereinigten Staaten herausgegeben habe, sie nur noch gerade so viel hätten, um für sich und ihre Kinder zu sorgen, und es nun »die feste und unerschütterliche Entschlossenheit dieser Nation [sei], niemals wieder auch nur ein Fuß Land abzutreten«.

1821 gelang es dem genialen Cherokee Sequoyah nach jahrelanger Arbeit, eine Schriftsprache zu entwickeln. Beherrscht von der Idee, »ein wildes Tier zu fangen und zu zähmen«, isolierte er die 68 Silben des gesprochenen Cherokee und ordnete jeder ein Symbol zu. Das machte das Lesen und Schreiben ungewöhnlich einfach – man brauchte sich nur die Schriftzeichen einzuprägen – und verwandelte die *Ani-Yunwiya* fast über Nacht in ein alphabetisiertes Volk. 1827 nahm die Nation nach dem Vorbild der Vereinigten Staaten eine geschriebene Verfassung an, und 1828 erschien die erste Ausgabe einer Cherokee-Zeitung, der *Phoenix*.

Gleichzeitig übernahmen Tausende von Cherokee andere Aspekte der euro-amerikanischen Kultur. Zunehmend wurden die alten Palisadenstädte und gemeinsamen Felder zugunsten kleiner Bauernhöfe im amerikanischen Stil aufgegeben, in denen einzelne Familien Weizen, Obst, Tabak und Baumwolle anbauten und Vieh züchteten. Missionare wurden eingeladen, Schulen und Kirchen zu eröffnen. Eine Volkszählung von 1825 kam auf bereits 7600 Häuser, 18 Schulen, 10 Sägewerke, 31 Mühlen, fast 3000 Pflüge, 46000 Schweine und 22000 Rinder. Teile der assimilierteren Elite waren erfolgreiche Unternehmer geworden, die ein großes Vermögen anhäuften und ganz wie ihre reichen »weißen« Nachbarn lebten. Lewis Ross zum Beispiel besaß Läden, eine Mühle, drei Fährboote und mehr als 40 schwarze Sklaven: Besuchern aus Neuengland zufolge war sein »elegantes weißes Haus genauso ordentlich eingerichtet wie fast alle anderen in Litchfield County«, und es gab »Neger genug, die uns bedienten«.

Viele *Ani-Yunwiya* hatten mit diesen Veränderungen große Schwierigkeiten. Die Ersetzung von Mais durch Weizen, die Einführung von Pflügen und anderem schweren Gerät und die Haltung von Haustieren als einziger Quelle von Fleisch und Häuten war mehr als nur die Ersetzung einer Reihe praktischer Fertigkeiten durch andere: Es rührte an den Kern der Kultur. Die symmetrische Verbindung zwischen Mais und Frauen einerseits, Tieren und Männern andererseits war ein Grundbestandteil des Weltbildes der Cherokee. Sie lag nicht nur dem jährlichen Kreislauf des Lebens und dem rituellen Kalender zugrunde, sondern auch den Beziehungen der *Ani-Yunwiya* untereinander und den Wesenskräften der Welt. Sie zu unterbrechen, hieß, eine soziale und kosmische Katastrophe heraufzubeschwören.

Während des ganzen frühen 19. Jahrhunderts widersetzten sich »konservative« Kräfte der »Modernisierung«. 1805 setzte sich eine Gruppe von ›Traditionalisten‹ ab und zog westwärts nach Arkansas, wo sie – vorläufig – ihr altes Leben fortführen konnten. 1811, als der Nativismus noch einmal erstarkte, forderte ein Cherokee-Prophet, namens *Tsali*, die *Ani-Yunwiya* auf:

> Geht und ... pflanzt indianisches Korn an und bringt es nach der Sitte der Vorfahren ein und schafft die Mühlen ab. Die Mutter der Nation [die Maisgöttin *Selu*] hat euch verlassen, weil das Mahlen ihre Knochen bricht. Sie möchte zu euch zurückkommen, wenn ihr die weißen Männer aus dem Land vertrieben habt und zu ihren alten Sitten zurückgekehrt seid.
> ... Ihr mögt mit [den »Weißen«] gute Nachbarschaft haben ... seht nur zu, daß ihr von ihnen eure alten geliebten Städte zurückbekommt.

In den späten 20er Jahren des 19. Jahrhunderts führte ein (ironisch »Weißer Pfad« genannter) konservativer Führer eine Revolte gegen die Pläne der »mischblütigen« Elite an, die etablierte Macht des Clans zu untergraben. Doch die »progressive« Bewegung erwies sich als zu stark. Je mehr Cherokee zum Christentum übertraten und ihre Kinder in die Schule schickten, desto größer wurde die Zahl derer, die sich und ihre Kultur durch das Prisma anglo-amerikanischer Überzeugungen und Werte betrachteten. Dieser Prozeß, der über das nächste Jahrhundert die meisten Ureinwohnergruppen erfassen sollte, machte aus dem Zusammenstoß zwischen »Wildheit« und »Zivilisation« einen inneren Konflikt, der nicht nur Gemeinden, sondern auch Individuen gegen sich selbst aufbrachte. Im Glauben erzogen, ihre Familien seien »schmutzige Heiden«, ihre Schamanen betrügerische »Zauberer« und ihre Mythen und Rituale falsch, wuchsen die Kinder der amerikanischen Ureinwohner tief verunsichert, oft brodelnd von Selbsthaß auf. Erfolg, so schien es, lag nur in der Anerkennung der Minderwertigkeit, wenn nicht gar Bösartigkeit all dessen, was ihnen am Herzen lag und schonungslos in sich selbst zu unterdrücken suchten.

Anschaulich zeigt sich dieser Wechsel in der *Ansprache an die Weißen* (1826) von Elias Boudinot, des brillanten jungen Cherokee, der zwei Jahre später, im Alter von 24 Jahren, der erste Herausgeber des *Phoenix* werden sollte. Obwohl nur zu einem Sechzehntel »weiß«, übernahm Boudinot einen europäischen Namen, kleidete sich wie ein Gentleman aus dem Süden und sprach ein fehlerfreies Englisch. Wie *Ciu Canacina* und *Onitositah* vor ihm, war er ein herausragender Redner in der großen Cherokee-Tradition, doch während deren Reden vor kulturellem Selbstbewußtsein strotzten, läßt er über die Verteidigung und Anerkennung der euro-amerikanischen Werte keinen Zweifel. Obwohl seine Analyse des Niedergangs der amerikanischen Ureinwohner an die Tecumsehs erinnert, zieht er doch einen ganz anderen Schluß. Danach sollten die Vereinigten Staaten die Grenzen der Nation nicht deswegen respektieren, weil – wie *Corn Tassel* argumentiert hatte – die *Ani-Yunwiya kulturell verschieden* seien und nicht wie »Weiße« leben könnten, sondern aus dem genau entgegengesetzten Grund: weil sie potentiell gleich seien. Wenn man sie in Frieden »fortschreiten« lasse, würden sie schon ihre »zivilisierten« Nachbarn »aufholen«:

> Was ist ein Indianer? Ist er nicht aus dem gleichen Stoff wie du? Denn »Gott hat alle Nationen auf der Erde aus einem Blut geschaffen«. Auch wenn es wahr ist, daß er unwissend ist, daß er ein Heide ist, daß er ein Wilder ist, so ist er doch genauso wie alle anderen, die einmal in ähnlichen Umständen gewesen sind. Was waren die Einwohner Großbritanniens achtzehn Jahrhunderte zuvor?
>
> Du siehst hier einen *Indianer*, meine Verwandten sind *Indianer*, und meine Väter schlafen im Grab der Wildnis – auch sie waren *Indianer*. Aber ich bin nicht so, wie meine Väter waren ... Ich hatte größere Vorteile als die meisten meiner Rasse. Und nun stehe ich vor euch als Delegierter meines Heimatlandes, um dessen Interessen zu vertreten ... und zu helfen, es auf einen gleichen Stand mit anderen Nationen der Erde zu heben ...
>
> Es braucht nicht das zwingende Argument von der Natur des Menschen, um die Rede von der »Absicht des Allmächtigen, die Indianer auszurotten«, für immer zum Schweigen zu bringen. Es genügt, wenn die Welt weiß, was wir in den letzten Jahren getan haben ...

> Ja, mir deucht, ich kann mein Heimatland sehen, wie es sich aus der Asche seiner Erniedrigung erhebt und gereinigte und schöne Kleider trägt und seinen Platz neben den Nationen der Erde einnimmt …
> Es gibt in der indianischen Geschichte etwas sehr Trauriges … Überall haben wir die Auflösung der armen Eingeborenen im Angesicht der weißen Bevölkerung gesehen. Ich spreche nur von den Tatsachen, ich nenne keinen Grund. Wir haben, sage ich, eine Familie nach der anderen, einen Stamm nach dem anderen, eine Nation nach der anderen dahinschwinden gesehen; bis nur noch ein paar einsame Kreaturen übrig geblieben sind, um die traurige Geschichte der Ausrottung zu erzählen.
> Soll dies ein Präzedenzfall sein? Ich frage euch, sollen die roten Männer leben oder sollen sie von der Erde getilgt werden? Die Entscheidung liegt im wesentlichen bei euch und einer breiten Öffentlichkeit.

Die Unterstützung für die ›Progressiven‹ war jedoch nicht auf die assimilierte Elite und wachsende Minderheit christianisierter und gebildeter Cherokee beschränkt. Auch viele der konservativsten Traditionalisten standen hinter der »Modernisierung«: Wie *Kooweskoowee* (John Ross), der außergewöhnliche »mischblütige« Führer, der 1828 Oberhaupt wurde, waren sie überzeugt, daß nur auf diese Weise die heilige Landschaft erhalten werden konnte, die ihnen Sinn und Identität gab. Die gleiche Logik brachte die Chickasaw, Choctaw und – schließlich – Creek dazu, dem Beispiel der Cherokee zu folgen und ›zivile‹ Institutionen zu übernehmen, obwohl der Prozeß in allen Fällen von schmerzlichen inneren Konflikten begleitet war.

Doch bei allem politischen Geschick der »Progressiven« und ihrer Fähigkeit, ihre Sache in anglo-amerikanischen Moral- und Rechtsbegriffen zu verfechten, arbeiteten die Ereignisse gegen sie. Mit dem Erwerb des französischen Louisiana hatte sich 1803 die Größe der Vereinigten Staaten mit einem Schlag verdoppelt, was dem Drang der jungen Republik nach Westen neuen Schwung gab und ihr Gefühl für Schicksal und Identität sensibilisierte. In gewisser Hinsicht bedeutete die neue Stimmung, verstärkt durch Ängste vor einer »Überschwemmung« des »anglo-sächsischen«

Charakters der Vereinigten Staaten durch die Einwanderung aus anderen Teilen Europas, einen Rückfall hinter dem aufklärerischen Humanismus und eine Rückkehr zum puritanischen Selbstverständnis als dem von Gott auserwählten Volk. Hatten die Einwohner Neuenglands im 17. Jahrhundert die »Lichtung« von Indianern durch Epidemien als ein Zeichen Gottes an die Engländer aufgefaßt, ihr Land in Besitz zu nehmen, sahen die Amerikaner des frühen 19. Jahrhunderts in der plötzlichen Eröffnung des Gebiets jenseits des Mississippi eine Bestätigung, daß eine göttliche oder geschichtliche Vorsehung sie dazu auserkoren hatte, den ganzen Kontinent zu besetzen. Die Amerikaner vertraten nicht nur eine überlegene Kultur, sondern eine eigene *Rasse* mit einer einzigartigen Bestimmung in der Neuen Welt.

Als die amerikanische Grenze vorrückte, stieß sie immer wieder auf vormals von Franzosen und Spaniern – zuweilen sogar wie im Südosten von Briten – gehaltene Gebiete, in denen sich diese verbindlichen Rassenunterschiede über Generationen der Mischheirat, wirtschaftlichen Abhängigkeit und des kulturellen Austausches abgeschliffen hatten. Damit die amerikanischen Ureinwohner bestimmte Seiten der ›Zivilisation‹ übernahmen, besonders den Katholizismus, hatten Franzosen und Spanier manchmal zu brutalen Methoden gegriffen, doch im allgemeinen keine physisch und sozial festen Schranken zwischen Kolonisten und Ureinwohnern errichtet. In einigen Gegenden hatte diese Symbiose einen ›Mittelgrund‹ geschaffen, in dem Menschen gemischter Herkunft ihre eigene Kultur entwickelten und eine entscheidende Rolle als Makler und Vermittler zwischen amerikanischen Ureinwohnern und Europäern spielten.

Die expandierenden Vereinigten Staaten drohten, diese Einsprengsel von Mehrdeutigkeit wegzuschwemmen oder zumindest an den Rand zu drücken. Wie James Mooney sagte, »passierte es dem Mann teutonischen Blutes nie, daß er als Nachbarn jemanden hatte, der nicht von gleichem Stamm und gleicher Farbe war. Wenn auch die englischen Kolonisten die ursprünglichen Eigentumsverhältnisse in dem Maße anerkannten, als sie Verträge mit den Indianern schlossen, so taten sie es doch nur, um die Grenzen zu fixieren, hinter die ein Indianer niemals kommen sollte, nachdem er sich einmal von seinem Rechtsanspruch getrennt hatte ... Indianer wurden als Hindernisse gesehen, das man wegräumen mußte, wie die Bäume und Wölfe, bevor die weißen Männer im Lande leben konnten.« Diese Sicht simplifizierte das komplexe Drama der Grenze zu einem elementaren Kampf nicht nur zwischen »Wildheit« und »Zivilisation«, sondern zunehmend auch zwischen zwei wesentlich unvereinbaren »Rassen«. »Solange die Indianer bleiben können«, schrieb Martin Van Buren 1837, »kann kein Staat eine wirkliche Kultur und Zivilisation entwickeln und vorankommen.«

Weniger als 40 Jahre nach der Unabhängigkeit waren zwölf Staaten dem Bund beigetreten, und mehrere Territorien bereiteten sich auf die Eigenstaatlichkeit vor. Die steigende Flut neuer Abgeordneter verlagerte das Machtgleichgewicht in der Republik und schleuste immer mehr Vorurteile der Grenzer nach Washington ein. Bereits 1802 hatten die Staaten im Austausch für die Aufgabe ihrer Ansprüche auf westliches Territorium jenseits der bestehenden Grenzen darauf bestanden, daß die Bundesregierung alle *innerhalb* ihrer Grenzen verbliebenen amerikanischen Ureinwohner »tilgen« sollte. Enttäuscht, daß die Shawnee und andere Stämme weiter gegen die amerikanische Expansion energischen Widerstand leisteten, und zunehmend besorgt, daß die Präsenz nicht-europäischer Völker die Vitalität der Vereinigten Staaten unterminieren könnte (eine Sorge, die ihn auch dazu veranlaßte, die Repatriierung der befreiten Sklaven in Afrika vorzuschlagen), legte Jefferson im folgenden Jahr eine neue Lösung des »Indianerproblems« vor, die die Forderungen der Staaten aufnehmen sollte. Stämme konnten dazu überredet werden, ihr Land im Osten für entsprechende Landstriche westlich des Mississippi – auf Territorium, das die Vereinigten Staaten von Frankreich erworben hatte, aber noch nicht für die Besiedlung benötigte – aufzugeben.

Mitte 1820 war die »Umsiedlung« zur offiziellen US-Politik geworden. Wie der frühere ›Zivilisationsplan‹ wurde er mit humanitären Gründen gerechtfertigt. Ihre Verteidiger argumentierten, daß, wo immer Anglo-Amerikaner in nächster Nähe zu indigenen Gemeinden gesiedelt hätten, die Indianer bald durch Krankheit, Alkohol und ungleichen Wettbewerb mit »Zivilisation« verringert worden seien. Die Umsiedlung in den Westen, wo Missionare und Regierungsvertreter sie vor skrupellosen Alkoholverkäufern und anderen unerwünschten Elementen beschützen und ihnen gleichzeitig das nötige Handwerk zum Leben an der Seite von »Weißen« beibringen würden, läge sicherlich in ihrem besten Interesse. Tatsächlich war es die einzig gangbare Alternative zur völligen Auslöschung. Als Präsident Monroe das Projekt 1825 dem Kongreß vorstellte, ging er davon aus, daß die Vorteile für die amerikanischen Ureinwohner offensichtlich genug sein würden, um »ihre Voreingenommheit, wie stark sie auch sein möge, zugunsten ihres heimatlichen Bodens zu überwinden«. Er fuhr fort:

> Ihre Älteren haben genug Intelligenz, um den gegenwärtigen Gang der Ereignisse zu erkennen, und genug Tugend, um durch momentane Opfer ihre Familien und ihre Nachwelt vor unvermeidlicher Zerstörung zu retten. Sie werden auch erkennen, daß sie dadurch einen hohen Rang erlangen, zu dem sie als Gemeinden keinen Zugang hätten ...

Die südöstlichen Indianer waren besonders gefährdet. Der Handel mit Hirschfellen, auf den sie sich stark konzentriert hatten, war durch den sich ausbreitenden Baumwollhandel ersetzt worden – angespornt 1790 durch die Erfindung der Entkörnungsmaschine –, und sie waren nun bestenfalls marginale Produzenten und schlimmstenfalls Hindernisse für landhungrige Weiße. Ein großer Teil ihres verbliebenen Territoriums war fruchtbares Ackerland, und je mehr sie es »verbesserten«, in der Hoffnung, sich in akzeptable Nachbarn zu verwandeln, desto begehrenswerter machten sie es für die Möchtegern-Plantagenbesitzer. Ein bekanntes Lied aus dieser Zeit lautet:

> Alles was ich in dieser Welt verlange
> Ist eine schöne kleine Frau und eine große Plantage
> Weit drüben beim Volk der Cherokee.

In den Jahren nach 1803 versuchten die Staaten wiederholt, die »Fünf Zivilisierten Stämme« von einer Umsiedlung zu überzeugen, doch stand die breite Mehrheit fest hinter der immer entschlosseneren »progressiven« Führung, auch wenn einige traditionellere Leute nach Westen abwanderten. Nachdem sie sich gerade erst über die »Wildheit« der Indianer beschwert hatten, beschuldigten die südöstlichen Anglo-Amerikaner die Regierung nun, ihnen das »zivilisierte Leben beigebracht und ... sie so mit einem Drang zum Eigentumserwerb erfüllt zu haben«. Als sich der Widerstand der amerikanischen Ureinwohner verhärtete, drangen die Staaten mehr und mehr in die Regierung, ihrer Verpflichtung zur Löschung indianischer Rechtsansprüche nachzukommen, auch wenn das hieß, vertragliche Verpflichtungen gegenüber Stämmen, die nicht zur Umsiedlung bereit waren, einseitig außer Kraft zu setzen. In den Worten des Gouverneurs von Georgia, Gilmer, waren indianische Verträge bloße »Notbehelfe, durch welche unwissende, halsstarrige und wilde Leute ohne Blutvergießen dazu gebracht wurden, etwas abzutreten, worauf zivilisierte Menschen ein Eigentumsrecht hätten, und zwar kraft des Gebotes, das der Schöpfer bei der Erschaffung des Menschen ausgesprochen habe: Seid fruchtbar und mehret euch und füllet die Erde und machet sie euch untertan«.

1828 wurde Andrew Jackson zum Präsidenten gewählt. Moderne Historiker haben James Mooneys knappe Charakterisierung Jacksons als »Grenzbewohner und Indianerhasser« angefochten und darauf verwiesen, daß er einen Creek-Jungen adoptiert hatte. Ihnen zufolge ist er vom Nutzen der Umsiedlung für die amerikanischen Ureinwohner wirklich überzeugt gewesen. Doch was immer seine Motive waren, sicher ist, daß er für die Forderungen der »Weißen« im Südosten ein großes Verständnis hatte. Obwohl das Ressort Indianische Angelegenheiten in die Zuständigkeit des Bundes fiel, signalisierte er den Südstaaten, nicht im Wege stehen zu wollen, wenn sie die Angelegenheit in ihre eigenen Hände nehmen würden. Den Kongreßabgeordneten von Georgia soll er gesagt haben: »Macht unter ihnen [den Indianern] ein Feuer. Wenn es heiß genug ist, werden sie schon gehen.«

Georgia nahm den Wink umgehend auf. Mit der Entdeckung von Gold im Cherokee-Territorium Anfang des Jahres war die Forderung nach indianischem Land noch lauter geworden, und der Staat beschloß noch vor Jacksons Amtseinführung, seine Zuständigkeit auf die innerhalb der eigenen Grenzen lebenden amerikanischen Ureinwohner auszudehnen. Die Nation der Cherokee sollte vermessen werden und in ›Landlose‹ und ›Goldlose‹ aufgeteilt werden, die dann durch eine öffentliche Lotterie unter die Bürger Georgias verteilt werden sollten. Jede Cherokee-Familie war theoretisch zu 160 Morgen Land berechtigt, doch wurden keine Berechtigungsurkunden ausgegeben. Indianer, die sich der Beschlagnahmung ihres Eigentums widersetzten, wurden ohne viel Federlesens ins Gefängnis geworfen. Gleichzeitig erklärte der Staat die Gerichtsaussage eines Indianers gegen einen »Weißen« für unrechtmäßig. Damit lud er die Bürger ein, die amerikanischen Ureinwohner nach Belieben auszuplündern. Dem Nationalrat wurde verboten zu tagen – es sei denn zum Zwecke der Landabtretung –, und »Weiße«, die innerhalb der Grenzen der Nation lebten, wurden aufgefordert, einen Eid auf den Staat zu schwören, andernfalls wurden sie mit vier Jahren Gefängnis bestraft.

Mississippi und Alabama folgten schnell Georgias Beispiel (obwohl Alabama etwas weniger bestrafend war), und im Mai 1830 erließ der Kongreß auf Jacksons Veranlassung den Indian Removal Act, der die zwangsweise Umsiedlung der südöstlichen Stämme ins ›Indianische Territorium‹ (ungefähr das heutige Oklahoma) vorsah. Die Choctaw waren die ersten, die sich ergaben und sich bereit erklärten, das Land ihrer Vorfahren in Mississippi gegen eine neue Heimat, in der sie »für immer« gegen die Einverleibung »in irgendein Territorium oder Staat« gesichert wären, einzutauschen. Etwa ein Drittel des Stammes wählte die Alternative, eine individuelle Zuweisung zu nehmen und ein Bürger des Staates zu werden, doch weigerte sich der Vertreter des Bundes, ihre Wahlen zu registrieren. Bis auf wenige Ausnahmen wurden sie gezwungen, sich dem Exodus nach Westen anzuschließen. Im folgenden Jahr beobachtete Alexis de Tocqueville eine »zahlreiche Schar« von Emigranten, die mitten in einem »ungewöhnlich harten« Winter den Mississippi erreichten:

> ... unter ihnen befanden sich Verwundete, Kranke, neugeborene Kinder und alte Männer am Rande des Todes. Sie hatten weder Zelte noch Wagen, sondern nur einige Lebensmittel und Waffen. Ich sah, wie sie sich einschifften, um den großen Fluß zu überqueren, und der Anblick wird niemals aus meiner Erinnerung weichen. Weder Weinen noch Klagen entstieg dieser schweigsamen Versammlung. Ihre Leiden waren alt, und sie hielten sie für unheilbar.

Die Creek, die in Georgia schon ihr ganzes Land verloren hatten, beschlossen, in Alabama zu bleiben und sich dem Gesetz des Staates zu unterwerfen, doch wurde ihnen gesagt, daß dies unmöglich sei. Schließlich akzeptierten sie die Umsiedlung, doch bevor sie emigrieren konnten, wurden sie von »weißen« Landraffern heimgesucht, die sie aus ihren Häusern trieben, Ernte und Vieh beschlagnahmten und mit Hilfe von Betrug, Bestechung und Einschüchterung einzelne Anteile »kauften«. Einige Creek reagierten aus Verzweiflung mit Vergeltungsschlägen gegen die Siedler und lösten damit nur einen weiteren Krieg gegen die Amerikaner und die auf Anpassung setzenden Mitglieder in ihrem eigenen Volk aus. Die meisten Überlebenden – die Männer in Eisen gelegt – wurden von der Armee nach Westen getrieben. Mündliche Traditionen, die hundert Jahre später aufgezeichnet wurden, geben ein lebhaftes Bild dieser Schreckenserfahrung. Eine alte Frau, »das schmale Bündel ihrer Habseligkeiten tragend« – so eine Darstellung –, hob einen traurigen Gesang an, in den die anderen später einfielen ... »Ich habe kein Land mehr. Ich bin von zu Hause vertrieben worden, den roten Fluß hinauf, laßt uns alle gehen, laßt uns alle zusammen sterben ...« Eine andere Quelle beschreibt auch wie:

> Viele brachen am Wegesrand zusammen, von Hunger entkräftet oder zu schwach, um mit den anderen mitzuhalten ... Für diese kranken und müden Menschen wurde schnell ein primitives Bett gebaut. Nur mit einem Napf Wasser in Reichweite, wurden sie in ihrem Leiden zurückgelassen, um alleine zu sterben. Die kleinen Kinder schrien erbärmlich Tag für Tag ... Einst waren sie glückliche Kinder ...

> Mehrere Männer trugen Schilfrohre mit Adlerfedern an den Enden. Diese Männer umkreisten ständig die Wagenkolonnen oder die nächtlichen Lager ... Ihr Zweck war es, die Indianer aus ihrer Niedergeschlagenheit und ihren Gedanken an die verlassene Heimat zu reißen.

Am Ende der Umsiedlung schätzte man, daß die Creek 45 Prozent ihrer Bevölkerung verloren hatten.

Die Cherokee jedoch weigerten sich hartnäckig zu emigrieren. Bei einem Besuch in Washington traf Ross Delegierte der irokesischen Liga und sagte ihnen in einer Rede, die an die leidenschaftliche Warnung Dragging Canoes zwei Generationen zuvor erinnerte, daß sich die amerikanischen Ureinwohner, gezwungen, »vom bitteren Kelch der Demütigung zu trinken, behandelt wie Hunde ... unser Land und die Gräber unserer Väter von uns gerissen«, jetzt als »Flüchtlinge, Landstreicher und Fremde in unserem eigenen Land« wiederfänden. Obwohl die anderen »Zivilisierten Stämme« ihre Heimat aufgegeben hatten, harre der Hauptteil der Cherokee »noch auf unserer alten Domäne aus«, wo »unsere Stellung mit der eines einsamen Baumes in einem offenen Raum verglichen werden kann, wo alle umliegenden Bäume des Waldes durch einen wilden Sturm umgemäht worden sind«.

Die Cherokee bestritten das Recht Georgias, für sie gerichtlich zuständig zu sein. 1832 entschied der Oberste Bundesrichter John Marshall zu ihren Gunsten und schloß: »Die Nation der Cherokee ... ist eine eigene Gemeinde mit einem eigenen Territorium ... das die Bürger von Georgia nur mit Zustimmung der Cherokee selbst oder in Übereinstimmung mit Verträgen und Gesetzen des Kongresses betreten dürfen.«

Die Cherokee waren überglücklich: Elias Boudinot sprach von einer »herrlichen Nachricht«, die »eine neue Epoche in der Indianerfrage« eröffnete. Doch die Euphorie währte nur kurz. Angeblich mit den Worten: »John Marshall hat entschieden, nun laß ihn das durchsetzen«, wies Jackson das Urteil zurück und ermunterte Georgia, in seiner Schikanierung der Indianer fortzufahren. In den folgenden Monaten ging die Lotterie des Staates weiter: die »Gewinner« schwärmten durch die Nation, zwangen Tausende von Cherokee zur Räumung und beschlagnahmten ihr Vieh. Trotz ihres Geldes und ihrer Beziehungen war die mischblütige Elite nicht geschützt: John Ross und seine Familie wurden von ihrer Plantage vertrieben und mußten sich jenseits der Grenze in Tennessee in eine Hütte mit nur einem Zimmer zurückziehen.

Die Verfolgung der Cherokee erregte unter vielen Europäern wachsenden Abscheu vor dem, was sie als amerikanische Heuchelei ansahen. »Kaum haben sie ihrem Mob einen Vortrag über die unantastbaren Menschenrechte gehalten, vertreiben sie die Kinder aus ihren Wohnungen von dem Boden, den zu verteidigen sie sich durch allerheiligste Verträge verpflichtet haben«, schrieb der englische Reisende Frances Trollope. Ebenso empört über das Verhalten Georgias waren jedoch auch viele Amerikaner – besonders die Bewohner Neuenglands, die zunehmend Verständnis für die Ureinwohner zeigten, nachdem ihr eigenes »Indianerproblem« vor mehr als einem Jahrhundert rigoros gelöst worden war. Eine Reihe von Missionaren bei den Cherokee, einschließlich Samuel Worcester, dessen Fall die Gerichtsentscheidung John Marshalls beschleunigt hatte, wurden wegen Weigerung, die Zuständigkeit des Staates anzuerkennen, beschimpft, vertrieben und gelegentlich eingesperrt. Anglo-amerikanische Sympathisanten inszenierten die vielleicht umfangreichste und am besten koordinierte Pro-Indianer-Kampagne in der amerikanischen Geschichte. Sie organisierten öffentliche Treffen und sammelten Geld, um den Rechtsstreit der Cherokee zu unterstützen, nachdem Jackson mit der Behauptung, die Nation sei abgeschafft worden und existiere daher nicht, ihre vertraglichen Jahresrenten von den Vereinigten Staaten gesperrt hatte.

Doch Jackson war nicht zu bewegen. Er fuhr fort, Georgia, das sich über die Gesetze seiner eigenen Regierung hinwegsetzte, den Rücken zu stärken. 1834 schließlich kamen einflußreiche Cherokee – darunter Elias Boudinot, sein Onkel The Ridge (den die »Weißen« wegen seiner Rolle im Red Stick-Krieg »Major Ridge« nannten) und The Ridges Sohn John – zu dem Schluß, daß es keine Alternative zur Emigration gab. Mindestens 80 Prozent der

Bevölkerung unterstützten noch immer John Ross und seine »National Party«, doch die für die Umsiedlung plädierende »Treaty Party« trat in geheime Verhandlungen mit dem Staat ein. Im Dezember 1835 verzichteten Boudinot und andere in dem berüchtigten »Vertrag von New Echota« für fünf Millionen Dollar und eine neue Heimat in *Indian Territory* auf die letzten Reste ihres Landes. Obwohl es Anhaltspunkte für ihre Bestechung gibt (immerhin wurde ihr Eigentum von der Lotterie ausgenommen), scheinen sie hauptsächlich von der Überzeugung geleitet gewesen zu sein, daß dies für die Nation der beste Weg war. Angesichts der in der Cherokee-Verfassung vorgesehenen Strafe für unautorisierte Landabtretungen wußten sie zweifellos, welches enorme und wahrscheinlich tödliche Risiko sie eingegangen waren. The Ridge kommentierte: »Ich habe mein Todesurteil unterzeichnet«, und Boudinot sagte: »Wir können sterben, aber die Nation der Cherokee ist gerettet ... Oh, was ist ein Mensch wert, der nicht für sein Volk zu sterben bereit ist?«

Weder John Ross noch irgendein Beamter der Cherokee-Nation hatten den Vertrag unterschrieben. Als er vor den Kongreß kam, nannte ihn John Quincy Adams eine »ewige Schande für das Land«. Trotz starken Widerstands sorgte Jackson mit einer Stimme Mehrheit für seine Annahme. Als Ross nach Washington gehen wollte, um zu protestieren, überschritt ein Kommando der Georgia-Garde die Staatsgrenze nach Tennessee und nahm ihn fest. Junaluska, der Cherokee, der bei Horseshoe Bend Jacksons Leben gerettet hatte, reiste in die Hauptstadt, um persönlich an den Präsidenten zu appellieren, doch Jackson fertigte ihn brüsk ab: »Sir, Ihre Audienz ist beendet, es gibt nichts, was ich für Sie tun kann.«

Dem Cherokee wurden zwei Jahre Zeit gegeben, um sich vorzubereiten und zu gehen. Mehrere Gruppen, davon viele der ›Treaty Party‹, setzten sich sofort in Bewegung, doch war die breite Mehrheit noch immer entschlossen, in ihrer Heimat zu bleiben. »Wir, die breite Masse, denken nur an die Liebe, die wir für unser Land empfinden«, schrieben drei von ihnen an Ross. »Dieses Land zu lassen, ist dasselbe, wie unsere Mutter zu verraten, die uns das Leben gab.«

Die Regierung schickte ein Truppenkontingent, um den Gehorsam der Cherokee zu erzwingen, doch mußte ihr Kommandeur, General Wool, feststellen, daß die Indianer leugneten, einen Vertrag gemacht zu haben, und ihn »fast allgemein ablehnten«. Aus Angst, sich selbst zu kompromittieren, wenn sie Rationen annehmen würden, zogen es Tausende vor, »von den Wurzeln und vom Saft der Bäume zu leben«: »Viele haben gesagt, daß sie lieber sterben werden, als das Land zu verlassen. Die ganze Szene«, erkannte er in einem Brief, war »herzzerreißend«, mit »weißen Männern, die wie Geier darauf warteten, sich auf ihre Beute zu stürzen und sie all ihrer Habe oder dessen, was sie von der Regierung der Vereinigten Staaten erwarteten, zu berauben.«

Sogar die Treaty Party war über die Habgier der Siedler schokkiert. Weniger als zwei Monate nach der Verabschiedung des Vertrags durch den Kongreß bat Major Ridge Jackson um Schutz gegen »die weißen Leute ... [die] unser Land bekommen haben und sich nun ... anschicken, das uns vertraglich zustehende Geld zu rauben. Wir fanden unsere Plantagen von den Einwohnern Georgias ganz oder teilweise übernommen vor – Verfahren wurden gegen uns wegen ausstehender Miete für unsere eigenen Farmen eingeleitet.« Die von The Ridge beschriebenen Plünderungsszenen am Vorabend der Vertreibung seines Volkes aus seiner Heimat erinnern merkwürdig an die erste Begegnung mit den Europäern während der Soto-Expedition fast 300 Jahre zuvor: »Die niedrigsten Klassen der weißen Leute prügeln die Cherokee mit Lederpeitschen, Holzstöcken und Knüppeln. Wir sind in unseren Häusern nicht sicher ... Diese barbarische Behandlung ist nicht nur auf Männer beschränkt, auch Frauen werden beraubt und ohne Recht und Gnade gepeitscht ...«

Trotz ihrer ständigen Schikanierung standen die meisten Cherokee weiter fest hinter Ross, der wiederholt die Vereinigten Staaten drängte, den Vertrag zu annullieren. Nach Ende der Zweijahresfrist vor der Umsiedlung waren weniger als ein Achtel der Nation emigriert. Trotz Bitten um eine Verlängerung wurde General Winfield Scott mit 7000 Soldaten geschickt, um die Verbliebenen mit Gewalt zu entfernen. Einige hundert Cherokee entgingen der Gefangennahme und konnten fliehen – manchmal dank der Hilfe »weißer« Freunde oder Sympathisanten – und sich in den Bergen North Carolinas verstecken, wo ihre Nachkommen noch heute leben. Die breite Mehrheit wurde mit Bajonetten zusammengetrieben und in Lagern gehalten, wo Hunderte vor Hunger und Krankheit starben, bevor sie nach *Indian Territory* gebracht wurden. Beim Anblick ihres Aufbruchs schrieb ein Missionar:

> Es ist traurig anzusehen, wie widerwillig diese Menschen weggehen, selbst die Mannhaftesten werden weich und fangen an zu weinen, wenn sie ihr Gesicht der untergehenden Sonne zuwenden – und ich bin sicher, daß dieses Land mit den Tränen einer Nation – wenn nicht mit ihrem Blut – besprengt wird.

Seine Worte waren prophetisch. Ein Freiwilliger aus Georgia, der später Colonel der Konföderation wurde, schrieb gegen Ende seines Lebens: »Ich habe den ganzen Bürgerkrieg mitgemacht und Tausende von Menschen gesehen, die in Stücke zerschossen und hingeschlachtet wurden, aber die Umsiedlung der Cherokee war die schlimmste Arbeit, die ich jemals kennenlernte.« Die Indianer waren psychisch gebrochen, ohne viel Proviant und Kleidung und oft gezwungen, in der gefährlichsten Zeit des Jahres zu reisen. Krankheit, Brutalität, Kälte und Verzweiflung verlangten einen solchen Zoll, daß die Reise nach Westen als *Nunna daul Tsunyi* (wörtlich ›der Weg, wo wir weinten‹) in die Geschichte einging. Mindestens 4000, möglicherweise bis zu 8000, sollen auf dem »Weg der Tränen« gestorben sein. Die Bevölkerung, die nach Jahrhunderten des Niedergangs begonnen hatte, sich in den Jahrzehnten vor der Umsiedlung zu erholen, ging auf 20 bis 40 Prozent zurück. Die Überlebenden, die sich um eine neue Existenz in *Indian Territory* bemühten, blieben über den betrügerischen Vertrag, der sie hierhergebracht hatte, zerstritten. Im Sommer 1839 führten Attentäter die angedrohte Todesstrafe an Boudinot und den zwei Ridges aus, und nur die herausragende Staatskunst von Ross bewahrte die Nation vor einem totalen Bürgerkrieg.

Für amerikanische Historiker ist die Tragödie der »Fünf Zivilisierten Stämme« immer besonders schmerzlich gewesen. Ihr Experiment – eine Art des sozialen Selbst-Managements – war die Antithese zur angeblichen widerspenstigen »Wildheit« der amerikanischen Ureinwohner. Weit davon entfernt, die Werte, auf denen die Vereinigten Staaten ruhten, abzulehnen, waren die südöstlichen Stämme vielmehr um ihre Übernahme bemüht. Stillschweigend anerkannten sie die Überlegenheit der »Zivilisation« und signalisierten ihre Bereitschaft, in irgendeiner Form »Amerikaner« zu sein. Ihre Vertreibung schien die Perspektive einer anderen Version der US-Geschichte zu versperren, in der auch die Indianer von der Ankunft der Europäer profitiert und am Segen des amerikanischen Traums teilgehabt hätten.

Natürlich ist es einfach, mit Menschen zu sympathisieren, deren Verhalten unsere Grundanschauungen eher bestätigt als herausfordert, und die Literatur ist voll des Lobes auf den bemerkenswerten »Fortschritt« der Indianer und voller Empörung über ihre Behandlung. Zum Beispiel schreibt Grace Steele Woodward in ihrer klassischen Geschichte der Cherokee:

> Dieses Wechseln eines primitiven Stammes oder einer primitiven Nation von dunkler Wildheit in das Sonnenlicht der Zivilisation ist ein bedeutsames Ereignis. Aber im Fall der Cherokee ist das Ereignis sowohl bedeutsam als auch phänomenal. Zwischen 1540 und 1906 erreichten die Indianerstämme der Cherokee ein höheres Zivilisationsniveau als jeder andere nordamerikanische Stamm.

Für Woodward und andere Historiker ist es die »Annäherung« der »Zivilisierten Stämme« an das amerikanische Ideal, ihre Akzeptanz der westlichen politischen Prinzipien und ihr Appell an das US-Recht, das ihren Verrat durch die Regierung zu einer ungeheuerlichen nationalen Schande macht. Tatsächlich jedoch war es gerade ihr Erfolg im euro-amerikanischen Sinne, der den Druck auf sie unwiderstehlich machte. Ihr ökonomischer Wohlstand machte Nicht-Indianer noch begehrlicher auf ihr Land und beschleunigte den Übergang von einer kulturellen zu einer rassischen Definition von ›Wildheit‹: Wenn die Indianer nicht mehr deswegen enteignet werden konnten, weil sie den Boden nicht kultivieren konnten, dann mußten sie aus Gründen der biologischen Minderwertigkeit umgesiedelt werden. Indem sie diese Art der rassischen Klassifizierung in ihre westlich orientierten Verfassungen aufnahmen, schwächten die Nationen nolens volens ihre eigene Position: So bestimmten die Cherokee, daß weder schwarze Sklaven noch weiße Männer in der Nation wählen konnten.

Alvin M. Josephy gibt die Meinung vieler anderer Wissenschaftler wieder, wenn er die Umsiedlung der südöstlichen Stämme »eines der schwärzesten Kapitel in der amerikanischen Geschichte« nennt. Zweifellos war es eine entsetzliche Episode. Aber was einer ganzen Reihe von Ureinwohnern weiter westlich, einschließlich der »Fünf Zivilisierten Stämme« in ihrer neuen Heimat im indianischen Territorium, passieren sollte, war in vieler Hinsicht weit schlimmer.

7
Pueblo, Pima und Dineh: der Südwesten

Nun rief Montezuma [ein Kulturheros der Tohono O'odham] alle Stämme zusammen und sagte: »Ich bin größer als alles, was je gewesen, größer als alles, was jetzt ist, und größer als alles, was je sein wird. Nun sollt ihr mir ein großes Haus bauen, Stockwerk für Stockwerk, ein Haus, das hoch hinaus ragt, das weit über diese Erde bis in den Himmel ragt, wo ich als Haupt der Welt regieren werde.

Die Macht des Großen Geheimnisses stieg vom Himmel herab, um Montezuma zur Ordnung zu rufen. Sie sagte ihm: Fordere nicht heraus, was nicht herausgefordert werden kann! Doch Montezuma hörte nicht. Er sagte: »Ich bin allmächtig. Keine Macht soll mir im Wege stehen. Ich bin der Große Rebell. Ich werde diese Welt nach meinem eigenen Belieben auf den Kopf stellen.«

Dann wurde aus gut schlecht. Die Menschen begannen zu jagen und Tiere zu töten. Unter Mißachtung der ewigen Gesetze, unter denen die Menschen gelebt hatten, begannen sie sich gegenseitig zu bekriegen. Die Macht des Großen Geheimnisses versuchte Montezuma und die Menschen zu warnen, indem sie die Sonne von der Erde weiter weg und an die jetzige Stelle rückte. Es erschienen der Winter, Schnee, Eis und Hagel, aber keiner beachtete die Warnung.

In der Zwischenzeit trieb Montezuma sein Volk zur Arbeit an, um das mehrstöckige Haus zu bauen, dessen Zimmer aus Koralle und Gagat, Türkis und Perlmutt waren. Es wuchs höher und höher, aber als es gerade begann, über die Wolken weit in den Himmel zu ragen, ließ die Macht des Großen Geheimnisses die Erde beben. Montezumas Haus aus kostbarem Stein fiel zu einem Trümmerhaufen zusammen.

Als dies geschehen war, entdeckten die Menschen, daß sie die Sprache der Tiere nicht länger verstanden, und auch die Stämme, obwohl sie alle menschliche Wesen waren, konnten sich nicht länger gegenseitig verstehen. Da ballte Montezuma seine Fäuste gegen den Himmel und rief: »Macht des Großen Geheimnisses, ich trotze dir. Ich werde dich bekämpfen. Ich werde den Menschen verbieten zu beten oder Korn- und Fruchtopfer dem Schöpfer darzubringen. Ich, Montezuma, nehme deinen Platz ein!«

Die Macht des Großen Geheimnisses seufzte und weinte sogar, da der, den er zur Führung der Menschheit auserkoren hatte, sich gegen es erhoben hatte. Dann beschloß das Große Geheimnis, jene niederzuzwingen, die gegen es aufstanden. Es schickte die Heuschrecke über das östliche Wasser, um ein Volk in einem unbekannten Land zusammenzurufen, Menschen, deren Gesichter und Körper voller Haare waren, die auf seltsamen Tieren ritten, die in Eisen gekleidet waren, Eisenwaffen führten, die magische hohle Stöcke hatten, die Feuer, Donner und Zerstörung spuckten. Die Macht des Großen Geheimnisses erlaubte diesen bärtigen, erbarmungslosen Menschen, in Schiffen über das große Wasser aus dem Osten zu kommen – erlaubte ihnen, in das Land von Montezuma zu kommen, seine Macht wegzunehmen und ihn völlig zu zerstören.

Aus: *Montezuma und die Große Flut*

Der Südwesten der Vereinigten Staaten, eine heiße, trockene Region aus Wüsten, Bergen und kiefernbedeckten Hügeln, ist das genaue Gegenteil zum Nordosten: nicht nur geographisch und klimatisch, sondern auch kulturell und historisch.

Während das präkolumbische Neuengland von einander ähnlichen, sprachlich verwandten Indianergesellschaften bewohnt war, stellte der Südwesten ein verwirrendes Mosaik verschiedener Kulturen dar, die häufig in prekärer Symbiose zusammenlebten. Und während man im Nordosten den Eindruck hat, als sei diese indianische Realität schon Hunderte von Jahren erloschen, bleibt umgekehrt die anglo-amerikanische Präsenz in großen Teilen Arizonas und Neu Mexikos noch immer oft nur oberflächlich. Selbst heute kann man in der Wüste südlich von Phönix winzige Tohono O'odham-Dörfer sehen, wo Frauen im Schatten der *ramadas* (offen gemauerte Behausungen mit Grasdach) sitzen und kunstvoll gemusterte traditionelle Körbe aus Yucca, Palmlilie und Ackerhahnenfuß weben. Auf der Reise nach Norden zum ausgedehnten Navajo-Reservat kann man Stunden durch eine traumgleiche Landschaft von Felsvorsprüngen, erodiertem Grasland und seltsam roten Felsformationen fahren (Monument Valley liegt im Reservat), nur gelegentlich unterbrochen von einem Haus, einer traditionellen *hogan* oder Hütte oder einer kleinen Schafherde, die sich vor der unermeßlichen Wüste wie ein Ameisenhaufen ausnimmt. Kommt man in eine Stadt, so schaut die Tankstelle wohl amerikanisch aus, aber wenn man hineingeht um zu zahlen, bemerkt man, daß der Fernsehkommentator des Basketballspiels in Navajo statt in Englisch redet. Und weiter östlich, in Acoma Pueblo in Neu Mexiko, bietet sich das Bild, das sich den ersten Spaniern dargeboten haben muß, als sie Mitte des 16. Jahrhunderts zum ersten Mal in diese Gegend kamen: eine dichte Gruppe Lehmsteinhäuser – vielleicht die älteste, ständig bewohnte Gemeinde des Landes – drängt sich unter dem Gipfel einer *Mesa*, die plötzlich und steil aus dem Hitzeschimmer herausragt. Hier halten die Menschen noch denselben Jahreszyklus von Zeremonien und Festen ein, den ihre Vorfahren Hunderte von Jahren vor Kolumbus praktizierten.

Diese bemerkenswerte Verschiedenheit und Ausdauer rührt von einer Geschichte, die den Südwesten konsequent vom übrigen Nordamerika in Richtung Mittelamerika fortgezogen hat. Ein Blick auf die Karte zeigt, daß sich das »Kulturareal des Südwestens« auf beide Seiten der gegenwärtigen internationalen Grenze erstreckt: vom Rande des Großen Beckens in Nevada bis zu den Staaten von Chihuahua und Sonora in Nordwest-Mexiko. Die Nähe zu den großen Zivilisationen Mittelamerikas verlieh der Region nicht nur ihre eigene kulturelle Identität lange vor dem europäischen Kontakt, sondern sorgte auch dafür, daß dann die erste Begegnung mit den Spaniern und nicht mit den Franzosen oder Briten stattfand. Als der Südwesten Mitte des 19. Jahrhunderts schließlich von den Vereinigten Staaten erworben wurde, war er bereits von einer dreihundertjährigen Koexistenz zwischen Europäern und Indianern, die sehr verschiedene Formen des Zusammenlebens entwickelt hatten, geprägt worden.

Am einfachsten versteht man vielleicht das komplexe Muster von Menschen und Kulturen im Südwesten durch die ›Vorgeschichte‹ des Gebiets. (Da keine schriftlichen Dokumente vor Ankunft der Europäer überliefert sind, heißt ›Vorgeschichte‹ alles, was vor dem Kontakt geschah, womit wieder einmal vorausgesetzt wird, daß die ›Geschichte‹ Nordamerikas erst mit seiner ›Entdeckung‹ beginnt.) Da viele Gesellschaften der Ureinwohner eine vergleichsweise ungestörte Existenz führten, ist es relativ einfach, ihre Entwicklung aus früheren Gemeinden nachzuzeichnen. Nicht nur sind viele mündliche Traditionen noch ungewöhnlich vollständig, auch das heiße trockene Klima hat für eine Konservierung des reichen archäologischen Materials gesorgt.

Wie auch andere ›Paläo-Indianer‹ scheinen die ersten Südwestler Großwildjäger gewesen zu sein, die vor mindestens 25 000 Jahren – und möglicherweise viel früher – in der Gegend ankamen und sich dann im Laufe von Generationen, je nach Klima und natürlichen Gegebenheiten, allmählich spezialisierten. Nach dem Rückzug oder Aussterben großer Säugetiere am Ende der Eiszeit und dem Austrocknen von Seen und Wasserläufen gingen die Menschen in großen Teilen der Region auf eine wüstennomadische Lebensform über, wie die Jagd von Kleinwild, Schlangen und Insekten sowie das Sammeln eßbarer Pflanzen wie Yucca, Wacholder, Feigenkakteen und *pinon*.

Um 3500 v. Chr. müssen einige Gruppen auch mit dem Maisanbau begonnen haben – der früheste bekannte Fall von Kultivierung nördlich von Mexiko –, und in den nächsten drei Jahrtausenden nahm die Landwirtschaft, wo immer die klimatischen Bedingungen es erlaubten, einen immer wichtigeren Stellenwert in der Ökonomie ein. Die erste wirkliche Ackerbau-Zivilisation, die Mogollon, kam um 500 v. Chr. in den Bergen der heutigen Grenze zwischen Arizona und Neu Mexiko auf. Hier, an Flußufern und leicht zu verteidigenden Bergkämmen, bauten die Gemeinden größere, beständigere Dörfer aus halb-unterirdischen »Grubenhäusern« mit einem Gerüst aus Baumstämmen. Um Getreide, Kürbis, Tabak und Baumwolle anzubauen, benutzten sie Grabstöcke. In den nächsten Jahrhunderten – vielleicht als Ergebnis des Einflusses der Mogollon – übernahmen Völker in verschiedenen Teilen der Region eine ähnliche Lebensform, die sie schließlich bis zu den Vorfahren der modernen Yuman-sprechenden Stämme am Colorado River – die Mojave, Yavapai, Yuma, Havasupai, Maricopa und andere – weiterreichten, wo sie bis in die ›historische Zeit‹ praktiziert wurden. Die Kultur der Mogollon scheint als eigene Tradition nach etwa 1200 n. Chr. ausgestorben zu sein, doch nimmt man an, daß das *Volk* der Mogollon überlebte und in die modernen Zuñi überging.

In der Zwischenzeit hatte sich in den trockenen Tälern der Flüsse Salt und Gila im Westen eine zweite Ackerbaukultur entwickelt: die Hohokam (aus dem Wort der Pima für »die Verschwundenen«). Wies sie anfänglich eine starke Ähnlichkeit mit der der Mogollon auf, so erfuhr sie um 600 n. Chr. durch eine Reihe von Erneuerungen eine plötzliche Umwandlung. Die Gemeinden der Hohokam wurden größer und umfaßten Ballspielplätze, Schanzwerke und, in einigen Fällen, Terrassenhügel. Anstatt sich nur auf die heftigen Regengüsse zu verlassen, begannen die Menschen mit dem Bau ausgedehnter Bewässerungskanäle – ein Netzwerk konnte sich über 150 Meilen erstrecken. Diese Veränderungen legen einen starken mittelamerikanischen Einfluß nahe, der – wie die Mississippikultur des Südostens – durch Einwanderer aus Mexiko eingeführt worden sein mag.

Anders als die Bewohner des Mississippi scheint jedoch die Hohokam-Gesellschaft friedlich und egalitär geblieben zu sein – zumindest bis zu ihrer Spätphase, in der es Anzeichen für eine sich entwickelnde Priesterherrschaft über eine stratifizierte Gesellschaft gibt. Die Hauptwohnsiedlung, Snaketown, enthielt etwa 100 Grubenhäuser und erstreckte sich auf ihrem Höhepunkt über mehr als 300 Morgen. Obwohl wir ihr Leben nicht im Detail rekonstruieren können, lassen unsere fragmentarischen Funde eine farbenprächige und kulturell vitale Welt erahnen. Die Hohokam stellten ausgezeichnete Stoffe, Töpfe und Schmuckstücke her und waren vielleicht die ersten Menschen der Welt, die die Technik des Ätzens beherrschten: Dazu nahmen sie den gegorenen Saft des Saguaro-Kaktus und brannten Bilder in Muscheln ein, die sie im Handel mit kalifornischen Küstenbewohnern erworben hatten.

Etwa 1100 n. Chr. brachte eine Wanderungswelle aus dem Norden neue Einflüsse in die Gegend. Obwohl es scheint, daß die Hohokam friedlich mit den Neuankömmlingen zusammenlebten, manchmal sogar über mehrere Generationen im selben Dorf, verblaßte allmählich ihre eigene Kultur. Sie verloren ihre Kunstfertigkeiten, einschließlich der Technik des Ätzens, und gingen wie ihre Nachbarn im Norden zum Bau von Adobehäusern über. Schließlich, um 1500 n. Chr., scheinen sie plötzlich Snaketown und andere größere Zentren verlassen und sich in kleinere Ansiedlungen in der Wüste zerstreut zu haben. Man nimmt an, daß die heutigen Pima, die immer noch in isolierten Wohnsiedlungen leben und Wüstenackerbau betreiben, von ihnen abstammen.

Eine der spektakulärsten späten Hohokam-Stätten liegt bei Casa Grande, südlich von Phönix, wo sich ein riesiges, teilweise zerstörtes fünfstöckiges Adobehaus kahl aus der Wüste erhebt und kilometerweit die Landschaft dominiert. Überdimensioniert und einsam, erweckt es den Eindruck, von einer fremden Zivilisation zurückgelassen worden zu sein, die schon längst in ihre eigene Galaxie zurückgekehrt ist. Der Eindruck des Unheimlichen wird durch den offiziellen Führer verstärkt, der nicht angeben kann, wer hier lebte oder warum es, wie andere Wohnsiedlungen der Hohokam, verlassen wurde.

Die Pima im nahegelegenen Reservat des Flusses Gila sind jedoch noch mit einer lebhaften mündlichen Tradition bezüglich Casa Grande vertraut. Ganz und gar unmysteriös fügt sich das Schicksal dieses Hauses und seiner Bewohner in eine kontinuierliche Geschichte ein, die den Stamm mit seiner fernen Vergangenheit verknüpft. Hier die Aussage einer älteren Frau:

> Nach der Geschichte, die mir mein Großvater mütterlicherseits erzählte, hatten diese Menschen, die Hohokam, die dort lebten, einen Häuptling, dessen Name Sivan war. Und es stieß eine Gruppe von Menschen hinzu, irgendein Stamm aus dem Osten, aus der Richtung des Sonnenaufgangs, und lebte mit ihnen. Irgendwann während dieser Zeit hatten sie eine Meinungsverschiedenheit, und die Hohokam wurden aus diesem großen Haus verjagt. So bauten sie ein Haus in

> der Nähe, und sie [die Neuankömmlinge] kamen und vertrieben sie daraus, verjagten sie aus ihrer Heimat, ihrem Dorf, und bis heute kann man diese Hügel [wo sie ihre Siedlungen bauten] sehen, deutlich bis Phönix. Aber wir haben keine Jahresangaben: Wir wissen nicht, wie viele Jahre sie wo jeweils lebten. Aber es war ein ständiger Kampf, hin und her, mit diesen Leuten, die aus dem Osten kamen.

Ihre Darstellung erklärt auch einige Merkmale des Hauses, die die Archäologen vor ein Rätsel stellen:

> Als sie dieses Haus bauten, trieben Baumstämme den Fluß Gila hinunter, also gingen sie hin und zogen die Baumstämme heraus, um sie für das Haus zu benutzen. Ich habe einmal etwas darüber gelesen: Weiße Wissenschaftler wunderten sich, woher die Baumstämme kamen. Sie sagten: »Könnte es dort ein tropisches Klima gegeben haben? Könnten dort Bäume gewachsen sein?« Aber es ist nur verständlich, daß da Baumstämme den Fluß hinuntertrieben und für den Bau der Häuser benutzt wurden.
>
> Außen herum wurde eine Mauer gebaut, zum Schutz vor feindlichen Stämmen. Und ganz oben in der Mauer des Hauses gibt es ein Loch. Man sagt heute, daß es für die Wetterbeobachtung benutzt worden sei. Aber in der Geschichte war es ein Ausguck, von dem aus man die herannahenden Feinde sehen und die arbeitenden Leute in den Feldern rufen konnte, damit sie in dieses große Haus kamen. Und das ist die Geschichte, wie sie mir mein Großvater erzählt hat.

Zur Zeit des europäischen Kontakts behielten die Pima in der Gegend der Flüsse Gila und Salt noch viele erkennbare Züge der Hohokam-Kultur bei, einschließlich eines eigenen Stils in der Töpferei und des Gebrauchs von Bewässerungssystemen für ihre Bohnen und Kürbisse. Sie lebten in festen Gemeinden, bestehend aus runden, erdbedeckten Häusern mit Grasdach, und waren sozial und politisch hoch organisiert: Die Männer arbeiteten in Kooperativen auf den Feldern, und ein einzelner Führer, der von den Häuptlingen der Dörfer gewählt worden war, sorgte für jene zentrale Autorität, ohne die die großen Arbeiten der Hohokam wohl kaum hätten ausgeführt werden können.

Im Gegensatz dazu waren die engen Verwandten der Pima, die Tohono O'odham (›Wüstenmenschen‹), die im Süden in einer riesigen Wüste mit wenigen Flüssen oder Bächen wohnten, zu einer weniger ansässigen Lebensweise zurückgekehrt – wenn sie denn wirklich ursprüngliche Hohokam waren. Die meisten O'odham-Gemeinden im Osten der Region wanderten regelmäßig hin und her zwischen Sommerdörfern in den Tälern, in denen jährliche Überschwemmungen ihre Felder bewässerten, ihre Wasservorräte auffüllten und die Frauen Wildpflanzen ernten konnten, und Winterlagern in den Bergen für die Jagd. Weiter westlich, wo das Wasser noch spärlicher war, lebten die Menschen in halb-nomadischer Form auf der Grundlage von Jagd, Fischfang, Sammeln und Handel. Obwohl die Mitglieder der verschiedenen Gemeinden ihre gegenseitige Verwandtschaft anerkannten, gab es eine nur schwache formale ›Stammes‹organisation: Die meisten Dörfer waren autonom und wurden von einem Häuptling und einem Rat aller erwachsenen Männer regiert.

Ein Faktor für den Niedergang der Hohokam war sicherlich der Aufstieg der dritten großen landwirtschaftlichen Tradition des Südwestens, der Anasazi (von dem Navajo-Wort für ›die Alten‹), die um 100 v. Chr. aufkam. Ihr Kernland war eine trockene Gegend von hohen *mesas* und tiefen Canyons in der ›Four Corner‹-Region, in der heute die Staaten Utah, Arizona, Colorado und Neu Mexiko aufeinandertreffen. Während ihrer ersten Phase – bekannt als die der ›Korbmacher‹, wegen der hohen Qualität der aus dieser Periode gefundenen Korbflechterei – waren die Anasazi noch immer im Übergang aus einem Jäger- und Sammlerdasein begriffen. Sie bauten charakteristisch gewölbte Häuser aus Baumstämmen und Schlamm über flachen Erdmulden und kultivierten Mais und Kürbis nur als Zusatz zu einer Nahrung, die noch immer vorwiegend aus Wild und Wildpflanzen bestand. Um 400 n. Chr. jedoch war der Ackerbau in ihrer Kultur wichtiger geworden, und sie begannen – wahrscheinlich als eine Folge des Einflusses der Mogollon –, in größeren, dauerhafteren Dörfern in Grubenhäusern mit Holzdach zu leben. Über die nächsten drei Jahrhunderte domestizierten die Anasazi den Truthahn, erwarben eine Reihe zusätzlicher Feldfrüchte, einschließlich Baumwolle, Bohnen und neue verbesserte Maisarten und übernahmen mehrere technische Neuerungen, wie Pfeil und Bogen und Steinaxt.

Um etwa 700 n. Chr. gingen die Anasazi-Gemeinden dazu über, die charakteristischen ›Pueblo‹-Muster zu übernehmen, die heute noch immer in Städten wie Acoma betrachtet werden können. Dichte Ansammlungen von Flachdachhäusern aus Stein und Schlamm oder Holz und Schlamm traten an die Stelle der alten unterirdischen Behausungen, die nur als Zeremonienstätten, *kiva* genannt, bewahrt wurden. Durch den Einsatz erfindungsreicher Techniken wie Terrassieren und ein Kanalsystem für die Bewässerung und Speicherung verwandelten sie große Bereiche der trokkenen Hochebene in fruchtbare Felder. Die Landwirtschaftsproduktion stieg sprunghaft an und ermöglichte ein schnelles Wachstum der Bevölkerung: Sie wies die höchste Dichte nördlich von Mexiko aus – angesichts der Rauheit und Armut der Umgebung eine bemerkenswerte Tatsache.

Die Anasazi-Gemeinden wuchsen eher in Form von Verdichtung und Verfeinerung als einer flächenmäßigen Ausweitung, zum Teil vielleicht wegen der extremen Eingeschränktheit ihrer Plätze auf den *mesa*-Gipfeln. Am Anfang waren die einzelnen Häuser in langen Terrassen miteinander verbunden, später breiteten sie sich nach oben und nach außen aus und bildeten mehrstöckige ›Apartmenthäuser‹, die manchmal fünf Stockwerke hoch waren, in denen das Dach der einen Etage, erreichbar über eine Leiter, zum Eingang der nächsten wurde. Einige dieser Komplexe erreichten eine enorme Dimension: Das riesige, halbrunde Pueblo Bonito zum Beispiel in Chaco Canyon, das um 900 n. Chr. angefangen wurde, enthielt zum Schluß 800 Zimmer.

Die Zivilisation der Anasazi erreichte ihr ›Goldenes Zeitalter‹ in der Großen Pueblo-Zeit, zwischen etwa 1100 und 1300 n. Chr. Mit wachsender Bevölkerung wurde das gesellschaftliche und zeremoniale Leben komplexer. Die zunehmende Spezialisierung im Handwerk führte zu einer erstaunlichen Blüte der Weberei, Töpferei (einschließlich der charakteristischen Schwarzweißarbeiten, die man noch heute bei den Pueblo finden kann) und Schmuckproduktion. Ein hochentwickelter Handel brachte Güter und

Materialien aus vielen anderen Gegenden in die großen Anasazi-Zentren. Chaco Canyon stand im Mittelpunkt eines großen Netzwerks sorgsam vermessener Straßen. Sie ähnelte auf frappierende Weise denen, die im Peru der Inka gefunden wurden, und sollen sich über ein Gebiet von 60 000 Meilen erstreckt haben. Mit Hilfe dieser Straßen verbreiteten sich Ideen und Technologien der Anasazi über den ganzen Südwesten.

In der zweiten Hälfte des 13. Jahrhunderts jedoch scheint es mit den Anasazi plötzlich bergab gegangen zu sein. Die Tatsache, daß etwa zur selben Zeit andere Zivilisationen in anderen Teilen Nordamerikas einen dramatischen Zusammenbruch erlitten, nährt den Verdacht, daß sie alle von derselben Epidemie oder Naturkatastrophe betroffen waren, doch glauben die meisten Wissenschaftler, daß die Krise der Pueblo-Völker durch lokale Faktoren begründet war. Verschiedene Erklärungen sind angeboten worden: Die Asanazi seien durch einfallende Nomaden aus dem Norden vertrieben worden; sie hätten die begrenzten Waldressourcen der Gegend erschöpft; ihre Lebensform sei durch eine lange Dürre untergraben worden; oder ihre Gemeinden seien einfach zu groß geworden und dann, ohne zentrale Kontrolle, auseinandergefallen. Was auch immer die Gründe gewesen sein mögen, die Expansion der Anasazi ging schnell zurück. Einige der halbnomadischen Gruppen im Großen Becken und anderswo, die an den Rändern ihres Einflußgebiets gewesen waren, kehrten zur Lebensform der Sammler und Jäger zurück, während nach Ansicht der Archäologen die meisten Asanazi nach Süden zogen, um neue, kleinere Gemeinden zu gründen, von denen heute einige noch immer von ihren Pueblo-Nachfahren bewohnt sind.

Auch wenn euro-amerikanische Wissenschaftler manchmal in bezug auf eine Verbindung zwischen den Anasazi und heutigen Völkern vorsichtig sind, so verfügen doch die Pueblo selbst über detaillierte Darstellungen, die sie – wie die Beschreibung der Pima von Casa Grande – direkt mit der ›prähistorischen Vergangenheit‹ verknüpfen. Die westlichsten der Pueblo-Völker zum Beispiel glauben, daß ihre Vorfahren auf der Reise zu ihrer heutigen Heimat vier Wanderungen durchmachen mußten, während der sie zeitweilig in einer der heute verlassenen Anasazi-Gemeinden lebten. Ein beeindruckender Beleg für diese Tradition sind die ›Signaturen‹, die die modernen Hopi zur Kennzeichnung ihrer verschiedenen Clans benutzen – eine gekrümmte Flöte für den Flötenclan, eine gewellte Schlange für den Schlangenclan usw. –, die eine bemerkenswerte Ähnlichkeit mit den Symbolen auf den Mauern der Asanazi-Stätten aufweisen. In Chaco Canyon kann man immer noch das Bild eines Kojoten neben zwei konzentrischen Kreisen sehen: Sie zeigen an, daß der Kojoten-Clan, als er hier ankam, erst zwei seiner Wanderungen vollendet hatte; ein frappierend ähnlicher Piktograph in einer modernen Hopi-Gemeinde von Oraibi enthält jedoch vier Kreise, die zeigen, daß der Zyklus der Reisen nun vollendet ist.

Zusätzlich verkompliziert wurde die Situation in der Zeit unmittelbar vor dem europäischen Kontakt durch die Ankunft einer weiteren größeren Gruppe: Nomaden aus dem Norden, die in der Region siedelten und sich zu den heute als Navajo und Apachen bekannten Völkern entwickelten. Die *Apachen* sollen ursprünglich Bewohner der Subarktik gewesen sein – ihre Sprache, in der sie sich selbst als *Dineh*, ›die Menschen‹, bezeichnen, legt nahe, daß sie mit den *Dene*- oder Athapaskisch-Sprechenden von Nordwestkanada und Alaska eng verwandt sind –, die im Laufe mehrerer Jahrhunderte nach Süden wanderten.

Zur Zeit des europäischen Kontakts hatten die *Dineh* schon begonnen, sich in kulturell unterschiedliche Völker aufzufächern. Alle behielten starke Spuren der Lebensweise ihrer nördlichen Verwandten bei – so lebten sie weiterhin in kleinen, autonomen Gruppen unter der Führung eines dominanten Oberhauptes und praktizierten einen komplexen Schamanismus –, doch übernahmen sie auch Elemente der benachbarten nicht-*Dineh*-Kulturen. Im Osten des Gebiets, wo der Südwesten auf die südliche Prärie trifft, nahmen die Kiowa-Apachen (das sind *Dineh*, die sich den indigenen Kiowa angeschlossen, aber ihre eigene Sprache und Identität beibehalten hatten) und Lipan-Apachen eine Lebensform an, die auf Büffeljagd basierte, während weiter westlich, im heutigen Arizona, die Navajo und die westlichen Apachen den Ackerbau von den Pueblo übernommen hatten, Mais, Bohnen und Kürbis anbauten, aber auch jagten und wilde Pflanzen sammelten. Dazwischen führten die Jicarilla-, Mescalero- und Chiricahua-Apachen ihr Leben überwiegend als Sammler und Jäger fort, wurden jedoch von Aspekten anderer Kulturen tief beeinflußt. Der Ursprungsmythos der Jicarilla zum Beispiel beschreibt eine Entstehung aus der Unterwelt, die dem der Tewas frappierend ähnlich ist (obwohl mit anderen Tieren bevölkert, darunter Bison und Bär), außerdem setzt er maskierte Tänzer im Stil der Pueblo ein, die die mächtigen *Gans* oder Berggeister repräsentieren, die im Mittelpunkt fast aller Glaubenssysteme der *Dineh* stehen. (Bezeichnenderweise identifizierten die amerikanischen Nicht-Ureinwohner die *Gans* mit Teufeln und beziehen sich noch stets auf die entsprechenden Zeremonien als auf ›Teufelstänze‹.)

Dieser Prozeß der teilweisen Akkulturation war das Ergebnis einer prekären symbiotischen Beziehung zwischen den Apachen und den seßhaften Ackerbauvölkern, die sich zur Zeit der ersten spanischen Expeditionen in der gesamten Region entwickelt hatte. *Dineh*-Gruppen besuchten Dörfer der Ackerbauer, um Fleisch und Felle gegen Mais und andere Güter einzutauschen und dabei das Töpfern, die Sandmalerei, aber auch Pueblo-Mythen und religiöse Praktiken kennenzulernen. Statt des Handels jedoch überfielen die Apachen oft einfach auch die Pueblo- oder Pima-Gemeinden und nahmen sich mit Gewalt, was sie wollten: Nahrung und manchmal Sklaven. Für die meist friedlichen Ackerbauer waren diese Überfälle ein Schrecken, der sie zwang, sich zu befestigen oder umzusiedeln, und sie riefen einen tiefen Haß auf die *Dineh* hervor. Der Name ›Apache‹ selbst ist ein Wort der Zuñi und meint einfach ›Feind‹. Zeugnisse ähnlicher Feindschaften lassen sich praktisch bei allen seßhaften Völkern finden.

Diese kulturelle Verschiedenheit bedeutet, daß es noch Hunderte von verschiedenen Geschichten über die Ankunft der Europäer im Südwesten gibt, deren jede ihre eigene faszinierende Ansicht über die Begegnung zwischen der Alten und Neuen Welt wiedergibt. Eine jedoch ragt heraus: Die Begegnung der Spanier mit den Pueblo des Rio Grande und den kulturell verwandten Acoma-, Zuñi- und Hopi-Gemeinden weiter westlich. Hier entdeckten sich die Extreme der europäischen und indigenen Kulturen: die fanatischsten Katholiken und die am höchsten organisierten Gesellschaften der amerikanischen Ureinwohner. In der Hitze ihres Zusammenstoßes verschmolzen ihre beiden Welten und brachten eine Beziehung hervor, die sich von jeder anderen in Nordamerika unterschied und die die weitere Geschichte des Gebiets bestimmen sollte.

* * *

Am Anfang aller Anfänge kamen unsere Vorfahren aus der Erde heraus, in der sie erst unter dem Sandy Place See im Norden wohnten. Die Welt unter dem See war wie diese, aber dunkel. Geister, Menschen und Tiere lebten zusammen, und der Tod war unbekannt.

Unter den Geistern waren die ersten Mütter aller Tewa, bekannt als Blue Corn Woman to Sommer und White Corn Woman Near to Ice. Sie beauftragten einen der Männer, einen Pfad zu suchen, der sie vom See wegführte. Als er die Oberfläche erreichte, sah er in jeder Richtung nur Nebel, also kehrte er zurück und berichtete, daß die Erde noch ochu (unreif) sei.

Die Mütter beauftragten den Mann, die obere Welt zu erkunden. Als er ging, kam er an einen offenen Platz, an dem alle tsiwi (Raubsäugetiere und aasfressende Vögel) versammelt waren. Als sie ihn sahen, stürzten sie sich auf ihn, stießen ihn um und richteten ihn übel zu. Aber dann sagten sie: ›Es ist in Ordnung! Steh auf! Wir sind deine Freunde‹, und augenblicklich verschwanden seine Wunden. Die Tiere kleideten ihn in Wildleder, bemalten sein Gesicht schwarz, befestigten Federn in seinem Haar und gaben ihm einen Bogen und Pfeile und einen Köcher. Dann sagten sie: ›Du bist angenommen worden. Von jetzt an wirst du diese Geschenke benutzen und Herr der Jagd heißen. Jetzt bist du bereit zu gehen.‹ Und so ist der erste Gemachte Mensch, der Herr der Jagd, entstanden.

So kehrte der Herr der Jagd in die Welt unterhalb des Sees zurück. Als er in die Nähe kam, stieß er einen Fuchslaut aus. Als ihn die Menschen hörten, verstanden sie und waren froh und sagten: ›Wir sind angenommen worden!‹ Dann ernannte der Herr der Jagd zwei andere Männer als Führer und gab jedem von ihnen eine weiße Kornähre. Zu dem ersten sagte er: ›Du sollst das Volk während des Winters führen und für es sorgen.‹ Und zum zweiten sagte er: ›Du sollst das Volk während des Sommers führen und für es sorgen.‹ So entstanden der zweite und dritte Gemachte Mensch, die Sommer- und Winteranführer.

Ursprungsgeschichte der Tewa

Mehr noch als für die anderen amerikanischen Ureinwohner stellt die Ursprungserzählung für die Pueblo eine Schablone für die Weltauffassung dar, die die Erfahrung des einzelnen von den ersten Momenten des Lebens an bestimmt. In der ›Namenszeremonie‹ der Tewa erhält das Neugeborene zwei vollkommene Kornähren, eine blaue und eine weiße, die die zwei ursprünglichen Mütter des Volkes verkörpern. Weiter liegt die Geschichte allen Riten zugrunde, die die Einführung des Kindes in die volle Mitgliedschaft der Gemeinde markieren. Bei der Zeremonie des ›Wasser Gebens‹ zum Beispiel, die während des ersten Lebensjahres stattfindet, vollzieht der Herr der Jagd die Rückkehr seiner mythischen Vorfahren zum Volk nach: Mit dem Bellen eines Fuchses erscheint er in der Tür, in eben dem Kostüm, das die Tiere damals dem ersten Herrn der Jagd als Zeichen seiner Annahme gaben, d. h. in einem wallenden Wildleder, mit einem langen Bogen und bemaltem Gesicht, das Haar mit den Federn eines aasfressenden Vogels geschmückt.

Jeder Tewa wird in eine der zwei Einteilungen, die vom ursprünglichen Herrn der Jagd geschaffen wurden, hineingeboren: die Sommer- und die Wintermenschen. Die Unterscheidung der zwei Gruppen ist weit mehr als nur sozialer Natur: ›Sommer‹ wird mit dem weiblichen Prinzip verbunden – nicht nur mit der Welt der Frauen, die die Häuser besitzen und die häusliche Sphäre bestimmen, sondern zusätzlich auch mit Nachkommen, Feldfrüchten und Erde –, während ›Winter‹ mit der männlichen Domäne assoziiert wird – Jagd und Kriegsführung, Sonne, Himmel und Blitz –, die außerhalb des Dorfes liegt. Auf diese Weise strukturieren die Kornmütter, die in der Ursprungsgeschichte die Männer aussandten, um die Erde zu erkunden, das gesellschaftliche Leben der Pueblo.

Die Versöhnung der polaren Gegensätze von männlich und weiblich ist ein Hauptanliegen der Pueblo-Kultur. Besonders einschlägig sind die beiden Prinzipien natürlich im Akt der Zeugung: So wie die Erde zur Fruchtbarkeit Regen und Sonne braucht, so braucht eine Frau zur Schwangerschaft den Samen eines Mannes. Eine Sexualität, die die fundamentalen Naturprozesse abbildet und an ihnen teilhat, ist mit dem Heiligen eng verknüpft. Weil alles Leben von ihr abhängt, ist sie mit dem ganzen Jahreszyklus von Tänzen und Zeremonien verschränkt, die nur unter Teilnahme beider, der Sommer- und Wintermenschen, und aller verschiedenen Clans und Gesellschaften, die die Pueblo-Gemeinde ausmachen, ausgeführt werden können. Dasselbe Anliegen ist auch in die politische Struktur eingebettet: Nach dem am ›Anfang der Anfänge‹ vom Herrn der Jagd festgelegten Muster wechselt die Führungsposition zwischen einem Sommerführer, der in der Zeit, in der die ›weiblichen‹ Aktivitäten des Anpflanzens und Erntens überwiegen, der Gemeinde vorsteht, und einem Winterführer, der sein Amt dann antritt, wenn die Feldfrüchte eingesammelt sind und die Männer in die Berge zum Jagen gehe.

Aber das ist nur der Anfang. Die Geschichte geht weiter:

> Noch wußten sie nicht, ob die Erde sie erhalten konnte, also sandten die Führer sechs Zwillingspaare, die *Towa*, zur Erkundung aus. Die blauen Zwillinge gingen nach Norden, die gelben Zwillinge nach Westen, die roten Zwillinge gingen in den Süden, die weißen Zwillinge nach Osten und die dunklen Zwillinge gingen in den Zenit, doch alle stimmten darin überein, daß der Boden noch zu weich war, um auf ihm zu gehen.
>
> Schließlich wurde das bunte Paar ausgesandt. Sie sahen einen Regenbogen am Himmel und fanden, daß die Erde ein wenig härter war. Überglücklich machten sich die Menschen daran, den See zu verlassen. Der Sommerführer führte den Weg an, versank jedoch augenblicklich bis zu den Knöcheln im Schlamm. Dann schritt der Winterführer vor, und es kam Reiffrost auf, der den Boden härtete, so daß die Menschen auf ihm gehen konnten.
>
> Und so begannen die Menschen ihre Reise nach Süden. Aber bevor sie sie vollenden konnten, mußten sie nach Sipofene [den See]

> zurückkehren. Einige der Reisenden wurden krank, und die Führer hatten das Gefühl, daß die Menschen noch nicht bereit waren. Als sie ihre Wohnung unter dem See erreichten, bemerkte der Herr der Jagd, daß eine Hexe das hohle Zentrum einer der Kornmütter mit Asche, Kieselsteinen und Kaktus gefüllt hatte. Das bedeutete den Anfang des Bösen in der Welt, und um es zu bekämpfen, wurde die vierte Gemachte Person, der *Ke* (Medizinmann), erschaffen.
> Drei weitere Male mußten sie zum See zurückkehren. Beim ersten Mal wurden die Clowns geschaffen, um die Menschen zu unterhalten, wenn sie müde und traurig wurden, beim zweiten Mal wurde der Herr der Skalps geschaffen, um den Sieg im Krieg zu sichern, und beim dritten Mal wurde die Frauengesellschaft geschaffen, um sich um die Skalps zu kümmern und dem Herr der Skalps zu helfen.

Noch immer bilden die so geschaffenen verschiedenen *Arten* von Menschen die fundamentalen Kategorien der Tewa-Gesellschaft. Während seines Lebens kann ein Tewa von einem gewöhnlichen Bürger (einer aus der namenlosen Masse von ›Menschen‹, die ›am Anfang der Anfänge‹ auftauchten) zu einem *Towa é* (ein politischer Amtsträger, der, wie die ursprünglichen Zwillinge, Anweisungen des Oberhaupts ausführt, indem er die Gemeinde kontrolliert und beschützt) und von dort zu einem der Gemachten Menschen oder *Patowa* (die religiösen und politischen Führer) avancieren. Die Ursprungsgeschichte strukturiert die Zeremonien, die die Amtseinführung eines neuen *Patowa* oder *Towa é* markieren: Jeder Gemachte Mensch zum Beispiel erhält eine kunstvoll dekorierte Schale, die den ursprünglichen See repräsentiert. Manchmal werden neue Amtsinhaber auch mit Kaktusstacheln gestochen oder anderen Mutproben unterworfen: Wie für viele Ackerbauvölker hat Blut für die Pueblo eine immense spirituelle Macht.

Die Wirkung der Ursprungsgeschichte beschränkt sich nicht auf das Dorf und die Gesellschaft der Lebenden. Das Herz eines jeden Pueblo ist das ›Zentrum der Zentren‹, der heilige »Nabel der Mutter Erde«, der die Tewa an die Unterwelt zurückbindet, aus der sie einst herauskamen. Angeordnet in konzentrischen Kreisen und in nördlicher, südlicher, östlicher und westlicher

Richtung von diesem Zentrum ausstrahlend, gibt es andere heilige Landmarken: die vier Tanzplätze und die heiligen Stätten der Gemeinde; dann, außerhalb der Dorfgrenzen, ein Ring von heiligen Stätten in den vier Hauptrichtungen; jenseits dessen die *tsin*, eine Reihe von vier Hügeln, die vom ursprünglichen *Towa é* erschaffen wurden, und schließlich die vier heiligen Berge, die die ersten Zwillinge entdeckten, als sie die Erde erkundeten. Diese numinose Landschaft ist von den Geistern der Toten und all jener, die vor der Entstehung existierten, bewohnt: Sie wirken weiterhin auf die Welt der Pueblo, besonders durch das Machen von Regen. Zu bestimmten Zeiten im Jahr werden diese Vorfahren durch gefiederte ›Betstöcke‹ – von einem frühen spanischen Beobachter als Kreuze beschrieben, die an der Basis kleine Stöcke haben, die »mit Federn und vielen getrockneten Blumen geschmückt sind« – zusammengerufen, wie sie auch umgekehrt selbst Stöcke liegenlassen, um ihre bevorstehende Ankunft anzukündigen. Dann kehren sie in Form phantastisch maskierter Gestalten – von den Tewa *Oxua* genannt, aber meistens unter dem Hopi-Namen *katsinas* oder *kachinas* bekannt – in die Gemeinde zurück, tanzen von Platz zu Platz und werden mit Darbietungen von Maisbrei begrüßt.

Schließlich – so erzählt die Tewa-Geschichte – waren die Menschen für ihre Abreise vom See gerüstet:

> Die Sommermenschen reisten entlang der Berge westlich des Rio Grande und unterhielten sich durch Ackerbau und Pflanzensammeln, während das Gefolge des Winterführers entlang der Berge östlich des Flusses reiste und als Jäger lebte. Auf ihrem Weg machten sie zwölf Aufenthalte, und an jedem bauten sie ein Dorf, das bis auf den heutigen Tag für die Tewa eine heilige Stätte blieb. Schließlich kamen die beiden Gruppen wieder zusammen und bauten ein Dorf namens Posi, wo sie lange blieben, bis eine schlimme Epidemie kam, und die Alten sich dafür entschieden, es aufzugeben. Die Tewa wurden in sechs Gruppen aufgeteilt, jede mit einer Mischung von Winter- und Sommermenschen, so daß sich die Oberhäupter in jeder Gemeinde reproduzieren konnten. Und so kamen die sechs Tewa-Dörfer, die wir heute kennen, zustande.

> Am Anfang waren wir ein Volk. Dann teilten wir uns in Sommer- und Wintermenschen auf, bevor wir wieder zusammenkamen, so wie wir jetzt sind. Aber wie man sehen kann, sind wir noch immer Sommer- und Wintermenschen.

Für die Pueblo ist die Reise aus der Unterwelt weniger physisch als metaphorisch zu verstehen. Sie parallelisiert die geistige Entwicklung der Gesellschaften und die der einzelnen miteinander. Am deutlichsten ist diese Vorstellung vielleicht bei den Hopi, die glauben, daß die Menschheit, bevor sie in diese Welt kam, durch drei frühere Welten hindurchging, von denen jede eine verschiedene Bewußtseinsstufe repräsentierte. Es ist nicht nur so, daß dieses Konzept dem westlichen Entwicklungsbegriff vielleicht am nächsten kommt, es enthält auch starke Anklänge an die asiatische Philosophie. In seinem *The Book of the Hopi* schreibt der Wissenschaftler Frank Waters: »Es ist dieselbe Mystik, aus der die Völker des fernen Ostens eine empirische Wissenschaft und die Hopi ein kosmisches Drama geschaffen haben.«

In der Tat kann der begriffliche und zeremoniale Bezugsrahmen der Pueblo als eine Art ›kosmisches Drama‹ gesehen werden, in dem die Ursprungsgeschichte die Besetzung, die Bühne, die Themen und den Text bestimmt. Es spielt durch Tanz und Ritual auf vielen Ebenen zugleich: männlich und weiblich, menschlich und tierisch, zeitlich und ewig, sozial und psychologisch. Durch diese Versöhnung der Differenzen bringt es die uranfängliche Harmonie zurück, in der ›Geister, Menschen und Tiere zusammen lebten und der Tod unbekannt war‹.

Waren viele Kulturen der amerikanischen Ureinwohner für neue Erkenntnisse und Ideen bemerkenswert offen und paßten ihre eigenen Weltbilder an, so stellten die Ursprungsgeschichten der Pueblo eine in sich stimmige und autarke Weltsicht dar, in die sie jede Erfahrung einzubauen versuchten, wie ungewohnt sie auch sein mochte. Diese Tendenz – bis zu einem gewissen Grad Spiegelbild der europäischen Christen und ihrer Art, der Neuen Welt einen Sinn zu geben – wurde noch durch die komplizierte Natur der Pueblo-Gesellschaften betont. Auch wenn sich die meisten Pueblo der Ursprünge ihrer Völker im groben Umriß bewußt sind, so kennt doch kein einzelner die ganze Geschichte im Detail. Jede Episode mit den dazugehörigen Mächten und Ritualen ist Bestandteil des heiligen Wissens eines einzigen Amtsinhabers – wie dem Herrn der Jagd –, der es in der Verschwiegenheit einer *kiva* einem Mitglied seiner eigenen Gesellschaft weitergibt. Da kein einzelner oder keine Gruppe die Macht hat, die Traditionen von sich aus zu verändern oder aufzugeben, sind diese ungewöhnlich stabil und resistent.

Die Unverwechselbarkeit der Pueblo-Zivilisation präfigurierte stark ihren Blick auf die Spanier und umgekehrt. Beide Seiten brachten Kategorien mit, in die sie den anderen einzufügen versuchten. Am schmerzlichsten stimmt vielleicht, daß die Hopi, wie auch andere mittelamerikanische Völker, einen Mythos über einen verlorenen weißen Bruder – *Pahána* – kannten, dessen Rückkehr eine Zeit des Friedens und der Versöhnung einleiten sollte. 20 Jahre hatten sie ihn ungeduldig erwartet, als sie im Jahr 1540 der christlichen Zeitrechnung den Spanier Pedro de Tovar und einen Truppenverband Soldaten durch die Wüste auf sich zukommen sahen.

* * *

1536 waren die Behörden in Neuspanien aufgeschreckt, als sie vier Überlebende einer gescheiterten Expedition nach Florida, die acht Jahre zuvor aufgebrochen war, nach Mexiko-Stadt hineinhumpeln sahen. Álvar Núñez Cabeza de Vaca und seine drei Begleiter erzählten von ihren erstaunlichen Abenteuern unter den Indianern des jetzigen Südwestens der Vereinigten Staaten und berichteten, sie hätten am Rio Grande von fabelhaft reichen Städten weiter nördlich gehört. In der Hoffnung, ein anderes Mexiko oder Peru zu finden, rüsteten die Spanier zu einer neuen Expedition.

Im März 1539 setzte sich ein Aufklärungstrupp in Marsch, gelenkt von einem maurischen Sklaven, Esteban (oder Estevanico), der einer der vier Überlebenden gewesen war, angeführt von dem Franziskaner Fray Marcos. Esteban – vielleicht weil sein Auftreten den Unmut des Mönchs erregte – reiste getrennt, trug Glokken, eine Krone aus Federschmuck, eine gefiederte Fußspange und ein gefiedertes Armband und wurde von einem Gefolge indianischer Verbündeter eskortiert.

Im Mai erreichte er die Zuñi-Gemeinde von Hawikuh. Mitten in den Vorbereitungen begriffen, die *katsina* um Regen anzurufen, fühlten sich die Menschen von der Ankunft des »schwarzen Mexikaners mit den chili [i. e. geschwollenen] Lippen« und seines Gefolges zutiefst gestört. Als Esteban Boten mit dem Symbol seiner Autorität – eine ›Kalebasse‹, die mit roten und weißen Federn geschmückt war – schickte und verkünden ließ, er ›komme, um Frieden und Heil zu bringen‹, reagierte der Häuptling wütend. Nach Überlieferung der Zuñi schleuderte er die Rassel zu Boden und sagte, er wisse schon, welche Sorte Menschen sie seien, und daß die Boten ausrichten sollten, sie sollten die Stadt nicht betreten, und wenn sie es dennoch täten, würde Esteban mit dem Tode bestraft werden. Er und seine Leute bekräftigten die Warnung, indem sie die Straße mit einem Linienstreifen Maismehl symbolisch sperrten, doch Esteban insistierte und drohte, daß, wenn ihm etwas passiere, die hinter ihm Kommenden mit ihrer größeren Macht die Gemeinde zerstören würden. Als er mit seiner Forderung nach Türkis und Frauen weiteren Anstoß erregte, beschlossen die Zuñi, ihn zu töten, »damit er unseren Ort seinen Brüdern nicht verraten kann«.

Die Bedeutung dieses Ereignisses läßt sich an der Zahl der darüber kursierenden Geschichten messen – nicht nur unter den Zuñi, sondern auch unter anderen Pueblo. Viele Pueblo-Völker erzählen, daß »der erste *weiße* Mann, den wir sahen, ein *schwarzer* Mann war«, und in Jemez Pueblo am Rio Grande gibt es einen alljährlichen Tanz, der nach dem Jemez-Historiker Joe Sandro Esteban und Fray Marcos darstellt: »Eine Figur trägt ein weißes Käppchen mit einem verknoteten weißen Strick um den Bauch in der Art eines Franziskaners. Den Kopf der anderen Figur bedeckt ein schwarzer Schafspelz, um krauses Haar anzudeuten. Ihr Gesicht ist schwarz bemalt und sie trägt eine kleine Trommel, die sie jedesmal, wenn der Mönch herumläuft, spielt.«

Marcos selbst erreichte das Zuñi-Territorium schließlich im Juni. Er ›nahm‹ das Gebiet für den König von Spanien formal ›in Besitz‹, indem er ein Kreuz auf einer Bergspitze errichtete, von der er einen fernen Blick auf Hawikuh hatte. Dann kehrte er nach Neuspanien zurück und berichtete, daß die ›überaus schöne‹ Zuñi-Stadt die legendäre Stadt Cíbola sei, ›größer als die Stadt von Mexiko‹ und umgeben von einem ›Land, das meiner Meinung nach das größte und beste aller bis jetzt entdeckten ist‹.

Verführt durch seine verlockende Beschreibung, stellten die Spanier schnell eine neuere, größere Expedition unter der Leitung des jungen und ehrgeizigen Francisco Vásquez de Coronado zusammen. Als sie durch das Grenzgebiet kamen, trafen sie auf einigen Widerstand von Opfern der spanischen Sklavenraubüberfälle, doch weiter nördlich stießen sie auf Menschen, die sich an Vaca und Fray Marcos erinnerten und sie gastfreundlich empfingen und zum Essen einluden. Für die Pueblo, die wieder die zeremoniale Rückkehr ihrer eigenen phantastisch gekleideten Vorfahren erwarteten, muß das Schauspiel der spanischen Kavalkade viele befremdliche Züge gehabt haben. Umgeben von den vertrauteren Figuren der mexikanischen Indianer in vollen Insignien, sahen sie seltsame Wesen mit gefiederten Helmen, die in leuchtender Rüstung auf monströsen Tieren ritten, riesige Holzkreuze trugen und eine Herde von unbekannten Tieren (Schweinen) vor sich her trieben. Ihre große Macht wurde durch ihre Gewehre bekräftigt, die mit Blitz und Donner unglaubliche Zerstörung anrichteten: allein der Lärm genügte, damit die Indianer benommen zu Boden fielen. Als die Spanier Boten in die Dörfer schickten, um ihre bevorstehende Ankunft anzukündigen, interpretierten die Indianer ihre Kreuze natürlich als Betstäbe und sahen in den Spaniern *katsinas*.

Die Spanier zögerten nicht, sich diese Assoziationen zunutze zu machen. Ihre Erfahrung in Mexiko hatte sie bereits die Bedeutung der Sonne für die Menschen der Gegend gelehrt. Als sie von Indianern am Weg ›Götter‹ genannt und gefragt wurden, ob sie ›aus dem Wasser, aus der Erde oder vom Himmel gekommen‹ seien, hatten die Soldaten eine Antwort parat. »Ich komme von der Sonne ... Ich bin ihr Sohn«, sagte Pedro de Alarcón einer Gruppe von alten Männern, und als diese ihn prüften und fragten, wie die Sonne ihn denn schicken könne, ›wenn sie hoch am Himmel stand und niemals einhielt‹, antwortete er, daß ›sie sehen könnten, daß die Sonne bei Aufgang und Untergang nahe an die Erde herankommt, wo sie wohnt ... [und] daß die Sonne mich in dem Land, in dem sie aufgeht, geschaffen hat‹. Sofort nahmen die alten Männer ›Mais und Korn in ihren Mund‹ und besprengten Alarcón damit; dies sei die Art, sagten sie, ›in der sie der Sonne opferten‹.

Nach Berichten spanischer Chronisten näherten sich andere Indianer nervös jedem Pferd und sprachen es an, ›als wäre es eine Person‹. Sie rieben ihre Körper an den Hinterbacken der Tiere, reckten ihre Hände nach oben und reckten sie flehentlich zum Himmel. Vor die Kreuze der Spanier legten sie ›Pulver [heiliges Maismehl] und Federn, einige sogar die Decken, die sie trugen. Sie taten dies so eifrig, daß einige auf die Rücken der anderen kletterten, um an den Armen der Kreuze Federn und Rosen zu befestigen. Wieder andere brachten Leitern, und während einige sie hielten, kletterten andere hoch, um Schnüre für die Befestigung der Rosen und Federn umzubinden.‹

Als Coronado Hawikuh erreichte, waren jedoch die Zuñi, die ihre Erfahrung mit Esteban im Jahr davor nicht vergessen hatten, weniger begeistert. Auf die Kunde seiner Annäherung hin hatten die Frauen und Kinder in einer nahegelegenen *mesa* Zuflucht gesucht, und die Expedition wurde von den Männern ›kalt ... und mit finsteren Gesichtern‹ begrüßt. Der Häuptling, der für die auswärtigen Beziehungen zuständig war, versuchte erneut, die Straße mit symbolischen Mehlstreifen zu sperren, doch brachen die Soldaten schnell mit dem Schlachtruf »Santiago!« durch. Die Krieger ließen einen Regen von Steinen, Pfeilen und Lanzen auf sie niedergehen und verwundeten Coronado schwer, der bewußtlos fortgetragen wurde, doch besetzten die besser bewaffneten Spanier die Stadt in weniger als einer Stunde und zwangen die Zuñi zur Flucht. Coronado verfolgte sie nicht, sondern richtete sich in Hawikuh ein. Obwohl schwer enttäuscht, daß ›Cibola‹ nur ein kleiner, »zusammengewürfelter« Pueblo war und nicht die von Marcos versprochene herrliche Stadt, fanden die hungrigen Soldaten »etwas, was wir viel höher schätzten als Gold und Silber: vor allem viel Mais und Bohnen, Truthähne, die größer waren als die in Neuspanien, und besseres und weißeres Salz, als ich je in meinem ganzen Leben gesehen habe«. Die Expedition blieb in Hawikuh vier Monate und benutzte das Dorf als Basis für Erkundungen des Hopi-Territoriums und des Grand Canyon und die Suche nach »Quivira«, ein mythisches Land, das reich an Metallen und Seide sein sollte.

Anfang Dezember jedoch hatten die Spanier fast den ganzen Nahrungsvorrat der Zuñi erschöpft, und Coronado verlegte seine Armee östlich nach Rio Grande, um den Winter in einer Gruppe von Dörfern in der Nähe des heutigen Albuquerque zu verbringen, das die Invasoren Tiguex nannten. Während sich de Soto plündernd seinen Weg durch das Gebiet weiter östlich bahnte – beide Expeditionen befanden sich, ohne es zu wissen, an einer Stelle weniger als 300 Meilen voneinander entfernt –, bediente sich Coronado der üblichen Methoden, um Mais, Decken und Frauen aus Tiguex herauszuziehen. Und wenn seine verzweifelten ›Gastgeber‹ schließlich zu den Waffen griffen, antwortete er mit einer Wildheit, die noch de Soto hätte erbleichen lassen können: Hundert oder mehr Männer wurden auf dem Scheiterhaufen verbrannt, die meisten anderen flohen oder wurden im Kampf getötet und der Hauptteil der Frauen und Kinder wurde als Sklaven genommen.

Im folgenden Frühling nahm Coronado die Suche nach »Quivira« wieder auf. Sie wurde von zwei amerikanischen Ureinwohnern angeführt: Der eine – wahrscheinlich ein Pawnee – wurde ›der Türke‹ genannt (»wahrscheinlich«, wie einer von ihnen es unverblümt ausdrückte, »weil er genauso aussah«); der andere war ein Wichita namens Sopete. Die zwei Führer lockten die Soldaten mit phantastischen Geschichten von einem »Häuptling, der nachmittags zur Musik goldener, im Winde bewegter Glocken unter einem Baum schläft« in die Great Plains hinaus – wahrscheinlich, weil sie dort Angriffen schutzloser ausgeliefert waren. Als sie nur ein weites Grasland entdeckten, über das der Wind fegte und das von riesigen Büffelherden und einigen kleinen Apachen- und Wichita-Gemeinden bewohnt war, erdrosselten sie den Türken in Zorn und Frustration.

Schließlich kehrte Coronado 1542 nach Neuspanien zurück und beklagte sich bitter, daß Fray Marcos »in keinem einzelnen

Punkt die Wahrheit gesagt hatte, vielmehr sich alles umgekehrt verhält, wie er berichtet hat«, und daß die Gegend um den Rio Grande praktisch wertlos sei. Diese nüchterne Einschätzung hielt weitere Expeditionen ab, und als 1548 in Nordmexiko Silber entdeckt wurde, konzentrierte sich die Energie der Kolonisten eher auf Bergbau als auf Erkundungen.

Die Franziskaner jedoch gaben ihre Ambitionen auf eine andere Art der Eroberung nicht auf. Angefeuert vom Glauben der Gegenreformation und der Sehnsucht nach Vereinigung mit Christus durch Märtyrertum, hungerten sie danach, den Pueblo das Evangelium zu bringen. Wie die Jesuiten in Südamerika und Kanada – und, weniger, die Gründer der ›Betstädte‹ in Neuengland – träumten sie von der Errichtung idealer Gemeinden amerikanischer Ureinwohner, fern vom korrumpierenden Einfluß der Siedler. Hier, gereinigt von ihrem ›Heidentum‹, aber unter Beibehaltung ihrer Zeremonien und ›Einfachheit‹, könnten die Indianer ›ihre Zeit mit Prozessionen und Lobpreisungen Gottes in Hymnen und geistigen Liedern verbringen‹.

Hilfe bekamen die Mönche durch einen Stimmungswechsel am spanischen Hof. 1573, nach 80 Jahren unvorstellbarer Zerstörung, die seine Untertanen über den amerikanischen Kontinent gebracht hatten, ächtete der König weitere großangelegte Militärexpeditionen wie die Coronados. Seine neue Verordnung erklärte: »Entdeckungen dürfen nicht Eroberungen heißen. Da wir sie friedlich und menschenfreundlich ausgeführt wissen wollen, lehnen wir den Begriff ›Eroberung‹ ab, um keine Entschuldigung für den Einsatz von Gewalt gegen die Indianer zu liefern.« Jede weitere Ausdehnung der spanischen Macht und Besiedlung sollte friedlich und unter der Leitung von Missionaren geschehen. (Dieser Kurswechsel in der Politik ist vergleichbar mit der Milderung der britischen Haltung im 18. Jahrhundert, die ebenso etwa hundert Jahre nach Beginn der Kolonisierung stattfand.)

Anfang der 80er Jahre des 16. Jahrhunderts organisierten die Franziskaner zwei kleine Expeditionen, um ethnographische und linguistische Daten zu sammeln, die ihnen zum Entwurf einer effektiven Strategie zur Bekehrung und ›Befriedung‹ der Pueblo dienen sollten. Ihre Berichte über den oberen Rio Grande und seine Menschen waren so enthusiastisch, daß die Krone 1595 Don Juan de Oñate ermächtigte, das Gebiet zu kolonisieren: »Euer Hauptzweck sei der Dienst an Gott, Unserem Herrn, die Verbreitung Seines heiligen Katholischen Glaubens und die Rückführung und Befriedung der Eingeborenen der besagten Provinzen.«

Oñate brach im Januar 1598 auf. Er hatte gehofft, die Indianer zu überraschen, doch viele von ihnen hatten von seinem Kommen erfahren und waren in die Berge geflüchtet. Das jetzt als Santo Domingo bekannte Pueblo jedoch war noch bewohnt. Als er ankam, versammelte er die Oberhäupter der 31 benachbarten Gemeinden zu einer ausführlichen Zeremonie, in der sie Treue zum König von Spanien schworen. Wie schon Coronado vor ihm, wollte er die Indianer durch seine Kenntnisse über die Kultur der amerikanischen Ureinwohner beeindrucken und sie qua Ritual und Machtdemonstration unterwürfig machen. Wissend, daß die Pueblo von der Eroberung Mexikos gehört haben mußten, ahmte sein Gefolge bewußt viele Details der Cortés-Expedition gegen die Azteken nach. So marschierten die Soldaten unter demselben Banner der Jungfrau und wurden von indianischen Verbündeten aus demselben Volk der Tlascalan begleitet. Oñates Trupp schloß eine Gruppe von Franziskanern ein – eine genaue Verdoppelung der zwölf ›Apostel von Mexiko‹ aus den früheren Feldzügen –, vor denen er, wie Cortés vor ihm, öffentlich auf die Knie fiel, um den ›stolzen und kriegerischen‹ Eingeborenen ›die wahre Verehrung, die sie gegenüber den Mönchen zeigen sollten‹, vorzudemonstrieren. Den Pueblo, die niemals vor ihren eigenen Führern oder Gottheiten auf die Knie gingen, muß dies als ein Akt der Selbsterniedrigung vorgekommen sein, und man kann sich vorstellen, was sie gefühlt haben müssen, als die Spanier sie aufforderten, dem Beispiel Oñates zu folgen. Nachdem sie es getan hatten, fiel Oñate erneut auf die Knie und betete laut für die Bekehrung ›dieser Ungläubigen‹ und für die ›friedliche Inbesitznahme dieser Königtümer‹. Dann feuerten seine Männer ihre Hakenbüchsen ab und errichteten ein riesiges Kreuz zum Zeichen des christlichen Triumphs.

Die Bedeutung dieser Rituale – die übrigens nicht nur Szenen aus der spanischen Eroberung Amerikas, sondern auch ein mittelalterliches Stück betitelt *Die Christen und die Mohren* enthielten – verfehlte nicht ihre Wirkung auf Menschen, deren eigene Rituale von historischer und religiöser Dramatik durchdrungen waren. Das zeigen Episoden und Charaktere – wie Coronado und sein Pferd ›Santiago‹ –, die sich noch in den heutigen Tänzen der Pueblo erhalten haben. Einige Wissenschaftler sehen in dieser Einverleibung spanischer Elemente in die Zeremonie einen Beweis für die nicht nur physische, sondern auch psychologische Kolonisierung der Ureinwohner: Durch die symbolische Reinszenierung ihrer eigenen Niederlage hätten die amerikanischen Ureinwohner stillschweigend – und inzwischen vielleicht unbewußt – die europäische Herrschaft anerkannt. Nach dem Pueblo-Historiker Joe Sando jedoch sind die spanischen Charaktere Witzfiguren, die es den Indianern erlauben, »an ihren Verfolgern trockene Rache zu üben«.

Bei aller religiösen Aufmachung waren die vorgeblich spirituellen Anliegen der Oñate-Expedition von Anfang an von sehr andersartigen Motiven der meisten Siedler unterminiert. Anders als die ›Mittelschichtler‹, die den größten Teil der britischen Siedlungsbevölkerung ausmachten, suchte die Mehrheit der spanischen Kolonisten weder Befreiung von religiöser Verfolgung noch Handelsmöglichkeiten, noch Land, das sie für ihre Familie bearbeiten konnten. Viele von ihnen waren ehrgeizige oder aufstrebende Adlige, die, weit davon entfernt, ihrer Heimat den Rücken zu kehren, hofften, durch den Erwerb von Reichtum, Landgütern und militärischem Ruhm, ihren Stand in der spanischen Gesellschaft zu heben. Ihr Status als *hidalgos* (Herren) verbot ihnen, sich die Hände mit Arbeit zu beschmutzen oder ihre Ehre mit Handel zu kompromittieren: Wie Fray Gerónimo de Zárate Salmerón in den 20er Jahren des 17. Jahrhunderts sagte, waren sie »Feinde aller Arten von Arbeit«.

Das bedeutete, daß sie – wieder anders als die britischen Siedler – eine mehr oder weniger ständige Rolle für die amerikanischen Ureinwohner in Neuspanien vorsahen. Da Land ohne Arbeiter wenig Wert hatte, war es sinnvoller, die Indianer zur Arbeit für ihre spanischen Herren zu zwingen, als sie zu töten oder zu vertreiben, wie es die Engländer taten. Tatsächlich waren spanische Banditen, teilweise als ein Ergebnis der schwindelerregenden Todesrate der Indianer infolge von Krankheit und Mißhandlung, ständig auf der Suche nach neuen Quellen von indigenen Sklavenarbeitern, die *in* die kolonisierten Gebiete *hinein*gebracht wurden, um die untersten Ränge der spanischen Gesellschaft zu füllen. Den 130 Soldaten-Siedlern, die Oñate begleiteten, stand ein Vielfaches ihrer Zahl an Indianern, mestizo (gemischtrassigen) und schwarzen Sklaven und Dienern zur Verfügung.

An der Spitze der Kolonialhierarchie Neu Mexikos standen die etwa 60 *encomenderos*, die im Austausch für den militärischen Schutz der franziskanischen Missionare das Recht hatten, Tribute von den Indianern zu erheben. Das *encomienda*-System beruhte auf demselben Feudalprinzip, das der Einteilung Englands nach der normannischen Eroberung zugrunde lag: Jeder Adlige erhielt ein Landstück und das Recht, aus seiner Bevölkerung Arbeit oder Produkte herauszuziehen. Aus Sicht der *conquistadores* waren die Pueblo besonders gut für die Rolle der anglo-sächsischen Dörfler geeignet. Wie es ein Siedler 1599 ausdrückte, »zahlen sich die Erwartungen [in Neu Mexiko] besonders gut aus, da die eingeborenen Indianer ausgezeichnete und intelligente Ackerbauer sind; sie sind sehr dem Handel zugetan und bringen ihre Feldfrüchte und die Produkte ihrer Arbeit von einer Provinz zur anderen«. Da sie – im Unterschied zu vielen indigenen Gruppen – in festen Siedlungen lebten, waren sie relativ einfach zu verwalten, und der *encomendero* (oder seine Agenten) konnte seinen halbjährlichen ›Zehnten‹ an Häuten, Baumwolle und Korn leicht einziehen.

Oñates Anstrengungen, diese neue Beziehung zu den Indianern herzustellen, führten schnell zum Konflikt. Für die Pueblo wie auch für andere amerikanische Ureinwohner machte das Überreichen von Geschenken, sowohl innerhalb als auch außerhalb der Gemeinden, einen wesentlichen Bestandteil des kulturellen Lebens aus. Anfangs wurden die *conquistadores* oft mit Geschenken an Nahrung, Kleidern und – wenn man ihren eigenen Darstellungen glauben kann – sexuellen Gefälligkeiten der Frauen begrüßt, die vielleicht hofften, durch das Geschenk ihres Körpers die unberechenbaren und gefährlichen Spanier zu befrieden und die Welten der Ureinwohner und der Europäer zu versöhnen. Als sich jedoch herausstellte, daß die Spanier wenig zurückgaben und weitere Lieferungen als *Rechts*anspruch erwarteten, waren die Pueblo zunehmend gekränkt. Im Dezember 1598, nicht einmal zwei Monate nachdem sie Oñate eine großzügige ›Spende‹ von Mais und Truthähnen gegeben hatten, wurden die Menschen von Ácoma um Lieferung von Nahrung, Wasser und Holz für seinen Lieutenant, Kapitän Don Juan de Zaldívar, und 31 Männer gefragt. Diesmal schienen die Indianer unwillig zu sein, obwohl sie verprachen, etwas Mehl für die Expedition vorzubereiten. Als die Soldaten es holen kamen, stahl einer von ihnen zwei Truthähne und vergriff sich an einer Ácoma-Frau. Die wütenden Indianer töteten Zaldívar und zwölf seiner Männer.

Entschlossen, weiteren Unruhen zuvorzukommen, schickte Oñate einen Straftrupp, um einen ›schonungslosen Krieg‹ gegen die Ácoma zu führen. Nach drei Tagen des heftigen Kampfes waren etwa 800 indianische Männer, Frauen und Kinder tot und fast 600 gefangengenommen. Alle Überlebenden im Alter von über zwölf Jahren wurden zur Sklaverei verurteilt. Die Kinder wurden den Mönchen zur Verteilung als Diener ›in diesem Königreich oder anderswo‹ übergeben. Jedem Mann über 25 wurde einer seiner Füße amputiert. Zwei Hopi, die während der Schlacht in Ácoma gewesen waren, verloren jeder eine Hand und wurden als ernste Warnung zu ihren Leuten zurückgeschickt. Kurz danach zog eine andere Gruppe, die Tompiro, die Wut Oñates auf sich, als sie sich unwillig zeigten, ihm Nahrung und Decken zu geben. In einer sechstägigen Schlacht machten die Spanier drei Pueblo dem Erdboden gleich, töteten fast 1000 Menschen und nahmen 400 Gefangene.

Diese drakonischen – und für die Indianer völlig unerklärlichen – Vergeltungsmaßnahmen schienen, wie es Oñate auch beabsichtigte, die anderen Pueblo von ihrer militärischen Chancenlosigkeit gegenüber den Kolonisten überzeugt zu haben. Natürlich wurden sie den Spaniern gegenüber auch ängstlicher und mißtrauischer. Wenn sie die Soldaten kommen sahen, die den Tribut einsammelten, verließen viele ihre Wohnungen und flohen in die Berge, wo Tausende vor Hunger und Kälte starben. Als eine Folge ging die Versorgung der Siedler mit Lebensmitteln zurück, verschärft durch eine ernste Dürre im Jahr 1600. Als Oñate im September 1601 von einem anderen, vergeblichen Versuch der Entdeckung Quiviras zurückkam, mußte er feststellen, daß die meisten Kolonisten – hungrig, unzufrieden mit seiner Führung und enttäuscht vom Fehlen wertvollen Metalls oder anderer ausbeutbarer Ressourcen im ›Königreich‹ – nach Mexiko zurückgekehrt waren. Die Franziskaner, bemüht, ihre missionarische Arbeit nicht durch die Gier und Brutalität der Soldaten-Siedler zu gefährden, fügten ihre eigenen Klagen gegen Oñate hinzu. Sie berichteten, er habe sich außer der exzessiven Grausamkeit gegenüber den Indianern der sexuellen Ungehörigkeit schuldig gemacht, indem er »unehrenhaft und skandalöserweise mit verheirateten und unverheirateten Frauen« zusammengelebt und seinen Männern erlaubt habe, die eingeborenen Frauen zu mißbrauchen. Dieses Verhalten, so die Mönche, behindere die Bekehrung: Verständlicherweise würden die Indianer fragen, »wenn … Christen soviel Schaden anrichten und Gewalt anwenden, warum sollten [wir] Christen werden?«.

1607 konnten die Franziskaner den Rücktritt Oñates durchsetzen. Wieder wankte das spanische Engagement in Neu Mexiko: Die Kolonie war schwierig, unproduktiv und von den großen Zentren Neuspaniens durch ein großes unerobertes Gebiet getrennt, in dem Versorgungskonvois von Banden amerikanischer Ureinwohner geplündert wurden. Unter dem Druck der Franziskaner jedoch stimmte die Krone 1609 zu, das Territorium als Feld für missionarische Aktivitäten zu behalten, und ernannte einen neuen Gouverneur, der mit einer minimalen Streitmacht von 50 *verheirateten* Soldaten die Ordnung aufrechterhalten sollte, während die Mönche endlich zum Aufbau ihrer idealen Gemeinden amerikanischer Ureinwohner schritten. Abgeschnitten von den Entwicklungen im restlichen Nordamerika, sollten die Franziskaner in den nächsten 70 Jahren die Welt der Pueblo beherrschen und neu prägen.

* * *

Ihre relative Isoliertheit von den anderen Europäern war nicht der einzige Vorteil der Mönche: Sie fanden auch viele frappierende Entsprechungen und ein Echo in der Pueblo-Kultur, das ihnen beim Einstieg half. Die Indianer teilten mit den Missionaren eine intensive Spiritualität (Anthropologen rechnen, daß Pueblo-Männer die Hälfte ihres wachen Lebens mit religiösen Übungen verbringen), einen Glauben an Reinigung durch Fasten und Peitschen oder Geißelung, einen mit großartigen Zeremonien gefüllten Festkalender und eine Auffassung des Lebens als, wenigstens zum Teil, spirituelle Reise. Anders als viele protestantische Missionare, die in *jedem* Aspekt der Spiritualität der Ureinwohner eher den Teufel am Werk sahen, hatten die Franziskaner keine Hemmungen, diese Parallelen, wo immer es ging, durch Aufpfropfung eines katholischen Sinns auszunutzen. Der ›Betstab‹ ließ sich von ganz allein in das zentrale christliche Symbol des Kreuzes übersetzen. Fray Juan de Prada war von den »in der Form … eines Kreuzes« angelegten Pueblo-Gemeinden so beeindruckt, daß er sich fragte, ob hier nicht die Vorsehung waltete. So kann man an den Wänden der Pueblo-Kirchen immer noch Marienjungfrauen alias Kornmütter sehen, die in Maisähren gekleidet sind, oder Gottesbilder, die von Wolken umgeben sind, die – als Quelle von Regen und Bestimmungsort der Toten – für eine Pueblo-Glaubensgemeinde von numinoser Bedeutung sind.

In bewußter Rivalität zum Festkalender der Ureinwohner entwarfen die Mönche einen eigenen katholischen Zeremonienzyklus: Großartige Schauspiele waren gefragt, um »die Seelen der Indianer zu heben und zu Gott zu führen«, schrieb Fray Alonso de Molina, »weil sie von Natur aus lau und vergeßlich sind und der Hilfe einer äußerlichen Schaustellung bedürfen«. In einer Kultur, die den rituellen Aderlaß und die Idee, wenn nicht Praxis des Menschenopfers kannte, mußte der feierlichste Tag des Jahres, Karfreitag mit seinen büßerischen Geißelungen und der Reinszenierung der Passion Christi, besonderen Anklang finden. Wie ehrfurchtgebietend die Indianer dieses Schauspiel fanden, davon zeugt der Bericht eines Mönchs, der, nachdem eine Gruppe von *katsina*-Tänzern seine wiederholte Aufforderung zum Einhalten ignoriert hatte, beschloß, die Rolle des geschmähten Jesus zu übernehmen. Er zog sich nackt aus, geißelte sich mit einer Peitsche, setzte sich eine Dornenkrone auf und schleppte ein Kreuz durch das Dorf. Sofort hörten die Tänzer auf und baten tränenüberströmt um Vergebung.

Doch gab es auch viele Bereiche in der angestammten Kultur, die die Missionare als großes Hindernis für die Bekehrung ansahen und die sie mit erbarmungslosem Fanatismus auszurotten versuchten. Zuerst und vor allem war da die indianische ›Idolatrie‹: ihr Gebrauch von Masken, Puppen, Fetischen und – in unchristianisierter Form – Betstäben zur Verehrung ihrer Vorfahren und anderer mehr oder weniger ›teuflischer‹ Geister. Systematisch konfiszierten und zerstörten die Mönche diese ›hölzernen Götter‹ – Fray Alonso de Benavides etwa behauptete in den 20er Jahren des 17. Jahrhunderts, an einem Tag »mehr als tausend Idole aus Holz« beschlagnahmt und öffentlich verbrannt zu haben – und forderten die Kosmologie, die ihnen die Macht gab, radikal heraus, indem sie in den heiligen *kiva* Kreuze errichteten. Männer, die bei der ›Anrufung des Teufels‹ und fortgesetzten Ausübung ihrer Riten erwischt wurden, wurden öffentlich geschlagen, manchmal zu Tode.

Ein zweiter Punkt, an dem die katholische und die Pueblo-Welt aufeinander zu prallen schienen, war die Sexualität. Da sie in der Zeugung eine heilige Handlung zur Versöhnung streitender Kräfte und zum Wohl der Welt sahen, waren sie gegenüber der sexuellen Erfahrung relativ locker und offen. Vorehelichen Geschlechtsverkehr, serielle Monogamie – eine Frau konnte sich von ihrem Mann einfach dadurch ›scheiden‹, daß sie seine Habe vor die Tür setzte, was ihn zwang, in den Haushalt seiner Mutter zurückzukehren – und Polygamie betrachteten sie als normal und akzeptabel. Für die Mönche waren alle Hoffnungen der Ekstase auf die kommende Welt gerichtet, in der sie, wie sie glaubten, für ihr Leben in radikaler Selbstverleugnung mit einer quasi-sexuellen Vereinigung mit Christus belohnt werden würden. Selbst Katholiken, die kein Keuschheitsgelöbnis abgelegt hatten, sollten keine sexuellen Beziehungen außerhalb der lebenslänglichen Einehe haben.

Wieder versuchten die Franziskaner unter Anwendung körperlicher Strafen – peitschen, einsperren und Haare abscheren –, europäische Maßstäbe des sexuellen Verhaltens durchzusetzen, fanden es jedoch »schwierig, dieses Übel aus ihnen auszutreiben«. Einmal prangerte eine indianische ›Hexe‹ öffentlich die Mönche wegen ihrer Monogamie-Predigten an. Unmittelbar darauf »schlug ein Blitz aus dem heiteren Himmel ein und tötete diesen höllischen Agenten des Dämons inmitten jener guten christlichen Frauen, die ihrer Irrlehren widerstanden hatten«. Zur großen Überraschung und Enttäuschung der Missionare jedoch interpretierten die Indianer den Vorfall nicht als einen Racheakt des christlichen Gottes, sondern als eine Intervention der Himmelswelt, die durch Verwandlung der Frau in eine Geisterwolke ihre Aussage für gültig erklärte.

Wie Missionare zu anderen Zeiten und an anderen Orten versuchten auch die Franziskaner, die kulturelle Überlieferung der Ureinwohner von einer Generation zur anderen zu verhindern, um das Band zu zerschneiden. Durch die Taufe (die mit den Zeremonien der Einführung des Kindes in seine oder ihre Familie und Gemeinde konkurrierte) und dann durch Geschenke, Erziehung und Ausbildung versuchten sie, ihre eigene, radikal verschiedene Weltauffassung den jungen Menschen einzupflanzen. Dazu gehörte vor allem, daß die Kinder die Priester und nicht ihre biologischen Eltern als Väter und Mütter betrachteten. Als zum Beispiel ein Zuñi-Mann 1626 seinen Sohn aus dem Einfluß der Missionare lösen und zurückgewinnen wollte, sagte Fray Martín de Alvide dem Jungen: »Sohn, ich bin noch mehr Vater und liebe dich noch mehr als er, da er dich mit sich in die Qualen der Hölle nehmen will, während ich möchte, daß du die Segnungen des christlichen Daseins genießt.«

Da ihnen die zentrale Rolle der Männer im religiösen Leben der Pueblo nicht entgangen war und sie auch selbst einer männlich dominierten Gesellschaft entstammten, konzentrierten sich die Anstrengungen der Mönche auf Jungen, mit dem paradoxen Effekt, daß einige Frauengesellschaften und -aktivitäten ungestörter waren und so eine größere Bedeutung gewinnen konnten. Männer, die aus der Reihe tanzten, wurden von den Mönchen regelmäßig erniedrigt, indem sie sie vor ihren Kindern bestraften; manchmal demonstrierten sie anschaulich ihre Impotenz im Angesicht der kolonialen Macht, indem sie ihre Hoden anpackten und verdrehten. (1638 beklagte sich ein Taos-Mann, daß Fray Nicolas Hidalgo »[seinen Penis] so sehr verdreht hatte, daß er in der Mitte brach«.)

Die Entmannung der Männer war nicht auf den Bereich der Familie beschränkt. Auch in anderen Gebieten zogen die Missionare die Grenzen zwischen Männern und Frauen radikal neu und brachten die ganze Gesellschaft – in einer Kultur, in der die *Vorstellung* von männlich und weiblich so entscheidend war – ins Ungleichgewicht. Um die Pueblo noch mehr auf ihre patriarchale Linie zu bringen, übertrugen sie eher Männern als Frauen den Besitz an Land und Häusern. Gleichzeitig wurden die meisten Aktivitäten, die traditionell als der männlichen Domäne zugehörig galten – Religion, Jagd und Krieg –, geächtet und Männer statt dessen angehalten, neue Beschäftigungen zu erlernen, wie Haustiere hüten oder frauenspezifische Rollen übernehmen. Ihre Autorität wurde nicht nur durch Versperrung der normalen Wege zu Wissen, Macht und Prestige untergraben, sondern auch dadurch, daß man sie weiter der Lächerlichkeit preisgab. »Wenn wir einen Mann zwingen, ein Haus zu bauen«, berichtete Fray Alonso de Benavides, »lachen die Frauen ihn aus ... und er rennt weg.« In dem Maße, in dem die Zeremonien und Verpflichtungen der (männlichen) Winterhälfte unter diesem Angriff verkümmerten, wurde der Sommer mit seinen akzeptableren Saat- und Erntefesten wichtiger, was zur Folge hatte, daß – nach dem Tewa-Anthropologen Alfonso Ortiz – heute der Winterführer nur fünf Monate und der Sommerführer sieben Monate regiert.

Letztlich schufen die Franziskaner eine durchgehend parallele Gesellschaftsordnung und nutzten jedes Mittel, die Führerschaft der Pueblo an den Rand zu drängen und ihre Macht für sich selbst zu beanspruchen. Sie rivalisierten mit der Fähigkeit der Häuptlinge, die Regen bringenden *katsinas* herbeizurufen, indem sie ihre eigene Ankunft in den Gemeinden mit dem Beginn des Regens zusammenfallen ließen; triumphierend stellten sie ihre – für die Indianer unfaßbare – Macht über Haustiere aus, was eine weit verläßlichere Fleischversorgung zu versprechen schien als die Rituale des Jagdhäuptlings. Wo die traditionellen Führer die *Towa é* und ihre Äquivalente gebrauchten, um die Gemeinde zu kontrollieren und Uneinigkeit zu bestrafen, da gebrauchten die Mönche und ihre missionierten Kirchenbeamten die *fiscales*. Und, vielleicht entscheidend, wo die Häuptlinge erfolglos versucht hatten, Aggressionen seitens der Siedler abzuhalten, da schienen die Kirchenmänner ihre spanischen Landsleute wunderbarerweise im Griff zu haben. Um dies zu zeigen, sprachen sich die Mönche bei mindestens einer Gelegenheit mit ihrer bewaffneten Eskorte ab. Wieder einmal sollte ein Schauspiel inszeniert werden: Gerade als die Truppen im Begriff waren, drei des Pferdediebstahls beschuldigte Indianer zu hängen – so der Bericht eines Soldaten –, »kamen die Mönche in wehenden Röcken heraus und holten die Indianer vom Podium herunter. Als wir so taten, als würden wir sie festnehmen wollen, nahmen die zuschauenden Indianer sofort die besagten Mönche und Indianer in ihre Obhut und brachten sie fort in ihre Häuser ...«

Es überrascht nicht, daß die Pueblo über ihre Erfahrung mit den Missionaren zutiefst gespalten waren. Einige ließen sich ernsthaft zum Katholizismus bekehren; viele andere nahmen wahrscheinlich die äußere Form des Christentums an und strömten in die Missionen, um Zugang zu Nahrung, europäischen Werkzeugen, Haustieren und vor allem Schutz zu haben. (Die Franziskaner legten immer Wert darauf, daß sie »kamen, um zu geben und nicht [von den Indianern] zu fordern«, und unterstrichen damit ein weiteres Mal ihre Unterschiedenheit von den habgierigen *encomenderos*.) Zur gleichen Zeit hinterließen der Angriff der Mönche auf die einheimische Kultur und besonders die erbarmungslosen Prügelstrafen für Sünder Bitterkeit und Groll. Als die Kirche die Siedler der Korruption sowie der sexuellen und ökonomischen Ausbeutung der Indianer bezichtigte, parierten die Kolonisten mit dem Verweis auf die äußerst harte Behandlung der Abweichler durch die Missionare – eine Behandlung, die, wie sie warnten, eine umfassende Rebellion gegen das spanische Regiment provozieren könnte.

Und sie behielten recht. Verschärft durch eine lange Dürreperiode und zunehmende Überfälle der Apachen, brachen 1680 die Spannungen bei den Pueblo in offene Gewalt aus. Der Tropfen, der das Faß zum Überlaufen brachte, war ein Prozeß gegen 47 Pueblo wegen ›Hexerei‹, bei dem vier Pueblo zu Tode und der Rest zu Gefängnis- oder Auspeitschungsstrafen verurteilt wurden. Angeführt von einem, der ausgepeitscht worden war, Popé, wandten sich die empörten Indianer gegen die Mönche – denen nach einem Bericht die Wahl gelassen worden war, friedlich abzuziehen – und töteten einundzwanzig von ihnen. Dann stahlen sie in einer gut geplanten Aktion die Pferde und Maulesel, die den ›Zentralnerv der Kriegsführung‹ der Eroberer bildeten, und umringten schließlich, nachdem sie die meisten außenstehenden spanischen Siedlungen eine nach der anderen zerstört hatten, Santa Fé.

Anders als die Indianer im Krieg König Philips, die, fast zur selben Zeit, verzweifelt versuchten, die Engländer aus Neuengland zu vertreiben, waren Popé, seine Pueblo und die Gefolgsleute der Apachen gegenüber ihren europäischen Feinden noch immer massiv in der Überzahl. Zur Zeit der Revolte lebten in ganz Neu Mexiko weniger als 2500 Menschen in spanischen Haushalten, die meisten davon Diener oder Sklaven, und nur etwa 170 Kolonisten, die waffenfähig waren. Ihnen standen 8000 Soldaten der amerikanischen Ureinwohner gegenüber. Als sie durch Abschneiden der Wasserversorgung den Druck auf die Hauptstadt des ›Königreichs‹ erhöhten, hörte man die Indianer in Worten frohlocken, die den Spott der Missionare auf ihre eigenen Gottheiten zurückgab: »Nun ist der Gott der Spanier, der ihr Vater war, tot, und Santa Maria, die ihre Mutter war, und die Heiligen ... waren Stücke morschen Holzes.«

Nach neun Tagen benutzten die Spanier ihre überlegene Feuerkraft, um aus Santa Fé auszubrechen und nach Mexiko zu fliehen. Auf ihrem Weg fanden sie nicht nur Leichen, sondern in den rauchenden Trümmern der Kirchen ein Spiegelbild der geschändeten *kiva*: mit Exkrementen beschmierte Statuen, Kelche in Abfallkörben, ein Kruzifix, dessen Farbe abgepeitscht worden war. Und zu Füßen des gemarterten Fray Pedro de Avila lagen – als bizarres Schlaglicht auf das, was christliche Symbolik in der Seele des Pueblo angerichtet hatte – drei Lämmer mit aufgeschnittener Kehle.

* * *

Wie die Nativisten weiter östlich, sahen die Rebellen den Konflikt mit den Spaniern als einen Kampf zwischen gegensätzlichen geistigen Kräften an. Ihr Triumph zeigte, daß »ihr eigener Gott, dem sie gehorcht [hatten], niemals starb«. Der siegreiche Popé und seine Lieutenants reisten von Gemeinde zu Gemeinde und erklärten, daß die Menschen zur Gewährleistung einer blühenden und friedlichen Zukunft »in ihren alten Zustand [zurückkehren müßten], so, wie sie damals dem See entstiegen seien ... daß dies das bessere Leben sei und das, was sie wünschten, daß der Gott der Spanier nichts wert sei und der ihre sehr stark«. So sollten die Indianer nicht nur die Kirchen, die christlichen Bilder und heiligen Objekte zerstören, sondern auch alle Spuren des katholischen Glaubens in ihnen selbst auslöschen, ihre Taufnamen aufgeben und sich selbst in den Flüssen reinigen, »damit so der Charakter der heiligen Sakramente von ihnen genommen werde«. Ehen, die von den Mönchen feierlich vollzogen worden waren, sollten annulliert werden, und die Menschen sollten »die Saat verbrennen, die die Spanier gesät hatten, und nur Mais und Bohnen anbauen, die die Früchte ihrer Vorfahren waren.« Um die Umkehrung der Missionarsherrschaft zu vollenden, sollte jeder, der spanisch sprach oder die Namen Jesus oder Maria in den Mund nahm, bestraft werden.

Doch erwiesen sich die von den Spaniern eingeführten Änderungen in der Welt der amerikanischen Ureinwohner als schon zu verbreitet und tiefgehend, um insgesamt wieder umgeworfen werden zu können. Die christliche Doktrin hatte bereits ihre Wirkung getan, sogar im Denken von kulturell Konservativen wie Popé – es ist zum Beispiel bezeichnend, daß er von dem einzigen Eingeborenen-Gott sprach, der den Gott der Missionare überwunden habe, und nicht von der in der ursprünglichen Pueblo-Kultur bekannten traditionellen Schar von Geistern –, und hatte eine substantielle Minderheit von Katholiken oder katholischen Sympathisanten in den meisten Gemeinden hinterlassen. Haustiere und Eisenwerkzeuge waren zu einem unverzichtbaren Bestandteil der Ökonomie der Pueblo geworden und hatten sie zugleich gegen die Angriffe ihrer traditionellen Feinde, die Apachen, verwundbarer gemacht, die mit der Erwerbung von Pferden beweglicher und aggressiver geworden waren. Ausbrüche von Krankheiten, wahrscheinlich europäischen Ursprungs, dezimierten weiter die Bevölkerung.

Um mit der neuen Situation fertig zu werden, entwickelten die Pueblo neue Institutionen. Unter Popés Führung schmiedeten sie eine Allianz zwischen Gemeinden, die sie sowohl vor den einheimischen als auch europäischen Feinden schützen sollte, doch als die Epidemien und die lange Dürre fortdauerten und die Überfälle der Apachen, ungehemmt von den Spaniern, zunahmen, taten sich schnell Risse auf. 1681 fand eine spanische Expedition die Pueblo noch immer mehr oder weniger in ihrem Trotz vereint, doch begannen am Ende des Jahres einige Leute, an den Versprechungen Popés zu zweifeln und sich zu beklagen, daß sie ›sehr kleine Ernten gehabt hätten, kein Regen gewesen sei und jedermann zugrunde gehe‹. Nach indianischer Überlieferung war Anfang der 20er Jahre des 17. Jahrhunderts die Unzufriedenheit so verbreitet, daß eine Delegation von fünf Pueblo nach El Paso ging, um die Spanier um Rückkehr zu bitten.

1692 führte Don Diego de Vargas Zapata Luján Ponce de León eine Expedition zur Wiedereroberung Neu Mexikos an und brachte in einem viermonatigen Feldzug, ohne – wie er sich rühmte – »eine einzige Unze Pulver zu verschwenden, ein Schwert zu ziehen oder … das Königliche Schatzamt eine einzige maravedi *[sic!]* zu kosten«, 23 Pueblo wieder unter spanische Kontrolle. Die Ambivalenz und Verwirrung der Indianer zeigt sich an dem Empfang, den sie ihm bereiteten, der von bewaffnetem Widerstand und mürrischer Annahme bis zu stürmischem Jubel reichte. In Zuñi wurde er herzlich willkommen geheißen und in »einen Raum im zweiten Stockwerk [geführt] … wo er einen Altar mit zwei langen brennenden Talgkerzen vorfand«, desgleichen »religiöse Artikel«, einschließlich Kruzifixe, Bücher und ein Ölgemälde von Johannes dem Täufer. De Vargas war über das Überleben einer katholischen Fraktion in der Gemeinde, offensichtlich ohne Priester, nicht wenig erstaunt. (Nach indianischer Überlieferung wurde ein spanischer Missionar, bekannt als Vater Juan Greyrobe und »bei den Zuñi hochverehrt«, während des Aufstands ausgespart. Er blieb in der Gemeinde, »trug Zuñi-Kleider« und nahm eine Zuñi-Frau. De Vargas erwähnt kein Treffen mit »Pater Juan«, doch wird ein Priester, der zu den »Eingeborenen übergelaufen« war und geheiratet hatte, es wohl vorgezogen haben, seine Identität vor seinen Landsleuten zu verbergen.)

Anders als die erste Eroberung Neu Mexikos, war die de Vargas-Expedition nicht primär missionarisch motiviert. Ein Jahrhundert nach Oñate hatte Spanien sein praktisches Monopol in Nordamerika verloren und war nun mit der zunehmend ernsten Konkurrenz seiner nachzüglerischen Kolonialrivalen Frankreich und Britannien konfrontiert. Was Spanien schließlich zum Handeln bewegte, waren weniger die Hilferufe der Mönche, als die alarmierenden Nachrichten vom Eindringen der Franzosen nach Mississippi und Texas. Die erneute Invasion brach im Ergebnis die hermetische Isolation des Gebiets auf und öffnete es, wenn auch allmählich, den größeren historischen Kräften, die die Erfahrung der amerikanischen Ureinwohner andernorts prägten.

Es gab zwar noch weitere gewaltsame Aufstände gegen die Kolonialherrschaft in den Jahren nach der Wiedereroberung, doch am Ende des Jahrhunderts hatten sich alle Pueblo-Völker, bis auf die Hopi – die feindlich blieben und zu weit entfernt und mächtig waren, um unterworfen zu werden –, in eine vorläufige Koexistenz mit den Spaniern eingefunden. Das vorherrschende Interesse nach Ausdehnung und Stabilisierung der Grenze führte zu mehreren fundamentalen Änderungen in der spanischen Politik, einschließlich der Abschaffung der verhaßten *encomienda* (obwohl die sie ablösende Lohnarbeit, *repartimento*, von Siedlern oft mißbraucht wurde, die die Indianer zwangen, für nichts zu arbeiten). Der militärische Posten löste die Missionsstation als europäische Schlüsselinstitution in Neu Mexiko ab. Auch wenn Missionare zu den Pueblo zurückkehrten, so hatten sie doch die dominierende Rolle als Vermittler zwischen den Ureinwohnern und der spanischen Militärmacht verloren, durch die es ihnen gelungen war, mit der traditionellen Führung zu konkurrieren und diese abzulösen. Statt dessen waren sie gezwungen, sich primär auf die religiöse Sphäre zu beschränken, während die Krone ihre eigenen eingeborenen ›Gouverneure‹ ernannte – deren Amtszeichen, ein Stock mit silberner Spitze, noch heute bei den Pueblo in Gebrauch ist –, um für Ordnung und die Umsetzung der spanischen Politik zu sorgen.

Wie auch in anderen Teilen Nordamerikas führte das neue System zu Spannungen zwischen kulturellen ›Traditionalisten‹, die die spanische Herrschaft und die Gouverneure ablehnten, und ›Progressiven‹, die bereit waren, mit den Kolonisten zusammenzuarbeiten. Anders aber als etwa die Nativisten und Anpaßler der Cherokee brachen diese Differenzen selten in massive Konflikte aus. Während ›Anpassung‹ in den englischen Kolonien gewöhnlich bedeutete, die Auflösung und/oder Umsiedlung der Stämme zu akzeptieren, konnten die Pueblo ihre Identität als Völker bewahren und im Zentrum ihrer sakralen Topographie wohnen bleiben. Die spanische Aufsicht zeigte sich nur periodisch: zu bestimmten Zeiten im Jahr, und viele der offenkundig ›heidnischen‹ Zeremonien konnten im Untergrund – im wörtlichen Sinne: in den *kiva* – fortgeführt werden. Indem sie offene Zusammenstöße, wie die des 17. Jahrhunderts, vermieden, konnten die Pueblo praktisch ihre gesamte Kultur unversehrt erhalten. »Selbst so viele Jahre nach ihrer Wiedereroberung«, beklagte sich ein entmutigter Mönch 1776, »wird noch immer der trügerische Titel oder Name von Neubekehrten auf sie angewandt. Doch ist ihr jetziger Zustand fast derselbe wie zu Beginn der Eroberung, da sie, allgemein gesprochen, sehr ungehörige und möglicherweise abergläubische Sitten beibehalten haben.« Seinem Bericht zufolge praktizierten sie nicht nur verbotene Tänze, sondern machten sich öffentlich über ihre Taufnamen lustig und betraten die Kirche, wenn überhaupt, splitternackt.

Im Ergebnis dieses pragmatischen Arrangements haben es sich die Pueblo angewöhnt, in zwei Welten mit je eigenem Kalender und Weltbild zu leben. Für einen Europäer schwer nachvollziehbar, schätzen und akzeptieren sie beide Welten: Wenn zum Beispiel ein Pueblo stirbt, wird im Anschluß an eine katholische

Totenwache und -messe eine traditionelle Zeremonie veranstaltet, die von Familienmitgliedern, dem Clan und Gemeindebeamten geleitet wird. In einer Rede über den heiligen Blauen See, gehalten vom Gouverneur von Taos, Severino Martinez, in New York 1961, ist diese Dualität sehr einfach ausgedrückt:

> Wir haben heute St. Patrick's [= St. Patricks-Kathedrale] besucht. Wir haben sie gesehen und hatten das Privileg niederzuknien und zu beten.
>
> Ihr habt schöne Statuen, schöne Darstellungen von Szenen, die wir jetzt anbeten, ihr und ich zusammen. Wir haben keine schönen Bauten und wir haben keine goldenen Tempel in diesem See, aber wir haben die Zeichen eines lebendigen Gottes, zu dem wir beten – die lebendigen Bäume, die Nadelbäume, die Fichten, die schönen Blumen, die schönen Felsen und den See selbst. Wir haben diesen Beweis heiliger Dinge, die wir tief lieben, an die wir tief glauben ...

Von den Spaniern aus gesehen, war der *modus vivendi* mit den Pueblo weniger eine Sache der philosophischen Reflexion als der praktischen Politik. Bei hochfliegenden Herrschaftsplänen, aber nur einer bescheidenen Siedlerbevölkerung – selbst 1800 gab es weniger als 20000 Kolonisten in Neu Mexiko, meist eine Mischung spanischer und einheimischer Vorfahren –, brauchte Spanien jede Hilfe, die es bekommen konnte, um sein nördliches Grenzland zu beschützen. Die größte Bedrohung während des 18. Jahrhunderts kam von den zunehmenden Überfällen der Apachen und Ute, die ohne Unterschied Siedler und seßhafte amerikanische Ureinwohner angriffen. Wenn etwas die Kolonisten und Pueblo verband, dann war es diese gemeinsame Gefahr. Hilfstruppen der Pueblo standen den spanischen Soldaten regelmäßig bei Grenzpatrouillen zur Seite.

Obwohl seine Kontrolle über Neu Mexiko noch schwach war, beschloß Spanien, seine spärlichen Ressourcen noch dünner zu verteilen, indem es in das weite Wüstengebiet im Westen expandierte. Schon Ende des 17. Jahrhunderts stand der Süden des jetzigen Arizona unter der Auswirkung einer ständig vorrückenden spanischen Grenze in Nordmexiko: Hunderte, vielleicht Tausende von Ureinwohnern wurden in die reichen Gold- und Silberminen von Sonora gelockt oder als Arbeitssklaven verschleppt. Hier, in einem wesentlich kolonialen Milieu, machten sie eine ganz andere Erfahrung der spanischen Herrschaft, als die der Pueblo. Da hier nur ihre Körperkraft galt und nicht ihre Seele, wurden sie oft brutal ausgebeutet und erhielten wenig oder keinen religiösen Unterricht. Missionare waren über ihre Behandlung entsetzt, die sie – in den Augen der Kirche – den schlimmsten Seiten der Siedlergesellschaft auslieferte. »... in der ersten Ranch einer Bergbausiedlung oder spanischen Stadt«, schrieb Pater Juan Nentuig, »... stoßen Indianer auf Lehrer von solch einem Charakter, daß sie innerhalb weniger Stunden auf Irrwege geführt werden, die sie korrumpieren und ihren Körper und ihre Seele zerstören ...« Abgeschnitten von ihren eigenen Kulturen und Gemeinden, schlossen sie sich den von ihren Stämmen entrissenen Indianern und *mestizo* an, die am Ende der Kolonialzeit die überwältigende Mehrheit in der spanisch-amerikanischen Gesellschaft bilden sollten. (Während sich im modernen Mexiko zum Beispiel nur etwa 15 Prozent der Bevölkerung als Indianer identifizieren, sind nach wissenschaftlicher Schätzung 90 Prozent vorwiegend indigener Abstammung.)

Als der italienische Jesuitenpater Eusebio Kino 1687 nach Norden reiste, um die Missionsarbeit unter den nördlichen – oder ›Oberen‹ – Pima aufzunehmen, wurde er von den spanischen Bergarbeitern und Ranchern begeistert unterstützt. Obwohl die meisten Pima Ackerbauern waren, lebten sie weiter auseinander als die Pueblo in verstreuten Gemeinden, die die Spanier ›rancherías‹ nannten. Von den Kolonisten wurden sie als besonders ›wild‹ erachtet. Die Siedler hatten die Erwartung, daß Kino im Zuge der jesuitischen Politik der ›Reduktion‹ – Konzentrierung der Indianer in Missionsgemeinden, wo sie leichter bekehrt und kontrolliert werden konnten – ihr Land der ökonomischen Entwicklung öffnen und die Indianer zugleich in eine Quelle fügsamer Arbeitskräfte verwandeln würde.

Diese Hoffnungen wurden bald enttäuscht. Kino, nach allen Berichten ein sanfter und freundlicher Mann, wurde von den Pima und Tohono O'odham allgemein willkommen geheißen und scheint bemüht gewesen zu sein, sie vor den schlimmsten Auswirkungen des Kontakts zu schützen. Mit sich trug er eine vom Vizekönig unterschriebene schriftliche Garantie, daß die Indianer keiner Zwangsarbeit unterworfen werden würden und während der Dauer der Mission keine Abgaben zahlen sollten. Mehr noch, als die Härte oder Überheblichkeit der Spanier den Widerstand der Indianer hervorrief, agierte Kino eher als Vermittler und ließ nicht zu, daß die Siedler den Konflikt als Vorwand für einen ›gerechten Krieg‹ benutzten, um mehr Gefangene zu machen. Diese Prinzipienfestigkeit rief unter den Siedlern große Unzufriedenheit hervor. Seit Anfang des 18. Jahrhunderts führten sie eine mehr oder weniger ständige Kampagne zur Beendigung der Missionsarbeit von Kino, was diesem wieder bei den Indianern großes Vertrauen einbrachte. Obwohl viele Pima sich nördlich zurückzogen, um den vordringenden spanischen Siedlern auszuweichen, nahmen sie die jesuitischen Missionare im großen und ganzen weiterhin an, fragten sogar manchmal nach ihnen.

Die Macht der Jesuiten wie auch des spanischen Reiches selbst war jedoch im Schwinden begriffen. Im Zuge des 18. Jahrhunderts erwiesen sich die durch Kontakt und Eroberung entfesselten Kräfte mehr und mehr als für Kolonisten wie Missionare unkontrollierbar. Schon in den 20er Jahren des 17. Jahrhunderts hatten die von den Spaniern eingeführten Neuerungen eine athabaskische Gruppe – von den Kolonisten ›Apaches de Navaju‹ genannt (von einem Tewa-Wort, das anscheinend entweder ›große bebaute Felder‹ oder ›Nehmer von den Feldern‹ bedeutet) – in den Stand versetzt, eine eigene Lebensform zu entwickeln, die für die spanische Herrschaft zunehmend gefährlich wurde. Durch den Aufbau großer Bestände an Schafen, Pferden und Rindern – ursprünglich von den Siedlern erworben – begannen die Navajo, sich von Ackerbauer, Jägern und Sammlern in Ackerbauern bzw. Hirten zu verwandeln, die ihre Herden über riesige Strecken trockenen Graslands trieben, das zu trocken für eine intensive Landwirtschaft war. Mit mehr Fleisch versorgt und ohne besonderen kolonialen Druck auf ihr Land, wuchs sowohl ihre Bevölkerung – in einer frappierenden Umkehrung des sonst in Nordamerika nach dem Kontakt üblichen Musters – als auch ihre

Basis auf dem Land ständig. Durch das Chaos in Neu Mexiko zwischen den 80er und 90er Jahren des 17. Jahrhunderts, als sich Hunderte, wenn nicht Tausende von Pueblo-Flüchtlingen unter den Navajo ansiedelten, ihre Zahl vermehrten und ihnen neue Fertigkeiten wie Weben, Töpferei und Hausbau beibrachten, bekam dieser Prozeß einen starken Anstoß.

In der ersten Dekade des 18. Jahrhunderts begannen die Navajo, die gerade wieder errichteten spanischen Siedlungen am Rio Grande anzugreifen, und für den Rest der Kolonialzeit sollten Navajo-Überfälle – vor allem auf Vieh – zu einem mehr oder weniger ständigen Begleitumstand des Siedlerlebens werden. Die Spanier revanchierten sich mit ihrem gewöhnlichen Sklavenraub, töteten Männer und nahmen Hunderte von Frauen und Kindern mit, waren aber niemals zu einem entscheidenden Schlag oder zur Errichtung einer dauerhaften Präsenz im Territorium der Navajo fähig. Als die anderen Gruppen der Navajo kühner wurden und weiter südlich und westlich zogen, um Gemeinden nicht im südlichen Neu Mexiko und Arizona, sondern Mexiko selbst zu plündern, fanden sich die spanischen Behörden zunehmend machtlos. 1751, als sie gerade einen Aufstand der Pima im Norden unterdrücken wollten, waren sie gezwungen, die Provinzhauptstadt Sonora aufzugeben.

In dem Versuch, das Wegbrechen ihres amerikanischen Reiches zu verhindern, führte die spanische Krone in den 60er Jahren des 18. Jahrhunderts eine Reihe folgenreicher Änderungen ein. 1767 wurden die Jesuiten ausgewiesen, weil sie eine angebliche Gefahr für die königliche Autorität darstellten, und zwei Jahre später begannen franziskanische Missionare und Soldaten das südliche Kalifornien zu kolonisieren und ihre erste Missionsstation in San Diego zu errichten. Um sie wirksamer zu machen, wurden Militärposten neu verteilt. 1786 erließ der neu ernannte Vizekönig von Neuspanien, Bernardo de Galvez, neue Anweisungen für das Regiment der Grenzprovinzen. Wie er wohl wußte, war Spaniens Handelsposition in Nordamerika, ausgehöhlt von mehr als einem Jahrhundert britischer und französischer Rivalität, gefährlich schwach. Um die Konkurrenz der neuen, expansionistischen Vereinigten Staaten zu überleben, hielt er es für unabdingbar, Handelsbündnissse mit Indianern in den Plains und im Südosten abzuschließen. Das Haupthindernis für diese Politik waren die Apachen, die Kräfte und Ressourcen banden, die an der neuen Grenze dringender gebraucht wurden.

Galvez' Antwort war die Aufgabe der alten Eroberungsideologie mit ihrer letztlich religiösen Rechtfertigung und die Übernahme eines rein pragmatischen Ansatzes zur ›Befriedung‹ der Apachen-Stämme. In einem aggressiven, gut koordinierten Feldzug durchkämmten Trupps der Spanier, Pima, Pueblo und mexikanischen Indianer die ›Apachería‹, zerstörten Häuser und Nahrungsvorräte, beschlagnahmten Pferde und töteten oder nahmen Hunderte von *Dineh* gefangen. Als die Überlebenden um Frieden baten, wurde ihnen nicht »die Rettung ihrer Seelen« angeboten – was Galvez als ein kurzfristig unpraktikables Ziel ansah –, sondern die Chance, nahe der spanischen Militärposten zu siedeln, wo sie mit Lebensmitteln, Tabak und Alkohol versorgt wurden, um den Anreiz für Überfälle zu nehmen und sie von den Kolonisten abhängig zu machen.

Dieser Ansatz war ein durchschlagender Erfolg. Um 1800 hatten die Überfälle fast aufgehört, ein stetiger Strom von Siedlern kehrte zu den Grenzprovinzen zurück – die ersten 20 Jahre des 19. Jahrhunderts sahen einen fast 50prozentigen Anstieg der spanischen Bevölkerung in Neu Mexiko – und spanische Händler machten ein blühendes Geschäft mit den Komantschen und anderen Völkern der Plains.

Doch konnten diese Verbesserungen an den Rändern Neuspaniens die wachsende Krise im Herzen des Reiches nicht abwenden. In ganz Spanisch-Amerika waren die Kolonisten über die fehlende Bereitschaft der Regierung, ihnen politische Macht und wirtschaftliche Freiheit zu gewähren, verärgert. 1809 und 1810, als Spanien mit seinem eigenen Befreiungskampf gegen Napoleon beschäftigt war, brach ihre Unzufriedenheit in eine Reihe von lokalen *coups* und Aufständen aus. Anfänglich behaupteten die Revolutionäre, für den exilierten König Ferdinand VII. und gegen das radikal neue Parlament, den *Cortés*, zu handeln, von dem sie sich verraten fühlten, aber als Ferdinand 1814 wieder eingesetzt wurde und die absolute Macht der Krone erneut geltend machen wollte, verlangten sie immer mehr die vollständige Trennung von Spanien. 1821 ging Mexiko schließlich aus mehr als einem Jahrzehnt Krieg als freie Republik hervor. Wie ihre spanischen Vorgänger glaubte die Regierung, daß sie die Pflicht hätte, die Indianer zu ›zivilisieren‹, doch war ihre Definition von ›Zivilisation‹ deutlich anders. Wo die spanischen Behörden, wenigstens bis in die letzten Tage des Reiches, ihren Hauptzweck immer in der Rettung der indianischen Seelen gesehen hatten, waren die Republikaner von den säkularen Idealen der amerikanischen und französischen Revolution geleitet. Ihre Mission, glaubten sie, war es, das komplizierte soziale, rassische und religiöse Kastensystem von Spanisch-Amerika zu beseitigen (nach einigen Theoretikern kannte Neuspanien mindestens 128 verschiedene Rassenkategorien, jede mit einem eigenen Platz in der Kolonialhierarchie) und *alle* Mexikaner in eine liberale, besitzbürgerliche Demokratie zu integrieren. So wurde die politische Dimension des Wortes ›Indianer‹ mit einem Schlag abgeschafft: Die amerikanischen Ureinwohner waren nur noch *Bauern*, die durch Landreform und Erziehung von den Ketten der Unwissenheit und des Aberglaubens befreit werden konnten.

Wie parallele Entwicklungen in den Vereinigten Staaten nach der Unabhängigkeit, führte die Beseitigung der besonderen Rechte der Indianer zu einer umfangreichen Einbuße an indigenem Land. Was sich jedoch in Neu Mexiko und Arizona, weitab von den Zentren der Macht, als noch wirksamer erwies als die Sozialpolitik der neuen Regierung, war ihr Übergang zu freiem Handel. Eine dramatische Industrialisierung hatte die jungen Vereinigten Staaten schnell in eine Weltmacht verwandelt. Anglo-amerikanische Unternehmer mit einer eindrucksvollen Palette neuer Waren und Technologien hatten seit Jahren ein begehrliches Auge auf den lukrativen mexikanischen Markt geworfen. Nach Abschaffung der restriktiven spanischen Handelsbarrieren schwärmten anglo-amerikanische Händler in die alten Grenzprovinzen: Dieser *Santa Fé*-Trail sollte schnell bekannt werden. Ihnen folgten die ›Bergmenschen‹, Pelztrapper und Händler, angezogen von der Fülle an Felltieren in den Rocky Mountains und dann die landhungrigen Siedler und Soldaten. Gleichzeitig strömten englische

Einwanderer nach Texas, wo ihnen unter der liberalen Kolonisierungspolitik Mexikos freies Land angeboten wurde.

Viele Anglo-Amerikaner waren von ihren spanischen Gastgebern nicht gerade begeistert. Der Händler Albert Pike beschrieb Neu-Mexikaner als »faule tratschsüchtige Leute, die sich permanent auf ihren Decken flegeln und Zigarillos rauchen« und die »vor allem mit Häßlichkeit gesegnet« seien; für Josiah Gregg lebten sie »in Dunkelheit und Unwissenheit« und hatten »viel von der Grausamkeit und Intoleranz ihrer Vorfahren und nicht wenig von deren Bigotterie bzw. Fanatismus geerbt«.

Der Wurzel dieser Verachtung lag in vielen Fällen dasselbe Gefühl von rassischer Überlegenheit und nationaler Bestimmung zugrunde, das auch für die Zwangsumsiedlungspolitik gegenüber den Indianern in den Vereinigten Staaten verantwortlich war. Die meisten Neu-Mexikaner waren nicht nur spanische Katholiken – Grund genug für Mißtrauen und Feindseligkeit –, sondern ›Mischlinge‹, mit einer langen Geschichte von Mischehen, sogar unter der aristokratischen Elite, die bis zu den *conquistadores* zurückreichte. Unter der Oberfläche einer europäischen Erziehung meinten viele Anglo-Amerikaner die unverkennbaren Züge einer atavistischen Trägheit und Wildheit wahrzunehmen. Einem Beobachter aus den 50er Jahren des 19. Jahrhunderts zufolge setzte sich der neue mexikanische Charakter aus den »Lastern derer, die mit allen blauen Wassern des Mittelmeers gewaschen sind«, und »der indianischen Schlauheit und Arglist der Indianer« zusammen.

Mit der schnell zunehmenden Alphabetisierung in den Vereinigten Staaten erreichten diese Ansichten über patriotische Zeitungen und eine Flut populärer Bücher über das Leben an der Grenze ein Massenpublikum – dessen größter Teil sich niemals über den Mississippi nach Westen gewagt hätte. J. Ross Brownes *Adventures in Apache Country* zum Beispiel tönte: »Mit jeder neuen Generation wird die Bevölkerung schlimmer, und die [Mexikaner] können nun mit ihren natürlichen compadres – Indianern, Packeseln und Kojoten – gleichgestellt werden.« Als die ›Yankees‹ – wie sie von den Hispanics genannt wurden – weiter nach Nordmexiko einströmten, entstand in den Vereinigten Staaten schnell eine nationalistische Stimmung. Es war undenkbar, daß frei geborene Angelsachsen unter der Regie eines Volkes leben sollten, das sich, ohnehin schon durch Rassenmischung verdorben, durch drei Jahrhunderte des feigen Gehorsams gegenüber Kirche und Krone erniedrigt hatte. Nur durch eine Annexion seitens der Vereinigten Staaten konnten die Hispanics hoffen, der Abwertungsspirale zu entkommen und den Geist der Freiheit und Unabhängigkeit zu atmen. Wie der *Illinois State Register* es ausdrückte, waren sie »Reptilien auf dem Pfad der progressiven Demokratie«, die »entweder kriechen müssen oder zerquetscht werden«.

Texas, in dem 1830 bereits das Englische überwog, ging auf dem Weg voran. 1836 erklärte es sich zur unabhängigen Republik und drängte fast gleichzeitig auf Aufnahme in die Vereinigten Staaten. Die Kampagne der Texaner stieß in den Vereinigten Staaten auf breite Unterstützung – ein Zeitungsherausgeber schrieb: »Mann und Frau sind durch Gott nicht mehr füreinander bestimmt als Texas und die Vereinigten Staaten durch die Natur« – und wurde 1844 zum zentralen Wahlkampfthema der Präsidentschaftswahl. 1846 stimmte der Kongreß für die Annexion Texas' und schickte einen neuen Botschafter nach Mexiko-Stadt, der auch über den Kauf von Neu Mexiko und Kalifornien verhandeln sollte.

Verärgert wiesen die Mexikaner das Ansinnen zurück und drohten offen mit Krieg, doch ließen sich die Vereinigten Staaten nicht entmutigen. Kein menschliches Gesetz, nicht einmal das Gesetz von Nationen, könne den vorbestimmten Lauf des Fortschritts aufhalten. »Weg, weg mit diesem ganzen Spinnengewebe von Rechten in bezug auf Entdeckung, Nutzung, Siedlung, unmittelbare Nachbarschaft usw. ...«, hatte O'Sullivan ein Jahr zuvor geschrieben, »[Unser Anspruch] folgt aus dem Recht unserer offenbaren Bestimmung, uns auszubreiten und den gesamten Kontinent, den uns die Vorsehung zur Ausführung des großen Experiments von Freiheit und föderativer Selbstverwaltung gegeben hat, in Besitz zu nehmen.«

In dieser Stimmung gab Präsident Polk General Zachary Taylor den Auftrag, das Nordufer des Rio Grande, ein umstrittenes, von beiden Regierungen beanspruchtes Gelände, zu besetzen. Als es zum Zusammenstoß zwischen mexikanischen und US-Truppen kam, berichtete Polk, daß »Mexiko die Grenze zu den Vereinigten Staaten überschritten hat, in unser Territorium eingedrungen ist und amerikanisches Blut auf amerikanischem Boden vergossen hat«. Prompt erklärte der Kongreß den Krieg. Während des folgenden verzweifelt ungleichen Kampfes zogen US-Truppen in Mexiko-Stadt ein und hißten das Sternenbanner über den »Hallen von Montezuma«. Es gab eine erregte Diskussion über eine mögliche Annektierung Mexikos, doch wurde die Idee fallengelassen, zum Teil auch, weil das bedeutet hätte, eine zahlenmäßig große Bevölkerung amerikanischer Ureinwohner zu absorbieren, von der man eine Gefahr für US-Institutionen befürchtete. 1848 wurde die mexikanische Regierung im Vertrag von Guadeloupe Hidalgo gezwungen, nicht nur Texas, sondern auch Neu Mexiko, Kalifornien und das ganze Land dazwischen abzutreten.

250 Jahre, nachdem Don Juan de Oñate den Rio Grande hinaufmarschiert war, standen die Pueblos und andere amerikanische Ureinwohner des Südwestens einer erneuten Invasion fremder Menschen und Ideen gegenüber. Wie die Spanier vor ihnen erklärten sich die Neuankömmlinge zur Krönung der Zivilisation und gingen umstandslos zur Ausraubung, Vergewaltigung und Verrohung der indigenen Bevölkerung über. Als die zur Besetzung ihrer Heimat geschickten Freiwilligen aus Missouri anfingen, Feldfrüchte und Vieh zu stehlen und einheimische Frauen zu kidnappen, muß es den geschichtsbewußten Pueblos wie ein déja vu vorgekommen sein. 1847, noch während des Krieges mit Mexiko, wurden die Bewohner von Taos und eine Reihe indianischer und mexikanischer Verbündeter zu einer Vergeltungsaktion provoziert. In mehreren Angriffen töteten sie den ersten US-Gouverneur des Territoriums von Neu Mexiko und zwanzig weitere Anglo-Amerikaner. Die Behörden antworteten mit einem massiven Aufgebot an Waffen, töteten etwa 200 Indianer und zerstörten einen großen Teil von Taos in einem schweren Artilleriefeuer.

Doch bei allen Anklängen an Ácoma und Tiguex leitete die US-Eroberung des Südwestens eine neue Ära für die Indianer ein. Anders als die Spanier sahen die Anglo-Amerikaner Zivilisation nicht als etwas an, das man anderen *Menschen* mitteilte, sondern als etwas, das man durch Siedlung in andere *Gegenden* versetzte. An indianischer Arbeitskraft oder – anfangs jedenfalls – indianischen Seelen waren sie wenig interessiert, nur an indianischem Land, auf dem sie in eigener Regie eine ethnisch und kulturell anglo-amerikanische Gemeinde aufbauen wollten.

Wo Spanien für die Indianer noch immer eine Art Zukunft in Amerika vorgesehen hatte, wenn auch als von ihren Stämmen getrennte, christianisierte Diener, so betrachtete die neue Regierung sie schlimmstenfalls als Hindernis und bestenfalls als irrelevant für die langfristige Entwicklung des Landes. Als sie daran ging, die amerikanischen Ureinwohner des Südwestens unter Kontrolle zu bringen und abzusondern, um ihr Territorium für die Besiedlung sicher zu machen, zog sie sie schließlich in den epischen Kampf um Nordamerika hinein, der sich nun vom Atlantik bis zum Pazifik erstreckte.

8
Der Ferne Westen

Munter, munter, wir sind viele Leute
Lied der Maidu

Der westliche Rand des US-Kontinents ist in vieler Hinsicht ein Spiegelbild des Ostens. Im Norden der Region sind zwar noch amerikanische Ureinwohner konzentriert – das Yakima-Reservat in Washington State, Warm Springs in Oregon –, doch verleugnet Kalifornien seine indianischen Ursprünge ebenso vollständig wie Neuengland. Verstreut in den Tälern, auf den Hügeln und in den wuchernden Vorstädten stehen Häuser im spanischen Kolonialstil und weisen vage auf eine hispanische Vergangenheit hin, doch ist bis auf wenige Ausnahmen – Shasta, Yosemite – die Gegenwart amerikanischer Ureinwohner sogar von der Landkarte verbannt, verdrängt von den Namen katholischer Heiliger und englischer Pioniere. »Wir sind Dunstwolken, wir sind Geister«, sagt ein zeitgenössischer Ureinwohner aus Kalifornien, Lauren Bomellyn. »Als ich in der Schule war, erinnere ich mich, daß wir [amerikanischen Ureinwohner] im Geschichtsbuch von Kalifornien nur mit einer Seite am Anfang gewürdigt wurden. In der letzten Auflage wollten sie sogar das noch streichen. Sie wollten die kalifornische Geschichte mit der spanischen Missionierung anfangen lassen und einfach auslassen, daß hier überall Indianer waren …«

Doch war die Westküste zur Zeit des Kolumbus wahrscheinlich die am dichtesten bevölkerte Region nördlich von Mexiko, ein kunstvoller Flickenteppich von Kulturen, Sprachen und Lebensformen, der sich von der Bucht von Kalifornien bis zum Zipfel von Alaska erstreckte. Allein im heutigen Kalifornien gab es sechs große Sprachfamilien und 150 verschiedene Gesellschaften mit einer Bevölkerung von 700 000 Menschen – nach jüngsten

Schätzungen etwa zehn Prozent der Gesamtheit dessen, was heute die Vereinigten Staaten und Kanada ausmacht.

Was diese Zahlen so bemerkenswert macht, ist, daß – mit wenigen Ausnahmen am Colorado River – keines dieser Völker im fernen Westen Landwirtschaft praktizierte. Die frühe Entwicklung dieses Gebiets scheint mit der des übrigen Nordamerika parallel gelaufen zu sein: An die Stelle der Großwildjagd am Ende der Eiszeit trat eine Lebensweise, die auf dem Sammeln wilder Pflanzen, Fischfang und Jagen kleiner Tiere basierte. Während der Südwesten und Südosten mit der Feldbestellung begannen, entwickelten die Völker der Westküste ihre Wirtschaft immer intensiver.

Die entscheidende Entdeckung – so bedeutend wie andernorts der Gartenbau – für Völker wie die Yokut, Miwok, Maidu, Pomo und Wintu war ein Zermahlungs- und Auslaugungsprozeß, der es ihnen ermöglichte, von den Eicheln der fruchtbaren Eichenwälder zu leben, die einen großen Teil des heutigen Kalifornien bedecken. Die Nüsse wurden in großen Körben aufbewahrt und dann, wenn sie gebraucht wurden, pulverisiert und einer Behandlung unterworfen, die den Bitterstoff, der sie ungenießbar machte, entfernte, und dann zu Brei oder Brot verarbeitet. Die Nahrung wurde mit Beeren, Wurzeln, Hirschfleisch, Fisch, Wildgeflügel und Kleinwild wie Kaninchen und Ziesel ergänzt.

Während der Lebenserwerb in anderen Gebieten Nordamerikas oft strikt nach Jahreszeiten und Geschlechtern unterteilt war – zum Beispiel Frauen, die im Sommer und Herbst ernteten, und Männer, die im Winter jagten –, arbeiteten die Ureinwohner gewöhnlich das ganze Jahr über zusammen. In gemäßigten Klimazonen konnten Fisch und Wild jederzeit entnommen werden, und zwar mit Hilfe von Techniken und Materialien, die denen des Sammelns ähnlich waren: Mit der Fertigkeit des Körbeflechtens konnte man auch Schläger, Worfler, Samenträger, Fischreusen, Fallen, Töpfe und Netze produzieren. Aufgrund der natürlichen Fülle in der Region und ihrer geschickten Ausnutzung konnten sich die meisten kalifornischen Gesellschaften, anders als viele Jäger und Sammler, innerhalb eines relativ kleinen, beschränkten Territoriums erhalten. Ihre festen Gemeinden bestanden aus Häusern, die mit Zweigen oder Rinderplatten bedeckt waren, und befanden sich in geschützten Tälern und an Flüssen. Von dort unternahmen sie kurze Expeditionen in die nahegelegenen Berge, Flüsse und Wälder, um Nahrung zu sammeln.

Die Wohnsiedlung – oft aus nicht mehr als etwa hundert Menschen bestehend – war der Mittelpunkt des sozialen und politischen Lebens. Mit wenigen Ausnahmen leiteten sich die kalifornischen Ureinwohner eher von einem *Ort* ab, als daß sie sich einem ›*Stamm*‹ zugehörig fühlten. Oberhalb der Ebene des meist erblichen Titels eines Dorfhäuptlings gab es kaum noch eine politische Organisation, obwohl sich in einigen Gegenden Nachbarn zu größeren ›Moieties‹ zusammenschlossen, wie die ›Coyotes‹ und ›Wildcats‹. Da ein ›Wildcat‹ nur eine ›Coyote‹ heiraten konnte und *vice versa*, schuf dieses Arrangement Bande der Verwandtschaft und Verpflichtung zwischen verschiedenen Gruppen, die sonst Feinde gewesen wären.

Für die kalifornischen Indianer, wie für die Gesellschaften weiter östlich, die auf Clans basierten, war der Begriff Verwandtschaft von entscheidender Bedeutung. Fremde wurden befragt, um herauszufinden, ob sie, wie immer entfernt, mit einem Mitglied der Gruppe verwandt waren. Wenn sie eine Verbindung, sogar eine symbolische, herstellen konnten, wurden sie buchstäblich als Mitglieder der Familie aufgenommen; wenn es ihnen nicht gelang und sie außerhalb des Horizonts der Gemeindewelt blieben, wurden sie mit Mißtrauen, ja Feindseligkeit behandelt. (Wenn dies fremdartig vorkommt, sei daran erinnert, daß die englischen Wörter *kin* und *kindness* dieselbe Wurzel haben.)

Einige Wissenschaftler haben die Meinung vertreten, daß Kalifornien im ›Jäger- und Sammlerstadium‹ verblieben sei, weil es isoliert war. Während die mexikanische Landwirtschaft über mehrere Wanderungswellen nach Arizona, Mississippi und in anderen Gegenden gebracht wurde, sei Kalifornien durch die Wüste und die kontinentale Wasserscheide von den Entwicklungen im übrigen Nordamerika abgeschnitten gewesen. Tatsächlich jedoch war die Westküste eindeutig einer ganzen Reihe äußerer Kultureinflüsse ausgesetzt. Über Handelsnetze kamen Muscheln aus dem Golf von Kalifornien östlich bis zu den Great Plains und brachten Tonwaren und andere Güter in das Gebiet aus dem Südwesten. Die Kuksu-Religion, die unter mehreren Völkern in Zentralkalifornien anzutreffen ist, zeigt starke Charakteristiken der Pueblo – einschließlich der Verkörperung von Geistern durch Tänzer –, die einen längeren Kontakt mit den Anasazi nahelegen. Wenn die kalifornischen Ureinwohner zusammen mit anderen kulturellen Eigenschaften des Südwestens keine Landwirtschaft übernahmen, dann wahrscheinlich deswegen, weil es ihnen keinen offenkundigen Vorteil gegenüber ihrer hochentwickelten Jäger- und Sammlerwirtschaft brachte. So schreibt der Historiker Alvin Josephy jr. in *The Indian Heritage of America*: »Wenn die Landwirtschaft eingeführt worden wäre ... wäre sie in ihren Anfängen so unproduktiv gewesen, daß sie bei der Dichte der Bevölkerung eine verbreitete Hungersnot hervorgerufen hätte.«

An seinen nördlichen und östlichen Rändern verschmolz Kalifornien fast unmerklich mit den angrenzenden Kulturgebieten. Nahe der heutigen Oregon-Grenze nordwärts, entlang der üppigen, nebelverschleierten pazifischen Küste, erstreckte sich ein Band von Nationen – Yurok, Coos, Chinook, Chehalis, Quileute, Makah und andere –, deren Lebensform sehr von den großen ›Nordwestküsten‹-Kulturen des westlichen Kanada und südlichen Alaska beeinflußt war. Bildeten die Eicheln das Hauptnahrungsmittel in Zentral- und Südkalifornien, so lebten die Völker der Nordwestküste hauptsächlich vom Lachs, der jeden Frühling die Flüsse zum Laichen hinaufschwärmte. Indem sie den größten Teil der Fangmenge räucherten und trockneten und ihn als Vorrat für den Rest des Jahres anlegten, konnten sie in festen Gemeinden leben und ein komplexes zeremoniales und künstlerisches Leben entwickeln. Sie bauten solide Plankenhäuser (manche bis zu 60 Fuß lang), woben Decken, Kleider und Körbe aus Pflanzenfasern und – besonders im heutigen British Columbia – entwickelten einen ungewöhnlichen eigenen Stil der Holzschnitzerei. Ihre komplizierten, hellfarbigen Holzmasken, Kisten, Hausfronten und »Totempfähle«, dekoriert mit den Gestalten von Tieren und übernatürlichen Wesen wie dem Donnervogel, gehören zu den vielleicht bekanntesten und charakteristischsten Bildern in der Kunst der nordamerikanischen Indianer.

Anders als ihre Nachbarn im Süden (und meisten anderen nordamerikanischen Indianergruppen) waren die Südwestgesellschaften streng hierarchisch. An der Spitze der gesellschaftlichen Skala standen ›Häuptlinge‹ oder ›Adlige‹ und ihre Familien, dann ›Gemeine‹ und schließlich, am unteren Ende, ›Sklaven‹ (gewöhnlich Gefangene von anderen Stämmen), die in einigen Dörfern bis zu einem Drittel ausmachten. Wohlhabende ›Adlige‹ besaßen nicht nur materielle Güter wie Kanus, Decken und geschmückte Kleider, sondern auch Namen, Lieder und mächtige Schutzgeister. Im Norden des Gebiets hielten hochrangige einzelne regelmäßig eine Art rituelles Fest namens *potlatch* ab (aus dem Wort der Nootka *patshatl*, was ›geben‹ bedeutet). Nach dem Motto: ›Je mehr man gibt, desto reicher ist man‹, gaben sie weg und zerstörten manchmal sogar ihr Eigentum. Die nördlichen kalifornischen Völker tendierten zu einer weniger extravaganten Zurschaustellung ihres Eigentums, teilten jedoch viele derselben Überzeugungen. Die Yurok zum Beispiel besaßen einen komplizierten Rechtskodex, in dem das Opfer eines Vergehens nach seinem Reichtum entschädigt wurde.

Weiter östlich vermischt sich die Nordwestküstenkultur allmählich mit dem Columbia Plateau, einer Hochlandregion mit schnell fließenden Bächen und Flüssen, flankiert vom Kaskaden- und Rocky Mountain-Gebirge, die sich über Oregon, Washington State und Teile von Montana, Nordkalifornien, Idaho und British Columbia erstreckt. Wie die Küstennationen lebten die etwa zwei Dutzend Völker des Gebiets – Modoc, Klamath, Spokane, Palouse, Kalispel, Nez Percé und andere – primär von Lachsfang, doch reflektierte ihr gesellschaftliches Leben mehr die egalitären Gesellschaften Zentralkaliforniens. Unter der Führung eines nach seinen Fähigkeiten ausgewählten *headman* bauten sie Dörfer am Flußufer mit runden erdbedeckten Häusern und unternahmen regelmäßige Streifzüge in die Umgebung, um zu jagen und Wurzeln und Beeren zu sammeln.

Weiter südlich grenzt Kalifornien an das dünn bevölkerte Große Becken von Utah, Nevada und Teile benachbarter Staaten, wo kleine Gruppen von Utes, Nevada, Paiutes, Shoshoni und anderen Uto-Aztekisch-Sprechenden ein Leben führten, das sich von dem der ›Wüstenjäger und -sammler‹-Kultur aus dem prähistorischen Südwesten nicht wesentlich unterschied. Bei schwachen Regenfällen und einem extremen Klima – die Sommertemperatur im Death Valley kann 65 Grad erreichen – war das Gebiet nur leicht von Beifuß, Wacholder und Piniennuß bedeckt. Die Menschen des Großen Beckens waren ständig auf der Suche nach Nahrung unterwegs. Sie fingen Insekten, Eidechsen, Schlangen und Kaninchen, sammelten Nüsse und Samen und benutzten Grabstöcke für die Wurzeln (was die anglo-amerikanischen Siedler dazu brachte, sie geringschätzig ›Digger Indians‹ zu nennen).

Schließlich stieß Kalifornien in seiner südöstlichen Ecke an das Kulturgebiet des Südwestens. In einem schmalen Streifen am Colorado River an der Grenze zu Arizona lebten eine Reihe von Ackerbauern – die Uto-Aztekischen Chemehuevis und Yuman-Sprechenden wie die Mohave, Maricopa und Yuma –, die wie die prähistorischen Mogollon und frühen Hohokam weiter südlich lebten. In kleinen Gemeinden in der Nähe der Flüsse wohnend, pflanzten sie ihre Beete mit Mais, Bohnen, Kürbissen und Tabak im reichen Schwemmland an, wo sie von Fluten bewässert wurden.

Über die *materiellen* Überreste der kalifornischen Indianerkultur gibt es eine reichhaltige archäologische Forschung, doch ist es, da die Menschen so schnell überwältigt wurden, sehr schwierig, ihr präkolumbisches Leben von *innen* her zu rekonstruieren. Die besten Einblicke gewinnen wir vielleicht durch nördliche Gruppen wie die Hupa, Tolowa und Wintu, die im späten 19. Jahrhundert von Ethnologen untersucht wurden und bis heute wenigstens einige mündliche Traditionen bewahren.

Der sicherste Weg zum Verständnis ihres Weltbilds – weil sie ihre tiefsten Werte verkörpert und durch Kontakt am wenigsten modifiziert wird – ist wieder ihre Ursprungsgeschichte. Im Zentrum ihrer Kosmologie glauben sie an eine Welt vor dieser Welt:

> … die Welt der ersten Menschen, die von uns ganz verschieden waren. Diese Menschen waren sehr zahlreich, so zahlreich, daß selbst,

> wenn alle Sterne am Himmel, alle Federn der Vögel, alle Haare und Felle der Tiere, alle Haare unserer eigenen Köpfe gezählt werden könnten, sie nicht so zahlreich wären wie die ersten Menschen.

Diese zentrale Vorstellung zieht sich durch die langen Mythenzyklen, die bei allen nordkalifornischen Nationen angetroffen werden können. In vielschichtigen Details erzählen sie, wie die erste Welt in die heutige Realität umgeformt wurde. Oft war die Genesis der neuen Ordnung ein verheerendes Feuer oder eine Flut, bei der die meisten ›ersten Menschen‹ in Tiere und Vögel, Felsen und Sterne verwandelt wurden. Die Wintu zum Beispiel erzählen:

> Olelbis [der Schöpfer] schaute auf die brennende Welt hinunter. Er sah nur ein Flammenmeer; Felsen brannten, der Boden brannte, alles brannte. Riesige Wolken Rauch stiegen auf; Feuer flog in großen Funken und Blitzen zum Himmel empor. Diese Funken wurden *kolchituh* (Himmelsaugen), und alle Sterne, die wir nun am Himmel sehen, entstanden in der Zeit, als die erste Welt brannte. Die Sterne saßen am Himmel fest und sind seit der Zeit des *wakpohas* (Weltenfeuers) dort geblieben. Aus dieser Zeit stammen die Quarzfelsen und das Feuer in den Felsen.

Doch ungeachtet ihrer neuen Erscheinung behalten die ›ersten Menschen‹ ihre ursprüngliche Macht, die die treibende Kraft der Welt bleibt. Schamanen können sie für das Heilen (oder Schaden) nutzen und ihre geistigen Helfer mit bezaubernd poetischen Liedern zusammenrufen, zum Beispiel mit dem Wintu-Lied des *Waida Werris* (des Polarsterns):

> Der Kreislauf der Erde, die du siehst,
> Die verstreuten Sterne am Himmel, die du siehst,
> All dies ist der Ort für mein Haar [d. h. Lichtstrahlen].

Dieselbe Vorstellung liegt der zentralen kalifornischen Zeremonie zugrunde: dem jährlichen (oder gelegentlich zweijährlichen) ›Welterneuerungstanz‹, wenn sich die Menschen an der *axis mundi* versammeln, um der Erde ›wieder Kraft zu geben‹ und den Beginn eines neuen Zyklus zu feiern. In einer Reihe komplexer Riten – Wiederaufbau des heiligen hölzernen ›Tanzhauses‹, Anzünden eines neuen Feuers, Sammeln der ersten Eicheln oder des ersten Lachses der Saison – verleihen sie der Welt neues Leben, indem sie die Worte und Handlungen der vor-menschlichen Geistmenschen zitieren. Praktisch wurde die ganze Nation zu dem Tanz zusammengerufen, was 40 oder mehr Gemeinden einbeziehen und bis zu 16 Tage dauern konnte.

Der Ethnograph und Anthropologe A. L. Kroeber schrieb über die ›Welterneuerung‹: »... sie wollen ihre Welt stabil haben; sie fürchten ihr Kippen und Rutschen, ihre Erdbeben, ihre Fluten, den Einfall von Hunger oder Krankheiten, die wie Wolken voraneilen. Es ist die Abwehr dieser Bedrohungen, die die formale Motivation ihrer größten Riten bildet ...« Als es Mitte des 19. Jahrhunderts schließlich zum Kontakt kam, war es ironischerweise ihre Praxis der friedlichen Versammlung zur Stabilisierung der Welt, die die Nordkalifornier gegenüber den Kräften des Chaos und der Zerstörung so besonders verwundbar machte.

* * *

Zu der Zeit des Todes,
Als ich merkte, daß Tod sein mußte,
War ich sehr überrascht.
Alles scheiterte.
Meine Wohnung, ich war traurig, sie zu verlassen.

Ich habe mich weit umgeschaut,
Meinen Geist nach Norden, Süden, Osten und Westen geschickt.
Ich habe versucht, dem Tod zu entkommen,
Aber ich konnte nichts finden,
Kein Weg des Entkommens.

Luiseño-Lied

1540 segelte Hernando de Alarcón mit Schiffen, die Vorräte für die Coronado-Expedition geladen hatten, den Colorado River hinauf, während Melchior Diaz über Land reiste, um sich mit ihm zu treffen. Bei ihren erfolglosen Versuchen, sich zu finden, begegneten beide Parteien ›großen und gutgeformten‹ Yuman, deren anfängliche Freundlichkeit schnell in Feindseligkeit umkippte, als Diaz einige von ihnen ›vorbeugend‹ gefangennahm und folterte.

Zwei Jahre später machte Rodriguez de Cabrillo die erste dokumentierte europäische Reise an der kalifornischen Küste entlang. 1579 folgte ihm Sir Francis Drake, der nördlich des heutigen San Francisco an Land ging und von den Eingeborenen entzückt war. Sein überschwenglicher Bericht ist voll von Bildern des Goldenen Zeitalters: Die Indianer seien »Menschen von einer fügsamen, freien und liebenswerten Natur, ohne Tücke oder Verrat«, die ihm nicht nur Korbladungen »eines Krautes, das sie Tabacco nannten« (ziemlich sicher kein Tabak), sondern auch – nicht gerade ungünstig – einen großen Batzen des westlichen Nordamerikas gaben. Dem Messingschild zufolge, das er aufstellte, übergaben »KÖNIG UND VOLK FREI IHR RECHT UND TITEL AUF DAS GANZE LAND DER OBHUT SEINER MAJESTÄT«. Wie der Historiker Angie Debo ausführt, »war es weder das erste noch das letzte Mal, daß Indianer ihr Land weggaben, ohne es zu wissen«.

Für fast die nächsten zwei Jahrhunderte blieb Kalifornien im Windschatten der europäischen Begehrlichkeiten. Nur gelegentlich drangen Spanier und Briten an der Küste und um den Colorado River vor (obwohl es möglich ist, daß, wie in anderen Regionen, Krankheiten der Alten Welt dem ersten Kontakt weit vorausgingen). Die spanische Invasion von 1768 jedoch brachte eine systematische und traumatische Änderung, die das ursprüngliche Leben im Süden des Gebiets verwandelte und schließlich alle Völker bis hin nach Alaska erfaßte.

So wie Drake fröhliche, freigebige Arkadier erwartet hatte, so rechneten die Spanier mit Eingeborenen, die in »Unwissenheit, Ungeschicklichkeit und Elend« leben. Und, kein Wunder, sie fanden sie auch. Die Berichte der Missionare sind – selbst unter Berücksichtigung ihrer tiefen religiösen Überzeugungen und echten moralischen Empörung – oft erstaunlich engstirnig. Nach Pedro Font zum Beispiel lebten die ackerbauenden Yuman »zu zwanzig, dreißig oder mehr« in einem Haus »wie Schweine« und waren sexuell »schamlos und exzessiv«, aber auch »große Freunde des Rauchens und ... sehr faul, und wäre das nicht so, würden sie viel größere Ernten einfahren; aber sie sind zufrieden mit dem, was sie tun, um genug zu essen zu haben ...«. Zufrieden zu sein mit dem, was ausreicht, dürfte unter Mönchen vermutlich als Tugend angesehen worden sein, bei den amerikanischen Ureinwohnern war es ein klares Laster. Desgleichen, obwohl die Yuman »in der Regel ... freundlich, froh und glücklich« waren, so waren sie es doch nur deswegen, weil sie »wie Einfaltspinsel« waren, die »staunten, als wäre alles, was sie sehen, ein Wunder für sie, und mit ihrer unverschämten Neugier machten sie sich lästig ...«.

Nach dem in anderen Teilen des hispanischen Amerika bereits praktizierten Modell gingen die Missionare daran, die Indianer in europäisch kontrollierten Siedlungen zusammenzuziehen, wo sie zum Katholizismus bekehrt und in Arbeitskräfte für die spanisch sprechenden *gente de razon* (›vernünftige Menschen‹) – viele davon waren selbst detribalisierte mexikanische *mestizo* und Ureinwohner – umgewandelt werden konnten. Kleine Trupps von Priestern und Soldaten durchkämmten das Land und wandten eine Mischung von Geschenken, Drohungen und offener Gewalt an, um die unbekehrten ›*gentiles*‹ in die Missionen zu bringen.

Bemerkenswerterweise besitzen wir noch den Bericht eines ›wilden‹ Indianers von seiner Gefangennahme und Einkerkerung. Ein Kamia namens Janitin erzählte 1878 als alter Mann einem Interviewer:

> Ich und zwei meiner Verwandten gingen hinunter ... zum Strand ... wir taten niemandem auf der Straße etwas zuleide und ... wir dachten an nichts anderes, als Venusmuscheln zu fangen und zu trocknen, um sie in unser Dorf zu tragen.
>
> Während wir damit beschäftigt waren, sahen wir zwei Männer auf Pferden schnell auf uns zu reiten; meine Verwandten hatten sofort Angst und flüchteten so schnell sie konnten und versteckten sich in einem sehr dichten Weidewäldchen ...

Als ich sah, daß ich alleine war, bekam auch ich Angst ... und rannte zum Wald ... aber es war schon zu spät, denn sie überwältigten mich im nächsten Moment, warfen ein Lasso um mich und zogen mich eine weite Strecke, wobei ich mich an den Zweigen, über die sie mich mit ihren galoppierenden Pferden zogen, sehr verletzte; dann banden sie meine Arme nach hinten und brachten mich zur Mission von San Miguel, wobei ich fast rennen mußte, um mit ihren Pferden mitzuhalten, und als ich anhielt, um etwas zu verschnaufen, peitschten sie mich mit den Lassos, die sie trugen, und gaben mir durch Zeichen zu verstehen, daß ich mich beeilen sollte; nachdem wir auf diese Weise viel gereist waren, verringerten sie die Gangart und peitschten mich, damit ich immer im Schritt der Pferde mitlief.

Als wir in der Mission ankamen, schlossen sie mich für eine Woche in einen Raum; der Vater [ein dominikanischer Priester] ließ mich zu seiner Wohnung kommen und sprach mit Hilfe eines Dolmetschers mit mir und sagte mir, daß er aus mir einen Christen machen würde. Er sagte mir viele Dinge, die ich nicht verstand, und Cunnur, der Dolmetscher, empfahl mir, daß ich tun sollte, was der Vater mir sagte, da ich jetzt nicht in Freiheit gesetzt werden würde und es sehr schlecht für mich wäre, wenn ich nicht mitmachte. Sie gaben mir *atole de mayz* [Maisbrei] zu essen, den ich nicht mochte, weil ich diese Nahrung nicht gewohnt war; aber es gab nichts anderes zu essen.

Eines Tages schütteten sie Wasser über meinen Kopf und gaben mir Salz zu essen, und dadurch, sagte mir der Dolmetscher, sei ich nun Christ und hieße Jesús: Ich verstand davon nichts und ließ alles zu, weil ich letzten Endes ein armer Indianer war und mich an niemanden wenden konnte, mich vielmehr anpassen und die Dinge mit mir geschehen lassen mußte.

Am Tag nach meiner Taufe nahmen sie mich mit den anderen Indianern zur Arbeit mit, und sie gaben mir ein Mais-*milpa* [Maisfeld] zu säubern; da ich nicht wußte, wie man mit der Hacke, die sie mir gaben, umgehen sollte, schnitt ich mir, nachdem ich ein bißchen gehackt hatte, in den Fuß und konnte damit nicht weiterarbeiten, sondern riß das Unkraut mit den Händen heraus, und auf diese Weise erfüllte ich die Aufgabe, die sie mir gegeben hatten, nicht. Am Nachmittag peitschten sie mich aus, weil ich die Aufgabe nicht erfüllt

> hatte, und am nächsten Tag passierte dasselbe wie am Tag davor. Jeden Tag peitschten sie mich ungerechterweise aus, weil ich etwas nicht erfüllt hatte, von dem ich nicht wußte, wie es zu tun sei, und so lebte ich viele Tage, bis ich eine Gelegenheit zur Flucht fand; aber man verfolgte mich, und ich wurde wie ein Fuchs gefangen; sie fingen mich wieder wie beim ersten Mal mit dem Lasso ein, brachten mich zur Mission und folterten mich auf der Straße. Nachdem wir angekommen waren, kam der Vater auf dem Korridor des Hauses vorbei und sagte ihnen, sie sollten mich an den Pfosten fesseln und mich züchtigen; sie peitschten mich bis zur Bewußtlosigkeit, und ich kam noch viele Stunden danach nicht wieder zu Bewußtsein. Mehrere Tage konnte ich mich nicht von dem Boden erheben, auf den sie mich gelegt hatten, und auf meinen Schultern trage ich noch immer die Male der Peitschenhiebe, die sie mir damals gaben.

Die ›Missionsindianer‹ wurden nicht nur zu harter Arbeit und militärischer Disziplin gezwungen, sondern mußten als Teil eines europäischen – und noch immer wesentlich feudalen – Haushalts eine neue soziale und kulturelle Identität annehmen. »Der Fernandino-Vater ist wie ein König«, berichtete ein Bekehrter, Pablo Tac. »Er hat seine Pagen, Alkalden, Haushofmeister, Musiker, Soldaten, Gärten, Ranchs, sein Vieh, Pferde zu Tausenden, Stiere zu Tausenden, Ochsen, Maultiere, Esel, 12 000 Lämmer, 200 Ziegen usw.« Innerhalb weniger Jahre standen indianische Neophyten – und einige nicht bekehrte Ureinwohner – als Diener für die *gente de razon* zur Verfügung: nicht nur in den Missionen selbst, sondern auch in *presidios* (Forts), Ranchs und bürgerlichen Städten wie Los Angeles.

Wie andernort in Nordamerika auch, scheint nur eine Minderheit der ›Missionsindianer‹ sich wirklich zum Katholizismus bekehrt und ›zivilisiert‹ zu haben. Der Luiseño Pablo Tac zum Beispiel scheint sich der Sicht der Missionare geflissentlich angeschlossen zu haben. »... wir lebten in den Wäldern«, schrieb er, »bis uns der gnädige Gott aus diesem Elend durch Pater Antonio Peyri, einem Katalanen, befreite, der am Nachmittag mit sieben spanischen Soldaten in unserem Land ankam.« (Diese Begeisterung wurde mit einer Reise nach Rom honoriert, wo Tac krank wurde und im Alter von 19 Jahren starb.) Für die Mehrheit jedoch war die Missionserfahrung eine Katastrophe. Desorientiert, deprimiert und geschwächt durch harte körperliche Bedingungen und eine ungewohnte Ernährung, verfielen sie in einen Zustand apathischer Lethargie, in dem Zehntausende an europäischen Krankheiten starben. 1818 berichtete Gouverneur Vicente de Sola, daß von 64000 getauften Ureinwohnern 41000 gestorben seien. In den 30er Jahren des 19. Jahrhunderts war die indianische Küstenbevölkerung von etwa 70000 auf 15000 gesunken.

Während der längsten Zeit der Kolonialperiode rief die spanische Gegenwart gewalttätige Unruhen hervor. Nach einem erbitterten zweijährigen Konflikt zwangen die kriegerischen Quechan 1783 die Spanier, sich für immer aus dem Gebiet des Colorado River zurückzuziehen. Die kleineren, weniger aggressiven Gruppen weiter westlich waren weniger erfolgreich, obwohl mehrere von ihnen heroisch kämpften und schnell Taktiken übernahmen – wie das Ausheben riesiger Verteidigungsgräben –, die sie gegenüber den berittenen Invasoren effizienter machten. Bis etwa 1810 hatten die Spanier den größten Teil des organisierten Widerstands im Küstengebiet gebrochen, doch setzten gefangene Indianer ihren Widerstand gegen die Missionen fort, indem sie Mordpläne gegen die Priester ausheckten oder ausbrachen, um außerhalb der spanischen Kontrolle in »einer Republik der Hölle und diabolischen Vereinigung von Apostaten« zu leben – wie ein Franziskaner eine Siedlung beschrieb. Alarmiert von den Verlusten der Missionsbevölkerung durch Ausbrüche und Krankheit, organisierten die Behörden eine Reihe militärischer Operationen, um die *cimarrones* (Ausreißer) wieder einzufangen und neue *gentiles* zu finden. Trupps von Soldaten kämmten nicht nur fast ganz Kalifornien und Utah durch, sondern kamen auf ihren Raubzügen auch bis nach Alaska, wo sie viele Nordwestküstennationen, die den Einfluß der russischen, spanischen, britischen und amerikanischen Händler gerade zu spüren begannen, weiter unterminierten.

Aber auch wenn die spanische Invasion weithin zum Zerbrechen und zum Niedergang der Bevölkerung führte, so endete sie doch nicht in der umfassenden Zerstörung, die die englische Besiedlung in Neuengland verursacht hatte. 1845 gab es immer noch nicht mehr als 4000 *gente de razon* in Kalifornien, nicht genug – selbst mit Feuerwaffen, militärischer Organisation und der systematischen Anwendung von Terror –, um die ganze Region zu kontrollieren. Mit Hilfe von Informationen, die sie von den *cimarrones* und von gelegentlichen Scharmützeln mit spanischen Truppen herausbekommen hatten, lernten einige Gruppen außerhalb des Missionsgebiets, sich selbst weniger verwundbar gegenüber Angriffen zu machen. Völker wie die Yokut, Miwok und Wapp gaben ihre friedliche, seßhafte Lebensweise auf und wurden halb-nomadische Guerillas, die militärische Kommandos aus dem Hinterhalt überfielen und sich dann in Sumpfgebiete oder Wälder zurückzogen, wo ihre Ortskenntnis sie vor Gefangennahme schützte. Obwohl sie in einzelnen Gefechten oft besiegt wurden, verteidigten sie ihren Boden so hartnäckig, daß es den Spaniern nicht gelang, sich dauerhaft hinter die Küstenregion auszudehnen.

Die mexikanische Unabhängigkeit 1821 lockerte zusätzlich den hispanischen Griff. Ohne die spanische Militärmacht oder ihren religiösen Eifer sahen sich die mexikanischen Behörden in einer verlorenen Schlacht um die Kontrolle großer Teile Kaliforniens. Getreu ihren liberalen Idealen, erklärte die neue Republik, daß die indigenen Völker freie und gleiche Bürger seien, doch in der Praxis verschlimmerte sich die Situation für viele kalifornische Ureinwohner erheblich – ebenso war es in Neu Mexiko. Obwohl die Missionen säkularisiert wurden und in den 30er Jahren des 19. Jahrhunderts in ›Indianerstädte‹ umgewandelt wurden, blieb das System der indianischen Zwangsarbeit erhalten – ohne sie wäre, wie die Behörden erkannten, das hispanische Kalifornien über Nacht zusammengebrochen –, und schnell endete das beste Land in den Händen mächtiger mexikanischer Familien. Ihre neuen Herren – fanden die Neophyten bald heraus – waren oft noch ausbeuterischer als die Kirche. Kein Wunder, daß Tausende von *cimarrones* in die mexikanischen Städte flüchteten, wo sie sich mit der *mestizo*-Bevölkerung vermischen konnten, oder die Reihen feindlicher Gruppen im Landesinneren auffüllten.

Seit den späten 20er Jahren des 19. Jahrhunderts erwiesen sich die ›wilden‹ Indianer als zunehmend schlagkräftig gegenüber den mexikanischen Truppen. Ein geflüchteter Neophyt namens Estanislao – von einem Wissenschaftler wegen seiner brillanten Nutzung von Schützengräben, Brustwehren und militärischer Strategie als »ein wahrer Genius« beschrieben – stellte eine Gruppe von Ausreißern und *gentiles* zusammen, die 1829 einen Angriff von Truppen, die mit einer Drehbasse ausgerüstet waren, zurückschlug. Obwohl er später zum Rückzug gezwungen wurde, scheint sein Erfolg eine Unruhewelle unter den Indianern Kaliforniens ausgelöst zu haben, wobei immer mehr Gruppen auf rein defensive Aktionen verzichteten und offensive Strategien übernahmen. Mitte der 30er Jahre des 19. Jahrhunderts hatten sich die Feindseligkeiten vom Landesinneren bis in Gebiete hinein verbreitet, die seit Jahrzehnten unter spanischer Kontrolle gestanden hatten. Häufige Überfälle vertrieben viele Hispanos aus ihren Häusern und untergruben den fragilen mexikanischen Einfluß auf die ganze Region: Einmal standen die Ureinwohner sogar kurz vor der Eroberung San Diegos. Während jedoch einige wenige Führer eine komplette Vertreibung der Europäer anstrebten, war die Mehrheit bereit, sich auf eine Koexistenz mit Hispanos einzulassen, sobald sie sich ein Recht auf lokale Autonomie errungen hatten. Unfähig, ihre Autorität mit Gewalt wieder einzusetzen, mußten die Mexikaner in weiten Gebieten der Region einen informellen *modus vivendi* – verstärkt durch häufige Mischehen zwischen den beiden Gruppen – mit mehr oder weniger selbstverwalteten Gemeinden der Ureinwohner akzeptieren.

Doch bei allem Erfolg im Aufhalten, ja Zurückdrängen der Grenze waren doch die kalifornischen Ureinwohner von 80 Jahren spanischer Herrschaft ernsthaft geschwächt. Das Missionssystem hatte die Unabhängigkeit zerstört und die kulturelle Vitalität der Gruppen unterminiert, und europäische Krankheiten hatten – wie in anderen Teilen Nordamerikas – einen ungeheuren Tribut gefordert: Allein bei einer Epidemie starben 1838 schätzungsweise 70 000 Indianer an Malaria. Um die Mitte der 40er Jahre des 19. Jahrhunderts war ihre Bevölkerung von etwa 700 000 auf weniger als 200 000 gefallen. In diesem geschwächten Zustand mußten sie sich einer unvorstellbar größeren Katastrophe stellen: Mexikos Verlust Kaliforniens an die Vereinigten Staaten und, zeitgleich, der Entdeckung des dortigen Goldes.

* * *

Gerade als ich mich nach meiner Mutter umgucken wollte, sah ich … [die weißen Männer]. *Ich ließ einen Schrei los und sagte:*

›Oh, Mutter, die Eulen!‹

Ich sah nur ihre großen weißen Augen und dachte, ihre Gesichter bestünden ganz aus Haar …

Ich glaubte, ich würde ihre großen weißen Augen die ganze Nacht lang sehen. Sie waren die ersten, die ich je in meinem Leben zu Gesicht bekommen hatte.

Sara Winnemucca, Paiute

Bevor die weißen Männer kamen, hatte mein Großpapa einen Traum. Er war so alt, daß er ganz gekrümmt war. Die Knie zum Kinn und Augen wie Indigo. Erwachsener Sohn tragen ihn in einem großen Korb auf seinem Rücken überall hin.

Mein Großpapa sagen: »Weiße Kaninchen« – er meinen weiße Menschen – »werden unser Gras, unsere Saat, unseren Lebensunterhalt verschlingen. Wir werden nichts mehr haben, diese Welt. Großer Elch mit geradem Horn kommen, wenn Weißer Mann es bringen.« Ich glaube, er meinte Rind. »Ein anderes Tier, größer als Hirsch, aber runde Füße, hat Haar auf seinem Nacken.« Das Pferd, denke ich.

Meine Tante sagen: »Oh, Vater, du verrückt, sag nicht so.«

Er sagen: »Nun, Tochter, ich nicht verrückt. Ihr jungen Leute werden sehen.«

Lucy Young, Wintun, 1939

Der Einfluß der anglo-amerikanischen Welt auf den fernen Westen datiert schon Jahrzehnte vor dem US-mexikanischen Krieg. Bereits in den 70er Jahren des 18. Jahrhunderts trieben Seeleute vorbeifahrender Schiffe – wie schon ihre englischen Kollegen an der Antlantikküste im späten 16. Jahrhundert – mehr oder weniger informellen Handel an der Küste, und 1792 fuhr ein amerikanisches Schiff den Columbia River hinauf. Elf Jahre später beauftragte Präsident Jefferson Meriwether Lewis und William Clark, die von den Vereinigten Staaten im Louisiana Purchase erworbenen Territorien zu erkunden. In einer heroischen Reise auf dem Landweg von St. Louis bis zum Pazifik knüpften sie Kontakte mit etwa 50 Ureinwohnernationen, einschließlich der Shoshonen, Nez Percé und Cayuse. In ihrem Gefolge kamen Pelzhändler und Bergmänner, Missionare und vereinzelte Siedler entlang des Oregon Trail. Sie fügten der Unruhe, die bereits von den spanischen Sklavenüberfällen geschaffen worden war, neue Aspekte hinzu. In den 30er Jahren des 19. Jahrhunderts hatte sich das Leben vieler Nordwestgruppen durch den Handel und – besonders auf dem Plateau – die Einführung des Pferdes verändert; die Nez Percé zum Beispiel hatten sich schnell zu geschickten Reitern entwickelt, die große Herden von *appaloosa*-Ponys züchteten und ihre neue Mobilität dazu nutzten, ihr Jagdgebiet bis in die Plains auszuweiten.

In den Jahren, die der mexikanischen Unabhängigkeit folgten, drangen immer mehr Anglo-Amerikaner, angezogen durch die großzügige Landbewilligungspolitik der Behörden, nach Kalifornien selbst ein. Anstatt der US-Praxis einer Zwangsumsiedlung von Indianern zu folgen, paßten sich viele den lokalen Bedingungen an und übernahmen einen eher mexikanischen Ansatz: Sie schlossen mit benachbarten Indianern Bündnisse und bedienten sich ihrer Arbeitskraft zur Schaffung eines persönlichen Reichtums. John Sutter zum Beispiel, dessen Siedlung in Sacramento, 1839 gegründet, zu einem Brennpunkt für US-Einwanderer wurde, beschäftigte indianische Arbeiter nicht nur, um sein Fort zu bauen, zu jagen, zu fischen und Felder anzubauen, sondern auch, um andere Gemeinden zu überfallen und Gefangene zu machen, die dann mit einem erheblichen Gewinn an hispanische Rancheigentümer verkauft werden konnten.

Als im Januar 1848 Gold in Sutters Sägewerk gefunden wurde, setzte sich dieses Muster anfangs fort. Viele der ersten Goldsucher und Bergarbeiter waren Ureinwohner, die manchmal von weither kamen, zum Beispiel von der Küste, und von Sutter und anderen wohlhabenden anglo-amerikanischen Siedlern angestellt wurden. Ironischerweise sollte ihr großer Erfolg ihr Untergang sein. Von Berichten über die indianischen Entdeckungen beflügelt, begannen Zehntausende Anglo-Amerikaner nach Westen zu strömen, um auf eigenes Glück nach Gold zu suchen, und im Mai 1849 gab es 5000 Wagen auf dem Weg nach Kalifornien. Bis 1850, als der Staat in die Union aufgenommen wurde, hatte die nichtindianische Bevölkerung die Zahl von 92 000 erreicht – eine Zunahme von 1000 Prozent oder mehr in nur fünf Jahren – und bis 1860 war sie auf 380 000 gestiegen.

Dieser plötzliche Zustrom macht wahrscheinlich den zerstörerischsten Abschnitt in der ganzen Geschichte der Beziehungen zwischen Ureinwohnern und Euro-Amerikanern aus. Meistens strömten die Bergarbeiter nicht in die schon bestehenden hispanischen Siedlungen an der Küste, sondern in die Berge und Wälder des Inneren, die seit Ankunft der Spanier zum Kernland der Indianer geworden waren. Als ihre letzten Zufluchtsorte, manchmal innerhalb weniger Tage, überrannt wurden, hatten die Gruppen der Ureinwohner keine Zeit, sich anzupassen, und keinen Ort, an den sie fliehen konnten.

Aber es war nicht nur das Ausmaß der anglo-amerikanischen Invasion, sondern auch die Haltung der Siedler, die es so tödlich machte. Der tiefe Gegensatz zwischen der spanischen bzw. englischen Annäherung an die Ureinwohner, der sich schon in Neu Mexiko und anderswo gezeigt hatte, kam in Kalifornien zu voller Entfaltung. Viele Bergarbeiter scheinen von einem tief verwurzelten Rassenhaß getrieben gewesen zu sein und sahen in den Indianern bestenfalls eine Quelle verfügbarer Frauen und verkäuflicher Gefangener – zwischen 1850 und 1863 wurden schätzungsweise 10 000 kalifornische Indianer, darunter viele Kinder, verkauft oder unter Vertrag genommen – und schlimmstenfalls ein Hindernis, das einfach eliminiert wurde. Die Urbevölkerung hatte nicht nur mit den gewöhnlichen schrecklichen Problemen von Krankheit, Enteignung und Hunger zu tun, sie sah sich auch bewaffneten Banden angelsächsischer Mörder ausgesetzt, die den kleinsten Vorwand zum Anlaß nahmen, ganze Gemeinden auszulöschen. Wahrscheinlich starben in Kalifornien mehr Indianer durch vorsätzlichen, kaltblütigen Völkermord als anderswo in Nordamerika. In unangenehm berührter Ironie schrieb der Historiker des 19. Jahrhunderts, H. H. Bancroft:

> Kalifornien kann seine Jahrbücher nicht mit einem einzigen Indianerkrieg schmücken, der an Ehrenhaftigkeit heranreicht. Dagegen kann es sich hundert- oder zweihundertmal so brutaler Schlächtereien seitens unserer ehrlichen Bergarbeiter und tapferen Pioniere brüsten wie irgendein anderes Gebiet vergleichbarer Größe in unserer Republik. Die armen Ureinwohner Kaliforniens hatten weder die Kraft noch die Intelligenz, sich zu einer Abwehr zusammenzuschließen; wenn daher einer von ihnen irgendwann seinen Mut zusammennahm, um seine Frau und Kinder zu verteidigen oder sich für die ständigen Greueltaten der Weißen zu rächen, hatten die Bergarbeiter und Siedler ausreichend Grund, sich zusammenzutun und jeden Indianer, dem sie begegneten, ob alt oder jung, unschuldig oder schuldig, Freund oder Feind, zusammenzuschießen, bis ihr Blutdurst gesättigt war.

Der lange Katalog von Grausamkeiten gegenüber kalifornischen Indianern ist eine bedrückende Lektüre. Ein typisches Beispiel ist der Fall von Stone und Kelsey, zwei amerikanischen Trappern, die in den späten 40er Jahren des 19. Jahrhunderts in der Gegend von Clear Lake eine Ranch errichteten. Nach mexikanischem Muster zwangen sie eine Gruppe Pomo, als Cowboys und Diener zu arbeiten. Hier die mündliche Überlieferung der Pomo:

> ... nur Hirten [Cowboys] bekamen zu essen. Jeder dieser Hirten bekam vier Tassen Getreide für einen Tag Arbeit. Die Tasse faßte nur etwa eineinhalb Pint Wasser. Der Weizen wurde gekocht, bevor er den Hirten gegeben wurde. Und die Hirten teilten ihn mit ihren Familien. Die Hirten, die große Familien hatten, hungerten auch. Etwa zwanzig alte Menschen starben im Winter vor Hunger. Vier starben an den Folgen von Auspeitschungen. Der Neffe einer Indianer-Lady, die mit Stone wohnte, wurde von Stone erschossen ... [die Indianer] wurden gepeitscht und ihre Hände mit Stricken zusammengebunden. Der Strick wurde dann über einen Baumast geworfen und so

> lange gezogen, bis die Zehen der Indianer gerade noch den Boden berührten, und dort ließ man sie stundenlang hängen. Das war die gewöhnliche Strafe. Wenn vom Vater oder der Mutter eines jungen Mädchens verlangt wurde, das Mädchen in das Haus von Stone oder Kelsey zu bringen, und sie folgten nicht der Anweisung, wurden er oder sie ausgepeitscht oder an den Händen aufgehängt. Diese Strafe wurde zwei- oder dreimal in der Woche vollzogen. Viele alte Männer und Frauen starben vor Angst und Hunger.

Im Herbst 1849 schließlich konnten die Pomo diese Behandlung nicht mehr ertragen. Nach einer langen Debatte töteten sie Stone und Kelsey und nahmen »soviel Weizen und Mais mit, wie sie in einem Versteck, in dem sie von den Weißen nicht gefunden werden konnten, verstauen konnten … Die Männer zogen aus, um Rinder für den eigenen Gebrauch zu jagen, und jeder, der reiten konnte, fing sich ein Pferd … So lebten die Indianer eine Zeitlang gut.«

Doch ein paar Wochen später fanden US-Soldaten die Flüchtlinge. Eines Morgens sahen Pomo-Späher im See ein langes Boot auftauchen. Es hatte

> … einen Mast auf dem Bug mit einem roten Tuch. Und es folgten weitere. Jedes der Boote hatte zehn bis fünfzehn Männer an Bord … Am nächsten Morgen kamen die weißen Krieger in ihren langen Kanus herüber. Die Indianer sagten, sie würden sie in Frieden treffen. So gingen sie den Weißen, nachdem sie gelandet waren, entgegen, um sie willkommen zu heißen, aber der Weiße Mann war entschlossen, sie zu töten …
>
> Eine alte Lady, eine Indianerin, erzählte, was sie von ihrem Versteck im Schilfrohr am Ufer sah. Sie sagte, sie sah zwei weiße Männer mit ihren Gewehren hoch in der Luft, und auf ihren Gewehren hing ein kleines Mädchen. Sie warfen es ins Wasser. Und etwas später kamen zwei weitere Männer. Diesmal hatten sie einen kleinen Jungen auf den Spitzen ihrer Gewehre und warfen auch ihn in das Wasser. In kurzer Entfernung zu ihr lag eine Frau mit durchschossener Schulter. Sie hielt ihr kleines Baby im Arm. Zwei weiße Männer rannten zu der Frau und dem Baby. Sie erstachen die Frau und das Baby und

warfen beide über die Böschung ins Wasser. Sie sagte, sie hörte die Frau sagen: »Oh, mein Baby!« Sie sagte, als sie die Toten einsammelten, sahen sie, daß die Kleinen erstochen worden waren, und auch viele Frauen waren erstochen worden. Sie sagte, sie brauchten vier oder fünf Tage, um die Toten einzusammeln: Und die Toten wurden alle an der Ostseite des kleinen Flusses verbrannt ...
Am nächsten Morgen brachen die Soldaten nach Mendocino County auf ... Die Indianer wollten sich ergeben. Aber die Soldaten ließen ihnen keine Zeit. Die Soldaten gingen in das Zeltlager und schossen sie wie die Hunde nieder. Einige konnten sich über einen kleinen Wasserlauf zum Fluß retten. Und einige versteckten sich im Unterholz. Die meisten von denen, die sich im Unterholz versteckten, wurden getötet ... Sie töteten meist Frauen und Kinder ...

Ähnliche Verbrechen geschahen immer wieder in den Jahrzehnten nach der Erwerbung Kaliforniens durch die Vereinigten Staaten. Die 2000 bis 3000 Yana zum Beispiel, deren Mehrzahl sich als Hilfsarbeiter den Invasoren ihres Landes angepaßt hatte, wurden zwischen 1850 und 1872 praktisch ausgerottet, als Vergeltung für den Diebstahl von Rindern und Pferden durch andere, halb verhungerte Völker der amerikanischen Ureinwohner. (Angemerkt werden sollte, daß einige der wenigen Überlebenden von ihren anglo-amerikanischen Arbeitgebern gerettet wurden, die sie beschützten oder ihnen zur Flucht verhalfen.) Die etwa 12 000 Yuki wurden in drei Jahrzehnten durch eine anhaltende Völkermordkampagne systematisch auf weniger als 200 reduziert. Nach Aussage eines frühen Siedlers rückten Trupps angelsächsischer Männer »zwei- oder dreimal in der Woche« aus, um »auf einer Tour durchschnittlich fünfzig oder sechzig Indianer« zu töten.

Das soziale Leben der nordwestlichen Völker wie der Wintu, Yurok und Hupa mit ihren komplizierten ›Welterneuerungs‹-Riten machte sie besonders verwundbar. Der Tolowa Lauren Bomellyn erklärt:

Im Dezember jeden Jahres versammelten sich die Tolowa an der Axis Mundi, um die Schöpfung der Welt zu zelebrieren. Es ist eine zehntägige Feier, die mit der Wintersonnenwende beginnt, dem kürzesten Tag des Jahres ... Die Menschen brauchten Tage, um dahin zu kommen, und als sich immer mehr Menschen einfanden, bekamen die neuen angelsächsischen Siedler in Crescent City etwas Angst, sie dachten, die Indianer würden sich versammeln, um ... sie auszulöschen, oder so etwas. Da sie in dieser Gegend erst seit einem Jahr waren, wußten die Siedler nicht, daß dies ein normales jährliches Ereignis war.

So kamen die Leute der Tolowa aus dem ganzen Gebiet und die der Yurok weiter südlich zusammen, um im Zentrum der Welt zu tanzen und zu feiern ... Sie tanzten die ganze Nacht bis zum Morgen, dann ruhten sie sich tagsüber aus, bereiteten Mahlzeiten vor und so weiter, und dann am Abend begannen sie wieder zu tanzen ... Und jede Nacht wurde der Tanz etwas ausführlicher als in der Nacht davor ... In der sechsten Nacht ... kamen die lokalen Milizsoldaten zusammen, sie tranken Whisky und kamen ganz schön in Fahrt. Dann schwangen sie sich auf ihre Pferde und ritten hinaus. Sie umringten das Dorf, das eines der größeren der Gegend war. Und natürlich lebten wir damals alle in Häusern aus Redwoodbrettern.

Sie stellten sich am Sumpf, der vor dem Dorf liegt, auf, und dann begannen sie, die Behausungen in Brand zu setzen, und als die Menschen zu fliehen versuchten, wurden sie getötet. Jeder, der in den Sumpf sprang, um zu entkommen, wurde niedergeschossen. Zufällig habe ich einen Urgroßonkel, der überlebte, er war in der Schwitzhütte, schlich sich heraus, ging in den Sumpf und entkam, und dann drückte er sich südwärts in den Sumpf. Am Morgen stand das ganze Dorf in Flammen, Hunderte von Menschen waren verbrannt und auf der Stelle getötet worden. Er sagte, der Sumpf war buchstäblich rot vom Blut der Menschen, und die schreiend aufgefundenen Babys wurden einfach in die Flammen geworfen. So starben siebenhundert Menschen bei ... Yan'daak'ut, später hieß der Ort Burnt Ranch. Die Landbevölkerung weiß immer noch, wo Burnt Ranch liegt ...

Im nächsten Jahr wurde der Tanz, da Axis Mundi zerstört war, nach Eechuulet verlegt. Dort begannen sie wieder zu tanzen, und sie wurden erneut angegriffen. Meine Urgroßmutter sagte, daß es sechs Schichten Leichen im Tanzhaus gab, als sie es verbrannten. Sie stapelten sie auf, fackelten das Haus ab und ... verbrannten sie dort. Im nächsten Jahr, 1855, gab es ... eine Schlacht an der Mündung des

> Smith River, wo etwa siebzig unserer Leute getötet wurden. Aber zu dieser Zeit hatte sich die Zahl unserer Leute bereits drastisch reduziert ...

Auch wenn viele dieser Überfälle von Zivilistengangs oder selbsternannten ›Freiwilligen‹ verübt wurden, so fanden sie doch in einer breiten Öffentlichkeit Ermunterung und Zustimmung. Eine Zeitung aus Marysville gab 1859 bekannt:

> Ein neuer Plan ist angenommen worden ... die Indianer für ihre vielen Verwüstungen im letzten Winter zu züchtigen. Einige Männer wurden beauftragt, Jagd auf sie zu machen, und werden für jeden Skalp oder einen anderen Beweis, daß sie getötet worden sind, gut belohnt. Das Geld wurde durch Beiträge aufgebracht.

Zwei Jahre später berichtete der *Shasta Herald*: »Vor ein oder zwei Tagen wurde in Hasleriggs Laden ein Bürgertreffen abgehalten und dabei ein Fonds zur Belohnung von Indianerskalps eingerichtet, für die viel geboten wird.« Ein anderer Artikel vermerkt nach einem besonders grausamen Massaker trocken, daß »zur Kostenübernahme dieser heroischen Arbeit der Legislatur außerordentlich viele Anträge vorgelegt wurden«.

Gleichzeitig jedoch gab es, selbst in Kalifornien, ein starkes Unbehagen und einen Abscheu über das Verhalten der »niedrigsten und brutalsten Grenzbevölkerung«. Daß viele reguläre Armeeoffiziere und andere ›gebildetere‹ Amerikaner das Ausmaß dessen, was geschah, erkannten, zeigen ihre entsetzten Berichte. 1860 zum Beispiel berichtete Major G. J. Raines dem Assistant Adjutant General in Fort Humboldt:

> Ich war gerade auf Indian Island, der Heimat einer Gruppe freundlicher Indianer zwischen Eureka und Uniontown, wo ich eine grausame und schreckliche Szene sah, die in unserem Land, ja in der Geschichte nicht ihresgleichen hat, denn sie wurde von Menschen verübt, die ohne Notwendigkeit, Recht oder Gesetz handelten – der Mord an kleinen unschuldigen Babys und Frauen, an Jungen und Alten, barbarisch und ich kann nicht sagen brutal – denn es ist

> schlimmer ... Freiwillige, wie sie sich nannten, aus Eel River hatten den Vormittag damit verbracht, alle Frauen und Kinder der oben genannten Insel zu ermorden ... inmitten des unaussprechlichen Grams von Eltern und Vätern ... sah ich ein Bild des Schreckens, beispiellos – Babys, deren Gehirn aus den Schädeln herausquoll, zerschnitten und mit Äxten zerhackt, und squaws, die im Tode die schrecklichsten Wunden, die eine Phantasie sich ausmalen kann, zeigten – und dies wurde getan ... grundlos ... so weit ich verstanden habe, da mir nicht zu Ohren gekommen ist, daß irgendeiner von ihnen durch die Indianer ein Leben oder Rind verloren hat. Jedenfalls nicht durch diese Indianer, denn sie lebten auf einer Insel, und niemand klagt sie an.

Oft hallte ein solcher Schock in der nationalen und in der Großstadtpresse nach. Unter der Schlagzeile: ›Indianer in Kalifornien abgeschlachtet‹, brachte der San Francisco *Bulletin* im Juni 1860 einen grausigen Bericht über die »mörderischen Greueltaten, die an den eingeborenen Bewohnern von Kalifornien verübt wurden ...«. Wie Major Raines kann der Schreiber »dafür nicht die mindesten mildernden Umstände erkennen«. Er fährt fort: »In den atlantischen und westlichen Staaten haben die Indianer von seiten der stärkeren Rasse Unrecht und Grausamkeiten erfahren. Doch kennt die Geschichte keine Parallelen zu den kürzlich in Kalifornien begangenen Greueltaten. Selbst die Geschichte der Abschlachtungen in Mexiko und Peru durch die Spanier weist nichts derartig Diabolisches auf.«

Was den Schreiber jedoch besonders empört, ist, daß die Opfer »zu den Digger-Stämmen [gehörten], die als freundliche Indianer bekannt sind: die niedrigste und wehrloseste Rasse, gänzlich bar jenes kühnen und mörderischen Geistes, der andere Stämme der Rothäute charakterisiert«, und die Täter waren »Männer mit weißer Haut«. Der Text ist voll von Bildern der Rassenscham:

> In einer der Siedlungen sammelte ein betagter und schwacher Häuptling die Frauen um sich, die vor der Annäherung der menschlichen Bluthunde geflohen waren, und versicherte ihnen, daß weiße Männer keine squaws töteten und daß sie sicher seien. Sie kamen alle um ...

> Wir haben von den Urhebern dieser Schlächterei als Männern – weißen Männern gesprochen. Ja: weiße Männer. Wir können keine Logik erfinden, die sie von unserer Spezies abtrennt. Wenn es nur möglich wäre …
> Eine zivilisierte Menschheit kann schwer verstehen, wie Menschen so weit unter die Stufe von Wilden sinken können …

Letztlich wurzelt die – sicherlich echte – Entrüstung über den »Mord an den Indianern« und die Massaker selbst in derselben Annahme einer Überlegenheit der ›weißen‹ Rasse. In der zweiten Hälfte des 19. Jahrhunderts, als die Wissenschaft zur rationalen Rechtfertigung der anglo-amerikanischen Expansion herhalten mußte, gehörte der Glaube an die biologische Überlegenheit der ›angelsächsischen Rasse‹ zum Alltagsbewußtsein sowohl intellektueller Kreise wie der Volkskultur. Schon 1839, in *Crania Americana; or, a Comparative View of the Skulls of Various Aboriginal Nations of North and South America*, verfocht Samual George Morton die Vorstellung einer getrennten Entstehung der verschiedenen Menschenrassen – eine Theorie, die eigenartige Parallelen zu nativistischen Annahmen aufwies – und ihrer dauerhaften Ungleichheit. Diese These wurde von Mortons Nachfolgern in der ›amerikanischen Schule‹ der Ethnologie begeistert weiterentwickelt. 1854 zum Beispiel lieferte der *DeBow's Review* eine säuberliche Rechtfertigung sowohl des Sklavenhalters als auch der Grenzbewohner, indem er ›den Neger‹ mit ›dem Indianer‹ verglich:

> Der erstere, im Zustand der Sklaverei, für den er geschaffen ist, unter der Fürsorge einer überlegenen Rasse, kann durch keine Kultur zivilisiert oder zu einem Weißen Mann gemacht werden, doch können seine Bedingungen verbessert werden, so daß er an den Segnungen der Zivilisation indirekt teilnimmt. Aber der strenge, stolze Indianer kann nicht versklavt werden. Wie die wilden Tiere, unter denen er lebt, wird auch er vor der Flut von Menschen, die jetzt aus dem Osten kommen, verschwinden. Mit dem Büffel wird auch die Rothaut in Amerika untergehen.

Im folgenden Jahr nahm Oliver Wendell Holmes dasselbe Thema auf, als er die amerikanischen Ureinwohner bemerkenswerterweise als »diese Rotstiftskizze einer rudimentären Menschheit [bezeichnete], die den Kontinent vor der Leere bewahrte, bis der wahre Herr der Schöpfung kam und ihn für sich beanspruchen konnte«.

Charles Darwins *The Origin of Species*, ein Jahrzehnt nach dem Goldrausch veröffentlicht, gab dem wissenschaftlichen Rassismus neue intellektuelle Autorität. Mit seinem Untertitel *Or The Preservation of Favoured Races in the Struggle for Life* schien er dem globalen ›Erfolg‹ der Nordeuropäer auf Kosten anderer Völker eine rein *biologische* Erklärung bereitzustellen. Wo Puritaner des 17. Jahrhunderts geglaubt hatten, daß Gott sie auserwählt habe, die Neue Welt zu bevölkern, konnten Amerikaner des 19. Jahrhunderts darauf vertrauen, daß es nun die Natur sei, die sie dazu auserwählt habe. Innerhalb weniger Jahre bezog man sich in der Literatur über die amerikanischen Ureinwohner wie selbstverständlich auf Darwin und die Evolutionstheorie. 1871 zum Beispiel beschrieb Mark Twain die Gosiute des Großen Beckens als

> ... den erbärmlichsten Typus Mensch, den ich bis zu dieser Schrift gesehen habe ... Die Buschmänner und unsere Goshoots stammen offenkundig von eben dem Gorilla, diesem Känguruh, dieser norwegischen Ratte oder welchem tierischen Adam auch immer ab, auf den die Darwinisten sie zurückführen.

Mit der Betrachtung der Indianer Kaliforniens und des Großen Beckens als der niedrigsten der Niedrigen, noch mehrere Evolutionsstufen unterhalb anderer Gruppen amerikanischer Ureinwohner, stand Twain nicht allein da. H. H. Bancroft, normalerweise ein einfühlsamer Beobachter, fragte sich: »... warum die Diggerindianer ... von der Natur so schäbig behandelt wurden; warum sie in dieser schönen Umgebung mit so viel weniger Intelligenz ausgestattet wurden als ihre Nachbarn.«

Daß sich anglo-amerikanische Kommentatoren – einschließlich solcher, die eine echte Leidenschaft für die Indianer empfanden –

auf Darwin gestürzt haben, um den Völkermord an den kalifornischen Ureinwohnern als einen unvermeidlichen, biologischen Prozeß zu erklären, in dem Moral und Intentionen der einzelnen Siedler keine besondere Rolle spielten, ist eigentlich kein Wunder. Noch in den 40er Jahren des 20. Jahrhunderts beschrieb Shelburne Cook die kalifornische Geschichte in rein ökologischen Begriffen als einen ungleichen Wettkampf zwischen einer schwächeren und einer stärkeren ›Rasse‹. Seine Darstellung strotzt vor wissenschaftlichen Begriffen – *Habitat, Organismus, Spezies* –, die normalerweise eher auf Mikroben als auf Menschen angewandt werden:

> Als der kalifornische Indianer mit dem Problem des Kontakts und Wettbewerbs mit der weißen Rasse konfrontiert wurde, war sein Erfolg weit weniger vom anglo-amerikanischen als vom ibero-amerikanischen Zweig gekennzeichnet ... [Unter der spanischen Herrschaft] legten die Tal- und nördlichen Stämme ... gegenüber der neuen Umwelt, die durch den Auftritt einer neuen biologischen Gruppe entstanden war, eine ansehnliche Anpassungsfähigkeit an den Tag ...
> [Doch] als der Indianer gezwungen war, dem Schock und der Wirkung der angelsächsischen Invasion standzuhalten, war sein Scheitern ... praktisch total. Auf physischem und demographischem Gebiet war seine Konkurrenzkraft so unterlegen, daß er bis an den Rand der Auslöschung gebracht wurde ... Die vorliegende Untersuchung will einige Mechanismen dieses rassischen Scheiterns beschreiben ...
> [Ein] Bedeutungsfaktor hier ist die Zahlenstärke. Bei sonst ausgeglichenen Verhältnissen richtet sich die Intensität des Konflikts und seine Wucht gegen die primitive Gruppe in etwa nach der Zahlenstärke der neuen oder einfallenden Spezies. Dieses allgemeine Prinzip hat sich wiederholt bei niedrigeren Organismen in ihren Parasit-Wirt-Beziehungen oder Raubtier-Beute-Beziehungen gezeigt, und es gilt ähnlich für Menschen.

Auch wenn der Darwinismus für die Beinahe-Vernichtung der kalifornischen Indianer natürlich nicht direkt verantwortlich ist, entsprach er passiv und aktiv einem intellektuellen Klima, in dem

Völkermord als etwas natürliches und unvermeidliches angesehen wurde. Evolutionisten mögen sich zwar vom maßlosen Ton der Populärkultur distanzieren, doch können sie nicht abstreiten, daß ihre Theorien von den »ausgewählten Rassen«, die sich im »Überlebenskampf« durchsetzen, Futter für Autoren wie Horace Bell waren, der 1881 tönte:

> Wir werden es diesen Schurken von Rothäuten schon beibringen, daß sie es nicht länger mit Spaniern oder Mexikanern zu tun haben, sondern mit der unbesiegbaren Rasse der amerikanischen Waldsiedler, die den Wilden von Plymouth bis zu den Rocky Mountains zurückgetrieben haben und ihn hier an der Westküste zu seinen westwärts fliehenden Verwandten zurücktreiben werden, um schließlich alle im Great Salt Lake zu ertränken.

Die Völker des fernen Westens – auch die angeblich »niedrigen und wehrlosen« Ureinwohner Zentral- und Westkaliforniens – akzeptierten dieses Schicksal nicht einfach passiv. Von den späten 40er Jahren bis zu den späten 60er Jahren des 19. Jahrhunderts setzten nacheinander verschiedene Völker, Cayuse, Hamakhava, Miwok, Shoshone, Hupa und mehrere Gruppen von Paiute, der Invasion ihres Landes zähen Widerstand entgegen. Noch 1873 behauptete sich der Modoc-Führer *Kentipoos* (von Siedlern Captain Jack genannt) gegen die US-Streikräfte in den Lavabetten Nordkaliforniens. Doch ihre Chancen waren gleich null. 1870, nach gerade einmal zwei Jahrzehnten der US-Herrschaft, war die Zahl der Indianer in Kalifornien von 100 000 auf nur 31 000 gefallen und fiel noch immer rapide, während die der Nicht-Ureinwohner auf mehr als eine halbe Million emporschnellte.

Die Beziehungen der Anglo-Amerikaner zu den Ureinwohnern sollten auch nach der militärischen ›Befriedung‹ des fernen Westens von einer Atmosphäre des Rassenhasses geprägt sein. Im Vertrag von Guadeloupe Hidalgo hatten die Vereinigten Staaten zugesagt, die mexikanische Politik der Anerkennung der indigenen Rechte fortzusetzen, doch wurden die Indianer in der Praxis als »Unbefugte auf staatlichem Grundbesitz« angesehen und weiter enteignet, versklavt, massakriert und ermordet. Im neuen

Staat wurde ihnen keine Bürgerschaft gewährt. Die Heirat mit Anglo-Amerikanern war ihnen – obwohl viele Ureinwohnerinnen zu Prostitution und ›Konkubinat‹ gezwungen wurden – verboten. Sie konnten vor Gericht nicht aussagen, also verfügten sie über keinerlei Rechtsmittel, wenn Siedler ihr Territorium besetzten, Frauen und Kinder kidnappten oder Freiwilligenverbände ihre Dörfer angriffen. »Aus verläßlicher Quelle«, schrieb T. T. Waterman 1917, »kann ich den Fall eines alten Goldsucher-Pionier-Bergarbeiter-Trappers dieser Region berichten, der noch in jüngster Zeit auf seinem Bett eine Decke mit aufgereihten Indianerskalps hatte ... Die von ihm getöteten Indianer hatte er rein für sich selbst getötet. Dafür wurde er zu keiner Zeit belangt.« Wie ein solcher Angriff konkret aussah, beschreibt Waterman:

> Im April 1871 verfolgte ein Trupp Weißer mit Hunden eine Gruppe Indianer. Sie machten sie in einer Höhle jenseits einer engen Schlucht aus und erschossen mehrere von ihnen. Dann betraten sie die Höhle selbst. Hier fanden sie eine Menge getrockneten Fleisches und einige kleine Kinder vor. Der Held dieser Aktion, ein wahrer Mensch mit Herz und Gefühl, konnte es nicht ertragen, diese Babys zu töten – jedenfalls nicht mit dem schweren 56-Kaliber Spencer-Gewehr. »Das reißt sie zu schlimm auf.« *Also erschoß er sie mit seinem 38-Kaliber Smith- und Wesson-Revolver.*

Die Bundesbehörden machten einige Versuche, die Beziehungen zu den Indianern zu regeln und den Erwerb von Indianerland zu kontrollieren, sahen sich aber – wie ihre britischen Kollegen ein Jahrhundert zuvor – dem Siedlerstrom gegenüber machtlos. 1851 und 1852 handelten drei Ausschußmitglieder Verträge mit Ureinwohnergruppen in einem großen Teil Kaliforniens aus, die, wie sie berichteten, auf Frieden erpicht und willig waren, den größten Teil ihres Territoriums abzutreten und die US-Zuständigkeit im Austausch gegen sichere Reservate anzuerkennen. In den Verträgen wurde eine Gesamtheit von 7,5 Millionen Morgen »für den alleinigen Gebrauch und Besitz der vorgenannten Stämme abgetrennt«, und die Vereinigten Staaten garantierten die Versorgung der Indianer mit Lebensmittelrationen und Aufbauhilfen für die

Landwirtschaft. Ende 1852 hatten schon viele Gruppen ihre angestammten Wohnungen verlassen und sich in den neuen Reservaten gesammelt.

Doch die Ausschußmitglieder schöpften einen großen Teil der für die Ureinwohner gedachten Versorgungsleistungen ab – eine Praxis, die bei späteren Generationen von Indianeragenten Schule machen sollte. (Oft gaben sie zum Beispiel jedem Indianer nur die Hälfte einer Decke und verkauften den Überschuß.) Zur gleichen Zeit organisierten die Anglo-Siedler eine energische Kampagne gegen die Verträge. Unter großem Druck verweigerte der Kongreß schließlich ihre Ratifizierung. In den 50er Jahren des 19. Jahrhunderts wurden weitere Versuche unternommen, neue, kleinere Reservate zu errichten, doch wurden die meisten wieder durch amtliche Korruption und Widerstand von seiten lokaler Anglos untergraben. Im Ergebnis blieben die Indianer, wie J. Ross Browne in einem zeitgenössischen Bericht ausführte, noch verwundbarer und ungeschützter zurück:

> Jährlich wurde eine sehr große Summe Geld ausgegeben, um die weißen Männer zu nähren und die Indianer hungern zu lassen ... Wenn ein Besucher in den Reservaten auftauchte, geschah es regelmäßig, daß die Indianer ›draußen in den Bergen beim Sammeln von Nüssen und Beeren‹ waren ... In der Tat sind sehr wenige von ihnen bis jetzt zurückgekommen ... In der kurzen Zeit von sechs Jahren sind sie von der Regierung fast vernichtet worden. Was Vernachlässigung, Hunger und Krankheit nicht geschafft haben, das ist durch die Zusammenarbeit mit den weißen Siedlern im großen Auslöschungswerk erreicht worden.

Um 1860 hatte die Regierung den mühseligen Kampf um den Schutz indianischen Landes in Kalifornien mehr oder weniger aufgegeben. Übrig blieben nur eine Handvoll Reservate und ›Farmen‹. Während der nächsten wenigen Jahre wurden kleine Gebiete im Hoopa Valley und Colorado River abgetrennt – in beiden Fällen, bezeichnenderweise, um Gruppen zu ›befrieden‹, die ernsthaften militärischen Widerstand geleistet hatten –, doch fand sich die Mehrheit der Indianer praktisch ohne Land. Viele von ihnen konnten nur von Viehraub leben und provozierten dadurch noch mörderischere ›Vergeltungmaßnahmen‹. Andere verdingten sich als Hilfsarbeiter auf Anglo-Ranchen, doch wie die Erfahrung der Yana zeigt, waren sie auch hier nicht vor Angriffen sicher.

Als die kalifornischen Ureinwohner zu einer Randexistenz außerhalb der Siedlergemeinden verdammt worden waren, begannen die Zeitungen mit der Veröffentlichung ironischer Artikel, die sich über ihre Versuche, englisch zu sprechen und euro-amerikanische Kleidung und Sitten anzunehmen, lustig machten. So konnten sich Leser über Ureinwohner amüsieren, »die mit den abgetragenen Klamotten eines Weißen Mannes protzen« oder »zur großen Bewunderung der Zuschauer … in einer nagelneuen Ausstattung … auf dem Damm spazieren gehen wie eine junge Lady der höheren Gesellschaft auf dem New Yorker Broadway …«. 1863 zum Beispiel berichtete der *Appeal* von Marysville:

> Gestern stolzierte ein großer, korpulenter, pockengezeichneter Digger, mit einem einen Zentimeter dicken Knochen durch die Ohren und einem schreiend häßlichen Hut auf seinem Kopf, in das Allerheiligste des *Appeal* und teilte uns feierlich folgendes mit: »Mir Schwiegbruder – Wahketaw – Captain Yuba Ingin [= Indianer] – er viel tot …« Mit diesen Worten und brummenden Seufzern verhalf er sich zu einem Sitzplatz und starrte erstaunt auf unsere flinken Scheren … Er blieb bei seiner Story, daß der Häuptling der Yuba tot war … Wahketaw war ein »guter Ingin«, und der traurige Rest seines Stammes bildete für viele Jahre die harmlosen eingeborenen Gammler dieser Stadt und ihrer Nachbarschaft.

Im folgenden Jahr berichtete dieselbe Zeitung unter der Überschrift »Big Ingin Mr.« scherzhaft:

> Captain Sutter alias Lampacker, der Indianerhäuptling der Yuba, rief gestern an, um dem Herausgeber seinen Respekt auszusprechen – wie es andere große injins manchmal tun. Der Captain ist immer in Schwierigkeiten – immer in Not – Familie alle tot, wie üblich – kein Mantel, keine Schuhe – und sehr kalt Nächte.

Berichte wie diese, die den Typus des brummenden komischen Indianers des 20. Jahrhunderts zu präfigurieren scheinen, führen einen neuen Ton in die Berichte der Anglo-Amerikaner über die Indianer ein. Weniger als 100 Jahre nach der spanischen Invasion und kurz vor Abschluß der Eroberung des Westens durch die Vereinigten Staaten hörten die indigenen Kalifornier auf, geheimnisvolle oder bedrohliche Gestalten zu sein: sie waren zu *Witzfiguren* geworden.

* * *

Wir hatten ein schönes Land, bis die weißen Menschen kamen und uns überschwemmten ... Meine Vorfahren waren froh, die weißen Fremden kommen zu sehen. Mein Volk machte keine Schwierigkeiten. Dachte niemals daran, Schwierigkeiten zu machen. Hatte niemals etwas gegen die weiße Rasse. Ich sage euch, mein Volk machte keine Schwierigkeiten, obwohl die Weißen viele von ihnen töteten! Erst als sie uns auf kleinem Raum zusammentun wollten und unser Heimatland wegnahmen, begannen die Schwierigkeiten.

Hemene Moxmox (Yellow Wolf), Nez Percé

Weiter nördlich jedoch nahm der Zusammenprall zwischen der indigenen und der anglo-amerikanischen Welt einen anderen, vertrauteren Verlauf. Die Ureinwohner des ›Oregon country‹ schienen dem Lieblingsbild vom stolzen, unnachgiebigen ›Wilden‹ weit besser zu entsprechen, als die friedlichen »Diggers« von Kalifornien und dem Großen Becken. Und ohne weder eine bedeutende hispanische Präsenz noch eine Art von Masseninvasion, die – als Ergebnis des Goldrausches – mit der Erwerbung Kaliforniens durch die Vereinigten Staaten zusammengefallen war, konnte die Bundesregierung ihre Autorität in dem Gebiet besser aufrichten, bevor die umfangreiche Besiedlung begann.

1853 wurde das Oregon Country in die Territorien Oregon und Washington geteilt, und die neuen Gouverneure schlossen bald Verträge mit den Küstennationen ab, von denen viele schon durch Krankheiten drastisch reduziert worden waren. 1855 beriefen sie die Nez Percé, Yakima, Umatilla und andere Völker des Landesinneren, die von den Anglo-Amerikanern Pferde (und, im Falle der Nez Percé, Vieh und christliche Missionare) übernommen hatten, aber noch immer ihr Land und ihre Freiheit behielten, zu einer Beratung nach Walla Walla ein, um einen Vertrag auszuhandeln.

Zeitgenössische Berichte des Treffens geben einen guten Eindruck von der Mischung an Bewunderung, Besorgnis und Verachtung auf seiten der Anglo-Amerikaner. 1000 Krieger der Nez Percé erschienen »hoch zu Roß und im Galopp, zu zweit nebeneinander, nackt bis auf den Lendenschurz, ihre Gesichter kunstvoll weiß, rot und gelb bemalt, mit Federn geschmückt und flatternden Schmuckstücken im Sonnenlicht«. Die Indianer zogen ein Spektakel ab, indem sie »in vollem Galopp vorstürmten ... ihre Gewehre abfeuerten, ihre Schilder schwangen, ihre Trommeln schlugen und Kriegsschreie ausstießen ...«. Am Sonntag, als die christianisierten Indianer einen Gottesdienst abhielten, »benahm man sich höchst anständig«, aber der überragende Eindruck war der einer »eigenartigen Mischung« von »indianischer Wildheit« und »religiös strenger Ritualität«.

Trotz des starken Widerstands von Häuptling Kamiakim vom Volk der Yakima und einiger seiner Gefolgsleute, handelten die US-Ausschußmitglieder drei getrennte Verträge aus, die die üblichen Reservate, Renten, Schulen und Wirtschaftshilfen im Austausch gegen den größten Teil des Landes garantierten. Fast sofort jedoch kam es zum Konflikt. Gouverneur Stevens aus Washington sagte den Yakima, daß sie ihr Territorium nicht aufzugeben brauchten, bis »unser Häuptling, der Präsident und sein Rat das Papier sieht und sagt, es ist gut, wir bauen die Häuser, die Mühlen und die Schmieden« – ein Prozeß, den er auf zwei oder drei Jahre einschätzte. Tatsächlich jedoch gab er das Gebiet innerhalb von zwölf Tagen für die Besiedlung frei. Als die Anglo-Amerikaner einströmten, griffen die Indianer – von denen viele über den Vertrag sehr unglücklich gewesen waren – zu den Waffen und töteten sie. Nach demselben Muster, das mehr als zwei Jahrhunderte zuvor in Neuengland etabliert worden war, als die Narragansett der unerfahrenen Kolonie von Connecticut geholfen hatte, die Pequot zu vernichten, hielten sich einige Nez Percé an ihre Abmachung mit den Vereinigten Staaten und traten in die Armee ein. 1858 wurden die ›Feindlichen‹ bei Spokane besiegt.

Doch wie schon so viele vor ihnen merkten die Nez Percé schnell, daß Freundschaft mit den Euro-Amerikanern noch keine besondere Behandlung garantierte: Der ständige Landhunger machte alte Loyalitäten zunichte und verwandelte Bündnispartner fast über Nacht in Feinde. In den frühen 60er Jahren des 19. Jahrhunderts führte ein neuer Goldrausch Tausende von Siedlern nach Oregon. Viele von ihnen beschlossen, in der üppigen Gegend des Wallowa-Tales, des Kerngebiets des Nez Percé-Reservats, zu bleiben. Die Behörden riefen ein neues Treffen zusammen und überredeten eine kleine Fraktion des Stammes, einen neuen ›Diebes‹vertrag abzuschließen, der 90 Prozent des verbleibenden Landes aufgab, eingeschlossen Wallowa. Der christianisierte *Tuekakas* (Old Chief Joseph) jedoch verweigerte die Unterschrift und zerriß angewidert die Bibel. Er und seine Leute blieben in ihrer Heimat und verfolgten eine zähe Politik des passiven Widerstands gegen die um sie herum anwachsende Flut von Anglo-Siedlungen.

1871 starb Old Joseph. Auf seinem Totenbett richtete er einen Appell an seinen Sohn *Hin-mah-too-yah-lat-kekht* (Young Joseph), der – in der eher blumigen englischen Version, die ein paar Jahre später in einem Magazin veröffentlicht wurde – schnell zu einem klassischen Zeugnis der Landverbundenheit amerikanischer Ureinwohner werden sollte:

> Mein Sohn, mein Körper kehrt in meine Muttererde zurück und mein Geist wird sehr bald den Großen Geisthäuptling sehen. Wenn ich gegangen bin, denke an dein Land. Du bist das Haupt dieses Volkes. Sie schauen zu dir, damit du sie führst. Denke immer daran, daß dein Vater niemals sein Land verkaufte. Wann immer du gefragt wirst, einen Vertrag zu unterschreiben, in dem du deine Heimat verkaufst, mußt du deine Ohren verschließen. Noch ein paar Jahre und weiße Männer werden überall um dich sein. Sie haben ein Auge auf dieses Land. Mein Sohn, vergesse nie meine sterbenden Worte. Dieses Land birgt den Körper deines Vaters. Verkaufe nie die Knochen deines Vaters und deiner Mutter.

Nachdem eine formelle Untersuchung das Recht der Nez Percé auf dieses Gebiet bestätigt hatte, erklärte der Präsident 1873 das Wallowa Valley zu einem Reservat, doch fuhren die Siedler fort, die Indianer zu mißbrauchen und zu ermorden, und drohten ihnen mit vollständiger Vernichtung, wenn sie blieben. In einer abrupten Kehrtwendung schließlich gab Washington 1877 der Gruppe von Joseph 30 Tage Zeit, nach Idaho umzuziehen; eine Nicht-Befolgung würde als Kriegserklärung ausgelegt werden. Bestrebt, einen Konflikt zu vermeiden, stimmten Joseph und sein Bruder Ollokut (oder Ollicut) widerwillig zu, doch während sie weg waren, um Rinder zu schlachten, wurde ein junger Nez Percé provoziert, einen Siedler zu töten, der seinen Vater ermordet hatte. Die jahrelang von den Nez Percé stoisch ertragene Wut und Frustration machte sich plötzlich in Angriffen auf ›weiße‹ Heimstätten quer durch die Region Luft, bei denen etwa 15 Menschen getötet wurden.

Joseph und Ollokut schlossen sich ihrem Volk im Versteck an und versuchten, mit den US-Truppen, die gegen sie geschickt worden waren, Friedensverhandlungen zu führen. Als jedoch Soldaten auf einen Trupp von Nez Percé unter einer Waffenstillstandsflagge schossen und die Indianer zurückschossen und zwei Hornisten töteten, erkannten sie, daß Krieg unvermeidlich war. In der Hoffnung, in Kanada Zuflucht zu finden, führte *Hin-mah-too-yah-lat-kekht* sein Volk auf eine heroische 1700 Meilen lange Reise, während der er die verfolgende Armee wiederholt ausmanövrierte und besiegte, wobei er – wie Tecumseh und Joseph Brant – unnötiges Töten sorgfältig vermied. Schließlich jedoch, nachdem er praktisch alle seine Häuptlinge, einschließlich Ollokut, und Hunderte seiner Gefolgsleute verloren hatte, war er gezwungen, nur 30 Meilen vor der kanadischen Grenze aufzugeben. Durch einen Dolmetscher teilte er General Howard mit:

> Ich bin des Kampfes müde. Unsere Häuptlinge sind gefallen … Die alten Männer alle tot.
> Es sind die jungen Männer, die ja oder nein sagen. Der die jungen Männer anführte, ist tot. Es ist kalt und wir haben keine Decken. Die kleinen Kinder frieren sich zu Tode.

Einige meiner Leute sind in die Berge weggelaufen und haben keine Decken, nichts zu essen; niemand weiß, wo sie sind – vielleicht frieren sie sich zu Tode.
Ich möchte Zeit haben, um nach meinen Kindern zu schauen und zu sehen, wie viele ich finden kann. Vielleicht werde ich sie unter den Toten finden.
Hört mich an, meine Häuptlinge! Ich bin müde; mein Herz ist krank und traurig.
Ich werde vom jetzigen Stand der Sonne an niemals mehr kämpfen.

Hin-mah-too-yah-lat-kekhts Schicksal wirft ein Schlaglicht auf den Gegensatz zur kalifornischen Erfahrung. Wo Zehntausende von ›Diggers‹ einfach dem Vergessen anheimfielen, avancierte Joseph zu einem nationalen Helden. Seine würdevolle Rede, seine Ritterlichkeit und seine meisterhafte Kriegskunst brachten ihm wirkliche Bewunderung ein und machten ihn – zusammen mit Crazy Horse, Sitting Bull, Geronimo und Cochise – zu einem der wenigen berühmten amerikanischen Ureinwohner in der Geschichte. Er wurde weit und breit interviewt und fotografiert – mindestens einmal auch mit seinem alten Gegner General Howard –, und seine Kapitulationsrede wurde vielgelesenes Zeugnis einer würdevollen Haltung in der Niederlage.

Doch bei allem echten Mitgefühl wurde Joseph nicht als Mensch, sondern als romantisches Emblem einer ›verurteilten Rasse‹ verehrt. Die öffentliche Anerkennung setzte sich nicht in persönliche Sympathie und Verständnis um: Abseits der Kameras und Journalisten waren er und seine Leute stillschweigender Rachsucht, Behinderung und Vernachlässigung ausgesetzt. Während die besiegten ›Feinde‹, die die Christianisierung und ›Zivilisation‹ akzeptierten, sich jenen Mitgliedern des Stammes anschließen durften, die im Frieden mit den Vereinigten Staaten auf dem Nez Percé-Reservat in Idaho geblieben waren, wurden Joseph und Hunderte seiner unbeugsamen Anhänger in das rauhe, trockene Colville-Reservat in Washington State verbannt, umgeben von unzähligen Überbleibseln anderer kleiner Gruppen. Seine Nachfahren sind noch immer dort und versuchen verzweifelt, an ihrer Kultur und Identität festzuhalten. Jeden Sommer kehren sie zu der Stadt zurück, die seinen Namen im Wallowa Valley trägt – wo sie, bis vor kurzem, regelmäßig rassistischen Übergriffen ausgesetzt waren –, und halten ein »Freundschaftsfest« mit anderen Nez Percé und lokalen Nicht-Indianern ab, um die tiefen Wunden zu heilen, die ihr Volk noch immer teilen.

Hin-mah-too-yah-lat-kekht selbst durfte trotz ständiger Bitten nicht nach Wallowa zurück. Als er 1904 starb, gab ein Arzt als Todesursache an: »gebrochenes Herz«.

* * *

In der Morgendämmerung des 29. August 1911 wurden Fleischer in einem Schlachthaus in der Nähe von Oroville, Kalifornien, vom Gebell der Hunde geweckt. Außen am Gehege fanden sie einen ›wilden Mann‹, der ängstlich am Zaun kauerte. Er war

> … von Hunger ausgezehrt, sein Haar war nahe am Kopf verbrannt, er war nackt bis auf die paar Leinwandfetzen eines Planwagens, die er wie ein Poncho um seine Schultern trug. Er war ein Mann von mittlerer Größe, die schmerzvoll vortretenden langen Knochen waren gerade, stark und nicht schwer, die Hautfarbe etwas bleicher im Ton als das volle Kupfer der meisten Indianer. Die schwarzen Augen waren vorsichtig und zurückhaltend geworden, doch saßen sie groß in einem breiten Gesicht, der Mund war großzügig und angenehm geformt. Im übrigen unterstützte die extreme Erschöpfung und Furcht des Indianers den Eindruck einer schon bestehenden Empfindlichkeit.

Jetzt, da seine Ureinwohner fast verschwunden waren – um 1900 gab es nur etwa 15 000 –, begann Kalifornien, wie Neuengland ein Jahrhundert zuvor, sie mit einer Art wehmütiger Neugierde zu betrachten. Der ›wilde Mann‹ wurde eine Berühmtheit; das Volk drängte sich im lokalen Gefängnis, um ihn zu sehen, und bald hatte die Nachricht von seiner Gefangennahme San Francisco erreicht. Ein Professor der neuen Disziplin der Anthropologie, T. T. Waterman, reiste prompt an, um ihn zu sehen. »Dieser Mann ist unzweifelhaft wild …«, berichtete er seinem Kollegen

A. L. Kroeber. »Er wird ein ausgezeichneter Informant sein, besonders für die Phonetik, da er sehr klar spricht.«

Der ›wilde Mann‹ erwies sich als ein Ishi, der letzte einer Gruppe von südlichen Yana, die nach den Massakern der 60er und 70er Jahre des 19. Jahrhunderts geflohen waren und sich seitdem versteckt gehalten hatten. Waterman und Kroeber nahmen ihn mit nach San Francisco, wo sie ihm – offensichtlich ohne Ironie – ein Zimmer in ihrem Museum gaben. Während der restlichen viereinhalb Jahre seines Lebens war Ishi unermüdlich beschäftigt, sie mit ethnologischen Daten über die Lebensweise der Yana zu versorgen.

Unter dem Einfluß des deutschstämmigen Wissenschaftlers Franz Boas bewegte sich die Anthropologie schon vom wissenschaftlichen Rassismus weg; die Unterschiede zwischen den Menschen wurden weniger auf eine *biologische* als eine *kulturelle* Grundlage gestellt. Es war dieser offenere, weniger eifernde Ansatz, der bei der Herstellung einer Beziehung zwischen Kroeber, Waterman und Ishi half. Dem ›wilden Mann‹ hingebungsvoll zugewandt, betrachteten sie ihn als einen engen persönlichen Freund. Als er 1916 starb, schrieb Waterman einen bewegenden Nachruf:

> Er überzeugte mich, daß es so etwas gibt wie Vornehmheit, jenseits von Erziehung, als Ausdruck einer inneren Haltung. Das hat nichts mit künstlich erworbenen Verhaltenstechniken zu tun. Ishi war langsam in der Übernahme sozialer Techniken. Er lernte niemals, Hände zu schütteln, hatte aber einen angeborenen Blick für den anderen und eine angeborene Aufmerksamkeit, die in ihrer Feinheit das meiste an zivilisierter Erziehung überbot, das ich kenne ... Zur Wissenschaft trug er die beste Darstellung bei, die er vom Leben seines Volkes vor Ankunft der Weißen geben konnte. Ihn kennengelernt zu haben, war ein seltenes persönliches Privileg, nicht nur ein ethnologisches. Ich habe das Gefühl, daß er in vielerlei Hinsicht vielleicht die bemerkenswerteste Persönlichkeit dieses Jahrhunderts war.

Wie in früheren Auffassungen ›des Wilden‹ jedoch besteht auch für die Anthropologie Ishis letztliche Bedeutung darin, daß er die

Vergangenheit repräsentiert, die, ob zum Besseren oder Schlechteren (für Waterman, jedenfalls, zum Besseren), von der ›Zivilisation‹ weggefegt worden ist. Ishis Berühmtheit – seine Geschichte liegt Büchern, Filmen und einer Meditation des katholischen Mystikers Thomas Merton zugrunde – rührt von seiner Rolle als »letzter wilder Indianer in Nordamerika, ein Steinzeitmensch inmitten des 20. Jahrhunderts«. Als Kroeber starb, kommentierte der angesehene französische Anthropologe Claude Lévi-Strauss: »Er ist der letzte nordamerikanische Ethnologe, der die Indianer kennengelernt hat [d. h. Ishi] ... Mit Kroeber ist in der Tat das präkolumbische Amerika ausgestorben.«

Bei aller akademischen Aufmachung jedoch schien Ishis Leben und Tod – wie das der Pockenopfer in Neuengland und so vieler anderer indianischer Völker vor ihm – letztlich wieder nur zu beweisen, daß die amerikanischen Ureinwohner dazu verurteilt waren, von der Erdoberfläche zu verschwinden.

9
Die Great Plains

Vor langer Zeit erzählte mir mein Vater, was sein Vater ihm erzählt hatte, daß es einst einen heiligen Lakota gab, namens Drinks Water, der träumte, was werden würde; und das war lange vor der Ankunft der Wasichus. Er träumte, daß die Vierbeiner wieder in die Erde zurückkehren und daß eine seltsame Rasse ein Spinnennetz um die Lakota spinnen würde. Und er sagte: »Wenn das geschieht, wirst du in quadratischen grauen Häusern wohnen, in einem unfruchtbaren Land, und neben diesen quadratischen grauen Häusern wirst du hungern.« Es heißt, bald nachdem er diese Vision hatte, kehrte er zu Mutter Erde zurück, und es war Sorge, die ihn tötete. Du kannst jetzt um dich schauen und sehen, daß er diese Erddachhäuser meinte, in denen wir leben, und daß alles weitere wahr war. Manchmal ist Träumen weiser als Wachen.

Black Elk, Lakota

Die Plains – ein riesiger Keil Grasland quer durch das Herz von Nordamerika, von Kanada bis Texas, grob unterteilt in die ›Prärie‹ im Osten und die trockeneren ›high plains‹ im Westen – war das letzte große Gebiet der kontinentalen Vereinigten Staaten, das von den Euro-Amerikanern besiedelt wurde. Man sieht leicht, warum. Von einigen hügeligen Einsprengseln – die Ozarks in Missouri, die Black Hills und Badlands in South Dakota – und Baumgruppen von Pyramidenpappeln, Weiden und Würgkirschen an geschützten Bächen und Wasserläufen abgesehen, erstreckt sich dieselbe flache offene Landschaft nahezu ungebrochen vom Mississippi Valley bis zu den Rocky Mountains. Im Sommer einer enormen Hitze und im Winter einer subarktischen Kälte ausgesetzt, durchbraust von starken Winden und plötzlichen gewaltigen Stürmen, erschienen sie so abschreckend und wertlos, daß einige Landkarten des frühen 19. Jahrhunderts sie als ›große amerikanische Wüste‹ bezeichnen. Emigranten, die an die Agrarlandschaft Europas oder des amerikanischen Ostens gewohnt waren, mußten sie als eine trostlose Wildnis vorkommen, eine letzte Geduldsprobe ihres Glaubens und ihrer Ausdauer, bevor sie das saftige, gemäßigte, versprochene Land von Oregon oder Kalifornien erreichten.

Als letzter militärischer Konflikt im langen Kampf um die Landnahme Nordamerikas nimmt der Krieg um die Plains in der nationalen Mythologie der Vereinigten Staaten – und da Amerika die globale Phantasie so sehr beherrscht: der Welt – einen einzigartigen Platz ein. Er wurde von Fotografen aufgenommen, von populären Schriftstellern dramatisiert und – erst durch Spektakel wie Buffalo Bills *Wild West Show* und dann durch das neue Medium des Films – in das mächtigste Symbol des Triumphs der schicksalhaften Bestimmung (Manifest Destiny) verwandelt. In der Kultur und Phantasie des Volkes repräsentiert er die letzte, archetypische Begegnung zwischen dem zeitlosen, unveränderten, elementaren Wilden und dem dynamischen, vordrängenden Europäer. Es war der Sieg über die Plains-Stämme, der die Indianer unwiderruflich der Geschichte zu übergeben schien und schließlich den Stempel der ›Zivilisation‹ auf den ganzen Kontinent drückte.

Es liegt darin etwas zutiefst Ironisches – wenn auch merkwürdig Passendes. Zunächst war die Kultur der Plains-Indianer des 19. Jahrhunderts, weit davon entfernt, hinter die Kontaktzeit zurückzureichen, ein relativ junges Phänomen, das zum Teil auf Erneuerungen basierte, die von Europäern eingeführt worden waren. Ein besseres Beispiel für die kulturelle Veränderung und Anpassung einer Ureinwohnergruppe oder ein ungenaueres Bild des präkolumbischen Amerika läßt sich nicht finden. Mehr noch: Anstatt nach dem Ende der ›Indianerkriege‹ zu verschwinden, behält die Urbevölkerung eine starke und wachsende Präsenz bei, wenigstens im westlichen Teil des Gebiets, während die nichtindianische Bevölkerung, in dem Maße, in dem junge Leute in blühendere Teile des Landes abwandern, stetig fällt. Wenn der gegenwärtige Trend anhält, könnten die amerikanischen Ureinwohner in Nord- und Süddakota irgendwann im nächsten Jahrhundert wieder zu einer Mehrheit werden.

Wie dünn der euro-amerikanische Einfluß ist, merkt man, wenn man heute durch den Westen fährt. Weite Strecken des Landes sind von verlassenen Gehöften und sterbenden Dörfern – verfallende Läden, Bars und Tankstellen, baufällige kleine Häuser, die sich in ihrer bleichen Farbe allmählich der Umgebung anähneln – gekennzeichnet, als wären sie aus keinem besonderen Grund hingestellt und dann aufgegeben worden. Gerät man in ein Reservat amerikanischer Ureinwohner, zeigt zwar die Gemeinde oft das gleiche verarmte, improvisierte Erscheinungsbild, doch ist die Atmosphäre mit ihrem Gewühl an Läden und Kinderhorden auf der Straße weit lebendiger und kraftvoller. Im Unterschied zu ihren nomadischen Anglo-Nachbarn, die für eine Generation bleiben und dann weiterziehen, erwecken diese Leute den Eindruck, sich hier zu Hause zu fühlen und eine Zukunft zu haben.

Diese Situation ist nicht neu. Jüngere Forschungen von zwei Wissenschaftlern der Rutgers University, Frank und Deborah Popper, fanden heraus, daß auf den 140 000 Quadratmeilen der Great Plains, bei einer nichtindianischen Bevölkerung von etwa 400 000 (eine geringere Bevölkerungsdichte als die Urbevölkerung in vielen Teilen Nordamerikas zur Zeit des Kolumbus), die Leute finanziell zahlungsunfähig gewesen waren, seitdem das Land vor mehr als einem Jahrhundert von amerikanischen Ureinwohnern übernommen worden war. Die Untersuchung kam zu dem Schluß, daß es – in den Worten des indianischen Schriftstellers Ward Churchill – unmöglich war,

> ... auf der Basis der geringfügigen Einkommen aus Viehweide und Weizenanbau auf einem Boden, der für andere Unternehmungen offensichtlich untauglich war, Schulbezirke, Polizei und Feuerwehr, Straßen und all die andere Grundausstattung des ›modernen Lebens‹ zu unterhalten ... Ohne beträchtliche alljährliche Bundessubventionen wäre keines dieser Länder lebensfähig. Noch werden sie es, auf den ersten Blick, je sein. Grob gesagt, der Anspruch, euro-amerikanische ›Zivilisation‹ zu den Plains zu bringen, heißt nichts

anderes, als dem Rest der Vereinigten Staaten eine massive ökonomische Last aufzubürden.

Offensichtlich ohne jede Ironie schlugen die Poppers vor, das Experiment der letzten 150 Jahre einfach aufzugeben und diese Gebiete den Bisonherden zurückzugeben, die sie besetzt hatten, bevor »der Westen gewonnen wurde«.

* * *

[Sweet Medicine] reiste lange, tief ins Land der Black Hills, wo er von einer großen Macht gerufen zu werden schien. Endlich erreichte er einen Berg, der bei den Cheyennen als Noahvose bekannt ist, der Heilige Berg; heute heißt er Bear Butte. Er betrat ihn und stieß auf einen Platz wie ein großes Zelt oder Tipi. An einer Seite saßen alte Frauen und an der anderen alte Männer. Aber sie waren nicht wirkliche Menschen, sondern Götter. Und er sah vier Pfeile dort, die zu den Vier Heiligen Pfeilen des Cheyennenstammes werden sollten.

Die Alten nannten ihn Enkel und begannen, ihn in vielen Dingen, die er nach Hause zu den Menschen mitnehmen sollte, zu unterweisen. Zuerst unterwiesen sie ihn in den Pfeilen, denn sie sollten die höchste Macht im Stamm sein. Zwei waren für die Jagd und zwei für den Krieg. Viele Zeremonien waren mit ihnen verknüpft, und sie standen für viele Gesetze. Er wurde in der Zeremonie der Erneuerung der Pfeile unterwiesen, die stattfinden muß, wenn je ein Cheyenne einen anderen tötete. Die Pfeile mußten durch einen besonderen Priester in einem heiligen Tipi aufbewahrt werden, das immer bedeckt war, ausgenommen wenn die Pfeilzeremonie stattfand.

Dann lernte Sweet Medicine, daß er den Menschen eine gute Regierung geben sollte, mit vierundvierzig Häuptlingen und einem guten System von Polizei und Militärschutz, organisiert in den vier militärischen Gesellschaften – den Swift Foxes, Elks, Red Shields und Bowstrings. Außer diesen Dingen gab es noch so viel zu lernen, daß er sich dort fast vier Jahre aufhielt, bevor er wieder zu den Menschen geschickt wurde, um ihnen die Gesetze zu bringen. Einer der Alten kam vor ihm heraus, verbrannte süßes Gras als Weihrauch, um die Luft für das Pfeilbündel zu reinigen. Und mit ihm im Arm machte er sich auf den Weg nach Hause.

John Stands In Timber, Cheyenne

Vor dem europäischen Kontakt scheint die kulturelle Entwicklung der Plains mit der anderer Gegenden in Nordamerika parallel gelaufen zu sein: eine Ökonomie der Großwildjagd, die sich am Ende der Eiszeit in eine Lebensweise auf der Grundlage von Nahrungssuche und Kleintierjagd entwickelte. Vor etwa 2500 Jahren kam die hügelbauende ›Hopewell‹kultur von Ohio Valley in die Region, und im Laufe etwa des nächsten Jahrtausends drang eine eingeschränkte Form des Gartenbaus auf der Grundlage von Mais- und Bohnenanbau in die Prärien und sogar – wo sich Arme fruchtbaren Landes westlich an Flußtälern entlang erstreckten – Teile der trockenen high plains. Diese ›Waldland‹-Phase wurde wiederum etwa 800 n. Chr. durch intensiveren Ackerbau ersetzt, als die aufkommende ›Mississippi‹-Kultur im Süden und Osten neue Ideen und Techniken in die Gegend brachte.

Ende des 15. Jahrhunderts wurden die östlichen Plains von blühenden Ackerbauvölkern – meistens Caddo-sprechende Stämme wie die Wichita, Caddo und Pawnee oder Sioux-sprechende Völker wie die Osage, Kansa, Omaha, Owa, Ponca und Missouri – besetzt, die in vieler Hinsicht wie ihre irokesischen oder Muskogee-Nachbarn im Osten lebten. Sie bauten Dörfer aus runden erd- oder grasbedeckten Häusern in der Nähe von Bächen und Flüssen, bauten Mais-, Kürbis-, Bohnen- und Tabakfelder an und wagten sich zu bestimmten Jahreszeiten in die offene Prärie, um Bisons (oder Büffel) zu jagen.

Die Völker weiter westlich scheinen dagegen – vielleicht wegen einer anhaltenden Dürre – den Ackerbau ganz zugunsten der Jagd aufgegeben zu haben. Als Mitglieder der Coronado-Expedition 1541 das heutige Texas erreichten, begegneten sie kleinen Gruppen von ›Querechos‹ (wahrscheinlich Apachen), die

> … sich gänzlich von Vieh [Bison] erhalten, da sie weder Mais anpflanzen noch ernten. Mit den Häuten bauen sie ihre Häuser; mit

> den Häuten kleiden sie sich ein und machen sich Schuhe; aus den Häuten machen sie Stricke und gewinnen auch Wolle. Von den Sehnen machen sie Fäden, mit denen sie ihre Kleider nähen und ebenso ihre Zelte. Von den Knochen formen sie Ahlen, und den Dung benutzen sie als Brennholz, da es im ganzen Land kein anderes Brennmaterial gibt. Die Blasen benutzen sie als Kannen und Trinkbehälter ...
>
> Sie sind ein freundliches Volk, nicht grausam, treu in ihrer Freundschaft und geschickt im Umgang mit Zeichen. Sie trocknen ihr Fleisch in der Sonne, schneiden es in Streifen, und wenn es trocken ist, zermahlen sie es wie Mehl für den Vorrat und für Breimahlzeiten. Sie kochen es in einem Topf, den sie immer bei sich haben. Wenn sie eine Handvoll in den Topf geben, füllt es diesen sofort, da es groß aufgeht ... sie sind nirgends ansässig, da sie dem Vieh auf Nahrungssuche folgen.

Diese frühe Beschreibung enthält erkennbare Elemente der späteren Lebensweise der Plains-Bewohner – die Abhängigkeit vom Bison, der Gebrauch eines *travois* (ein zwischen zwei Stangen aufgespannter Hautgurt, der von einem Hund gezogen wird) zum Gütertransport –, aber wenig von ihrer Größe und Pracht. Die ›freundlichen, treuen‹ Apachen lebten in Gruppen von höchstens ein paar Familien, reisten überall zu Fuß hin und konnten sich von Flüssen und kleinen Teichen nicht weit entfernen. Da sie das viel schnellere Bison nicht einholen konnten, mußten sie entweder ihrer Beute auflauern oder sie in eine Falle oder über eine Klippe treiben.

Während der nächsten drei Jahrhunderte verwandelten die durch die europäische Invasion freigesetzten Kräfte diese augenscheinlich einfache nomadische Existenz in die ›klassische‹ Plainskultur. Einziger und wichtigster Faktor, wenigstens in der frühen Phase, war die ›Pferderevolution‹. Anfänglich versuchten die Spanier, im Bewußtsein der großen militärischen und psychologischen Vorteile, die ihnen die Kavallerie über die Urbevölkerung gab, zu verhindern, daß Pferde in die Hand der Indianer fielen, doch war dies eine verlorene Schlacht. Als spanische Sklavenraubüberfälle und Strafexpeditionen die Grenzländer Neuspaniens unsicher machten, schlugen nicht-ackerbauende Völker wie die Apachen zurück: Sie plünderten Kolonialsiedlungen, bei denen man sich, anders als bei den wandernden Bisonherden, darauf verlassen konnte, daß sie an Ort und Stelle blieben. Zuerst nahmen sie nur Vieh mit, doch merkten bald viele, daß sie durch Übernahme der ganz anderen europäischen Beziehung zum Pferd ihre eigene Macht und Beweglichkeit enorm vergrößern konnten.

Dieser Prozeß wurde durch die Pueblorevolte von 1680 beschleunigt, als riesige spanische Herden von den Indianern erbeutet und weit jenseits der kolonialen Grenzländer mit Gruppen gehandelt wurden, die oft noch nie einen Europäer gesehen hatten. So wie der Pelzhandel weiter östlich zu einem immer härteren Kampf um Gewehre geführt hatte, so konkurrierten jetzt die Menschen westlich des Mississippi um Pferde. Mitte des 18. Jahrhunderts waren die Gesellschaften der amerikanischen Ureinwohner im größten Teil des Südwestens und des zentralen Nordamerika zu Reitervölkern geworden.

Am spektakulärsten und folgenreichsten war die Veränderung in den Plains. Die Anschaffung von Pferden befreite die Jäger von der Notwendigkeit, sich in der Nähe der Flüsse aufzuhalten, und erlaubte ihnen, mehr oder weniger nach eigenem Belieben umherzuschweifen. Anstatt auf Wild zu warten, das an ihrem Lager vorbeikam, konnten sie es nun aktiv ausspähen. Und wenn sie eine Herde ausgemacht hatten, konnten sie nahe genug heranreiten, um so viele Bisons wie nötig zu töten, anstatt sich auf Zufallstreffer zu verlassen, die die Tiere vorzeitig aufschreckten und sie außer Reichweite jagten.

Der Wechsel zu einer Lebensweise als Reiter führte, ähnlich wie andernorts das Aufkommen der Landwirtschaft, zu einer Bevölkerungsexplosion in den Plains. Ein vorher fast unbewohnbares Gebiet eröffnete plötzlich eine zugängliche, verläßliche und – bei einer geschätzten Gesamtheit von etwa 60 Millionen Bisons – eine anscheinend unbegrenzte Nahrungsquelle. Als die Schranken, die die Größe der nomadischen Gruppen auf 30 bis 40 Menschen hielten, praktisch über Nacht fielen, stieg die Bevölkerung dramatisch an. Zur gleichen Zeit – in einer interessanten Umkehrung der erwarteten gesellschaftlichen Entwicklung – gaben viele

Bauern der östlichen Ränder ihre Felder und Dörfer auf und gingen zur Vollzeitjagd über. Ihnen schlossen sich in dem Maße, in dem die europäische Besiedlung immer tiefer in den Kontinent ausstrahlte, mehr und mehr Migranten von außerhalb an, die wegen der Verschiebung und Störung der Grenze zur Abwanderung genötigt oder entschlossen waren.

1800 waren die Plains ein Schachbrettmuster von mehr als dreißig verschiedenen Gesellschaften und sechs unterschiedenen Sprachfamilien. Zum Norden hin, in den kanadischen Prärien und den heutigen Staaten Montana, Dakota und Minnesota, waren Algonkin-sprechende Blackfoot, Gros Ventres (Atsina), Plains Cree und Ojibway; Caddo-sprechende Arikara und Sioux-sprechende Crow, Assiniboine, Mandan, Lakota und Dakota. Das zentrale Kernland war von algonkinischen Arapaho und Cheyenne und Caddo-sprechenden Pawnee beherrscht, während die östlichen Ränder von einer Reihe Sioux-sprechender – Isage, Kansa (Kaw) und Oto – und von den Caddo-sprechenden Iowa bevölkert waren. Im Süden, angrenzend an das südwestliche Kulturgebiet (und bis zu einem gewissen Grad von ihm beeinflußt), waren Kiowa, östliche Apachen und schoschonische Komantschen. Mehrere randständige Gruppen, wie die Ute und Schoschonen der Rocky Mountains und manchmal selbst Plateau-Nationen wie die Nez Percé, wanderten nicht dauerhaft die Plains ab, sondern besuchten das Gebiet regelmäßig zum Jagen.

Weil sich die ›klassischen‹ Plains-Kulturen erst vor kurzer Zeit entwickelten, können wir in einigen Fällen die Auffassungen der amerikanischen Ureinwohner und Europäer über ihre Entwicklung und Bedeutung direkt gegenüberstellen. Von den Cheyenne zum Beispiel nehmen die Anthropologen an, daß sie über viele Generationen hinweg aus der Gegend der Great Lakes im Osten Kanadas hergewandert sind. Eine in den 60er Jahren niedergeschriebene Version ihrer eigenen Ursprungsgeschichte erinnert an ihre Erschaffung

> … in einem anderen Land, das von einem großen Wasser umgeben war … es könnte eine Insel im Ozean gewesen sein. Sie lebten dort meist von Fisch und Vögeln, und sie hatten eine harte Zeit, da sie

oft hungrig waren. Doch sie konnten reisen, und endlich kamen sie an einen Ort, wo sie größere Tiere fanden. Das ermutigte sie, weiterzugehen, um ein besseres Land, in dem sie leben könnten, zu finden.

Eines Tages verschwanden zwei junge Männer für viele Monate. Als sie zurückkamen, erzählten sie den Leuten, sie hätten ein größeres und besseres Land gefunden, und die Menschen zogen dorthin.

Historische und archäologische Zeugnisse und die mündliche Überlieferung der Indianer stimmen darin überein, daß die Cheyenne eine Zeitlang in einem waldigen Gebiet lebten, vielleicht im jetzigen Minnesota, wo sie Dörfer errichteten, Felder bebauten und die Töpferei erlernten. Eine Geschichte, die aus dieser Zeit stammen soll, erzählt von einem jungen Mann, der – »viele Generationen nach der Schöpfung« – träumte, daß er »auf einen Büffel schoß, doch drehte sein Pfeil ab und traf einen anderen, der weit davon entfernt stand, in die Seite«. Nachdem er denselben Traum viermal gehabt hatte,

beschloß er ... herauszufinden, was er bedeutete, also stand er vor Sonnenaufgang auf, nahm seinen Bogen und die Pfeile und brach auf. Bald stieß er auf einige Büffel und dachte, einen zu schießen, aber der Pfeil drehte ab und traf einen anderen, eine junge Kuh, und er dachte bei sich, daß der Traum wahr geworden war.

Doch sein Pfeil hatte sie nicht ernsthaft verletzt. Mit dem Pfeil, der an ihrer Seite herunterhing, drehte sie sich dreimal um und setzte sich in Bewegung.

Der Mann folgte ihrem Weg, sah aber nur ein einsames *tipi* in der Entfernung. Als er näher kam,

... rannte ihm ein kleiner Junge entgegen, der ihn Vater nannte. »Meine Mutter ist fertig«, sagte der Junge. »Sie hat dein Essen bereitet und du sollst reinkommen und essen.«

Er nahm den kleinen Jungen bei der Hand und ging mit ihm ins tipi. Ein junges Mädchen grüßte ihn, als wäre es seine Frau und der kleine Junge sein Sohn. Das tipi war mit einem Bett, zarten Weiden-

> resten und Tonkochtöpfen – eine Art, die er nie gesehen hatte – ausgestattet. Sie zeigte ihm, wie man solche Töpfe aus einer Mischung von Erde und Wasser machte, die man mit den Fingern formte, dann ans Feuer stellte, bis sie schwarz war, und dann auf das Feuer stellte, bis sie wie ein Kessel gehärtet waren. Und er war der Mann, der später seinem Volk zeigte, wie man Töpfe zum Kochen von Nahrung machte.
> … Sie gingen zu Bett an diesem Abend wie jede Familie und beschlossen, am nächsten Tag früh aufzustehen. Aber als der junge Mann aufwachte, lag er auf seinem Rücken und schaute in den Himmel. Es gab kein tipi und kein Zeichen eines Mädchens oder kleinen Jungens …
> Schließlich fand er die Spuren einer Frau und eines kleinen Jungen. Sie führten ihn in dieselbe Richtung, in die die Büffel am Tag zuvor gegangen waren, und er folgte ihnen …

Schließlich führten ihn die Spuren zu einer riesigen Bisonherde, und eines der Kälber trabte zu ihm und begrüßte ihn als ›Vater‹. Mit Hilfe des Kalb-Jungen gewann der Mann einen Wettlauf gegen alle anderen Tiere, und die ›alten Büffelmänner‹ sagten ihm:

> »Von jetzt an wird alles durch das Ergebnis dieses Wettlaufs entschieden. Du bist an der Spitze jetzt, über allen Tieren und alles in der Welt. Alles, was wir Tiere tun können, ist die Versorgung mit Dingen, die du von uns nutzt – unser Fleisch, unsere Häute und Knochen. Und wir zeigen euch, wie man einen Sonnentanz aufführt.«
> Also versammelten sie sich alle an einem Platz, wo eine Sonnentanzhütte stand und bereit gemacht wurde, und der junge Mann wurde in der Ausführung der Zeremonie unterwiesen. Den Platz, an dem das stattfand, kann man immer noch in den Black Hills sehen. Und die Bahn, auf der das Wettrennen stattfand, ist auch noch da und geht rund um den Hügel herum.

Bis Ende des 18. Jahrhunderts waren die meisten Cheyenne westlich auf die Plains vorgerückt, und die Black Hills und der Bison waren zum Mittelpunkt ihrer Welt geworden. Innerhalb weniger

Generationen hatten sie und ihre Sioux-Nachbarn – denen sie, nach Überlieferung beider Völker, das Pferd gebracht hatten – und die meisten der anderen Gesellschaften in der Region die gleiche Lebensweise angenommen. Den größten Teil des Jahres lebten die Mitglieder jeden ›Stammes‹ in getrennten Gruppen, die im Frühling und Herbst dem Wild folgten und im Winter in geschützte und – wenn möglich – gut bewaldete Gebiete zogen, aber im Sommer kamen sie zusammen, veranstalteten religiöse Zeremonien und führten eine große gemeinsame Jagd durch. Ihre Lager aus konischen, büffelhäutigen *tipi* – angeordnet in einem weiten Kreis, um das, was die Lakota das ›heilige Rad‹ der Nation nennen, darzustellen – avancierten bei Künstlern und Fotografen des 19. Jahrhunderts zu archetypischen Bildern »des Indianers«.

Auch wenn diese Augenblicksgemeinde – die immerhin mehrere tausend Menschen zählen konnte – von außen nur als zufällige Versammlung von Familien und Individuen erscheinen mochte, bildete sie doch ein fest gewebtes Muster. So wie ein Irokese zum Beispiel einen Clanbruder oder eine Clanschwester in einem anderen Dorf als einen Verwandten anerkannte, so erstreckte sich ein kompliziertes Netz von Verknüpfungen durch die verschiedenen Plains-Gruppen und bewahrte ihre Identität als Teil des größeren ›Stammes‹, wenn sie auseinander waren, und wiesen jedem eine bestimmte Rolle zu, wenn sie sich trafen. Am wichtigsten waren die vielen *sodalities* oder Gesellschaften, die – wie Clubs oder Berufsverbände in westlichen Kulturen – Menschen mit gemeinsamen Interessen und Aktivitäten zusammenbrachten. Es gab Fest- und Tanzgesellschaften, Gesellschaften für Leute, die dieselbe spirituelle Erfahrung durchlaufen hatten, Handwerksgilden, Frauengesellschaften (die manchmal auch homosexuellen Männern geöffnet waren) und, ganz entscheidend, männliche Soldatengesellschaften. Alle diese Organisationen hatten ihre eigenen Beamten, Insignien, Zeremonien und Regeln: Die elitäre Kriegergesellschaft der Cheyenne zum Beispiel, die sogenannten Gegenteiligen, waren durch ihre Umkehrung des normalen Verhaltens bekannt, sie fröstelten am heißesten Tag und sagten ›Ja‹, wenn sie ›Nein‹ meinten, sie ritten sogar rückwärts in die Schlacht.

Anthropologen erklären die zentrale Bedeutung der *sodalities* im Leben der Plains – und die relative Bedeutungslosigkeit der Familien – als das Ergebnis sich rapide verändernder Bedingungen: So sollen wachsende Anzahl, Wanderung und die Übernahme neuer Lebensformen alte Verwandtschaftsstrukturen und Wohnmuster zerschlagen und neue Institutionen zur Sicherung des gesellschaftlichen Zusammenhalts notwendig gemacht haben. Die Plains-Menschen selbst sahen sie – wie die Cheyenne-Geschichte von Sweet Medicines Reise zu den Black Hills suggeriert – als Teil einer heiligen Ordnung zum Wohle der Nation an. Besonders die Soldatengesellschaften verkörperten viele der höchsten Ideale der Kultur. Sie demonstrierten nicht nur ihren Mut durch Überfälle auf die Feinde und durch die Verteidigung des Stammes gegen äußere Angriffe, sie handelten auch als eine Art Polizei, hielten die Disziplin in der Gemeinde aufrecht und sorgten dafür, daß Jäger sich an die vorgeschriebenen Tötungs- und Verteilungsregeln hielten. Standing Bear von den Lakota erinnerte sich:

> Die Soldatengruppen gingen voran, wenn sie zur Büffeljagd aufbrachen. Sie liefen in Formation – jeder mußte hinter der Soldatengruppe gehen. Wenn sie vor der Soldatengruppe gegangen wären, wären sie bewußtlos geschlagen worden. Die Soldaten gingen zu zwanzig nebeneinander, und die Jäger folgten zu viert oder fünft nebeneinander. Jeder hatte Respekt vor den Soldaten, denn was immer sie sagten, das meinten sie auch – sie sorgten für Ordnung. Wir brachen zur Herde auf und jeder sollte gleichermaßen jagen. Wenn jemand als erster hinter den Büffeln her war, wurde er von seinem Pferd geworfen und bekam keinen Büffel.
>
> Der Berater ging herum und suchte in der Menge die besten Männer mit guten Pferden aus, brachte sie nach vorn und sagte zu ihnen: »Gute junge Krieger, meine Verwandten, ich weiß, eure Arbeit ist gut. Was immer ihr tut, ist gut, so sollt ihr heute die Hilflosen füttern und die Alten und Schwachen, und vielleicht gibt es eine Witwe, die keine Unterstützung hat. Ihr sollt ihnen helfen. Was immer ihr bekommt, sollt ihr den Armen schenken.«

Die Idee einer *wechselseitigen Abhängigkeit*, zwischen einzelnen Menschen und zwischen Menschen und dem Rest der Schöpfung, stand im Mittelpunkt der Plains-Kulturen. Wie die algonkinischen Verwandten der Cheyenne im Nordosten – und viele andere Gesellschaften – sahen sie das Jagen nicht als einen einseitigen Raubzug, in dem eine Spezies einfach die andere ausbeutet: Vielmehr verstanden sie sie als eine heilige gegenseitige Beziehung zwischen Verwandten. Im Grunde *gaben* sich die Tiere selbst ihren menschlichen Verwandten hin, die im Ritual mit Dankbarkeit und Liebe zu reagieren und – da das Geschenk *allen* Menschen zugute kommen sollte – das Fleisch mit derselben Großzügigkeit zu teilen hatten.

Wie eng sich die Plains-Stämme mit ihrer Beute identifizierten, zeigt sich in einer Vielfalt von Geschichten, in denen – wie in der Cheyennelegende von dem jungen Mann, der vom Schießen eines Büffels träumt – der Bison sich in einen Menschen verwandelt und *umgekehrt*. Einer der schönsten Mythen der Lakota, Ursprung ihrer wichtigsten Rituale und Überzeugungen, beschreibt, wie eine geheimnisvolle Frau die Menschen besucht. Sie nimmt ein Bündel von ihrem Rücken und sagt dem Häuptling:

> »Sieh das an und habe es immer lieb! Es ist *lela wakan* [sehr heilig], und du mußt es als solches behandeln. Kein unreiner Mann darf es je sehen, denn in diesem Bündel ist eine heilige Pfeife. Mit ihr wirst du im kommenden Winter deine Stimmen zu *Wakan-Tanka*, deinem Vater und Großvater, senden.«
> Nachdem die geheimnisvolle Frau dies gesagt hatte, entnahm sie dem Bündel eine Pfeife und auch einen kleinen runden Stein, den sie auf den Boden legte. Indem sie die Pfeife mit ihrem Stiel gegen den Himmel hielt, sagte sie: »Mit dieser heiligen Pfeife wirst du auf der Erde gehen; denn die Erde ist deine Großmutter und Mutter, und sie ist heilig. Jeder Schritt, der auf ihr gemacht wird, sollte wie ein Gebet sein. Der Kopf dieser Pfeife ist von rotem Stein; er ist die Erde. In Stein geritzt und dem Zentrum gegenüber ist dieses Büffelkalb, das alle Vierbeiner verkörpert, die auf deiner Mutter leben. Der Stiel der Pfeife ist aus Holz, und das verkörpert alles das, was auf der Erde wächst. Und diese zwölf Federn, die hier hängen, wo der Stiel

> in den Kopf paßt, sind von *Wanbli Galeshka*, den Spotted Eagle, und sie verkörpern den Adler und alles Geflügelte in der Luft. Alle diese Menschen und alle Dinge der Welt sind bei dir, wenn du die Pfeife rauchst – alle senden ihre Stimmen zu *Wakan-Tanka*, dem Großen Geist. Wenn du mit dieser Pfeife betest, betest du für alles und mit allem.«

Die heilige Frau gibt den Menschen noch viele Anweisungen. Dann »bewegt sie sich in der Hütte wie eine Sonne« und geht weg.

> ... aber nachdem sie eine kleine Strecke gegangen war, schaute sie zurück zu den Menschen und setzte sich nieder. Als sie aufstand, sahen die Menschen mit Erstaunen, daß sie zu einem jungen rotbraunen Büffelkalb geworden war. Dann lief dieses Kalb weiter, legte sich nieder, rollte sich zusammen, schaute zu den Menschen zurück, und als es aufstand, war es ein weißer Büffel. Wieder lief der weiße Büffel weiter und rollte sich auf dem Boden zusammen und wurde nun ein schwarzer Büffel. Dieser Büffel lief dann weiter weg von den Menschen, hielt an, verbeugte sich nach allen vier Himmelsrichtungen und verschwand hinter dem Hügel.

Mit Völkern wie den Lakota trat die geistige Welt vor allem durch Visionen in Verbindung. Daß die Plains ein Medium für außergewöhnliche Ereignisse sind, läßt sich im Anblick der weiten Landschaft – Spitzkuppen, knochenfarbene Felsen, vom Wind bizarr verdreht, weite Aussichten auf gelb-grünes Grasland, das sich unter dem endlos wechselnden Himmel wie die schimmernde Flanke eines Tieres regt – auch als Nicht-Indianer leicht vorstellen. Adoleszente sonderten sich Tage und Nächte an einem isolierten Ort ab, fasteten und beteten, bis sie von einem Schutzgeist aufgesucht wurden, gewöhnlich einem Tier oder Vogel.

Die Sehnsucht nach Vision, nach direkter Mitteilung aus der geistigen Welt, trieb die Menschen im bedeutendsten religiösen Ritual der Plains-Stämme: dem Sommer-Sonnentanz zur Selbstkasteiung und manchmal sogar zur Selbstfolterung. Im Verlauf der Zeremonie, die zum Dank an die Gaben des letzten Jahres und zur Eröffnung eines neuen Lebenszyklus abgehalten wurde, taten die Teilnehmer das Gelübde, tagelang in der erbarmungslosen Sonnenhitze ohne Nahrung und Wasser zu tanzen. Bei einigen Stämmen banden sich die ›Gelobenden‹ mit langen Lederstreifen, die durch tiefe Schlitze in ihrer Brust gezogen wurden, an den ›heiligen Baum‹: Dann zogen sie, bis das Fleisch aufriß und die Riemen frei brachen. Diese Sitte rief unter den frühesten europäischen und euro-amerikanischen Zeugen besonderen Abscheu hervor, doch ein spiritueller Führer der Lakota aus dem 20. Jahrhundert, Frank Fool's Crow, erläutert (mit der typischen Selbsteinschließung des amerikanischen Ureinwohners):

> Die Sioux empfingen den Sonnentanz von *Wakan-Tanka*, und wir ehren ihn, indem wir ihn so ausführen, wie er es uns gesagt hat. Nachdem der Weiße Mann zu uns gekommen ist und erklärt hat, wie Er seinen eigenen Sohn gesandt hat, um geopfert zu werden, erkennen wir, daß unser Opfer dem von Jesus ähnelt oder zu seinem Gedenken geschieht. Was das Gefühl des Weißen Mannes betrifft, so wurde Jesus Christus viel schlimmer zugerichtet. Er hielt mehr Leiden aus, mehr Schmerzen, wurde sogar hier durchbohrt [zeigt auf seine Seite] und starb ... die Sioux fühlen sich im Tanz und im Durchstechen Gott besonders nahe ... die Gelobenden verlieren selten ein Stück ihres Fleisches, wenn sie ordentlich durchstochen und gebunden werden – und selbst wenn sie es tun, wird es als ein Dankopfer betrachtet, das Gott zurückerstattet wird.

Rückblickend paßt die spirituelle Leidenschaft und visuelle Brillanz der ›klassischen‹ Plains-Kulturen mit ihren Visionen und Exerzitien des Fastens, ihrem spektakulären Kopfschmuck und ihren reich verzierten Kostümen, ihrem Pferdegeschirr und ihren Satteltaschen zur Treibhausintensität ihres kurzen Lebens. Die Pferde – und, später, die Gewehre –, die ihren meteorhaften Aufstieg ermöglichten, waren Symptome eben jener Veränderungen, die sie, paradoxerweise, ebenso schnell zerstören sollten. In dem Maße, in dem mehr und mehr Stämme die Plains bevölkerten und auf die schon bestehenden Völker Druck ausübten, waren die Lakota, die Cheyenne und andere von Anfang an mehr oder weniger im ständigen Kriegszustand. Kriegstrupps überfielen regelmäßig andere Gruppen, um ihre Pferde zu stehlen oder sie aus umstrittenen Gebieten zu vertreiben. Um Prestige zu erlangen, war es für einen jungen Mann das sicherste, einer Soldatengesellschaft beizutreten und an den Angriffen auf die Feinde teilzunehmen. Nach mindestens einer Lakota-Quelle »war kein Junge ein vollwertiger Mann, der nicht an einem Krieg teilgenommen hatte; erst dann wurde er als heiratsfähig betrachtet«.

Waren auch die Plains-Indianer fraglos kriegerischer als die meisten anderen Gruppen amerikanischer Ureinwohner und starben Tausende von ihnen in Stammeskämpfen, so hatte doch ihre *Vorstellung* von Krieg wenig mit der europäischen Auffassung gemein. Kämpfen war noch immer zum großen Teil eine Sache der Selbstdarstellung und der Symbolik, eine Gelegenheit für einzelne, Tapferkeit zu beweisen und Punkte zu sammeln. In mancher Hinsicht stand es einem sportlichen Wettbewerb näher als einem totalen Krieg: Die größte Ehre ging an den Krieger, der seinem Feind einen *coup* versetzt hatte – d. h. ihn mit der Waffe berührt hatte, ohne selbst verletzt zu werden –, anstatt ihn zu töten. Und wie bei einem Mannschaftssport nahmen die Männer an Kriegszügen teil, weil sie sich letztlich *selbst* dafür *entschieden* hatten und nicht, weil sie dazu *aufgefordert* worden waren. Sie standen vielleicht unter großem Druck zu kämpfen, doch niemand konnte sie bestrafen, wenn sie sich verweigerten. So sagt Luther Standing Bear:

> Die Lakota bestimmten selbst ihr Leben; und die Regeln, die das Verhalten der Leute und ihre Pflichten als Individuen, Familien und Gruppen festlegten, kamen aus einem großen Stammesbewußtsein. Tief im Innern und im Gefühl gab es einen Sinn für Solidarität – ein Band zwischen sich selbst und den anderen, in dem sich die Nation ausdrückte.
>
> Obwohl jede Person ihren individuellen Charakter entwickelte – ob wahrhaftig, ehrlich, großzügig, fleißig oder tapfer – und sogar auf eigene Initiative in die Schlacht ziehen konnte, so konnte sie sich doch nicht als von der Gruppe oder Nation getrennt betrachten. Das Stammesbewußtsein war der alleinige Führer und Bestimmer, es

> gab keine menschliche Instanz, die den einzelnen zwingen konnte, eine Führung zu akzeptieren oder einem Diktat zu gehorchen, doch bedeutete es, seine Identität zu verlieren oder zu sterben, wenn man sich selbst vom Ganzen abschnitt.

Diese Kombination aus Sitte und Individualismus bedeutete, daß »es schwerer war, Gesetze zu brechen, als sie zu halten«, und konsequenterweise »gab es wenige Gesetzesbrecher«. Dadurch jedoch waren die Plains-Völker auf den Zusammenstoß mit einer konformistischen Gesellschaft, in der ein Soldat entweder den Befehlen zu gehorchen oder das Erschießungskommando zu gewärtigen hatte, wenig vorbereitet.

* * *

Vor vielen Generationen ging Iktome, *der Spider Man, Trickster und Bringer schlechter Nachrichten, von Dorf zu Dorf und von Stamm zu Stamm. Als Botschafter kann Spider Man jede Sprache sprechen, damit ihn alle Stämme verstehen.*

Er kam in das erste Lager gerannt und schrie: »Es kommt eine neue Generation, eine neue Nation, eine neue Art Mensch, die alles überrennen wird. Sie ist wie ich, Ikto, *ein Trickster, ein Lügner …*

… dieser Mensch wird dich bei allen möglichen falschen Namen nennen. Er wird versuchen, dich zu zähmen, dich nach ihm wieder zu erschaffen …

… Achtet auf den Büffel: Wenn dieser neue Mensch kommt, wird der Büffel in ein Loch im Berg gehen. Hütet die Büffel, denn die Weißen Langbeiner werden sie alle nehmen. Sie werden vier Dinge bringen: wicocuye – *Krankheit,* wawoya – *Haß,* wawiwagele – *Vorurteil,* waunshilap-sni – *Erbarmungslosigkeit …*

… Ihr werdet … [diesen Menschen] washi-manu *nennen, Alles-Stehler, oder besser Absahner, wasichu, weil er das Beste des Landes nehmen wird. Er wird alles aufessen …*

Iktome *ging, und allmählich dachten die Leute nicht mehr an die Weißen Langbeiner, die kommen sollten, da die Dinge eine Zeitlang so blieben, wie sie immer waren. Also machten sie sich keine Sorgen mehr. Dann, eines Morgens, waren zwei Siouxfrauen draußen, um Kirschen zu sammeln, und plötzlich hüllte schwarzer Rauch den Platz ein, an dem sie waren.*

Und aus der Schwärze heraus sahen sie ein eigenartiges Geschöpf auftauchen. Es hatte einen seltsamen schwarzen Hut, Stiefel und Kleider. Seine Haut war bleich, sein Haar gelb und seine Augen waren blau. Es hatte Haar unter seiner Nase und Haar, das über seine Lippen fiel; sein Kinn war mit Haar bedeckt; es war überall behaart. Wenn es sprach, klang es nicht wie eine menschliche Sprache. Niemand konnte es verstehen. Es saß auf einem großen, seltsamen Tier, so groß wie ein Elch, aber es war kein Elch. Es war ein Tier, das keiner kannte.

Dieses seltsame Geschöpf, dieser wilde Mensch, trug in einer Hand ein Kreuz und in der anderen einen fürchterlichen Feuerstock, der Blitze spuckte und einen Krach wie Donner machte. Er entnahm aus seinem schwarzen Mantel etwas Hartes, Leuchtendes, Glänzendes und Durchsichtiges, das ihm als Wasserbeutel diente. Es schien klares Wasser zu enthalten. Er bot es den Frauen zu trinken an, und als sie es versuchten, brannte das seltsame Wasser in ihren Kehlen und machte ihre Köpfe schwindlig. Der Mann war von einer bösen Krankheit bedeckt, diese Krankheit sprang auf die Haut der Frauen in Form unzähliger Pusteln über und brachte sie zu Tode. Da erkannten sie, daß der wasichu angekommen war, daß er endlich unter ihnen war und daß sich alles verändern würde.

Leonard Crow Dog, Lakota

Niemand weiß, wann die nördlichen Plains-Völker zum ersten Mal den Europäern begegneten. 1680 traf der französische Entdecker Robert Cavelier de la Salle eine Gruppe von ›Chaa‹-Indianern, möglicherweise Cheyenne (der Name kommt aus dem Sioux *Shar'ha*), die noch in ihrer Westwanderung begriffen waren, und um die 30er Jahre des 18. Jahrhunderts besuchten mexikanische und französische Händler regelmäßig einige Gruppen um die Black Hills und tauschten Metallpfeile, Blech und andere Artikel gegen Häute. Aber noch im späten 18. Jahrhundert erschreckte sich Standing All Night, ein Arikara, beim Anblick zweier Männer mit hellen Gesichtern und Bärten so sehr, daß er weglief: Für ihn mußten sie »geheimnisvolle Menschen [sein], die vielleicht aus der Erde oder aus einem Hügel gekommen waren«.

Anfang des 19. Jahrhunderts waren viele Plains-Völker schon teilweise vom Handel abhängig: 1806 zum Beispiel berichtete Alexander Henry, der Jüngere, daß einige Cheyenne Kleidung aus ›spanischer Herstellung‹ trugen, nachdem sie von einem spanischen Boot »voll mit Gütern beladen« besucht worden waren. Mit wenigen Ausnahmen, vor allem der Blackfoot, begrüßten sie die Lewis- und Clark-Expedition (1803–1806) als eine Gelegenheit, weitere Güter zu erwerben, und bald war der Pfad westlich von St. Louis mit Handelsposten übersät. Besonders die zunehmende Verfügbarkeit von Gewehren trug zur Umwandlung der Jagd und Kriegsführung bei und heizte die Konkurrenz zwischen den Stämmen an.

Der wachsende Handel brachte auch – nach dem nun bekannten Muster – neue und tödliche Krankheiten mit sich. Einige mündliche Überlieferungen über »die großen Krankheiten« existieren noch und vermitteln ein lebhaftes Bild von der Bestürzung und dem Schrecken der Indianer. Ein Cheyenne zum Beispiel erinnert, daß um 1800 der Stamm von einer Epidemie (wahrscheinlich Cholera) betroffen wurde, in der

> … eine Person stand oder lief, und ganz plötzlich schlugen ihre Arme und Beine aus. Sie fiel zu Boden, als wäre sie erschossen worden, und kam niemals wieder hoch und starb bald darauf.
> … ein Krieger, ein tapferer Mann … lief zu dieser Zeit im Lagerring und sang ein Kriegslied. »Ich kann den Feind erkennen, der uns tötet«, schrie er. »Wenn ich einen Feind sehe, weiche ich nie zurück, aber vor diesem Ding kann ich die Menschen nicht beschützen; sie fallen einfach um und sterben.« So sang und sprach er, und als er in sein eigenes tipi zurückging, befiel auch ihn die Krankheit, und er fiel tot zu Boden, als sei er erschossen worden.

In den ersten 40 Jahren des 19. Jahrhunderts wüteten drei Pokkenpandemien in den Plains und rafften die Menschen hin, manche Stämme fast bis zur Auslöschung. Die Mandan zum Beispiel, die im vorangegangenen Jahrhundert auf etwa 15 000 Einwohner geschätzt wurden, waren schon auf weniger als 2000 reduziert worden, als sie 1837 von der Krankheit erfaßt wurden. Von dem Künstler George Catlin, der sie ein paar Jahre vorher gemalt hatte, gibt es eine plastische Schilderung des Geschehens:

> Es scheint, daß die Mandan in dieser unseligen Zeit von mehreren Kriegstrupps ihres mächtigsten Feindes, der Sioux, umringt waren und sich daher nicht in die Plains verstreuen konnten, was viele von ihnen gerettet hätte; und so waren sie notgedrungen hinter den Palisaden ihrer Dörfer eingeschlossen, als die Krankheit in wenigen Tagen so bösartig wurde, daß der Tod wenige Stunden nach der ersten Attacke eintrat. Ihre Hoffnung war so schwach, daß, wenn sie attackiert wurden, sich fast die Hälfte von ihnen mit dem Messer, mit ihren Gewehren selbst umbrachten oder sich durch Kopfsprung von einem dreißig Fuß hohen Felsen vor ihrem Dorf den Schädel zertrümmerten. Das erste Symptom der Krankheit war ein schnelles Anschwellen des Körpers. Viele starben schon zwei oder drei Stunden nach dem ersten Anfall, und das oft ohne die Erscheinung der Krankheit auf der Haut. Äußerstes Entsetzen schien alle Klassen und alle Altersstufen erfaßt zu haben, und sie gaben sich in ihrer Verzweiflung für völlig verloren. Tag und Nacht gab es nur ein einziges Schreien, Heulen und Beten an den Großen Geist um Schutz; und da wenige am Leben blieben und in zu schrecklicher Verzweiflung waren, dachte niemand daran, die Toten zu beerdigen. Die Leichen ganzer Familien lagen in ihren eigenen Wigwams, in schauerlichen und eckelhaften Stapeln, bedeckt von ein paar übergeworfenen Büffelgewändern etc., um zu verwesen und von ihren eigenen Hunden verschlungen zu werden …
> So sind die freundlichen und gastfreien Mandan untergegangen, und obwohl es *möglich* ist, daß ein paar einzelne übriggeblieben sind, denke ich, daß dies nicht wahrscheinlich ist; selbst wenn es der Fall sein sollte, sind die Mandan doch als Nation ausgelöscht und existieren nicht länger.

Die Lebensweise der Plains kam auch durch den zunehmenden Verkehr von Händlern und Emigranten unter Druck. Bereits 1825 willigten mehrere Plains-Nationen, darunter die Lakota und Cheyenne, in einem ›Freundschaftsvertrag‹ mit den Vereinigten Staaten ein, Güterzüge durch ihr Land ziehen zu lassen. Die Straße schnitt einen unfruchtbaren Streifen mitten durch die Jagdgründe und teilte die Büffel in zwei Herden und spaltete mehrere Stämme – unter ihnen die Cheyenne und die Arapaho – in ›südliche‹ und ›nördliche‹ Zweige.

Gleichzeitig machten sich die euro-amerikanischen Grenzgebiete zunehmend an den südlichen und östlichen Grenzen der Plains bemerkbar. 1832, mit dem Ende des bewaffneten Widerstands der amerikanischen Ureinwohner östlich des Mississippi (mit Ausnahme einiger hartnäckiger Seminolen in den Florida Everglades) durch die Niederlage des berühmten Sauk- und Fox-Führers Black Hawk in Iowa und Wisconsin, strömten die Siedler schon in die reichen Grasländer der östlichen Prärien ein. Missouri war 1821 zu einem Staat geworden, und 1848 waren auch Iowa, Wisconsin, Arkansas, Michigan der Union beigetreten. Die ursprünglichen Völker dieser neuen Staaten, wie die Osage und die Tot, wurden zusammen mit den Delaware, Wyandot (Huron) und anderen Gruppen, die schon aus ihrer angestammten Heimat weiter östlich umgesiedelt worden waren, enger an die neu verpflanzten »Fünf Zivilisierten Stämme« im jetzigen Oklahoma herangeschoben. Den meisten wurden ›dauerhafte‹ Wohnstätten in Teilen des heutigen Kansas und Nebraska gegeben, mit den üblichen Versprechen von Renten und landwirtschaftlicher Hilfe. Eilig wurde die Landkarte neu gezeichnet, um ihre Reservate in das ›Indianische Territorium‹ einzuschließen.

Fast im selben Augenblick jedoch wurden die neuen Grenzen von Siedlern aus Missouri und Kansas durchbrochen, die das Nutzholz der Indianer abschlugen, ihr Vieh stahlen und sie ungestraft ermordeten. Während der frühen 50er Jahre des 19. Jahrhunderts, als sich Kansas und Nebraska auf die Territorialherrschaft vorbereiteten, kam es – ein Widerhall der glühenden Anti-Indianer-Stimmung in Georgia und Alabama 20 Jahre zuvor – zur zunehmend lautstarken Forderung, alle innerhalb ihrer Grenzen befindlichen ›lästigen Menschen des Bodens‹ überhaupt umzusiedeln. Der Kongreß autorisierte den Präsidenten, Verhandlungen mit den Indianern über die ›Aufhebung‹ ihrer Ansprüche zu führen. Prompt erreichte der Commissioner of Indian Affairs Landabtretungen von 14 Stämmen, durch welche ihr Territorium von 18 Millionen auf weit weniger als nur eine Million Morgen reduziert wurde. Selbst diese erbärmlich verringerte Landbasis wurde schnell angefressen, indem Indianer aus ihren Wohnungen vertrieben oder um einzelne Zuteilungen betrogen wurden. Die meisten Stämme in Kansas endeten mit der Umsiedlung nach Süden in das verbleibende ›Indianische Territorium‹.

Das Ausmaß der Westwanderung in den Jahren nach dem Vertrag von Guadeloupe Hidalgo – das ein Jahrzehnt zuvor unvorstellbar gewesen wäre – stellte eine wachsende Bedrohung für die Völker der ›unfruchtbaren Plains‹ dar. 1849 errichtete die Bundesregierung Fort Laramie in Wyoming und hielt zwei Jahre später eine große Ratsversammlung der nördlichen Stämme ab – insgesamt etwa 8000 bis 12 000 –, um ihre Befürchtungen über die Ausbreitung von Straßen und Güterzügen zu zerstreuen. Die meisten Indianer kamen beruhigt und friedenswillig heraus. »Ich gehe befriedigt nach Hause«, sagte Cut Nose von den Arapahos. »Ich werde ruhig schlafen und muß nicht nachts auf meine Pferde aufpassen oder um meine Frau und Kinder fürchten. Wir müssen an diesen Flüßchen und in den Hügeln leben, und ich wäre froh, wenn die Weißen sich selbst einen Platz aussuchten und nicht in unsere Gründe kämen.«

1853 machte die Regierung den Komantschen, Kiowa und anderen Plains-Völkern ähnliche Friedens- und Freundschaftsversprechen, doch war man sich in Washington im klaren, daß ihre Lebensweise zum Untergang verurteilt war. Im selben Jahr erklärte der Vorsitzende des Ausschusses für Indianische Angelegenheiten mit leicht poetischem Einschlag:

> Die Weißen können nicht länger aus dem Indianerland herausgehalten werden. Im Flachland und auf den Prärien bis zu den Rocky Mountains erklingt kaum noch das Brüllen der Büffel; durch die weite Wildnis schallen nun der Peitschenknall des Emigranten, der muntere Spaß und das fröhliche Lachen des Kaukasiers.

1855 pachtete die Bundesregierung den westlichen Teil des ›Indianischen Territoriums‹ von den »Fünf Zivilisierten Stämmen« als eine mögliche Heimat für die Plains-Stämme, und über die nächsten zehn Jahre zogen die Wichita und ein paar kleine Gruppen aus Texas dorthin. Die eigentliche Idee eines ›Indianischen Territoriums‹ wurde jedoch zusehends in Frage gestellt. Bereits 1848 hatte der Missionar David Lowry gewarnt, die Umsiedlung amerikanischer Ureinwohner in ein getrenntes Land sei nicht länger eine praktikable Lösung des ›Indianerproblems‹: Das Land würde unter dem Zusammenprall der Siedlerflut nach Westen mit der »Welle, die vom Pazifik nach Osten rollt«, begraben werden. Und in weniger als einem Jahrzehnt schienen ihn die Ereignisse zu bestätigen. 1857 gab der Gouverneur von Kansas nur eine weitverbreitete Ansicht wieder, als er vorschlug, die »Fünf Zivilisierten Stämme« erneut umzusiedeln und ihr Land der Besiedlung freizugeben. »Die Indianerverträge werden kein Hindernis darstellen«, erklärte er kurzerhand, »so wenig, wie es die exakt gleichen Verträge in Kansas getan haben.«

Wieder einmal wurden die »Fünf Zivilisierten Stämme« Opfer ihres eigenen Erfolgs. Das Leid der Umsiedlung hatte tiefe Wunden hinterlassen – die, im Fall der Cherokee, zu einem verlängerten Bürgerkrieg geführt hatten –, doch waren sie nun dabei, ihre Welt mühsam neu aufzubauen. Besonders die Cherokee waren in den 50er Jahren des 19. Jahrhunderts in ein Goldenes Zeitalter eingetreten, das ihrer Nation den bewundernden Beinamen »das Athen des Westens« eingebracht hatte. Ihre neue Hauptstadt, Talequah, rühmte sich eleganter neoklassischer öffentlicher Gebäude, einer überregionalen Zeitung, des *Advocate*, und blühender Verlage, die eine Flut von Büchern und Pamphleten in ihrer eigenen Sprache herausbrachten. John Ross, seine Familie und andere Mitglieder der ›gemischt-blütigen‹ Elite besaßen nahe gelegene elegante, schön möblierte Herrenhäuser – Anlaß für den oft von nörgelnden Anglo-Amerikanern zu hörenden Vorwurf, sie beuteten die verarmten, apathischen ›Vollblut‹-Massen aus, die in Blockhütten lebten und Mais- und Kartoffelbeete anbauten.

Diese Anschuldigungen wurden von dem Missionar Samuel Worcester, der mit den Cherokee nach Westen mitgezogen war, ausdrücklich widerlegt: »... die Frage lautet: Gilt die beschriebene Verbesserung allgemein für ... Vollblutindianer ... oder nur für Halbblut? Ich antworte, daß ... ich von der Masse der Leute, ohne Unterschied, gesprochen habe ... obwohl diejenigen mit gemischtem Blut allgemein an der Spitze sind, doch ist auch die breite Masse des Volkes auf dem Weg.« Tatsächlich scheint selbst der ärmste Cherokee einen Lebensstandard genossen zu haben, um den ihn viele seiner Anglo-Nachbarn in Arkansas, Missouri und Kansas beneidet hätten. Mit 126 öffentlichen Schulen und geschlechtsparitätischen Zugangsmöglichkeiten zum College hatten sie ein weit höheres Niveau an Bildung und Alphabetisierung. Und da jeder Bürger ein Recht auf Land hatte – das die Cherokee, wie die anderen ›Zivilisierten Stämme‹, gemeinsam innehatten –, gab es fast keine Obdachlosigkeit oder Armut.

Wie schon vor der Umsiedlung, argumentierten der ältere John Ross und andere Führer, daß die »Fünf Zivilisierten Stämme« aufgrund ihrer eindeutigen ›Fortschritte‹ in Ruhe gelassen werden sollten. Doch regte jeder glühende Bericht und jede eindrucksvolle Statistik den Appetit der Landspekulanten nur noch mehr an: 30 Jahre nach dem Jackson's Removal Act stand die Umsiedlung wieder auf der Tagesordnung. Während des Präsidentschaftswahlkampfes von 1860 erklärte William Seward in aller Öffentlichkeit, daß das »Indianische Territorium südlich von Kansas von den Indianern evakuiert werden muß«.

Der Ausbruch des Bürgerkrieges im folgenden Jahr unterbrach diesen Plan, wenigstens vorübergehend. Über Nacht schienen die »Fünf Zivilisierten Stämme« in eine frühere Phase ihrer Geschichte zurückgefallen zu sein: Anstatt Hindernisse für die Besiedlung, waren sie plötzlich wieder ein Pfand in einem euroamerikanischen Krieg geworden. Standhaft vertrat John Ross in einem Brief an einen Sezessionisten seine Neutralität:

> Ich bin – die Cherokee sind – eure Freunde und die Freunde eures Volkes, aber wir möchten nicht in die Fehden zwischen euch und euren nördlichen Brüdern hineingezogen werden. Unser Wunsch ist Frieden. Frieden zu Hause und Frieden unter euch.

Doch als Vertreter beider Seiten um die »Fünf Zivilisierten Stämme« zu werben begannen, wurde diese Politik zunehmend unrealistisch. Die Konföderation argumentierte, daß sich die Union lediglich in zwei Teile aufgespalten und die Indianer in der südlichen Hälfte belassen habe und daß sie daher von nun an mit der neuen Regierung Umgang haben müßten. Dieser Eindruck wurde von den Regierungsvertretern im ›Indianischen Territorium‹ verstärkt, die fast alle Sezessionisten waren: Die Union setzte eigene neue Vertreter ein, doch saßen diese in Kansas, wo die Indianer sie nicht erreichen konnten.

Die Behörden der Konföderation beuteten ihren Vorteil eifrig aus. Kommissar Albert Pike aus Arkansas wurde geschickt, um die »Fünf Zivilisierten Stämme« vor den räuberischen Absichten der Union zu warnen – angesichts dessen, daß William Seward Präsident Lincolns Außenminister geworden war, keine schwere Aufgabe – und eine ›United Nations of the Indian Territory‹ gegen »die einfallenden Streitkräfte der Abolition« zu organisieren. Er bot den Stämmen auch günstige neue Verträge an, die ihre Autonomie garantierten und ihnen das Recht zur Entsendung von Delegierten in den Konföderationskongreß gab, bevor er zu dem gepachteten Distrikt weiterreiste, um Verträge mit den Wichita, Komantschen, Kickapoo und anderen südlichen Plains-Gruppen zu unterzeichnen.

Hinter Pikes Pose als Kämpfer für die Indianerrechte jedoch – das zeigt seine Korrespondenz – unterschieden sich seine langfristigen Ziele von denen Sewards kaum: In einem Brief an Präsident Jefferson Davis, der den Reichtum und die Schönheit des Indian Territory preist, verteidigte er die von ihm gemachten ›Konzessionen‹ mit der Begründung, daß sie »in Wirklichkeit weit mehr *uns* nutzen als *ihnen*; und daß *wir* es sind ... die dieses Land für die Besiedlung freigeben und in einen Staat umwandeln wollen«. Viele Indianer jedoch klammerten sich an sein Versprechen einer sicheren Zukunft und unterstützten begeistert die Sache der Konföderation, mit der sie sich – wie sich der Rat der Choctaw ausdrückte – durch ihre »Gefühle, Erziehung, Institutionen und Interessen« natürlich verbunden fühlten.

Doch der einflußreiche John Ross mit seiner langen und leidvollen Erfahrung mit anglo-amerikanischer Doppelzüngigkeit sträubte sich noch. Als Brigadier Ben McCulloch das Recht forderte, Kompanien aus indianischen Freiwilligen aufzustellen, um für den Süden zu kämpfen, schrieb Ross zornig – und vorausahnend – zurück:

> Unser Land und unsere Institutionen gehören uns. Wie klein das eine oder bescheiden das andere auch sein mag, sie sind uns ebenso heilig und wertvoll, wie es die eures eigenen dicht bewohnten und reichen Staates für euch und euer Volk sind. Wir haben nichts getan, um den Konflikt in eurem eigenen Volk hervorzurufen, und ich bin dagegen, daß mein Volk zu seinem Opfer werden soll.
> Ich bin entschlossen nichts zu tun, das irgendeinen Vorwand für eine der beiden widerstreitenden Parteien abgeben könnte, unser Land zu überrennen und unsere Rechte zu zerstören ...

Doch wurde Ross schnell von den Ereignissen überholt. Sein alter Widersacher Stand Watie aus der Zeit vor der Umsiedlung stellte sein eigenes Cherokee-Regiment auf, das am selben Tag in den Dienst der Konföderation trat, an dem die Choctaw und Chickasaw einen Vertrag mit Pike unterzeichneten. Ross berief sofort eine Massenversammlung in Talequah ein. Vor allem bestrebt, einen anderen Bürgerkrieg der Cherokee zu vermeiden, sprach er sich schließlich unter dem Motto: »Einheit ist Stärke, Uneinigkeit ist Schwäche, Elend und Untergang!«, wider besseres Wissen für ein Bündnis mit den Konföderierten aus. Seinen Freunden sagte er:

> Wir sind in der Situation eines Menschen, der alleine auf einem niedrigen Fleck Erde steht und um ihn herum steigt das Wasser ... Durch den verrückten Lauf der Flut treibt ein Baumstamm an ihn zu ... Wenn er ihn verweigert, ist er zum Tode verurteilt. Wenn er sich an ihm festhält, hat er eine Lebenschance. Er kann aber auch dabei untergehen ...

Innerhalb von Monaten jedoch war es um die zerbrechliche Einheit des Stammes geschehen. Unter dem Druck widerstreitender

Kräfte zerfielen die Cherokee und ihre Nachbarn schnell in pro- und anti-Union-Fraktionen. Wie Ross nur zu klar vorausgesehen hatte, brachte ihnen der Krieg ›Elend und Untergang‹ und bot einen erneuten Vorwand für Anglo-Amerikaner, »unser Land zu überrennen«. In vier Kriegsjahren verloren die »Fünf Zivilisierten Stämme« die meisten ihrer Farmen und Gemeinden, für deren Aufbau sie so hart gearbeitet hatten, und etwa 25 Prozent ihrer Bevölkerung. In den darauffolgenden Friedensverträgen mußten selbst diejenigen, die sich für die Union aufgeopfert hatten, ›Kriegsschulds‹geständnisse unterschreiben, und um sie zu ›bestrafen‹, wurde der ganze westliche Teil des ›Indianischen Territoriums‹ konfisziert. Auch mußten sie dem Bau von Eisenbahnschienen durch ihr Land zustimmen. Obwohl sie knapp daran vorbeikamen, eine Territorialregierung akzeptieren zu müssen, bestand der Beauftragte für Indianische Angelegenheiten darauf, daß sie von einem föderal geförderten Rat von Stämmen verwaltet werden sollten.

Der Bürgerkrieg hatte auch tiefe Auswirkungen auf Indianer in anderen Teilen des ›Grenzlandes‹. Nachdem sie die gegnerischen Graujacken in die Flucht geschlagen hatten, wandten sich 1862 die zur Besetzung Neu Mexikos gesandten Unionstruppen der ›Befriedung‹ der Gruppen von Navajo und Apachen, die noch immer Siedlungen überfielen, zu. Der berühmte Führer der Mimbreno-Apachen, Mangas Colorado, wurde unter einer Unterhändlerflagge gefangengenommen und danach ermordet. In einem unerbittlichen Zermürbungskrieg wurden die Mescalero schließlich zur Aufgabe und zur Annahme eines Reservats bei Bosque Redondo gezwungen, einem trockenen Gebiet im Pecos River Valley, das »für die Konzentration und Haltung aller gefangenen Indianer aus dem Territorium von Neu Mexiko« ausgesucht worden war. Entschlossen zu zeigen, daß »wilde Indianer gezähmt werden können«, machte sich dann Colonel ›Kit‹ Carson auf, die Navajo in einem Feldzug der verbrannten Erde zu bezwingen, indem er *hogans*, Felder und Obstgärten zerstörte, Schafherden und Pferde beschlagnahmte und schließlich die heilige Hochburg von Canyon de Chelly mit Gewalt nahm. Die meisten Navajo, halb verhungert und niedergeschlagen, wurden zum ›Langen Marsch‹ getrieben – das südwestliche Gegenstück zum Weg der Tränen –, um sich den Mescalero bei Bosque Redondo anzuschließen. Es starben jedoch so viele an Krankheit und schlechten Bedingungen, daß sie zu den Chuska-Bergen zurückkehren durften, die das Kernstück ihres jetzigen Reservats bilden.

Im Gegensatz dazu schienen die Grasländer im Norden vorerst von den zerstörerischen Truppenbewegungen quer durch den Kontinent verschont zu bleiben. In den ersten Monaten zog die US-Regierung praktisch alle ihre Truppen aus dem Gebiet ab und zeigte damit, für wie strategisch unbedeutend sie die Plains hielt. Zurück blieben weniger als 300 Mann als Garnison für die vier weit auseinanderliegenden Forts entlang der Emigrantenstraßen. Dies hatte einen Rückgang der Indianerüberfälle zur Folge: Sich selbst überlassen, waren die angeblich blutrünstigen Sioux und andere Stämme anscheinend bereit, mit den Durchreisenden friedlich zu koexistieren, und mehr an der Jagd interessiert als an der Tötung von Amerikanern.

Allerdings setzte ein Aufstand der Santee Sioux in Minnesota 1862 eine Kettenreaktion in der Region in Bewegung, die die Vereinigten Staaten in den blutigsten und härtesten ›Indianerkrieg‹ ihrer Geschichte hineinzog. Die Santee waren Dakota oder östliche Sioux, die ihre Lebensweise als Ackerbauern in Minnesota fortgeführt hatten, als ihre nahen Verwandten, die Lakota, Jäger in den Plains im Westen geworden waren. In den 50er Jahren des 19. Jahrhunderts strömten etwa 150 000 Siedler in die Gegend, und 1862 hatten die Santee neun Zehntel ihres Territoriums aufgegeben und waren auf einen schmalen Streifen von 1500 Quadratmeilen am Minnesota River zusammengeschrumpft. Selbst diese letzte Zuflucht wurde schnell zunichte gemacht: Im April 1861 schrieben 32 illegale Siedler auf dem Land der Santee an Präsident Lincoln und baten um Schutz.

Der übliche Mißbrauch – betrügerische Landkäufe, Ausbeutung durch Händler, offener Diebstahl und sexuelle Übergriffe auf Frauen – hatte bereits die Beziehungen zwischen den Indianern und ihren anglo-amerikanischen Nachbarn fast bis zum Reißen angespannt, als den Santee im Juli 1862 mitgeteilt wurde, daß ihre Rentenzahlungen aufgeschoben würden. Das Lagerhaus im Reservat war voll von Vorräten, doch weigerte sich der neue Agent, Thomas Galbraith, sie zu verteilen, solange die Indianer kein Geld hatten, um sie zu bezahlen.

Nachdem sie Land und Wild verloren hatten, konnten sich die Santee nicht länger selbst unterhalten. Nun waren sie sehr hungrig. Daß man Nahrung, über die man verfügte, nicht teilte, war in ihrem kulturellen Verständnis unerklärlich grausam (in den Worten des Lakota Luther Standing Bear: »Wer vollen Bauches noch mehr Elend auf jemand mit leerem Bauch häuft, ist unglaublich roh«). In der Agentur versammelten sich empörte Santee. Ihr Führer, *Ta-oya-te-duta* (Little Crow) sprach zu Galbraith:

> Wir haben lange gewartet. Das Geld steht uns zu, aber wir können es nicht bekommen. Wir haben nichts zu essen, aber hier sind diese Lager, voll mit Lebensmitteln. Wir bitten, daß du, der Agent, mit uns eine Vereinbarung machst, damit wir Essen aus dem Lager bekommen, sonst sorgen wir selbst dafür, daß wir nicht verhungern. Wenn Menschen hungrig sind, helfen sie sich selbst.

Galbraith fragte einige Händler um Rat. Einer von ihnen, Andrew Myrick, antwortete: »Was mich betrifft, so sollen sie, wenn sie hungrig sind, Gras essen oder ihren eigenen Dung.« Einen Augenblick waren die Santee fassungslos: dann stürmten sie, wütend und erniedrigt, aus der Versammlung.

In dieser gespannten Atmosphäre bedurfte es nur eines kleinen Zwischenfalls, um einen großen Konflikt auszulösen. Auf der Rückkehr von einer erfolglosen Jagd fanden vier junge Santee einige Eier, die das Huhn eines Siedlers gelegt hatte. Als der eine davor warnte, sie an sich zu nehmen, stachelten ihn seine Kameraden auf: »Du bist eine Feigling. Du hast Angst vor dem Weißen Mann. Du hast sogar Angst, ihm ein Ei wegzunehmen, obwohl du halb verhungert bist.« Der Streit eskalierte. Schließlich, um ihren Mut zu beweisen, töteten die Jäger fünf Siedler.

Als er die Nachricht hörte, war *Ta-oya-te-duta* entsetzt. Als langjähriger Anpaßler hatte er hart daran gearbeitet, sich für seine anglo-amerikanischen Nachbarn akzeptabel zu machen: Er hatte ein Stück Land für eine Farm übernommen, war der Episkopalkirche beigetreten und war überzeugt, daß Gewalt gegen sie nur im Fiasko enden konnte. Als die Mörder und ihre Gefolgsleute, die mit Vergeltungsaktionen rechneten, einen Präventivkrieg forderten, antwortete er:

> Ihr seid voll vom Teufelswasser der Weißen. Ihr seid wie Hunde bei Vollmond, wenn sie verrückt spielen und nach ihrem eigenen Schatten beißen. Wir sind nur kleine, verstreute Büffelherden; die großen Herden, die einst die Prärien bedeckten, gibt es nicht mehr. Seht! – die Weißen sind wie die Heuschrecken, wenn sie so dicht fliegen, daß der Himmel wie ein Schneesturm ist. Ihr mögt einen – zwei – zehn töten; ja, so viele wie Blätter im Wald drüben, und ihre Brüder werden sie nicht vermissen. Tötet einen – zwei – zehn, und zehn mal zehn werden kommen, um euch zu töten. Zählt eure Finger den ganzen Tag, und die Weißen mit ihren Gewehren werden schneller kommen, als ihr zählen könnt.
> ... Ja: sie mögen untereinander kämpfen, aber wenn ihr sie angreift, wenden sie sich alle gegen euch und verschlingen euch und eure Frauen und kleinen Kinder, so wie die Heuschrecken über die Bäume herfallen und alle Blätter an einem einzigen Tag verschlingen.

Da er jedoch wußte, daß nun kein Indianer mehr sicher war, und im Bewußtsein dessen, daß sein Ruf auf dem Spiel stand, stimmte er dem Kampf widerwillig zu. »*Ta-oya-te-duta* ist kein Feigling«, sagte er seinem Volk. »Er wird mit euch sterben.«

Zunächst war Little Crow – vielleicht zu seiner eigenen Überraschung – erstaunlich erfolgreich. Die Siedler waren unvorbereitet. Die Santee griffen die Agentur an, töteten zehn Männer, eingeschlossen den Händler Myrick – sein Mund wurde, wie vor 250 Jahren in Virginia, mit Gras gestopft –, sie überfielen eine Kolonne von Soldaten und töteten die Hälfte von ihnen. Für ein paar Tage hatten sie die Initiative in der Hand, zerstörten abgelegene Siedlungen und belagerten Fort Ridgely und die Stadt Neu Ulm, doch als US-Verstärkung in Minnesota eintraf, wurden sie allmählich zurückgeschlagen. Nach nicht viel mehr als einem Monat wurden sie schließlich von General Sibley und einer

Streitmacht von 1500 Soldaten bei Wood Lake besiegt. Hunderte wurden gefangengenommen, und 83 Gefangene wurden im Dezember 1868 in der größten Massenexekution der US-Geschichte gehängt.

›Little Crow's War‹ ließ den Westen erbeben. Einige Santee, darunter *Ta-oya-te-duta*, konnten nach Kanada flüchten. Andere flohen in die Plains weiter und versuchten, ihre dortigen Verwandten zu überreden, in die Offensive zu gehen. 6000 Soldaten verfolgten die ›Feinde‹ nach Norddakota in einem vergeblichen Versuch, sie gefangenzunehmen. Dadurch wurden die Spannungen noch erhöht. Gleichzeitig forderten Reisende und Siedler, die verständlicherweise vor einer Wiederholung der Ereignisse von Minnesota weiter westlich Angst hatten, dringend militärische Verstärkung zum eigenen Schutz an.

Da die US-Armee durch den Bürgerkrieg voll ausgelastet war, schickte die Regierung Freiwilligenverbände zur Unterstützung der Forts. Viele dieser ›Bürgersoldaten‹ waren Grenzlandbewohner, voll Haß und Verachtung für die amerikanischen Ureinwohner: Einmal beispielsweise schossen sie im Rahmen einer Artillerieübung Granaten in ein befreundetes Siouxlager. Kein Wunder, daß die Indianer mit vermehrten Überfällen auf Güterzüge und Viehherden antworteten. Im Sommer 1864 war die Situation so ernst, daß T. I. McKenney, ein regulärer Armeeoffizier, berichtete:

> Ich glaube, wenn wir nicht größte Vorsicht walten lassen, gibt es einen blutigen Krieg. Wir sollten versuchen, [die Indianer] zu besänftigen ... und mit diesen Aufklärungstrupps Schluß machen, die durch das Land ziehen, den einen Indianerstamm nicht von dem anderen unterscheiden können und alles töten, was wie ein Indianer aussieht. Noch ein paar Morde seitens unserer Truppen und alle kriegerischen Stämme vereinigen sich.

McKenney hatte recht. 1861 hatte der Gouverneur von Colorado, John Evans, zwei ›Friedenshäuptlinge‹ der südlichen Cheyenne, Black Kettle und White Antelope, die mit den Anglo-Amerikanern immer befreundet gewesen waren, zu einem Abkommen überredet, in dem sie ein großes Stück Jagdgebiet nahe der aufblühenden Stadt Denver abtraten. Die anderen Cheyenne-Häuptlinge jedoch lehnten ab (etwas, wozu sie als autonome Gruppenführer vollständig berechtigt waren), und im Frühling und Sommer 1864 organisierten Mitglieder der Miliz von Colorado eine Reihe unmotivierter Überfälle auf Cheyennelager, in der Hoffnung auf einen Vorwand, das Land gewaltsam zu nehmen. Angeführt wurden sie von Colonel John Chivington, einem Methodistenprediger und fanatischem Indianerhasser, berüchtigt für seine öffentliche Verteidigung des Kindermordes an amerikanischen Ureinwohnern, da »aus Nissen Läuse werden«. In einer wilden Rhetorik, die der Captain John Masons während des Pequotkrieges mehr als 200 Jahre zuvor nicht nachstand, erklärte er: »Verdammt sei jeder, der mit den Indianern sympathisiert! Ich bin gekommen, um Indianer zu töten, und glaube, es ist recht und ehrenhaft, alle Mittel unter Gottes Himmel anzuwenden, um Indianer zu töten.«

Als Chivington seine Männer anwies, »Cheyenne, wann und wo immer sie auftauchen, zu töten«, lud der US-Kommandeur von Fort Lyon, Major Edward Wynkoop, Black Kettle und White Antelope ein, ihre Gruppen nahe an die Garnison heranzuführen, teilweise zu ihrer eigenen Sicherheit, teilweise um zu vermeiden, daß sie sich den ›Feinden‹ in einem totalen Krieg anschließen könnten. Prompt ließ Chivington Wynkoop versetzen, da er zu ›versöhnlich‹ sei. Sein Ersatz, der Hardliner Major Scott Anthony, ermutigte die Indianer, in der Nähe des Postens zu bleiben, weniger um sie zu schützen, als um sie – in den Worten des Historikers Angie Debo – »für ein Massaker verfügbar zu haben«.

Am frühen Morgen des 29. November 1864 griffen Chivington und mehrere hundert Mann Black Kettles Lager bei Sand Creek an. Nach mündlicher Überlieferung der Cheyenne passierte folgendes:

> Sobald er die Soldaten kommen sah, früh am Morgen, rief Black Kettle ihnen zu, versuchte zu reden, hißte eine amerikanische Flagge auf einer Stange und schwang sie hin und her, in der Hoffnung, daß die Soldaten einhalten würden. Aber sie taten es nicht. Die Soldaten

stürmten und fingen an zu schießen: auf Frauen und Kleine wie auf Krieger. Sie ließen niemanden aus, und sie schnitten die Toten hinterher auf und skalpierten sie. Alle Stämme hörten davon. Gray Blanket erzählte später, wie einige von ihnen drei Kinder packten, sie zu den Offizieren brachten, das älteste acht und das jüngste vier oder fünf, und der Lieutenant sagte: »Die Befehle lauten, groß und klein zu töten.« Daraufhin schoß er einem Kind mit seiner Pistole in den Kopf, und dann die anderen beiden, obwohl sie weinten und um Gnade flehten. Er sagte, sein eigener kleiner Junge sei weinend aus dem Tipi gelaufen, ein Offizier habe auf ihn gezielt und ihn zweimal verfehlt, aber ein anderer habe sein Gewehr über sein Knie gelegt und ihn beim zweiten Schuß umgeworfen.

Die Mutter des alten Three Finger nahm ihr Baby auf den Rücken, packte Three Finger an der Hand – er war noch ein kleiner Junge – und rannte zum Bach. Die Soldaten schossen hinter ihr her, und eine Kugel traf sie in die Schulter, aber sie schaffte es zu einem sicheren Versteck unterhalb der Böschung. Dann nahm sie das Baby von ihrem Rücken herunter, es war tot, durch den Körper geschossen. Zur gleichen Zeit wurde ihr Mann erschossen. Danach lebte sie viele Jahre mit den nördlichen Cheyenne, und sie hat immer wieder davon erzählt.

Eine andere Frau, Black Bears Frau, erhielt eine Narbe von ihrer Schußwunde. Sie nannten sie deswegen One Eye Comes Together. Sie erzählte schreckliche Dinge von Soldaten, die Kinder töteten und Frauen verschleppten und mißhandelten. Die meisten von ihnen wurden danach erschossen, doch einige überlebten und erzählten davon.

Am folgenden Tag ritt US-Lieutenant James Connor über den Schauplatz des Massakers:

Ich sah keinen Körper von Mann, Frau oder Kind, der nicht skalpiert gewesen wäre, und oft waren ihre Körper in schrecklichster Weise verstümmelt – die Geschlechtsteile von Männern, Frauen und Kindern herausgeschnitten; ich hörte einen Mann sagen, daß er die Geschlechtsteile einer Frau herausgeschnitten und sie auf einem Stock ausgestellt habe ... Ich hörte auch von Fällen, in denen Männer die Geschlechtsteile von Frauen herausgeschnitten und über ihren vorderen Sattelbaum gezogen oder während des Formationsritts über ihre Mützen getragen hatten.

Schätzungen der Zahl der Toten variieren zwischen 105 und etwa 200, doch wäre die Zahl ohne Frage weit höher gewesen, wenn Chivingtons Männer Berufssoldaten und keine undisziplinierten – und oft betrunkenen – Freiwilligen gewesen wären. So aber entkamen viele Indianer – unter ihnen Black Kettle, der später bei einem anderen Massaker getötet wurde – und alarmierten andere Gruppen. Ende Dezember legten aufgebrachte Sioux, Arapaho und Cheyenne ihre Kräfte zusammen, um Black Kettles Gruppe zu rächen. Und Chivington hatte seinen Krieg.

Im Frühjahr 1865 griffen 1000 Krieger den South Platte-Trail an, plünderten einen Militärposten, setzten Bauernhöfe und Stationen in Brand, raubten Vieh und Güterzüge und töteten mehr Menschen, als in Sand Creek gestorben waren. Im folgenden Sommer, nach einer erfolgreichen Frühlingsjagd, überfiel eine noch größere Streitkraft den North Platte-Trail und vernichtete einen militärischen Güterzug. Die Vereinigten Staaten schickten General P. E. Connor und mehr als 3000 Mann, um die ›Feinde‹ einzukreisen, mit der Anweisung, keine »Friedens- oder Unterwerfungsangebote« anzunehmen und »jeden männlichen Indianer über zwölf Jahre« zu töten, doch konnten die Indianer in ihre Jagdgebiete entkommen. Connor mußte sich mit leeren Händen zurückziehen.

Fast zur gleichen Zeit jedoch kamen noch ernstere Gefahren auf. Die Flut von Reisenden in den Westen, durch den Bürgerkrieg vorübergehend gedämpft, schwoll wieder an, und um sie zu schützen, kehrten reguläre Truppen in die Plains zurück. Arbeiten zum Bau einer Bahnstrecke durch die Region begannen und Forts wurden am neu verlegten Bozeman-Trail zu den Montana-Minenfeldern errichtet, die das Kernstück des Jagdgebiets der Sioux durchschneiden. Gleichzeitig hatte der Homestead Act von 1863 der anglo-amerikanischen Siedlung den Weg zu den Plains frei gemacht, und an ihrem östlichen Rand schossen bereits Gemeinden aus dem Boden.

Anstatt die Stämme militärisch einzudämmen, was sich als einzigartiger Fehlschlag erwiesen hatte, griff die Regierung zu einer neuen Politik der Doppelstrategie: Indem sie Jäger wie Buffalo Bill Cody dazu ermunterten, ihre Bisonherden zu vernichten, sollten die Indianer ausgehungert werden; zugleich sollten sie mit Nahrungsmitteln und Renten bestochen werden, in Reservaten zu siedeln. In der Praxis jedoch erwies es sich als unmöglich, das Muster von Argwohn, Rassenhaß und Gewalt, das in der Folge von Sand Creek die Beziehungen zwischen Anglo-Amerikanern und amerikanischen Ureinwohnern bestimmt hatte, aufzubrechen.

1867, als die ›Verwüstungen‹ der Indianer weitergingen, beschloß Major General Winfield Scott Hancock, an einem der Stämme ein Exempel zu statuieren, um den Rest gefügig zu machen. Seine Wahl fiel auf die unglücklichen Cheyenne, mit der Begründung, daß sie »genauso wie alle anderen Züchtigung verdienten«. Gegen Wynkoops Protest provozierte er einen Krieg, indem er 1400 Männer zu einem Lager der Cheyenne und Sioux in Marsch setzte. Als die Frauen und Kinder in Erinnerung an das Chivington-Massaker fortliefen, nahm er dies als einen Beweis für »ein konspiratives Nest« und brannte ihr Dorf nieder. Dann beauftragte er Lieutenant-Colonel George A. Custer mit der Verfolgung der ›Feinde‹ und setzte damit eine weitere Spirale von Überfällen und Vergeltungsaktionen in Gang.

Mit dem Dahinschwinden ihrer Bisonherden und der Intensivierung des Zermürbungskrieges waren die meisten südlichen Stämme – Kiowa, Komantschen, südliche Cheyenne und Arapaho und andere – Ende der 60er Jahre des 19. Jahrhunderts gezwungen, Reservate in der westlichen Hälfte des ›Indianischen Territoriums‹ zu akzeptieren. Die »Fünf Zivilisierten Stämme« und andere, jüngere, Ankömmlinge schickten Bestätigungen ihrer ›Freundschaft und freundlichen Gefühle‹ zu den Plains-Völkern und luden sie zu ihrem regelmäßigen ›Okmulgee Council‹ ein. Trotz der Verschiedenheit ihrer sprachlichen und kulturellen Hintergründe, bewiesen die Nationen des ›Indianischen Territoriums‹ schnell eine bemerkenswerte Fähigkeit zur Zusammenarbeit und entwickelten bald Pläne zu einem Indianerstaat, in dem alle Ureinwohner der Vereinigten Staaten einmal zusammenleben könnten.

Doch weiter nördlich harrten die Sioux und ihre Verbündeten unter dem Kriegsführer der Lakota, Red Cloud, weiter aus. 1866 kehrten sie von einem Treffen zurück, das zur Besprechung des Bozeman-Trails einberufen worden war, und erkannten, daß die Armee bereits begonnen hatte, Forts zu bauen. Daraufhin nahmen sie einen heroischen Kampf um ihr Land, ihre Lebensweise und den lebenswichtigen Bison auf. Wie tief sie sich in ihrem Überleben bedroht fühlten, zeigen die Interviews 1930 mit drei betagten Lakota, die einen seltenen und faszinierenden Einblick in den Konflikt wiedergeben:

> ... Ich fühlte, daß die weißen Männer uns einfach auslöschen würden und daß es kein indianisches Volk mehr geben würde ... Wir hätten die weißen Männer nicht bekämpft, wenn sie uns nicht bekämpft hätten. Wir hätten sie in Frieden mit uns zusammenleben lassen.
>
> Als ich etwa vierzehn war, erinnere ich mich, daß die weißen Männer kamen, uns bis zum Ende bekämpften und unser Land nehmen wollten, und ich dachte, das ist nicht recht. Auch wir sind Menschen, und Gott hat uns alle gleich geschaffen. Ich wollte mein Bestes tun, um mein Volk zu verteidigen. Also betrat ich den Kriegspfad, als ich sechzehn Jahre alt war.
>
> Nach dem, was ich von den alten Leuten hörte, dachte ich, würde ich einfach meinen Beitrag leisten. Wir durchkämmten frei das Land, und dieses Land gehörte in erster Linie uns. Es gab viel Wild und wir waren niemals hungrig. Aber als die weißen Männer kamen, kämpften wir die ganze Zeit. Der Weiße Mann wollte uns einfach alle töten. Ich war so panisch, daß ich die ganze Nacht nur mit spähendem Auge ritt ... Die Gruppe, zu der ich gehörte, kam zusammen und sagte, daß sie sich von den weißen Männern nicht überrennen lassen würde, und tief in meinem Herzen wußte ich, ich würde meine Landsleute bis zum letzten verteidigen. Im Alter von zehn oder elf hatte ich einen sechsschüssigen Revolver und einen Köcher voll mit Pfeilen, um mein Volk zu verteidigen.

Obwohl stark in der Minderzahl und mit weniger Gewehren ausgestattet, konnten die Lakota der Armee immer wieder entkommen oder ihr Schläge zufügen. Anschaulich stellt Standing Bear ihre Taktik dar:

> Wir gingen nackt in die Schlacht, weil es praktischer ist. Man ist in jeder Hinsicht beweglicher. Angekleidet ist man viel langsamer. Wir hatten den Zaum des Ponys an unserem Gürtel befestigt, damit das Pony nicht weglief, wenn der Reiter abgefallen war.
> ... Die weiße Kavallerie wußte nicht, wie man kämpft. Sie stand zusammen und bot uns so ein leichtes Ziel. Zu Beginn des Kampfes hingen wir unter dem Bauch des Pferdes, und danach waren wir auf dem Boden und sprangen hin und her, und es war ziemlich schwierig, uns zu treffen. Wir liefen im Zickzack auf sie zu. Es war ein Kampf in offener Ordnung. Wir kämpften kreisförmig, da die Umzingelung die Soldaten erschreckte, und dann stürmten wir sie ... Die einen gingen in die eine Richtung, die anderen in die andere und so löste sich die Organisation der Soldaten auf. Manchmal hingen wir mit einem Bein an unseren Ponys. Diesen Trick muß man können. Dann schossen wir unter dem Nacken des Pferdes durch, während das andere Bein an der Seite angeklammert war.

Red Cloud belagerte die Regierungsforts, schnitt den Verkehr am Bozeman-Trail ab und vernichtete im Dezember 1866 eine Streitmacht von 80 Männern unter Captain William J. Fetterman (der ironischerweise damit geprahlt hatte, daß er mit genau dieser Anzahl von Soldaten durch »die ganze Sioux-Nation« reiten würde). Wütend über die Dreistigkeit der Indianer und das Versagen seiner eigenen Männer, rief General Sherman aus: »Wir müssen jetzt ernsthaft gegen die Sioux vorgehen, sogar bis zu ihrer Ausrottung: Männer, Frauen und Kinder.«

Bei allem öffentlichen Geschrei jedoch zeichnete sich schnell die praktische Unmöglichkeit einer militärischen Lösung ab. Die Kosten des Feldzuges gegen die Sioux und ihre Verbündeten – Carl Schurz, Präsident Grants Innenminister, schätzte sie auf fast eine Million Dollar pro getötetem Indianer – waren eine untragbare Belastung für ein Land, das sich gerade von den Verheerungen des Bürgerkrieges erholte. 1868 mußte die Regierung schließlich ihre Niederlage eingestehen – vielleicht der einzige Fall in der Geschichte der Vereinigten Staaten, in dem sie einen Indianerkrieg verlor und die Friedensbedingungen des Gegners akzeptieren mußte.

Im Vertrag von Fort Laramie 1868 willigte die Regierung ein, den verhaßten Bozeman-Trail zu schließen und ein großes Gebiet – einschließlich des ganzen westlichen Süddakota – als ›nichtabgetretenes Indianerland‹ zu verlassen. Red Cloud, der befürchtete, dieses könnte ein weiteres wertloses Versprechen sein, hielt seine Unterschrift zurück, bis er sah, wie die US-Forts geräumt und von seinen jubelnden Gefolgsleuten eingeäschert wurden.

* * *

Doch Red Clouds Sieg war kurzlebig. Als der Siedlerstrom der Anglo-Amerikaner die letzten, noch nicht eroberten Winkel der Vereinigten Staaten erreichte, richtete sich die Stimmung innerhalb des Landes gegen den Abschluß von Verträgen mit amerikanischen Ureinwohnern generell. In seinem Jahresbericht 1869 erklärte der Kommissar für Indianische Angelegenheiten, Ely S. Parker:

> Die indianischen Stämme der Vereinigten Staaten sind keine souveränen, vertragsfähigen Nationen, da keine von ihnen eine organisierte Regierung von solch innerer Stärke besitzt, daß sie den treuen Gehorsam ihres Volkes in der Einhaltung von Vereinbarungen dieses Charakters sichern könnte. Sie müssen in der Vormundschaft der Regierung gehalten werden, und der einzige Anspruch, den das Gesetz ihnen in bezug auf die Länder, die sie besetzen oder behaupten, zugesteht, ist lediglich ein den Besitz betreffender. Da jedoch Verträge mit ihnen abgeschlossen worden sind, im allgemeinen zur Auslöschung ihres angeblich absoluten Rechtsanspruchs auf das von ihnen bewohnte oder durchwanderte Land, sind sie fälschlicherweise von der Vorstellung einer nationalen Unabhängigkeit durchdrungen. Es wird Zeit, daß diese Idee aufgelöst wird und die Regierung mit der grausamen Farce einer derartigen Behandlung ihrer hilflosen und unwissenden Mündel aufhört …

Von heute aus gesehen, ist dies ein bemerkenswerter Schluß. Seit Kolonialzeiten waren sich britische und US-Beamte einig gewesen, daß Indianerverträge fast stets von Siedlern und nicht von Indianern gebrochen wurden, und zwar, weil der Krone oder der Bundesregierung die Kraft bzw. der Wille fehlte, ihr eigenes Volk in Schranken zu halten. In den 90 Jahren seit der Unabhängigkeit hatten die Vereinigten Staaten mehr als 370 Verträge abgeschlossen, *von denen jeder einzelne* von US-Bürgern verletzt worden war. Darüber hinaus hatten die »Fünf Zivilisierten Stämme« gezeigt, daß die amerikanischen Ureinwohner auch eine Regierung in euro-amerikanischen Begriffen »von solch innerer Stärke [organisieren konnten], daß sie einen treuen Gehorsam ihres Volkes sichern« konnte. Um die Ironie zu vervollständigen, war Parker selbst ein Seneca-Indianer – ein Mitglied der irokesischen Konföderation, die bei europäischen und euro-amerikanischen politischen Denkern soviel Bewunderung hervorgerufen hatte.

Doch damals waren wenige Leute von diesen Widersprüchen beeindruckt. Der Entschluß, keine Verträge mit den Indianern mehr zu schließen – 1871 vom Kongreß offiziell gefaßt –, erschien als die reinste Vernunft. In dem Maße, in dem die Minderwertigkeit der amerikanischen Ureinwohner als bewiesene historische und wissenschaftliche Tatsache akzeptiert wurde, war es für die Vereinigten Staaten nur absurd, eine gleichberechtigte Beziehung zu ihnen vorzutäuschen. Die einzige Frage war: Wie sollte die *neue* Beziehung aussehen?

Diese Frage wurde im letzten Drittel des 19. Jahrhunderts mit wachsender Intensität diskutiert. Sie drehte sich im wesentlichen um das alte Rätsel, das die Europäer und Anglo-Amerikaner seit Jahrhunderten beschäftigt hatte: Konnten die Ureinwohner durch »Zivilisation« gerettet werden oder waren sie dazu verurteilt, »wie Schnee in der Sonne« wegzuschmelzen? Auf beiden Seiten erhoben sich mächtige Stimmen. ›Humanisten‹ wie Parker glaubten, daß sie rettbar waren, vorausgesetzt, daß »ihnen die Gesetzgebung einer weisen, liberalen und gerechten Regierung zuteil wird, deren Staatsbürger in einer abhängigen Beziehung gehalten werden«. In der Praxis hieß das:

> ... die Indianer so schnell wie möglich in Reservate plazieren, wo sie nach den Erfordernissen der Menschlichkeit und christlichen Zivilisation versorgt werden können. So in Reservaten plaziert, sind sie der unmittelbaren Nachbarschaft zu unseren Grenzsiedlungen entzogen, was sonst notwendigerweise zu häufigen Empörungen, Unrecht und Störungen des öffentlichen Friedens führen würde. In diesen Reservaten kann man sie, mit Hilfe der christlichen Organisationen des Landes, die sich nun darum kümmern, und in Zusammenarbeit mit der Bundesregierung, baldigst die Kunst des Ackerbaus lehren und in Tätigkeiten einführen, die mit der Zivilisation verbunden sind.

Der im Dienste der Regierung stehende Ethnologe Garrick Mallery versuchte, diesem unter dem Namen »Friedenspolitik« laufenden Ansatz wissenschaftliches Gewicht zu geben. Ihm zufolge war der Glaube, daß die amerikanischen Ureinwohner »dahinschwänden«, absolut falsch:

> ... auch wenn man bei einzelnen Stämmen beim kritischen Übergang von Wildheit oder Barbarei zu zivilisierteren Gewohnheiten mit zeitweiligen Rückschritten rechnen muß, so ist doch die Bevölkerung unserer Indianer jetzt im Wachsen begriffen. Sie wird auch natürlich weiter wachsen – es sei denn, sie werden aus Gründen, die nicht der Zivilisation, sondern einer verbrecherischen Regierung zuzuschreiben sind, daran gehindert –, bis zu ihrer schließlichen Integration in das wundersame Amalgam der Weltvölker, das möglicherweise die Bestimmung dieses Landes ist. In ihrer physischen, religiösen oder soziologischen Charakteristik sollten sie weder als Ausnahme noch als anormaler Teil der menschlichen Gattung betrachtet oder politisch behandelt werden.

Die gegenteilige Ansicht jedoch war populärer. Sensationsgierige Groschenromane und Bilder von skalpierten und verstümmelten Opfern von Massakern in der Massenpresse hatten zu einer hysterischen anti-indianischen Stimmung beigetragen. »Ein toter Indianer ist ein angenehmer Anblick ...«, schrieb der Humorist Bill Nye 1881. »Das Bild eines wilden freien Indianers, der einen

Büffel jagt, mag ja schön sein, aber ich liebe immer noch das Leben in der Kunst. Ich mag das Bild eines breitschultrigen, gut gebauten Kriegers, wie er da mit kraftloser Hand über einem großen Loch in seiner Magengrube liegt.« Wie immer tat es gut, sich bei solchen Ekel erregenden Völkermordphantasien auf eine höhere Macht berufen zu können. Colonel John Gibbon traf den richtigen Ton (sein Essay gewann in einem Preisausschreiben der Armee die Goldmedaille), als er schrieb:

> Philanthropen und visionäre Denker mögen über den Schutz der Indianer und ihre Erhaltung als Rasse so viel theoretisieren wie sie wollen. *Es geht aber nicht.* Wann immer beide zusammenkommen ... *muß* der Schwächere nachgeben und verschwinden. Dies zu verleugnen, heißt, das Zeugnis unserer Sinne zu verleugnen und unsere Augen vor den Fakten der Geschichte zu verschließen.

Einen schweren Rückschlag erlitten die Anwälte der »Friedenspolitik«, als Mitte der 70er Jahre des 19. Jahrhunderts in den Plains wieder ein Krieg ausbrach. Wie voraussehbar (aber damals praktisch ignoriert), war der Auslöser das Unvermögen der Regierung der Vereinigten Staaten, die eigenen Bürger auf die Bedingungen eines Vertrags zu verpflichten. Im Frühling 1874 brachen General Custer und ein Trupp von 1200 Soldaten, Wissenschaftlern und Zeitungsleuten auf, um die Black Hills von Süddakota zu erkunden, in denen illegale Goldgräber angeblich Gold gefunden hatten. Das Gebiet, bei den Lakota als *Paha Sapa* bekannt, war der heilige Weltmittelpunkt der Sioux, »das Herz dessen, was ist«, und lag eindeutig innerhalb der Grenzen des »Großen Sioux-Reservats«, das im Vertrag von Fort Laramie anerkannt war.

Als die Expedition bestätigte, daß es »unterhalb der Graswurzeln Gold« gab, löste sie eine Invasion von Goldgräbern aus. Zuerst machte die Regierung einen halbherzigen Versuch, die Unbefugten zu entfernen, doch bald beschloß sie, daß es einfacher war, die Indianer zu entfernen. Eine von ihr geschickte Kommission, die sechs Millionen Dollar für die Hills bot, war bald von 7000 bewaffneten Kriegern umzingelt und mußte sich zurückziehen. Dann hielten die Sioux eigenen Rat und schickten eine Botschaft, in der sie das Angebot der Regierung zurückwiesen.

Nichtsdestotrotz fingen illegale Siedler an, Wohnstätten in den Black Hills anzulegen und die Armee um Schutz gegen mögliche Vergeltungsaktionen der amerikanischen Ureinwohner zu fragen. Im November veröffentlichten die Vereinigten Staaten ein an die Indianer gerichtetes Ultimatum, in dem sie diese für Ende Januar zu den Agenturen der Regierung im »Großen Sioux-Reservat« bestellten, andernfalls sie als »Feinde« gelten würden. Da eine Erfüllung dieser Bedingungen inmitten eines Winters in den Great Plains für die Gruppen unmöglich war, kam dies einer Kriegserklärung gleich.

Im folgenden Frühling wurde ein Feldzug in drei Spitzen gegen die Lakota und ihre Cheyenne-Verbündeten geführt. Und wieder endete er in einer Katastrophe. Nach einer wilden Schlacht am 17. Juni mußte sich General Crook mit 1300 Mann (darunter Crow und Schoschonen) zurückziehen. Nur eine Woche später fand das berühmteste Gefecht der »Indianerkriege«, die Schlacht am Little Bighorn, statt, in der General Custer und seine Leute von einer großen indianischen Streitmacht unter Crazy Horse, Sitting Bull und anderen Führern aufgerieben wurden.

Die Nachricht von der Vernichtung eines US-Generals und seiner 225 Soldaten durch Indianer erreichte Washington am 5. Juli 1876, einen Tag nach Abschluß der nationalen Hundertjahrfeier. Schmerzlich erniedrigt und angetrieben vom Sturm öffentlicher Entrüstung, warf die Regierung Tausende von Truppen in die Plains, um den Widerstand der amerikanischen Ureinwohner ein für allemal zu beenden. Eine nach der anderen, bis zum letzten kämpfend, wurden die halb verhungerten Gruppen der Sioux zu den Agenturen gebracht, die ihr großes Reservat beliefert hatten, und um sie herum eingegrenzt. Die nördlichen Cheyenne wurden nach unten in das ›Indianische Territorium‹ zu ihren südlichen Verwandten umgesiedelt, doch starben Hunderte von ihnen an Krankheit und Verzweiflung. Schließlich, nach einem heroischen Ausbruch und einem langen Treck zurück in ihre Heimat, wurde ihnen gestattet, im Montana-Reservat zu bleiben, wo sie noch heute leben.

In den 80er Jahren des 19. Jahrhunderts, als die letzten Gruppen der Apachen und anderer »Feinde« zusammengetrieben worden waren, stellte sich wieder die Frage nach ihrem Wohin. Doch war die Diskussion bereits von einer neuen – bzw. wieder auflebenden – sentimentalen Stimmung über die »Verschwindende Rasse« gefärbt. Kaum schwiegen die Gewehre, wurde der derbe Humor eines Twain und Nye wieder einmal durch tränenselige Nostalgie abgelöst. Auf der Weltausstellung von Chicago 1893 machte ein älterer Potawatomi, Simon Pokagon, mit dem Verkauf seines Buches *A Red Man's Greeting* ein hervorragendes Geschäft; es war auf Birkenrinde gedruckt und mit einem kurzen Gedicht als Vorwort versehen:

Weh uns! Unser Tag ist vorüber,
Von Küste zu Küste sind unsere Feuer erloschen;
Nicht länger springt der wilde Hirsch für uns;
In unseren Jagdgründen regiert der Pflug;
Durch unsere Wälder klingt die Axt des bleichen Mannes,
Die Segel des bleichen Mannes fliegen über unsere Gewässer;
  Unsere freundlichen Quellen sind versiegt.
Unsere Kinder – im Angesicht der Übermacht –
Jenseits der westlichen Berge,
  Unsere Kinder werden sterben.

Mochten auch einige Leser glauben, daß Pokagon selbst diese Verse geschrieben hatte, so waren sie doch in Wirklichkeit – allzu passend – ein klassisches Stück Wehmut Neuenglandscher Machart: Charles Spragues *Ode, Pronounced at the Centennial Celebration of the Settlement of Boston, September, 1830*. Pokagon hatte nichts anderes getan, als das Wort »ihr« durch »uns« zu ersetzen.

Das Bedürfnis nach einer bewegten Vergangenheit wurde auch durch ein neues Phänomen bedient: die Wildwest-Show – und, am Ende des Jahrhunderts, der Wildwest-Film. Jahrzehntelang bildeten wirkliche Personen wie Wild Bill Hickok und Buffalo Bill Cody den Gegenstand fiktiver Abenteuergeschichten. Nun, fünf Jahre nach Little Big Horn, reiste Buffalo Bill mit Sitting

Bull und anderen ehemaligen »Feinden« durch das Land und faszinierte das Publikum mit vereinfachten Rekonstruktionen darüber, »wie der Westen gewonnen wurde«. Zur selben Zeit, in der sich Politikstrategen um den Entwurf einer dauerhaften, vernünftigen Lösung des »Problems« der besiegten Stämme bemühten, trugen diese Geschichtsverschleierungen und das Showbusineß zu einem weiteren Element im Wirbel widersprüchlicher Vorstellungen und Gefühle über »den Indianer« in der amerikanischen Psyche bei.

* * *

Die Gefühle der amerikanischen Ureinwohner selbst sind schwer nachzuvollziehen. In kaum vier Jahrhunderten hatten Krankheit, Krieg, Hunger, Massaker und Verzweiflung ihre Bevölkerung von schätzungsweise sieben bis zehn Millionen auf weniger als 250 000 reduziert. Der lange Kampf gegen Europäer und Euro-Amerikaner hatte sie nicht nur ihre Unabhängigkeit und mehr als 90 Prozent ihres Landes gekostet, sondern auch ihren Realitätssinn.

Die Vernichtung der riesigen Bisonherden – 1895 waren weniger als 1000 Tiere übrig – hatte die Plains-Völker nicht nur ausgehungert und in die Knie gezwungen, sondern auch das Zentrum ihrer geistigen und zeremonialen Welt zerstört. Und der heftige Streit darüber, wie der Bedrohung durch die Anglo-Amerikaner zu begegnen sei – unterzeichnen oder kämpfen, anpassen oder widerstehen –, hatte sie in verbitterte Fraktionen aufgespalten. Die Lakota zum Beispiel waren gespalten zwischen den Gefolgsleuten Red Clouds, der schließlich zur Unterzeichnung eines betrügerischen Vertrags (später vom Obersten Bundesgericht als illegal erklärt) gebracht worden war, in dem die Black Hills verkauft wurden, und Crazy Horse, der bis zum Schluß ausgehalten hatte und auf dem Bajonett eines Soldaten starb. Bis heute erben sich gegenseitige Feindschaft und gegenseitiges Mißtrauen in den Bruchlinien der Lakota-Gesellschaft fort.

In ihrem Versuch, das Ausmaß der Niederlage zu verarbeiten, bot sich den Stämmen des Westens plötzlich eine neue Hoffnung an, die ihre verlorene Welt wiederherzustellen versprach. Die Anhänger des messianischen »Geistertanz«-Kultes glaubten, durch das Tragen von »Geisthemden« und die Aufführung von Liedern und Tänzen ihre toten Angehörigen, die verschwundenen Bisons und die alte Lebensform wieder zurückbringen zu können.

Der Geistertanz nahm von den Paiute des Großen Beckens seinen Ausgang und breitete sich schnell über die Plains aus. Im Winter 1890 hatte er die Lakota erreicht. In abgelegenen Lagern des übriggebliebenen »Großen Sioux-Reservats« tanzten und sangen Tausende amerikanischer Ureinwohner inbrünstig um Erlösung. Aus Angst vor einem neuen »Aufstand« schickte die Regierung – einmal mehr – Truppen zur »Befriedung« der Indianer.

Am 14. Dezember wurden Sitting Bull und sieben Geistertänzer in einem Handgemenge mit der Polizei in Standing Rock, dem nördlichsten Teil des Reservats, erschossen. Einige aus seiner Gefolgsschar flüchteten, um sich einem anderen Führer, Big Foot, anzuschließen, der sein eigenes Volk nach Pine Ridge führte, Hunderte von Meilen im Süden. Hier hatten sich die Gruppen sowohl von Red Cloud als auch von Crazy Horse niedergelassen. Nach Charlotte Black Elk – einer zeitgenössischen Autorität in Geschichte und Kultur der Sioux – hatte Big Foot die Mission, den Riß zwischen den beiden Gruppen zu heilen.

> Man befürchtete, daß die Gefolgsleute von Crazy Horse wieder in den Krieg ziehen würden, wenn sie sich weiter auf den Geistertanz einließen. Und es gab noch immer eine ziemliche Spaltung zwischen den Gefolgsleuten Red Clouds und denen von Crazy Horse. So beschlossen wir in unserer Gemeinschaft, daß ein Frieden ausgehandelt werden müsse.
>
> Es gibt bei uns ein Amt, das heißt »Der Wächter des Weißen Flügels«. Der Trompetenschwan ist der Vogel des Nordens, seine Botschaft heißt Versöhnung: Du mußt alles wegwerfen, was seine Zeit erfüllt hat, und dann gereinigt weiter vorangehen. Der Flügel des Trompetenschwans symbolisierte dieses Amt. Und Big Foot vertrat es in unserer Gemeinschaft.

Big Foot und etwa 400 Männer, Frauen und Kinder kamen am 28. Dezember 1890 in Pine Ridge an. Sie stießen auf Mitglieder

der Siebenten Kavallerie – die Einheit von George Custer – und wurden aufgefordert, am Bach von Wounded Knee zu kampieren. In dieser Nacht öffneten die Soldaten ganze Whiskyfässer, und einige Indianer hörten sie mit der Rache an Little Big Horn prahlen.

Am folgenden Tag wurden die Sioux entwaffnet. Dann gingen die Soldaten Zelt für Zelt nach übriggebliebenen Waffen durch. Als ein tauber Sioux namens Black Coyote sein Gewehr nicht herausgeben wollte, hörte man einen Schuß (es ist immer noch nicht klar, von welcher Seite er kam) und die nervöse Kavallerie eröffnete das Feuer. Etwa 300 Indianer wurden auf der Stelle getötet oder tödlich verwundet. 13 Soldaten starben, offensichtlich im Kreuzfeuer ihrer eigenen Leute. Mehrere Kavalleristen wurden vom Kongreß mit Heldenmedaillen ausgezeichnet.

»Unsere Geschichte sagt, kein Pfarrer kam, um diese Menschen zu beerdigen«, sagt Charlotte Black Elk.

> Es war ein Herr unterwegs nach Wyoming, ein Gemeindepfarrer. Der verließ den Zug, kam herein und hielt ein christliches Ritual ab, damit diese Menschen begraben werden konnten. Als unsere Leute zur Grabstätte hinuntergingen, begruben sie sie in einem Massengrab. Eine der Frauen sah den Flügel: Er war zerfetzt, er war mit Blut bedeckt. Sie eilte hin, um ihn aufzuheben, und der Totengräber schob sie beiseite und packte den Schwanenflügel und warf ihn ins Grab.

Mit seinen trostlosen Bildern von verkrümmten, im Schnee erstarrten Indianerkörpern hat das Massaker von Wounded Knee in den Anglo-Amerikanern tiefe Spuren hinterlassen. Schmerzlich markiert es das Ende der »Grenze« (*frontier*), der 300jährigen kontinuierlichen Expansion, die aus ein paar winzigen Handelsposten die mächtigste Nation auf Erden gemacht hatte. Der »Indianer«, der den Weg versperrt hatte, der Indianer, der in gewisser Hinsicht den nicht-besessenen, nicht-eroberten Kontinent *verkörperte*, war endlich niedergeworfen. Ob Kind des Garten Eden oder Tier der Wildnis – er war schließlich in seine natürliche Heimat verbannt worden: die Vergangenheit.

Doch für die amerikanischen Ureinwohner hat das Massaker noch eine weitere Bedeutung. Während es als letzte große militärische Begegnung der »Indianerkriege« gilt, markiert es auch den Beginn eines neuen Kampfes gegen einen Feind, der – in vielerlei Hinsicht – noch zerstörerischer und demoralisierender ist.

TEIL III
INNERE FRONTEN

10
Den Indianer töten, um den Menschen zu retten

Vor langer Zeit lebte ich frei unter den Büffeln auf den Staked Plains und hatte so viele Frauen, wie ich wollte, gemäß den Gesetzen meines Volkes. Ich pflegte in Texas und Mexiko Krieg zu führen. Du wolltest, daß ich mit dem Kämpfen aufhörte, und schicktest ständig Botschaften: »Hör auf, Quanah. Komm her. Setz dich hin, Quanah.« – »Wie viele Frauen hast du, Quanah« – etwas von der Art sagtest du damals nicht. Jetzt komme ich und setze mich, wie du es willst. Du redest über Frauen; welche von ihnen werfe ich weg? Entscheidest du darüber? Du, kleines Mädchen, verschwinde; du hast keinen Papa – triffst du die Auswahl? Du, kleiner Kerl, verschwinde; du hast keinen Papa – triffst du die Auswahl?

Quanah Parker, Komantsche

Für die meisten amerikanischen Ureinwohner hatte die neue Phase tatsächlich schon lange vor dem Massaker an Big Foot und seinem Trupp begonnen. Bereits im Jahre 1849 hatte der Ausschuß für Indianische Angelegenheiten erkannt, daß in den USA Landflächen, auf die Ureinwohnerbevölkerungen dauerhaft umgesiedelt werden konnten, rasch knapp wurden, und deshalb erklärt, die einzige »Alternative zur Ausrottung« bestehe darin, »unsere kolonisierten Stämme« in staatlich verwalteten »Reservaten« anzusiedeln, wo sie gegen Enteignung und Vernichtung geschützt werden könnten, bis sie »hinlänglich zvilisiert« seien, »um sich in unmittelbarer Nachbarschaft zu einer weißen Bevölkerung oder in deren Mitte selbst erhalten zu können«. Zwei Jahre später sah der Innenminister die Optionen noch schonungsloser: »Die Umsiedlungspolitik muß unbedingt aufgegeben werden; die Alternative besteht ausschließlich darin, sie zu zivilisieren oder auszulöschen.«

Die 50er und 60er Jahre des 19. Jahrhunderts hindurch forderte eine zunehmend stimmgewaltigere Gemeinde von Philanthropen, die entsetzt über die anhaltende Unfähigkeit der Regierung waren, der Flut von Massakern im Westen zu wehren, die rückhaltlose Entscheidung für den Kurs der »Zivilisierung«. Seit den frühesten Tagen der Unabhängigkeit hatten Kritiker der Regierungspolitik geltend gemacht, die beliebte Ansicht, daß Indianer sich nicht »zivilisieren« ließen, sei – um es mit den Worten von George Washingtons Kriegsminister Henry Knox zu sagen – »wahrscheinlich weniger berechtigt als bequem«. Nun, da die Nation den Kinderschuhen entwachsen war und sich fast von einem Ozean zum anderen ausgebreitet hatte, erhoben Reformer wie Bischof Henry Whipple aus Minnesota (der nach Little Crows Krieg erfolgreich für Hunderte von gefangenen Indianern Begnadigungen erwirkt hatte) die Forderung, die USA müßten sich endlich zu ihrer moralischen Verantwortung bekennen und die verbliebenen amerikanischen Ureinwohner sowohl vor der physischen Vernichtung durch die weiße Bevölkerung als auch vor den »Irrungen« der eigenen indianischen Kultur retten. Im Jahre 1864 gab er auf die Frage, ob Eingeborene zu einer »christlichen Kultivierung« imstande seien, eine klare Antwort: »Wir zögern nicht, mit Ja zu antworten.« Seiner Ansicht nach war dazu nur der politische Wille nötig, ein wirksames System von Reservaten zu schaffen, in denen die Indianer sicher aufgehoben waren, während gute Christen sie gewissenhaft auf das Zusammenleben mit Anglo-Amerikanern vorbereiteten. Im Jahre 1869 wurde diese Idee zum Grundstein der »Friedenspolitik« von Präsident Grant.

Die Bemühungen, die Indianer zu »zivilisieren«, blickten selbstverständlich schon auf eine lange Tradition zurück, die von den »Betstädten« im Neuengland des 17. Jahrhunderts bis zu den »Musterfarmen« reichte, für die sich 150 Jahre später Thomas Jefferson aussprach. Zumeist aber hatte während der Kolonialperiode und in der Zeit nach der Unabhängigkeit das »Kultivierungsbedürfnis« im staatlichen Umgang mit den Ureinwohnern nur eine geringe Rolle gespielt. Das vorwiegende Motiv bildete stets die weitere Erschließung des Kontinents für die euro-amerikanische Besiedlung und der Schutz der Siedler gegen indianische

»Raubzüge«. Die »moralische Erbauung« der Indianer selbst trat hinter diesem Motiv zurück, und wenn auch in Verträgen dem Gedanken einer »Kultivierung« der Eingeborenen regelmäßig Lippenbekenntnisse gezollt wurden, indem man den Stämmen im Austausch gegen ihr Land Schulunterricht und Ausbildung in der Landwirtschaft versprach, kam man diesen Verpflichtungen doch selten wirklich nach. (Noch im Jahre 1877 beliefen sich die Finanzmittel, die der Kongreß für »Indianererziehung« bewilligte, auf gerade einmal 20 000 Dollar.) Auch wenn sich einige Staatsbeamte und Missionare ernsthaft bemühten, den eingegangenen Verpflichtungen nachzukommen, teilten doch viele Amerikaner die von Gouverneur Gilmer in der Umsiedlungsära geäußerte Ansicht, daß die Verträge nicht zu ernst genommen werden dürften, weil sie bloß »Hilfsmittel waren, um unwissende, widerborstige und unzivilisierte Menschen ohne Blutvergießen zur Aufgabe dessen zu bringen, was den kultivierten Menschen rechtens zustand«. Die traurige Geschichte Kaliforniens in den 50er Jahren des 19. Jahrhunderts – eine lange Liste von nicht ratifizierten Verträgen, verschwindenden Reservaten und systematischer Korruption, kurz, von spektakulärer Unfähigkeit, der Vernichtung der Indianer Einhalt zu gebieten – bewies nur einmal mehr die Tatsche, daß sich diese unbekümmerte Haltung nicht etwa auf die »untersten und brutalsten Schichten der Grenzbevölkerung« beschränkte, sondern auch unter bundesstaatlichen Beamten und Politikern weit verbreitet war. Im Jahre 1867 berichtete der Friedensbeauftragte von Präsident Grant:

> Es gibt Belege im Übermaß, die zeigen, daß Agenten die von der Regierung zur Verfügung gestellten Gelder in die eigene Tasche gesteckt und die Indianer in den Hungertod getrieben haben. Unzweifelhaft haben die Indianerkriege hierin ihre Ursache. Der Krieg der Sioux in Minnesota soll dadurch heraufbeschworen worden sein. Lange Zeit wurden die dortigen Funktionäre aus Parteikadern ausgewählt; nicht Ehrlichkeit und Eignung entschieden, sondern das Engagement der Betreffenden für Parteiinteressen und ihre Bereitschaft, das Indianergeld zur Förderung egoistischer Projekte von Lokalpolitikern zu verwenden.

Die Regierungsbeauftragten waren entschlossen, die Unfähigkeit, Gleichgültigkeit und Unehrlichkeit in der Indianerverwaltung auszumerzen. Zum Teil hatten sie Erfolg – ihr Vorschlag zum Beispiel, die Agenten durch Missionare einsetzen zu lassen, die vor Ort tätig waren, hatte eine Abnahme der Korruption zur Folge –, aber paradoxerweise nur um den Preis einer drastischen Schwächung der Rechtsstellung der Indianer. Der Abschluß von Verträgen mochte in der Praxis oft nicht mehr sein als ein zynischer Trick, aber der Theorie nach waren dadurch die Gemeinschaften der amerikanischen Ureinwohner als – wie es der Oberste Richter John Marshall formulierte – »einheimische unabhängige Völker« mit eigenen Rechten anerkannt. Nicht nur wurde dadurch eingeräumt, daß indianisches Land den Indianern gehörte – wenn nicht, wieso hätten dann die USA es ihnen abkaufen sollen? –, die Verträge erkannten im allgemeinen auch an, daß ein indianisches Volk in den Grenzen des Gebiets, das nicht von ihm abgetreten wurde, zumindest eine eingeschränkte Souveränität behielt. Manche Abkommen sahen regelrecht vor, daß sich die Stämme weiterhin nach Stammesbrauch selbst regieren durften: Statt zum Beispiel Übeltäter an die Bundesregierung ausliefern zu müssen, konnten sie ihre eigene Strafe verhängen und dann – wenn das Opfer ein Bürger der USA oder Angehöriger eines anderen Stammes war – einfach an die USA eine Entschädigung zahlen.

Für die Reformer aber waren Verträge, wie wir sahen, nur eine »grausame Farce«, die dem Fortschritt im Weg stand, weil sie die amerikanischen Ureinwohner ermutigte, irreführenden Vorstellungen von »nationaler Unabhängigkeit« anzuhängen. In Wirklichkeit seien die Indianer nichts weiter als »hilflose und unwissende« Abhängige, die gar nicht in der Lage seien, verbindliche Abkommen mit den USA abzuschließen, und deren Eigentumstitel auf das Land »ein bloßer Besitzanspruch« sei.

Nachdem 1871 die Praxis der Vertragsabschlüsse ausgesetzt worden war, gewann diese Sicht von den beschränkten Rechten und Befugnissen der amerikanischen Ureinwohner die Oberhand. In den Augen der Reformer waren die Reservate keine dem Stamm verbliebenen Teile seines überkommenen Siedlungsgebiets, sondern einfach nur Staatsländereien, die der Staat seinen Schutzbefohlenen als Nutzfläche zur Verfügung stellte, damit sie dort sicher leben konnten. Für die Bundesbehörden gab es deshalb in den meisten Fällen keinen Grund mehr, die stammeseigenen Verwaltungen fortbestehen zu lassen oder auch nur so zu tun, als bestünden sie fort; die Funktionäre des Indianeramts versuchten in wachsendem Maße, ihre eigenen, konkurrierenden Machtapparate in den Reservaten aufzubauen; sie setzten Gerichte und eigene Polizisten ein, die zwar aus den Reihen der Ureinwohner stammten, deren Loyalität aber primär ihren Arbeitgebern und nicht ihren Stammeshäuptlingen und Sippenhäuptern gehörte. Gleichzeitig maßten sich die Agenten – die nun häufig mehr von moralischem Eifer als von Profitsucht angetrieben wurden – eine fast uneingeschränkte Macht über das Leben des einzelnen Indianers an, wodurch letzterer praktisch zum Kind degradiert wurde. Seit den Zeiten von Kolumbus hatten die Europäer die Ureinwohner Amerikas als Kinder betrachtet – als unschuldige Naturmenschen oder als unberechenbare, gedankenlos grausame, jugendliche Straftäter; jetzt endlich übernahmen die Anglo-Amerikaner bewußt die Vormundschaft für sie.

Selbst die eifrigsten »Freunde« der Indianer akzeptierten in den 70er Jahren des 19. Jahrhunderts bereits diese beispiellose Ausdehnung der regierungsamtlichen Macht als ebenso berechtigt wie unvermeidlich. Im Jahre 1878 verkündete der Reformer Captain Richard Pratt seinen Zuhörern:

> Die breite Masse der Indianer in unserem Land blieb mit Ausnahme weniger Stämme bis in die jüngste Zeit im Genuß ihres barbarischen Lebens; jetzt aber ist eine Veränderung eingetreten, unsere zivilisierte Bevölkerung ist auf ihrem Vormarsch aus dem Osten bis ins Herz des Kontinents vorgedrungen ... Für den Indianer ist dies der Anbruch einer äußerst kritischen Situation ... Er ist ahnungslos wie ein Kind, welche Mittel er ergreifen und welchen Weg er am besten einschlagen soll. Wir verfügen über die Informationen und Hilfsmittel und sind in der Lage, ihm die so dringend benötigte Hilfe zu bringen.

Vier Jahre später wurde Reverend George Ellis noch deutlicher:

> Wir sind voll und ganz berechtigt, ihnen [den Indianern] nach bestem Wissen und Gewissen Bestimmungen und Bedingungen vorzuschreiben, Beschränkungen aufzuerlegen und Zwang auszuüben, zu sagen, was unsere Absicht ist und was sie tun müssen und tun werden ... Diese unsere rechtmäßige Macht entbindet uns von aller beschwerlichen Rücksichtnahme auf oder auch nur Beschäftigung mit den Ansichten und Neigungen der Indianer, deren Leitung unsere Aufgabe ist ... Der Indianer muß spüren, daß er der Macht einer höheren Instanz untersteht.

Die entscheidende Frage aber war, was man mit dieser »rechtmäßigen Macht« anfangen sollte? Was konnte man – gestützt selbst auf die riesigen militärischen und ökonomischen Hilfsmittel eines modernen Industriestaats – bei einer Horde »unwissender Wilder« zu erreichen hoffen? In dem Jahrzehnt vor Wounded Knee beherrschte diese Frage die Diskussion des »Indianerproblems«.

* * *

Du siehst diese unfruchtbare Öde ... Man stelle sich das vor! Ich, der fruchtbaren Boden in einem gut bewässerten Land besaß, das so ausgedehnt war, daß ich es auf meinem schnellsten Pony in einer Wochen nicht durchqueren konnte – ich bin hier gelandet! Tatsache ist, daß ich acht Kilometer weit gehen muß, um Holz für mein Feuer zu holen. Washington hat unser Land genommen und versprochen, uns zu ernähren und zu erhalten. Jetzt muß ich, der 5000 Krieger befehligte, Washington informieren, wenn ich hungrig bin. Ich muß um das betteln, was mir gehört. Bettele ich zu heftig, stecken sie mich in den Arrest. Uns geht es schlecht. Unsere Mädchen verkommen. Der Husten läßt Winter für Winter unsere besten Leute sterben. Mein Herz ist schwer. Ich bin alt, viel mehr kann ich nicht mehr tun ...

Red Cloud als alter Mann;
Aufzeichnung von Warren K. Moorhead

In hohem Maße entscheidend für den Verlauf der Debatte wurde ein einziges Ereignis – von dem man das auf den ersten Blick gar nicht unbedingt erwartet hätte. Im Jahre 1877 sollten die Ponca, ein kleiner Stamm in Nebraska, der bereits weitgehend die bäuerliche Lebensweise der Euro-Amerikaner übernommen hatte, als eine der letzten Ureinwohnergruppen ins ›Indianische Territorium‹ umgesiedelt werden. Als sie dagegen protestierten und erklärten, sie wollten nicht weg, schickte man Soldaten, die sie zusammentreiben sollten. Hören wir den Anführer der Ponca, Standing Bear:

> Die Soldaten versammelten alle Frauen und Kinder; dann riefen sie die Häuptlinge zur Beratung zusammen, und dann nahmen sie Planwagen und machten die Runde und brachen die Häuser auf. Als wir von der Beratung zurückkehrten, fanden wir die Frauen und Kinder umringt und bewacht von Soldaten.
> Sie nahmen unsere Mähbinder, Sensen, Heurechen, Spaten, Pflüge, Bettstätten, Herde, Schränke, alles, was wir auf unseren Höfen hatten, und schafften es in ein einziges großes Gebäude. Dann packten sie die tragbaren Sachen in die Planwagen. Wir erklärten ihnen, wir würden eher sterben, als unser Land verlassen; aber wir wußten uns nicht zu helfen. Sie brachten uns hinunter. Viele starben unterwegs. Zwei meiner Kinder starben. Nachdem wir auf dem neuen Land angekommen waren, starben meine sämtlichen Pferde. Das Wasser war sehr schlecht. Unser ganzes Vieh starb, nicht ein Stück überlebte. Ich blieb dort, bis einhundertachtundfünfzig meiner Leute gestorben waren.

Als sein junger Sohn starb, weigerte sich schließlich Standing Bear, den Leichnam in der fremden Erde des Indianischen Territoriums zu bestatten. Mit 30 Leuten und einem einzigen Pferdewagen, in dem sein totes Kind lag, machte er sich auf den Weg in die Heimat.

> Wir waren drei Monate unterwegs. Wir waren schwach und krank und halbverhungert. Als wir das Omaha-Reservat erreichten, gaben uns die Omahas ein Stück Land, und wir mußten es in aller Eile

> pflügen und Weizen einsäen. Während wir bei der Arbeit waren, kamen die Soldaten und verhafteten uns. Die Hälfte von uns war krank. Wir wären lieber gestorben, als uns [in das ›Indianische Territorium‹] zurückbringen zu lassen, aber wir wußten uns nicht zu helfen.

Die Geschichte der Ponca war keineswegs einzigartig – viele Völker in Kalifornien und andernorts hatten das gleiche oder Schlimmeres erlitten –, aber sie wurde von T. H. Tibbles, einem Zeitungsmann in Nebraska, aufgegriffen, der die wachsende Macht der Presse dazu nutzte, die Sache an die große Glocke zu hängen. Bürger mit Gemeinsinn waren entsetzt, als sie von der Unmenschlichkeit und Inkompetenz ihrer eigenen Soldaten und Behörden lasen, und sammelten Geld, um die Freilassung von Standing Bear aus der Haft auf Basis einer Habeascorpusverfügung zu erwirken. Als der Fall im Jahre 1879 vor Gericht verhandelt wurde, ließ sich der gesamte Gerichtshof – einschließlich des Richters und General Crooks – durch die beredten Worte von Standing Bear zu Tränen rühren.

Die Regierung machte geltend, ein Indianer könne sich auf den Habeascorpusartikel nicht berufen, weil er keine »Person« im Sinne der Verfassung sei; in einer historischen Entscheidung wies indes der Richter dieses Argument zurück und ordnete an, Standing Bear freizulassen. Tonangebende Journalisten überall im Land jubelten: Die in San Francisco beheimatete Zeitung *Alta California* begrüßte die Entscheidung als den »soweit erinnerlich einzigen Fall, bei dem ein Gericht dieses Landes dem Indianer Gerechtigkeit hat widerfahren lassen wie einem menschlichen Wesen«. Standing Bear selbst brachte es zu landesweiter Berühmtheit (es ist interessant, sein Schicksal mit der Art und Weise zu vergleichen, wie etwa um dieselbe Zeit der ebenso berühmte Nez Percé-Häuptling Joseph behandelt wurde) und hielt in überfüllten Hörsälen an der Ostküste Vorträge über die Notwendigkeit, die konstitutionell verbürgten Rechte auf die amerikanischen Ureinwohner auszudehnen. Schließlich durften er und 170 von seinem Stamm nach Nebraska zurückkehren, wo ihre Nachfahren heute noch leben.

Die Behandlung der Ponca – wie auch der »Ute-Krieg« im gleichen Jahr, ein Ausbruch von Gewalt unter den Ute von Colorado, der aufs Konto eines Regierungsvertreters ohne Fingerspitzengefühl ging – trug dazu bei, daß wachsende Kritik an der staatlichen Politik laut wurde und die »Indianerfrage« eine Zeitlang zum wichtigen nationalen Thema avancierte. In den Jahren nach den schrecklichen Ereignissen von 1879 traten nicht weniger als drei neue philanthropische Gesellschaften in Erscheinung, die sich für die »Rechte« amerikanischer Ureinwohner einsetzten; seit 1883 trafen sich ihre Vorsitzenden jährlich am Lake Mohonk im Staate New York, um eine gemeinsame Strategie auszuarbeiten.

Die neuen »Freunde der Indianer« teilten mit dem Friedenskomitee, das ihnen vorausgegangen war, die Grundüberzeugung, daß es Ziel der staatlichen Politik sein müssen die Ureinwohner Amerikas zu »zivilisieren«; in den Ansichten, wie dies erreicht werden könne, gab es allerdings feine Unterschiede. Vor allem galt ihnen das System der Reservate – dem Bischof Whipple und seine Kollegen für die »Rettung der Indianer« entscheidende Bedeutung beigemessen hatten – als Teil des Problems, statt als die Lösung. Die amerikanischen Ureinwohner unter staatlicher Aufsicht zu isolieren konnte nach ihrer Ansicht die Abhängigkeit und »Rückständigkeit« der Betroffenen nur verstärken und das Stammeskind daran hindern, zu einem zivilisierten Erwachsenen heranzureifen. Was not tat, war ein intensives »Zivilisierungsprogramm«, um den Indianer auf ein Niveau zu heben, auf dem man ihn (der Indianer war stets männlich, niemals weiblich) – wie anläßlich des Falles von Standing Bear der Leitartikler der *Chicago Tribune* formulierte – »aus der Willkürherrschaft des Amts für Indianische Angelegenheiten entlassen und in die Rechte und Immunitätsansprüche eines freien Mannes einsetzen« konnte.

Zum Teil war der neue Ansatz eine direkte Reaktion auf die jüngsten Mißerfolge der staatlichen Indianerpolitik, aber er spiegelte auch Veränderungen im umfassenderen politischen und geistigen Klima wider. In den 80er Jahren des 19. Jahrhunderts machten sich viele Amerikaner bereits Sorgen um den Charakter und den Zusammenhalt ihrer Nation; beides sahen sie sowohl durch die rasanten sozialen und ökonomischen Wandlungsprozesse als auch durch die massenhafte Einwanderung bedroht. Daß riesige, vielsprachige Industriestädte aus dem Boden schossen, in denen es von Neuankömmlingen aus Irland und aus dem südlichen und östlichen Europa wimmelte, stellte eine Herausforderung an das Selbstbild der Amerikaner dar, denen die USA als ein Land der Farmen und Kleinstädte galt, bewohnt von unerschrockenen, unabhängigen Angelsachsen. Gleichzeitig mußten die Euro-Amerikaner ihr Verhältnis zu den nichteuropäischen Minderheiten neu überdenken, besonders zu den erst kürzlich befreiten Afroamerikanern und zu den Zehntausenden von chinesischen Arbeitern, die an die Pazifikküste strömten. Wollte das Land überleben und seine Identität bewahren, so mußte es augenscheinlich weg von der simplen Verbindung zwischen Volksgruppe und Kultur, auf die es sich bis dahin gestützt und die ihm während der Periode des stärksten Drangs nach Westen als Rechtfertigung seiner Handlungen gedient hatte. Die angelsächsische Zivilisation ließ sich nicht länger exklusiv für Angelsachsen in Anspruch nehmen: es mußten Wege gefunden werden, die Wertvorstellungen dieser Kultur – den protestantischen Individualismus, den Glauben an harte Arbeit, Privateigentum und Gesetz – auf Menschen zu übertragen, die aus ganz anderen ethnischen und kulturellen Zusammenhängen kamen.

Aus mehreren Gründen schienen die Ureinwohner Amerikas eine gute Testgruppe für dieses Experiment. Südstaatenpolitiker blockierten wirksam die Ausdehnung der vollen Bürgerrechte auf die schwarzen Amerikaner, und die Feindseligkeit gegenüber den Asiaten an der Westküste war so ausgeprägt, daß im Jahre 1862 der Kongreß ein die Chinesen betreffendes Ausschlußgesetz verabschiedete. Demgegenüber lebten die amerikanischen Ureinwohner weit verstreut im Land und galten immer noch allgemein als »aussterbende Rasse«, die langfristig keine große Bedrohung für die weiße Majorität darstellte. Diejenigen, die am ehesten ihrer »Rettung« ablehnend gegenüberstanden – nämlich die nichtindianische Bevölkerung in den westlichen Territorien, wo mittlerweile die meisten Ureinwohnergruppen lebten –, hatten keine Vertretung im Kongreß und folglich auch wenig politischen Einfluß in Washington.

Gleichzeitig gewannen in dem Maße, wie allmählich im Westen Frieden einkehrte, viele andernorts lebende Amerikaner eine positivere und von Anteilnahme geprägte Einstellung gegenüber »dem Indianer«. Nach der endgültigen Niederlage der letzten »wilden« Stämme schlug das Pendel erneut in Richtung auf ein romantischeres Bild vom »Wilden« um: noch während der bösartige Feind des Fortschritts unter militärischer Bewachung langsam von der Bühne des öffentlichen Bewußtseins abtrat, nahm bereits das hilflose Opfer seinen Platz ein. Die alten Wehmuts- und Verlustgefühle wurden durch die zunehmende Anerkennung der Tatsache verstärkt, daß die Behandlung der Ureinwohnerbevölkerung durch die USA alles andere als das Prädikat ehrenhaft verdiente. Ein Buch wie das 1881 erschienene *A Century of Dishonor* von Helen Hunt Jackson – eine Art Vorläufer von *Bury My Heart At Wounded Knee* (*Begrabt mein Herz an der Biegung des Flusses*) –, das ein vernichtendes Bild von der amerikanischen Treulosigkeit und Grausamkeit malte, stellte für eine Nation, die sich als den auserwählten Fahnenträger der christlichen Zivilisation sah, eine harte Nuß dar. Viele der Philanthropen – sie lebten zumeist an der Ostküste – fürchteten, die beschämende Brutalität und Doppelzüngigkeit, die das Land in der Vergangenheit gegenüber seinen eigenen Ureinwohnern an den Tag gelegt habe, werde seinen Anspruch, die Menschheit moralisch zu führen, dauerhaft überschatten. Die Ausschußmitglieder, die 1876 mit den Sioux über den »Verkauf« der Black Hills verhandelten, formulierten die Sache folgendermaßen:

> Wir können es uns nicht leisten, noch länger unsere Pflicht und Schuldigkeit denen gegenüber zu versäumen, von denen wir das Land übernommen haben, dessen Besitz uns an die Spitze der Nationen der Erde geführt hat. Wir brüsten uns damit, daß unser Land die Heimat der Unterdrückten aus aller Herren Gebiete sei. Können wir die Stirn haben zu vergessen, daß es auch Menschen gibt, die wir heimatlos haben werden lassen und denen wir verpflichtet sind, Schutz und Fürsorge angedeihen zu lassen? …
>
> In den indianischen Angelegenheiten ist eine große Krise ausgebrochen. Das Unrecht an den Indianern wird von jedermann einge-

> räumt. Tausende der besten Männer im Land empfinden schmerzhaft, wie sehr die Nation beschämt ist. Sie schauen auf den Kongreß und erwarten, daß er für Abhilfe sorgt. Wenn nicht eine sofortige und angemessene Gesetzgebung zum Schutz und zur Verwaltung der Indianer auf den Weg gebracht wird, müssen diese notwendig zugrunde gehen. Unser Land muß dann für alle Zeit die Schande tragen und für seine Missetaten büßen. Die Kinder unserer Kinder werden mit gedämpfter Stimme die traurige Geschichte erzählen und sich fragen, wie ihre Väter es wagen konnten, die Gerechtigkeit so mit Füßen zu treten und des Herrn zu spotten …

Vier Jahre später vertrat die *New York Tribune* unter dem Eindruck des Falles von Standing Bear in auffällig ähnlichen Wendungen die gleiche Position:

> Der ursprüngliche Eigentümer des Grund und Bodens, der Mann, von dem wir das Land übernommen haben, um es zu einer Zuflucht für die ganze Welt zu machen, wo alle Menschen frei, wenn schon nicht gleich, sein sollen, ist der einzige Mensch im Land, dem das Recht auf Anerkennung als menschliches Wesen nicht zugestanden wird.

Die glorreiche Geschichte Amerikas werde erst vollbracht sein, wenn sie auf irgendeine Weise auch für die Indianer ein glückliches Ende genommen habe.

Das hieß natürlich nicht, daß man »die Uhr zurückdrehen« und den Ureinwohnern Amerikas ihr Land und ihre Unabhängigkeit wiedergeben wollte; vielmehr bedeutete es, daß man bereit war, mit ihnen die offensichtlich überlegene Lebensform der Eroberer zu teilen.

Im Jahre 1880 schrieb Major John Wesleyl Powell, Direktor des neugegründeten Amts für Völkerkunde, der »Hauptteil« der Schuld, die der Staat bei den Ureinwohnern Amerikas abtragen müsse, könne »nur dadurch beglichen werden, daß man den Indianern die angelsächsische Zivilisation bringt, so daß auch sie unter der neuen Zivilisation dieses Kontinents Gedeihen und Glück finden können«.

Hinweise darauf, daß der Wandlungsprozeß vielleicht möglich war, schienen Powells Kollegen aus den gerade entstehenden neuen Sozialwissenschaften zu liefern. Im Jahre 1877 veröffentlichte der »Vater der amerikanischen Ethnologie«, Lewis Henry Morgan, sein einflußreiches Werk *Ancient Society, or Researches in the Lines of Human Progress from Savagery Through Barbarism to Civilization* (*Die Urgesellschaft oder Untersuchung über den Fortschritt der Menschheit aus der Wildheit durch die Barbarei zur Zivilisation*), worin er – wie schon dem Untertitel zu entnehmen – die These vertrat, alle menschlichen Gesellschaften bewegten sich auf einer einzigen, unveränderlichen Stufenleiter der Evolution. Die Ureinwohner Amerikas hätten zum Zeitpunkt der »Entdeckung« des Kontinents die mittleren Sprossen zwischen »Höherer Wildheitsphase« und »Mittlerer Barbarei« besetzt, würden aber im Laufe der Geschichte unvermeidlich zum Zustand der »Zivilisation« fortschreiten. Die einzige Frage, über die bei mehreren aufeinanderfolgenden Treffen am Lake Mohonk heftig debattiert wurde, war, ob sie nun mit angemessener Unterstützung der USA die dazwischenliegenden »ethnischen Entwicklungsphasen« überspringen und in einem einzigen Schritt das »Zivilisationsniveau« erreichen konnten. (Das bildet eine merkwürdige Parallele zu Lenins Auseinandersetzung mit Marx – der ebenfalls stark von Morgan beeinflußt war – um die Frage, ob Rußland zu einer Revolution der Arbeiterklasse imstande war, ohne zuvor das Stadium des »bürgerlichen Kapitalismus« durchlaufen zu haben.)

Auch wenn manche anderer Ansicht waren, hegte doch die Mehrzahl der »Freunde der Indianer« die Überzeugung, daß durch die richtige Politik die Evolution der amerikanischen Ureinwohner beschleunigt werden konnte. Das Schlüsselkonzept fanden sie dabei in Morgans – atemberaubend selbstsicherer – Behauptung, man könne

> die Bedeutung des Eigentums für den Prozeß der Zivilisation der Menschheit gar nicht hoch genug veranschlagen. Das war die Macht, die arische und semitische Völker aus der Barbarei in die Zivilisation führte ... Staaten und Gesetze werden hauptsächlich mit Rück-

> sicht auf seine Schaffung, seinen Schutz und seinen Genuß eingerichtet ... Mit der Einführung der Erbfolge vom Eigentümer auf seine Kinder entstand erstmals die Möglichkeit zu einer streng monogamen Familie.

Es ist wichtig, sich klarzumachen, auf welche tiefe Resonanz diese Vorstellung in der gesellschaftlichen und politischen Führungsschicht stieß, aus der die Reformer in der Hauptsache kamen. Durch die Identifizierung von »Zivilisation« und Privateigentum, die sie auf diese Weise vollzogen, rechtfertigten sie gleichzeitig das eigene Wirtschaftssystem – das bereits der im Vormarsch begriffene europäische Sozialismus in Frage stellte – und erhielten eine einfache, salonfähige Lösung für die »Indianerfrage«, die ihren Wohlstand, ihre Machtstellung und ihre Sicht von der Welt nicht beeinträchtigte. Die Vorstellung schien so unbestreitbar richtig, daß Merrill Gates, der Präsident des Lake Mohonk-Kongresses, mit einer Überzeugtheit, die der Morganschen in nichts nachstand, erklären konnte:

> *Wir müssen in ihm* [dem Indianer] *Bedürfnisse wecken.* In seiner stumpfsinnigen Wildheit müssen ihn die Schwingen des himmlischen Engels Unzufriedenheit streifen. Dann beginnt er, nach vorn zu schauen, nach etwas die Hand auszustrecken. Das Verlangen nach persönlichem Besitz kann eine wirksame erzieherische Macht sein. Der Wunsch nach einem eigenen Heim macht ihn bereit für neue Anstrengungen. Unzufriedenheit mit dem Tipi und den Hungerrationen des winterlichen Indianerlagers ist nötig, damit der Indianer die Decke ablegt und eine Hose anzieht – und zwar eine Hose mit Tasche, *einer Tasche, die danach lechzt, mit Dollars gefüllt zu werden*! ...
> Im Umgang mit Eigentum steckt eine ungeheure moralische Schulung. Und der Indianer hat all dies erst lernen müssen. Wie ein kleines Kind, das die wahre Freude des Schenkens nur kennenlernt, wenn es das, was es weggibt, erst erworben und besessen hat, muß auch der Indianer lernen, daß er erst erwerben muß, um geben zu können, und daß er kein Recht auf Essen hat, ehe er nicht für sein Brot gearbeitet hat ... Wie wir festgestellt haben, muß einer der

ersten Schritte zur Ausbildung einer stärkeren Persönlichkeit beim Indianer darin bestehen, ihm *Verantwortung für Eigentum zu übertragen*. Selbst wenn er den Wert des Eigentums nur auf die Weise kennenlernt, daß er es verliert und keines mehr hat, bis er arbeitet, um wieder welches zu erwerben, ist der Anfang des Erziehungsprozesses gemacht. Wenn wir aufhören, den Indianer dadurch zu pauperisieren, daß wir ihn Jahre des Müßiggangs hindurch mit Lebensmitteln versorgen, wenn wir ihn darin unterweisen, Eigentum zu gebrauchen, auf das er einen Rechtsanspruch hat, und ihm durch den Schutz seines Rechtsanspruchs dabei behilflich sind, die riskante Übergangsphase bis zur vollen Staatsbürgerschaft zu überstehen, dann ist dies der erste Schritt in der Heranbildung der Rasse.

So gesehen, hatten es nicht einmal die »Fünf Zivilisierten Stämme«, all ihren Anpassungsleistungen und »Fortschritten« zum Trotz, geschafft, jenen Geist einer selbsttätigen Vervollkommnung freizusetzen, der allein sie auf den Gipfelpunkt der dem Menschen möglichen Errungenschaften führen konnte. Nach einem Besuch bei den Cherokee im Jahre 1885 wußte Senator Herny Dawes – als Einzelperson das vielleicht einflußreichste Mitglied der Reformbewegung – am Lake Mohonk zu berichten:

Der Oberhäuptling erzählte uns, es gebe nicht eine Familie in dem ganzen Volk, die kein eigenes Heim habe. Es gab keinen Almosenempfänger in dem Volk, und das Volk schuldete nicht einen Dollar. Es errichtete sein eigenes Kapitol, in dem wir diese Befragung durchführten, und es erbaute Schulen und Krankenhäuser. Dennoch lag das Mangelhafte des Systems auf der Hand. Sie haben es so weit gebracht, wie ihnen das möglich war, weil das Land Gemeinbesitz ist. Das ist das System von Henry George, und unter diesem System gibt es keine Initiative, durch Verbesserungen im eigenen Heim die Nachbarn zu übertreffen. Es gibt keinen Egoismus, der Grundlage jeder Zivilisation ist. Ehe diese Leute nicht übereinkommen, ihr Land preiszugeben und es unter ihren Bürgern aufzuteilen, so daß jeder das Land, das er bestellt, als Eigentum besitzt, werden sie keine großen Fortschritte mehr machen.

Die Reformer wußten indes, daß »unwissende Wilde« nicht aus freien Stücken »ihr Land preisgeben« würden; sie mußten durch einen aufgeklärten Staat gezwungen werden, sich an die Zugmaschine des menschlichen Fortschritts anzukoppeln. Dawes und seine Kollegen brachten ein ehrgeiziges Programm sozialstrategischer Maßnahmen in Vorschlag, um den einzelnen Indianer dem »niederdrückenden« Zugriff des »Stammes« zu entreißen und auf Bürgerniveau emporzuheben. Da das Stammesland mit Powells Worten den »Inbegriff dessen (darstellte), was der indianischen Gesellschaft am heiligsten war«, mußte als erstes die kollektive Stammesbeziehung zum Land systematisch zerstört werden. Teilte man das Land in einzelne Grundstücke auf, untergrub man die Verwandtschaftsstruktur und die »traditionellen Vererbungsformen« und zerriß das überkommene Netz wechselseitiger Verpflichtungen, das der persönlichen Leistung hinderlich im Wege stand; außerdem leistete man damit einen Beitrag zur Stärkung der Selbständigkeit des einzelnen. Eventuelle »Überschüsse« ließen sich dann an die »Weißen« verkaufen, deren Anwesenheit »aufbauend« wirken und die Stammesbande noch weiter schwächen würde. Gleichzeitig würde man die Kinder dem »verderblichen Einfluß« des elterlichen Heims entziehen und in Missionen oder staatlichen Schulen verbringen, wo sie darauf vorbereitet werden konnten, ihren – wenn auch bescheidenen – Platz im großen Pulk der amerikanischen Gesellschaft einzunehmen. War er hinlänglich »zivilisiert«, so würde der erwachsene Eingeborene schließlich zur Krönung die Staatsbürgerschaft der USA empfangen.

Anzunehmen, daß die Reformer diese Politik aus rein zynischen Erwägungen befürworteten, wäre durchaus ein Irrtum: einige von ihnen, wie etwa die unermüdliche Alice Fletcher, waren offenbar überzeugt davon, daß dieser Weg für Eingeborenenvölker die einzige menschenwürdige Option darstellte. Es stimmt allerdings wahrscheinlich, daß sie nicht die nötige Unterstützung gefunden hätten, wäre ihr Programm nicht anderen, mächtigen – und alles andere als altruistischen – Interessen zupaß gekommen. Selbst nach all den Einbußen der vorangegangenen drei Jahrhunderte verfügten die amerikanischen Ureinwohner zu Beginn der

80er Jahre des 19. Jahrhunderts immer noch über Landgebiete, deren Gesamtfläche anderthalbmal so groß war wie das Territorium Kaliforniens; wie den Cherokees ermöglichte dies auch den meisten anderen Stämmen, ökonomisch autark zu bleiben. Spekulanten, Eisenbahngesellschaften und populistischen Politikern verschaffte die Kampagne für die »Befreiung« und Assimilierung der amerikanischen Ureinwohner eine günstige – und moralisch unanfechtbare – Gelegenheit, diese letzten Rückzugsgebiete für die anglo-amerikanische Besiedlung und Entwicklung zu erschließen. Wie erfolgreich die Geschäftemacher lernten, ihre Forderungen in die Sprache der Philanthropen zu kleiden, demonstriert augenfällig eine Konferenz, die 1888 abgehalten wurde und sich in einer volltönenden Deklaration, die aus der Feder von Dawes höchstpersönlich hätte stammen können, für die Öffnung des ›Indianischen Territoriums‹ einsetzte:

> Die vornehmste Pflicht des Staates gegenüber einem hilflosen, besiegten Volk, das in einen Landstrich eingepfercht ist ..., besteht darin, sie die Fertigkeiten zu lehren, durch die allein sie ihren Bestand sichern können, und ihnen den Geist der Selbständigkeit und Arbeitsamkeit einzuflößen, der Grundlage aller Zivilisation und allen dauerhaften Wohlstands ist.

Sogar mit einem solch kräftigen Wind im Rücken, stießen die Reformer immer noch auf massiven Widerstand. Die Überzeugung, daß die amerikanischen Ureinwohner »nicht zivilisierbar« seien, fand immer noch ihre Vertreter; eine einflußreiche Gruppe von Kongreßabgeordneten, die meisten von ihnen aus dem Westen, machten geltend, die Kampagne sei eine Vergeudung von Zeit und Geld. James Belford aus Colorado empörte sich darüber, daß »Millionen ... für die Unterstützung einer faulen, vagabundierenden, bösartigen, hinterhältigen Rasse« verwandt würden, und John J. Ingalls behauptete, der Versuch, Indianer zu erziehen, sei »ebenso absurd« und »vergeblich«, wie wenn »man sich vornähme, aus einer Herde junger Broadhorn-Stiere dadurch Durham-Rinder oder reinrassiges Vieh zu machen, daß man ihnen in ihren Pferchen in Dodge City oder Wichita aus Alexanders

Herdenbuch vorliest. Als einzige unter den »Freunden der Indianer« zog die Nationale Vereinigung zur Verteidigung der Indianer in Zweifel, ob die erzwungene Assimilation im Interesse der Indianer selbst liege. Bemerkenswerterweise erhob ein Minderheitenbericht des Kongreßausschusses für Indianische Angelegenheiten eine noch deutlichere Anschuldigung:

> Das wirkliche Ziel ... [dieser Politik] besteht darin, die indianischen Gebiete in die Hand zu bekommen und sie für eine Besiedlung zu öffnen ... Geschähe dies im Zeichen offen eingestandener Gier, wäre das schlimm genug; aber im Namen der Menschlichkeit so zu handeln und unter dem Deckmantel eines brennenden Verlangens, das Wohlergehen des Indianers dadurch zu befördern, daß man ihn – mag er wollen oder nicht – uns ähnlich macht, ist unendlich viel schlimmer.

Und Senator Henry Teller aus Colorado, der sich selbst nicht zu schade für ein bißchen Bestechlichkeit auf Kosten der Ureinwohner war, verkündete hellsichtig:

> Falls ich im Senat keine Unterstützung finde, möchte ich wenigstens meine Prophezeiung in dieser Sache zu Protokoll geben, daß diese Indianer, wenn dreißig oder vierzig Jahre vergangen sind und sie sich ihres Anspruchs auf das Land begeben haben, die Hand verfluchen werden, die sich angeblich zu ihrer Verteidigung hob, um diese Art von Gesetz zu beschließen, und wenn die Leute, die sich dafür lautstark einsetzen, den indianischen Charakter, die indianischen Bräuche, die indianischen Sitten und die indianische Religion kennten, würden sie sich ganz und gar nicht dafür stark machen.

Aber die Versuchung, »dem Indianer« dadurch zu helfen, daß man ihm seine letzten Gebiete und Hilfsmittel entzog, erwies sich als zu machtvoll. »Die USA haben die moralische Pflicht«, erklärte John Kasson aus Iowa, »auf angemessene und humane Weise das System zu verändern, mittels dessen die Indianer früher lebten und das wir ihnen genommen haben, und es in das System des Weißen Mannes zu überführen, das wir ihnen aufzwingen.«

Einen Eindruck von der enormen Bedeutung, die manche Kongreßabgeordnete dieser Verpflichtung beimaßen, kann uns der außergewöhnliche Ausbruch vermitteln, zu dem sich der Abgeordnete des Repräsentantenhauses Henry Johnson hinreißen ließ: Als Richard Holman von Indiana auf eine Verringerung der Etatmittel für die Indianer drang, erklärte ihm Johnson, wenn die Indianer, als sie Kolumbus begegneten, in die Zukunft hätten schauen können, so würde sie nichts in Angst und Schrecken versetzt haben,

> bis sie der Erscheinung des Gentleman aus Indiana ansichtig wurden, der auf der Scheitelhöhe des 19. Jahrhunderts im amerikanischen Unterhaus aufstand, sein sattsam bekanntes Gesicht über und über bemalt mit der Kriegsfarbe der Wirtschaftlichkeit, in der einen Hand das Skalpiermesser und in der anderen jenes noch schlimmere Folterinstrument, sein verächtliches, knauseriges Indianerlandzuteilungsgesetz.

Zum Zeitpunkt des Massakers bei Wounded Knee hatte die breite Unterstützung, die der Plan, die Indianer zu »zivilisieren«, fand, den Reformern gestattet, ein umfassendes Programm zur »Rettung der Indianer« ins Leben zu rufen. Sosehr aber auch der Oberschicht der Gedanke einer allmählichen Verwandlung der amerikanischen Ureinwohner in brave Staatsbürger gefallen mochte, die volkstümliche Überzeugung vom »verschwindenden Indianer« vermochte er nie wirklich zu erschüttern. Im Jahre 1912 beschrieb ein Zeitungsherausgeber die Entdeckung, daß die indianische Bevölkerung nicht mehr abnahm, als »einen ziemlichen Schock für das gängige Bewußtsein, dem der rote Mann als eine tragische Figur gilt, die, aus ihren heimischen Prärien und Wäldern verbannt, rasch von der Bildfläche verschwindet«.

* * *

Der Versuch des Weißen Mannes, den Indianer zu verwandeln, und das Chaos, zu dem das geführt hat, sind bloß die Früchte des Ungehorsams, die der Weiße Mann gegenüber einem grundlegen-

den, spirituellen Gesetz bewiesen hat. Der Druck, der seit der Beendigung des bewaffneten Konflikts auf die Ureinwohnerbevölkerung ausgeübt wurde, um sie zur Angleichung ihrer Sitten und Gewohnheiten zu zwingen, hat eine Reaktion hervorgerufen, die zerstörerischer ist als der Krieg ...

Gewiß, der Weiße Mann brachte große Veränderungen. Aber die vielfältigen Früchte seiner Zivilisation, so farbig und einladend sie sein mögen, machen krank und töten. Und wenn Zivilisation in Verstümmelung, Raub und Sabotage bestehe, was bedeutet dann Fortschritt?

Luther Standing Bear, *Land of the Spotted Eagle*

Die amerikanischen Ureinwohner selbst hegten keinen Zweifel daran, daß man eine neue und noch unerbittlichere Kampagne gegen sie gestartet hatte. Als erstes raubten ihnen – binnen 15 Jahren nach dem Prozeß gegen Standing Bear – anhaltende Übergriffe auf ihre territoriale Basis fast die Hälfte des ihnen noch verbliebenen Gebiets. Die anfänglichen Verluste gingen in der Hauptsache aufs Konto von sieben größeren Gebietsabtretungen, die eine relativ kleine Zahl von Stämmen betrafen – im Jahre 1880 zum Beispiel wurden die Utah von Colorado gezwungen, auf einen Schlag 4 856 040 Hektar abzugeben –, aber die Verabschiedung des Allgemeinen Landzuteilungsgesetzes im Jahre 1887 machte den Weg frei für eine breiter angelegte Offensive.

Das Zuteilungsgesetz – häufig nach seinem Hauptbefürworter »Dawes-Gesetz« genannt – legte den rechtlichen Grundstein für das Assimilationsprogramm. Von Theodore Roosevelt als ein »mächtiges Mahlwerk zur Zertrümmerung der Stammesmasse« bezeichnet und von Philanthropen als die »Magna Charta« oder die »Unabhängigkeitserklärung« der Indianer begrüßt, schuf das Gesetz einen Klappmechanismus zur Verwirklichung der Vision der Reformer: Entschied der Präsident (anstelle der Betroffenen selbst), daß ein Stamm hinlänglich »fortgeschritten« war, so wurden die Stammesangehörigen aufgefordert, sich Landlose – gewöhnlich 65 Hektar pro Kernfamilie – auszusuchen; der Rest des Reservats wurde anschließend verkauft. Dem ursprünglichen Gesetz nach erhielten die Empfänger der Parzellen automatisch Bürgerstatus; ihr Land unterstand 25 Jahre lang treuhänderischer Verwaltung, um zu verhindern, daß sie es – wie so viele Ureinwohner vor ihnen – an skrupellose Nichtindianer verloren. Im Jahre 1906 indes wurden an dem Gesetz Änderungen vorgenommen, denen zufolge die Treuhandbeschränkungen bei »kompetenten« Personen vorzeitig aufgehoben werden konnten und das Bürgerrecht erst nach Ablauf der treuhänderischen Verwaltung gewährt wurde.

Zur Bestürzung der philanthropischen Befürworter des Gesetzes stellte sich bald heraus, daß maßgebend für die Auswahl der Stämme mindestens ebensosehr die Güte ihres bei der Zuteilung anfallenden »überschüssigen« Landes wie der Grad an »Zivilisierung« war, den sie erreicht hatten. Mit der ersten Landzuteilung begann man 1887 in dem Reservat der Sisseton- und Wahpeton-Sioux in Süddakota, das 404 670 Hektar groß war und am Ende einen »Überschuß« von 267 100 Hektar erbrachte; bevor das Jahr zu Ende war, hatte man sich schon bei anderen Gemeinschaften in den Dakotas, in Nebraska und in Oregon an die Arbeit gemacht. Bereits 1891 konnte der Beauftragte für Indianische Angelegenheiten vermelden, daß innerhalb von gerade einmal zwei Jahren fast fünf Millionen Hektar – 11,5 Prozent der Fläche sämtlicher Reservate – »wieder staatlicher Verfügung unterstanden«.

Die Regierung versuchte, den amerikanischen Ureinwohnern einzureden, daß die Landzuteilung in ihrem eigenen Interesse geschah; selbst wenn sie immer noch ihre Zweifel hatten, ließen sich manche Indianer doch ohne Frage davon überzeugen, daß ihnen gar nichts anderes übrig blieb, als die Landaufteilung zu akzeptieren. Viele Stämme allerdings leisteten hartnäckig Widerstand. Im Jahre 1888 riefen die »Fünf Zivilisierten Stämme« (die mit ihren Nachbarn, den Osagen, von den Bestimmungen des Dawes-Gesetzes ausgenommen waren) in Reaktion auf ein Hilfeersuchen der Stämme des südwestlichen Indianerterritoriums eine Ratsversammlung von 22 indianischen Volksgruppen zusammen, um womöglich eine gemeinsame Vorgehensweise zu beschließen. Einer nach dem anderen baten die Abgeordneten der gerade erst seßhaft gewordenen Stämme ihre Gastgeber um Rat und Beistand (wobei ihre Ausdrucksweise deutlich macht, wie tief zu Ende des 19. Jahrhunderts euro-amerikanische Vorstellungen von »Wildheit« und »Zivilisiertheit« bereits das Bewußtsein sogar der »wilden« Indianer durchdrungen hatte). »Die Weißen sehen sehr viel weiter, als wir das tun«, sagte White Man, ein Kiowa-Apache. »Das könnte sich als unser Untergang erweisen. Wir kommen zu euch, weil ihr klügere Indianer seid, und erbitten euren Rat.« Seine Besorgnis wurde auch von White Wolf, einem angesehenen Kriegshäuptling der Komantschen geteilt: »Wir bitten euch dringend, zivilisierte Brüder, bietet all eure Klugheit auf, um einen Weg zu finden, der uns unser Land sichert. Ist dies sicher, so gibt es Hoffnung auf Fortbestand.«

Wie Tecumseh und seine Anhänger fast ein Jahrhundert zuvor entschieden die Stämme des Indianischen Territoriums, daß ihre größte Hoffnung darin lag, sich »als eine Familie unter indianischer Regierung« zu vereinigen. »Wenn wir uns verbinden«, erklärte Macopial, ein Potawatomi, »werden wir sein wie eine Insel mitten im Wasser. Wir werden dann nicht weggeschwemmt, sondern halten stand. Wenn wir unser Bestes geben, wird, glaube ich, Gott uns helfen.« Obwohl sein eigenes Volk nicht unmittelbar bedroht war, stimmte der Häuptling der Creek, Pleasant Porter, ihm zu. »Die zivilisierten Stämme werden ihrem Schicksal nicht entgehen, wenn sie versäumen, euch zu helfen«, verkündete er vor den Abgeordneten. »Die Schwachen werden fallen, aber nicht allein.« Es handele sich, erklärte er, um eine »noch nicht erprobte Politik«.

> Alle Politik in der Vergangenheit war tödlich für den Indianer. Ich meine, diese Politik muß von uns ausgehen, aus unserem Inneren kommen, aus unserem eigenen Geist. Alle natürlichen Wesen wachsen von innen heraus. Gemeinschaften wachsen genauso von innen, nicht von außen ... Das ist eine wichtige Frage – sie entscheidet über Leben und Tod.

Die Ratsversammlung berief einen Ausschuß, der eine Verfassung für einen »indianischen Bund« ausarbeiten sollte; man beschloß, sich nach zwölf Monaten wieder zu versammeln, um die Sache zum Abschluß zu bringen, aber das Vorhaben wurde von der Entwicklung überrollt. Noch ehe die nächste Ratsversammlung abgehalten werden konnte, hatte der Kongreß die »Fünf Zivilisierten Stämme« gezwungen, 809 340 Hektar Land zu verkaufen, und dieses Land für die Besiedlung durch Euro-Amerikaner freigegeben. Im folgenden Jahr wurde das Gebiet als Oklahoma-Territorium zu einer eigenen Verwaltungseinheit und erhielt die Befugnis, seine Kontrolle über die westlich gelegenen Reservate der »wilden« Indianer auszudehnen, wodurch das ›Indianische Territorium‹ faktisch in zwei Hälften zerschnitten wurde und sich alle Hoffnungen auf einen Indianerstaat zerschlugen. Die »Fünf Zivilisierten Stämme« überlebten als eine gefährdete, isolierte Enklave, aber wie von Pleasant Porter vorausgesehen, war ausgeschlossen, daß sie sich noch lange gegen die Flut würden stemmen können, die ihre eigene territoriale Basis zerstörte und ihre Nachbarn fortschwemmte.

Welchen Widerstand die amerikanischen Ureinwohner in anderen Teilen des Landes leisteten, ist schwerer zu beurteilen, aber das lückenhafte Material, über das wir verfügen, spricht dafür, daß er weit verbreitet und häufig intensiv war. Sechs Tage vor der Verabschiedung des Landzuteilungsgesetzes wies der Beauftragte für Indianische Angelegenheiten, der offenbar fürchtete, die Indianer im Nordwesten könnten sich zu einer Front gegen das Gesetz zusammenfinden, die dortigen Agenten der Bundesregierung an, die Ureinwohner am unerlaubten Verlassen ihrer Reservate zu hindern. Im folgenden Jahr, 1888, machten die Chippewa von Minnesota ihre Unterstützung für den Plan eines Indianischen Bundes dadurch deutlich, daß sie eine Freundschaftsbotschaft sowie Geschenke in Form von Tabak und Wampum-Schnüren an die Ratsversammlung im Indianischen Territorium schickten.

Aber wie Tecumseh und so viele andere vor ihnen mußten die Indianer, die gegen die Landzuteilung ankämpften, feststellen, daß sie letztlich ohnmächtig waren: weder Proteste noch Anrufungen der Gerichte der USA konnten die systematische Zerstückelung ihrer Gebiete abwenden. Obwohl die Reformbewegung zum Teil aus Sorge über die »despotische Machtausübung« der Regierungsbeamten entstanden war – T. H. Tibbles, der sich so eifrig für Standing Bear einsetzte, beschrieb die Beamten in einer denkwürdigen Formulierung als »eine Horde kleiner, aber absoluter Herrscher über einen hilflosen Menschenschlag« –, setzte sie jetzt mit dem gleichen Despotismus ihr eigenes Programm durch. In dem Maße, wie die Fähigkeit der Indianer, für sich selbst zu sorgen, durch fortlaufende Gebietseinbußen, Verluste an Wildbestand und Kränkungen des Selbstwertgefühls untergraben wurden, konnte das Amt für Indianische Angelegenheiten seinen Willen immer rücksichtsloser durchsetzen, indem es »aufsässigen« Personen die Regierungsrationen – auf die den meisten Verträgen zufolge ein Anspruch bestand – nach Gutdünken vorenthielt. Wenn sogar das nichts fruchtete, konnten die Agenten die Armee auf den Plan rufen, um die Indianer einzuschüchtern und zum Gehorsam zu zwingen.

Die Ureinwohner Amerikas hatten drei Jahrhunderte lang an Boden gegenüber den Euro-Amerikanern verloren, hatten es aber im allgemeinen geschafft, den vollen Auswirkungen des Zusammenstoßes der beiden Kulturen zu entrinnen – vorausgesetzt, sie hatten überhaupt entrinnen können –, indem sie den Rückzug in Gebiete antraten, wo sie – wenigstens teilweise – gemäß ihren eigenen Traditionen weiterleben konnten. Selbst jetzt noch versuchten es ein paar Gruppen mit derselben Taktik: die konservativen Kickappo im westlichen Indianerterritorium zum Beispiel weigerten sich, ihr Reservat aufzuteilen. Als man sie schließlich mit List und Tücke dazu brachte, das Land zu parzellieren, gaben sie ihr gesamtes Geld einem Anwalt, der ihnen versprach, ein Stammesterritorium in Mexiko für sie zu kaufen, und der sie dann vollständig hinterging und bettelarm zurückließ; in den Skandal waren mehrere bekannte Persönlichkeiten des öffentlichen Lebens verwickelt, mindestens einer von ihnen ein Senator. Zu einem noch späteren Zeitpunkt verließen die Utah vom White River in Massen ihr parzelliertes Reservat, brachen nach Süddakota auf und suchten dort vergeblich nach einem neuen Zuhause, wo sie ihr Stammesleben fortsetzen konnten.

Die meisten Stämme indes, die keine Möglichkeit mehr zum Rückzug sahen, mußten erleben, wie die völlig verschiedene kulturelle Ordnung der Eindringlinge mit ihren schriftlich fixierten

Regeln, ihren gerichtlichen und militärischen Sanktionen und ihren zeitlichen, räumlichen und personalen Festlegungen von den eigenen Gemeinschaften durch und durch Besitz ergriff. Der Lakota Luther Standing Bear vermittelt uns einen Eindruck davon, wie schrecklich ihnen das erschien:

> Das Wort [der Lakota] für Sitte und Gewohnheit, *wouncage*, hatte traditionell die Bedeutung einer ohne jeden Zwang geübten, einfachen Befolgung des Stammesbrauchs; mit der Ankunft des Weißen Mannes und der Einführung seiner Verträge und vielfältigen schriftlichen Erklärungen prägte man das Wort *woope* zur Bezeichnung der neuen Situation. *Woope* bedeutete bewaffnete Truppen, Gewehre, Kanonen, Polizisten, Eisenkugeln und Fußketten, Gefängnisse und Wachen und das ganze Folterinstrumentarium, das der finsteren Seite des Lebens entstammt. Für den Lakota lag auf der Hand, daß dem schriftlichen Wort als solchem die Wirkkraft und Macht abging und daß *woope* oder das Gesetz, wie es der Weiße Mann nannte, nicht Ordnung, sondern Gewalt und Unordnung bezeichnete. Zwang, mag er auch noch so versteckt geübt werden, gebiert Widerstand.

Der Prozeß der »Amerikanisierung« begann mit den förmlichen »Stammesverzeichnissen«, die von den Agenten der Regierung angelegt wurden; sie unterminierten das Identitätsbewußtsein der Indianer, das der mündlichen Überlieferung und einer allen gemeinsamen Kenntnis von Sippen- und Gruppenbeziehungen entsprang, indem sie die Betroffenen nach anglo-amerikanischem Vorbild als Familienmitglied und Einzelperson registrierten. Der nördliche Cheyenne John Stands in Timber, der zur Zeit des Dawes-Gesetzes noch ein kleines Kind war, erinnerte sich:

> Ich bekam meinen Namen auf die alte indianische Weise, zum Teil durch Zufall. Ich war mit meiner Mutter in Pine Ridge [einem Reservat der Sioux], als sie in Tongue River [Agentur für die nördlichen Cheyenne] die erste Volkszählungsliste machten; deshalb verpaßten wir die Sache. Sonst hätte ich den Namen meines Vaters, Stands Different, gehabt. Die Regierung wollte die Namen ver-

ringern, deshalb riefen sie die Leute nach Familien auf. Der Vater nannte seinen indianischen Namen, der übersetzt wurde, und dann mußten ihn auch die übrigen Familiemitglieder benutzen, wobei noch ein Vorname dazukam. So geschah es, daß aus meinem Großvater George Wolf Tooth wurde und aus seiner Frau Lucy Wolf Tooth. Davor waren alle Namen verschieden und konnten sich außerdem ändern. Die Brüder meines Vaters hießen White Man Bear und John Crazy Mule, und der Vater von George American Horse hieß American Horse, sein Bruder dagegen Austin Texas. Wie er zu dem Namen kam, weiß ich nicht.

Wie die Stammesverzeichnisse dem geschmeidigen Sozialleben der Stämme eine fremdartige, starre Struktur aufpfropften, so überzog auch die Zuteilungspraxis die Landschaft mit einem einfältigen Raster, was oft unvorhergesehene Folgen hatte. (Bei den Hopi zum Beispiel verstärkte die Zuteilung von Flächen, die seit alters durch einen bestimmten Clan genutzt worden waren, an Angehörige eines anderen Clans die traditionell zwischen den beiden Gruppen bestehende Rivalität.) Gleichzeitig hatte die Kontrolle über jeden Lebensaspekt, die sich die Verwaltung anmaßte, den paradoxen – wenngleich vorhersehbaren – Effekt, daß viele von ihnen in eben den Zustand kindlicher Abhängigkeit gebracht wurden, aus dem sie doch gerade befreit werden sollten. Hören wir die Lakota Charlotte Black Elk:

Vielfach verweigerte man den Familien Lebensmittelrationen, auch die Regeln waren andere. Die Leute mußten auf dem Land wohnen, das ihnen zugewiesen wurde; statt alle zusammen in einer Gemeinschaft zu leben, fanden wir uns deshalb plötzlich aufgeteilt. Also, ich gehörte zu den Leuten von Crazy Horse, und deshalb wurden unsere Leute, weil wir als feindlich galten, wir waren die erste Gruppe, die das Gelände der Agentur verließ und zum Reservat zogen, und wir wählten die Gegend um Wounded Knee und fanden uns plötzlich am Geistertanz beteiligt. Deshalb wurden unsere Leute, als die Zeit der Landzuteilungen kam, über das ganze Reservat verstreut, wohingegen Red Cloud alle seine Leute zusammenhalten konnte, American Horse alle seine Leute behielt …

> Man bekam gesagt, daß man, sobald man eine Zuteilung erhalten hatte, auf dem zugeteilten Land leben muß, und wenn man es verläßt, ist man kein Indianer mehr, ohne die Bindung an das zugeteilte Land. Und wenn man jemanden heiraten will – sagen wir, man lebte im Distrikt Wounded Knee ... und man möchte jemanden im Distrikt Pass Cree heiraten –, mußte man zum Agenten des Amts für Indianische Angelegenheiten gehen und sich die Erlaubnis holen, daß man mit seinem Ehepartner zusammenleben und seine Parzelle verlassen durfte. Verließ man das Reservat, bekam man seine Parzelle weggenommen. Kaum war man zur Schule geschickt worden, galt man als »kompetent«, während die übrigen Indianer »inkompetent« waren. Und sobald man als kompetent galt, wurden einem die Indianerrechte genommen, man wurde vom Stamm abgetrennt. Und so gab es all diese Zwangsmaßnahmen, dieses ganze Verfahren, das dazu da war, uns auszulöschen. Es war ein Genozid mit bürokratischen Mitteln.

Allein in den ersten 13 Jahren nach der Verabschiedung des Dawes-Gesetzes drückte die Regierung fast 33 000 Landzuteilungen durch und »befreite« 11 535 660 Hektar »überschüssigen« Landes – eine Leistung, auf die sogar ein Andrew Jackson hätte stolz sein können. Aber das war nur der erste Schritt auf dem Weg zur »Zivilisierung«. In einer Art Lotteriesystem wurde jedes Reservat einer der christlichen Kirchen zugewiesen, die dann Missionare dorthin schicken konnten, damit die das »Heidentum« unter Beschuß nahmen. Gleichzeitig wurden viele der religiösen und kulturellen Praktiken der Indianer selbst – wie etwa der Sonnentanz der Stämme von den Plains – unterdrückt, häufig mit der gleichen hemmungslosen Brutalität, mit der die Franziskaner im 17. Jahrhundert in Neu Mexiko vorgegangen waren. Charlotte Black Elk erinnert sich:

> Ganz plötzlich wurde uns gesagt: »Nicht nur werdet ihr eure Religion nicht mehr ausüben können, ihr sollt auch alle eure heiligen Gegenstände – heilige Pfeifen, Geisterbündel, alles, was wir hatten und was heilig war – in die Agentur bringen, und da werden wir ein großes Freudenfeuer veranstalten.«

> Jedes noch so kleine Ding, das uns sagte, daß wir Lakota waren, und das in unsere Kultur, unser Sozialgefüge, eingebunden war, wurde geächtet. Den Jungen wurden die Haare kurzgeschoren. Wir haben lange Haare, wir schneiden unsere Haare nur ab, wenn wir in Trauer sind, falls also jemand kurzes Haar hat, bedeutet das, er hat einen geliebten Angehörigen verloren, und man benimmt sich in seiner Umgebung anders als sonst. Nur praktizierende Homosexuelle ließen sich ihr Haar kurz schneiden, so daß es wie die Frisur aussah, die heute bei Männern in Mode ist, kurze Haare im Stufenschnitt. ... Es war gerade so, als sagte man uns, was ihr seid, ist schlecht, alles an euch ist schlecht, eure Frauen dürfen sich nicht mehr die Ohren durchstechen, weil es ein Zeichen ist, daß wir berechtigt sind, heiliges Wissen zu vernehmen, wenn wir durchstochene Ohren haben. Man sagte uns, die Frauen dürften in der Gesellschaft nicht mehr die Rolle spielen, die sie bis dahin innehatten, sie sollten werden wie weiße Frauen, sie sollten Leibeigene, Eigentum der Männer sein, man mußte den Namen des Ehemanns annehmen. So ist alles, was mit unserer Kultur zu tun hat, systematisch zerstört worden.

Abgesehen davon, daß er die Ureinwohner physisch voneinander trennte, führte der Assimilationsprozeß auch zu schroffen sozialen und politischen Aufspaltungen – was vielleich noch zerstörerischer war. Dadurch, daß das Amt für Indianische Angelegenheiten seine gewaltige Macht nutzte, um Stammesmitglieder, die – wenn auch oft widerstrebend – mit dem Staat kollaborierten, zu belohnen und zu fördern, schuf es gegnerische Lager aus »Progressiven« und »Traditionalisten«, was den bereits brüchigen Zusammenhalt der indianischen Gemeinschaft noch weiter untergrub. In mancher Hinsicht setzten diese Spaltungen den alten Konflikt zwischen Autonomisten und Anpassungsbereiten fort und verliefen im Zweifelsfall entlang vorhandener Verwerfungslinien, wie zum Beispiel der Kluft zwischen Red Cloud und Crazy Horse bei den Lakota.

In einigen wenigen Fällen verquickte sich der Kampf zwischen Progressiven und Traditionalisten mit dem stammeseigenen kulturellen System und gewann eine neue, mythologische Bedeutung. Die Hopi zum Beispiel, die ihre Hoffnung auf die Rückkehr ihres vorzeiten verschwundenen weißen Bruders *Pahàna* in der Rolle eines universalen Friedensbringers anfänglich bewogen hatte, die Spanier willkommen zu heißen, wandten sich jetzt an eben diese Überlieferung, um eine Erklärung für ihre gegenwärtigen Probleme zu finden. Loloma, der Anführer des »progressiven« Lagers, der widerstrebend zugelassen hatte, daß Missionare bei seinen Leuten zu arbeiten begannen, ließ sich immer stärker von einer heiligen Tafel faszinieren, auf der die Gestalt eines kopflosen Mannes zu sehen war. Dem *Book of the Hopi* von Frank Waters zufolge glaubte Loloma, die Tafel prophezeie »die Ankunft einer Zeit, da die Hopi gezwungen sein würden, ihr Land und ihr Leben nach dem Diktat eines neuen Herrschers zu gestalten. Sie dürften keinen Widerstand leisten, sondern müßten auf Pahàna warten ... Falls aber der Häuptling eine andere Religion annehme, müsse er einverstanden damit sein, daß man ihm den Kopf abschlage. Dadurch werde das Übel gebannt und sein Volk gerettet.«

Jahrelang grübelte Loloma verzweifelt darüber nach, ob er oder sein »traditionalistischer« Rivale Yukioma der Häuptling sei, der geköpft werden müsse. Schließlich traten 1905 die beiden Parteien in einer rituellen Konfrontation gegeneinander an, mit dem Ergebnis, daß Yukioma und seine Anhänger vertrieben wurden und eine neue Gemeinschaft gründeten, aber keiner der beiden Häuptlinge umkam. Das kommentierte Lolomas Enkel folgendermaßen:

> Alle Hopi wußten, daß Loloma und Yukioma einander prüfen und sehen wollten, wer von ihnen einen starken Glauben hatte und gut für die Guten war ... Wäre Loloma bereit gewesen, sich den Kopf abschlagen zu lassen, er wäre der höchste und am meisten geachtete Mensch unserer Zeit und der ganzen Welt. Weil dahinter ein Prinzip steckte, das er behauptete, zu verstehen, und das ist die Schrift auf der Tafel, die er besaß. Da keiner der beiden Männer bereit war, sich den Kopf abschlagen zu lassen, war es der Anfang weiterer schwerer Prüfungen für das Volk der Hopi. Diese Scham oder Schande war es, was ihn umbrachte.

Die wahrscheinlich schlimmsten Zerstörungen richtete das Schulsystem an, das den Krieg nicht nur in die Stammesgemeinschaften, sondern auch in die Familien und in den einzelnen selbst hineintrug. Von Anfang an hatten die meisten idealistischen Reformer in der anglo-amerikanischen Erziehung letztlich die Lösung für das »Indianerproblem« gesehen; sie waren überzeugt davon, daß nicht einmal die Einführung des Privateigentums etwas bewirken konnte, wenn dadurch nur die äußeren Lebensumstände der Ureinwohner verändert wurden. Damit der drei Jahrhunderte währende Kampf gegen die »Barbarei« wirklich von Erfolg gekrönt war, mußte in seinem letzten Abschnitt auch der innere Wilde einen Wandlungsprozeß durchlaufen. Im Jahre 1891 erklärte Merrill Gates voll inbrünstiger Begeisterung vor dem Kongreß am Lake Mohonk, »die Zeit des Kampfes gegen die Indianerstämme ist vorüber«; was jetzt gebraucht werde, sei eine »Armee christlicher Schullehrer«.

> Das ist die Armee, die den Sieg erringen wird. Wir werden die Barbarei überwinden, aber das wird in der Weise geschehen, daß wir uns einen nach dem anderen vornehmen. Wir werden jeden Mann, jede Frau, jedes Kind einzeln überwinden und dadurch die wahrste Zivilisierung erreichen. Wir werden die Indianer durch ein stehendes Heer von Schullehrern überwinden, die mit Ideen bewaffnet sind und ihre Siege durch Einübung in den Gewerbefleiß und durch das Evangelium der Liebe und das Evangelium der Arbeit erringen.

Das war keine bloße Rhetorik. Vorkämpfer für eine Erziehung der amerikanischen Ureinwohner war Captain Richard Pratt, ein Armeeoffizier, der bei den »Indianer-Feldzügen« mitgekämpft und versucht hatte – nicht ohne Erfolg, wie seine Anhänger behaupteten –, indianische Kriegsgefangene zu »zivilisieren«. In der Hoffnung, beweisen zu können, daß sich mit seinen Methoden bei den Kindern der Ureinwohner sogar noch aufsehenerregendere Erfolge erzielen ließen, gründete er in Pennsylvania die Carlisle-Indianerschule, die rasch zum Vorbild für andere derartige Einrichtungen überall im Land wurde.

Pratt war ein engagierter und aufrichtiger Mann, den seine

Erfahrungen als Kommandant eines Truppenkontingents von Schwarzen und eines Trupps von Cherokee-Kundschaftern zu der Überzeugung gebracht hatten, daß »Rasse« eine weitgehend unsinnige Vorstellung war: alle wesentlichen Unterschiede zwischen Menschen ließen sich nach seiner Ansicht vollständig aus Milieubedingungen erklären. Um das zu illustrieren, erzählte er gern die Geschichte von einem »weißen« Kind, das von den Sioux gefangengenommen und aufgezogen worden war. Als er in Carlisle ankam, trug der Junge laut Pratt »eine Decke, Leggins und Mokassins. Sein Haar war lang und verfilzt. Er war ebenso schmutzig und von Ungeziefer befallen wie jeder andere in der Gruppe. Er sprach kein Wort Englisch, konnte hingegen die Sprache der Sioux ebenso fließend sprechen wie die anderen.« Auch wenn seine Lehrer dem Kind Intelligenz bescheinigten, stellten sie doch fest, daß »es Englisch weniger leicht lernte und langsamere Fortschritte darin machte, als viele der indianischen Jungen, die mit derselben Gruppe und unter den gleichen Voraussetzungen in die Schule gekommen waren«.

Aber auch wenn er von der Vorstellung, daß die Ureinwohner Amerikas *rassisch* tieferstünden, nichts wissen wollte, hing Pratt doch der allgemeinen Überzeugung an, daß es sich bei ihren *Kulturen* um wertlose Überbleibsel aus einem früheren Entwicklungsstadium handele, die zerstört zu werden verdienten. Nach seinen zahlreichen, heftigen Ausfällen gegen die indianische Erziehung zu schließen, sah er darin eindeutig eine Fortsetzung des bewaffneten Konflikts mit geistigeren und wirksameren Mitteln. Als sich zum Beispiel General William T. Sherman gegen seine Bemühungen wandte, schrieb er empört – und mit erstaunlichem Selbstbewußtsein – an Präsident Hayes:

> Ich weiß, daß ich dieses Mal gegen eine größere Anzahl von »Feinden der Zivilisation« in den Kampf ziehen muß, als mein gesamtes Regiment das je mußte, und ich weiß, daß ich den Kampf mit tausendfach größerer Hoffnung auf Erfolg führe. Vom Bewußtsein der absoluten Richtigkeit meines Tuns erfüllt, wäre ich ein Schuft, wenn ich zurückschreckte, auch wenn mich der Heeresbefehlshaber durch Drohungen in diese Richtung drängen will.

In gleichem Tenor erläuterte Pratt, worin er sich von denen unterschied, die – wie General Philip Sheridan – meinten, »nur ein toter Indianer sei ein guter Indianer«, und formulierte den brutal einfachen Wahlspruch, unter dem seine Assimilationsbewegung stand. »*Sein* Ziel sei es«, erklärte er, »den Indianer zu töten und den Menschen zu retten.«

In der Carlisle-Schule (der passenderweise eine verlassene Kaserne als Standort diente) machte sich Pratt daran, diese Wandlung mit rücksichtsloser Entschiedenheit durchzusetzen. Von Anfang an machte man den Kindern unmißverständlich klar, daß sie in eine neue Identität gepreßt werden sollten. Bei der Ankunft erhielten sie nicht nur neue, »amerikanische« Namen, den Jungen wurden außerdem die Haare kurzgeschnitten (häufig ein zutiefst traumatisches Ereignis für sie, weil in vielen Stämmen langes Haar Symbol der Männlichkeit war) und sie bekamen steife Uniformen verpaßt, während man die Mädchen in euro-amerikanische Kleider zwängte. Die Schüler mußten sich sodann im Handumdrehen an ein strenges, quasimilitärisches Regiment anpassen, unter dem – neben dem Unterricht in Englisch, Geschichte der USA und anderen »amerikanischen« Fächern – die Jungen wie Armeerekruten gedrillt wurden, während man den Mädchen häusliche Fertigkeiten beibrachte, wie sie sich für »zivilisierte« Ehefrauen (und für weibliche Dienstboten) schickten. Es war ihnen verboten, ihre eigenen Sprachen zu sprechen, und jede Erwähnung ihrer Ureinwohnerherkunft wurde nach Möglichkeit unterbunden.

Man muß Pratt und seinen Anhängern zubilligen, daß ihre Vorgehensweise von den meisten zeitgenössischen Beobachtern nicht als grausam empfunden wurde: in ihr schien sich im Gegenteil die Großmut eines aufgeklärten Regiments zu bekunden. In vielerlei Hinsicht unterschied sich Carlisle nicht nennenswert von den teuren Internaten, in die damals Tausende von britischen Kindern aus der Oberschicht und dem gehobenen Mittelstand geschickt wurden; ein Großteil der Prattschen Äußerungen – wie zum Beispiel seine Forderung, »Charakterbildung« zu betreiben – mußte in den Ohren jener viktorianischen Pädagogen, für die alle Kinder von Natur »Wilde« waren, ohne weiteres vertraut klingen. Während aber die Opfer der englischen Internate – Männer, die ein Leben lang gefühlskalt, verklemmt oder unreif blieben – Erzeugnisse einer Kultur waren, die ihnen selbst *gehörte* und die sie zur Herrschaft über die Welt berief, sahen sich die Schulkinder aus den Reihen der Ureinwohner in eine feindliche Umwelt verstoßen, in der alles, was sie so hatte werden lassen, wie sie waren, systematisch lächerlich gemacht und abgelehnt wurde. Es kann nicht überraschen, daß viele dies nicht überlebten und daß viele, die es überlebten, durch die Erfahrung für ihr ganzes Leben gezeichnet waren.

Luther Standing Bear, einer der ersten Schüler Pratts, liefert eine anschauliche Schilderung seiner Zeit in Carlisle, die es verlohnt, mit einiger Ausführlichkeit zu zitieren:

»Eines Tages [im Jahre 1879] kam aus dem Osten eine Gruppe von Weißen in die Agentur. Ihre Anwesenheit verursachte beträchtliche Aufregung, als bekannt wurde, daß es sich bei diesen Leuten um Schullehrer handelte, die vorhatten, einige indianische Jungen und Mädchen mitzunehmen ...

Daß Weiße indianische Jungen und Mädchen wegführten, dafür konnte ich mir keinen anderen Grund vorstellen als die Absicht, sie zu töten, und da ich nicht die entfernteste Ahnung hatte, was eine Schule war, dachte ich, wir gingen nach Osten, um dort zu sterben. Aber Mut und Tapferkeit hatte man uns so gut anerzogen, daß sie Teil unseres unbewußten Denkens und Handelns geworden waren, und das Leben des einzelnen galt nichts, wenn die Zeit kam, etwas für den Stamm zu tun ... indem ich mich verloren gab und nach Osten ging, bewies ich meinem Vater, daß er mit einem tapferen Sohn gesegnet war ...

Auf unserem Weg zur Schule sahen wir so viele Weiße, wie wir uns nie hätten träumen lassen, und die Art, wie sie sich verhielten, wenn sie uns sahen, ließ ganz deutlich werden, wie sie über uns dachten. Seit Custers Schlacht waren nur etwa drei Jahre vergangen, und nach allgemeiner Überzeugung verpesteten die Leute von den Plains einfach bloß als Ungeziefer die Erde; daß wir hier waren, bewies nichts als mangelnden Verstand auf seiten des Wakan-Tanka. Wann immer der Zug an Bahnhöfen hielt, kamen Weiße in großer Zahl, um die kleinen indianischen »Wilden« anzustarren. Die schüchternen Kleinen saßen still an den Waggonfenstern und sahen auf die Leute, die sich auf dem Bahnsteig drängten. Einige der Kinder wikkelten sich in ihre Decken, so daß alles außer ihren Augen eingehüllt war. Bei einem der Aufenthalte ließ man uns aus dem Zug aussteigen und die Straße entlang zu einem Restaurant marschieren. Wir gingen ... durch ein Spalier von uniformierten Männern, die wir als Soldaten bezeichneten, obwohl ich vermute, daß es sich um Polizisten handelte. Das müssen sie gemacht haben, um uns zu schützen, denn es war mit Sicherheit bekannt, daß wir Jungen und Mädchen niemandem gefährlich werden konnten ... die Weißen reckten den Hals, unterhielten sich, lachten und machten großen Lärm. Sie brüllten und versuchten, uns nachzuäffen, indem sie Laute ausstießen, die sie für Kriegsgeheul hielten. Das behagte uns gar nicht, und einige der Kinder waren naturgemäß sehr verängstigt ... Als wir wieder im Zug waren, sangen die älteren Jungen kriegerische Lieder im Bemühen, sich und auch uns anderen Mut zu machen. Ich denke oft an diese Szene zurück – rund achtzig Jungen und Mädchen in Dekken marschieren die Straße entlang, umringt von einer johlenden Menge ohne Mitgefühl, deren einzige Regungen Haß und Furcht sind; die Sieger, die auf die Besiegten herabblicken. Und ohne jedes Verständnis für uns, als wären wir geradewegs vom Mond herabgefallen.

Schließlich begann in Carlisle der Prozeß unserer Umwandlung, unserer »Zivilisierung«. Er begann mit Kleidern. Unsere Weltsicht und spirituelle Verfassung mochte sein, wie sie wollte, nie und nimmer konnten wir zivilisiert sein, solange wir Mokassins und Decken trugen ... Unsere gewohnten Anziehsachen wurden uns weggenommen und durch Kleider ersetzt, in denen man sich beschwert und unbehaglich fühlte. Gegen Hosen und Taschentücher hatten wir eine eindeutige Abneigung – sie waren unhygienisch, und in den Hosen konnte man nicht ordentlich atmen. Hohe Kragen, steife Hemdbrüste und Hosenträger, deren Breite volle acht Zentimeter betrug, waren unbequem, während wir in den Lederstiefeln wirklich litten. Wir sehnten uns danach, barfuß laufen zu können, bekamen aber gesagt, wir würden uns im taufeuchten Gras eine Erkältung holen. Diese Warnung war neu für uns, ... denn Erkältungen, Schnupfen,

Husten und Grippe kannten wir damals nicht. Wir sollten sie allerdings bald kennenlernen. Dann erhielten wir als Winterkleidung rote Flanellunterwäsche, und zumindest für mich wurde das Unbehagen zur schieren Qual ... Meine Nichte fragte mich einmal, was ich in dieser verwirrenden Anfangszeit am meisten gehaßt hätte, und ich gab zur Antwort: »roten Flanell« ... Ich erinnere mich noch gut an diese entsetzlichen, klebrigen Sachen, die wir unmittelbar auf der Haut tragen mußten; es graust und juckt mich noch heute, wenn ich daran denke. Natürlich wurde uns das Haar kurzgeschnitten ... auf irgendeine geheimnisvolle Weise stand langes Haar unserer Entwicklung im Wege. Sosehr die älteren Jungen murrten, es dauerte nicht lange, da hatten wir geschorene Köpfe. Wie merkwürdig ich mich fühlte! Unwillkürlich fuhren meine Hände immer wieder zum Kopf, und es dauerte in dieser Nacht lange, bis ich einschlief. Wenn wir anfangs nicht viel aufnahmen, so wird das, denke ich, niemanden verwundern. Alles war so unheimlich; wir brauchten ein paar Monate, um uns an die neue Umgebung anzupassen.

Praktisch sofort wurden unsere Namen gegen gängige englische ausgetauscht. Statt daß unsere Namen ins Englische übersetzt und Zinkcaziwin mit Yellow Bird oder Wanbli K'leska mit Spotted Eagle wiedergegeben worden wären, was erzieherischen Wert gehabt hätte, wurden wir einfach zu John, Henry oder Maggie, wie es gerade kam. Man hieß mich, einen Zeigestock zu nehmen und aus der Liste, die auf der Tafel stand, einen Namen für mich auszuwählen. Das tat ich, und da einer so gut wie der andere war und ich keinerlei Unterschiede bei ihnen erkennen konnte, tippte ich mit dem Zeigestock auf den Namen Luther ...

Von allen Veränderungen, zu denen man uns zwang, wirkte sich die Umstellung unserer Ernährung am verheerendsten aus, denn sie war ebenso unvermittelt wie total. Weißbrot bekamen wir von der ersten Mahlzeit an, dazu Kaffee und Zucker. Hätte man uns erlaubt, unser eigenes schlichtes Essen aus Fleisch, gekocht in Brühe oder getrocknet, Obst und vielleicht dem einen oder anderen Gemüse zu uns zu nehmen, wir hätten uns gut entwickeln können. Aber die Veränderungen in Kleidung, Unterbringung und Essen sowie die inhäusige Lebensweise, zu der man uns zwang, waren zuviel für uns: binnen drei Jahren waren fast die Hälfte der Kinder von den Plains tot und

> allem irdischen Schulzwang enthoben. Auf dem Friedhof von Carlisle sind in den meisten Gräbern kleine Kinder beigesetzt.

Die Außenwelt indes nahm die Leiden der Schüler von Carlisle praktisch nicht zur Kenntnis. Gestützt durch die Berichte begeisterter Besucher und durch Pratts gekonnte Öffentlichkeitsarbeit, konnte die Schule nach draußen den Eindruck erwecken, bei ihren »wilden« Schutzbefohlenen bemerkenswerte »Fortschritte« zu erzielen. Um diesen Eindruck zu zementieren, gab Pratt schlauerweise eine Reihe von »Vorher/Nachher«-Bildern in Auftrag, die ein und dieselben Schüler zeigten, einmal bei ihrer Ankunft in Carlisle, langhaarig, wilden Blickes, »exotisch« kostümiert, und dann ein paar Jahre später, verwandelt in fügsame Ebenbilder euroamerikanischer Schüler. Hier hatte man offenbar den leibhaftigen Beweis, daß dem Experiment Erfolg beschieden war. Angesichts der Bilder begeisterte sich die allzeit blumige Merrill Gates:

> Die Jahre, die sie in Berührung mit geistigen Werten und mit zivilisierten Männern und christlichen Frauen verbringen, verwandeln sie derart, daß ihre Gesichter in einem völlig neuen Lichte erstrahlen, denn sie haben in der Tat »Zwiesprache mit Gott gehalten«. Sie kamen als Kinder; als junge Männer und junge Frauen kehren sie wieder; und doch wirken ihre Gesichter jünger als damals, da sie zu uns kamen. Der vorzeitig gealterte Blick hoffnungslosen Heidentums ist der Taufrische ewiger Jugend gewichen, die den Unterschied ausmacht zwischen dem Wilden und dem Menschen, der im Gedanken an eine ewige Zukunft lebt.

Dem heutigen Auge erzählen die Fotos eine andere Geschichte: für uns, die wir den Vorteil haben, die Sache im Rückblick betrachten zu können, sieht das »völlig neue Licht« auf vielen der Gesichter eher nach einem Zustand der Benommenheit und Desorientierung oder gar nach tiefer Trauer aus. Damals indes verkündeten die Bilder die frohe Botschaft, daß es tatsächlich möglich sei, »den Indianer zu töten und den Menschen zu retten«. Pratt habe ein für allemal nachgewiesen, erklärte der Reformer Herbert Welsh, daß »sich für uns die Frage erübrigt, ob der Indianer zivilisierbar ist«. Was offenbar not tat, war eine massive Ausdehnung der Erziehungsbemühungen, so daß alle Ureinwohnerkinder und nicht nur einige wenige »aus der Barbarei in die Zivilisation« geführt werden konnten, wie das Motto von Carlisle lautete.

Die letzten 20 Jahre des 19. Jahrhunderts erlebten gesammelte Anstrengungen, »diesem dringenden Bedürfnis« Rechnung zu tragen; um die Jahrhundertwende gab es bereits mehr als 300 Indianerschulen im ganzen Land, mit einer Belegschaft von zusammengerechnet fast 22 000 Kindern – annähernd zehn Prozent der gesamten amerikanischen Ureinwohnerbevölkerung der damaligen Zeit. Weil Pratt und das Gros der übrigen Reformer der Überzeugung waren, daß sich indianische Kinder nur wirksam erziehen ließen, wenn man sie dem »verderblichen« Einfluß ihres Zuhause entzog, steckte man die weit überwiegende Mehrheit der Schüler – fast 18 000 – in Internatseinrichtungen, die mehr oder weniger der Carlisle-Schule nachgebildet waren.

Der große Umfang der Kampagne zur Erziehung der Indianer macht es schwer, sie auf eine allgemeine Formel zu bringen. Manche Einrichtungen wurden direkt vom Staat betrieben, andere hingegen von Missionaren; manche lagen in den Reservaten, während sich andere wie Carlisle mitten im anglo-amerikanischen Siedlungsraum befanden. Den Kindern konnte ebensogut passieren, daß sie – im einen Extremfall – von selbstlosen Idealisten unterrichtet wurden, die der ehrlichen Überzeugung waren, ihr Leben in den Dienst einer edlen Sache zu stellen, oder aber – im anderen Extremfall – von schikanösen Sadisten, die sich an ihren Schülern austobten. Auch in der Frage, bis wohin es die Ureinwohnerkinder bringen konnten, gab es eine breitgefächerte Palette von Erwartungen. Pratt sah keinen Grund, warum begabte Indianer nicht wie ihre anglo-amerikanischen Pendants Rechtsanwalt oder Arzt sollten werden können – eine Zuversicht, die ihre Bestätigung in Absolventen von Carlisle wie etwa dem Dakota Charles Eastman fand, der anschließend ein Medizinstudium begann; viele andere Schulleiter dagegen meinten, die Ureinwohner taugten nur zur Handarbeit und müßten deshalb zu Handwerkern, Bauern oder Ladengehilfen ausgebildet werden. (Oft wurde von den Schülern verlangt, daß sie die Hälfte des Tages auf Farmen oder in Werkstätten arbeiteten, wo sie nicht nur angeblich nützliche Fertigkeiten lernten, sondern auch als bezahlte Arbeitskräfte zum Unterhalt der Schule beitrugen.)

Bei all ihrer Vielgestaltigkeit indes verfolgten die Schulen letztlich insgesamt das gleiche Assimilationsziel, und die meisten von ihnen waren bereit, mehr oder minder brutale Maßnahmen zu ergreifen, um dieses Ziel zu erreichen. Im Jahre 1890 zum Beispiel wies der Staat, der ungehalten über die langsamen Fortschritte bei der Ausrottung der Ureinwohnersprachen war, die Schulen an: »Die Schüler müssen gezwungen werden, sich in Englisch zu unterhalten; wiederholte Verstöße hiergegen sollten angemessen getadelt oder bestraft werden ...« Die Schulen setzten diese Verordnung mit – in einigen Fällen – erstaunlicher Grausamkeit durch. Anläßlich einer Reihe von Interviews mit einer späteren Generation von Schülern, die zumeist in den 30er Jahren die Schule besucht hatten, erinnerte sich eine ältere Frau namens Celene Not Help Him:

> Wir sprechen Indianisch im Klassenzimmer, sie ... biegen ein Lineal und knallen dir in den Mund, das tut wirklich weh, aber ich vergesse immer wieder ... Ich rede Indianisch, und da bringen sie mich in einen Raum und schlagen mich auf den Rücken mit – ich weiß nicht, was es ist, aber ich glaube, es ist ein Streichriemen, es tut wirklich weh.

Tim Giago, Absolvent einer katholischen Schule, schilderte eine einfallsreichere Vorgehensweise:

> Eine der Lieblingsbestrafungen von einigen der Jesuiten bestand darin, daß man die jungen Leute, wenn sie dabei erwischt wurden, daß sie sich in ihrer Sprache unterhielten, zwang, auf ein sehr großes Gummiband zu beißen ... so fest sie konnten. Und dann dehnten sie das Gummiband, so weit es ging, ohne daß es ihm aus dem Mund sprang, und ließen es los, und es knallte zurück in sein oder ihr Gesicht, und das war eine der Methoden, mit denen sie versuchten, uns davon abzubringen, unsere eigene Sprache zu sprechen.

Viele Ureinwohnerkinder, die an ein warmherziges und liebevolles Zuhause mit wenig oder gar keinen körperlichen Züchtigungen gewöhnt waren, konnten die Brutalität des disziplinarischen Systems der Internate einfach nicht fassen. »Alles wurde auf militärische Weise gemacht«, erinnert sich ein Lakota, Harry Bird.

> Dein Bett mußte auf militärische Weise gemacht werden, und deine Fingernägel mußten sauber sein, du hattest pikobello zu sein. Deine Schuhe mußten poliert sein, deine Knöpfe hatten zu glänzen. Und dann fangen sie an, abzuzählen: eins, zwei, drei, vier ... Sie kamen raus und sagten: »In Reih und Glied! Augen rechts! Vorwärts marsch!« Bei der Arbeit war es genauso, auf die Weise dressierten sie uns. Und wenn man den Appell verpaßt, fragen sie einen, warum, und wenn man nicht die richtige Antwort gibt, lassen sie einen schuften. Sie geben dir eine Zahnbürste, mit der du das Badezimmer saubermachen mußt, oder sie bringen dich auf den Sportplatz und lassen dich höllisch exerzieren. Ich hielt sie für verrückt! Sie mich aber auch!
>
> Wenn wir nicht daran denken und Indianisch sprechen, treten sie uns und schlagen uns mit der Peitsche ... Es war grausam ... Anfangs verstand ich gar nichts, ich dachte, ich komme her, um zu lernen, und sie kommen und bearbeiten mich mit der Peitsche.

Nach seinen stärksten Erinnerungen an das Internat befragt, sagte ein anderer älterer Mann, Harry Charger:

> Ich erinnere mich an den Hunger, ich erinnere mich an die Angst, ich erinnere mich an die Einsamkeit, und ich erinnere mich an die Kälte ... Ich habe erlebt, wie jungen Männern das Rückgrat gebrochen wurde. Ich habe erlebt, wie jungen Männern das Genick gebrochen wurde. Ich habe erlebt, wie einem jungen Mann durch Tritte der Hüftknochen ausgerenkt wurde, es heilte dann in dieser Stellung ... deshalb konnte er die Hüfte nicht mehr bewegen. Wenn er mit uns übrigen rannte, sah es etwa so aus; sie nannten ihn »Steifchen«.

Hunderte von Kindern brannten durch, und einige Schulen setzten für jeden, der ein Kind wieder einfing und zurückbrachte, fünf Dollar Belohnung aus – wie das Kopfgeld auf Indianerskalps während der Kolonialzeit. Tausende fielen den mittlerweile nur allzu bekannten Epidemien – besonders Grippe und Lungentuberkulose – zum Opfer, die in den Schulen wüteten. Manche starben aus medizinisch unerfindlichen Gründen: Harry Bird erinnert sich zum Beispiel an einen Freund, der die Ärzte dadurch verblüffte, daß er einfach dahinsiechte: »Ich glaube, genaugenommen hatte er gar keine Krankheit, außer daß er einsam war. Er starb an Einsamkeit. Damals ging es wirklich hart zu.«

Aber die Schulerfahrung entriß die Ureinwohnerkinder nicht nur ihren Familien und unterwarf sie herben körperlichen Leiden, sie verschob auch den Zusammenstoß zwischen »Barbarei« und »Zivilisation« aus der Außen- in die Innenwelt und sorgte bei Tausenden von Ureinwohnern für eine ständige innere Konfliktzone, die sich niemals völlig befrieden ließ. Einen Einblick in die Art und Weise, wie sich das auf das Selbstgefühl des einzelnen auswirkte, gewinnt man durch die Autobiographie von Don C. Talayesva, einen Hopi-Schüler, der im Jahre 1906 an die Sherman-Einrichtung (ironischerweise war sie nach Pratts altem Gegenspieler, William T. Sherman, benannt) im kalifornischen Riverside geschickt wurde. Während er nie die für Pueblo-Indianer typische Freizügigkeit in sexuellen Dingen verlor – trotz der strengen Hausordnung traf er sich heimlich mit einer Reihe von Freundinnen –, bemühte er sich in anderen Hinsichten heftig um den Beifall der Lehrer. Er erinnerte sich an Zusammenkünfte des Christlichen Vereins Junger Männer:

> … von uns wurde erwartet, daß wir uns hinstellten und Zeugnis ablegten für Jesus Christus. Ich bereitete eine kleine Predigt vor, die ich, wenn ich aufstand, auswendig hersagen konnte: »Nun, meine Kameraden, ich bin aufgefordert, einige Worte für Jesus zu sprechen. Ich bin froh, daß ich nach Sherman kam und lesen und rechnen lernte. Jetzt entdecke ich, daß Jesus ein guter Schriftsteller war. So bin ich dankbar, daß Onkel Sam mich lesen gelehrt hat, so daß ich die Bücher der Heiligen Schrift verstehen und auf Gottes Wegen

wandeln kann. Wenn ich ein klares Verständnis des Evangeliums erlangt habe, werde ich heimkehren und es meinem Volk, das in Finsternis wandelt, verkünden. Ich werde sie alles lehren, was ich über Jesus Christus, den Himmlischen Vater und den Heiligen Geist weiß. So gebe ich denn euch Knaben den Rat, euer Bestes zu geben und zu Gott zu beten, daß er euch Einsicht gewährt. Dann werden wir bereit dafür sein, daß Jesus kommt und uns in den Himmel hinaufführt. Ich möchte nicht, daß einer meiner Freunde in den Pfuhl des Höllenfeuers geworfen wird, wo auf ewig Heulen und Zähneklappern herrscht. Amen.« Damals war ich halb Christ und halb Heide und wünschte mir oft, daß es irgendeinen Zauber gebe, um meine Haut in die eines Weißen Mannes zu verwandeln.

Aber dann hatte Talayesva ein Erlebnis, das sein Leben für immer veränderte. Wie Tausende anderer Internatsschüler erkrankte er schwer und wurde auf die Krankenstation gebracht, wo sich sein Zustand rasant verschlechterte. Während er dalag und dem Tod schon so nahe war, daß die Krankenschwestern ihm zur Vorbereitung seiner Beerdigung die Haare kämmten und das Gesicht wuschen, sah er, wie er sich erinnert, »ein großes menschliches Wesen, das in Katchina-Kleidung neben meinem Bett stand …«.

[Die Gestalt] sagte: »Nun, mein Junge, dir wird eine Lektion erteilt. Ich habe dich dein ganzes Leben lang behütet, aber du bist leichtsinnig gewesen. Du wirst zum Haus der Toten reisen und lernen, daß Leben wichtig ist. Der Weg wartet schon auf dich. Spute dich lieber; dann bist du vielleicht zurück, ehe sie deinen Körper begraben. Ich bin dein Schutzgeist (*dumalaitaka*). Ich werde hier warten und über deinen Körper wachen; aber ich werde dich auch auf deiner Reise beschützen.«

Dann, so berichtet Talayesva, wurde er hochgehoben und aus dem Zimmer zurück in seine Heimat getragen. In einer zutiefst von Mythen und Glaubensvorstellungen der Hopi geprägten heiligen Landschaft begegnete er sowohl Angehörigen der eigenen Familie als auch einer Folge von mächtigen *katcinas*. Ihre Botschaft war immer die gleiche: er hatte versäumt, das Leben ernst zu nehmen, und hatte seine eigene Kultur vernachlässigt. Schließlich begegnete er dem Obersten Spaßmacher, der ihm erklärte:

> Jetzt, mein Neffe, hast du deine Lektion gelernt. Sei umsichtig, weise und gut und behandle jedermann gerecht ... Dein Schutzgeist hat dich bestraft, damit du Einsicht gewinnst und verstehst ... Wir sind deine Onkel und werden dafür sorgen, daß dir kein Leid geschieht. Du hast noch eine lange Lebenszeit vor dir. Geh zurück ins Hospital und in dein Bett. Du wirst sehen, daß eine häßliche Person darin liegt, aber fürchte dich nicht. Lege deine Arme um seinen Hals und wärme dich, und du wirst bald zum Leben erwachen. Aber beeile dich, damit nicht die Leute deinen Körper in einen Sarg legen und den Deckel zunageln, denn dann wird es zu spät sein.

Talayesva genas und hatte die Überzeugung gewonnen, daß er sein weiteres Leben lang dem »Weg der Hopi« folgen mußte. Im Rückblick auf seine Schulzeit zählte er auf, was er damals alles gelernt hatte:

> Ich konnte reden wie ein feiner Herr, lesen, schreiben und rechnen. Ich konnte alle Bundesstaaten der USA mit ihren Hauptstädten nennen, die Namen aller Bücher in der Bibel aufsagen, hundert Verse aus der Heiligen Schrift zitieren, mehr als zwei Dutzend christliche und patriotische Lieder singen, debattieren, Football-Anfeuerungsrufe brüllen, meine Partnerinnen beim Square Dance schwenken, Brot backen, gut genug nähen, um ein Paar Hosen zu machen, und stundenlang schmutzige Witze reißen. Wichtig war, daß ich gelernt hatte, wie man mit den Weißen zurechtkommt und Geld verdient, indem man ihnen zur Hand geht. Aber mein Sterbeerlebnis hatte mich gelehrt, daß ich einen Hopi-Schutzgeist hatte, dem ich folgen mußte, wenn ich am Leben bleiben wollte. Ich wünschte wieder, ein richtiger Hopi zu werden, die guten alten *Katchina*-Gesänge zu singen und mich ohne Angst vor Sünde und Peitsche frei zu Liebesabenteuern zu fühlen.

Talayesva schaffte es, sich wieder in die Hopi-Gemeinschaft zu integrieren, andere hingegen waren nicht so glücklich. Wie die kleine Zahl wirklich Bekehrter in den kalifornischen Missionsstationen ein Jahrhundert zuvor erfüllten einige die Erwartungen der Schulen und vollzogen mit Erfolg den Übergang in die euroamerikanische Welt; auf dem Gegenpol gab es ein paar Kinder, die von ihren Eltern versteckt wurden und den Pädagogen tatsächlich nicht in die Hände fielen. Für den überwiegenden Teil allerdings war die Schule ein zutiefst traumatisches Erlebnis. Von denen, die überlebten, waren viele völlig durcheinander und innerlich gespalten. Luther Standing Bear erinnerte sich an

> ... den heutzutage so vertrauten traurigen Anblick zurückgekehrter Schüler, die nicht mehr die Sprache ihrer Heimat sprechen konnten oder, schlimmer noch, vorgaben, sich in ihrer Muttersprache nicht mehr unterhalten zu können. Sie hatten gelernt, sich ihrer Herkunft zu schämen, und das ließ sie ihre Zuflucht zu Täuschung und Betrug nehmen. Die Jungen kamen nach Hause und trugen steife Papierkrägen, enge Glanzlederschuhe und Bowlerhüte auf Köpfen, die in das lange Haar von Lakota-Tapferen gehüllt sein sollten. Die Mädchen kamen in Musselinkleidern mit langen, buntfarbenen Schärpen zurück, die sehr hübsch aussahen. Aber sie versuchten, ihre Füße in Fabrikschuhe mit Absätzen zu zwängen und ihre Taille in Schnürapparate, die kein Kleidungsstück waren – jedenfalls dienten sie keinem Bekleidungszweck, sondern ähnelten eher einer mechanischen Vorrichtung. Sie zu tragen gehörte aber zur »Zivilisation«, empfangen von denen, die sich ebenso verhielten. Wir gingen also in die Schule, um zu übernehmen, nachzumachen; nicht, um Sprachen und Ideen auszutauschen, und nicht, um die besten Eigenschaften zu entwickeln, die das Ergebnis unzähliger Erfahrungen aus Hunderten und Tausenden von Jahren des Lebens auf diesem Kontinent waren.

Es bedarf keiner großen psychologischen Einsicht, um zu begreifen, daß dieses drastische Sozialsteuerungsexperiment durchweg, von einigen wenigen Ausnahmen abgesehen, verkrüppelnde Wirkung haben mußte. Die Versuchspersonen wurden systematisch dazu gebracht, alles, was sie liebten – Eltern, Beziehungen und kulturelle Verhältnisse –, als »primitiv« und »schmutzig« zu verachten, und der Überzeugung zu huldigen, daß ihre einzige Hoffnung darin lag, sich in eine Kopie der Unterdrücker »umzumodeln«, von denen sie Tag für Tag gequält wurden. Es kann nicht überraschen, daß viele von ihnen am Ende sowohl den »Wilden« als auch den »Zivilisierten« haßten – vor allem aber von Haß gegen sich selbst erfüllt waren, gegen das Schlachtfeld, auf dem die beiden Welten unablässig um die Vorherrschaft rangen. Ohne Halt und im Gefühl, weder zur »Stammeswelt« noch zu der anglo-amerikanischen Gesellschaft, die sich um sie herum entwickelte, voll dazuzugehören, versanken Tausende von ihnen in Apathie, verfielen dem Alkohol, wurden Opfer ihrer Verzweiflung und trugen mit dazu bei, daß sich jener Teufelskreis aus Sucht, Abhängigkeit und selbstzerstörerischem Verhalten bildete, der bis zum heutigen Tag den Gemeinschaften der Ureinwohner Amerikas zu schaffen macht. Im Rückblick auf ihr eigenes Leben drückte das eine ältere Lakotafrau so aus:

> Diese Christen, ihre Lehren, ihre Schläge haben uns nichts Gutes gebracht; sie verstehen nicht, was sie mir eigentlich angetan haben, daß sie mir mein Selbstbewußtsein nahmen ... Als ich groß wurde, konnte ich nie am öffentlichen Leben teilnehmen, weil ich mich selbst zu gering schätzte. Ich hatte Angst ... Sie taten unseren Kindern weh, und wir, als wir groß waren, schlugen wiederum unsere Kinder – so zu sein ist nicht gut ...
> Ich habe miterlebt, wie Kinder geschlagen wurden und man ihnen verbot, ihre Muttersprache zu sprechen, ich habe in der Mission dasselbe durchgemacht, das hat bleibende Narben hinterlassen, ich werde es niemals wieder vergessen ... Es beeinflußt auch heute noch mein Leben.

* * *

Es ist weniger eine Frage des Vermögens als eine der Zeit ... Ihr seid das Entwicklungsprodukt von Tausenden von Jahren und wir das Entwicklungsprodukt von Tausenden von Jahren, möglicherweise ... Wahrscheinlich war unser Anfangspunkt der gleiche, aber unsere Wege trennten sich, und wir waren anderen Einflüssen unterworfen, und das Ergebnis sieht man. Wer wollte leug-

nen, daß wir letztlich einen zivilisierten Zustand erreicht hätten, auf den wir uns langsam, aber sicher zubewegten; dieser Zustand wäre unserem Leben angemessener gewesen als die Zivilisation, die uns so gewalttätig und plötzlich aufgedrängt wurde – hinsichtlich der Pflege von Eigentum und der Verfügung darüber wäre er uns weit besser bekommen als die unhandlichen und verwickelten Methoden, die ihr ausgebildet habt, um Eigentumsinteressen unter euch abzustimmen.

Pleasant Porter, Creek

Während der Staat gegen die Reservate in den Plains und im fernen Westen immer zügiger vorging, zögerte man in Washington noch mit dem abschließenden Sturmlauf gegen das übriggebliebene Territorium der »Fünf Zivilisierten Stämme«. Selbst so rabiate Patrioten wie ein Theodore Roosevelt hatte das Gefühl, daß es eine Frage der nationalen Ehre war, die einzigartige Stellung der Stämme, die eine Regierung nach der anderen so feierlich garantiert hatte, zu respektieren. Während er auf »sentimentale Narren« wie Helen Hunt Jackson einprügelte, die es wagten, die Indianerpolitik der USA zu kritisieren, bekannte er sich doch zugleich zu der Ansicht, daß

> Männer und Frauen guten Willens alles in ihrer Macht Stehende tun sollten, damit die Regierung die Indianer im Geiste größtmöglicher Fairneß und Hochherzigkeit behandelt und Vorkehrungen gegen … das Unrecht getroffen werden können, von dem die zivilisierten Völker des Indianischen Territoriums manchmal bedroht sind.

Angesichts der zunehmenden lautstarken Forderungen nach »Öffnung« dieser Stammesgebiete schwand indes solch prinzipienbewußter Widerstand rasch dahin. In den 90er Jahren des 19. Jahrhunderts wurde durch eine Reihe von Maßnahmen die Kontrolle der Bundesbehörden über die inneren Angelegenheiten der Stämme immer mehr ausgeweitet; mit jedem Jahr rückte Washington dem Punkte ihrer endgültigen Auflösung ein Stück näher. Die Indianer bemühten sich unablässig, die schwindende Schar derer, die für sie eintraten, bei der Stange zu halten, aber im Jahre 1898 verabschiedete der Kongreß dann doch das Curtis-Gesetz, das die Beendigung ihrer Selbstverwaltung und die Landzuteilung an die einzelnen vorsah. Es hatte gerade einmal zehn Jahre gebraucht, um Pleasant Porters Prophezeiung, daß sich die »Fünf Zivilisierten Stämme« allein nicht würden halten können, in Erfüllung gehen zu lassen.

Das Vorgehen der USA stürzte die Stämme einmal mehr in Aufruhr und riß alte Gräben auf, die sich bis in die Umsiedlungsperiode und in die Zeit davor zurückverfolgen ließen. Auf der einen Seite standen die weitgehend »mischblütigen« »Progressiven«, denen die Niederlage als unausweichlich galt und die für Verhandlungen waren, um bestmögliche Kapitulationsbedingungen herauszuschlagen; auf der anderen Seite standen die vorwiegend »reinblütigen« Traditionalisten – die »Unversöhnlichen« –, die sich auf die Unverletzlichkeit der Verträge versteiften und von der Regierung erwarteten, daß sie diese sogar gegen die eigenen Agenten verteidigte. Die »Unversöhnlichen« aus den Reihen der Creek, Choctaw, Cherokee und Chickasaw bildeten eine stammesübergreifende »Vier-Mütter-Gesellschaft«, um Widerstand gegen die Auflösung zu leisten; der Gesellschaft sollen bis zu 24 000 Mitglieder angehört haben. »Reinblütige« Creeks riefen einen alternativen Stammesrat ins Leben, um die Selbstverwaltung des Stammes wiederherzustellen. Der Oberste des Rates, Chitto Harjo, erklärte:

> Er [die Regierung der USA] hat mir gesagt, daß diese Abkommen gehalten werden, solange die Sonne scheint und der Himmel sich droben wölbt ... Er hat gesagt, solange die Sonne aufgeht, wird es Bestand haben; solange die Wasser fließen, wird es Bestand haben; solange Gras wächst, wird es Bestand haben ... Er hat gesagt: »Genauso lange, wie du hier Licht siehst, genauso lange, wie du dieses Licht über uns schimmern siehst, werden diese Abkommen eingehalten werden, und erst, wenn all diese Dinge aufhören und vergehen, wird unsere Abmachung vergehen.« Das alles hat er gesagt, und wir haben ihm geglaubt ... Wir haben uns an jede Wendung dieses Abkommens gehalten. Das Gras wächst, die Wasser fließen, die Sonne scheint, das Licht ist bei uns, und das Abkommen ist noch bei uns,

denn der Gott, der über uns allen wohnt, war Zeuge des Abkommens.

Harjos Anhänger – bekannt als »die Schlangen« – wiesen ihre Stammesgenossen an, keine Landzuteilungen zu akzeptieren und kein Land an Nichtbürger zu verpachten, wenn sie nicht riskieren wollten, von einem Trupp »Berittener« verhaftet und ausgepeitscht zu werden; bis 1901 waren sie bereits so einflußreich, daß die »progressive« Stammesregierung die Bundesbehörden um Schutz gegen sie ersuchte. Als 94 »Unversöhnliche« bei einer Versammlung vom US-Marshal Leo Bennet festgenommen wurden, schickten sie einen Brief an Präsident McKinley, der zeigt, wie vorbehaltlos sie auf die Verträge bauten und welch tiefe kulturelle Kluft sie von der anglo-amerikanischen Gesellschaft trennte:

Präsident McKinley,
Washington, D. C.

Hickory-town, I. T.
26. Januar 1901

SEHR GEEHRTER HERR:

wie ich will daß du hörst von mir Hickory-town Muskogee-Indianer wie wir Vollblutindianer wie wir eine Versammlung dort abhielten wie das der Vertrag zwischen US-Regierung und Indianern wurde gemacht vor langer Zeit wi ich bin unter dem Vertrag ziehe meine Kinder auf wi ich dir bereits gesagt habe. Ich habe Wahl des Häuptlings gemacht und auch leichte Berittene allesamt bereit gemacht mein Zeichen in der ganzen indianischen Nation aber dein Bürger ist was mir so Problem machen. weil mein Bürger hat Problem dein Bürger verhaften meinen Bürger ohne allen Grund wovon ich weiß. Ich handel völlig richtig wie was Vertrag war. Ich nicht stör irgendein US-Regierung und nicht brech kein Gesetz. Ich auf rechter Spur. aber dein Bürger was mir so macht Problem. Ich geschrieben an dich darüber, aber es ist dein Bürger. du hast gutes Recht, dich gleich zu kümmern, wie ich an dich bitte. wie du gesagt, irgend jemand in deiner Nation machen Ärger, ich würde darum kümmern, daß aus meiner Nation verschwindet wie du gesagt wie dieser Herr was macht

soviel Ärger sein Name Dr. Bennett. U. S. Marshal soll sein. Wie du siehst diesen Brief bitte du ihn gleich beantwortest.
Ich bin Freundschaftshelfer für Muskogee-Volk.
LARTER MEKKO

Als indes allmählich deutlich wurde, daß die Regierung nicht mehr die Absicht hatte, zu ihren vertraglichen Verpflichtungen zu stehen, und vielmehr entschlossen war, die Auflösung des Territoriums um jeden Preis voranzutreiben, fingen einige der »Unversöhnlichen« an, in einer erneuten Umsiedlung das einzige Mittel zu sehen, das ihnen als Volksgruppe das Überleben sichern konnte. Sie baten den Kongreß, er möge ihnen erlauben, Landlose zu verkaufen und sich mit dem Erlös ein neues Territorium in Südamerika oder – wie ihre früheren westlichen Nachbarn, die Kickapoo – in Mexiko zu kaufen. Im Jahre 1906 trug der Chocataw Jacob B. Jackson vor einem Senatsausschuß voll Beredsamkeit folgendes vor (abermals hört man die Argumente durchklingen, deren sich ein Jahrhundert früher die Verfechter einer Aufrechterhaltung der Ureinwohnerkultur bedienten):

Menschen einer Rasse, denen es um die Erhaltung der Unversehrtheit ihrer Rasse geht, die diese wegen ihrer Traditionen und wegen der gemeinsamen Vorfahren und gemeinschaftlichen Abstammung lieben, die stolz darauf sind, ihr anzugehören – solchen Menschen sollte doch wohl gestattet sein, sich um ihren Schutz zu bemühen, und notfalls auch auf dem Weg der Emigration. Von den Gebildeten unter uns erfahren wir, daß der Weiße Mann in dieses Land kam, um Verhältnissen zu entrinnen, die nicht so schlimm waren, wie die jetzigen Verhältnisse es für uns sind; daß er über den großen Ozean fuhr und neue Heimstätten suchte, um Dingen zu entgehen, die in seinen Augen widerwärtig und falsch waren. Wir verlangen nichts weiter, als daß man uns erlaubt, das gleiche Recht zu genießen. Wir wollen keine materielle Unterstützung der Regierung der USA für unser Vorhaben. Wir fordern, daß man uns erlaubt, auf reguläre Weise, ohne daß wir Schaden erleiden, uns dessen zu entäußern, was nach Aussage der Regierung uns gehört und was uns ohne Rücksicht auf unseren Protest gegen die Aufteilung gegeben wurde …

> ... unsere gesellschaftlichen, politischen und persönlichen Verhältnisse [haben sich verändert]. Uns bleibt nichts anderes übrig, als die Verhältnisse so, wie sie sind, zu akzeptieren. Es gibt für uns keinen anderen Ausweg als die Umsiedlung.
> Falls die Völker der Choctaw und der Chickasaw in ihrer Gesamtheit willens sein sollten, ihre Rassenzugehörigkeit aufzugeben und durch einen allmählichen Prozeß der Blutsmischung und aufgrund veränderter Verhältnisse praktisch zu Weißen zu werden ... werden wir uns der Durchführung ihrer Absichten nicht widersetzen; aber abgesehen von den angeführten Argumenten glauben wir, daß der Große Vater aller Menschen den Indianer geschaffen hat, damit er einen eigenen Platz in dieser Welt einnimmt. Daß er als Indianer bestimmte Rechte hat, zu denen auch das Recht gehört, als Rasse zu leben, und daß wir, wenn wir dieses Recht schützen ..., den Willen des Göttlichen Schöpfers der Menschheit erfüllen.

Aber Jacksons Appell verhallte ungehört, vielleicht deshalb, weil, wie die Historikerin Angie Debo hellsichtig meint, zweifelhaft ist,

> ob der Weiße Mann es mit seinem Gewissen hätte vereinbaren können, die Indianer ein zweites Mal in die Verbannung zu schicken. Er war imstande, sich einzureden, daß er mit der Landzuteilung den Indianern etwas wirklich Gutes tat; um seiner Selbstachtung willen konnte er hingegen auf keinen Fall zulassen, daß sie vor seinen Wohltaten die Flucht ergriffen. Der Anblick der geistigen Verwüstungen, die er anrichtete, war im Vergleich dazu leichter zu ertragen.

Aber selbst als keine Chance auf Umsiedlung mehr bestand, klammerten sich viele der »Unversöhnlichen« immer noch an ihre Verträge und wehrten sich standhaft gegen die Auflösung des Stammes. Noch im Jahre 1912 zum Beispiel weigerten sich fast 2000 Cherokee, obwohl sie gezwungen waren, in entsetzlicher Armut zu leben, das ihnen zugeteilte Land in Anspruch zu nehmen oder die Gelder zu akzeptieren, die den einzelnen aus den Zwangsverkäufen von Stammesland zustanden. Drei Jahre später hieß es, »siebzig oder achtzig« Creek-»Schlangen« ließen regelmäßig die Schecks zurückgehen, die vom Agenten der Regierung mit der Post an sie geschickt würden. Viele andere Ureinwohner sanken einfach in einen Zustand stiller Verzweiflung. Die Nachschrift einer Unterredung zwischen Pleasant Porter (der als »Progressiver« widerstrebend bei der Auflösung der »Fünf Zivilisierten Stämme« mitgewirkt hatte) und Mitgliedern eines Ausschusses der Bundesregierung, der geschickt worden war, um den Landzuteilungsprozeß zu untersuchen, liefert eine aufschlußreiche Analyse ihrer heillosen Situation:

PLEASANT PORTER: ... Es war ein Fehler, daß die Beziehungen dieser Menschen zum Staat geändert wurden ... Die Indianer ... haben nicht die Zeit gehabt, die Individualität auszubilden, die nötig ist, um sie in der amerikanischen Bürgerschaft aufgehen zu lassen. Die Veränderung kam zu früh für sie ... Ein kleiner Teil wird überleben, aber der Rest ist zum Untergang verurteilt, mag man auch noch so viel für sie tun. Es gibt ein Bewußtsein von Recht und Unrecht, das die Menschen miteinander verknüpft und den Frieden sichert und die Tugend bewahrt und dafür sorgt, daß Vergehen unterbleiben. Das ist die Einrichtung, aus der ein Volk erwächst. Jede dieser Gruppen [die Fünf Stämme] muß das gehabt haben; aber wenn man es auslöscht, versetzt man sie in etwas, womit sie sich nicht auskennen ... Menschen, die ihre Einrichtungen verloren haben, sind ohne Leben. Etwas aus sich heraus zu entfalten ist natürlich, es zu versetzen ist ein Akt der Auflösung, nicht des Wachstums. Ein paar werden vielleicht wachsen ... aber das Wachstum wird nicht natürlich sein; und da die Sache nun schon so weit gediehen ist, sehe ich keinen anderen Weg, als die Sache radikal anzugehen, ohne Rücksicht auf unsere Vorlieben oder Empfindungen; bringt das Ganze nüchtern zu Ende, denn jede Verzögerung verschlimmert noch die Zustände ...

Ginge es nach uns, wäre das Land, auf dem wir leben, Gemeinbesitz, und die Prärien wären alle offen, und wir hätten unsere kleinen Gruppen von Rindern, und Herden von Rotwild würden aus jeder Kuhle aufspringen und Truthahnschwärme jeden Hang hinaufrennen, und jeder Bach wäre voller Kürbiskernbarsche. Das sind die Dinge, an die wir in unserem früheren Leben gewöhnt waren. Das würden wir haben wollen, und nicht sosehr den Anbau von

Mais und Weizen und solche Sachen. Wir kamen in die Quere; diese Zivilisation kam uns in die Quere, und wir konnten nirgendwohin gehen.
F: Sie haben uns kurz vorher gesagt, die Leute stürben ziemlich rasch weg.
A: Ja, Sir, bei den Alten ist das der Fall.
F: Hat das irgendeine besondere Ursache?
A: Nichts; es gibt keine neue Krankheit; das einzige, was ich sehe, ist die Hoffnungslosigkeit.

Aber trotz dieser Beweislage waren nur wenige Politiker bereit, ihre Karrieren aufs Spiel zu setzen und ernsthaft gegen die Ausplünderung der »Fünf Zivilisierten Stämme« anzugehen: diese erwies sich einfach als zu populär und gewinnträchtig. Das Gesamtgebiet der Stämme – 789 170 Hektar oder fast die Hälfte des heutigen Oklahoma, bestehend aus fruchtbarem Ackerland, großen Kiefernwäldern, fördernden Kohlengruben und unerschlossenen Erdölreserven – dürfte die größte Versuchung zur Enteignung der Ureinwohner Amerikas dargestellt haben, die es in der Geschichte der USA jemals gab. Als das Curtis-Gesetz den größten Teil dieses Reichtums zur Disposition stellte, strömten Zehntausende Nichtindianer nach Oklahoma, um sich ihren Anteil zu sichern, entweder auf legalem Weg, durch den Kauf von »überschüssigem« Stammesland, oder illegal, durch die gleiche Art von Methoden, mit denen man im Südosten und in Kansas die Indianer um ihre Landzuteilungen betrogen hatte. Binnen weniger Jahre war ein florierender neuer Geschäftszweig entstanden, den man im Volksmund unter dem Namen »Indianer abgreifen« kannte.

Von Anfang an leistete die Bundesregierung durch ihre Aktionen den »Abgreifern« – sie scheinen sich selbst mit diesem Titel gebrüstet zu haben – bewußt oder unbewußt Vorschub. Der Präsident zum Beispiel (übrigens der gleiche Theodore Roosevelt, der ein Jahrzehnt zuvor dafür eingetreten war, die »Fünf Zivilisierten Stämme« vor »Unrecht« zu schützen) legte sein Veto gegen einen Plan der Choctaw-Verwaltung ein, der vorsah, in jede Siedlung eine Kommission zu schicken, die bei der Auswahl der für die Zuteilung bestimmten Landflächen mithelfen sollte. Dadurch sorgte er dafür, daß die Stammesangehörigen der systematischen Übervorteilung durch skrupellose Euro-Amerikaner schutzlos ausgeliefert blieben. Findige Scouts brachten Gruppen von »Vollblutindianern« zusammen und versteigerten sie meistbietend an Abgreifer – manchmal für bis zu 30 Dollar pro Kopf –, die den Indianern dann bei der Auswahl ihrer Parzellen halfen und sie in betrügerischer Absicht Verträge unterschreiben ließen, die auf eine Verpachtung und letztlich auf den Verkauf der Parzellen hinausliefen.

Wenn dringend Land benötigt wurde, ließen sich die Behörden dazu überreden, durch die Ausgabe von Blankozertifikaten, auf denen indianischen Eignern von Parzellen »Kompetenz« bescheinigt wurde, diese Parzellen von der Treuhandverwaltung zu befreien; war es profitabler, die Treuhandbeschränkungen aufrechtzuerhalten – gewöhnlich deshalb, weil amerikanische Ureinwohner mit treuhänderisch verwaltetem Eigentum an Grund und Boden bezahlte »Rechtsvormünder« brauchten –, konnten Indianer, die im Vollbesitz ihrer geistige Kräfte waren, für unmündig erklärt werden. Der Aufstieg der Erdölindustrie, die eine kleine Zahl von Parzellen sagenhaft wertvoll werden ließ, führte zur Entstehung einer ganzen Gemeinde von berufsmäßigen Vormündern, die durch Richter, mit denen sie im heimlichen Einverständnis standen, zur »Beaufsichtigung« lukrativen Treuhandbesitzes bestellt werden konnten. In einem Fall waren nicht einmal neun Wochen vergangen, nachdem ein Mann von den Creek bei einem Unfall ums Leben gekommen war, bereits acht Vormünder bestellt, die sich um das Land des Verstorbenen kümmern sollten und natürlich selber nicht schlecht daran verdienten. Die nächsten Nachbarn der »Fünf Zivilisierten Stämme«, die Osage, die für ihr Reservat die Schürfrechte zugesprochen bekommen hatten, als das Land verteilt wurde, stellten für Geschäftemacher eine besonders fette Beute dar. Anfang der 20er Jahre warf ihr Land jährlich 20 Millionen Dollar an Einkünften aus der Erdölförderung ab, wovon 90 Prozent von Nichtindianern durch die verschiedensten Korruptionsformen abgesahnt wurden, unter anderem auch dadurch, daß erwachsene Osagen ermordet wurden, um die Vormundschaft über ihre Kinder zu erlangen. Zwischen 1921 und

1925 ereigneten sich in der Gemeinschaft der Osagen 24 Morde, die unaufgeklärt blieben.

Besonders in der Prohibitionszeit teilweise dadurch befördert, daß sich das organisierte Verbrechen in großem Umfang engagierte, machte die Ausplünderung der »Fünf Zivilisierten Stämme« erstaunliche Fortschritte. 1930, ein Jahrhundert nach Beginn des Umsiedlungsprozesses, der sie ins ›Indianische Territorium‹ gebracht und angeblich auf ewig ihr Überleben gesichert hatte, waren viele Angehörige der »aufgelösten« Stämme, besonders aus den Reihen der »vollblütigen« Dickschädel, Vertriebene in ihrem eigenen Land; wenn sie überhaupt zu leben vermochten, fristeten sie ein kärgliches Dasein in abgelegenen, unfruchtbaren Gegenden, wo der Unterhalt einer einzigen Kuh vier Hektar Land erforderte. Mehr als 3000 Familien erhielten wöchentlich Unterstützung vom Roten Kreuz, damit sie nicht Hungers starben. Ein Cherokee berichtete einem Senatsausschuß, der sich vor Ort informierte:

> Uns ist nicht mehr sehr viel Land geblieben. Wenn wir es weiter Stück für Stück verkaufen, werden die Indianer nach einiger Zeit keinen Grund und Boden in diesem Land mehr haben, nicht ein einziges Stück mehr. Und was machen wir dann? Werden wir wie Schweine vertrieben oder so etwas Ähnliches? ... Wenn wir nur noch einen Acker haben, können wir darauf leben, bis uns der Hunger umbringt, oder gleich sterben.

Das war keine Übertreibung. Im Jahre 1956, weniger als 60 Jahre nach dem Curtis-Gesetz, stellte sich heraus, daß Angehörige der »Fünf Zivilisierten Stämme« nur noch über 128 250 Hektar Land unter Treuhandverwaltung verfügten – gerade einmal 1,6 Prozent des Gebiets, das sie im Jahre 1898 noch »in alle Ewigkeit« besessen hatten.

Ein Untersuchungsausschuß unter der Leitung von Expräsident Hoover nahm im Jahre 1948 eine Gesamtbeurteilung der Auswirkungen der Landzuteilungspolitik vor und kam zu dem Schluß:

> Die Praxis der Landzuteilung und der Vergabe von Eigentumsrechten brachte den Indianern, wie unschwer erkennbar, keine »Kompetenz«. Sie erwies sich hauptsächlich als ein Mittel, indianisches Land in nichtindianische Hände zu überführen ...
> Was als Grund für diese Politik angegeben wurde, ist so offenkundig vorgeschoben, daß sie nicht so lange hätte beibehalten werden können, wäre sie nicht durch die Gier gestützt worden, mit der andere nach Indianergebiet strebten. Auf diesem Weg kam man an das Land heran, meist zum Billigpreis.

Dem läßt sich nur zustimmen!

11
New Deal und Abwicklung

Man hört alle möglichen lahmen Rechtfertigungen der Tatsache, daß der Indianer auch weiterhin unterdrückt wird. Eine der geläufigsten lautet, er sei noch nicht soweit, sich in die Gesellschaft des Weißen Mannes zu fügen – er sei noch nicht bereit, sich als bürgerliche Person unter die Weißen zu mischen.

Das, so behaupte ich, zielt am Problem vorbei. Es kann nicht darum gehen, den äußeren Indianer so umzumodeln, daß er sich der weißen Rasse anähnelt – ein solcher Prozeß wäre für beide Rassen zerstörerisch. Wer kann behaupten, daß die Lebensweise des Weißen Mannes für den Indianer besser ist? Wo findet man menschliche Urteilskraft, die kompetent genug ist, um indianische Ideale und spirituelle Vorstellungen abzuwägen und zu werten oder andere Werte an ihre Stelle zu setzen?

War denn wohl die Gesellschaftsordnung des Weißen Mannes so harmonisch und vollkommen, daß sie die Achtung des Indianers verdient, wie übrigens auch die Achtung der denkenden Schicht der weißen Rasse selbst? Ist es klug, dem Indianer eine fremde Gesellschaftsform aufzuzwingen? Nur der Indianer darf darüber entscheiden!

Statt dessen möge der Weiße Bruder sich umwenden und eine neue Blickrichtung ins geistige Auge fassen. Er möge die Welt des Indianers als eine Welt von Menschen betrachten; dann möge er dafür sorgen, daß den Indianern die Rechte von Menschen gewährt werden. Und dies, damit seine eigene Gesellschaftsordnung ein gewisses Maß an Menschlichkeit bewahrt.

Luther Standing Bear, Lakota

Senator Teller behielt recht: es dauerte 40 Jahre, ehe die Regierung sich endlich zuzugeben bequemte, daß die Zwangsassimilation gescheitert war. Nach der Verabschiedung des Dawes-

Gesetzes klammerten sich die Reformer jahrzehntelang starrsinnig an ihr Konzept; gegen allen Augenschein, der bewies, daß die Landzuteilung und das Schulsystem Tausende von amerikanischen Ureinwohnern der Verarmung und Demoralisierung auslieferten, bestanden sie hartnäckig darauf, der Fehler liege nicht im politischen Programm selbst, sondern darin, wie es umgesetzt werde. Einen geeigneten Sündenbock fanden sie vor allem in einer Reihe von bundesstaatlichen Agenten, die in beachtliche Finanzskandale verwickelt waren: Wie könne man erwarten, daß der Prozeß der »Zivilisierung« funktioniere, wenn Millionen von Dollar, die für die Wohlfahrt und die Bildung der Indianer bestimmt seien, von Nichtindianern eingesackt würden? Im Jahre 1905 indes gebot der Staat diesem Aderlaß wirksam Einhalt, indem er das Indianeramt einer weiteren Überprüfung unterzog, die schließlich dazu führte, daß die weitverbreitete behördliche Korruption – außer in ein paar Gegenden, zu denen vor allem das frühere ›Indianische Territorium‹ zählte – ausgemerzt wurde.

Aber weit entfernt davon, eine Besserung zu bewirken, schien die »Säuberung« der Verwaltung die Enteignung und Marginalisierung der Ureinwohnerbevölkerung nur zu beschleunigen. Eingeschüchtert, übers Ohr gehauen oder mit Bestechungsgeldern zum Verlassen ihrer Heimstätten gebracht, waren die Indianer in wachsender Zahl genötigt, Zuflucht bei Verwandten zu suchen, die ihre Parzellen noch besaßen und die sich nach Stammesbrauch nicht weigern konnten, ihnen Nahrung und Obdach zu bieten. Demzufolge lebten nicht nur die »unnützen« landlosen Familien in chronischer Armut, sondern auch die »Landeigentümer«, die doch bei der Verwandlung der Ureinwohner Amerikas in erfolgreiche, wohlhabende Staatsbürger mit gutem Beispiel vorangehen sollten. Da sie nicht mehr unehrliche Agenten des Staates für die Misere verantwortlich machen konnten, wärmten viele Reformer die alte Überzeugung von der angeborenen Minderwertigkeit der Indianer wieder auf. Im Jahre 1920 schrieb Walter M. Camp in einem Bericht an die US-Behörde der Indianerbeauftragten:

> ... Ich möchte gern meiner eigenen Ansicht über den grundlegenden Unterschied zwischen dem sogenannten »Zivilisierten« und dem so-

> genannten »Wilden« ... Ausdruck verleihen ... Der Wilde kümmert sich nur um seine unmittelbaren Lebensbedürfnisse, während der Zivilisierte nicht bloß die Zukunft im Auge hat, sondern auch über die reine Selbsterhaltung hinausblickt. Mit anderen Worten, der Indianer ist kein Kapitalist. Wie man den Sachverhalt formuliert, spielt dabei keine Rolle. Man kann sagen, daß es ihm an Fleiß fehlt oder daß der Mangel an Kapital eine Wirkung, und nicht die Ursache, seiner Armut ist. Ob man es so oder so formuliert, Tatsache bleibt, daß es nicht in der Natur der Indianer liegt, Eigentum in Form von Land oder von Gütern zu akkumulieren, um für Notzeiten gesichert zu sein. Dem Indianer war es nie gegeben, sich gegen eine vorübergehende Vergeblichkeit seiner Anstrengungen zu wappnen, wie das die klügeren Elemente in zivilisierten Völkern zu tun gewohnt sind. Wir gewahren somit zwischen den beiden Rassen eine Verschiedenheit der Mentalität, die im Grunde die Erklärung für alle Unterschiede im Arbeitsfleiß liefert.

Eine Handvoll Kritiker allerdings begann, sich nach einer anderen Erklärung für das Scheitern der Assimilation umzusehen. Vielleicht, so argumentierten sie, lag das Problem weder in einem Mangel der indianischen »Natur« noch in individuellen Korruptionserscheinungen bei Regierungsangestellten, sondern in einem fundamentalen Fehler der meisten Grundansichten, die Euro-Amerikaner über die Ureinwohner Amerikas hegten. Um es mit John Collier – dem späteren Beauftragten für Indianische Angelegenheiten unter Franklin Roosevelt – zu sagen:

> Es handelte sich nicht um individuelle, sondern um kollektive Korruption; um Korruption, die sich über sich selbst nicht im klaren war und die tief in den Verstand der Nation hinabreichte. Solch eine kollektive Korruption beherrschte ... die Geschichte des Verhältnisses der USA zu den Indianern. Kollektive Korruption läßt sich am wirksamsten durch Agenten praktizieren, die persönlich integer sind.

Aus mehreren Gründen gewann während der 20er Jahre dieser Gedanke zunehmend an Einfluß. Die etablierten politischen und ökonomischen Interessen, die 50 Jahre zuvor so lautstark die Zerschlagung der Reservate verlangt hatten, waren bereits befriedigt – der Großteil der wertvollsten Landflächen und Bodenschätze, die 1880 noch den Ureinwohnern gehört hatten, befanden sich mittlerweile in nichtindianischer Hand –, dementsprechend drängten die betreffenden Kreise nicht mehr so stark auf eine Fortsetzung der Landzuteilungspolitik, die diesen massiven Transfer von Reichtum ermöglicht hatte.

Gleichzeitig setzte sich der allmähliche Wandel der öffentlichen Meinung hin zu einer mitfühlenderen Sicht vom »Indianer« fort. Mehr als eine Generation nach dem Massaker bei Wounded Knee ließ sich einmal mehr eine wachsende nostalgische Begeisterung für die Romantik des Wilden Westens und die Schönheiten der »unberührten Natur« registrieren, die ihren Ausdruck in der aufkeimenden Naturschutzbewegung fand. Weit entfernt davon, immer noch als militärische Bedrohung zu gelten, hatten die amerikanischen Ureinwohner vielmehr ihren »Patriotismus« dadurch bewiesen, daß sie sich während des Ersten Weltkrieges zu Tausenden freiwillig meldeten und für die USA in den Kampf ziehen wollten, auch wenn die meisten von ihnen nicht eingezogen werden konnten, weil sie keine Staatsbürger der USA waren. Im Jahre 1924 honorierte der Staat diesen Beitrag, indem er allen Indianern die Staatsbürgerschaft verlieh, gleichgültig, ob sie sich als »kompetent« erwiesen hatten oder nicht. (Dabei waren viele Ureinwohner – insbesondere diejenigen, die wie die Irokesen über ihre eigenen Hoheitsrechte eifersüchtig wachten, alles andere als begeistert über dieses »Geschenk«, das sie als eine Art Giftbecher betrachteten.)

Der Erste Weltkrieg wirkte sich auch auf die Haltung der Menschen in anderer, weniger leicht bestimmbarer Hinsicht aus. Obwohl die amerikanische Nation durch die Kriegserfahrung insgesamt weniger traumatisiert wurde als die meisten anderen Teilnehmer – sie erlitt weit weniger Verluste an Menschenleben und ging aus dem Konflikt als eine unbestreitbare Weltmacht hervor –, war doch auch sie in einem gewissen Umfang Opfer der gleichen Stimmung melancholischen Selbstzweifels, von der viele europäische Länder nach dem Waffenstillstand im Jahre 1919 befallen wurden. Die mörderischen Schlachten an der Westfront – in denen sich der alliierten Propaganda zufolge sogar die »rassisch hochstehenden« Deutschen wie »die Wilden« aufgeführt hatten – sowie das Durcheinander der russischen Revolution nährte irritierende Zweifel an der Überlegenheit der europäischen Zivilisation und der Macht des Kapitalismus.

In den USA bildete dieser Pessimismus erst einmal nur einen gedämpften Kontrapunkt zu der Hochstimmung der 20er Jahre, als ein rasendes ökonomisches Wachstum, der Aufstieg der Massenunterhaltungsindustrie und eine Kette von blendenden technischen Errungenschaften den meisten Amerikanern ein bis dahin beispielloses Gefühl nationalen Wohlergehens vermittelte. Er war indes stark genug, um einer kleinen, aber einflußreichen Minderheit – darunter Schriftsteller wie der einem modischen Nihilismus huldigende F. Scott Fitzgerald und der Gesellschaftskritiker und Moralist Sinclair Lewis – die Habgier und den hohlen Materialismus fragwürdig erscheinen zu lassen, von denen sie das Leben der Amerikaner beherrscht sahen. Im Nachkriegsjahrzehnt konzentrierte sich dieses allgemeine Gefühl des Unbehagens in zunehmendem Maße auf die »Indianerfrage«, was weitgehend den Bemühungen eines Mannes namens John Collier geschuldet war.

Weil er solch eine zentrale Figur war, deren Persönlichkeit und Leistung immer noch ungeheuer umstritten ist und dessen Vermächtnis bis zum heutigen Tag die Diskussion über den Platz der amerikanischen Ureinwohner in der Gesellschaft der USA bestimmt, müssen wir uns kurz mit Colliers Herkunft und Laufbahn beschäftigen. Seine Unzufriedenheit mit der »modernen« Zivilisation und sein Interesse an »traditionelleren« Kulturen wurzelte tief in eigenen frühen Lebenserfahrungen. In den 90er Jahren des Jahrhunderts, als er noch im Halbwüchsigenalter war, trieb ein Finanzskandal seine in Atlanta beheimatete wohlhabende Familie in den Ruin; die Mutter brachte sich durch Laudanumsucht um, der Vater durch Selbstmord. In einen Zustand »tiefer körperlicher und geistiger Depression« versetzt, gelobte sich der junge Collier, niemals nach »Erfolg in der Gesellschaft« zu streben, die seine Eltern zerstört hatte. Er suchte Trost in langen Campingfahrten in das Appalachen-Gebirge, wo ihm seine eigene Einsamkeit und die Schönheit der Landschaft eine Form von »kosmischem Bewußtsein« vermittelte, das ihn sein Leben lang begleiten sollte.

Im Jahre 1902 schrieb sich Collier an der Columbia University ein und beschäftigte sich während der folgenden zwei Jahrzehnte unablässig mit den Ideen einer Reihe von Autoren – Nietzsche, Kropotkin, William Morris –, die sein Mißtrauen gegen die Industriegesellschaft teilten sowie sein Verlangen nach einer Welt kleiner Gemeinschaften mit reicheren und befriedigenderen Wertvorstellungen als dem aggressiven Individualismus des kapitalistischen Wirtschaftsliberalismus. Aber auch wenn ihn der rückwärtsgewandte Idealismus der kunstgewerblichen Bewegung von William Morris anzog (er schrieb mehrere gekünstelte präraffaelitische Gedichte nach dem Vorbild von Morris, in denen es von Bildern wie »daunenblumige Himmelswiesen« und »beißender Nebelkringelkälte« nur so wimmelte), lehnte Collier die Moderne doch nicht einfach pauschal ab. Während er mit dem biologischen Determinismus von Sozialdarwinisten wie Herbert Spencer nichts anfangen konnte, war er doch leidenschaftlich überzeugt davon, daß die Naturwissenschaften, sofern sie »vom kollektiven Geist der Gesellschaft« kontrolliert wurden, eine Kraft darstellten, die Gutes bewirken und die Menschheit zur Steuerung ihrer eigenen Evolution befähigen konnte.

Collier vereinigte diese disparaten Stränge zu einer Privatphilosophie, die in direktem Widerspruch zur herrschenden Assimilationsideologie der damaligen Zeit stand. Da er die Sorge hatte, der amerikanische Schmelztiegel mit seiner ungezügelten Industrialisierung werde »ein planloses und unmenschliches städtisches Amerika« schaffen, in dem eine Masse entwurzelter Individuen, nur noch durch ökonomische Bande miteinander verknüpft, nichts weiter mehr seien als Sklaven der Maschine, plädierte er dafür, die Einwanderer in die USA müßten ihre eigenen kulturellen Traditionen pflegen und hochhalten. Nur wenn sie ihre Sprachen, Tänze und Bräuche beibehielten, konnten sie nach seiner Ansicht den Verlust des althergebrachten Wissens davon vermeiden, wie menschliche Wesen als wahre Mitglieder einer Gemeinschaft zusammenleben können.

Fast zwei Jahrzehnte lang wechselte Collier von einem Projekt zum anderen, arbeitete als Journalist, als Sozialarbeiter und als Pädagoge; er suchte nach einer Gelegenheit, seine Vorstellungen in die Tat umzusetzen. Seine Bemühungen blieben fast immer erfolglos, und gelegentlich geriet das Ergebnis zur Posse: im Jahre 1915 zum Beispiel scheiterte sein Plan, das Zeughaus der Stadt New York zu mieten, um »tausend Mädchen aus der Arbeiterklasse« das Tanzen beizubringen, daran, daß eine betrunkene Isadora Duncan dem Bürgermeister sexuelle Avancen machte. Eine enge Freundin Colliers, Mabel Dodge, hat uns ein anschauliches Bild von ihm aus jener Zeit hinterlassen; sie schildert ihn als »einen kleingewachsenen, blonden Südstaatler, eindringlich, gedankenvoll«. »Weil er offenbar seinen eigenen Menschenschlag nicht leiden konnte und ... erfüllt war von reformerischem Eifer für die Menschheit ..., wandte er sich anderen Rassen zu und wirkte für sie.« Nicht ohne Verwunderung beschreibt sie, wie dieser zweite Don Quichote die Einwanderer dazu bewegen will, sich gegen den Strom der Amerikanisierung zu stemmen und »ihre angestammte Kleidung beizubehalten ... ihr Essen, ihre Religion und all ihre Volksbräuche«.

Mabel Dodge war es, die Collier schließlich mit der »Rasse« bekannt machte, die zur großen Leidenschaft seines Lebens werden sollte. Als er nach einem weiteren beruflichen Rückschlag (diesmal handelte es sich um Einwanderer in Kalifornien) unterwegs nach Mexiko war, lud sie ihn ein, sie in der Künstlerkolonie zu besuchen, die um Taos Pueblo in Neu Mexiko entstanden war. Als er einer Gruppe von Taos-Indianern zusah, wie sie den eindrucksvollen Rotwildtanz aufführten, wurde er von einer fast mystischen Offenbarung bis ins Innerste erschüttert:

> ... kraft einer ernsten, leidenschaftlichen, kollektiven Verausgabung der zahlreichen Teilnehmer schien sich die Stammesseele ins Gebirge zu schwingen, ja, bis zum Ursprung des Seins.
> ... eine ganze Rasse von Männern geriet vor meinen Augen in Ekstase, und dies durch eine willensstarke Disziplin, großartig und wild, und doch geordnet, eine von objektiver Leidenschaft erfüllte Disziplin, die tausend oder zehntausend Jahre alt und dem Augenblick der Schöpfung so nah war wie am ersten Tag.

> Dies war ein Griff nach dem Feuerquell des Lebens mittels einer bewußten sozialen Handlung, die sich einer Vielzahl verschiedener Künste bediente. Hier wurden die seelischen Wunder gewirkt, die wir dem griechischen Drama zuschreiben, wie es vierhundert Jahre vor Christus in Athen gelebt wurde. Und hier war es eine ganze Gemeinschaft, die in die Erfahrung einging und sie als Wirklichkeit wußte. Das hier waren unsentimentale Männer, die weder lesen noch schreiben konnten, arme Männer, die sich von harter Arbeit nährten, Männer, die auf vielerlei unfreundliche Weise täglich gesagt bekamen, daß alles, woran sie glaubten und was ihnen etwas bedeutete, unterzugehen hatte, ohne daß sie je widersprachen. Denn diese Männer waren eins mit ihren Göttern.

Hier endlich schien Collier gefunden zu haben, wonach er suchte: ein »Rotes Atlantis«, das noch das ursprüngliche Geheimnis gemeinschaftlichen Lebens bewahrt hatte. Den »langen erbarmungslosen Gang der Ereignisse hindurch«, während all der »auf die biologischen Zerstörungen draufgepackten sozialen Zerstörungen, die der Weiße Mann dem Indianer beschert [hat]«, hätten die Ureinwohner Amerikas »den Glauben nicht verloren«, weil sie an dem »tiefsten ihrer spirituellen Besitztümer« festgehalten hätten:

> Dieses Besitztum ist eine Lebensweise, die zugleich einfach, weil diszipliniert, und komplex ist: sie schließt Weltanschauung und Selbstgefühl ein, institutionalisierte Traditionen und eine in Symbolik gefaßte Überzeugung, die implizit oder explizit den Menschen als Mitwirkenden in einem lebendigen Universum betrachtet – Mensch und Natur aufs engste zusammenwirkend und wechselseitig aufeinander angewiesen. Das ist eine Lebensweise, die das Individuum und seine Gesellschaft in einem vollständigen Wechselwirkungsverhältnis begreift und die beide Wertbewußtsein und Kraft aus der rassischen und kosmischen Vergangenheit ziehen und an die rassische und kosmische Zukunft weitergeben läßt, wobei Vergangenheit und Zukunft nicht nur etwas darstellen, was in linearer Zeitfolge gewesen ist oder erst sein wird, sondern hier und jetzt treibende, wirksame, lebendige Wirklichkeit ist.

Colliers Reaktion auf die Ureinwohner Amerikas gehört zweifellos in die lange europäische Tradition, die »den Indianer« als Repräsentanten eines »Goldenen Zeitalters« gewahrte: seine Schilderung der kalifornischen Ureinwohner zum Beispiel – »Völker von fröhlicher Gastlichkeit, die so frei wie Vögel schienen, deren Sprache und Farben dem Zwitschern und Gefieder von Vögeln ähnelten« – enthält überraschende Anklänge an den fast 400 Jahre älteren Bericht von Sir Francis Drake. Aber anders als frühere Generationen (und auch anders als die meisten seiner eigenen Zeitgenossen) glaubte Collier nicht, daß der »indianische Geist«, all seinen reizvollen Aspekten zum Trotz, unausweichlich zum Untergang verurteilt sei: Collier glaubte im Gegenteil, dieser Geist könne und müsse erhalten bleiben, nicht nur, um den amerikanischen Ureinwohnern selbst verspätet Gerechtigkeit widerfahren zu lassen, sondern auch, weil er das sei, was »unsere kranke Welt am nötigsten hat«. In der Überzeugung, daß »eine für alle Zeit unerschöpfliche Erde und ein immerwährender Friede« der Lohn seien, wenn es gelinge, sich diesen Geist zu eigen zu machen, widmete er sich mit der apostolischen Begeisterung des Bekehrten der Aufgabe, ihn zum Wohle der *ganzen* Menschheit lebendig zu erhalten. Sein Eifer veranlaßte D. H. Lawrence, der damals in Taos Pueblo lebte, zu der – nach einer, würde sagen, prophetischen – Warnung, Collier könne den Indianern durch die Art, wie er »die Klauen seines wohltätigen Willens in sie schlägt«, Verderben bringen.

Nach den Fehlstarts und Enttäuschungen seiner bisherigen Laufbahn hatte Collier endlich ein Anliegen entdeckt, das alle widersprüchlichen Elemente seines komplizierten Wesens einbezog – visionären Mystizismus und prophetischen Eifer, bürokratische Tatkraft und analytische Intelligenz, Gerechtigkeitssinn und die Begabung des Politikers für Propaganda und Grabenkämpfe; als selbsternannter Fürsprecher der Indianer stürzte er sich in seinen Kreuzzug mit der unermüdlichen Energie eines Besessenen.

* * *

Seine erste große Bewährungsprobe hatte Collier im Jahre 1922, als der Kongreß versuchte, eine gespannte Situation in Neu Mexiko durch die Verabschiedung des Bursum-Gesetzes zu entschärfen, das praktisch 24 300 Hektar Pueblo-Land an illegale englische und spanische Siedler übertrug. Das war ein flagranter Bruch des Vertrags von Guadeloupe Hidalgo, der die USA dazu verpflichtete, spanische und mexikanische »Landübereignungen« an die Indianer zu respektieren; das Gesetz drohte, die wüstenagrarische Lebensweise der Pueblos zu vernichten.

Collier machte sich augenblicklich daran, Widerstand gegen das Vorhaben zu mobilisieren. Er reiste von Dorf zu Dorf, machte den Indianern klar, welche Gefahr ihnen drohte, und ermunterte sie, sich zusammenzuschließen wie – so einer ihrer Anführer – »damals, als wir die Spanier vertrieben«. Zusammen mit einer Handvoll weiterer Berater nichtindianischer Herkunft half er den Pueblos beim Entwurf einer bewegenden Stellungnahme zu dem Gesetz, in der schlauerweise direkt an das »Volk der Vereinigten Staaten« appelliert wurde:

> Wir, die Pueblo-Indianer, haben uns immer selbst erhalten und waren keine Last für den Staat. Wir haben in Frieden mit unseren amerikanischen Landsleuten gelebt, sogar als wir zusehen mußten, wie uns nach und nach unser Land und unser Wasser weggenommen wurde. Heute verfügen viele unserer Pueblos über eine Nutzfläche von weniger als einem halben Hektar bewässertes Land pro Person, während in Neu Mexiko vier Hektar bewässertes Land für einen Weißen als Mindestfläche gilt, die er zum Leben braucht. Wir sind an einem Punkt angelangt, an dem es um Leben und Tod geht.
> Nun entdecken wir, daß der Senat ein Gesetz verabschiedet hat, genannt Bursum-Gesetz, das unsere Vernichtung vollenden wird … dieses Gesetz wird uns unseres frohen und glücklichen Lebens berauben, weil es uns unser Land und Wasser wegnimmt und unsere Pueblo-Verwaltung zerstört sowie unsere Bräuche, deren wir uns seit Jahrhunderten erfreuen und durch die wir bis heute imstande gewesen sind, uns zu erhalten und froh und glücklich zu leben.
> …
> Das Pueblo, wie allgemein bekannt, gab es bereits in einer zivilisier-

> ten Verfassung, ehe der Weiße Mann nach Amerika kam. Wir haben unsere alten Bräuche bewahrt und lebten in Eintracht miteinander und mit unseren amerikanischen Landsleuten.
> Dieses Gesetz wird unser Gemeinschaftsleben zerstören und uns alles rauben, was wir werthalten, unser Land, unsere Bräuche, unsere Traditionen.
> Will das amerikanische Volk wirklich erleben, daß dies geschieht?

Collier nutzte seinen ungeheuren Sinn für Publicity, um diese Botschaft unters Volk zu bringen, sprach vor Versammlungen, schrieb am laufenden Meter empörte Artikel und nutzte seine persönlichen Verbindungen zu Organisationen wie dem Allgemeinen Verband der Frauenklubs, um eine eindrucksvolle Allianz zugunsten der Pueblos auf die Beine zu stellen. Als – teilweise auf sein Betreiben – 17 Delegierte der Pueblos nach Washington reisten, um vor dem Senatsausschuß für Staatsländereien und Landvermessung auszusagen, sorgte Collier dafür, daß sie unterwegs in Chicago und New York haltmachten; wie schon vor mehr als einer Generation Standing Bear fanden sie dort ein großes und begeistertes Publikum. An der Börse, wo es verboten war, Reden zu halten, sangen und trommelten sie und versetzten ihre Zuhörer in Raserei; die Folge war eine Flut von »Weg mit dem Bursum-Gesetz«-Telegrammen an den Kongreß.

Unter dem Druck dieser hartnäckigen Kampagne war es Innenminister Albert Fall nicht mehr möglich, das Gesetz durchzubringen; im März 1923 trat Fall, der durch die Finanzskandale der Regierung unter Präsident Harding bereits angeschlagen war, zurück. (Er kam später wegen Korruption vor Gericht und ins Gefängnis.) Im folgenden Jahr verabschiedete der Kongreß das Pueblo-Land-Gesetz, eine Kompromißfassung, die den Pueblos größeren Rechtsschutz bot und sie für alles, etwa verlorengegangene, Land finanziell »entschädigte«.

Aber der Angriff gegen die Pueblos war noch nicht überstanden. Da es in der Landfrage einen Rückzieher hatte machen müssen, richtete das Amt für Indianische Angelegenheiten seine Geschütze gegen die »heidnischen« Tänze und Rituale, die im Zentrum des sozialen und politischen Lebens der Indianer standen. Bereits im Jahre 1920 hatte der altgediente Reformer Herbert Welsh, Begründer der stark auf Assimilationskurs getrimmten Vereinigung für Indianerrechte, angeregt, die Regierung solle aktiv werden, um die Pueblos »durch die spirituelle Kraft der christlichen Religion aus ihrem – menschheitsgeschichtlich gesehen – steinzeitlichen Zustand herauszuführen«. Die meisten Pueblo-Indianer waren natürlich Katholiken, aber Welsh, ein eingefleischter Protestant aus der Ära Dawes, fand, die spanischen Missionare hätten nicht genug getan, um ihre »heidnischen« Bräuche auszumerzen. Aufgrund des Berichts eines Geistlichen, der fürs Innenministerium arbeitete, behauptete er, die geheimen Rituale wie etwa der Schlangentanz der Hopi beinhalteten obszöne sexuelle Praktiken, die gegen die »moralischen und rechtlichen Schranken ehelicher Pflichten« verstießen und deshalb unterbunden werden müßten.

In einer Zeit, da die USA von aufeinanderfolgenden Wogen politischer Paranoia und moralischer Panik überflutet wurden – Angst vor der »Roten Gefahr«, Sorge wegen »Überfremdung« durch Zuwanderung, verbreitete Forderungen nach einem Alkoholverbot –, fand diese Behauptung offene Ohren. Während die Bursum-Gesetzgebung ins Stocken geriet, versuchte das Amt, sowohl die Indianer selbst als auch die »Agenten aus Moskau«, von denen sie unterstützt würden, dadurch in Verruf zu bringen, daß sie eine reißerisch aufgemachte Schilderung der Pueblo-Rituale zusammen mit »nicht druckfähigen pornographischen Darstellungen«, wie Collier sich ausdrückte, in Umlauf brachten. Im Februar 1923 schickte der Beauftragte für Indianische Angelegenheiten Charles Burke (der ein paar Jahre später den Bewohnern von Taos in aller Öffentlichkeit verkündete, ihre Religion mache sie zu »Halbmenschen«) ein Warnschreiben an die Pueblos:

> Ich könnte gegen diese nutzlosen und schädlichen Aufführungen eine Verfügung erlassen, hätte es aber viel lieber, wenn Sie diese aus eigenem, freiem Willen aufgeben würden, und deshalb fordere ich Sie jetzt in diesem Brief auf, das zu tun. Sollten nach Ablauf eines Jahres die Berichte, die ich erhalte, zeigen, daß dies der Fall ist, werde ich sehr froh sein, sollten die Berichte hingegen ergeben, daß Sie die-

> ser Aufforderung nicht nachkommen, werden andere Maßnahmen ergriffen werden müssen.

Abermals kämpfte Collier an vorderster Front der Kampagne gegen das Amt für Indianische Angelegenheiten. Im Mai 1923 gründete er den Bund zur Verteidigung der Ureinwohner Amerikas, eine neue, grundlegend andere Organisation zum Schutz der »Indianerrechte«, die sich die Erhaltung und nicht die Zerstörung der Kulturen und Glaubensvorstellungen der amerikanischen Ureinwohner zum Ziel setzte; Collier wurde der erste geschäftsführende Direktor der Organisation. Im selben Monat half er dem Rat aller Pueblos Neu Mexikos bei der Abfassung einer »Deklaration, gerichtet an die Pueblo-Indianer, an alle Indianer und an das Volk der Vereinigten Staaten«, worin sie ihre Religion mit Nachdruck verteidigten:

> Wir sind zusammengekommen, weil unser grundlegendstes Recht auf Religionsfreiheit bedroht ist und tatsächlich gerade für null und nichtig erklärt wird. Und unsere erste Deklaration gilt der Feststellung, daß unsere Religion uns heilig und wichtiger ist, als irgend etwas sonst in unserem Leben. Die religiösen Überzeugungen und Rituale und Gebetsformen jedes unserer Pueblos sind so alt wie die Welt, und sie sind heilig. Unser Glück, unsere Moral, unsere Einheit als Volk und Frieden und Freude in unseren Wohnstätten sind allesamt Teil unserer Religion und abhängig von deren Aufrechterhaltung.
>
> Diese Religion mit ihrem verborgenen heiligen Wissen und ihren vielen Gebetsformen an unsere Kinder weiterzureichen, ist unsere höchste Pflicht gegenüber unseren Vorfahren, gegen unser eigenes Herz und gegen den Gott, wie wir ihn kennen. Unsere Religion ist eine wahre Religion, und sie ist unsere Weise zu leben.

Die Deklaration wies sodann die Beschuldigung, daß der »Geheimtanz kaum etwas anderes ... ist als eine einzige zotige Orgie«, zurück und erklärte sie für »unwahr, schändlich unwahr und bar jeder tatsächlichen oder scheinbaren Begründung und im Widerspruch zu den zahlreichen Zeugnissen weißer Wissenschaftler, die unsere religiösen Bräuche aufgezeichnet haben«. Sie schloß mit einem weiteren wohldurchdachten Appell an »die Bürger der Vereinigten Sataten« und an die anderen amerikanischen Ureinwohner:

> Wir sind nur wenige Leute in den Pueblos. Wir haben aus fernen Zeitaltern eine Religion geerbt und reinerhalten, die, so wurde uns gesagt, selbst für Weiße voller Schönheit ist. Uns selbst ist jedenfalls unsere Religion kostbarer als das eigene Leben. Die Fairneß und Großmut des amerikanischen Volkes kam den Pueblos zu Hilfe, als der Vorschlag gemacht wurde, ihnen ihr Land wegzunehmen. Wird das amerikanische Volk uns etwa nicht zu Hilfe kommen, jetzt, da vorgeschlagen wird, uns unsere Seelen wegzunehmen?
>
> Vor allem aber sagen wir allen Pueblos, die wir vertreten – jedem von den zehntausend Pueblo-Indianern und auch den Hopi und den Navajo: Heute stellt sich die entscheidende Frage. Werden wir friedlich, aber mit Macht und auf ewig an der Religion unserer Väter festhalten, unserer eigenen Religion, die uns verbindet und uns zu Brüdern und Kindern Gottes macht? Es gibt keine Zukunft für die indianische Rasse, wenn ihre Religion getötet wird. Jetzt ist der Punkt, in Treue zueinander zu stehen.

Aber die Pueblos und ihre Verbündeten mußten rasch feststellen, daß es leichter war, die Unterstützung der Öffentlichkeit für ein Anliegen zu mobilisieren, das sich wie beim Bursum-Gesetz einfach als Anspruch auf Eigentumsrechte darstellen ließ, als für eine Angelegenheit, bei der es um die weit undurchsichtigere und emotionsgeladenere Frage der Religionsfreiheit ging. Die wachsende Sympathie der Öffentlichkeit für die amerikanischen Ureinwohner ging im allgemeinen nicht mit einem tieferen Verständnis ihrer Probleme einher: tatsächlich war für die meisten, nicht selber zu den Ureinwohnern zählenden Menschen »der Indianer« bereits zu einer fast schon unwirklichen Figur geworden, die nur noch Filme wie *Der letzte Indianer* von Richard Dix schablonenhaft zur Vorstellung brachten – Filme, die – in Anlehnung an Romane wie *Der letzte Mohikaner* und in Vorwegnahme der später von Hollywood eingeschlagenen Richtung –

den Indianer eindeutig in einer entschwindenden Vergangenheit ansiedelten. In den Augen der weit überwiegenden Mehrzahl der Amerikaner bedeutete »Hilfe« für die Ureinwohner Amerikas nach wie vor, daß man ihnen den Übergang in den Hauptpulk amerikanischer Kultur erleichterte und sie nicht etwa dazu ermunterte, auf eine »Zukunft für die indianische Rasse« zu hoffen. Die Gegner der Pueblos, eine machtvolle Koalition aus Staat und kirchlichen Gemeinschaften, schafften es, die reichlich vorhandenen Vorurteile und Ängste von Menschen auszubeuten, die überzeugt davon waren, daß jeder Zweifel an der »zivilisatorischen« Mission des Landes in gewisser Weise einer Infragestellung der Vereinigten Staaten als solcher gleichkam. Indem sie von Collier einige seiner Taktiken entlehnten – sie sorgten zum Beispiel dafür, daß sich bei öffentlichen Versammlungen »progressive« christliche Indianer zu Wort meldeten –, gelang es ihnen, in einer breiten Öffentlichkeit Ressentiments zu schüren, die sich gegen das Fortleben »heidnischen Aberglaubens« im »modernen« Amerika richteten.

Fast ganz auf sich gestellt, hielt Collier entschlossen an seiner ganz anderen – und, rückblickend gesehen, wahrhaft modernen – Sicht von einer pluralistischen, multikulturellen amerikanischen Gesellschaft fest, in der eigenständige Ureinwohnergemeinschaften ihren dauerhaften und wichtigen Platz finden würden. Überzeugt davon, daß die Religion für das Überleben der Indianer sogar von noch größerer Bedeutung war als der Besitz von Land, vertrat er die These, es stehe im Widerspruch zur Verfassung, wenn der Staat sich in die Glaubensvorstellungen und Glaubenspraktiken der Indianer einmische; dadurch verdarb er es sich nicht nur mit den christlichen »Freunden der Indianer« alten Stils wie etwa Herbert Welsh – der immerhin gegen das Bursum-Gesetz opponiert hatte –, sondern auch mit vielen seiner Anhänger in Organisationen wie dem Allgemeinen Verband der Frauenklubs.

Unverzagt festigte Collier seine Machtposition im Bund zur Verteidigung der Ureinwohner Amerikas, indem er (manchmal mit der Brechstange) weniger radikale Mitglieder hinauswarf, und schmiedete in den folgenden zehn Jahren die Organisation in eine eindrucksvolle politische Angriffswaffe um. Statt einfach nur jeweils auf einzelne politische Maßnahmen zu reagieren, übte er unerbittlich Kritik an der gesamten Behörde für Indianische Angelegenheiten und warf ihr vor, sie versäume es, die amerikanischen Ureinwohner zu schützen, und enthalte ihnen die Rechte vor, die andere Bürger der USA als selbstverständlich ansähen. Er gründete eine eigene Zeitschrift, *American Indian Life*, um der Sache der Reform publizistischen Nachdruck zu verleihen, und wurde ein mit allen Wassern gewaschener Lobbyist in Washington, wo ihm seine leidenschaftlichen, empirisch gut belegten Stellungnahmen wachsende Unterstützung im Kongreß gewannen. Bis zum Jahre 1926 hatten er und seine Verbündeten nicht nur alle regierungsamtlichen Versuche vereitelt, die Religion der Pueblos zu unterdrücken, sondern auch derart skandalöse Versäumnisse der Regierung im Hinblick auf die Gesundheit, Bildung und Versorgung der amerikanischen Ureinwohner aufgedeckt, daß der Innenminister den Leiter des Instituts für Verwaltungsforschung, Lewis Meriam, damit beauftragte, das Indianeramt einer umfassenden Überprüfung zu unterziehen.

Im Jahre 1928 veröffentlichte Meriam seine Befunde in der Schrift *The Problem of Indian Administration*. Diese erste ausführliche Analyse dessen, was seit den »Indianerkriegen« mit den Ureinwohnern Amerikas passiert war, stellte eine aufrüttelnde Lektüre für all jene dar, die immer noch wähnten, »der Indianer« lebe da draußen irgendwo im Westen und reife unter der Anleitung eines wohltätigen Staatsapparats frohgemut zu einem »modernen Bürger« heran. Sie enthüllte, daß die meisten Indianer arm waren und viele sich in einer verzweifelten Lage befanden, daß ihre Ernährung, ihre Unterkunft, ihre sanitären Verhältnisse und ihre Gesundheit in einem entsetzlichen Zustand waren und in vielen Reservaten eine hohe Säuglingssterblichkeit herrschte und Tuberkulose- und Granulose-Epidemien wüteten, »daß kein einziges Sanatorium des Indianeramts den Mindestanforderungen des Bundes amerikanischer Sanatorien genügte«, daß die Betreuung und Erziehung von Ureinwohnerkindern in Internaten »kraß unzulänglich« war und daß es den Ureinwohnern Amerikas ganz allgemein an Zufriedenheit, Glücksempfinden, Hoffnung und Tatkraft mangelte. Meriam machte zu einem großen

Teil unzulängliche Finanzmittel für diese Mängel verantwortlich, aber er räumte auch ein, daß die Landzuteilungspolitik »die Lebenskraft des alten Systems gemeinschaftlichen Besitzes« nicht erkannte und infolgedessen

> weitgehend die Ziele verfehlte, die sie hatte erreichen sollen. Das Ergebnis waren große Verluste an Land und ein enormer Zuwachs an Verwaltungsvorschriften, ohne daß dies durch entsprechende Fortschritte in der ökonomischen Fähigkeit der Indianer wettgemacht wurde ... Fast schien es, als nehme die Regierung an, irgendeine mit dem Privateigentum als solchem verknüpfte magische Kraft werde sich von sich aus als erzieherischer, zivilisierender Faktor erweisen; leider aber hat diese Politik zumeist die gegenteilige Wirkung erzielt.

Ideologisch gesehen, handelte es sich beim Meriam-Bericht um ein merkwürdig zwieschlächtiges Gebilde, das zwischen den auf Assimilation setzenden Ansichten der alten Reformer à la Herbert Welsh und der ganz anderen Sichtweise von Collier und seinen Anhängern hin und her schlingerte. Einerseits erklärte es Meriam für das »Grunderfordernis« der Indianerpolitik, die Ureinwohner dahin zu bringen, daß sie »sich der herrschenden Zivilisation integrieren oder jedenfalls soweit anpassen« könnten, »um mit einem Mindestmaß an Gesundheit und bürgerlicher Wohlanständigkeit Seite an Seite mit ihr zu leben«; andererseits drang er auf »mehr Verständnis und Sympathie für die indianische Anschauungsweise« und räumte sogar ein:

> Eine kluge politische Führung wird das Gute in der erzieherischen Praxis und im gesellschaftlichen Leben der Indianer, in ihrer Religion und Moral, wahrnehmen und wird sich bemühen, es zu entfalten und darauf aufzubauen, statt alles Indianische auszumerzen. Die Indianer haben vieles zur herrschenden Zivilisation beizutragen ...

Auch wenn Collier einiges an dem Bericht auszusetzen hatte – insbesondere fand er ihn entschieden zu nachsichtig gegenüber Burke und anderen Mitgliedern der Regierung –, hieß er ihn doch als eindeutigen Beweis dafür willkommen, daß sein Bund zur Verteidigung der Ureinwohner Amerikas und dessen Mitstreiter endlich begonnen hatte, in den Indianerangelegenheiten einen »ersten Durchbruch« zu erzielen. Diese schärfste Verurteilung der Regierungspolitik seit der fast 40 Jahre zurückliegenden Veröffentlichung von Helen Hunt Jacksons *A Century of Dishonor* »sprengte« seiner Überzeugung nach die »Kerkermauern«, die »das Indianerproblem« bis dahin umgaben, und machte den Weg für weitreichende Reformen frei. Collier wiegte sich in der Hoffnung, daß die Verhältnisse endlich »günstig für eine umfassende Neuorganisation« des Systems waren.

Die Regierung unter Präsident Hoover übernahm zwar einige von Meriams Empfehlungen, aber ihre Bemühungen um eine Veränderung wurden durch die anhaltende Korruption und durch den Innenminister Ray Lyman Wibur vereitelt, der für die Assimilation eintrat und der Ansicht war, die Regierung solle, statt die Ureinwohnergemeinschaften zu hätscheln, vielmehr »den Indianer« wie ein unmündiges Kind behandeln, in seinen Worten, »ihm Saures geben und ihn schreien lassen«. Collier war zutiefst enttäuscht von Wilburs altmodischer Ansicht, daß »die Zivilisation der Rothaut durch die des Weißen Mannes ersetzt werden muß« und daß »der Indianer aufhören muß, sich als Angehöriger der Rasse aufzuspielen, die abseits bleibt, während alle anderen Rassen in unserem Schmelztiegel aufgehen«; deshalb gingen er und der Bund zur Verteidigung der Ureinwohner Amerikas 1930 bereits wieder zum Angriff über und setzten dem Amt für Indianische Angelegenheiten zu, wo sie nur konnten. Im Jahre 1932 unterstützte er den Präsidentschaftskandidaten der Demokratischen Partei, Franklin D. Roosevelt, »einen Mann, der liberal denkt und fühlt« und an ein »wissenschaftlich fundiertes Regieren« glaube.

Roosevelt honorierte sein Vertrauen damit, daß er als Innenminister Harold L. Ickes berief, ein Gründungsmitglied des Bundes zur Verteidigung der Ureinwohner Amerikas, der prompt Collier zum Beauftragten für Indianische Angelegenheiten ernannte – und dies gegen den erbitterten Widerstand der »gemäßigteren« Organisationen, die sich für Indianerrechte einsetzten, und eines ganzen Schwarms von mächtigen politischen und wirtschaftlichen Gegnern. Zu seiner eigenen Überraschung (da er sich klar darüber war, daß seine Vorgeschichte ihn unter Umständen zu einer Hypothek machte, hatte sogar er selbst sich ursprünglich dafür ausgesprochen, nach einem weniger umstrittenen und »politisch stärkeren« Kandidaten für den Posten Ausschau zu halten) fand sich Collier somit nach über einem Jahrzehnt unermüdlichen Kampfes an den Schalthebeln der Macht wieder.

Seine Ernennung hätte zu keinem günstigeren Zeitpunkt kommen können. Nach dem Börsenkrach von 1929 war das nagende Gefühl, daß etwas mit der amerikanischen Zivilisation nicht stimmte, nicht länger das Privileg einer kleinen Schar von Intellektuellen: es war vielmehr zur alltäglichen Erfahrung von Familien überall im Lande geworden. Wenn die USA, das Land der unbegrenzten Möglichkeiten, Millionen Menschen, die nach Arbeit lechzten, keinen Arbeitsplatz mehr bieten konnten, dann bedeutete dies das Ende des »amerikanischen Traums«.

Viele Intellektuelle wie etwa John Steinbeck (dessen Roman *Früchte des Zorns* einige der eindrücklichsten Bilder von der Weltwirtschaftskrise zeichnete) und Hunderttausende von Arbeitern und Arbeitslosen wandten sich dem Sozialismus oder Kommunismus zu und suchten dort die Lösung. Manche Denker und Schriftsteller gingen sogar noch weiter und stellten die ganze Grundlage der euro-amerikanischen Geschichte in Frage. Vielleicht zum ersten Mal seit Beginn der englischen Kolonisierung fingen sie an, in den verachteten und fast ausgerotteten Kulturen des ursprünglichen Amerika nicht mehr nur zum Untergang verurteilte Überbleibsel der Vergangenheit zu sehen – deren Zerstörung, so betrüblich sie auch sein mochte, der unvermeidliche Preis für den Fortschritt war –, sondern etwas, das der zunehmend desorientierten Zivilisation, die diese Kulturen ersetzt hatte, womöglich Rettung bringen konnte. In Nathanael Wests wüster Satire *Eine glatte Million* zum Beispiel, die 1934 erschien, stachelt der Ureinwohner Israel Satinpenny seine indianischen Genossen an, sich gegen »diesen Abschaum des Abschaums, das Bleichgesicht«, zu erheben:

> In der Erinnerung unseres Vaters war dies ein schönes, liebliches Land, in dem ein Mann seinem Herzschlag lauschen konnte, ohne sich zu fragen, ob er vielleicht einen Wecker ticken höre, wo ein Mann seine Nase mit lieblichem Blumenduft vollsaugen konnte, ohne feststellen zu müssen, daß er aus einer Flasche kam. Muß ich die Quellen erwähnen, denen die Tyrannei von Eisenröhren unbekannt war? Das Wild, das niemals Heu gekostet hatte? Die Wildenten, die nie von der Bundesbehörde für Landschaftsschutz gekennzeichnet worden waren?
> Für den Verlust dieser Dinge übernahmen wir die Zivilisation des Weißen Mannes, die Syphilis und das Radio, Tuberkulose und das Kino. Wir übernahmen seine Zivilisation, weil er selber an sie glaubte. Doch nun, da er begonnen hat zu zweifeln, warum sollten wir nun weiterhin alles hinnehmen? Sein letztes Geschenk an uns ist der Zweifel, ein die Seele zerfressender Zweifel. Er ließ dieses Land im Namen des Fortschritts verkommen, und nunmehr ist er selber es, der verkommt. Der Gestank seiner Angst stinkt empor zu den Nüstern des großen Gottes Manitou.

Und zwei Jahre später verkündete Ernest Thompson Seton in *The Redman's Message*:

> Die Zivilisation des Weißen Mannes ist gescheitert; wir sehen sie um uns herum zerfallen ...
> Unser System ist zusammengebrochen ... Wo immer es konsequent durchgehalten wird, produziert es einen Millionär und eine Million Arme ...
> Wir bieten euch die Botschaft des Roten Mannes, den Menschheitsglauben. Wir treten für seine Kultur ein, weil sie eine Verbesserung im Vergleich mit unserer eigenen darstellt, falls es uns denn gelingen sollte, durch späte Reue, Buße, Wiedergutmachung und Rehabilitation der göttlichen Vergeltung und völligen Zerstörung zu entrinnen ... so daß wir die Chance erhalten, den Anfang mit einem besseren, höheren Denken zu machen.

Dieses Klima des Zweifels und der Desorientierung schuf fast über Nacht ein Publikum, das für Colliers Ideen empfänglich war.

Man kann sich nur schwer eine andere Periode in der Geschichte der USA vorstellen, in der eine führende politische Persönlichkeit so, wie das Collier 1934 tat, öffentlich hätte erklären können: »Wir – ich meine unsere weiße Gesellschaft in diesem Jahrhundert – sind eine zerrüttete Rasse – psychisch, religiös, sozial und ästhetisch zerrüttet, zerfallen, richtungslos.« Collier empfahl der westlichen Zivilisation,

> ... mit Staunen und zartem Interesse und mit einem gewissen Maß an Ehrfurcht diese indianischen Gemeinschaften zu studieren, die dank historischer Zufälle und ihrer eigenen unbeugsamen Willenskraft selbst heute noch Ausdruck und Hort eines großen Zeitalters in sich geschlossener und von innerem Streben erfüllter Lebens- und Kunstformen sind. Welchen Samen bewahren sie für Boden und Klima eines zukünftigen Zeitalters, in dem wir uns zu Hause fühlen und das vielleicht auch ihnen bekömmliche Lebensbedingungen bietet? ... Möglicherweise hilft es uns, wenn wir sie kennenlernen und mehr noch ihnen helfen, in ihrem verzweifelt ungleichen Ringen um ihre Fortexistenz.

Entschlossen, die einzigartige Gelegenheit beim Schopf zu fassen, die dieser historische Moment ihm bot, unternahm es Collier, die ganze Stoßrichtung der nordamerikanischen Geschichte der letzten 450 Jahre in Frage zu stellen.

* * *

Die Indianer waren die Nachkommen von Völkern, die lange vor dem Ansturm einer fremden Kultur, überall auf dem nordamerikanischen Kontinent die Freiheit des Adlers kannten, der auf seinen Schwingen dahinsegelt. Unter Crazy Horse hauten sie in einem letzten Versuch, diese Freiheit zu bewahren, Custer am Little Big Horn die Hucke voll. Sie gewannen die Schlacht, aber verloren den Krieg. Sie starben ohne Erbarmen mit Häuptling Big Foot bei Wounded Knee, weil sie diese Freiheit nicht hatten.

Die 30er Jahre des 19. Jahrhunderts brachten ihnen einen Hoff-

nungsschimmer, daß sie vielleicht erleben würden, wie etwas von dieser Freiheit wiederkehrte …

Benjamin Reifel, Sioux

Die einzigartigen Geschehnisse während zweier Generationen, die in einer großen politischen Krisen- und Notsituation ihren Höhepunkt fanden, katapultierten diesen Mann in eine Position von historischer Bedeutung. Er schwamm auf der Flutwelle jener Ereignisse in sein Amt. Er stand auf den Schultern der vielen, die ihm vorausgegangen waren, und wurde zu einer Figur von nationalem Gewicht und Einfluß. Aber John Collier betrog uns. Seine autokratische Verwaltung und repressive Herrschaft verdammten ihn in den Augen der Indianer und sorgten für jene Verwerfungslinie in der Einschätzung seiner Persönlichkeit und seiner Arbeit, die ihn schließlich von dem Platz an der Seite des Jesus Christus der Weißen vertrieb, den ihm einige Historiker irrtümlich eingeräumt hatten.

Rupert Costo, Cahuilla

Mein Verstand sagt mir, daß John Collier ein Angehöriger der weißen Rasse ist, aber mein Herz sagt mir, er ist ein Indianer. Jawohl, John Collier ist ein Indianer, mit einem Herzen so groß und weit, wie der Tag lang ist. Der Indianer hat die gleichen Fähigkeiten wie jede andere Menschenart auf Erden – das Problem ist nur, daß wir keine Gelegenheit bekamen, dem Weißen Mann das zu beweisen. Wir waren wie ein qualmendes Feuer. Die Decke wurde über uns gebreitet, und der Rauch war nicht zu sehen, aber dank der Maßnahmen [der Collierschen Reformen] … sehen wir nun einen neuen Tag heraufziehen.

Reverend C. Aaron, Stockbridge-Indianer (Mahican), 1934

Bei all seiner hochtrabenden Rhetorik war Collier realistisch genug, um zu wissen, daß sich seine Vision nur mittels eines sorgfältig durchgeführten Programms pragmatischer, politisch akzeptabler Maßnahmen verwirklichen ließ. Während er sich in Schimpfreden gegen frühere Reformer wie Dawes und Pratt erging, bemühte er sich doch zugleich, Unterstützung für die Beseitigung ihrer Hinterlassenschaft dadurch zu gewinnen, daß er wie sie an ein Gemenge aus philanthropischer Gesinnung und finanziellem Eigeninteresse appellierte. Die Beendigung der Zwangsassimilation würde, so sein Argument, nicht nur den amerikanischen Ureinwohnern Vorteile bringen, sondern auch langfristig die USA weniger teuer zu stehen kommen als jede denkbare Alternative – wobei diese Behauptung durch den Nachweis gestützt wurde, daß entgegen den großen Versprechungen von Dawes das Land inzwischen für die Ureinwohner mehr ausgeben mußte als vor dem Landzuteilungsgesetz. Sein Ziel, erklärte er mit taktischem Geschick, sei es,

> ... die Gelder, die der Kongreß für die Indianer bewilligt, so nutzbringend zu verwenden, daß die letzteren in der Lage sind, sich auf guten, geeigneten Böden, über die sie als Eigentum verfügen, ordentlich zu ernähren und ein anständiges, geordnetes Leben im Einklang mit ihren eigenen Zielvorstellungen und Idealen zu führen, eingegliedert in den amerikanischen Lebenszusammenhang. Das ideale Resultat solch einer Politik ist darin zu sehen, daß sich am Ende jede Notwendigkeit staatlicher Hilfe oder Beaufsichtigung erübrigt. Das wird nicht schon morgen der Fall sein, vielleicht nicht einmal zu unseren Lebzeiten, aber wenn es dank der Maßnahmen und Vorgehensweisen dieser Regierung zu einer Regeneration der indianischen Lebensweise kommt, besteht die Möglichkeit, daß dieses Ziel sich verwirklichen läßt.

Das Kernstück der Collierschen Politik bildete das Indianerneuordnungsgesetz, ein ehrgeiziges Paket aus zusammenhängenden Reformen, die darauf abzielten, der Zerstörung der Ureinwohnergemeinschaften Einhalt zu gebieten und die Entwicklung umzukehren. Um dem anhaltenden Schwund der Landflächen in indianischem Besitz entgegenzuwirken, wurden alle weiteren Landzuteilungen untersagt; der Treuhandstatus des vorhandenen Landbesitzes blieb auf unbestimmte Zeit in Geltung, und zwei Millionen Dollar jährlich standen für den Kauf zusätzlicher Landflächen bereit. Um den Stämmen zu ermöglichen, wenigstens ein gewisses Maß an Selbständigkeit und Selbstversorgung zurückzugewinnen, ermunterte man sie, eigene Verwaltungen einzurichten und geschäftliche Unternehmen zu gründen; da die meisten Reservate an chronischer Armut und Unterentwicklung litten, richtete man einen Umlaufkreditfonds ein, um das für Anlagen und Ausrüstungen nötige Kapital zur Verfügung zu stellen.

Berücksichtigt man, daß sich das Neuordnungsgesetz wie eine Barrikade auf der Straße des »Fortschritts« ausnahm – und damit einem Ideal im Weg stand, das selbst auf dem Tiefpunkt der Weltwirtschaftskrise immer noch von Millionen Amerikanern hochgehalten wurde –, braucht man sich nicht zu wundern, daß es auf hartnäckigen Widerstand stieß; Collier mußte all seine außerordentlichen Überredungskünste und Fähigkeiten zur Kompromißbildung aufbieten, um es durch den Kongreß zu bringen. Ein Vergleich der ursprünglichen Vorschläge – 48 Seiten mit vier Hauptteilen und zahlreichen Unterabschnitten – und der viel schlankeren und bescheideneren Maßnahme, die schließlich als Gesetz verabschiedet wurde, läßt Colliers Absichten in aller Schärfe deutlich werden und enthüllt schonungslos das, was manchen als das fatale Paradox im Zentrum seiner Politik galt. Die ursprüngliche Fassung seines Gesetzes war gleichzeitig großzügiger und restriktiver als die schließlich verabschiedete Version: sie hätte den Stämmen weit größere Freiheit eingeräumt – die praktisch einer Selbstverwaltung gleichgekommen wäre –, um diese Freiheit dann aber sofort wieder dadurch zunichte zu machen, daß praktisch jede wichtige Entscheidung der Zustimmung des Innenministers bedurft hätte. Die Kritiker zögerten nicht, dies als Beweis dafür zu nehmen, daß Collier, all seinem vielgepriesenen Liberalismus zum Trotz, genauso anmaßend und diktatorisch war wie einst Dawes: Die Stämme sollten die Demokratie bekommen, aber nur unter der Bedingung, daß der Gebrauch, den sie davon machten, seinen Vorstellungen entsprach.

Ohne Frage eignete einigen von Colliers Verordnungen ein autoritärer Zug, insbesondere, was die Vorkehrungen hinsichtlich Landbesitz betraf. Collier hegte die felsenfeste Überzeugung, daß eine kommunale Verfügung über das Land für das Überleben des Stammes von entscheidender Bedeutung war. Das Dawes-Gesetz hatte indes dazu geführt, daß viele Reservate hoffnungslos durchlöchert und fragmentiert waren. Oft hatte man die besten Flächen der Treuhandverwaltung entzogen und verkauft; wo die Beschränkungen in Kraft geblieben waren, gab es manchmal nach ein oder zwei Generationen so viele Erben, die Anspruch auf die Parzelle erhoben, daß diese sich nicht mehr aufteilen ließ und an Nichtindianer verpachtet werden mußte (wobei die Pachtsumme in manchen Fällen unter dem Portobetrag lag, den der Brief kostete, in dem sie geschickt wurde). Im Pine Ridge-Reservat der Oglala-Sioux in Süddakota zum Beispiel war über ein Viertel des zugeteilten Landes verkauft worden, während weitere 36 Prozent an Erben gefallen war, die es auf mehr oder minder unbefristete Zeit an euro-amerikanische Viehzüchter verpachtet hatten. Um diese schädlichen Entwicklungen rückgängig machen zu können, mußte nach Colliers Ansicht der Beauftragte für Indianische Angelegenheiten die Befugnis erhalten, einzelne Parzellen auch gegen den Willen ihrer Eigentümer aufzukaufen, damit sich aus ihnen wieder zusammenhängende Stammesgebiete herstellen ließen.

In anderer Hinsicht allerdings wirkt der Vergleich mit Dawes zutiefst ungerecht. Während die Reformer der 80er Jahre des 19. Jahrhunderts der Ansicht waren, daß – um es mit den Worten von Reverend George Ellis auszudrücken – die USA das Recht hatten, »zu sagen, was unsere Absicht ist und was sie tun müssen und tun werden«, und frei waren »von aller beschwerlichen Rücksichtnahme auf oder auch nur Beschäftigung mit den Ansichten und Neigungen der Indianer, deren Leitung unsere Aufgabe ist«, stand für Collier fest, daß die amerikanischen Ureinwohner die politischen Maßnahmen, die sie betrafen, verstehen und gutheißen mußten. Anders als frühere Beauftragte für Indianische Angelegenheiten hatte er den Mut – und das Selbstvertrauen –, seine Vorhaben vor den Ureinwohnervölkern selbst zu vertreten; er organisierte eine Reihe von regionalen »Indianerkongressen«, auf denen er seine Gesetzesvorschläge erläuterte und die Repräsentanten der Stämme um Stellungnahmen und Vorschläge bat. Einige der Veränderungen am ursprünglich geplanten »Collier-Gesetz« – unter anderem die Herausnahme der strittigen Klausel, die eine zwangsweise Rückgliederung von Parzellen ins stammeseigene Gebiet zuließ – stellten eine direkte Reaktion auf Bedenken dar, die von den Indianern bei diesen Treffen vorgebracht worden waren.

In Colliers Augen war tatsächlich die ganze Indianerpolitik nach dem Bürgerkrieg, mit ihrem Grundsatz, daß die Ureinwohner Amerikas nichts weiter seien als individuelle Mündel, mit denen der Staat nach freiem Ermessen umspringen könne, ein Irrweg. Historisch gesehen, hatten sowohl die Kolonialbehörden als auch die Bundesregierung die »indianischen Nationen« stets als – um es mit den Formulierungen des berühmten Urteils zu sagen, das ein Jahrhundert zuvor Oberrichter John Marshall gesprochen hatte – »eigenständige, unabhängige politische Gemeinschaften« betrachtet, »die auf dem Grund und Boden, in deren Besitz sie seit unvordenklichen Zeiten unstrittig sind, ihre ursprünglichen Naturrechte bewahren«; diese ihre Stellung werde auch nicht dadurch beeinträchtigt, daß die Stämme gezwungen seien, die Oberhoheit der USA anzuerkennen, weil »ein schwacher Staat sich im Interesse seiner Sicherheit dem Schutz eines mächtigeren unterstellen kann, ohne daß er sich deshalb seines Rechtes auf Selbstverwaltung begibt und aufhört, ein Staat zu sein«. Diese Vorstellung war nicht einfach nur ein rechtsphilosophisches Problem: Männer wie Sir Edmund Andros und Sir William Johnson hatten rasch begriffen, daß sie an die Art und Weise erinnerte, wie sich die schwächeren Mitglieder einer Stammeskonföderation mit einem mächtigen *sachem* verbanden, und daß sie deshalb ein natürliches Modell für die Beziehungen zwischen Europäern und amerikanischen Ureinwohnern in der kolonialen Periode wie auch in der Zeit nach der Unabhängigkeit abgab; sie bildete die Grundlage für die meisten der Hunderte von Verträgen, mittels deren die USA einen großen Teil Nordamerikas in ihren Besitz brachten. Collier hoffte, daß die indianischen Kongresse ein erster Schritt zur Wiederherstellung dieser bilateralen Beziehungsform waren, bei der – zumindest theoretisch – beide Seiten ein Mitspracherecht hatten und die faktisch seit der Aussetzung der Vertragsschlüsse im Jahre 1871 außer Kraft war.

Aber er hatte auch noch ein anderes, akuteres Motiv für den Entschluß, seine Botschaft den Indianern in eigener Person zu überbringen. Als sich die Nachricht von seinen Vorschlägen verbreitete, ergriffen Feinde aus den Amtsperioden der Präsidenten Coolidge und Hoover mit Feuereifer die Gelegenheit, ihm ebenso erbarmungslos am Zeug zu flicken, wie er das mit ihnen getan hatte; sie taten sich mit »Freunden der Indianer« alten Stils, mit Missionaren, verärgertem Personal aus dem Indianeramt und Geschäftemachern zusammen, um gemeinsam seine Politik als einen Rückfall in »entwürdigendes Stammesdenken« zu brandmarken. Die mehr oder minder bösartigen – und häufig himmelschreiend unzutreffenden – Gerüchte, die sie in die Welt setzten, stießen auf Aufnahmebereitschaft nicht nur bei Angloamerikanern, sondern auch bei vielen Gemeinschaften der Ureinwohner, deren lange Erfahrung mit weißer »Doppelzüngigkeit« und Hinterlist ihnen verständlicherweise nahelegte, jeder neuen Initiative des Staates mit Mißtrauen zu begegnen. Collier meinte, wenn er persönlich mit ihnen spreche und seine Bereitschaft zuzuhören unter Beweis stelle, könne er die Mehrzahl der Ureinwohner dazu überreden, ihn zu unterstützen und auf diese Weise eines der Hauptargumente seiner Kritiker zu entkräften: daß er ihnen seine eigenen Vorstellungen vom Indianischen gegen ihren Willen aufdränge.

Die Aufgabe war gewaltig. Colliers Schilderung des ersten Kongresses, der in Rapid City in Süddakota stattfand, vermittelt einen lebendigen Eindruck von den Problemen, denen er sich gegenübersah. Wie er berichtet, begann der Kongreß

> … in einer Atmosphäre unausgesprochener Ängste, die sich hinter erbitterten Mienen verbargen. Das Land der landbesitzenden Indianer sollte konfisziert werden, so fürchteten sie, und denen, die keines hatten, gegeben werden. Die Indianer sollten ihr Bürgerrecht und ihr Stimmrecht verlieren. Die Indianer sollten interniert werden, eingesperrt wie Büffel in irgendein altes, überholtes Leben zurückgetrieben werden (hatte man ihnen gesagt). Der Regierungsbeauftragte, hieß es, hatte einen Stammeshäuptling bestochen und ihm für seine Unterstützung des Indianerneuordnungsgesetzes vier Abschnitte Land geboten.

Collier wies diese Vorstellungen als unverantwortliche Panikmache zurück, spielte aber im Gegenzug seinerseits auf der Klaviatur indianischer Besorgnisse. »In der Geschichte von Ländern und Völkern«, erzählte er seinen Zuhörern, »kommt ein Zeitpunkt, da alles möglich ist«; mit einer Leidenschaft, die ihm Kritiker als emotionale Erpressung ankreideten, beschwor er sie, ihre »Schicksalsstunde« nicht »ungenutzt« verstreichen zu lassen. Der besorgten Versammlung in Oklahoma erklärte er:

> Wenn die Indianer der USA jemals kriegen können, was sie brauchen, dann jetzt. Jetzt ist die Zeit, wo die Regierung Großes auf großzügige Weise vollbringt und überall im Land Grundlegendes verändert. In drei oder vier Jahren haben sich die Bedingungen vielleicht schon wieder geändert. Dann herrscht vielleicht schon wieder ein anderer Geist ... Vielleicht handelt es sich um einen Fall von ›jetzt oder nie‹, und ganz gewiß ist jetzt für jeden Indianer die Zeit gekommen, ernsthaft nachzudenken. Ganz gewiß ist jetzt für jeden Indianer die Zeit gekommen, an seine Kinder ebenso wie an sich selbst zu denken.

Auch wenn er nicht alle indianischen Ängste beschwichtigen konnte – einige »Progressive« blieben überzeugt davon, daß er versuche, sie »ans Lagerfeuer« zurückzutreiben, während auf der anderen Seite eine Reihe von »Traditionalisten« auf der Ansicht beharrten, das Neuordnungsgesetz diene auch wieder nur dem Zweck, die Herrschaft der Weißen über ihr Leben und ihr Land weiter auszudehnen –, scheint Collier doch durch seine unverkennbare Anteilnahme, Aufrichtigkeit und Sachkompetenz die Mehrheit der Delegierten auf seine Seite gezogen zu haben. Um es mit den Worten eines von ihnen, des Winnebago Mitchell Red Cloud, zu sagen: »Die Göttin der Gerechtigkeit mag blind sein, aber Mr. Roosevelt und Mr. Collier sind ausgezeichnete Augenärzte.« Wie außerordentlich erfolgreich er mit seinen Bemühungen war, die amerikanischen Ureinwohner aus ihrer Oppositionshaltung herauszulocken, beweist eine Probeabstimmung, die nach den Indianerkongressen und vor der Verabschiedung des Gesetzes durchgeführt wurde: 74 Stämme mit einer Gesamtpopulation von 158 279 Personen stimmten für die Unterstützung seines Gesetzes, während nur 18 mit einer Population von 21 884 Personen dagegen stimmten. Wie er vorausgesehen hatte, trug diese überwältigende Unterstützung mit dazu bei, daß die Ausschüsse für Indianische Angelegenheiten im Kongreß und im Senat auf die Reformlinie einschwenkten.

Unbeeindruckt durch die vielen blauen Flecke, die ihm der Kampf um das Neuordnungsgesetz eingetragen hatte, ergriff Collier eine ganze Reihe von weiteren Maßnahmen, um die Ureinwohnergesellschaften zu stärken und sie einen festen Platz im gesellschaftlichen Leben Amerikas gewinnen zu lassen. Trotz heftiger Anfeindungen von Missionarsseite bestand er darauf, daß die Indianer auf die gleiche Religionsfreiheit Anspruch hatten wie andere Bürger der USA und daß die Schulkinder aus den Reihen der Ureinwohner nicht mehr zur Teilnahme am christlichen Gottesdienst gezwungen werden durften, wenn sie oder ihre Eltern das ablehnten. Aus Sorge darüber, daß die Internate die Familien auseinanderrissen und die Ureinwohnerkultur aushöhlten, strich er gleichzeitig deren Schülerzahlen zusammen (allein in den ersten zwei Jahren von 22 000 auf 14 000) und übertrug in zunehmendem Maße die Verantwortung für die Erziehung der Indianerkinder Tagesschulen in den Reservaten oder, soweit möglich, den örtlichen öffentlichen Schulen. Um den Stolz der Ureinwohner auf ihr »Indianertum« zu fördern, gab er Texte über ihre Geschichte und ihre Errungenschaften in Auftrag und ermunterte die Stämme dazu, neben dem Englischen auch ihre eigenen Sprachen zu pflegen und zu verwenden. Unter seiner Schirmherrschaft trug der Rechtsanwalt Felix Cohen eine 46 Bände umfassende Sammlung von Gesetzen und Verträgen zusammen und veröffentlichte das *Handbook of Federal Indian Law* – der vielleicht maßgebendste Versuch, der je unternommen wurde, die besondere rechtliche Stellung »indianischer Stämme« innerhalb der USA zu klären und zu kodifizieren.

Abgesehen von seinen Bemühungen um die Schaffung eines günstigeren politischen und kulturellen Klimas, unternahm Collier auch praktische Schritte zur Verbesserung der Situation in den Ureinwohnergemeinschaften. Den ehrgeizigen Versuch der Regierung unter Roosevelt, durch ein gewaltiges Programm staatlich finanzierter Projekte neue Arbeitsplätze zu schaffen, nutzte er zur Einrichtung des Indianernothilfe-Naturschutzwerks – im Rahmen des landesweiten Zivilen Naturschutzkorps –, das in den folgenden neun Jahren rund 85 000 Ureinwohnern in Projekten wie dem Bau von Straßen und der Errichtung von Staudämmen zum Schutz gegen Erosion Arbeit bot. Da er ein stärkeres Engagement der Ureinwohner in allen sie betreffenden Bereichen für eine entscheidende Voraussetzung jeder Selbstverwaltung hielt, unternahm er Schritte, um die Zahl der im Amt für Indianische Angelegenheiten beschäftigten Ureinwohner zu vergrößern. Zur Förderung der vernachlässigten stammeseigenen künstlerischen und handwerklichen Fertigkeiten beauftragte er Indianer mit der künstlerischen Ausgestaltung von Gebäuden des Amtes und richtete eine Behörde ein, die sich mit der Entwicklung neuer Märkte für Ureinwohnerkunst und mit dem Schutz dieser Kunst gegen Nachahmungen von seiten nichtindianischer Produzenten befassen sollte. Er bemühte sich auch, seine Vorstellung vom »wissenschaftlich fundierten Regieren« in die Tat umzusetzen, indem er dem Amt für Indianische Angelegenheiten freistellte, mit anderen Bundesbehörden wie dem Staatlichen Gesundheitsdienst Verträge über spezielle Dienstleistungen abzuschließen; außerdem zog er Experten für Naturschutz, Bodenbewirtschaftung und andere Tätigkeitsbereiche hinzu, damit sie den Stämmen mit fachkundigem Rat zur Seite standen. Desgleichen richtete er gemäß seiner Überzeugung, »daß die ethnologische Forschung zu einem Werkzeug gemacht werden kann, das für das ganze sonstige Handlungsinstrumentarium von entscheidender Wichtigkeit ist, daß die Forschung in der Tat das vornehmste Instrument bilden sollte«, innerhalb des Amts für Indianische Angelegenheiten eine Gruppe für angewandte Ethnologie ein, die den Auftrag hatte, ein genaueres Bild von den Ureinwohnergesellschaften zu erarbeiten und über Methoden nachzudenken, wie man diesen Gesellschaften Hilfestellung geben konnte. Wie so vieles andere im Denken Colliers fand auch diese Idee erst eine Generation später breite Zustimmung: für eine akademische Gemeinschaft, die immer noch massiv unter dem Einfluß des Morganschen Evolutionsmodells stand und die in der Ethnographie primär ein Mittel sah, sterbende Kulturen zu dokumentieren, stellte die Ansicht, daß die Ethnologen den Menschen, die sie studierten, dienen und ihnen gar dabei helfen sollten, zu überleben, eine radikale Neuorientierung dar.

Diese fieberhaften Aktivitäten hatten von Gemeinschaft zu Gemeinschaft sehr unterschiedliche Auswirkungen. Obwohl Collier die amerikanischen Ureinwohner enorm unter Druck setzte, um ihre Zustimmung zum Indianerneuordnungsgesetz zu erlangen – zur verständlichen Empörung seiner Kritiker ordnete er an, daß Stimmenthaltungen als Jastimmen gewertet werden sollten, und verweigerte den Stämmen, die mit »nein« stimmten, die Möglichkeit, ihre Entscheidung zu einem späteren Zeitpunkt zu revidieren –, gelang es ihm nicht, die Unterstützung, die er von den Indianerkongressen erhalten hatte, in eine entsprechend überwältigende Zustimmung zu dem Gesetz umzumünzen. Entgegen seinen Hoffnungen stimmten damals nur 181 Stämme mit einer Gesamtpopulation von fast 130 000 Personen für die Annahme des Neuordnungsgesetzes, während es von 77 Stämmen mit einer Gesamtzahl von knapp 86 000 abgelehnt wurde. Die Gruppen, die mit »nein« stimmten, reichten von den irokesischen »Sechs Nationen«, die heftig auf ihre Unabhängigkeit pochten und in dem Gesetz einen Angriff auf ihre hochgehaltene Souveränität sahen, bis zu Völkern wie den »Fünf Zivilisierten Stämmen« in Oklahoma, deren Angehörige bereits zu großen Teilen weitgehend assimiliert und deren Stammeseinrichtungen derart zertrümmert waren – die Cherokee zum Beispiel verfügten nur noch über weniger als 160 Hektar Land –, daß sich nichts mehr kitten ließ. (Tatsächlich blieben wegen ihrer einzigarten Geschichte sämtliche Oklahoma-Stämme von den Bestimmungen des Neuordnungsgesetzes ausgenommen, auch wenn sie durch eine Sonderverfügung zwei Jahre später in den Genuß einiger seiner Vergünstigungen gelangten; so erhielten sie etwa Zugang zu einem Umlaufkreditfonds. Der ärgste Schlag für Collier war der Verlust des größten der Stämme, nämlich der Navajo, die das Gesetz mit einer Mehrheit von weniger als 500 Stimmen ablehnten, hauptsächlich dank des Einflusses eines »progressiven« Stammeshäuptlings, der sich auf die Seite der collierfeindlichen Missionare schlug.

Bis zu einem gewissen Grade war auch die allgemeine politische und ökonomische Lage der Wirksamkeit der Maßnahmen Colliers abträglich. Wegen der knappen Haushaltsmittel zuerst im Zusammenhang mit der Weltwirtschaftskrise und dann aufgrund des Zweiten Weltkrieges wurden viele seiner Vorhaben nie im vollen Umfange finanziell ausgestattet; er erhielt zum Beispiel wenig mehr als die Hälfte der zehn Millionen Dollar, die er für den Umlaufkreditfonds haben wollte, und die Hilfe, die er den Stämmen bei der Erweiterung ihres Landbesitzes leistete, erbrachte weniger als 20 Prozent der zusätzlichen 10 000 Millionen Hektar, die sie seiner Schätzung nach benötigten. Gleichzeitig stand die Diskussion um den die Indianer betreffenden New Deal unter dem Einfluß der umfassenderen ideologischen Strömungen, die in den 30er Jahren die Gesellschaften Amerikas und Europas polarisierten. Die Führer des »progressiven« Verbandes Amerikanischer Indianer stellten fest, daß sie bei ihrer Kampagne gegen das Indianerneuordnungsgesetz in zunehmendem Maße mit der Unterstützung nicht nur der Konservativen alten Stils, die Collier in der Vergangenheit bekämpft hatten, rechnen konnten, sondern auch mit offen faschistischen und nationalsozialistischen Organisationen, denen sein Eintreten für kulturelle und rassische Toleranz und seine Ablehnung eines ungezügelten Kapitalismus ein Greuel war. Elwood A. Towner zum Beispiel, ein assimilierter, »mischblütiger« Indianer, der in der Stadt lebte, sich den Namen Häuptling Red Cloud zugelegt hatte und einen Kriegsschmuck trug, den ein Swastikakreuz zierte, schloß eine Allianz mit dem Deutsch-Amerikanischen Bund und griff Collier als »judenfreundlichen Rosaroten« an, weil dieser Felix Cohen und andere Juden beschäftigte. (Die Haltung der Nazis gegenüber den Ureinwohnern Amerikas war – wie so vieles andere auch – zutiefst widersprüchlich. Die Rassentheoretiker griffen weidlich auf die amerikanische »wissenschaftliche Rassenlehre« des 19. Jahrhunderts zurück, um ihre Überzeugung von der Überlegenheit der »Germanischen Rasse« zu fundieren; Hitler selbst scheint in den »nordischen Menschen Nordamerikas, die rücksichtslos eine minderwertige Rasse verdrängten, um Lebensraum für die eigene Zukunft zu gewinnen«, Vorbilder für seine eigene Expansionspolitik gesehen zu haben. Andererseits stellte in der deutschen

Volkskultur der »Edle Wilde« eine wirkmächtige Figur dar – der »Führer« selbst gehörte zu den Millionen von Deutschen, die sich für Karl Mays wildromantischen Abenteuerromane um *Old Shatterhand* begeisterten. Die Sache endete damit, daß die Ureinwohner Amerikas vom Naziregime feierlich zu Angehörigen der »arischen Rasse« erklärt wurden.)

Die Vorstellung, daß er versuche, »die Uhr zurückzudrehen«, oder daß sein Programm in einem Zusammenhang mit »Kommunismus, Sozialismus und Heidentum« stehe, bemühte sich Collier dadurch zu entkräften, daß er – nicht ohne Findigkeit – verkündete, das Programm sei alles andere als durch »Rußland oder Karl Marx« inspiriert und vielmehr von Grund auf amerikanisch. Wenn man den »Stamm« von allen atavistischen Beiklängen befreie, behauptete er, sei dieser nichts weiter als »eine Holdinggesellschaft, die im Besitz von Vermögenswerten und von materiellen Rechten ist, auf die sie vertraglichen oder gesetzlichen Anspruch hat; indianische Handelsgesellschaften seien dem Empire State Building vergleichbar, das nur existiere, »weil eine große Menge von Leuten ihre Einlagen in einen Topf geworfen haben«. Seine Vergangenheit indes (zur Zeit der »Roten Gefahr« Anfang der 20er Jahre war er wegen seines Interesses am »bolschewistischen Experiment« von staatlichen Stellen überwacht worden) und die unablässigen Angriffe gegen ihn sorgten dafür, daß er das Etikett, ein »Roter« zu sein, nicht mehr los wurde und bis zum Ende seiner Karriere behielt.

Trotz all dieser Beeinträchtigungen aber erzielte der New Deal in Sachen Indianer einige bemerkenswerte Ergebnisse. Während seiner elfjährigen Amtszeit (der längsten, auf die je ein Beauftragter für Indianische Angelegenheiten hat zurückblicken können) brachte Collier den scheinbar unaufhaltsamen Verlust an Land, dem die Ureinwohner ausgesetzt waren, nicht nur zum Stillstand, sondern kehrte den Prozeß sogar – wahrscheinlich erstmals in der Geschichte – um. Dank seiner Politik stieg die Gesamtfläche der indianischen Gebiete in dem zu den USA gehörigen Teil des Kontinents von rund 19 auf 20,5 Millionen Hektar – in etwa das Niveau, auf dem sie sich auch heute noch bewegt. (Diese Zahl verschleiert, daß aufgrund des Verkaufs von Parzellen und anderer Maßnahmen große Flächen in den Reservaten mittlerweile von Nichtindianern kontrolliert werden; allerdings muß man fairerweise auch darauf hinweisen, daß sich ein weit höherer Anteil noch in Ureinwohnerhand befinden würde, wäre Collier imstande gewesen, seine ursprünglichen Pläne zur Zusammenlegung von Flächen in die Tat umzusetzen.) Zumindest teilweise erfolgreich war er auch in seinem Bemühen, die indianischen Gemeinschaften aus der chronischen Ohnmacht und Abhängigkeit zu befreien, die ihnen alle Hoffnung und Initiative verschlagen hatte. Während seiner Amtszeit gewährte die Regierung den Stämmen Darlehen in einer Gesamthöhe von zwölf Millionen Dollar und heizte damit eine explosionsartige ökonomische Aktivität an: die amerikanischen Ureinwohner vergrößerten zum Beispiel ihre Rinderherden um 105 Prozent, ihren Ertrag an tierischen Produkten um 2300 Prozent; ihr landwirtschaftliches Gesamteinkommen stieg von 1,85 auf 49 Millionen Dollar. (Collier war später stolz darauf, daß weniger als 4000 Dollar Darlehen als nicht eintreibbar verloren gegeben werden mußten; bei keiner anderen Gruppe in Amerika sei »das Kreditrisiko« so gering wie bei den Indianern.) Im Jahre 1948 konnte das Amt für Indianische Angelegenheiten verkünden, daß »seit Beginn der landwirtschaftlichen Ausbauarbeiten in den Indianerreservaten mehr als 12 000 Familien [mutmaßlich über zehn Prozent der gesamten Ureinwohnerbevölkerung] zur Gänze oder teilweise ins Berufsleben wiedereingegliedert sind und sich vollständig oder annähernd selbst versorgen können«.

So eindrucksvoll diese Gesamtstatistiken anmuten, sie verzerren das Bild, weil sie die enormen Schwankungen zwischen den verschiedenen Gruppen verwischen. Eine beträchtliche Minderheit der Stämme, darunter viele von denen, die gegen es gestimmt hatten, zogen aus dem Indianerneuordnungsgesetz wenig Nutzen, wohingegen ein paar andere – die meisten von ihnen, wie zu erwarten, Gemeinschaften, die noch über ein gemeinsames Stammesgebiet und eine starke Stammesidentität verfügten – aufsehenerregend gut abschnitten. Gruppen wie die Apachen mit ihrer langen Tradition der Anpassung an neue Bedingungen und der Wahrnehmung neuer Chancen waren besonders erfolgreich. Ein Anführer der San Carlos-Apachen erinnerte sich:

> Die Zustände im San Carlos-Reservat waren vor dem Indianerneuordnungsgesetz jämmerlich. Es gab keinerlei ökonomische Fortschritte. Ich hörte von dem Neuordnungsgesetz, als der Inspektor ins Lager unseres Zivilen Naturzschutzkorps kam und erklärte, worum es dabei ging ... Ich erinnere mich, daß ein angesehener Indianer aufstand und sagte: »Das ist es, worauf wir gewartet haben. Der Weiße Mann hat uns viele Jahre lang wie Vieh herumgetrieben. Wir müssen die Gelegenheit nutzen, unsere eigene Verwaltung zu bilden und unsere Angelegenheiten in die eigene Hand zu nehmen.« Ich glaube, das Indianerneuordnungsgesetz ist das Beste, was den indianischen Stämmen jemals passiert ist ... Viele Jahre lang hielten die San Carlos-Apachen am 18. Juni zum Gedenken an das Gesetz eine Feier ab.«

Ein anderer Apachenstamm, die Jicarilla, nutzten das Gesetz, um ihre Parzellen wieder der Stammeskontrolle zu unterstellen, die erste von Indianern betriebene, stammeseigene Gemischtwarenhandlung zu eröffnen und eine Schafherde für die Versorgung der »alten und gebrechlichen« Stammesmitglieder zu unterhalten; ihre Verwandten, die Meskalero, nahmen einen Kredit in Höhe von 242 000 Dollar auf, um für die Bewohner eines verwahrlosten Camps neue Häuser zu beschaffen, ihre landwirtschaftliche Produktion um das Achtfache zu erhöhen, ihre kooperativ betriebene Rinderzucht auszubauen und ein stammeseigenes Lagerhaus zu errichten.

Der New Deal für die Indianer brachte auch merkliche, wenngleich nicht ganz so dramatische Verbesserungen in Bereichen mit sich, die auf den ersten Blick weniger vielversprechend wirkten. Im Jahre 1937 schlug ein landwirtschaftlicher Experte des Amts für Indianische Angelegenheiten einer verarmten Gemeinschaft von »reinblütigen« Cherokee vor, in den felsigen Hügeln um ihre Wohnorte im östlichen Oklahoma Erdbeeren anzubauen; zwölf von ihnen nahmen einen Kredit über 2 800 Dollar auf, um ihre eigene Kooperative zu gründen. Sie konnten den Kredit rasch zurückzahlen und erhöhten ihr durchschnittliches Jahreseinkommen um mehr als 1000 Prozent auf 600 Dollar; im Jahre 1949 hatte das Unternehmen bereits einen solchen Umfang erreicht, daß es 150 Familien einen Lebensunterhalt bot.

Die ökonomischen Ergebnisse dieses Energieschubs zu messen ist relativ leicht; weit schwerer ist es, seine psychologischen Auswirkungen auf die einzelnen und die Kollektive abzuschätzen. Was wir in dieser Hinsicht an versprengten Informationen besitzen, deutet indes darauf hin, daß Colliers Reformen in der Tat vielen Ureinwohnern Amerikas nicht nur ein angemesseneres Auskommen ermöglichten, sondern ihnen auch nach Generationen der systematischen Aushöhlung ihrer Sicht von sich selbst und ihrer Weltanschauung neue Hoffnung und Selbstachtung vermittelten. Nach Henry Roe Cloud, einem Winnebago, konnten die Indianer während des New Deal erstmals wieder den Kopf hochtragen, »statt ständig den Blick gesenkt zu halten«, weil sie wußten, daß sie »eine große Geschichte und großartige Gedanken und in unseren Herzen große Ideen und Eingebungen« hatten. Joseph W. Haynes, ein Chickasaw, faßte die Sache einfacher, als er Collier dafür pries, daß dieser mitgeholfen habe, sicherzustellen, daß »allmorgendlich unsere Kinder als Indianer aufwachen können«.

Und doch wird trotz all dieser Leistungen Collier auch heute noch von vielen Menschen indianischer und nichtindianischer Abstammung schlechtgemacht. Zum Teil ist dieses scheinbare Paradox in nichts anderem als im Umfang seines Erfolgs begründet: Sogar heute noch, fünf Jahrzehnte nach seinem Ausscheiden aus dem Amt, ist Collier eine machtvolle Gestalt, ist er der Mann, der mehr als jeder andere Beauftragte für Indianische Angelegenheiten vor ihm und nach ihm die Szenerie der »Indianergebiete« geprägt hat. Das hat zur Folge, daß verständlicherweise viele Ureinwohner zumindest teilweise ihm die Schuld an den Verhältnissen geben, unter denen sie ihr Alltagsleben verbringen. Insbesondere wird er wegen der Einschüchterungstaktiken kritisiert, mit denen er manchmal versuchte, die Zustimmung zum Indianerneuordnungsgesetz zu erzwingen (man darf nicht vergessen, daß in den meisten Ureinwohnerkulturen Amerikas herrisches Verhalten als zutiefst anstößig gilt), und wegen der Fraktionsbildungen, die er in viele Gemeinschaften hineingetragen hat. Dadurch, daß er die Stämme gezwungen habe, eine auf Wahlen basierende Regierungsform westlichen Stils zu übernehmen, bei der sich konkurrierende Kandidaten um öffentliche Unterstützung bemühen müssen, habe er, so wird geltend gemacht, politische Spaltungen hervorgerufen, wo es vorher keine gegeben habe. Um es mit den Worten Elmer Savillas, des Leiters der Landesweiten Vereinigung der Stammesvorsitzenden, zu sagen:

> Das Indianerneuordnungsgesetz zerstörte die Art und Weise, wie Indianer Dinge tun ... Die meisten Wahlen bei den Stämmen werden angefochten, kaum daß sie vorüber sind. Früher, als sie die Anführer auf dem Konsensweg auswählten, gab es diese Art von Situationen nicht. Die Crow [die das Neuordnungsgesetz ablehnten] sind ein gutes Beispiel dafür, wie der Konsens funktioniert. Sie haben eine allgemeine Ratsversammlung, an der alle Stammesmitglieder teilnehmen und die Entscheidungen treffen. Wenn sie sich zu etwas entschließen, kann man niemandem die Schuld daran geben, weil alle ihre Hand im Spiel gehabt haben.

Viele Indianer sind nicht nur gegen das Neuordnungsgesetz, weil es etwas kulturell Fremdes ist, sondern auch, weil sie darin eine kolonialistische Zwangsmaßnahme sehen, die ihre Souveränität negiert und dafür sorgt, daß der Beauftragte für Indianische Angelegenheiten die Macht fest in der Hand behält. Das führt dazu, daß in manchen Gemeinschaften, wie der von Pine Ridge, kulturell »Konservative« gelegentlich die Wahlen überhaupt boykottieren und damit die Spannungen zwischen »Traditionalisten« und »Progressiven«, die schon aus der Zeit vor der Einrichtung der Reservate stammen, weiter schüren.

Während die Kritiker unter den Ureinwohnern Collier häufig beschuldigen, er sei der indianischen Kultur mit arroganter Geringschätzung begegnet, neigen die Nichtindianer zu dem Vorwurf, er habe sie romantisiert und verklärt. Sein ihn prägendes Erlebnis im Südwesten, behaupten sie, habe ihn zu der fälschlichen Annahme verführt, alle amerikanischen Ureinwohnergruppen ähnelten den Pueblo-Gemeinschaften. Seine Begeisterung für das Gemeinschaftsleben, das er in Taos antraf, habe ihn nicht nur blind für die enorme Vielfalt der Ureinwohnerkulturen gemacht, sondern auch die Tatsache aus dem Auge verlieren lassen, daß aufgrund ihres Kontakts mit den Euro-Amerikanern die meisten Stämme viel mehr von ihren eigenen Traditionen verloren hätten als die Pueblos und sich manche so stark verändert hätten, daß sie, wie der Ethnologe Fred Eggan es ausdrückt, »kulturell gesehen fast verschwunden waren«. Folglich habe Collier Strategien, die für Taos oder Acoma bestimmt gewesen seien, auf eine ganze Palette von Völkern angewandt, die häufig radikal anderes gebraucht hätten. Ein früherer Kollege drückte das in einer bewegenden, aber scharfsichtigen Würdigung Colliers folgendermaßen aus: »Manchmal sah er Gemeinschaften, wie mir schien, wo gar keine Gemeinschaften mehr existierten ... Entscheidungen, bei denen von existierenden Gemeinschaften ausgegangen wird, wo nur noch soziale Trümmer vorhanden sind, führen zu bitteren Enttäuschungen. So war es auch bei John Collier.«

Aber sogar manche von Colliers Kritikern räumen ein, daß er – um es mit den Worten eines bekannten Anwalts aus den Reihen der Ureinwohner zu sagen – versuchte, »auf die Kraft des indianischen Volks zu bauen. Egal, ob man das Indianerneuordnungsgesetz mag oder nicht, es stellte eine bedeutende Umkehr in der bundesstaatlichen Indianerpolitik dar. Insofern ... verdient [Collier] Anerkennung.« Fast im Alleingang stellte Collier tatsächlich einige der am tiefsten verwurzelten Glaubenssätze seiner Gesellschaft in Frage, indem er es unternahm, den scheinbar »unausweichlichen« Lauf der Geschichte aus der Bahn zu werfen. Sein Versuch, das Zusammenleben der amerikanischen Ureinwohner und der übrigen Amerikaner neu zu gestalten, war, so könnte man geltend machen, auf seine Weise ebenso radikal wie ein Jahrhundert zuvor das Experiment mit den »Fünf Zivilisierten Stämmen«. Das Bemerkenswerteste daran ist die Tatsache, daß dieses Mal die Initiative nicht von den Indianern selbst, sondern von Euro-Amerikanern ausging – letztlich von eben dem föderativen Staat, der seit der amerikanischen Unabhängigkeit ständig die Lebensfähigkeit der Ureinwohnergesellschaften untergraben und die letzten 50 Jahre über stur daran gearbeitet hatte, ihnen den Garaus zu machen. Kaum vorstellbar, daß unter den damals gegebenen politischen, ökonomischen und kulturellen Umständen irgend jemand mehr als Collier hätte vollbringen können: daß er so viel vollbrachte, mutet außerordentlich an.

Letztlich bestand vielleicht Colliers größter Fehler in seiner Fehleinschätzung der enormen Macht der Interessengruppen, die als Phalanx seiner Politik entgegenstanden. Geradeso wie Dawes und seinesgleichen die Haltbarkeit und Stärke des Stammessystems unterschätzt und versucht hatten, die Ureinwohner als Individuen ohne Vergangenheit oder eigene Kultur zu behandeln, unterschätzte Collier die grundlegenden Kräfte in der nichtindianischen Welt, die stets dem Überleben eigenständiger Stammesgesellschaften entgegengewirkt hatten. Im Jahre 1947, als er sein klassisch gewordenes Buch *Indians of the Americas: the Long Hope* schrieb und das Kapitel über den New Deal optimistisch mit »Beginn und siegreicher Abschluß des letzten Kampfes« überschrieb, waren diese Kräfte bereits wieder dabei, die Oberhand zu gewinnen.

* * *

Als sich die düsteren Wolken des Krieges vom Himmel droben verzogen, glaubten die Indianer, die schwellende Woge von Erwartungen, die vorübergehend abgeebbt war, werde wiederkehren. Statt dessen droht ihnen die Abwicklung ... Die hochfliegenden Erwartungen zerschellten am Boden. Für viele gewann die Abwicklung die Bedeutung einer Endlösung.

Benjamin Reifel, Sioux

Ich habe mit vielen gesprochen, die von der Abwicklung betroffen waren. Sie sind voll Haß auf die Regierung. Diese Leute sind wütend, weil sie in den Augen der Regierung nicht als Indianer gelten, obwohl jedermann sie ohne weiteres als solche erkennen würde.

... Die Abwicklung haben wir als eine Politik erlebt, die ungefähr von Mitte der vierziger bis in die sechziger Jahre unseres Jahrhunderts dauerte. Ich möchte aber behaupten, daß die Abwicklung schon viel länger im Gange war, und es läßt sich erwarten, daß man ihr auch in Zukunft begegnen wird. Vielleicht hat man die Bezeichnung geändert, aber die Stoßrichtung der

Politik ist die gleiche. Von der Zeit der Umsiedlung der Indianer über die Schaffung der Reservate und die Verabschiedung des Gesetzes über Kapitalverbrechen im Jahre 1885 bis hin zum Allgemeinen Landzuteilungsgesetz von 1887 kann man beobachten, wie der Kongreß der USA daran arbeitet, die Selbstverwaltung der Stämme und die Indianerrechte zu demontieren.

Larry EchoHawk, Pawnee

Ich war mein ganzes Leben lang damit beschäftigt, Widerstand gegen irgendwelche Formen der Abwicklung zu leisten und gegen sie anzukämpfen. Seit dem Tag, an dem die Europäer auf diesem Kontinent eintrafen, steckten wir im Abwicklungsprozeß. Aber in den Büchern, die von den Leuten gelesen werden, findet man darüber nicht viel.

... Wegen dieser Probleme glaube ich nicht, daß die Abwicklung zu Ende ist. Sie wird uns immer begleiten.

Joe De La Cruz, Quinault

Bei der Betrachtung der auf Collier folgenden Ära überkommt einen ein unheimliches Bekanntheitsgefühl. Binnen einiger weniger Jahre tauchten sämtliche altvertrauten Formen des Umgangs mit den Indianern, von denen die Verfechter des New Deal geglaubt hatten, sie seien ein für allemal passé, wieder aus der Versenkung auf und vereinigten sich zu einer Art Vexierbild früherer politischer Strategien.

Auch diesmal war dieser Wandel teilweise ein Reflex umfassenderer Veränderungen in der Gesellschaft der USA und in der Welt ganz allgemein. Wie der Erste Weltkrieg mitgeholfen hatte, eine Atmosphäre größerer Empfänglichkeit für Colliers Ideen zu schaffen, so trug der Zweite Weltkrieg zur Aushöhlung dieser Ideen bei. Weil sämtliche verfügbaren Mittel in den Krieg flossen, fanden sich die Indianerprogramme finanziell ausgetrocknet, und praktisch alle Fortschritte bei der Umsetzung des New Deal blieben stecken. Gleichzeitig verließen 25 000 amerikanische Ureinwohner – darunter viele führende Köpfe – ihr Zuhause, um in der Armee Dienst zu tun, während Tausende anderer in nichtindianische Gemeinden zogen, um in Betrieben der Rüstungsindustrie zu arbeiten. Diese doppelte Einbuße an Arbeitskräften bedeutete einen ernsthaften Rückschlag für die Gemeinschaften in den Reservaten, die unter Collier begonnen hatten, sich auf dem mühsamen Weg zu größerer sozialer und wirtschaftlicher Lebensfähigkeit voranzukämpfen.

Die eindrucksvollen Kriegsleistungen von Soldaten aus den Reihen der Ureinwohner – indianische »Verschlüssler«, die mit Hilfe ihrer Stammessprachen den feindlichen Abhördienst verwirrten, spielten bei der militärischen Kommunikation eine wichtige Rolle, und ein Pima, Ira Hayes, wurde wegen seiner Rolle beim Hissen der amerikanischen Fahne auf Iwo Jima zum Nationalhelden – sorgten zwar erneut dafür, daß *einzelne* Ureinwohner die Wertschätzung der Öffentlichkeit gewannen, aber mehr Verständnis für die eigentümlichen kulturellen Bedürfnisse und Unterschiede ihrer Gruppen gewannen sie damit nicht. In der Stimmung nationaler Geschlossenheit, die zuerst dem Krieg selbst und dann der zunehmend konformistischen Atmosphäre der Jahre unter Truman und Eisenhower entsprang, erwachte vielmehr wieder die alte Überzeugung, daß die Indianer »die Freiheit erhalten« müßten, wie die anderen Amerikaner zu leben – eine Überzeugung, die noch durch das Gefühl verstärkt wurde, daß sich die USA als führende Macht in der internationalen Bewegung, die auf eine Auflösung der europäischen Kolonialreiche drängte, unmöglich irgendwelche »Kolonialvölker« im eigenen Land leisten könne. Teilweise zur Vorbereitung dieser abschließenden »Befreiung« richtete der Kongreß im Jahre 1946 den Ausschuß für Indianische Schadensersatzansprüche ein; dieser Ausschuß sollte alle unerledigten Beschwerden der Ureinwohner, bei denen es um Fälle von regierungsamtlichem Unterschleif, Diebstahl und Mißmanagement ging, mittels Geldzahlungen regeln. Wie immer die ursprünglichen Motive der Befürworter des Gesetzes ausgesehen haben mögen, es gab jedenfalls dem Amt für Indianische Angelegenheiten – wie dessen Leiter im Jahre 1952 drohend hervorhob – »das Mittel an die Hand, einen wesentlichen indianischen Vorbehalt« gegenüber einer politischen Neuorientierung »aus dem Weg zu räumen«.

Wie schon in der Dawes-Ära spielte die ebenso fehlgeleitete wie wohlmeinende »humanitäre« Motivation rasch den nützlichen Idioten für Interessengruppen, die ihre eigenen Gründe hatten, dem »Stammesdenken« zu Leibe zu rücken. Spekulanten und Landerschließungsfirmen warfen einmal mehr ein begehrliches Auge auf die Gebiete und Rohstoffe, die den Indianern noch verblieben waren und die aufgrund des kriegsbedingten Wachstums der Landwirtschaft und der »Verbesserungen«, die der New Deal den Gebieten beschert hatte, stark an Verführungskraft gewonnen hatten. Gleichzeitig suchte ein konservativer Kongreß, der erfüllt war von althergebrachtem – und teilweise auch gerechtfertigtem – Argwohn gegen den Staatsapparat, eifrig nach Möglichkeiten, Ausgaben zu kürzen und »den Steuerzahler von der Bürde staatlicher Verschwendungssucht zu entlasten«. Wenn man – unter Berufung auf die Heilige Kuh der »indianischen Bürgerrechte« – die amerikanischen Ureinwohner von der »entwürdigenden Vormundschaft« der bundesstaatlichen Beaufsichtigung »befreite« und sie mit Zwang oder gutem Zureden auf den Weg der Assimilation zurückführte, ließen sich nach Ansicht von Politikern der Rechten mehrere Fliegen mit einer Klatsche schlagen.

Auch wenn diese Strategie einen neuen Namen erhielt und als »Abwicklung« bezeichnet wurde, machten ihre Befürworter doch kein Hehl aus der Tatsache, daß sie in ihren Augen eine Rückkehr zur historischen Normalität darstellte. Einer ihrer Hauptvertreter, Senator Arthur V. Watkins aus Utah, formulierte das so:

> Unglücklicherweise wurde der maßgebende und anhaltende Fortschritt des Kongresses in Richtung auf vollständige Freiheit durch das Indianerneuordnungsgesetz von 1934, das Wheeler-Howard-Gesetz, eine Zeitlang aufgehalten. Unter dem Eindruck der tiefgreifenden Ängste in den Jahren der Weltwirtschaftskrise wich der Kongreß von seiner gewohnten Politik ab und verschrieb sich der Idee, die allgemeine Wohlfahrt der Indianer zu fördern. In den Jahren nach der Weltwirtschaftskrise wurde sich der Kongreß dieses politischen Kurswechsels bewußt und suchte die historischen Prinzipien weit zurückliegender Jahrzehnte erneut zur Geltung zu bringen.

Collier und sein Anhang versuchten, die Vorwürfe gegen den indianischen New Deal zu entkräften. Die Indianer seien, so machten sie geltend, keine »Mündel«, sondern genössen alle Bürgerrechte, soweit diese nicht – wie bei anderen Amerikanern auch – durch lokale Gesetze eingeschränkt seien; der »Stamm«, die »einzige derzeit praktikable Form von lokaler Selbstverwaltung, an der sie teilhaben und die sie für ihr Weiterkommen nutzen können«, übe einfach nur die Befugnisse und Funktionen einer Gemeinde aus. Die Ausgaben der Indianerverwaltung seien im übrigen weitgehend das Ergebnis genau der Art von Assimilationspolitik, die der Kongreß jetzt vorschlage und die eine »dauerhaft enteignete und verarmte Gruppe« von Sozialhilfeabhängigen geschaffen habe. Wie einst Senator Tellers Prophezeiung wurden auch diese Vorhaltungen in den Wind geschlagen: die Verlockung, die von der Aussicht auf einige wenige Jahre billiger Grundstücke und geringer Verwaltungskosten ausging, erwies sich als zu stark. Im Jahre 1947 wurde der geschäftsführende Leiter des Amtes für Indianische Angelegenheiten, William Zimmermann jr., vom Kongreßunterausschuß für Indianische Angelegenheiten vorgeladen und angewiesen, eine Reihe von Richtlinien zu erarbeiten, anhand deren sich entscheiden ließ, ob ein Stamm weit genug war, um ihm die Dienstleistungen der Bundesregierung zu entziehen. Der Beauftragte brachte – dem Anschein nach mit einigem Widerstreben – einige Faktoren in Vorschlag, die berücksichtigt werden müßten, und nannte unter anderem den Assimilationsgrad des Stammes, seine ökonomischen Verhältnisse und seine Bereitschaft, sich von der Beaufsichtigung befreien zu lassen.

Im Jahre 1950 tat die Truman-Regierung ihren neuen harten Kurs unmißverständlich kund, als sie zum Beauftragten für Indianische Angelegenheiten Dillon S. Myer ernannte, der im Krieg verantwortlich für die Internierung und Umsiedlung japanischstämmiger Amerikaner gewesen war. Myers Brachialmethoden – unter anderem Eingriffe in stammesinterne Wahlen, der Verkauf von Indianerland ohne Zustimmung des Stammes, die Absetzung eines Inspektors des Amts für Indianerangelegenheiten, der auf die Rechte der Indianer gepocht hatte, und die Unterstützung eines Gesetzes, durch das Angestellten der Indianerverwaltung gestattet worden wäre, Schußwaffen zu tragen und Ureinwohner ohne Haftbefehl festzunehmen – wiesen für das nächste Jahrzehnt die Richtung. Myers gab sich keinen falschen Hoffnungen hin, daß die Ureinwohner in ihrer Gesamtheit die »Befreiung« begrüßen würden; dennoch bestand er darauf: »Wir müssen den Kurs halten, mag selbst die Kooperation der Indianer in bestimmten Fällen zu wünschen übrig lassen.«

Ihre schließliche Proklamation fand die Abwicklungspolitik in der Gemeinsamen Kongreßentschließung Nr. 108, die im August 1953 gefaßt wurde und in der die Kongreßabgeordneten ihre Absicht bekundeten, die Ureinwohner Amerikas durch die »Befreiung« von »aller bundesstaatlichen Aufsicht und Kontrolle« »denselben Gesetzen zu unterwerfen und mit denselben Rechten und Pflichten auszustatten wie ... andere Bürger der Vereinigten Staaten«. Ein paar Tage später verabschiedete der Kongreß das Staatsgesetz Nr. 280, das sämtliche Indianer in fünf Bundesstaaten – von einigen genau definierten Ausnahmen abgesehen – unmittelbar dem Einzelstaat unterstellte und andere Bundesstaaten ermächtigte, eine ähnliche Gesetzgebung für ihr jeweiliges Territorium in die Wege zu leiten. Von 1954 bis 1960 wurden 14 anerkannte Stämme mit eigenen Reservaten abgewickelt, oft ohne ihre Einwilligung. Die meisten von ihnen waren kleine, verarmte Gemeinschaften, die gar nicht recht begriffen, was mit ihnen geschah, aber bei einigen wenigen – vor allem bei den Menominee von Wisconsin und den Klamath von Oregon – handelte es sich um große, wohlhabende Stämme mit beträchtlichen Naturschätzen, die etliche Jahre lang die Entscheidung der Regierung anfochten.

Das Schicksal der Klamath ist besonders aufschlußreich, nicht nur wegen der großen Mengen an Land und Geld, um die es dabei ging, sondern auch, weil sie als der entscheidende Testfall in Sachen Abwicklung galten. Tom McCall, der spätere Gouverneur von Oregon, schrieb 1958: »... den Stämmen, die noch nicht auf der Abwicklungsliste stehen, ist klar, daß die bundesstaatliche Abwicklungspolitik schließlich auch bei ihnen verwirklicht werden wird, es sei denn, das ›Pilotverfahren‹ in Klamath verkommt zu einem eindeutigen, landesweit anerkannten Fehlschlag.« Es ist deshalb wichtig, sich ein bißchen genauer anzuschauen, was den Klamath widerfuhr.

Oberflächlich gesehen, schienen die Klamath ideale Kandidaten für die Aufhebung des bundesstaatlichen Schutzes. Ihr 526 000 Hektar großes Reservat, das reich an Bauholz und Weideland war, machte sie zu einer der wohlhabendsten indianischen Gruppen in den USA und warf genug Einkünfte ab, um jedem Stammesmitglied ein bescheidenes Pro-Kopf-Einkommen von ungefähr 800 Dollar pro Jahr zu sichern und die gesamten Kosten für die Dienste aufzubringen, die ihnen das Amt für Indianische Angelegenheiten leistete – wozu auch ein Hospital mit Vollzeitpersonal gehörte. Bis zu einem gewissen Grad hatten sie sich mit der dortigen nichtindianischen Bevölkerung vermischt; ihre Kinder schickten sie auf lokale staatliche Schulen.

Wer sie gut kannte, wußte indes, daß diese Tatsachen einen insgesamt irreführenden Eindruck über die Anpassung des Stammes an die nichtindianische Gesellschaft vermittelten. Mit wirklicher Autarkie war es für die Klamath seit 1864 vorbei, als sie durch Vertrag 8,6 Millionen Hektar Land abtraten; weit entfernt davon, ihnen beizubringen, wie man auf eigenen Füßen stand, hatte die Regierung sie praktisch auf die Position von Rentnern heruntergebracht. Mitte der 40er Jahre des 20. Jahrhunderts waren nach Schätzungen des Inspektors des Amts für Indianische Angelegenheiten nur 35 Prozent des Stammes in der Lage, ohne ihre Pro-Kopf-Zahlungen zu überleben.

Der Stammesrat erkannte, wie ungesund diese Situation war, und bemühte sich bereits seit einiger Zeit darum, mehr Verantwortung bei der Wahrnehmung der Stammesangelegenheiten zu übernehmen. Die Ratsmitglieder waren sich aber auch darüber im klaren, daß sich die Verhältnisse nicht über Nacht verändern ließen. Der geschäftsführende Beauftragte für Indianische Angelegenheiten teilte diese Ansicht. Er benannte die Klamath als einen Stamm, der am Ende für eine Abwicklung in Betracht kam, warnte aber zugleich, daß sie vorerst noch völlig unvorbereitet auf den Wechsel seien und eine Übergangsphase von bis zu 50 Jahren bräuchten, um den Übergang zur vollen Unabhängigkeit erfolgreich vollziehen zu können.

Aber Watkins und seine Kollegen im Kongreß schenkten dem keine Beachtung. Zimmermann, so machten sie geltend, gehe von der Voraussetzung aus, daß die Klamath als Stamm überleben wollten und könnten, wohingegen die ganze Abwicklungspolitik ja gerade das Ziel verfolge, die indianischen Gemeinschaften so schnell wie möglich aufzulösen. Der Verlust ihres Landes, der nach Meinung Zimmermanns und anderer unvermeidliche Konsequenz der unvermittelten Aufhebung der Staatsaufsicht sein werde, könne diesen Auflösungsprozeß nur beschleunigen.

Als Anfang 1954 die Anhörungen zu dem Gesetz über die Abwicklung der Klamath stattfanden, schickte der Stamm in heller Verzweiflung zwei gewählte Delegierte, Jesse Kirk und Boy Jackson, nach Washington, um eine Aussetzung des Vollzugs zu erwirken. »Warum sollten wir die Sache jetzt so überstürzen?« wollte Jackson wissen. Was haben wir getan? Was für Schulden haben die Klamath-Indianer bei der Bundesregierung? Was wir brauchen, zahlen wir selber.« Hauptsächlich ging es ihm um eine Möglichkeit, Stamm und Reservat zusammenzuhalten; seiner Ansicht nach brauchten sie ungefähr 15 oder 20 Jahre, um einen Plan auszuarbeiten, wie sich das ohne bundesstaatlichen Schutz schaffen ließ. »... wenn man einem Menschen aufgibt, Dinge zu tun, und feststellt, daß er sie tun kann, und zwar aufgrund seiner Erfahrung – dann ist er bereit zur Selbständigkeit. Uns hat man die Erfahrung vorenthalten.«

Aber Jackson hatte es mit Senator Watkins zu tun, einem gewieften Berufspolitiker, dessen unerschütterliche Überzeugung, daß er im Recht war – für ihn stand die Abwicklung auf einer Stufe mit der Sklavenbefreiung –, ihn zu einem rücksichts- und skrupellosen Gegner machte. Das Protokoll ihrer Auseinandersetzungen vermittelt aufschlußreiche – und wenig erbauliche – Einblicke in den Charakter Watkins und in die Mischung aus Einschüchterung und Schmeichelei, dank deren er normalerweise bekam, was er wollte. Zuerst versuchte er, die Indianer dadurch zu entwaffnen, daß er sie beim Vornamen nannte, und ihre Beschwerde, der Stamm sei noch nicht soweit, mit der Bemerkung konterte: »Ich glaube, ihr wißt viel mehr, als ihr rauslaßt.« Als diese Methode sie nicht zum Nachgeben bringen konnte, wurde er immer kälter und feindseliger. Nicht nur akzeptierte Watkins die Aussage von Wade Crawford, einem Stammesangehörigen, der für die Abwicklung eintrat, aber ohne offiziellen Auftrag kam (wegen seiner unpopulären Ansichten hatte Crawford im Stammesrat keinen Sitz erringen können, dennoch hatte der Kongreß den Stamm gezwungen, ihm die Kosten für die Reise nach Washington zu bezahlen), er versuchte auch noch, Kirk und Jackson als unrepräsentativ zu verleumden, weil sie in der Frage keine Volksabstimmung durchgeführt hätten. »Ihr glaubt doch wohl nicht an diese Art von Regierung, daß so ein paar Leute für alle übrigen die politischen Entscheidungen treffen können?« fragte er Jackson. »Wir verfahren genauso, wie das nach unserem Eindruck auch hier geschieht«, antwortete Jackson. »Was Sie hier machen, repräsentiert die Meinung von 160 Millionen Menschen. Und warum sollten wir in unserer Gruppe nicht auf die gleiche Art verfahren?« Diese Antwort scheint Watkins gefuchst zu haben, der ein paar Minuten später, während Jackson noch mitten im Reden war, den Raum verließ. Ein paar Tage nach dieser Verhandlung erhielten die Delegierten schließlich den Bescheid, falls sie der Abwicklung nicht zustimmten, werde der Kongreß eine beträchtliche Geldsumme, die der Ausschuß für Indianische Ansprüche dem Stamm bewilligt hatte, zurückhalten.

So zweifelhaft die Rechtmäßigkeit dieses – auch gegenüber den Menominee erfolgreich angewandten – Schachzuges war, er hatte die gewünschte Wirkung. Kirk und Jackson gaben sich widerstrebend geschlagen und setzten ihre Unterschrift unter das Gesetz – womit sie zugleich den Grund für die verbreitete Ansicht legten, die »gierigen« Klamath hätten abgewickelt werden *wollen*, um »rasch zu Reichtum zu kommen«. Ihre Unterschrift wurde vom Stammesrat nie ratifiziert, und es wurde auch kein Volksentscheid veranstaltet, aber Watkins war das egal: im Nu hatte er vergessen, daß er vorher Zweifel an der Legitimation der Delegierten geäußert und auf einem Referendum bestanden hatte, und sorgte dafür, daß die Klamath-Abwicklungsvorlage möglichst umgehend Gesetzeskraft erlangte, obwohl ihn Mitarbeiter des Amts für Indianische Angelegenheiten und andere sachkundige Beobachter vor den katastrophalen Konsequenzen warnten.

Es dauerte nur wenige Monate, bis klar wurde, daß die Warner recht behielten. Ein Team von drei Verwaltungsfachleuten, die von der Regierung mit der Durchführung des Gesetzes beauftragt worden waren, schickten immer verzweifeltere Berichte über die Situation im Reservat. Sie stellten fest, daß fast die Hälfte des Stammes Familien angehörte, in denen die Erwachsenen vollständig oder halbwegs ungeübt im Umgang mit Geld waren, und daß sogar bei denjenigen, die als kompetent galten, verbreitete Mißverständnisse darüber bestanden, was Abwicklung bedeutete. Wie vor ihnen schon der Stammesrat, verlangten auch die Verwaltungsfachleute mehr Zeit, um die Indianer auf das vorzubereiten, was mit ihnen geschehen sollte. Man gewährte ihnen drei Jahre Verlängerung, aber trotz aller Bemühungen mußten sie feststellen, daß diese Frist völlig unzureichend war; schließlich wurden sie inmitten einer zunehmend chaotischen Situation entlassen.

Selbst da noch versäumte es der Kongreß, die Warnsignale zur Kenntnis zu nehmen. Die Pläne für die Aufhebung des Reservats wurden weiter vorangetrieben. Im Jahre 1958 bekamen die Klamath ihre erste und einzige Chance, sich durch Abstimmung zu entscheiden – ob sie ihren individuellen Anteil am Vermögen des Stammes gleich an sich nehmen oder ihn für weitere zehn Jahre in der Verwahrung einer privaten Treuhand belassen wollten. Sich statt des Geldes Land geben zu lassen, stand ihnen in keinem Falle frei. Dokumente aus der Zeit belegen, wie sehr diese Entscheidung über das Begriffsvermögen der Stammesangehörigen ging. »... ich bin zutiefst überzeugt davon«, schrieb Rex Putnam, Inspektor für die staatlichen Schulen, an den Gebietsleiter des Amts für Indianische Angelegenheiten, »daß die Indianer weder verstehen, welche Konsequenzen die Treuhandvereinbarung hat, noch, wie das Reservat taxiert wird, noch, wie sich ihr Vermögen in Zukunft verwalten läßt ... unserer Ansicht nach dürften die Klamath-Leute stärker verunsichert, desorientiert und durcheinander sein als vor zwei Jahren.« Hauptsächlich deshalb, weil lokale Beamte ihnen weismachten, die private Treuhand sei eine gefährliche Option, entschieden sich schließlich 77 Prozent der Stammesmitglieder dafür, ihr Geld sofort zu übernehmen, um es nicht am Ende ganz zu verlieren.

»Die Vorstellung, die Klamath seien in der Verfassung gewesen, ihr Leben in die eigenen Hände zu nehmen, ist die gewaltigste Lüge, die je auf ein Blatt Papier geschrieben wurde«, sagt Chuck Kimbol, ein heutiger Anführer des Stammes. Als es 1961 darum ging, den Stammesangehörigen ihre Anteile von jeweils 43 000 Dollar auszuzahlen, wurde diese Lüge offenbar. Fast 75 Prozent des Geldes wanderte geradewegs in irgendwelche Treuhandvermögen, Vormundschaftsverwaltungen oder Pflegschaftsvertretungen für Indianer, die zu jung oder zu untüchtig waren, um mit Geld umzugehen.

Im selben Jahr wurde die bundesstaatliche Aufsicht aufgehoben. Die Regierung übernahm den Großteil des Reservats und lieferte die Klamath auf Gedeih und Verderb den einzelstaatlichen Behörden, den verschiedenen Personen, die sich die Treuhandverantwortung des Amts für Indianische Angelegenheiten erfolgreich unter den Nagel gerissen hatten, sowie den ortsansässigen Geschäftsleuten aus. Gordon Bettles, ein Stammesangehöriger, der in der Abwicklungszeit aufwuchs, erinnert sich:

> Ich würde es als eine Traumsituation beschreiben. Reisende Händler tauchten regelmäßig auf und packten auf dem Rasen ihre Sachen aus. Verkäufer von Staubsaugern, von Möbeln, Leute, die alles verkauften, was man in ein Haus hineinpacken kann. Die Indianer sind so, daß sie Mitleid für solche Leute empfinden. Meine Tante, sie kaufte einfach von allem ein Erinnerungsstück – hier einen Teller, da einen Löffel. Zum Schluß hatte sie ein Haus voller Schrott, mit dem sie nichts anfangen konnte.

Die betrügerischen Verkaufsmethoden und die Überteuerung waren so kraß und nahmen so sehr überhand, daß im Jahre 1972 die Bundeshandelskommission ein Team zur Untersuchung der Mißbräuche hinschicken mußte.

Die Handelsvertreter waren nicht die einzigen, die sich aus der Goldgrube bedienten. Die lokale Anwaltsvereinigung legte für die Verwaltung von indianischem Treuhandvermögen ein Honorar fest, das den normalen Satz um das Dreifache überstieg, und selbst das reichte ein paar unternehmenden Geistern noch nicht, die Mittel und Wege ersannen, wie sie ihre Mündel um Hunderttausende von Dollars prellen konnten. Durch die Ausdehnung der Gesetze des jeweiligen Bundesstaats auf die Indianergemeinschaften sahen sich diese nicht nur plötzlich der Besteuerung unterworfen, sondern die Behörden erhielten auch das Recht, einzelne Familien mit Gewalt auseinanderzureißen. Kinder wurden in nichtindianische Kinderheime gesteckt und gezwungen, die Kosten hierfür aus ihrem eigenen Treuhandvermögen zu bestreiten.

Die wirklich großen Gewinne aus der Abwicklung aber flossen der Bundesregierung zu. Für 90 Millionen Dollar erwarb sie Landflächen und Waldbestände, die nach ihren eigenen, sehr zurückhaltenden Schätzungen einen Wert von 120 Millionen Dollar hatten. In den 25 Jahren nach der Abwicklung trug das einstige Reservat, das heute weitgehend Teil des Wimmema-Staatsforstes ist, den USA an die 200 Millionen Dollar ein.

Mitte der 60er Jahre war der Rummel vorbei. Das Geld der ausgeschiedenen Stammesmitglieder war weitgehend verschleudert, und die Klamath standen dem Hauptstrang der amerikanischen Kultur ferner denn je. Eine 1965 durchgeführte Untersuchung ergab, daß sich die meisten von ihnen wohlweislich darauf verlegt hatten, ihre Anteile für Behausungen, Gesundheit, Autos und andere Dinge des Lebensunterhalts auszugeben. Manche hatten ihr Geld in kleine Unternehmungen gesteckt, von denen die meisten mangels Sachkenntnis der Betreiber eingegangen waren. Viele Klamath, die weggezogen waren, um ihr Glück in den großen Städten zu machen, waren angeschlagen und desorientiert in die Gegend um Chiloqin zurückgekehrt. Die Eingliederung in die nichtindianischen Gemeinden hatte nicht etwa Fortschritte gemacht, sondern war rückläufig. Es zählt zu den vielen objektiven Ironien des Falles der Klamath, daß die Politik, die sie den anderen Amerikanern hatte angleichen sollen, das genaue Gegenteil erreicht und sie auf die Lebensbedingungen der anderen Indianer zurückgeworfen hatte.

Aus der Traumsituation wurde nun ein Alptraum. Mangels Stammesklinik und mangels der für medizinische Versorgung und Krankenversicherung erforderlichen Mittel verschlechterte sich die Gesundheit der Klamath dramatisch. Die Diskriminierung, der die Indianer in den staatlichen Schulen und von seiten der kommunalen Sozialfürsorge ausgesetzt waren, verschärfte sich: im Jahre 1965 empfing nur ein einziger Klamath Sozialhilfe, obwohl nicht weniger als 40 Prozent von ihnen mittellos waren. Die Spannungen und Spaltungen in der Gemeinschaft vertieften sich und führten zu Gewalttätigkeit, familiärer Zerrüttung und einer Zunahme der Jugendkriminalität um das Dreifache. Stammesmitglieder, die sich ihr Geld schon hatten ausbezahlen lassen, beneideten diejenigen, die ihr Geld noch zu bekommen hatten; die letzteren warfen den ersteren »Ausverkauf« vor. Eine dritte Gruppe, die mittlerweile schon eine beträchtliche Größe erreicht hatte, bestand aus Kindern, die erst nach Schließung der Stammeslisten im Jahre 1954 zur Welt gekommen waren; sie hatten vom Verkauf des Reservats nicht profitiert und hegten oft tiefen Groll gegen die älteren Mitglieder ihrer eigenen Familien. Dem Bericht eines Senatsausschusses zufolge, der das Gebiet 1969 besuchte, hatte »die Abwicklung des Reservats der Klamath in Oregon zu extremen Auflösungserscheinungen in der betreffenden Stammesgruppe geführt. Viele von ihnen findet man heute in Strafvollzugsanstalten und psychiatrischen Einrichtungen des Bundesstaats.«

Während die Regierung »fortgeschrittene« Stämme wie die Klamath abwickelte, legte sie auch die Axt an die wirtschaftliche Lebenskraft anderer Gemeinschaften, indem sie den Umlaufkreditfonds einfror, Entwicklungsprojekte strich, bundesstaatliche Dienste abbaute und die von Collier abgeschaffte alte Strategie wiederaufleben ließ, die einzelnen Parzellen von Verfügungsbeschränkungen zu befreien, so daß sie verkauft werden konnten. Damit wollte man nicht nur Geld sparen, sondern auch die Stammesangehörigen zwingen, ihre Reservate zu verlassen und sich in den Siedlungen der nichtindianischen Bevölkerung nach Arbeit umzusehen; man nahm an, daß sie sich dort dann rasch integrieren würden. Um diesen Prozeß voranzutreiben, richtete man in einer Reihe von Städten »Umzugszentren« ein; potentielle indianische Arbeitnehmer bekamen für sich und ihre Familien die Kosten für den Umzug erstattet. Als sich herausstellte, daß ein beträchtlicher Teil der Übersiedler rasch wieder aufgab und nach Hause zurückkehrte – im Jahre 1953 waren es zum Beispiel 32 Prozent –, wurden immer größere Summen aufgewandt, um den Arbeitern aus den Reihen der Ureinwohner eine längerfristige und umfassendere Absicherung zu bieten. Im Jahre 1956 steckte man eine Million Dollar in den Umzug von über 12 500 Personen; im folgenden Jahr schnellte die Zahl auf 3,5 Millionen Dollar hoch.

Keine Frage, daß irgendein Programm zur Unterstützung von Ureinwohnern, die außerhalb der Reservate lebten, eine Notwendigkeit darstellte. Dank verbesserter medizinischer Einrichtungen begann die Ureinwohnerbevölkerung, auch wenn sie immer noch weit krankheitsanfälliger war als die nichtindianischen Gruppen, endlich wieder zu wachsen, und zwar rasch: zwischen 1940 und 1960 stieg sie von 355 000 auf 509 000. Daß die meisten Stämme selbst unter günstigsten Bedingungen ihre Mitglieder auf dem eigenen Gebiet nicht würden erhalten können, lag auf der Hand. Die Umzugspolitik indes diente nicht etwa dem Zweck, die indianischen Gemeinschaften lebensfähig zu erhalten, sondern war ein unverhohlener und mehr oder minder plumper Versuch, sie zu zerstören: die Reservate wurden bewußt zersetzt und die Wanderarbeiter so weit weg von zu Hause wie nur irgend möglich angesiedelt, um ihre Familien- und Stammesbande zu schwächen. Wie eine 1956 durchgeführte Erhebung beweist – und jeder mit ein bißchen Ahnung in Psychologie vorhersehen konnte –, waren es gerade die amerikanischen Ureinwohner mit gutem familiärem und stammesmäßigem Rückhalt und der Gewißheit, jederzeit nach Hause ins Reservat zurückkehren zu können, denen die Anpassung am leichtesten fiel. Die anderen hingegen, die sich um ihre heimatliche Verbundenheit Sorgen machten, kehren im Zweifelsfall immer wieder zurück, um sich zu vergewissern, daß ihr Zuhause noch da war.

Wie so viele der anderen Strategien, stiftete auch die Übersiedlungspolitik unnötige Spannungen unter den Indianern selbst. Dadurch, daß die Regierung das Leben in den geplagten Reservaten zu solch einer Standhaftigkeitsprüfung und Mutprobe machte, veranlaßte sie diejenigen, die »durchhielten«, in den

Wegziehenden Verräter zu sehen, die unter Druck ihr »Indianertum« preisgegeben hatten. Außerdem brachten dem Siouxhäuptling Gerald One Feather zufolge die Rückkehrer häufig »Probleme mit nach Hause, die ihnen die städtischen Gemeinschaften vermacht hatten. Zum Beispiel haben wir Reservatsghettos eingerichtet, die es noch niemals zuvor bei uns gab.«

Einige Ureinwohner schafften in der Tat den Übergang in die nichtindianische Welt, aber für viele andere verlief die Sache katastrophal. Nach einer Untersuchung über umgesiedelte Indianer, die Mitte der 50er Jahre vom Kommunalen Sozialhilfeausschuß in Minneapolis durchgeführt wurde, trafen die meisten Zuwanderer mangelhaft bekleidet und mittellos ein und hatten kaum eine Vorstellung davon, wie sie es anstellen sollten, einen passenden Arbeitsplatz zu finden und zu behalten. Ihre Unterbringung war jämmerlich: »Eine fünf- oder sechsköpfige indianische Familie, die in zwei Zimmern lebt, nimmt Verwandte und Freunde auf, die auf Arbeitssuche aus den Reservaten kommen, bis sich vielleicht fünfzehn Personen auf dem engen Raum zusammendrängen«; in einem Fall fand man einen einzigen Dachraum ohne Lüftung mit 16 Indianern jeden Alters vollgestopft. Angesichts der fremden Kultur traten akute Anpassungsprobleme und Verunsicherungsphänomene auf: In einem Testzeitraum von 13 Tagen kamen vor dem Polizeirichter 450 Fälle zur Verhandlung; 72 davon betrafen Ureinwohner, die alle, bis auf ein oder zwei Ausnahmen, wegen Trunkenheit angeklagt waren. Die Symptome indianischer Verzweiflung riefen feindselige Gefühle bei der Bevölkerungsmehrheit hervor, bei der die Ureinwohner als »indianische Trunkenbolde« galten, ohne daß sie sich für die Motive des indianischen Verhaltens interessiert hätte. 1955 betrug das durchschnittliche Sterbealter der amerikanischen Ureinwohner in Minneapolis 37 Jahre, während es für die gesamte Indianerbevölkerung im Staat Minnesota bei 46 und für die Einwohnerschaft von Minneapolis bei 68 lag.

Bis Ende der 50er Jahre des 20. Jahrhunderts schienen Abwicklung und Übersiedlung dazu angetan, das trostlos vertraute Muster der Zerstörung zu wiederholen, das man in der Dawes-Zeit hatte erleben können. Das politische Klima hatte sich indes verändert, und ein entscheidender neuer Faktor begann – anfangs fast unbemerkt – aufzutauchen: organisierter und hochwirksamer Widerstand von seiten der amerikanischen Ureinwohner selbst.

12
Die Neuen Indianer

Die meisten [von uns] … können sich daran erinnern, wie wir Kinder waren und viele Stunden zu Füßen unserer Großväter saßen und den Geschichten von damals lauschten, als die Indianer ein großes Volk waren, als wir frei waren, als wir reich waren, als unser Leben gut war. Gleichzeitig hörten wir Geschichten über Dürrezeiten, Hungersnöte und Seuchen. Erst vor kurzem haben wir begriffen, daß es damals zweifellos große materielle Not gab, daß sich unsere alten Leute aber reich fühlten, weil sie frei waren. Sie waren reich in geistigen Dingen; wenn es hingegen irgendein typisches Kennzeichen des heutigen Indianerlebens gibt, dann ist es geistige Armut. Wir haben nach wie vor menschliche Leidenschaften und tiefe Gefühle (auch wenn die heutzutage eher etwas Seltenes sind), aber wir sind arm im Geiste, weil wir nicht frei sind – wobei frei im grundlegendsten Sinne des Wortes zu verstehen ist. Man erlaubt uns nicht, im Blick auf unser persönliches Leben und auf die Zukunft unserer Gemeinschaften jene grundlegenden menschlichen Optionen wahrzunehmen und Entscheidungen zu treffen, durch die sich freie, erwachsene Menschen auszeichnen. Wir sitzen auf unseren Veranden oder in unseren Höfen, und die Zeit und unser Leben in ihr verstreichen, ohne daß wir mit unseren Wünschen und Ansprüchen irgend etwas ausrichten.

Wir sind nicht frei. Wir treffen keine Entscheidungen. Die Entscheidungen werden für uns getroffen; wir sind die Armen … Wir haben viele, die uns regieren … Sie rufen uns zusammen, um uns zu sagen, was gut für uns ist und welches Programm sie mit uns vorhaben, oder sie kommen zu uns nach Hause, um uns zu unterweisen, und ihr Benehmen entspricht nicht immer den indianischen Vorstellungen oder überhaupt irgendeiner Vorstellung von höflichem Betragen. Nur selten behandelt man uns mit der Ach-

tung, die Mitmenschen verdienen. Unsere Kinder kommen aus der Schule zu uns nach Hause und schämen sich innerlich ihres Heims und ihrer Eltern oder blicken verachtungsvoll darauf herab. Wir verkörpern das »Armutsproblem«, und das ist nur zu wahr; und vielleicht ist es auch wahr, daß unser Mangel an vernünftigen Wahlmöglichkeiten, unser Mangel an Freiheit, unsere geistige Armut nicht wenig mit unserer materiellen Not zu tun hat.

Clyde Warrior, Ponca, Vorsitzender,
Nationaler Indianischer Jugendrat, 1967

Die Haltung, die man bei Nichtindianern und bei manchen Indianern antrifft, daß eines Tages die Indianer einfach verschwunden sein werden und daß wir auf das Verschwinden der Indianer hinarbeiten sollten, ist grundfalsch. Wir werden nicht verschwinden. Wir müssen der amerikanischen Öffentlichkeit und auch unseren Anführern beibringen, daß wir entschlossen sind zu bleiben und daß wir, weil wir bleiben, einen Ort finden müssen, wo wir unsere Probleme lösen und ein Leben gewinnen können, das einen Sinn für uns und unsere indianischen Kinder hat, und daß es eine wirkliche Hoffnung für uns gibt, ein Leben ohne Einschränkungen zu erreichen.

Mel Thom, Paiute, Vorsitzender,
Nationaler Indianischer Jugendrat, 1964

VEREINIGTE UREINWOHNER AMERIKAS KAUFEN DEN STAAT MONTANA

Die Vereinigten Ureinwohner Amerikas sind stolz darauf, mitteilen zu können, daß sie den Staat Montana den Weißen abgekauft haben und ihn den Indianern Amerikas zur Besiedlung freigeben. UNA hat Montana von drei Saufbrüdern gekauft, die in Glendive herumstromerten. Die Saufkumpane unterzeichneten bereitwillig den Vertrag, der in der Sprache der nördlichen Cheyenne abgefaßt war, und verkauften Montana für drei Flaschen Wein, eine Flasche Gin und vier Kästen Bier.

Herr George E. Littler Bear, der neue Beauftragte für Weißrassige Angelegenheiten, hat folgende neue politische Strategien verkündet:

Die Indianer gewähren hiermit den Weißen großzügig vier riesige Reservate von jeweils vier Hektar Fläche an folgenden Orten: in der Mitte des Makoshika Park, in den Bad Lands von Süddakota, in der Salzwüste von Utah und auf dem Yukon Plateau. Diese Reservate werden den Weißen gehören, solange die Sonne scheint und das Gras wächst bzw. bis zu dem Zeitpunkt, da die Indianer sie zurückfordern.

Alles Land in den Reservaten wird selbstverständlich für die Weißen treuhänderisch vom Amt für Weißrassige Angelegenheiten verwaltet, und jeder Weiße muß für alles, was er mit seinem Land machen will, die Erlaubnis des Beauftragten Little Bear einholen.

Selbstverständlich wird den Weißen gestattet, an Ständen entlang der Autostraße handwerkliche und kunsthandwerkliche Produkte zu verkaufen. Jeder Weiße erhält jährlich eine Decke und ein Paar Tennisschuhe, einen Vorrat Frühstücksfleisch und eine Kopie von Mein Leben unter weißen Menschen. *Letzteres ist ein Enthüllungsbericht, geschrieben von einem Indianer, der früher Schüler an einer ausschließlich von Weißen besuchten Oberschule war.*

Erweist sich ein Indianer als hinlänglich unfähig, ist er qualifiziert zum Amt eines Inspektors in einem der oben genannten Reservate des Amts für Weißrassige Angelegenheiten, die von den Vereinigten Ureinwohnern Amerikas so großzügig zur Verfügung gestellt wurden. Bewerber um das Inspektorenamt dürfen nicht mehr als ein Jahr Schulbildung genossen haben, dürfen nicht vertraut mit den Sprachen oder Bräuchen der weißrassigen Bevölkerung sein, müssen autoritär sowie nachweislich unehrlich sein und müssen ein Zeugnis über ihre Unfähigkeit vorweisen können. Selbstverständlich können sich Weiße nicht bewerben.

Der Beauftragte Little Bear kündigte auch die Gründung von vier Internaten an, in die weiße Kinder im Alter von sechs Jahren geschickt werden sollen. »Wir möchten diese weißen Kinder möglichst vollständig von der rückständigen Kultur ihrer Eltern fernhalten«, erklärte der Beauftragte. Standort der Schulen werden die Insel Alcatraz, die Everglades in Florida, Point Barrow in Alaska und das nahegelegene Hongkong sein.

Der gesamte Unterricht wird in indianischen Sprachen abgehalten, und es wird Minuspunkte für jeden geben, der beim Englischsprechen erwischt wird. Alle Schüler werden sofort bei ihrem Eintritt in die Schule Intelligenztests unterzogen, um ihren Kenntnisstand in bezug auf indianische Sprachen und ihre jägerischen Fähigkeiten festzustellen ...

Zu Ehren der Weißen werden viele Städte, Straßen, Autos und andere Erzeugnisse traditionelle Namen aus der Kultur der Weißen erhalten. Ein berühmter Filmregisseur hat sogar angekündigt, daß er in dem geplanten Film »Custers letztes Gefecht« die Soldatenrollen mit vielen echten Weißen besetzen wird, die auch echtes Englisch sprechen sollen; die Rolle von Custer wird aber natürlich Tonto spielen.

Gewisse barbarische weiße Bräuche werden verboten. Den Weißen wird nicht mehr erlaubt sein, ihre heidnischen Religionen auszuüben; sie müssen an indianischen Zeremonien teilnehmen. Jeder Stamm wird Missionare aussenden, um die Weißen in den Reservaten zu bekehren. Aus den Kirchen der Weißen werden entweder Vergnügungsparks oder Museen, oder aber sie werden abgerissen und die Backsteine und Verzierungen als Andenken und Kuriositäten verkauft.

Aus: The Colville Tribal Tribune, 20. Dezember 1973

Daß die Indianer sich wehrten, geschah natürlich nicht zum erstenmal: seit den frühesten Ansiedlungen hatten sie sich nach besten Kräften bemüht, dem zunehmend mächtigeren Gegner, der sie in ihrem Überleben bedrohte, Paroli zu bieten. Aber ihre schließliche militärische Niederlage Ende des 19. Jahrhunderts und ihre Beschränkung auf Reservate raubten ihnen nicht nur ihre Widerstandskraft, sondern nahmen ihnen auch ihre Bewegungsfreiheit und die Fähigkeit, wirksame Allianzen zu schmieden. Die Widerstandsformen, die es gab – ein paar lokale Ausbrüche von Gewalt, eine Handvoll Gerichtsprozesse und die weitverbreitete Weigerung zu kooperieren –, waren einfach zu unsystematisch und sporadisch, um im landesweiten Maßstab etwas Nennenswertes auszurichten.

Im Jahre 1944 indes kamen Angehörige von etwa 40 Stämmen – viele unter ihnen Angestellte in John Colliers liberalerem Amt für Indianische Angelegenheiten, die in verschiedene Landesteile geschickt worden waren und dadurch Gelegenheit gehabt hatten, ihre Kenntnis und ihr Verständnis anderer Ureinwohnergemeinschaften zu vertiefen – in Washington zusammen, um eine Organisation zur Förderung der Sache der Indianer ins Leben zu rufen, den Nationalkongreß Amerikanischer Indianer. Ihr Ziel war es, Ureinwohner aus allen Landesteilen in einer wahrhaft nationalen, panindianischen Körperschaft zu vereinigen und dadurch den Stämmen einen Einfluß zu verschaffen, den jeder für sich niemals hoffen konnte zu erringen.

Besonders in seinen Anfangsjahren sah sich der Nationalkongreß enormen Problemen gegenüber. Abgesehen davon, daß er in einem immer feindseligeren politischen Klima mit allergeringsten finanziellen Mitteln arbeiten mußte, litt er auch unter gravierenden inneren Problemen: diese wahrscheinlich ehrgeizigste Bemühung um eine große Koalition seit dem Krieg von 1812 (man könnte sogar sagen, daß hier der Versuch unternommen wurde, sogar noch mehr und noch verschiedenere Gruppen zu vereinigen als zur Zeit Tecumsehs, wenn auch zugegebenermaßen unter weniger gefahrvollen Umständen als damals) wurde durch alte Spaltungen innerhalb der einzelnen Stämme und zwischen ihnen sowie durch regionale Rivalitäten so sehr auf die Zerreißprobe gestellt, daß die Organisation größte Schwierigkeiten hatte, gemeinsame Strategien zu entwickeln und mit *einer* Stimme zu sprechen.

Dennoch war sie binnen eines Jahrzehnts den Kinderschuhen entwachsen und stark genug, um den neuen Kurs der staatlichen Politik in Frage zu stellen. Im Jahre 1953, als Joseph Garry, ein Coeur d'Alene aus dem Bundesstaat Washington, zum Vorsitzenden gewählt wurde, und Helen Peterson, eine Lakota, die geschäftsführende Leitung übernahm (womit eine Tradition der Machtaufteilung zwischen Sioux und Nordwestlichen Stämmen begründet wurde, die den größten Teil der nächsten vier Jahrzehnte hindurch für den Nationalkongreß bestimmend sein sollte), machten sich die beiden sogleich daran, auf die drohende Abwicklung zu reagieren. Es war, wie sich Helen Peterson erinnert, ein harter Kampf:

»Wir hatten kaum eine Ahnung davon, was Abwicklung eigentlich bedeutete, wir wußten nur, daß die Leute schreckliche Angst davor hatten ...

Im Büro des Nationalkongresses taten wir alles, um diejenigen zu unterstützen, zu ermutigen und in ihrer Haltung zu bestärken, die den Mut hatten, sich dagegen aufzulehnen, aber wir standen so ziemlich auf verlorenem Posten. Der Nationalkongreß war in einer schwierigen Lage. Wir fühlten uns dem Prinzip der Stammessouveränität zutiefst verpflichtet. Durfte sich der Nationalkongreß der Abwicklung widersetzen, auch wenn der betroffene Stamm dafür war? Endgültig entschieden haben wir diese Frage nie.

Der Nationalkongreß betrieb eine Zusammenkunft, die im Dezember 1953 in Phoenix, Arizona, stattfand. Davor war sein Büro geschlossen worden. Er war eigentlich gar nicht in der Position, als landesweite Organisation aufzutreten. Aber wir schafften es, ein bißchen Geld aufzutreiben, und zwei Monate später fand eine Dringlichkeitskonferenz zum Thema Indianergesetzgebung statt. Diese Konferenz markierte den Beginn einer gewissen Ernüchterung bei einigen der Kongreßabgeordneten. Mit ihr starteten unsere Bemühungen, die weitere Durchführung der Abwicklungspolitik zu verlangsamen und schließlich zu beenden.

Allen Ohnmachts- und Enttäuschungsgefühlen zum Trotz zeitigte die Arbeit des Nationalkongresses bereits eine ernstzunehmende Wirkung. Wie die Befürworter früherer Strategien hatten auch Watkins und seine Gefolgsleute die Hearings des Kongresses mit sorgsam ausgesuchten Stammesangehörigen nach Art des Klamath Wade Crawford vollgestopft, die den Eindruck vermittelten, daß die meisten Indianer die Abwicklungspolitik durchaus unterstützten; die Entdeckung, daß es einen konzertierten, entschiedenen Widerstand amerikanischer Ureinwohner gab, wirkte in der Tat auf viele Nichtindianer »ernüchternd«. Für eine Washingtoner politische Szene, die daran gewöhnt war, die Indianer unter Wahlgesichtspunkten für vernachlässigenswert zu halten, legten außerdem die neuen politischen Führer der Ureinwohner eine beunruhigende politische Raffinesse an den Tag: während der Wahlen zum Kongreß im Jahre 1954 zum Beispiel diskutierten sie die Möglichkeit, indianische Wähler massenhaft gegen abwicklungsfreundliche Kandidaten stimmen zu lassen – was für Kongreßabgeordnete aus den westlichen Staaten, die wie Neu Mexiko über eine große Ureinwohnerbevölkerung verfügten, eine echte, wenn auch begrenzte Bedrohung bildete und zugleich deutlich machte, daß die Indianer anfingen, die gleiche Art von Taktiken anzuwenden, die in der Vergangenheit von Landspekulanten und anderen Interessengruppen so erfolgreich gegen sie eingesetzt worden waren.

Watkins und seine Gefolgsleute unterschätzten nicht nur ihre Gegner aus den Reihen der Ureinwohner, sie gaben sich offenbar auch Illusionen im Blick auf den Kurs des Landes in seiner Gesamtheit hin. In eben dem Zeitraum, in dem sie eine Rückkehr zu »traditionellen amerikanischen Werten« – Unabhängigkeit und niedrige Steuern – forderten, verwandelte sich die USA in ein komplexes Industrieimperium, das sich jeden Tag weiter von der vorzugsweise landwirtschaftlichen, kleinstädtischen Idylle in ihrer Phantasie entfernte. Die USA waren aus dem Zweiten Weltkrieg nicht nur als die gewaltigste Militärmacht der Erde, sondern auch – da Europa und Japan in Trümmern lagen – als der Motor der Weltwirtschaft hervorgegangen. In dem Maße, wie sich der kalte Krieg intensivierte und die internationalen Verpflichtungen der USA ins Kraut schossen, ließ allein schon der Militärhaushalt des Landes das Idealbild von einer preiswerten, unaufdringlich-bescheidenen Zentralregierung zu einem Hirngespinst verblassen.

Außerdem mußten die Konservativen feststellen, daß es ungeachtet der unzweifelhaften emotionalen Attraktivität ihrer Botschaft sogar im Privatleben schwerhielt, die staatliche Intervention in ihre Schranken zu weisen. Während der Zeit des New Deal und im Zweiten Weltkrieg hatten Millionen von Amerikanern zu akzeptieren gelernt, daß Washington einen legitimen Anspruch hatte, benachteiligten Gemeinschaften unter die Arme zu greifen; nun, da für die Mehrheit der Bevölkerung der Lebensstandard einen steilen Aufschwung erlebte, wuchs das Gefühl, daß ein Teil der gewaltigen Mittel des Landes gut angewendet war, wenn er dazu benutzt wurde, marginalisierten gesellschaftlichen Gruppen die Teilhabe am »amerikanischen Traum« zu ermöglichen. Auch wenn der *historische* Indianer weiterhin in der amerikanischen Kultur eine wichtige symbolische Rolle als Erzfeind spielte – wie die Popularität von Hollywoodwestern und TV-Serien wie *The Lone Ranger and Tonto* belegen –, hatten doch die zeitgenössischen amerikanischen Ureinwohner in den Augen der meisten ihrer Mitbürger allen Anstrich des Bedrohlichen verloren und wirkten nachgerade einfach nur wie eine weitere ethnische Minderheit, die Hilfe benötigte – und auch verdiente. Die Zeit war vorbei, wo man die Öffentlichkeit zur »Zertrümmerung der Stammeszusammenballungen« aufstacheln konnte, um dann die ihrer Bindungen beraubten Indianer zu Tausenden ihrem Schicksal zu überlassen.

Zum Teil war dieser Stimmungsumschwung schuld daran, daß die neue Politik den, sei es politischen, sei es finanziellen, Gewinn abwarf, den Watkins versprochen hatte. In dem Maße, wie die abgewickelten Stämme zerfielen, landeten viele ihrer Angehörigen bei der Sozialhilfe oder erhielten als Unterstützung besondere bundesstaatliche Zuwendungen, die häufig eventuelle Einsparungen im Haushalt des Amtes für Indianische Angelegenheiten nicht nur aufhoben, sondern sogar ins Gegenteil verkehrten. Vor der Abwicklung kosteten zum Beispiel die Menominee – die wie die Klamath praktisch für alle ihnen geleisteten Dienste selbst bezahlten – den Staat gerade einmal 144 000 Dollar jährlich, während fünf Jahre nach dem Rückzug die Zentralregierung und die Regierungen der betroffenen einzelnen Bundesstaaten insgesamt über sechs Millionen Dollar ausgegeben hatten, um die neue Politik in die Tat umzusetzen und nach Möglichkeit des Chaos Herr zu werden, das diese neue Politik hervorrief.

Da immer deutlicher wurde, daß es mit dem Rückzug des Staates nicht klappte und daß sich die meisten Ureinwohner erbittert dagegen sträubten, sank die Bereitschaft zu einer aggressiven Durchsetzung der Abwicklungspolitik, zumal in der zweiten Hälfte der 50er Jahre, als sich – im Gefolge des Sturzes von Senator Joe McCarthy – eine liberalere Stimmung im Lande breitmachte und dem ideologischen Eifer, mit dem der Abbau des Amts für Indianische Angelegenheiten verfolgt worden war, die

Spitze abbrach. Nur wenige Kongreßabgeordnete waren allerdings willens, sich für eine vollständige Aufgabe der Politik stark zu machen. Statt dessen unterstützten die in der Demokratischen Partei vorhandenen Gegner des staatlichen Rückzugs eine Maßnahme, die 1955 Gesetzeskraft erlangte und durch die nichtindianische Gesellschaften die Möglichkeiten erhielten, langfristige Pachtverträge für Indianerland abzuschließen, um dort lagernde Kohlevorkommen und andere Bodenschätze zu erschließen. Sie hofften, dadurch bei amerikanischen Kapitalgesellschaften ein unwiderstehliches Interesse an der Erhaltung der Reservate zu wecken und auf diese Weise den Druck noch weiter zu vermindern, der auf eine sofortige Auflösung der Stämme hinwirkte.

Diese allmählichen Veränderungen kamen indes zu spät, um Stämme wie die Klamath und die Menominee zu retten, und wenn auch bei den Präsidentschaftswahlen 1960 beide Hauptkandidaten erklärten, sie würden »in der Abwicklungsfrage »keinen Druck machen«, konnte sich selbst da noch keiner von beiden dazu verstehen, explizit gegen die Abwicklung Stellung zu beziehen. Der »letztliche Rückzug« blieb die offizielle Politik und wurde von den Bürokraten bei ihren Verhandlungen mit der zunehmend politisierten indianischen Führung als wirkungsvolles Druckmittel eingesetzt. Voll Zorn beklagte sich der Sioux und Aktivist Vine Deloria jr.:

> Wenn landesweit die Rede davon ist, daß der Kongreß wieder einmal die Abwicklung ins Auge faßt, benutzen die Angestellten der Verwaltung diese Drohung, um die Stämme daran zu hindern, aus der Reihe zu tanzen. Wann immer ein Stamm anfängt, eine Spur von Unabhängigkeit zu zeigen, läßt irgendein Vertreter des Amts für Indianische Angelegenheiten durchblicken, der Stamm solle das lieber sein lassen, wenn er nicht zur Abwicklung vorgeschlagen werden wolle.
>
> Ein solcher Vorschlag zur Abwicklung ist keine leere Drohung. Wie wir in den fünfziger Jahren gesehen haben, lieferte das Amt jeden nur denkbaren Vorwand, um Stämme abzuwickeln. Kein Indianer ist so töricht, zu glauben, daß diese Zeiten ein für allemal vorbei

> seien. Also gibt der Stamm im allgemeinen nach und folgt der Direktive des Amtes. Die Gefahr einer völligen Zerstörung der indianischen Gemeinschaft ist zu groß, um sie auf die leichte Schulter zu nehmen.
> Als ich die Leitung des Nationalkongresses Amerikanischer Indianer hatte, sagten mir die Bürokraten immer, der Nationalkongreß betreibe die Sache der Abwicklung, weil sein Kurs dem des Amts für Indianische Angelegenheiten zuwiderlaufe. Glücklicherweise waren unsere Mitglieder aus den Stämmen stets tatkräftige Leute, die den Kampf nicht scheuten und die Drohungen nie allzu ernst nahmen. Aber hätte ich einen kleinen Stamm drüben im Westen, in den Staaten Washington, Wisconsin oder Nevada angeführt, die Drohung hätte ausgereicht, mich zur Salzsäule erstarren zu lassen.

Der Stammesvorsitzende der Blackfoot, Earl Old Person, vermittelte in seinem Plädoyer für die Abschaffung der Abwicklungspolitik einen anschaulichen Eindruck davon, wie sehr die Furcht vor der Abwicklung in vielen Ureinwohnergemeinschaften das Leben vergällte und lähmte.

> Wichtig ist, sich klarzumachen, daß sich in unserer indianischen Sprache Abwicklung nur als »auslöschen« oder »abschlachten« übersetzen läßt ... Ihr seid schuld daran, daß wir jedesmal zusammenzucken, wenn wir das Wort hören ... wie können wir unsere Zukunft planen, wenn das Indianeramt damit droht, uns als Rasse auszulöschen? Das ist so, als versuchte man, im Tipi ein Essen zu kochen, während draußen jemand steht, der versucht, das Tipi niederzubrennen.

Die Wahl von John F. Kennedy im Jahre 1960 ließ bei vielen amerikanischen Ureinwohnern die Hoffnung auf eine verständnisvollere Haltung aufkeimen, aber um es sich nicht mit abwicklungsfreundlichen einflußreichen Senatoren wie Henry Jackson aus Washington zu verderben, spielte die neue Regierung erst einmal auf Zeit und beschränkte sich auf die Erklärung, ihre Politik sei es, den Stämmen bei der »Vorbereitung« auf den staatlichen Rückzug zu helfen. Kaum ein Jahr später indes begannen bereits die mächtigen sozialen und politischen Trends, von denen die USA überall im Lande erfaßt und ein Jahrzehnt lang beherrscht wurden, auch auf das »Indianerland« überzugreifen. Im Jahre 1961 beauftragte Kennedy Philleo Nash, einen sympathischen Liberalen, der in der Arbeit mit Ureinwohnern vielfältige Erfahrungen gesammelt hatte, mit einer umfassenden Untersuchung der Politik gegenüber den Indianern; ein paar Monate danach ernannte er ihn zum Beauftragten für Indianische Angelegenheiten. Nash setzte nicht nur die Strategie fort, die wirtschaftliche Nutzung der Reservate zu fördern, er sah auch sofort, daß sich einige der »New Frontier«-Programme der Regierung – insbesondere die Flächenentwicklungsbehörde (später in Wirtschaftsentwicklungsbehörde umbenannt), die dem Zweck einer Entwicklungshilfe für arme Gemeinden und Regionen diente – gut einsetzen ließen, um den Ureinwohnern Amerikas unter die Arme zu greifen und unter Umgehung des Amts für Indianische Angelegenheiten Gelder direkt an die Stämme selbst gelangen zu lassen. In *The Nations Within* stellen Vine Deloria jr. und Clifford Lytle fest:

> Daß Stammesverwaltungen auf gleicher Basis wie Bezirks- und Gemeindeverwaltungen durch das REB-WEB gefördert wurden, war ein entscheidender Durchbruch zugunsten der Selbstverwaltungsidee und könnte durchaus das bahnbrechende Ereignis des Jahrhunderts gewesen sein. Nicht einmal die besten New Deal-Programme hatten die Indianer als hinlänglich verantwortungsbewußt betrachtet, um ihnen freie Verfügung über größere Geldsummen zu geben.

Sogar noch bedeutungsvoller war, daß im gleichen Jahr der Nationalkongreß Amerikanischer Indianer und eine Gruppe von Ethnologen Repräsentanten von rund 70 Stämmen in Chicago zu einem »Indianerkongreß« versammelten, der trotz einiger interner Fraktionierungen – in einigen Reservaten etwa fürchteten die »Traditionalisten«, Stammesangehörige, die in die Städte übergesiedelt waren, würden auf die Abwicklung drängen, um ihren Anteil am Stammesvermögen in Anspruch nehmen zu können – eine bis dahin unvorstellbare »Deklaration Indianischer Entschlossenheit« veröffentlichte. Sie begann mit einer Erklärung, in der es hieß: »Wir ... [haben] ein Recht, selber zu entscheiden, wie wir leben wollen. Da unsere indianische Kultur allmählich von der amerikanischen Gesellschaft geschluckt wird, halten wir es für unsere Pflicht, unser kostbares Erbe zu bewahren ...« Anschließend hieß es:

> ... die Geschichte und Entwicklung Amerikas zeigen, daß der Indianer Zwängen, ungebührlichen Einflüssen, unwillkommenen Nötigungen und politischen Strategien ausgesetzt war, die in Orientierungslosigkeit, Enttäuschung und Verzweiflung resultierten. Nur wenn die Öffentlichkeit diese Situation begreift und Schritte unternimmt, um vernünftige und in sich stimmige Strategien und Programme zu formulieren und umzusetzen, lassen sich diese zerstörerischen Faktoren abstellen und kann der Indianer seinen normalen Wachstumsprozeß wieder aufnehmen und seinen bestmöglichen Beitrag zur modernen Gsellschaft leisten.

Die Deklaration skizzierte sodann eine Reihe von Vorschlägen zur Kräftigung der Ureinwohnergemeinschaften und zur Stärkung ihrer Autonomie. Sie schloß mit einem tönenden Appell:

> Was wir von Amerika wollen, ist nicht Barmherzigkeit, nicht väterliche Fürsorge, so gut sie auch gemeint sein mag. Wir möchten nur, daß die Situation so, wie sie ist, zur Kenntnis genommen und zur Grundlage des politischen Handelns gemacht wird. Kurz, die Indianer ersuchen um Unterstützung, technische und finanzielle, für die Zeit, die es braucht – mag diese auch noch so lang sein –, um im Amerika der Weltraumfahrt ein gewisses Maß jener Normalität wiederzugewinnen, deren sie sich als ursprüngliche Inhaber ihres angestammten Landes erfreuten.

Der Kongreß von Chicago war zweifellos eine bemerkenswerte Leistung – vielleicht nie zuvor, und ganz sicher nicht seit dem Ende der »Indianerkriege«, hatten sich so viele verschiedene Gruppen aus eigenem Antrieb zusammengefunden und auf eine gemeinsame Strategie geeinigt –, aber sie legte auch einige der sich rasch vertiefenden Spaltungen im indianischen Amerika offen. Obwohl in der abschließenden Stellungnahme die Worte sorgfältig abgewogen waren, um Sympathien bei nichtindianischen Gruppen zu wecken und möglichst wenig Anstoß zu erregen, fürchteten doch viele ältere Ureinwohner, eingeschüchtert durch die Drohungen, die sie ein Leben lang von seiten des Amts für Indianische Angelegenheiten zu hören bekommen hatten, selbst solch eine gutartige Bekundung von Unabhängigkeit könne staatliche Vergeltungsmaßnahmen provozieren. Einige der jüngeren Indianer wiederum hatten das Gefühl, der Kongreß habe gekniffen. »... Wir warteten«, erinnerte sich einer von ihnen. »Wir sahen zu, wie die ›Onkel Tomahawks‹ die Sache vermasselten, Resolutionen verabschiedeten und Leuten einen Kopfschmuck aufsetzten. Aber was ein entschiedenes Auftreten betraf, dazu konnten sie sich einfach nicht durchringen.« Als sie Chicago enttäuscht verließen, gründeten die jungen Radikalen denn auch prompt ihren eigenen, weniger zurückhaltenden Nationalen Indianischen Jugendrat.

Während der restlichen Zeit der kurzen Präsidentschaft Kennedys und der ersten turbulenten Jahre der Regierung unter Johnson wurde der Unterschied in der Vorgehensweise hauptsächlich im Zusammenhang mit dem drängenden Problem der in der indianischen Bevölkerung verbreiteten Armut deutlich. Daß die Lebensverhältnisse in den meisten indianischen Gemeinschaften entsetzlich waren, stand außer Frage: eine Reihe von Untersuchungen zu Anfang der 60er Jahre wies nach, daß über 90 Prozent der Unterkünfte der Indianer nicht dem Standard entsprach; ihre Säuglingssterblichkeit überstieg den landesweiten Durchschnitt um das Doppelte; verhütbare Krankheiten wie Tuberkulose, Hirnhautentzündung und Ruhr traten bis ums Hundertfache häufiger auf als bei der Gesamtbevölkerung; ihr durchschnittliches Sterbealter betrug 43 Jahre; während zwischen 40 und 80 Prozent von ihnen arbeitslos war, betrug das durchschnittliche Einkommen einer Indianerfamilie nur etwa 20 Prozent des Einkommens ihrer angelsächsischen Nachbarn. Als Delegierte des Nationalkongresses Amerikanischer Indianer im Jahre 1964 Präsident Johnson eine Petition überreichten, fühlten sie sich indes noch immer verpflichtet, ihr Anliegen in Begriffe zu kleiden, die – mit ihrem Rückgriff auf das sentimentale Bild vom »Großen Weißen Vater«, das von Euro-Amerikanern in ihren Verträgen mit Indianerstämmen generationenlang bemüht worden war – offenbar darauf abzielte, entwaffnend zu wirken und durch Schmeichelei zu gefallen:

> Wir sind dankbar, daß die großen politischen Maßnahmen und Programme unseres verstorbenen, geliebten, gefallenen Präsidenten, John Fitzgerald Kennedy, unter Ihrer Regierung weitergeführt werden. Wir verleihen abermals unserer tiefen Trauer um unseren verstorbenen Häuptling, den unser Volk als Häuptling High Eagle kannte, Ausdruck ...
> Wir sind hocherfreut, daß Sie Präsident Kennedys Programme fortsetzen und daß Sie die Absicht haben, Wirklichkeit werden zu lassen, was er sich für die Ureinwohner Amerikas erhoffte. Sie erwähnten uns in Ihrer Botschaft zur Lage der Nation, und das hat allen von uns Mut gemacht. Um Ihren Programmen voranzuhelfen, würden wir Ihnen nun gern unsere Gedanken zu einigen unserer Probleme unterbreiten.

Der Nationale Indianische Jugendrat äußerte sich demgegenüber sehr viel unverblümter, ohne deshalb weniger emotional zu sein. Mitglieder des Jugendrats – wie auch andere Indianer – beteiligten sich im Sommer 1964 am Marsch der Armen nach Washington, und der Vorsitzende des Rates, Mel Thom, ein Paiute aus Nevada, umriß in einer Ansprache vor dem Kongreß zum Problem Armut, der 1964 in Washington abgehalten wurde, in aller (von manchem als bedrohlich empfundener) Deutlichkeit, welche realen Sorgen die Ureinwohner plagten. Während er einerseits den Jugendrat zur Beteiligung an einer »konzertierten Anstrengung« verpflichtete, »die Ursachen der Armut zu beseitigen, die in unserem Volk Leben zerstört ... [und] fortlaufend an unserer Existenz zehrt«, hob er andererseits nachdrücklich hervor, die amerikanischen Ureinwohner seien nicht bereit, Wohlstand mit dem Verlust ihrer Identität zu erkaufen:

Wir müssen uns klar darüber werden und anderen deutlich machen, daß wir in besseren Verhältnissen leben wollen, aber wir wollen auch nicht vergessen, daß wir Indianer sind. Wir wollen indianische Menschen bleiben. Wir wollen, daß dieses Land weiß, daß uns unsere indianischen Gebiete und Wohnstätten teuer sind. Wir möchten nie erleben, daß sie uns genommen werden ...

Viele unserer Freunde sind sich bewußt, daß es der größte Traum des Indianers ist, nicht mehr Staatsbürger zweiter Klasse zu sein. Wir als Jugendliche haben gelernt, daß diese Befreiung von der Staatsbürgerschaft zweiter Klasse unser Ziel sein muß. Heute erklärt die indianische Jugend, daß wir keine Befreiung von unserer besonderen Beziehung zur Bundesregierung wollen. Wir wollen nur, daß die Beziehung zwischen den Indianerstämmen und der Regierung den Charakter einer guten Arbeitsbeziehung gewinnt. Wir wollen keine Zerstörung unserer Kultur, des Lebens, das uns die Zeit hat überstehen lassen, in der die Indianer fast ausgerottet worden wären.

Wir wollen nicht in die Einheitskultur des amerikanischen Lebens hineingestoßen werden. Die indianische Jugend fürchtet diese Möglichkeit, und ihrer Furcht sollte nachgegangen und der Boden entzogen werden. Wir möchten, daß sich alle, die sich um das Wohlergehen der Indianer sorgen, klar darüber sind, daß kein Volk sich entwickeln kann, wenn es in Angst und Unruhe lebt. Unter unseren indianischen Landsleuten kursiert heutzutage die Angst, die Beziehung unserer Stämme zur Bundesregierung werde möglicherweise bald abgebaut. Diese Angst muß beseitigt und uns muß gestattet werden, unser Leben nach freiem Ermessen zu entfalten. Die Politik, die darauf zielt, die Indianer in den Hauptstrom des amerikanischen Lebens hineinzustoßen, muß überprüft werden. Wir brauchen Hoffnung. Wir brauchen ein Ziel. Aber vollständige Integration will das indianische Volk nicht. Bemühungen, die darauf gerichtet sind, werden wir uns nie voll anschließen können.

Alle politischen Programme oder Strategien müssen uns, wenn sie funktionieren sollen, an der Basis engagieren. Wir müssen die Verantwortung übertragen bekommen, selbst über unsere Angelegenheiten zu entscheiden. Jede echte Hilfe für indianische Menschen muß kulturelle Wertvorstellungen berücksichtigen. Programme, die

> den Menschen helfen sollen, müssen in Übereinstimmung mit den kulturellen Rahmenbedingungen stehen ...
> Die indianischen Stämme brauchen größere politische Handlungsmacht. Dieses Land respektiert Macht und baut auf einem Machtsystem auf. Wenn die indianischen Gemeinschaften und die indianischen Stämme keine politische Macht haben, werden sie nie in der Lage sein, festzuhalten, was sie jetzt haben ...

Teilweise in Reaktion auf diese Forderungen versprach Präsident Johnson, bei seinen Bemühungen um die Schaffung einer »Großen Gesellschaft« die »ersten Amerikaner auf Platz eins« der Tagesordnung zu setzen. Gegen erbitterten Widerstand von seiten des Amts für Indianische Angelegenheiten gewährte seine Regierung den Ureinwohnern Amerikas das Recht auf Unterstützung im Rahmen des neuen Wirtschaftschancengesetzes, des wichtigsten Gesetzesinstruments für den Krieg gegen die Armut. Der Haushaltsposten, der durch das Amt für Wirtschaftschancen den Indianern zur Verfügung gestellt wurde, war klein – nur vier Millionen Dollar im ersten Jahr; aber die Stämme erhielten dadurch Zugang zu Finanzmitteln und Agenturen, die nicht vom Amt für Indianische Angelegenheiten kontrolliert wurden, und gewannen damit, häufig zum ersten Mal, die Möglichkeit, Initiativen zu ergreifen, die ihren *eigenen* Vorstellungen von dem, was not tat und vordringlich war, entsprangen. Das Ergebnis war eine jähe Aufbruchstimmung in den Gemeinschaften überall im »Indianerland«. Im Reservat der Standing Rock-Sioux zum Beispiel wurden mit einer Summe von insgesamt 600 000 Dollar eine ganze Latte von Projekten finanziert: unter anderem wurde eine Modellfarm für die Rinderzucht zur Einführung in den Farmbetrieb eingerichtet und in abgelegenen Landgemeinden Headstart-Bildungspläne in die Tat umgesetzt, ein Programm, das die Beteiligung alter Leute am Stammesleben verbessern und Unterricht in Stammespolitik erteilen sollte. Der dortige Leiter des Headstart-Programms, ein Sioux, erklärte: »Noch niemals hat es etwas Vergleichbares gegeben. Wir bekamen nie die Chance.« Ebenso begeistert äußerte sich der für den Makah-Stamm im Staat Washington zuständige indianische Leiter des Amts für Wirtschaftschancen: »Das ist das Aufregendste, was seit Jahren hier passiert ist. Jetzt geschieht wirklich etwas, das von uns ausgeht und für uns bestimmt ist.«

Der Krieg gegen die Armut verbesserte nicht nur in vielen Reservaten die materiellen Bedingungen, sondern trug auch zur Entstehung neuer Hoffnung und neuen Selbstvertrauens bei Menschen bei, deren Erfahrungen sie gelehrt hatten, mit Grauen in die Zukunft zu blicken. Die Stammesführer konnten nach Washington fahren, wann sie wollten, und waren in ihrer Entscheidung nicht von irgendeinem Inspektor des Amts für Indianische Angelegenheiten abhängig; sie konnten Beziehungen zu Beamten aus einer Vielzahl verschiedener bundesstaatlicher Behörden knüpfen. Sie lernten Anträge auf die Bewilligung von Geldern schreiben, große Geldsummen verwalten und gelegentlich auch Vorschriften umgehen. Philip S. Deloria, ein Rechtsanwalt aus den Reihen der Sioux, erinnert sich, daß

> … das Wirtschaftschancengesetz ein Bauverbot enthielt. Man durfte höchstens umbauen – eine Wand abreißen, um ein Headstart-Klassenzimmer einzurichten –, aber nicht eine Brücke, eine Straße oder ein Haus bauen. Roger Jourdain von Red Lake [einer Chippewa-Gemeinschaft in Minnesota] beschaffte Geld für ein Schulungsprogramm für Zimmerleute, Klempner und Elektriker, wobei eine halbe Million Dollar für »Schulungsmaterial« vorgesehen war. Bemerkenswerterweise hatten die »Schulaufgaben« große Ähnlichkeit mit Häusern, und sowohl die Bewohner von Red Lake als auch das Red Lake-Sägewerk profitierten immens von dem Programm.

Dennoch waren viele Ureinwohner mit dem Krieg gegen die Armut ernstlich unzufrieden. Fortschrittshemmend waren die weiterbestehenden bürokratischen Einschränkungen – viele Vorschläge wurden als »undurchführbar« abgelehnt und dann von »Experten« umgeschrieben, bis, wie ein Anführer es formulierte, »der Stamm sagt, das sei gar nicht das, was sie wollten. Und natürlich funktioniert es auch nicht« – und die Knappheit der Geldmittel. Noch 1966 betrug die für Projekte der Ureinwohner pro Jahr bewilligte Summe nur zwölf Millionen Dollar oder, wenn man es auf die in den Reservaten lebenden Indianer umrechnet, 30 Dollar pro Kopf – ein Bruchteil der Geldmenge, die für eine langfristige ökonomische Entwicklung nötig gewesen wäre. (Zum Vergleich: Nach Schätzungen des Kongresses waren für die Neubelebung der Appalachen-Region 4,5 Milliarden Dollar erforderlich, obwohl dieses Gebiet flächenmäßig kleiner ist als das »Indianerland«.) Ungeachtet der Beschränktheit der Summe, die sie zur Verfügung stellte, zeigte die Regierung eine deutliche Vorliebe für kurzfristige, weitgehend kosmetische Projekte. So klagte Herry Peltier, der Leiter der Amts für Wirtschaftschancen im Reservat Chippewa Turtle Mountain:

> Man hat uns über eine Million Dollar gegeben. Wir haben zweihundert bis zweihundertfünfzig Leute auf der Gehaltsliste. Wir betreiben sechzehn Projekte. Und was wird sein, wenn alles zu Ende ist? Wenn wir Glück haben, werden wir vier Arbeitsplätze geschaffen haben.
>
> Statt uns all das Geld wie Sozialhilfe zu geben, hätten sie besser den Stämmen erlaubt, es als Kapital anzulegen. Aber nein! Das ließen sie nicht zu. Also bilden wir Leute für Berufe aus, in denen sie keine Arbeit finden werden. Unsere Leute sind in einem solch verzweifelten Zustand, daß sie bereit waren, auf jeden Karren aufzuspringen, der ein bißchen Hoffnung bot. Die Regierung aber kümmert sich um den Karren, statt dem Pferd zu fressen zu geben.

Hinzu kam, daß fast unvermeidlich in vielen Stammesreservaten ein großer Teil des Geldes in den Taschen einer kleinen Führungsschicht landete, was zwischen Familien und Fraktionen Spannungen schuf oder verschärfte.

Am tiefsten saß allerdings die Angst, daß sich letztendlich der Krieg gegen die Armut als nur eine weitere Phase des Krieges gegen das »Indianertum« erweisen werde. »Unseren Lebensverhältnissen ist der Krieg erklärt worden«, meinte Mel Thom.

> Für viele von uns ist Armut eine Lebensform. Wir möchten nicht im Elend leben, aber unsere armseligen Verhältnisse haben uns für einige Zeit eine bestimmte Lebensweise erhalten. Werden jetzt gerade

die Anstrengungen verstärkt, uns in den Hauptstrang der amerikanischen Kultur zu integrieren?

Zum Teil erwuchs das Unbehagen aus der Angst, die Große Gesellschaft werde sich letztlich als nur eine andere Art von Abwicklung, quasi eine Abwicklung durch die Hintertür, erweisen. Indem er die Ureinwohner Amerikas einfach bloß als eine von vielen »benachteiligte« Minderheit behandele, verwische der Krieg gegen die Armut im öffentlichen Bewußtsein die Unterschiede zwischen Indianern und anderen ethnischen Gruppen noch weiter; am Ende werde er hinterrücks die besondere Rechtsstellung der Indianer zerstören, die Watkins und seine Anhänger im Zuge ihres Frontalangriffs vergeblich niederzureißen versucht hätten. (Wem das ungebührlich paranoid vorkommt, der sollte daran denken, daß kaum ein Jahrzehnt zuvor der Kongreß die »Befreiung« der amerikanischen Ureinwohner von »aller bundesstaatlichen Aufsicht und Kontrolle« beschlossen hatte. Just zu dem Zeitpunkt, als der New Deal die Ureinwohner zu der beruhigenden Überzeugung hatte gelangen lassen, die USA seien endlich bereit, sie als ständiges Element des amerikanischen Lebens gelten zu lassen.)

Auch wenn, wie der Marsch der Armen gezeigt hatte, die jungen Radikalen willens waren, mit anderen unzufriedenen Minderheiten gemeinsame Sache zu machen – einige fingen in unausgesprochener Anerkennung der Black Power-Bewegung an, »Red Power« als ihr Ziel zu bezeichnen –, waren sie deshalb zugleich entschlossen, auf der Einzigartigkeit des Indianischen zu insistieren. In einer scharfsichtigen vergleichenden Analyse, betitelt »Die Roten und die Schwarzen«, stellte Vine Deloria jr. heraus, die Ureinwohner Amerikas und die afrikanischen Amerikaner blickten auf gegensätzliche historische Erfahrungen zurück, die Niederschlag des ganz unterschiedlichen Bildes seien, das die Europäer von beiden gehabt hätten. Während der Indianer sich als ein exotisches »wildes Tier« dargestellt habe, das durch Zivilisierung gezähmt werden müsse, sei der Schwarze als ein minderwertiges »Lasttier« erschienen, das es in seiner dienenden Stellung festzuhalten gelte.

> Der Weiße bildete zwei Grundhaltungen aus ... Schwarze schloß er systematisch von allen Programmen, politischen Strategien, sozialen Veranstaltungen und ökonomischen Planungen aus ...
> Beim Indianer wurde einfach umgekehrt verfahren ... Indianer ... versuchte man mit allen verfügbaren Druckmitteln zu Weißen zu machen. Die Gesetze, die der Kongreß verabschiedete, dienten nur einem einzigen Ziel – aus dem Indianer sollte ein Angelsachse werden ...
> Der Weiße untersagte dem Schwarzen den Zutritt zu seinem eigenen sozialen und ökonomischen System und drängte gleichzeitig dem Indianer mit Gewalt auf, was er dem Schwarzen verweigerte. Und gleichzeitig aber verlangte der Weiße vom Schwarzen, daß er sich den Normen der Weißen unterwarf, und bestand darauf, daß der Indianer ab und an Federschmuck und Perlenketten anlegte und zu seiner Unterhaltung auftrat.

Wegen dieser grundlegenden Unterschiede war Deloria und den anderen jungen Radikalen klar, daß die Rede von »Bürgerrechten«, deren sich Führer der Schwarzen wie Martin Luther King in der Absicht bedienten, für ihre Gruppe mehr Schutz und Chancengleichheit zu erlangen, ebensogut auch bemüht werden konnte, um, wie so oft zuvor schon, die amerikanischen Ureinwohner ihrer Identität und der ihnen verbliebenen Gebiete und Naturschätze zu berauben. Es ist kein Zufall, daß »der Hauptansturm gegen das Indianertum in diesem Lande«, wie ein bekannter Sioux sich ausdrückte, von einer Organisation ausging, die den Namen Nationaler Zwischenstaatlicher Kongreß für Gleiche Rechte und Pflichten trug.

Die Strategie des Nationalen Indianischen Jugendrats bestand darin, für das Recht der Indianer auf den Status eigenständiger Völker einzutreten, denen der Grund und Boden gehört hatte, auf dem die USA entstanden waren, und die kraft feierlicher Verträge Rechtsschutz genossen. Dadurch, so ihr Argument, unterschieden sich die Ureinwohner Amerikas von allen übrigen; es bedeutete, daß sie rechtlichen Anspruch auf Hilfe hatten und nicht auf die Mildtätigkeit der USA angewiesen waren. So erklärte denn auch der radikale Stammesvorsitzende Robert Jourdain:

Wo habt ihr das Geld für eure Regierungsprogramme her? Und eure Reichtümer? Von uns! Ihr habt den reichsten Naturschatz erworben, den wir hatten. Es ist unser Land, das euch reich gemacht hat. Ihr gebt uns nicht das geringste. Verglichen mit dem, was ihr uns genommen habt, ist, was ihr uns gebt, eine Handvoll Sand. Aber ihr tut so, als erwieset ihr uns eine Wohltat.

Als Anlaß für seine erste Kampagne wählte der Jugendrat das Problem der Stammesfischereirechte in den nordwestlichen Staaten Oregon, Washington und Idaho. In diesen Gegenden bildeten Fische seit jeher – und in hohem Maße bis zum heutigen Tag – nicht nur das Grundnahrungsmittel für Volksgruppen wie die Makah, die Yakima und die Tulalip, sondern auch eines der wichtigsten kulturellen Motive; in den Verträgen des 19. Jahrhunderts, kraft deren sie den größten Teil ihres Gebiets abgetreten hatten, war den Indianern von der Bundesregierung zugesichert worden, sie könnten an ihren »üblichen und gewohnten Orten« weiter fischen. Dieses Recht wurde allerdings nach und nach von den Behörden der Bundesstaaten ausgehöhlt: im Jahre 1929 zum Beispiel untersagte man den Quinault im Staate Washington, am Peacock Split im Columbia River zu fischen, so daß ihre Fischereirechte für 36000 Dollar jährlich an die Fischereigesellschaft der Baker's Bay verpachtet werden konnte. Aufgrund von Dammbauten, Wasserverschmutzung und kommerzieller Nutzung im großen Maßstab hatte sich mittlerweile der Fischbestand in dem Gebiet drastisch verringert, weshalb die Bundesstaaten Naturschutzmaßnahmen ergriffen, die nach ihrem Willen für Ureinwohner und andere Bevölkerungsgruppen unterschiedslos gelten sollten. Als die Stämme dagegen protestierten, erwiderten die Behörden, durch Zivilgesetz Nr. 280, das in der Abwicklungsära verabschiedet worden war, hätten die einzelnen Bundesstaaten das Recht erlangt, ihre Amtsbefugnis auf die indianischen Gemeinschaften auszudehnen. »Der Vertrag muß gebrochen werden. Der Fortschritt macht vor so etwas nicht halt«, erklärte der Direktor des Staatlichen Fischereiwesens im Bundesstaat Washington.

Nachdem im Februar 1964 ein Gericht zugunsten des Staates entschieden hatte, baten Älteste des Makah-Stammes den Nationalen Indianischen Jugendrat, sich in die Diskussion einzuschalten. Gleich eingangs zog der Jugendrat die Ansicht in Zweifel, die indianischen Fischer gefährdeten das Überleben von Forelle und Lachs, die den Stämmen seit Jahrtausenden als Nahrungsgrundlage dienten. »Nicht die Indianer haben den Büffel ausgerottet«, gaben sie zu bedenken. »Die Indianer haben ihre eigenen Naturschutzgesetze.« Das eigentliche Problem, behauptete er, stelle nicht die Fischerei der Ureinwohner, sondern das kommerzielle Fischereiwesen dar.

> Die Lachsschwärme müssen die Angriffe japanischer, russischer, alaskischer und kanadischer Fischer überstehen, ehe sie unsere Bäche und Flüsse im Nordwesten der USA erreichen. Schwimmt der Lachs in die Gewässer des Staates Washington ein, muß er ganze Flotten von kommerziellen Fischereien und Sportanglern passieren. Die Indianer kommen ganz am Ende der Kette.

»Die Gerechtigkeit [darf] nicht länger Spielball der wachsenden Anforderungen nichtindianischer Angler und kommerzieller Interessen an die Fischbestände sein«, entschied der Jugendrat und verkündete voll Entschlossenheit: »Wir werden mit den Stämmen an den Flußufern stehen.«

In Reaktion auf die Maßnahmen der Behörden rief der Jugendrat zu Aktionen zivilen Ungehorsams auf. Wenn die Ureinwohner weiter an den »üblichen und gewohnten Orten« ihrer Fischerei nachgingen und sich lieber von den Behörden verhaften ließen, als nachzugeben, würde, so hoffte er, die Öffentlichkeit aufmerksam auf das Problem werden und die Bundesregierung zwingen, sich für die Einhaltung ihrer eigenen Verträge einzusetzen. Der Jugendrat wußte, daß diese Strategie Gefahren barg, aber »das Überleben der Stämme« stand auf dem Spiel. Hören wir Mel Thom:

> Anfangs beschränkten sich die Indianer aufs Beobachten. Die Flußufer waren dicht besetzt. Die Lage war gespannt ... Man konnte spüren, wie sich die Feindseligkeit gegen die Jagdhüter aufstaute. Die Behörden, die Gesetzeshüter, schäumten vor Wut darüber, daß wir da waren.

Wir wußten, die Jagdhüter würden Verhaftungen vornehmen. Sie taten es auch. Ein Spiel zwischen Cowboys und Indianern würde das nicht werden.
Und dann geschah etwas Ulkiges. Die Indianer gewannen Spaß an der Sache. Sie waren froh, daß etwas unternommen wurde. Daraufhin löste sich die Anspannung. Man konnte Kinder sehen, die lachend am Ufer hin und her sausten.
Und einige der Indianer nahmen ihre Fotoapparate heraus und fingen an, Aufnahmen von den Jagdhütern zu machen. Meistens sieht man ja, daß Weiße Indianer fotografieren, aber diesmal waren es Indianer, die von *wütenden* Weißen Fotos machten. Das steigerte ihre Wut noch. Wir waren am Drücker.
Man konnte spüren, wie sich die Fronten aufbauten. [Es geschah] zum ersten Mal in der neueren Geschichte, daß wir öffentlich deutlich machten, wie uns innerlich zumute war.

Die Kampagne des Jugendrats trug dazu bei, daß sich im »Indianerland« eine neue Stimmung ausbreitete. Im ganzen Nordwesten kam es zu spontanen Fish-ins, mit dem Ergebnis, daß Scharen von Leuten festgenommen wurden und Ureinwohner aus den ganzen USA in die Region strömten – an einer der Versammlungen nahmen über 1000 Leute aus 56 Stämmen teil –, um den bedrängten Fischereigemeinschaften beizustehen. Gleichzeitig bekundeten Hunderte von Nichtindianern, unter ihnen Marlon Brando und der schwarze Komiker Dick Gregory, öffentlich ihre Solidarität mit den Indianern, indem sie sich den Protesten anschlossen und es auf eine Verhaftung ankommen ließen. Schließlich verkündete im Jahre 1966 das Justizministerium der USA, es werde, da die Verträge mit den Ureinwohnern »eine heilige Verpflichtung der Regierung« darstellten, »auf Verlangen indianische Individuen, die im Einklang mit dem Vertrag und den Stammesvorschriften Fischfang betreiben, vor Gericht vertreten, falls diese von einem Bundesstaat wegen Verstoßes gegen seine Fischfang- und Jagdgesetze angeklagt werden«.

Das war ein bemerkenswerter, beispielloser Triumph, der unzweifelhaft bewies, daß »die erste vollgültige stämmeübergreifende *Aktion* seit dem Sieg der Indianer über Custer am Little Big

Horn«, wie ein Mitglied des Jugendrats sich ausdrückte, außerordentlich erfolgreich verlaufen war. Etwas zutiefst Paradoxes haftete der Geschichte allerdings an. Der Nationale Indianische Jugendrat konnte zu Recht beanspruchen, die wahrscheinlich wirksamste indianische Kampagne gegen die Zwangsassimilation durchgeführt zu haben, die das 20. Jahrhundert erlebt hatte. Und doch war eben diese Leistung in mancher Hinsicht ein Indiz dafür, wie sehr die Kräfte der Assimilation das indianische Amerika bereits umgemodelt hatten. Die meisten Mitglieder des Jugendrats waren in einer Zeit groß geworden, in der eine ganze Reihe unterschiedlicher Faktoren – verstärkter Kontakt zwischen Indianern und Nichtindianern im Krieg und in der Übersiedlungsära, Ausbreitung von Rundfunk und Fernsehen und vor allem der zunehmende Einfluß des öffentlichen Erziehungssystems – zusammengewirkt hatten, um die Isolation der Ureinwohnergemeinschaften in einem Maße aufzubrechen, wie das noch nie zuvor geschehen war. Fast ohne Ausnahme handelte es sich bei den führenden Köpfen um Leute aus höheren Berufen, die das College besucht hatten – Mel Thom zum Beispiel hatte als Ingenieur bei der Bundesbehörde für das Flugwesen gearbeitet, ehe er in sein Reservat zurückgekehrt war, um unbezahlter Stammesvorsitzender zu werden – und deren sicheres Gespür für politisch Machbares zum Teil Ausdruck ihrer Vertrautheit mit den Strukturen war, gegen die sie zu Felde zogen. Ihre zunehmende Tendenz, sich selbst nicht nur als Angehörige eines bestimmten Stammes, sondern auch als »Indianer« zu verstehen, ihre Fähigkeit, spielerisch mit euro-amerikanischen Klischees vom »Eingeborenen« zu hantieren, und der bizarre, satirische Humor, mit dem sie ihre Gegner schmähten – das alles zeigte, in welch starkem Maße nichtindianische Vorstellungen begonnen hatten, ihr Selbstverständnis und ihre Weltsicht zu beherrschen.

Die »Neuen Indianer«, wie der Autor Stan Steiner sie im Jahre 1968 taufte, waren sich dieser inneren Widersprüche und der Bedrohung, die sie für das kulturelle Überleben der Ureinwohner darstellten, schmerzlich bewußt. In einem bewegenden Selbstzeugnis aus dem Jahre 1967 beweist einer ihrer freimütigsten Sprecher, Clyde Warrior – ironischerweise ein Angehöriger des kleinen Ponca-Stammes, dessen Geschichte 90 Jahre zuvor das Motiv für die erste große Kampagne zur »Befreiung« der Indianer geliefert hatte –, eine ebenso scharfsinnige wie vorausblickende Einsicht in die fortschreitende Amerikanisierung des Realitätsbewußtseins seines Volkes.

Vor fünfzig Jahren kam die Bundesregierung in unsere Gemeinschaften und entführte mit Gewalt die Mehrzahl unserer Kinder in ferne Internate. Mein Vater und viele meiner Generation verbrachten ihre Kindheit in einer fast kerkerhaften Atmosphäre. Viele kehrten zurück und waren nicht einmal mehr imstande, ihre eigene Muttersprache zu sprechen. Einige kamen heim, um dem Alkohol zu verfallen. Die meisten von ihnen waren zu Weißenhassern oder zu jenen traurigsten aller modernen Indianer, zu Indianerhassern, geworden. Sehr wenigen gelang es, über den Zustand völlig verwirrter, ambivalenter und handlungsunfähiger Individuen hinauszugelangen – Individuen, die einfach nicht imstande waren, die Spannungen und Widersprüche aufzulösen, die äußere Institutionen in ihnen erzeugt hatten. Wie man sich vorstellen kann, setzen wir sehr wenig Vertrauen in solche Arten von bundesstaatlichen Programmen, die unserer Vervollkommnung dienen sollen, und wir sehen auch kein Allheilmittel in der Erziehung. In letzter Zeit allerdings hat sich bei manchen von uns die Überzeugung gebildet, daß der Schaden, den Zwangsassimilation und gelenkte Anpassungsprogramme unseren Gemeinschaften zugefügt haben, vielleicht noch geringfügig war im Vergleich mit der Situation, in der unsere Kinder sich jetzt befinden. Eine ganze Generation von indianischen Kindern wächst im amerikanischen Schulsystem auf. Im Bemühen, vorbildliche Menschen zu werden, schauen sie immer noch auf ihre Verwandten, auf meine Generation und die meines Vaters. Aber ihr Begriff und ihre Definition von Vorbildlichkeit entspricht nun dem Urteil, das sich die meisten Amerikaner darüber machen. Für sie ist Vorbildlichkeit gleichbedeutend mit Kompetenz, und Kompetenz ist gleich Vorbildlichkeit. Und ich fürchte, ich und meine Väter schneiden im Lichte dieser Situation und Einschätzung nicht gut ab. Unsere Kinder lernen, daß ihresgleichen keine vorbildlichen Leute und deshalb sie als Individuen auch nicht vorbildlich sind. Selbst wenn

> das Glück es fügte, daß uns Wohlstand und Gedeihen in den Schoß fielen, würde das die negative Einschätzung, die unsere Jugend von ihren eigenen Leuten hat, nicht sänftigen können. Wie man weiß, wenden sich Menschen ohne Selbstwertgefühl, wenn sie diesem Mangel nicht entrinnen können, dem Alkohol zu, werden kriminell oder treiben Selbstzerstörung. Wenn wir keinen Weg finden, wie wir als indianische Individuen und Gemeinschaften in den Augen unserer Jugend Kompetenz und Vorbildlichkeit beweisen können, wird eine Generation von Indianern aufwachsen, deren Reaktion auf ihre Situation die früheren sozialen Gebrechen als Bagatellen erscheinen lassen werden.

Die Art, wie sie das »moderne Amerika« und seine zerstörerischen Auswirkungen erlebten, brachte die jungen Radikalen zu der Überzeugung, daß sie in einen Kampf auf Leben und Tod verstrickt waren – »das hier ist ein echter Krieg«, erklärte Mel Thom. »Kein Volk ... ist jemals ausgerottet worden, ohne noch einen letzten Widerstand zu mobilisieren.« Gleichzeitig lernten sie daraus, wie sie den Kampf zu führen hatten. Vergleichbar den »mischblütigen« Cherokees zu Anfang des 19. Jahrhunderts, die gemeint hatten, die Überlebenschance für die Stämme liege in ihrer »Zivilisierung«, nutzten sie ihre ungünstige Ausgangsposition zu einem tiefschürfenden Einblick in die Stimmungslage der euro-amerikanischen USA: Während die Opposition gegen den Vietnamkrieg einen ungeheuren Aufschwung erlebte und Millionen junger Leute anfingen, sich nach einer Alternative zu den amerikanischen Wertvorstellungen umzusehen, gelangten sie zu dem zutreffenden Schluß, daß Kampfmaßnahmen wie die Fish-ins, die noch vor einem Jahrzehnt undenkbar gewesen wären, mit einer Woge öffentlicher Sympathie rechnen konnten.

In gewisser Hinsicht ließen sich die »Neuen Indianer« bei all ihrer Neuartigkeit als moderne Version der Bewegung für die Erhaltung der Ureinwohnerkultur aus dem 18. und dem beginnenden 19. Jahrhundert betrachten. Wie einst Tecumseh versuchten die jungen Radikalen, eine stammesübergreifende Koalition zu schmieden, die »auf hohen, von unseren Vorfahren übernommenen Wertvorstellungen und Überzeugungen aufbaute«, aber den neuen Verhältnissen angepaßt war; wie Tecumseh bedienten auch sie sich einer kriegerischen Sprache und einer forschen Taktik, die bei den »anpassungsbereiteren« Elementen in ihrer eigenen Gemeinschaft Beunruhigung und Widerstand provozierten. Der Jugendrat konnte viele seiner Kritiker als »Äpfel« – »außen rot und innen weiß« – oder als »Onkel Tomahawks« abtun und ihnen vorwerfen, daß sie persönlichen Vorteil aus der Kollaboration mit dem Amt für Indianische Angelegenheiten gezogen hatten. Einige allerdings hatten das ehrliche Empfinden, daß die lärmende, publizitätssüchtige Art der »Neuen Indianer« nicht dem »indianischen Wesen« entsprach, während andere die – angesichts ihrer Geschichte verständliche – Besorgnis hegten, die jungen Radikalen würden mit ihrem Verhalten eine heftige Reaktion herausfordern und den USA die Rechtfertigung für eine Wiederaufnahme der Abwicklungspolitik liefern. Mel Thom selbst räumte ein:

> Als die konservativen Menschen, die sie sind, hatten die Stammesführer nie die Gelegenheit gehabt, Aggressivität zu zeigen. Lange Zeit waren sie von der Regierung beherrscht und gelenkt worden. Aktionen, Kampfmaßnahmen waren deshalb etwas, womit sie sich nicht auskannten. Diese Stämme hatten nie zu Kampfmaßnahmen gegriffen ...
>
> Dem Klischee nach waren die Handlungsweisen des Indianers eindeutig festgelegt; daß er Kampfmaßnahmen ergriff oder Streikposten aufstellte oder Demonstrationen veranstaltete, war nicht vorgesehen. Die Leute waren neugierig zu sehen, ob die Indianer so etwas fertigbrachten. Und die Indianer selbst auch!

Vielleicht auf den ersten Blick überraschend, erforderten allerdings die kulturell *konservativsten* Leute normalerweise weniger Überredungskunst. Auch wenn es gefährlich ist, zu verallgemeinern oder allzusehr zu vereinfachen – in der Praxis bilden Stämme gewöhnlich eher ein Spektrum von Ansichten und Treueverhältnissen als eine Reihe von eindeutig bestimmten Fraktionen, und der einzelne kann häufig zwischen den verschiedenen Gruppen hin und her wechseln –, läßt sich doch feststellen, daß es in vielen Gemeinschaften einen harten Kern von »Traditionalisten« gab, die während der ganzen Zeit der Zwangsassimilation hartnäckig an ihren eigenen Stammessprachen, mündlichen Überlieferungen und Glaubensvorstellungen festgehalten hatten. Sie, die in vielen Fällen von den zähesten Widerständlern des 19. Jahrhunderts abstammten, von jenen, die wie Crazy Horse und seine Anhänger am längsten gegen die US-Armee durchgehalten hatten – sie hatten sich für ein Leben in abgeschiedenen Siedlungen entschieden, weit weg von den alten »Agenturen«, wo das Amt für Indianische Angelegenheiten und die Stammesverwaltung ihren Sitz hatten und wo der euro-amerikanische Einfluß am stärksten war. Weil sie standhaft darauf beharrten, daß ihren Beziehungen zu den USA nach wie vor die »heiligen« Verträge zugrunde lagen, die ihre Vorfahren unterzeichnet hatten (und die viele von ihnen noch erstaunlich detailliert im Kopf hatten), verharrten sie in unversöhnlicher Opposition gegenüber dem Indianerneuordnungsgesetz, boykottierten Wahlen und begegneten den zentral gewählten Stammesräten mit tiefem Mißtrauen. Ihre reservierte Haltung gegenüber der Bundesregierung und der »progressiven« Führungsschicht in den Stämmen konnte der Krieg gegen die Armut nur verstärken: warum, so argumentierten sie – in Erinnerung daran, daß die Zuwendungen des Ausschusses für Indianische Ansprüche als Hebel benutzt worden waren, um den Stämmen ihr Einverständnis mit der Abwicklung abzupressen –, sollte Washington ihnen große Geldsummen geben, wenn nicht zu dem Zweck, ihnen Zugeständnisse zu entlocken?

Viele Traditionalisten oder Stammestreue, die es gewohnt waren, mißachtet oder als rückwärts gewandte Romantiker abgefertigt zu werden, sahen im Jugendrat und dessen Aufwärtsentwicklung ein Hoffnungszeichen.

Sie hatten, oft mit wachsender Verzweiflung, zugesehen, wie die Assimilation ihren Kulturen die Lebenskraft aussaugte und jede Generation »amerikanischer« werden ließ. Der Aufstieg der Red Power-Bewegung, die auf den alten vertraglichen Rechten bestand, die »Altvorderen« und die »Tradition« hochhielt und die Verderbtheit und Verzagtheit vieler Stammesbeauftragter verachtete, schien endlich einen Neuanfang anzukündigen. Einige sahen darin die lange erwartete Erfüllung einer Prophezeiung: im

Jahre 1963 zum Beispiel schickte Francis Le Quier, der Vorsitzende des Großen Ratsfeuers der Ojibwa, eine Botschaft »an die Häuptlinge und Geistlichen Führer der Indianer der Kontinente Nord- und Südamerikas«:

> Dies ist der Tag, da der Große Geist die Stimme erhebt und zu allen Menschen spricht. Dies ist der Tag, von dem unsere Großen Häuptlinge sprachen ... Dies ist der Tag, da alle Stämme zusammenkommen und sich zu einer Nation vereinigen. Dies ist der Tag, da eine neue Menschenrasse durch die Macht des Großen Geistes erhöht werden wird. Dies ist der Tag des Großen Gerichts.
> Ihr werdet die Stimme der Eule, des Fuchses, des Bären, des Kojoten und des Adlers hören.

Andere »Traditionalisten« wurden durch Proteste wie die Fish-ins ermutigt, ihrerseits Kampfmaßnahmen zu ergreifen. Eine Gruppe »Reinblütiger« im östlichen Oklahoma begründete die Bewegung der Cherokee der Fünf Distrikte und veröffentlichte eine Deklaration, die auffällige Ähnlichkeit mit der chiliastischen Sprache früherer kultureller Erneuerungsbewegungen hat.

> Wir versammeln uns in einer Zeit der Finsternis, um den Weg zum Licht zu suchen. Wir kommen zusammen, genau wie unsere Väter dies stets taten, um diese Dinge zu vollbringen ...
> Wir, die Cherokee der Fünf Distrikte, sind ein einiges Volk. Wir stehen vereint im Angesicht Gottes, unseres Schöpfers. Uns verbindet die Liebe und die Sorge umeinander und um alle Menschen ...
> Wir stellen uns dem Volk der Cherokee als seine Stimme zur Verfügung. Viele Jahre lang blieb unser Volk ohne Stimme und ungehört. Jetzt treten wir als Brüder und Schwestern zusammen ...
> Wir tun dies zum Wohle aller Cherokee. Wir tun dies, um allen Menschen ein gutes Beispiel zu geben. Wir haben uns bereits versammelt, um unsere Rechte auf Fischfang und Jagd zu unserem und unserer Kinder Unterhalt zu verteidigen ...

Als im Jahre 1966 ein Angehöriger der Cherokee der »Fünf Distrikte« verhaftet wurde, weil er sein Jagdrecht in Anspruch genommen hatte, versammelten sich Hunderte von bewaffneten Indianern außerhalb des Gerichts und zwangen die Behörden, den Fall der Gerichtsbarkeit von Oklahoma zu entziehen und an ein – mutmaßlich weniger voreingenommenes – Bundesgericht zu überweisen. Clyde Warrior, der den Prozeß wachsam verfolgte, stellte fest:

> Wir haben im östlichen Oklahoma eine südstaatliche Sozialstruktur. Der einzige Weg, diese Struktur zu verändern, besteht darin, sie zu zerschlagen. Man kippt sie um. Und trampelt auf ihr herum. Mir scheint, das wird hier passieren. Ich glaube, es wird zu Gewalttätigkeiten kommen. Und was mich betrifft, je früher, desto besser.

* * *

Sie nennen uns die Neuen Indianer,
Verdammt, wir sind die Alten Indianer,
die Grundeigentümer dieses Kontinents
und gekommen, die Pacht zu kassieren.

Dennis Banks, Chippewa,
Mitbegründer der Amerikanischen Indianerbewegung

Die einzige Art, sich Gehör zu verschaffen, besteht unter Umständen darin, laut und heftig zu sein ... Wir werden ernst genommen.

Albert White, Vorsitzender,
Prairie Island-Indianergemeinschaft, Minnesota

Meine Eltern wollten nicht, daß ich mich engagierte. Sie waren nicht aktiv. Sie kämpften einfach um ihren Lebensunterhalt. Als sie sich engagierten, geschah es aus schierer Not. Ihre Generation war fast so weichgeprügelt, daß sie in völliger Passivität versank. Sie pflegte zu sagen: »Wir können nichts machen; der Staat ist zu mächtig.« Der Defätismus war übermächtig. Daß sich die Lage damals änderte, hatte unter anderem seinen Grund darin, daß die Kinder aus der Führungsschicht aufbegehrten.

Leonard Peltier, Aktivist

Die Bewegung gab mir meine Selbstachtung zurück und gab dem indianischen Volk seine Selbstachtung zurück.

Len Foster, Aktivist

Clyde Warrior hatte recht: es kam zu Gewalttätigkeiten, wenn auch vielleicht nicht ganz so, wie er erwartet hatte. (Tragischerweise starb er 1968.) In den folgenden paar Jahren wandelte sich die politische und kulturelle Szenerie der USA dank einer Reihe traumatischer Ereignisse – wachsende Verluste in Vietnam, die Ermordung von Martin Luther King und Robert Kennedy, der häßliche Zusammenstoß zwischen Polizei und Antikriegsdemonstranten 1968 auf dem Kongreß der Demokratischen Partei in Chicago –, die das Land stärker spalteten und polarisierten, als sich auch nur ein Jahrzehnt zuvor jemand hätte träumen lassen. Der Schmelztiegel-Konsens der Eisenhower-Ära war in einen Schwarm konkurrierender Identitäten und Ideologien auseinandergebrochen: Warum sollte irgend jemand dem Musterbild einer perfekten angelsächsischen Familie aus dem Villenvorort nacheifern – Vater mit Bürstenschnitt, Mutter Hausfrau, zwei schnieke Kinder –, wo sogar die Kinder selbst, die jetzt auf dem College waren oder sich vor der Einberufung nach Kanada abgesetzt hatten, deren Wertvorstellungen ablehnten und sich fürs Stammesleben interessierten?

Diese Veränderungen halfen mit, die steigende Flut des Aktivismus bei den amerikanischen Ureinwohnern aus den Reservaten in die großen Städte überschwappen zu lassen. Gegen Ende der 60er Jahre lebten schon bis zu 500 000 Ureinwohner in großstädtischen Regionen wie Los Angeles, Minneapolis und Chicago, weitgehend als Folge von Strategien wie der Übersiedlungspolitik, die eigens den Zweck verfolgt hatte, das Gefühl der Stammeszugehörigkeit bei diesen Ureinwohnern zu untergraben. Selbst diejenigen indes, die nach außen den Eindruck einer erfolgreichen Assimilation machten, mußten immer noch gelegentlich feststellen, daß ihr Aussehen und ihre Herkunft Feindseligkeit hervorrief, während bei Tausenden weiterer Ureinwohner, die keine feste Bleibe oder Arbeit finden konnten und oft als Alkoholiker auf der Straße landeten, Vorurteile und Gewaltakte Bestandteil ihrer täglichen Erfahrung waren. Die wachsende Desorientierung und Unzufriedenheit wurde dadurch noch größer, daß die städtischen Indianer – ebenso wie ihre Verwandten in den Reservaten – der guten alten Tradition der Ureinwohner, Militärdienst zu leisten, gefolgt waren und sich zu Tausenden freiwillig für den Krieg in Vietnam gemeldet hatten; immer mehr Veteranen kehrten jetzt, erfüllt von der allgemeinen Stimmung tiefer Verbitterung und Desillusionierung, nach Hause zurück.

Vielen städtischen Ureinwohnern Amerikas schien das explosionsartige Erwachen von Stolz und Selbstbewußtsein bei anderen Minderheiten – besonders den Schwarzen – einen Ausweg aus ihrer Frustration und Verzweiflung zu bieten: statt sich in der rassistischen, unmoralischen Gesellschaft, die ihre Vorfahren fast ausgerottet hatte und nun einen weiteren Völkermord in Asien beging, vergeblich um Anerkennung zu bemühen, taten die Ureinwohner besser daran, sich auf ihre ethnischen und kulturellen Ursprünge zurückzubesinnen. Für die meisten von ihnen war das allerdings leichter gesagt als getan. Insbesondere die Kinder der Übergesiedelten waren oft mit dem Herkunftsmilieu ihrer Eltern kaum oder gar nicht vertraut: ihr Bewußtsein von sich selbst war weitgehend durch das Verhalten der anderen Amerikaner vermittelt, die sie schlicht und einfach als »Indianer« einstuften – und häufig auch diskriminierten. Stammesspezifische Unterschiede wurden zusätzlich durch die Indianerbegegnungszentren eingeebnet, die in vielen Großstädten aus dem Boden geschossen waren und wo Menschen aus vielen verschiedenen Gegenden und Kulturen zusammenkamen, um der Einsamkeit und Entfremdung des Lebens in der Großstadt zu entrinnen. Sogar noch stärker als die Führer des Nationalen Amerikanischen Jugendrats neigten deshalb die meisten der nicht in Reservaten lebenden jungen Ureinwohner dazu, sich eher als Angehörige einer ethnischen Gruppe denn als Mitglieder eines Stammes zu sehen.

Aus einer Vielzahl von Gründen fiel es den Radikalen in der Stadt leichter, sich zu organisieren, als denen im Reservat. Da sie in den Städten lebten, wurden sie weniger durch die Einmischung des Amts für Indianische Angelegenheiten und durch Streitigkeiten zwischen einzelnen Stämmen behindert; sie hatten besseren Zugang zu Kommunikationsmitteln und ein spontaneres Verständnis von der Funktionsweise des amerikanischen Gesellschaftssystems; vor allem aber hatte sie, wie der frühere Beauftragte für Indianische Angelegenheiten Philleo Nash anerkennend bemerkte, ihre Erfahrung zu »gassengewitzten Leuten« gemacht, die »wußten, wieviel Druck sich dadurch erzeugen ließ, daß man den bösen Buben statt den guten Bürger spielte«. Dieses wachsende Gefühl von Macht führte zur Schaffung einer ganzen Latte von lokalen Organisationen mit Namen, die einen umfassenden Anspruch verrieten, wie etwa »Amerikanische Indianer – Vereint« und »Vereinigte Amerikanische Ureinwohner«; darin fand die neue »fundierte« Perspektive der Indianer ihren Ausdruck. Langfristig gesehen, war vielleicht die einflußreichste dieser Organisationen die Amerikanische Indianerbewegung, die 1968 von zwei Chippewas, George Mitchell und Dennis Banks, begründet wurde, um der Ureinwohnerbevölkerung in Minneapolis Hilfestellung zu leisten. Sie organisierte nicht nur Streifen, um Indianer vor polizeilichen Übergriffen zu schützen, sondern richtete auch mit Geldern des Kriegs gegen die Armut »städtische alternative« Schulen ein, in denen amerikanische Ureinwohnerkinder, die aus dem staatlichen Schulsystem herausgefallen waren, ein größeres kulturelles Selbstbewußtsein und Selbstwertgefühl entwickeln und lernen konnten, wie man in den Welten der Indianer und der Nichtindianer überlebt.

Ihre Fähigkeit, den »bösen Buben« zu spielen, rückte die städtischen Aktivisten rasch ins Bewußtsein der Nation. Angeführt von Studenten, die darüber empört waren, daß sie keine Möglichkeit hatten, ihre eigenen Kulturen zu studieren und zu praktizieren, besetzte im November 1969 eine Gruppe von 78 amerikanischen Ureinwohnern aus etwa 50 Stämmen die verlassene Insel Alcatraz und nahm sie »im Namen aller Indianer Amerikas« wieder in Besitz. Sie gaben sich anschließend den Namen »Indianer aller Stämme« und luden Ureinwohnergruppen überall in den USA, in Kanada und in Mexiko zur Teilnahme an einem Kongreß der Indianischen Nationen Amerikas ein. Ihr Ziel sei es, erklärten sie, »den indianischen Menschen ... ein eigenes Kulturzentrum« zu geben.

> Mehrere Jahrzehnte lang haben die Indianer keine hinlängliche Kontrolle über die Erziehung ihrer Jugendlichen gehabt. Und ohne ein eigenes Kulturzentrum könnten, so fürchten wir, die alten indianischen Traditionen verlorengehen. Wir glauben, daß es für die Indianer keinen anderen Weg gibt, diese Traditionen am Leben zu erhalten, als sich selbst darum zu kümmern …
>
> Uns ist klar, daß es in indianischen Gemeinschaften noch andere Probleme gibt als den Verlust unserer Kultur. Wir haben Wasserprobleme, Landprobleme, ›soziale‹ Probleme, Arbeitsbeschaffungsprobleme und viele andere mehr …
>
> Wir sind uns außerdem bewußt, daß wir als isolierte, einzelne Stämme nicht so schnell etwas erreichen werden. Wenn wir uns verbrüdern und zu einer Übereinkunft gelangen können, dann können wir nach unserer Überzeugung viel effektiver sein und selber die Dinge in die Hand nehmen, statt das Handeln anderen zu überlassen und uns von ihnen sagen zu lassen, was gut für uns ist.
>
> Irgendwo müssen wir also anfangen. Wenn wir Erfolg haben wollen, müssen wir unserer Überzeugung nach an unseren alten Lebensformen festhalten. *Das ist der erste und wichtigste Grund, warum wir auf die Insel Alcatraz gegangen sind.*
>
> Unserer Überzeugung nach sind Indianer nur deshalb imstande gewesen, durchzuhalten und Jahrzehnte der Verfolgungen und kulturellen Entbehrungen zu überleben, weil die indianische Lebensweise genug Bindekraft hatte und hat, um die Menschen zusammenzuhalten.

Aus dem ursprünglichen Plan der Besetzer – ihrer Absicht, auf Alcatraz »ein College, ein religiöses und spirituelles Zentrum, ein Museum, ein Ökologiezentrum und eine Aufbauschule« zu errichten – wurde nichts: die Regierung weigerte sich, ihren finanziellen Forderungen zu entsprechen, logistische Probleme und interne Streitigkeiten machten ihnen zu schaffen, und als schließlich im Juni 1971 bewaffnete Bundesvollzugsbeamte wieder Besitz von der Insel ergriffen, hielten sich nur noch 15 Ureinwohner dort auf. Dennoch gilt, was einer der Anführer, Lenada James, in aller Bescheidenheit als Verdienst geltend macht.

> Die Protestaktion auf Alcatraz hatte positive Ergebnisse. Viele Menschen schämten sich nicht mehr, Indianer zu sein. Menschen, die in die Stadt übergesiedelt waren, betrachteten sich wieder als Indianer.

Auf viele Ureinwohner Amerikas wirkte die Aktion in der Tat elektrisierend. Während der Besetzung drängten Hunderte von Indianern auf die Insel, um sich dem Protest anzuschließen, und bei weiteren Tausenden löste er Begeisterung aus. Ein junger Mann indianischer Abstammung, der schwere Identitätsprobleme hatte, erinnert sich: »Ich war in Vietnam, als ich von Alcatraz erfuhr. Ich dachte: ›Nur weiter so! Das ist grandios, was die da machen.‹« Später begab er sich auf eine »persönliche Entdekkungsreise«, die ihn dazu brachte, einen Ureinwohnernamen als Familiennamen anzunehmen und »zur Kultur meines Großvaters zurückzukehren«. Für eine andere städtische Indianerin, Frances Wise, war

> Alcatraz der bedeutendste Wendepunkt in meinem Leben. Zum ersten Mal in meinem Leben war ich stolz darauf, eine Indianerin zu sein, eine indianische Frau. Ich wuchs in einer ausschließlich von Weißen bewohnten Gegend auf. Es war sehr schwierig. Man kämpfte ständig darum, irgendeine Form von positiver Einstellung, irgendeine Art Selbstwertgefühl aufrechtzuerhalten. Durch Alcatraz wurde alles anders.

In der Anfangszeit der 70er Jahre löste dieser neugewonnene Stolz und Kampfgeist eine Woge von Indianerprotesten überall im Land aus, von denen viele durch die Amerikanische Indianerbewegung organisiert waren, die 1971 zu einer landesweiten Vereinigung wurde und sich zum machtvollsten aktivistischen Organ der Ureinwohner entwickelte. Zum Teil verdankte sich die Vormachtstellung der Amerikanischen Indianerbewegung einem seiner neuen Mitglieder, Russell Means, einem redegewaltigen, charismatischen Oglala-Sioux, der bereits als Anführer zweier Demonstrationen seine politische Begabung und seinen Sinn für Öffentlichkeitsarbeit unter Beweis gestellt hatte, wobei der Ort der beiden Demonstrationen zwei der symbolisch aufgeladensten Stätten der Kultur der USA waren, Mount Rushmore und die Nachbildung des Auswandererschiffs der Pilgerväter, die *Mayflower II*. Wie vor ihm schon viele Führer des Nationalen Indianischen Jugendrats vertrat auch Means mit Nachdruck die These, die Bewegung könne nur dann einen legitimen Anspruch darauf erheben, die Gemeinschaft amerikanischer Ureinwohner als Ganzes zu vertreten, wenn sie den Belangen der »stammesförmig« und »traditionell« lebenden Gruppen in den Reservaten unbedingten Vorrang einräume. Obwohl von seiten der städtischen Führungen ein gewisser Widerstand dagegen laut wurde, prägte doch diese Haltung in den nächsten paar Jahren in zunehmendem Maße die Strategie der Bewegung.

Keine Frage, daß sich viele Indianergemeinschaften in einer tiefen Krise befanden, die durch spektakuläre Protestaktionen wie die Besetzung von Alcatraz kaum ins Rampenlicht gerückt, geschweige denn gelöst wurden – so erfolgreich solche Aktionen auch die Aufmerksamkeit der Öffentlichkeit auf die Notlage der Ureinwohner ganz allgemein lenken mochten. Abgesehen von den chronischen Problemen wie Armut, Krankheit, Arbeitslosigkeit, mangelhafte Unterbringung und unzulängliche soziale Versorgung, bestanden die meisten Reservate aus schlechten, minderwertigen Böden, die dank Überbeanspruchung und wachsender Konkurrenz um Wasser und andere Ressourcen von seiten nichtindianischer Gruppen zunehmend unfruchtbar wurden und einer immer stärkeren Erosion ausgesetzt waren. Theoretisch hätte das Amt für Indianische Angelegenheiten als gesetzlicher Treuhänder der Indianer alles daransetzen müssen, die Rechte der Indianer zu schützen, die ja vielfach durch Vertrag garantiert waren; in der Praxis allerdings fiel das Amt den Stämmen häufig in den Rücken und machte gemeinsame Sache mit deren Gegnern – zum Teil aufgrund seiner Anfälligkeit für Korruption und seiner politischen Erpreßbarkeit, zum Teil, weil es seine Einbindung ins Innenministerium in Interessenkonflikte mit anderen Behörden wie etwa dem Amt für Landgewinnung stürzte.

Ein redendes Beispiel hierfür bildet die Geschichte der Paiute-Gemeinschaft am Pyramid Lake im Grenzgebiet zwischen Nevada und Kalifornien; ein 1859 unterzeichneter Vertrag stand dieser Gemeinschaft das Recht auf »Erstnutzung« des Wassers aus dem Truckee River zu. Im Jahre 1902 indes startete das Innenministerium ein Bewässerungsprojekt für nichtindianische Farmer, das dem Fluß Wasser entzog, für ein schroffes Absinken des Wasserspiegels im See sorgte und den Fischbestand bedrohte, auf den die Indianer angewiesen waren. Bis zum Ausbruch des Zweiten Weltkriegs war bereits eine Fischart im See ausgestorben, während eine andere, *cui-cui* genannt, die nirgendwosonst in der Welt vorkommt, ums Überleben kämpfte.

Im Jahre 1955 überredete das Amt für Landgewinnung den Innenminister zur Genehmigung des Washoe-Projekts, das vorsah, dem Fluß noch mehr Wasser für nichtindianische Bewässerungsvorhaben zu entnehmen. Diesmal erhoben die Paiute, die beim ersten Mal zu verwirrt und eingeschüchtert waren, um sich zu wehren, Klage vor dem Kongreß. Es folgte ein Jahrzehnt der Untersuchungskommissionen und Projektgruppen, wobei sich der Innenminister in schwindelerregendem Hin und Her bald auf den Standpunkt des Amts für Indianische Angelegenheiten stellte, was ihn zum Fürsprecher der Indianer machte, bald die Position des Amts für Landgewinnung übernahm und zum Gegenspieler der Indianer wurde. Zum Schluß verkündete das Innenministerium, es habe seine Pläne geändert, um ein bißchen Wasser für die Paiute »aufzusparen«, sei aber nicht berechtigt, es ihnen zur Verfügung zu stellen.

Die Vorgänge nahmen 1968 eine noch irrsinnigere Wendung, als Nevada und Kalifornien ein Abkommen schlossen, in dem sie vereinbarten, das Wasserkontingent für die Indianer noch weiter zu verringern, und gleichzeitig erklärten, weder sie selbst noch das Innenministerium könnten gegen diese Entscheidung Rechtsmittel einlegen. Als der Innenminister, der gerade wieder einmal vorübergehend auf der Seite der Indianer stand, dagegen protestierte, luden ihn der Gouverneur von Kalifornien – der damals Ronald Reagan hieß – und der Gouverneur von Nevada zu einem Treffen auf einem Kasinoschiff mitten im Lake Tahoe ein, um dort ihre Differenzen auszuräumen. Nach 90 Minuten hatten sie sich auf eine »Stabilisierung« von Pyramid Lake durch weitere Absenkung um 50 Meter geeinigt – was, wie ein Indianer bemerkte, auf einen stabilen Salztümpel hinauslief.

Andere Probleme entstanden durch die Politik der wirtschaftlichen Entwicklung von Reservaten, was in den 50er und beginnenden 60er Jahren als Alternative zur chronischen Armut und zur Abwicklungsstrategie gefeiert worden war, sich aber an einigen Orten zu einer Monstrosität entwickelt hatte. Besonders die kleine Anzahl von Stämmen mit reichen mineralischen oder fossilen Brennstoffvorkommen stellte häufig fest, daß sie das Amt für Indianische Angelegenheiten katastrophal schlecht beraten und nämlich veranlaßt hatte, ihre Bodenschätze für weit weniger zu verkaufen, als sie wert waren, und ohne auf angemessene ökologische Schutzmaßnahmen zu bestehen. Dem Stammesrat der nördlichen Cheyenne in Montana zum Beispiel hatte man erzählt, die Nachfrage nach Kohle werde nur eine begrenzte Zeit anhalten; auf diese Weise hatte er sich bereden lassen, die Prospektions- und Schürfrechte in mehr als der Hälfte des Reservats für weniger als 75 Prozent des Marktwerts zu verkaufen, den damals (Ende der 60er Jahre) die Kohle hatte, wobei die Energiepreise tatsächlich noch im Anstieg begriffen waren. Hinzu kam, daß laut internen Dienstvorschriften des Innenministeriums vor dem Verkauf von Pachtrechten die möglichen Konsequenzen geprüft werden sollten, daß aber das Ministerium diese Vorschrift erst zwei Jahre *nach* dem letzten Verkauf in die Tat umsetzte – und dies auch nur, weil Washington immensen Druck machte. Als das Ergebnis der Überprüfung schließlich veröffentlicht wurde, erwies sich die Lektüre als herbe Kost; die aufgezählten möglichen Risiken umfaßten: »Zerstörung der Cheyenne-Kultur – der Lebensweise der Menschen«, »Cheyenne werden in der eigenen Heimat zur Minderheit« und »Umweltverseuchungen jeder Art, das heißt physische und kulturelle Schäden, Luftverschmutzung, Lärmbelastung und so weiter«.

Diese Warnungen waren nicht aus der Luft gegriffen. Im Jahre 1971 enthüllten die Energieversorger, daß die Ausbeutung der Kohlelager der Cheyenne zu einem Plan gehörte, durch den im nördlichen Teil der Prärien eine Fläche von 560000 Quadratkilometern – ein Gebiet, in dem 20 Prozent der bekannten Kohlereserven der Welt lagerten – in eine gigantische Kraftwerksregion verwandelt werden sollte, die für einen Zeitraum von vier bis sechs Jahrhunderten die USA mit Energie versorgen konnte. Für das Reservat der nördlichen Cheyenne hatte man eine von Nichtindianern bewohnte Stadt mit einer Einwohnerzahl von 30 000 Menschen ins Auge gefaßt (und für das angrenzende Crow-Reservat eine Stadt mit 200 000 Bewohnern); dennoch hielt es das Amt für Indianische Angelegenheiten nicht für erforderlich, angesichts der Dimensionen des Projekts auf einigen, »für die Pächter verbindlichen« Schutzklauseln zum Wohle der Indianer zu bestehen.

Die wachsende Empörung der Indianer angesichts der langen Liste von Mißbrauchsfällen im Amt für Indianische Angelegenheiten, die Anfang der 70er Jahre ans Licht kamen, wurde noch durch einen Schwall von rassistischen Gewalttätigkeiten gesteigert, die mehrere amerikanische Ureinwohner – unter ihnen Richard Oakes, einer der Anführer bei der Besetzung von Alcatraz – mit dem Leben bezahlten. Als Raymond Yellow Thunder, ein 51jähriger Lakota, Anfang 1972 in Gordon, Nebraska, nackt ausgezogen, vor einer Gruppe betrunkener Veteranen der US-Army zum Tanzen gezwungen und anschließend ermordet wurde, sah sich die Amerikanische Indianerbewegung zum Handeln geradezu gezwungen. Angeführt von Russell Means und Dennis Banks, besetzten über 1000 Ureinwohner, die zumeist aus den nahegelegenen Sioux-Reservaten Pine Ridge und Rosebud kamen, die Stadt Gordon und setzten durch, daß die Behörden die Mörder vor Gericht stellten – ein Triumph, der sie auf der Stelle im »Indianerland« zu Helden machte und bei der Organisation die Zahl der Mitglieder aus den »stammesbewußten« Gruppen in die Höhe schnellen ließ.

Die Bewegung ihrerseits legte ein zunehmendes Interesse an der »traditionellen« Kultur an den Tag. Im August 1972 hielten im Anschluß an einen Sonnentanz in Rosebud einige aus der Bewegung ein bedeutsames Treffen mit den spirituellen Führungspersönlichkeiten Henry und Leonard Crow Dog ab. Einer der Teilnehmer erinnerte sich später:

> Damals wurde eigentlich die Amerikanische Indianerbewegung geboren. Weil wir der Ansicht sind, daß die Amerikanische Indianerbewegung nicht nur Fürsprecherin des indianischen Volkes ist. Sie ist mehr noch die spirituelle Wiedergeburt unserer Nation. Sie verkörpert die Spiritualität unserer Vorfahren und unserer Alten. Die Amerikanische Indianerbewegung stützt sich nun ganz, ganz massiv auf die traditionellen Führer und die heiligen Männer der verschiedenen Stämme – um ihnen die Orientierung zu geben, die sie brauchen, so daß sie dem indianischen Volk am besen helfen können.

Später im selben Jahr beschloß die Amerikanische Indianerbewegung auf Vorschlug von Robert Burnette, dem früheren Geschäftsführenden Direktor des Nationalkongresses Amerikanischer Indianer, sich mit anderen Organisationen in einem spirituellen Kreuzzug »unter dem Banner der Fährte der Gebrochenen Verträge« zu vereinigen und »nach Washington zu ziehen, wo wir der Welt zeigen werden, wofür die Indianer in Wahrheit stehen«. Wie Alcatraz bildete auch die Fährte für Tausende von Indianern einen emotionalen und politischen Wendepunkt. Bei ihrem Zug quer durch das Land machten die Marschierer in Reservaten halt, um ihre Ziele zu erläutern und weiteren Anhang zu sammeln; viele städtischen Indianer erhielten erstmals einen Eindruck von den Landstrichen und Gemeinschaften, aus denen ihre Eltern oder Großeltern vertrieben worden (oder aus eigenem Antrieb weggezogen) waren, und viele »stammesbewußte« Indianer erfuhren zum ersten Mal etwas über die umfassendere Red Power-Bewegung. In ihrem Buch *Lakota Woman* berichtet Mary Crow Dog:

> Die Amerikanische Indianerbewegung traf unser Reservat wie ein Wirbelsturm, wie ein plötzlicher Wind, der aus dem Nichts entsteht, wie ein Trommelschlag aus weiter Ferne, der lauter und lauter wird. Es war fast wie das Geistertanzfieber, das die Stämme 1890 packte und sich wie ein Präriefeuer ausbreitete, meinte der alte Onkel Dick Fool Bull. Ja, es war wie das alte Geistertanzlied, das Onkel Dick summte:

> Maka sitomniya teca ukiye
> Oyate ukiye, oyate ukiye ...
> Eine neue Welt zieht herauf,
> Eine Nation zieht herauf,
> Der Adler hat die Botschaft gebracht.
>
> Ich konnte das Neue spüren, es fast hören, riechen, anfassen. Meine erste Begegnung mit der Amerikanischen Indianerbewegung löste in mir eine Art Erdbeben aus.

Daß die Marschierer es offensichtlich ehrlich meinten und daß sie solches Gewicht auf die Stammesperspektive legten, brachte viele »Traditionalisten«, unter ihnen Stammesälteste und religiöse Führer, dazu, sich ihnen anzuschließen, wodurch die Fährte der Gebrochenen Verträge zu einem Heer von Ureinwohnern anschwoll, die aus den verschiedensten Milieus und Kulturen kamen. In Minneapolis veranstalteten sie eine Reihe von Workshops und waren trotz ihrer ungeheuren Vielfalt imstande, sich auf ein Zwanzig-Punkte-Programm zu einigen, das – mit den Worten eines maßgebenden Ureinwohnervertreters gesagt – »vom Charakter traditionellen Indianertums deutlich geprägt war« und die Notwendigkeit einer »Beziehung der Aufrichtigkeit zwischen den Stämmen und den USA« hervorhob, deren Grundlage Achtung vor vertraglich vereinbarten Rechten und die Rückkehr zum Verfahren der Vertragsschlüsse sein müsse. Frances Wise schildert anschaulich die solidarische Stimmung und Begeisterung, die sich unterwegs entwickelte:

> Viele der Leute, die mit uns zogen, waren in der Verfassung, in der ich mich vor Alcatraz befunden hatte. Sie verstanden nicht ganz, was vorging, waren aber interessiert. Viele Leute schlossen sich uns an. Ich erinnere mich noch, wie ich außerhalb von Kolumbus in Ohio eine Kleeblatt-Auffahrt zur Autobahn entlangfuhr. Vor uns und hinter uns waren nichts als Autos zu sehen, mit eingeschalteten Scheinwerfern und roten Fähnchen, die an den Antennen flatterten. Es war wirklich kaum zu fassen. So stark waren wir! Und wir unternahmen etwas! Es war aufregend und tiefbefriedigend. Man fühlte sich wie

aus der Knechtschaft befreit. Das ganze Indianerland wußte, daß die Indianer im Aufbruch waren.

Als sie indes in Washington eintrafen, verschlechterte sich die Atmosphäre rasch. Die Regierung, die nicht recht wußte, wie sie reagieren sollte – der Stellvertretende Innenminister hatte den Marschierern öffentlich staatliche Kooperation angeboten, gleichzeitig aber den Beauftragten für Indianerangelegenheiten angewiesen, das Amt solle »keinerlei direkte oder indirekte finanzielle Unterstützung gewähren« –, hatte weder angemessene Unterkünfte für die Marschierer bereitgestellt noch Treffen mit dem Präsidenten und anderen hochrangigen Persönlichkeiten vorgeplant. Das Faß zum Überlaufen brachte, daß man den Ureinwohnern mit der Begründung, sie kämen »mit einem politischen Anliegen«, die Erlaubnis verweigerte, ihre Kriegstoten auf dem Arlington-Friedhof zu ehren. Wütend besetzten sie das Gebäude des Amts für Indianische Angelegenheiten, und als bewaffnete Polizei sie zu vertreiben versuchte, errichteteten sie drinnen aus Mobiliar und Büroeinrichtungen Barrikaden. Nach sechs Tagen einer extrem angespannten Situation ließen sie sich schließlich bereden, das Haus zu räumen, ohne daß es zu Blutvergießen oder anschließender gerichtlicher Verfolgung kam; sie nahmen das Versprechen mit – das vorübergehend zurückgezogen wurde, als sich herausstellte, daß sie einige Dokumente hatten mitgehen heißen –, man werde ihre Forderungen prüfen und beantworten. Erst Anfang des folgenden Jahres, als das Interesse der Öffentlichkeit und der Medien bereits wieder abgeflaut war, bequemte sich die Regierung zu einer endgültigen Stellungnahme: sie erklärte das Zwanzig-Punkte-Programm für nicht realisierbar und lehnte es pauschal ab.

Obwohl die Fährte der Gebrochenen Verträge in mancher Hinsicht Zeugnis von der Fähigkeit der Ureinwohner ablegte, ihre Differenzen zu überbrücken und zusammenzuarbeiten, ließ sie doch auch ein paar unheilvolle Risse in ihren Gemeinschaften sichtbar werden. Die seit jeher stammesbewußten Gruppen fühlten sich manchmal ehrlich (wenn auch unausgesprochen) abgestoßen durch den in ihren Augen fundamentalistischen Fanatismus der »wiedergeborenen« Indianer, die ihnen vorwarfen, sie hätten die »guten alten Sitten« verraten. Um es mit den Worten eines Sioux zu sagen: »Ich brauche keinen städtischen Aktivisten, der mir erzählt, wie ich Indianer zu sein habe. Ich bin immer Indianer gewesen. Um das zu beweisen, muß ich keine Federn anlegen.«

Ein paar murrten sogar, die Neuen seien gar keine »richtigen« Indianer, sondern einfach nur »Hippies«, deren romantische Vorstellung von Eingeborenenkultur hauptsächlich aus den Filmen und Büchern von Nichtindianern, statt aus eigener Erfahrung, stammten.

Einige Stammesführer hatten praktischere Gründe, die Aktivisten zu fürchten. Viele von ihnen hatten sich tief mit dem in wachsendem Maße unpopulären und schlecht beleumundeten Amt für Indianische Angelegenheiten eingelassen: ein paar hatten von dem – oft heimlichen – Verkauf von Pachten profitiert, und selbst diejenigen, die nicht korrupt waren, vertraten die Ansicht, die Amerikanische Indianerbewegung und ihr Anhang könnten durch die Unruhe, die sie stifteten, die Lage nur verschlimmern. Mit offener Unterstützung der Regierung gründeten im Jahre 1970 eine Reihe von ihnen den konservativen Verband der Stammesvorsitzenden, um dem Einfluß der Radikalen entgegenzuwirken, und während der Besetzung des Amts für Indianische Angelegenheiten akzeptierten mehrere Vorsitzende brav eine Einladung zur Teilnahme an einer Pressekonferenz, auf der die Protestierer als »fehlgeleitete, städtisch orientierte Indianer« schlechtgemacht wurden. (In Verlegenheit brachte sie und die Behörden die Tatsache, daß einige der Organisatoren der Fährte der Gebrochenen Verträge ebenfalls dort erschienen und sie als »Marionetten des Amts für Indianische Angelegenheiten« ohne Anspruch auf Repräsentativität beschimpften.)

All diese Spannungen erreichten ihren Kulminationspunkt ein paar Monate später im Pine Ridge-Reservat der Oglala-Sioux in Süddakota. Im April 1972 wurde Dick Wilson, ein rechtsorientierter, mischblütiger Viehzüchter, der den Radikalen zutiefst feindselig gegenüberstand – er hatte einmal getönt, er werde eigenhändig »Russell Means die Haarbänder abschneiden« – und die vorwiegend reinblütigen Traditionalisten haßte, zum Vorsitzenden des Stammesrats gewählt, angeblich nachdem er durch nichtindianische Alkoholschmuggler und Händler Hunderte von Stimmen mittels Alkohol und Bestechungsgeldern hatte kaufen lassen. Obwohl als Säufer und Gewaltmensch berüchtigt, wurde er von den Beamten der Ortsvertretung des Amts für Indianische Angelegenheiten unterstützt, die in ihm ein nützliches Bollwerk gegen die zunehmend militanten und einflußreichen Aktivisten sahen.

Wilson etablierte sich sogleich als eine Art Miniaturdiktator à la Dritte Welt, vergab an Familienmitglieder und Freunde Posten, zweigte Regierungsgelder für seinen Anhang ab, setzte einen bewaffneten Schlägertrupp ein, um seine Gegner zu terrorisieren – und manchmal auch umzubringen –, und schickte den Stammesrat nach Hause, wenn dieser ihn kritisierte. Das Amt für Indianische Angelegenheiten unternahm nichts, um diesen schreienden Amtsmißbrauch zu beenden: Als er widerrechtlich den Stellvertretenden Stammesvorsitzenden entließ und Mitglieder der Amerikanischen Indianerbewegung von der Teilnahme an Versammlungen im Reservat ausschloß, gab ihm das Amt im Gegenteil weitere 62 000 Dollar, damit er das Gebäude des Amts und die Stammeszentrale durch zusätzliche Polizeikräfte schützen konnte.

Angesichts zunehmender Gewalttätigkeit und Unterdrückung riefen Hunderte von Traditionalisten und anderen Oglalas die Oglala-Sioux-Bürgerrechtsorganisation ins Leben, um Wilson die Stirn zu bieten; drei von den suspendierten Stammesräten strengten gegen ihn ein Absetzungsverfahren an. Das Hearing erwies sich indes als Farce: Wilson stand hinter dem Richter, den er selbst ernannt hatte, soufflierte ihm und spielte sowohl Staatsanwalt als auch Verteidiger. Als Wilson erwartungsgemäß den Prozeß gewann, hielt die Bürgerrechtsorganisation voller Empörung eine Versammlung ab, auf der beschlossen wurde, die Amerikanische Indianerbewegung aufzufordern, ins Reservat zu kommen und beim Sturz des vom Amt für Indianische Angelegenheiten protegierten Stammesrats und der Einsetzung einer ordentlichen Verwaltung mitzuhelfen. Mary Crow Dog erinnert sich, wie sie mit dem Kontingent der Amerikanischen Indianerbewegung dort eintraf:

> Die Szene … war durchaus friedlich. Kinder spielten Frisbee. Die Älteren tranken Kaffee aus Papierbechern. Ein alter Mann erzählte mir: »Was sollen wir machen? Halten wir es mit der Amerikanischen Indianerbewegung, sind wir üble Verräter. Halten wir es mit Dickie Wilson, sind wir gottverdammte Schläger. Halten wir es mit der Regierung, sind wir überhaupt keine Indianer.« All die alten Häuptlinge mit den geschichtsträchtigen Namen waren da und all die Medizinmänner … Nur ein einziger wichtiger Mann von den Traditionalisten fehlte, der zu alt und krank war, um teilzunehmen … Im Gegensatz zu den späteren Behauptungen der Medien handelte es sich bei der überwältigenden Mehrheit der Anwesenden um Sioux, die im Reservat geboren und aufgewachsen waren. Russell Means sagte ein paar Worte, an die ich mich noch immer erinnere, wenn ich sie auch nicht mehr wörtlich wiedergeben kann. Der Tenor seiner Rede war: »Wenn ich schon sterben muß, dann nicht in einer Kneipenschlägerei oder bei einem dummen Autounfall, sondern dann möchte ich, daß mein Tod irgendeinen Sinn hat. Vielleicht ist die Zeit gekommen, wo wir ein paar indianische Märtyrer brauchen.« Ein alter Mann erklärte sinngemäß, er habe sein ganzes Leben in Pine Ridge in Finsternis verbracht. Die Weißen und Männer wie Wilson hätten über das ganze Reservat eine Decke geworfen, und er hoffe, wir würden diese Decke wegreißen und ein bißchen Sonnenschein hereinlassen.
> Mir ging allmählich auf, daß Geschehnisse bevorstanden und ich mit eigener Person in Dinge verwickelt sein würde, wie ich sie bis dahin noch nie erlebt hatte. Ich glaube, alle Anwesenden empfanden dasselbe – eine Aufregung, die uns die Kehlen zuschnürte. Aber es gab immer noch keinen konkreten Aktionsplan. Wir waren immer davon ausgegangen, daß wir zur Stadt Pine Ridge, dem Verwaltungszentrum des Reservats, dem Sitz Wilsons und der Regierung, ziehen würden. Wir hatten immer angenommen, das Schicksal der Oglala werde sich dort entscheiden. Aber im Fortgang der Unterredungen wurde deutlich, daß niemand von uns einen Sturm auf das mit Schlägern, Bezirkspolizei und FBI-Beamten vollgestopfte Pine

Ridge erwartete. Wir wollten uns nicht abschlachten lassen. Es gab bereits zu viele massakrierte Indianer in unserer Geschichte. Aber wenn nicht Pine Ridge, was dann? Ich erinnere mich, daß es die älteren Frauen wie Ellen Moves Camp und Gladys Bissonette waren, die zuerst die Zauberworte ›Wounded Knee‹ aussprachen und sagten: »Zieht los und postiert euch bei Wounded Knee. Wenn ihr Männer das nicht tut, könnt ihr hierbleiben und in alle Ewigkeit schwatzen, und wir Frauen werden es machen.«

Am nächsten Tag, dem 27. Februar 1973, zog ein Korso von etwa 50 Autos in Richtung Wounded Knee los, fuhr durch die Stadt Pine Ridge, wo »die Mischlinge und Schläger, die Bezirkspolizisten und Scharfschützen der Regierung uns von den Dächern, auf denen sie postiert waren, beobachteten und darauf warteten, daß wir anhielten und uns auf eine Auseinandersetzung einließen ...«. Als sie schließlich ankamen, erzählt Mary Crow Dog,

standen wir auf dem Hügel, auf dem sich das Schicksal der alten Sioux-Nation, der Nation von Sitting Bull und Crazy Horse, entschieden hatte und wo wir selbst nun unserem eigenen Schicksal Aug in Aug gegenübertraten ...
... Es fielen ein paar Schneeflocken. Wir alle spürten die Gegenwart der Geister derer, die in dem nahegelegenen langen Graben lagen [gemeint sind die Opfer des Massakers von 1890], und fragten uns, ob wir im Begriff standen, uns ihnen beizugesellen, fragten uns, wann die Bezirkspolizei anrücken würde. Wir wußten, daß wir nicht lange auf ihre Ankunft würden warten müssen.
Die jungen Männer befestigten Federn an ihren Haarbändern; sie waren keine arbeitslosen Jugendlichen, keine halbwüchsigen Straftäter, keine Saufbrüder mehr, sondern Krieger. Ich dachte an unsere alten Kriegerbünde, die Präriefüchse, die Starken Herzen, die Dachse, die Hundekrieger. Die Präriefüchse – die Tokalas – pflegten lange Leibbinden zu tragen. Mitten im Kampf stieg ein Tokala manchmal vom Pferd und heftete das Ende seiner Leibbinde am Boden fest. Damit bekundete er seine Entschlossenheit, an dieser Stelle auszuharren und zu kämpfen, bis er fiel oder bis ein Freund sich zu ihm

> durchkämpfte und ihn losmachte oder bis der Sieg errungen war. Jung und alt, Mann und Frau, waren wir alle zu Präriefüchsen geworden, und Wounded Knee war die Stelle, wo wir uns festgeheftet hatten. Bald würden wir eingekreist und kein Rückzug mehr möglich sein. Soweit ich wußte, gab es niemanden, der uns hätte »losmachen«, nichts, was uns hätte zu Hilfe kommen können. Irgendwo draußen, auf der Prärie, die uns umgab, sammelten sich die Streitkräfte des Staates, der stärksten Macht auf Erden.

Sie mußten nicht lange warten. Einheiten der Bundesregierung, die unter dem Vorwand alarmiert worden waren, es habe bei Wounded Knee einen »Einbruch« gegeben, kreisten das Gebiet rasch ein und riegelten es durch Straßensperren ab. Die Besetzer errichteten daraufhin ihrerseits Barrikaden und verschanzten sich – und etliche dort wohnenden Sioux und Nichtindianer – im Dorf.

Die Belagerung von Wounded Knee dauerte 71 Tage und stellt damit einen der ernsthaftesten Ausbrüche ziviler Unruhen in der modernen Geschichte der USA dar. Im Dorf befanden sich Hunderte von Sioux und – wechselweise – Angehörige von 64 anderen Stämmen sowie eine Handvoll Schwarze, Chicanos und euroamerikanische Sympathisanten, denen es gelungen war, sich an den Straßensperren vorbeizumogeln; umringt waren sie zuletzt von mehr als 300 bewaffneten Schlägertypen, Männern der Nationalgarde und Bundesvollzugsbeamten aus einer Eliteeinheit für Spezialeinsätze. Nachdem ihnen am 11. März eine Untersuchung ihrer Beschwerden durch einen Kongreßausschuß verweigert worden war, veranstalteten die Indianer eine feierliche Zeremonie, verkündeten die Bildung einer neuen Unabhängigen Oglala-Nation, verlangten die Abschaffung des Stammesrats und forderten, die Regierung solle künftig mit ihnen nach Maßgabe des Vertrags von Fort Laramie aus dem Jahre 1868 verhandeln.

Wie Alcatraz erregte auch Wounded Knee ein gewaltiges Medieninteresse und löste bei Ureinwohnern und Radikalen überall im Land eine Woge der Sympathie aus. In mehreren Städten kamen bei Protestaktionen zugunsten der Amerikanischen Indianerbewegung indianische und hispanoamerikanische Demonstranten ums Leben. Anhänger brachten mit Kleinflugzeugen Nachschub ins Dorf oder schmuggelten ihn durch den Sperrgürtel, der das Dorf umgab. Nach und nach allerdings verstärkte die Regierung ihren Griff, flog zusätzliche Kräfte ein, nahm bekannte Sympathisanten fest, die mit Waffen und Vorräten unterwegs zum Reservat waren, und ließ Hubschrauber patrouillieren, um die Versorgung aus der Luft zu verhindern. Gleichzeitig kam es zu immer heftigeren Feuerwechseln, bei denen zwei Besetzer umkamen und ein Vollzugsbeamter der Regierung schwer verwundet wurde. Statt indes zum Generalangriff zu blasen – wie Wilson ungeduldig forderte –, bemühten sich die Bundesbehörden, die nur zu genau wußten, daß sie es bitter würden büßen müssen, wenn es zu weiterem Blutvergießen kam, den Belagerungszustand mittels Verhandlungen und Zermürbungstaktik zu Ende zu bringen.

Ihre Geduld zahlte sich aus. Anfang Mai willigten die Besetzer ein, die Waffen niederzulegen und das Dorf zu räumen, und erhielten dafür das feste Versprechen, man werde sie gegen Wilsons Herrschaft schützen, und später im gleichen Monat würden sich Vertreter der Bundesregierung mit ihnen zusammensetzen, um über den Vertrag von 1869 zu diskutieren. Das Treffen fand wie geplant statt, aber zu dem versprochenen Folgetreffen zwei Wochen später erschien die Regierungsdelegation nicht mehr. Statt dessen übergab ein Bundesbeamter den zu Hunderten wartenden Sioux den Brief eines engen Mitarbeiters des Präsidenten, in dem dieser sie kurz und knapp informierte: »Die Zeit der Vertragsschlüsse mit den Indianern endete im Jahre 1871, vor 102 Jahren. Nur der Kongreß kann Gesetze aufheben oder ändern, die seit 1871 in Kraft getreten sind, wie etwa das Indianerneuordnungsgesetz ...«

Daß die Belagerung von Wounded Knee den Höhepunkt der politischen Akivitäten der Ureinwohner bildete, wirkt irgendwie passend. Obwohl die Radikalenbewegung andauerte – im Jahre 1974 zum Beispiel richtete die Amerikanische Indianerbewegung den Internationalen Vertragsrat ein, um bei der UNO und bei anderen Nationen die Anerkennung der Souveränität der amerikanischen Ureinwohner zu erreichen –, gelang es nicht mehr, das gleiche Maß an öffentlicher Beachtung und Unterstützung zu finden. Während die USA sich aus den beiden Konfliktfeldern – dem Vietnamkrieg und dem Krieg gegen die Armut – zurückzogen, die das vorangegangene Jahrzehnt so sehr geprägt hatten, verschrieb sich das Land allmählich einer mehr auf Konsens und Konfliktscheu abgestellten Stimmung, was abermals ebenso unausweichlich wie unmerklich die Art und Weise veränderte, wie die Ureinwohner gesehen wurden und wie sie sich selbst sahen.

Selbst als die proindianische Stimmung auf dem Höhepunkt war – was sich in dem riesigen Erfolg von Filmen wie *Das Wiegenlied vom Totschlag* und *Little Big Man* widerspiegelte –, setzte sich der allgemeine, gefühlvolle Anteil, den viele Menschen am »harten Los« der amerikanischen Ureinwohner nahmen, nicht immer in Unterstützung für ihre politischen Forderungen um. Wie sich Vine Deloria jr. in *God is Red* erinnert, fiel es – wie ohne weiteres verständlich – den Nichtindianern gewöhnlich leichter, sich mit den Leiden der toten Ureinwohner zu identifizieren, als mit den Kämpfen ihrer lebenden Nachfahren.

> Während der nächsten vier Jahre hatte man den Eindruck, daß jedes Buch über heutige Indianer prompt unter einem Buch begraben wurde, das die »wirklichen« Indianer von Annodazumal zum Thema hatte. Die Öffentlichkeit wandte sich zum weit überwiegenden Teil Büchern wie *Begrabt mein Herz an der Biegung des Flusses* oder *The Memoirs of Chief Red Fox*, um sich nicht mit den Anklagen auseinandersetzen zu müssen, die in *The Tortured Americans* und *Custer Died for Your Sins* von heutigen Indianern erhoben wurden ... Jede Verwandlung von Indianerland in Staatseigentum sorgte dafür, daß noch mehr Exemplare des Brownschen Berichts über die Kriege von 1860 [*Begrabt mein Herz an der Biegung des Flusses*] verkauft wurden.

Im Laufe der 70er Jahre schlug diese Vogel-Strauß-Haltung immer stärker in eine von Ungeduld und Reizbarkeit geprägte Einstellung um. Bereits 1972, während der Besetzung des Amts für Indianische Angelegenheiten, warnte die *Washington Evening Star*:

> Die Jahre hindurch hat es große Reserven an öffentlicher Sympathie für die Ureinwohner gegeben, aber die müssen angesichts des gräßlichen Schauspiels, das sich in den vergangenen Tagen hier abgespielt hat, zwangsläufig schwinden. Die Sympathien könnten fast völlig versiegen, wenn indianische Extremisten noch mehr solche gefährlichen und zerstörerischen Aktionen unternehmen.

Fast von niemandem bemerkt, sieht man einmal von den am unmittelbarsten Betroffenen ab, nutzte die Regierung der USA diese konservativere und zum Duckmäusertum neigende Stimmung, um einen rücksichtslosen Krieg gegen die »Extremisten« in der Amerikanischen Indianerbewegung und in anderen radikalen Organisationen zu entfesseln. Bundesagenten, darunter eine Gruppe der Einheit für besondere Waffen und Spezialtaktiken, wurden nach Pine Ridge geschickt, um bei einer brutalen Unterdrükkungskampagne, die reichlich Menschenleben forderte, die Polizei des Amts für Indianische Angelegenheiten und Wilsons Schlägertrupps zu unterstützen. Mittels einer ganzen Palette von mehr oder minder unredlichen Taktiken – in einem Fall hatte sich das FBI, wie der Richter feststellte, »auf allertiefstes Niveau begeben« und Meineide geleistet, Dokumente gefälscht und einen bezahlten Spitzel eingesetzt – unterwarfen die polizeilichen Einrichtungen des Bundes und des Bundesstaats die Führer der Amerikanischen Indianerbewegung einer systematisch geübten Schikane, mit dem Ergebnis, daß fast ständig der eine oder andere von ihnen vor Gericht stand oder im Gefängnis saß: in den sechs Jahren nach der Belagerung wurden zum Beispiel gegen Russell Means insgesamt 40 Anklagen erhoben, von denen 39 mit einem Freispruch endeten. Gleichzeitig wurde die Bewegung durch einen Bundesagenten namens Douglass [sic!] Durham geschwächt, der sich in die Führungsgruppe einschlich und es zum Sicherheitschef brachte.

Die anderen Führer der Ureinwohner, selbst jene, die persönlich mit den Radikalen sympathisierten, brauchten nicht lange, um aus den Erfahrungen der Amerikanischen Indianerbewegung ihre eigene Lehre zu ziehen: Abweichende Ansichten und aktiver politischer Widerstand wurden nur in bestimmten, eng gesteckten Schranken geduldet; wer etwas erreichen wollte, mußte den Gang durch das System und seine Institutionen antreten. Das System selbst aber hatte sich unter dem Eindruck des Aufruhrs der letzten zehn Jahre verändert. Angesichts der wachsenden Unruhe in den Gemeinschaften der Ureinwohner hatte die Regierung ganze Scharen von Sondereinheiten, Kommissionen und Untersuchungsausschüssen eingerichtet, um herauszufinden, »was die Indianer wollen«. Unter anderem gelangte man fast einhellig zu dem Ergebnis, daß die Indianer *keine* Abwicklung wollten, und im Jahre 1970 erklärte Nixon in seiner Botschaft an den Kongreß:

> Weil die Abwicklung moralisch und rechtlich unannehmbar ist, weil sie schlechte Resultate erzielt und weil sich schon die bloße Drohung der Abwicklung lähmend auf die Fähigkeit der indianischen Gruppen auswirkt, für sich selbst aufzukommen, bitte ich den Kongreß, einen neuen gemeinschaftlichen Beschluß zu fassen, durch den die Abwicklungspolitik, wie sie in dem gemeinschaftlichen Beschluß des Hauses Nr. 108 aus der 83. Sitzungsperiode formuliert ist, ausdrücklich abgelehnt, verworfen und widerrufen wird. Dieser Beschluß sollte allen indianischen Stämmen und Ureinwohnerverwaltungen Alaskas ihre Integrität und ihr Recht auf fortdauernde Existenz explizit garantieren, in Anerkennung der Tatsache, daß der kulturelle Pluralismus ein Kraftquell unserer Nation ist.

Die Regierungszeiten Nixons und Fords brachten weitere ermutigende Anzeichen für eine bescheidene Neuorientierung in der Regierungspolitik. Im Jahre 1970 beschloß die Regierung, den heiligen Blauen See von Taos Pueblo, der 1907 den Indianern ohne Rücksprache und Entschädigung weggenommen worden war und um dessen Rückgabe sich diese seitdem bemüht hatten, ihnen als Zeichen des guten Willens endlich wieder zurückzugeben. Zwei Jahre später verabschiedete der Kongreß ein Unterrichtsgesetz für Indianer, das den Ureinwohnergemeinschaften die Möglichkeit eröffnete, eigene Schulen zu betreiben und den Lehrplan so anzupassen, daß in ihm indianische Traditionen ihren Niederschlag fanden; im Jahre 1975 folgten dann das Indianerselbstbestimmungsgesetz und das Unterrichtsunterstützungsgesetz, die es den Stämmen erlaubten, sich, falls gewünscht, mit der Regierung über die eigenständige Durchführung von Regierungsprogrammen zu verständigen.

Diese beschränkten Veränderungen blieben weit hinter den wilden, begeisternden Visionen von Freiheit, Souveränität und Wiedergeburt zurück, wie sie die Radikalen bei den Fish-ins und auf Alcatraz, auf der Fährte der Gebrochenen Verträge und bei Wounded Knee inspiriert hatten; immerhin aber boten sie eine konkrete, praktische Alternative zur Abwicklung. Überall im Land machten sich Neue Indianer erwartungsvoll oder widerwillig und in einigen Fällen auch mit subversiven Absichten daran, in der schönen neuen Welt der Selbstbestimmung – oder, mit Russell Means gesagt, »Selbstverwaltung« – Fuß zu fassen.

EPILOG

Wenn fast an jeder Ecke und in jedem Winkel unseres Landes indianische Bingospiele surren und sich das heiligste Ritual der Römisch-Katholischen Kirche unter den Nagel reißen und das Geld des Weißen Mannes so rasch, wie man es sich überhaupt nur wünschen kann, einsammeln und zurückgewinnen, dann geht es voran. Wenn Massen junger Weißer den Westen durchstreifen, überzeugt davon, daß sie Pfeifenträger der Oglala-Sioux sind und die heilige Mission erfüllen, »Mutter Erde« zu schützen, und wenn sich Priester und Pfarrer, Wissenschaftler und Arzneimittelfirmen, Ökologen und Umweltforscher auf der Suche nach neuen Ritualen, neuen Arzneien oder neuer Erdverbundenheit in den Reservaten drängen, dann könnte es so scheinen, als ob die Indianer es endlich geschafft hätten. Tatsächlich sind manche Stammesvorsitzenden mittlerweile wohlgelittene Republikaner, die sich Sorgen wegen der Verbreitung von Schußwaffen, der gesellschaftlichen Moral und der religiösen Unterweisung in den Schulen machen. In vieler Hinsicht ähneln die Indianer in zunehmendem Maße mittelständischen Amerikanern.

... Die Lage wäre in der Tat gefährlich, hätte nicht die weiße Bevölkerungsmehrheit in der letzten Generation ihre Zeit damit verbracht, auch ihre eigene Kultur zu demontieren. Ein reizender Essay in einer Ausgabe der Zeitschrift Time *warf im Jahre 1994 die Frage auf, wie in einer Gesellschaft, in der die Leute alles mitmachen, was gerade »in« ist, noch irgend etwas feststehen könne. Das Problem dieser Sucht zum Im-Trend-Sein spielt uns geradezu in die Hände. Indianer können immer Weiße werden, weil die Anforderungen hierfür nicht sehr rigide sind, aber können Weiße auch richtige Indianer werden? Eine ganze Menge Leute sind an einer Antwort ernsthaft interessiert. Sie sind unzufrieden mit ihrer Gesellschaft, ihrem Staat, ihrer Religion, kurz, mit allem um*

sie herum, und nichts erscheint ihnen reizvoller, als alle Hemmungen fallenzulassen und stracks in die Natur zurückzukehren oder jedenfalls in einen Naturmuseumspark, um dort dem Adel des verschlagenen Wilden nachzuspüren, der einst die Zivilisation physisch bekämpfte und jetzt, jedenfalls symbolisch, erneut dazu bereit ist.

Vine Deloria jr., Red Earth, White Lies

Wie können wir dafür sorgen, daß die Stämme dauerhaft als politische Einheiten und als Teil des amerikanischen Systems wahrgenommen werden? Wir sind mehr als einfach nur kleine Kulturunikate. Aber ich glaube nicht, daß die Menschen in ihrer Mehrzahl oder die Bundesregierung uns als einen bleibenden Teil des Systems betrachtet. Wir sind die beschwerliche Aufgabe leid, den Kongreß und die Regierung ständig wieder über diese grundlegende Beziehung aufklären zu müssen. Wir sind nicht wie die Schwarzen, die Hispanoamerikaner oder irendeine andere ethnische Gruppe. Wir sind ein bleibender Bestandteil der politischen Struktur der Vereinigten Staaten.

Ladonna Harris, Komantsche

Vor vielen Jahren ... sahen unsere Großeltern ... unsere Zukunft voraus ... [Sie sagten:] »Große Städte werden entstehen und dann auf die Stufe niederster Wesen herabsinken ... Die Bevölkerung wird wachsen, bis das Land sie nicht mehr zu fassen vermag. Die Stämme der Menschen werden sich vermengen. Die finsteren Flüssigkeiten, die sie trinken, werden die Menschen dazu bringen, einander zu bekämpfen. Familien werden zerbrechen, Väter werden sich gegen die Kinder und Kinder gegeneinander wenden.

Vielleicht, wenn die Menschen sich zugrunde gerichtet haben ... steigt unser Vater, die Sonne, nicht mehr empor, um den Tag zu beginnen. Dann werden sich unsere Besitztümer in wilde Tiere verwandeln und uns mit Haut und Haar verschlingen.

Weissagung der Zuñi

Man könnte behaupten, daß im letzten Viertel des 20. Jahrhunderts die Welt der amerikanischen Ureinwohner widersprüchlicher und undurchsichtiger geworden ist, als sie es jemals in den vergangenen 500 Jahren war. Ein Strudel von Strömungen und Gegenströmungen in der Gesamtgesellschaft der USA und in den indianischen Gemeinschaften selbst hat ein so komplexes Bild entstehen lassen, daß es sich mehr noch als die Konstellationen der früheren Geschichte der Analyse entzieht. Der ewige Drang zur Vereinfachung, die Neigung, Unreinwohnervölker auf ein Repertoire von anschaulichen, aber kindischen Klischees zu reduzieren – spirituelle Naturverehrer, tragische Opfer, unverantwortliche Nichtsnutze in ihnen zu sehen –, fügt zu den immer stärkeren Verkrustungen, die das Ergebnis von Ironie und Ambivalenz sind, nur eine weitere Schicht hinzu.

Im Zuge umfassenderer Bemühungen, den Minderheiten gegenüber größere Einfühlung zu beweisen, wurden aus »Indianern« »Amerikanische Ureinwohner«. Einige Ureinwohner haben den Begriff übernommen, weil sie darin eine Waffe gegen Vorurteile und »negative Stereotypisierungen« sehen; viele andere allerdings – von denen die todernsten Liberalen, die Na, na! rufen und mißbilligend den Kopf schütteln, wenn jemand das Wort »Indianer« in den Mund nimmt, offenbar nichts wissen – bezeichnen sich immer noch als Indianer, wenn sie ihren eigenen Stammesnamen, den sie bevorzugen, nicht verwenden können. Für Tausende, besonders in den Reservaten, ist das Ganze ein bloßer Etikettenschwindel, wieder so eine von Nichtindianern ausgedachte Lösung für das »Indianerproblem«, um sich nicht den wirklichen Problemen der Entfremdung, Armut und Vertreibung stellen zu müssen. Andere wiederum sehen darin mehr Tücke am Werk: den Versuch, durch einen Zungenschlag Jahrhunderte des Unverständnisses, der Tragödien und des Leidens wegzuzaubern. Ein Stammesvorsitzender vertrat mir gegenüber sogar die Ansicht, der wahre Zweck des Namenswechsels sei eine Art von verbaler Abwicklung: da alle Verträge und Gesetze im Zusammenhang mit den Ureinwohnern das Wort »Indianer« benutzten, werde durch den Gebrauch eines anderen Begriffs ihre rechtliche Stellung verunklart und untergraben.

»Amerikanischer Ureinwohner« impliziert die Annahme, daß all die ungeheuer vielfältigen Ureinwohnergesellschaften der amerikanischen Kontinente – die, bevor sie mit den Europäern in Berührung kamen, keine Vorstellung von sich als den »Eingeborenen Amerikas« hatten und sich nie als eine einheitliche, kontinentale Population betrachteten – eine zusammenhängende Gruppe von »anderen« bilden. So gesehen, ist der Begriff letztlich ebenso eurozentrisch wie »Indianer«. Die Bereitschaft von Millionen Nichtindianern, sich den Gebrauch des neuen Begriffs anzutrainieren, im ernsthaften – wenn auch vielleicht unklaren – Bemühen, bei den Betroffenen keinen Anstoß zu erregen, deutet dennoch darauf hin, daß man, zumindest abstrakt, den Ureinwohnern mittlerweile mit größerer Achtung begegnet. Einen schlagenden Beweis für diesen Stimmungsumschwung liefern die letzten drei Volkszählungen, bei denen die Zahl der US-Bürger, die sich als »Indianer« bezeichneten, von knapp über einer halben Million im Jahre 1960 auf fast zwei Millionen im Jahre 1990 hochschnellte. Demographische Untersuchungen zeigen, daß sich diese überwältigende Zunahme nur teilweise aus hohen Geburtenraten und gesunkenen Sterblichkeitsziffern erklären läßt: viel davon geht vielmehr aufs Konto eines neuen, positiveren Klimas, in dem Menschen, die von Ureinwohnern abstammen und die sich bis dahin zu sehr schämten, zuviel Angst hatten oder zu desorientiert waren, um sich zu ihrer Herkunft zu bekennen, es jetzt akzeptabel finden, »Indianer zu sein«. Bissig wie stets bemerkt Vine Deloria jr. in seinem jüngst erschienenen Buch *Red Earth, White Lies*:

> Angesichts der zunehmenden Vertrautheit der Weißen mit indianischen Symbolen und Glaubensvorstellungen können wir erwarten …, daß die … Zahlen im Jahre 2000 und danach unvorstellbar stark in die Höhe schießen werden. In der Tat, ein Indianer zu sein ist heute sehr beliebt. Binnen eines Jahrzehnts führt vielleicht gar kein Weg mehr daran vorbei. Die Leute werden sich vor der Verantwortung für den traurigen Zustand der Nation drücken wollen, und die beanspruchte Zugehörigkeit zur hilflosesten rassischen Minderheit kann durchaus ein Weg sein, sich allen Vorwürfen zu entziehen.

Es gibt noch andere, greifbarere Anzeichen dafür, daß die Kultur der USA begonnen hat, »den Indianer« in freundlicherem Licht zu sehen. Seit der Kiowa-Cherokee N. Scott Momaday im Jahre 1969 für seinen Roman *The House Made of Dawn* den Pulitzer-Preis bekommen hat, sind zahlreiche Autoren und Akademiker aus den Reihen der Ureinwohner – Paula Gunn Allen, Louise Erdrich, Leslie Marmon Silk, Gerald Vizenor und andere – mit Büchern hervorgetreten, die häufig mythologische Themen behandeln und das indianische Leben schildern und zum Gegenstand der Reflexion machen. Künstlerische und kunsthandwerkliche Produktionen der Ureinwohner Amerikas, insbesondere Töpferwaren, Schmuck und Decken aus dem Südwesten, werden von Sammlern überall auf der Welt hoch geschätzt, und mehrere der Künstler haben sich einen internationalen Ruf erworben. Der Erfolg von *Der mit dem Wolf tanzt* Anfang der 90er Jahre beförderte Wildleder, Perlen und Türkise in den Rang von Modeartikeln und hatte eine ganze Latte von Artikeln in Hochglanzzeitschriften zur Folge, die sich mit dem »indianischen Look« beschäftigten. Keine Frage, daß auch nach 500 Jahren der Hunger der Euro-Amerikaner nach dem wilden, exotischen, eingeborenen »anderen« immer noch ungesättigt ist.

Vielen Ureinwohnergruppen ist die tolerantere Atmosphäre zum Guten ausgeschlagen. Nach jahrelangem Kampf sind viele der Stämme und Horden, die in den 50er und 60er Jahren abgewickelt wurden, wieder von der Bundesregierung anerkannt worden (wobei allerdings die Klamath immer noch nur erst ein paar Hektar ihres früheren Reservats zurückbekommen haben). Andere kleine, marginale Gemeinschaften in Neuengland und im Südosten der USA, die *nie* von der Regierung anerkannt waren – zumeist deshalb, weil ihre Vorfahren ihr Land nicht im Rahmen eines Vertrages mit der Bundesregierung abgetreten hatten, wie es das Handels- und Verkehrsgesetz von 1790 verlangte, sondern aufgrund von mehr oder minder betrügerischen »Verträgen« mit Kolonial- oder Einzelstaatsverwaltungen oder mit Privatpersonen –, traten aus ihrer Schattenexistenz heraus und verklagten die USA auf Wiedergutmachung. Einige dieser Rechtsfälle wurden abgewiesen, aber mehrere hatten Erfolg: die Penobscot und die Passamaquoddy im Staate Maine zum Beispiel gewannen 122 000 Hektar Land, 27,5 Millionen Dollar und Anerkennung als »indianische Stämme«. Auch wenn das weit weniger war als die fünf Millionen Hektar und 25 Milliarden Dollar, die sie gefordert hatten, stellte das Urteil für Menschen, die als »die Nigger von Maine« an Diskriminierung und Vernachlässigung nur zu gewöhnt waren, einen wichtigen Durchbruch dar.

Daß die Ansprüche der Indianer im Osten der USA auf die Rückgabe von Land derart um sich griffen, hatte zum Teil seinen Grund in der wachsenden Zahl von Rechtsanwälten, die aus den Reihen der Ureinwohner kamen und von denen viele sich Organisationen wie dem Amerikanisch-Indianischen Rechtshilfezentrum und dem Rechtsfonds der Amerikanischen Ureinwohner anschlossen, um den Ureinwohnergemeinschaften dabei zu helfen, das »Gesetz des Weißen Mannes« zu ihrem Vorteil zu wenden, statt ihm zum Opfer zu fallen. Neben vielen anderen Rechtsfällen griff der Rechtsfonds zum Beispiel den Fall der Paiute vom Pyramid Lake auf, die am Ende ihrer Kräfte und völlig desorientiert waren, und verfolgte ihn hartnäckig durch alle Instanzen, bis schließlich ein Teilerfolg errungen wurde, der – fürs erste jedenfalls – den See gerettet zu haben scheint. Unmengen von weiteren Prozessen, in denen es um die Aufrechterhaltung von Stammesverwaltungen oder um die Rückgabe von Land ging, haben zu Erfolgen geführt, wie sie wahrscheinlich vor zwei Generationen noch undenkbar gewesen wären. Gleichzeitig ist tiefempfundenen Bekümmernissen der Indianer wegen der Entweihung von Begräbnisstätten und der Wegnahme von Artefakten durch Ethnologen und Archäologen im Jahre 1990 mittels des Gesetzes zum Schutz und zur Wiederherstellung von Ureinwohnergräbern endlich Rechnung getragen worden; das Gesetz räumt den Stämmen eine noch nie dagewesene Befugnis ein, von Museen und Universitäten heilige Objekte und menschliche Überreste zurückzufordern.

Dennoch sind parallel zu diesen positiven Entwicklungen in vielen Gemeinschaften kulturelle und ökonomische Auflösungserscheinungen zu beobachten. Das unaufhaltsame Wachstum nichtindianischer Städte und Industrien, besonders in den Trokkengebieten des Westens und Südwestens, wo die meisten Ureinwohner leben, erzeugt einen immer stärkeren Bedarf an Wasser und führt zu einer weiteren Erschöpfung der Flüsse und wasserhaltigen Bodenschichten, auf die viele Reservate für ihr Überleben angewiesen sind. Edward C. Johnson, der Führer der nördlichen Paiute, rückt das Problem bildhaft vor Augen:

> Unsere natürlichen Ressourcen sind begrenzt ... Die Vereinigten Staaten sind wie eine große Krake, die mit ihren Polypenarmen wertvolle Ressourcen aufsaugt, damit jedermann sein Leben genießen kann. Mit dieser Einstellung sehen sich die Indianer überall im Westen konfrontiert. Los Angeles entzieht, um sich entwickeln zu können, dem Owens-Tal sämtliches Wasser. Und die Indianer in Nevada finden sich in ein paar Kolonien ohne Wasserrechte und ohne Land verbannt.

Der »Winters-Doktrin« folgend, zu der ein berühmter Rechtsfall im Jahre 1908 geführt hatte, entschied das Oberste Gericht, die Ureinwohner, die unter Vertragsbedingungen Land abgetreten hätten, dürften »zuerst und vorrangig« Anspruch auf genug Wasser erheben, um den »gegenwärtigen und künftigen« Bedarf in ihren Reservaten zu decken. Als sich die Krise im Laufe der 70er und 80er Jahre immer weiter verschärfte, zogen viele Stämme, ermutigt durch Präzedenzfälle, vor Gericht, um ihre Wasserrechte zu schützen; viele von ihnen mußten allerdings rasch erkennen, daß es – naheliegenderweise – schwieriger war, einen Fall zu gewinnen, wenn man dabei in direkten Konflikt mit den vitalen Interessen von Millionen von Nichtindianern geriet. Häufig fanden sie sich in vernichtend kostspielige und alptraumhaft langsame Prozesse verstrickt, die sich jahrzehntelang hinschleppten, während die Kläger mit ansehen mußten, wie ihre Reservate immer weiter zugrunde gingen.

Einige Stämme wie etwa die Pima im Gila River-Reservat in Arizona haben bereits erleben müssen, wie sich das Land, das sie jahrhundertelang gewissenhaft bewässert hatten, in Staub verwandelte. Scharen anderer Reservate stehen kurz vor der Katastrophe. Für sie sind die Fortschritte der letzten drei Jahrzehnte praktisch ohne Bedeutung, sofern und solange nicht das Wasserproblem eine Lösung findet: Keine noch so große kulturelle Aufgeschlossenheit – oder auch großzügige Rückerstattung von Land – wird Gemeinschaften helfen können, die so ausgedörrt sind, daß ihr Land praktisch unfruchtbar und unbewohnbar ist. Der Leiter von San Felipe Pueblo, Frank Tenorio, erklärte 1978:

> Viel ist über die Heiligkeit unseres Landes gesagt worden, das unseren Körper bildet, und über die Werte unserer Kultur, die unsere Seele ausmachen; das Blut unserer Stämme aber ist das Wasser, und wenn sein lebenspendender Strom versiegt oder verseucht wird, stirbt alles übrige und finden viele Jahrtausende gemeinschaftlichen Lebens ihr Ende.

Unter Präsident Reagan drängte man die Stämme, ihre gerichtlichen Bemühungen um den Schutz ihrer Wasserrechte aufzugeben und statt dessen pragmatische, »von Regierung zu Regierung« ausgehandelte Vereinbarungen mit den Behörden der jeweiligen Bundesstaaten zu treffen, um das Problem zu lösen. Auch wenn diese Kompromißstrategie viel rascher zu einem Ergebnis führte und weniger kostspielig war, brachte sie doch den Stämmen häufig weit weniger ein, als sie gefordert hatten. Indem sie auf den Schutz verzichteten, den die Verträge ihnen geboten hatten, setzten sie sich außerdem – nach Ansicht mancher Anwälte – der Gefahr aus, daß ihnen in Zukunft weitere Zugeständnisse abgefordert werden konnten. Die Traditionalisten äußerten manchmal den Verdacht, hier treibe klammheimlich die Abwicklung ihr böses Spiel: unter dem schmeichlerischen Vorgeben, die Stämme als »Regierungen« zu behandeln, höhle man ihre besonderen Beziehungen zur Bundesregierung aus und bringe sie dazu, sich immer weiter auf das US-System einzulassen.

Auch auf andere Weise untergrub die Reagan-Regierung, all ihrem einlullenden Gerede von »Achtung« und »Partnerschaft« zum Trotz, die Autonomie der Stämme und erhöhte den Druck, der sie in Richtung Assimilation trieb. Die bundesstaatlichen Gelder, die für die Stammesverwaltungen die wichtigste Einnahmequelle darstellten, wurden drastisch gekürzt; »privates Unternehmertum« erklärte man zum Allheilmittel im Kampf gegen die Armut der Indianer. Da es in den indianischen Gemeinschaften kein nennenswertes, von Ureinwohnern getragenes »Privatunternehmertum« gab, lief diese Initiative praktisch darauf hinaus, nichtindianische Firmen in die Reservate zu holen und diese also wieder den gleichen Kräften auszuliefern, die schon in der Vergangenheit die Indianer zielstrebig marginalisiert, ausgebeutet und in Armut gestürzt hatten.

Ein paar Ureinwohnergruppen hatten bereits den Versuch unternommen, das kapitale Ungeheuer zu zähmen oder ihm jedenfalls Zügel anzulegen: im Jahre 1975 zum Beispiel hatten im Anschluß an die Enthüllungen über die Mißstände beim Amt für Indianische Angelegenheiten 25 westliche Stämme mit Mineral- und Brennstoffvorkommen eine Koalition in Form eines »Rats der Stämme im Besitz von Energieressourcen« gebildet, um bessere Preise zu erzielen und wirksamere Schutzmaßnahmen bei der Ausbeutung ihrer Energievorkommen zu erreichen. Viele von ihnen waren allerdings schlecht vorbereitet auf den Zusammenstoß mit dem rücksichtslosen Konkurrenzdenken des kapitalistischen freien Marktes, der die ohnehin wachsenden kulturellen Spannungen in ihren Gemeinschaften nur anheizen konnte. Der ehemalige Vorsitzende des Stammes der Oglala Sioux, Johnson Holy Rock, ein kluger und feinfühliger Interpret der indianischen Lebensverhältnisse, erläutert:

> Unsere Leute stecken in einem Wertekonflikt. Einen großen Teil unserer ökonomischen Probleme macht aus, daß wir nicht wissen, was Geld ist. Ich bin seit zweiundsiebzig Jahren auf diesem Planeten, und ich weiß immer noch nicht, was Geld ist.
>
> Unsere Gesellschaft hat immer auf dem Tauschsystem aufgebaut. Und das ist es bis heute, was wir verstehen. Du gibst einem Mann auf der Straße 1000 Dollar, und er weiß nicht, was man dafür kriegen kann. Seine Freunde sammeln sich um ihn, sie wollen alle bei ihm borgen. Und zu guter Letzt verkauft ihm jemand etwas, das viel weniger Wert hat, ein schrottiges altes Auto, das vielleicht 250 Dollar wert ist. Wir haben kein Verhältnis zu dem Geld, das wir für Dinge, die wir begehren, zahlen.

> In den alten Zeiten strebten die jungen Männer danach, große Jäger, große Krieger, große Athleten zu werden. Wild nach Hause zu bringen, das verschaffte Prestige. Heute gibt es keine Büffelherden mehr, die man jagen könnte. Und das Auto ist zum Prestigeobjekt geworden. Der Wert ist unwichtig; entscheidend ist, daß man dieses Prestigeobjekt erwirbt.
>
> Wir kennen uns mit dem System einfach nicht aus. Und niemand hat es uns beigebracht. Aber hinzu kommt, wenn wir noch weiter in die Kultur zurückgehen, daß man einen Stammesgenossen einfach nicht abweisen kann, wenn er in einer Notlage ist. Man kann sich nicht taub stellen wie ein Weißer und dem Stammesgenossen den Rücken kehren und weggehen. Du mußt ihm dein eigenes Hemd oder deine letzte Decke oder was auch immer geben. Aus diesem Grund sind wir ziemlich armselige Geschäftsleute ...
>
> Ich verdiene mir meinen Lebensunterhalt damit, daß ich Rinder kaufe und verkaufe, aber von Zeit zu Zeit setzt mich irgendein Stammesgenosse unter Druck. Und ein Teil von mir sagt nein, geh nicht so freizügig und sorglos mit dem Geld um, das dir und der Familie gehört. Und ein anderer Teil von mir sagt: gib es ihm. Du wirst noch mehr Kühe haben, und die Kühe werden weitere Kühe bekommen, was liegt schon an dem Geld? Und in meinem Innern tobt ein Kampf.

Auch in den Gemeinschaften, die sich dem Anschein nach erfolgreich an das System privaten Unternehmertums angepaßt haben, sind diese Spannungen unterirdisch vorhanden. Der Vorsitzende einer wohlhabenden Stammesgemeinschaft im Südwesten mit florierendem Tourismus und profitablem Sägewerk, die oft als Musterbild für indianischen »Fortschritt« hochgehalten wird, berichtete mir, stärker noch als der Fall der seit langem umkämpften Wasserrechte mache seinen Leuten das Problem zu schaffen, daß »wir eine kleine, kollektive Gemeinschaft sind, in der die Menschen nicht dazu ermuntert werden, die Ellenbogen zu gebrauchen, und daß wir zugleich von einer Gesellschaft umgeben sind, die den aggressivsten Individualismus der Welt praktiziert«.

(Wie um mir das anschaulich vorzuführen, brachte er mich anschließend hinüber zum Schulsportgelände, das, wie so häufig in Amerika, als Basketballplatz angelegt war, damit ich mir die zum

Ende des Schuljahres anläßlich der Zeugnisvergabe stattfindende Feier anschauen konnte. Zu den Festrednern zählte eine junge Frau aus der Gemeinschaft, die selbst an der Schule ihr Examen abgelegt hatte und dann fortgezogen war, um in einer amerikanischen Großstadt Karriere zu machen. Indem sie ihr eigenes Leben als Beispiel dafür anführte, was sich mit harter Arbeit und Ehrgeiz alles erreichen lasse, traktierte sie die Anwesenden mit einer Erbauungspredigt – »Nichts kann dich aufhalten, wenn du an dich selbst glaubst«; »Wer wagt, gewinnt«; »Glaub' an deine Visionen« –, die wie aus dem Bilderbuch moderner Selbsthilfebroschüren wirkte und in diametralem Widerspruch zu den Wertvorstellungen stehen mußte, die sie vermutlich von ihren Großeltern eingeflößt bekommen hatte.)

Das (bislang) krasseste Beispiel für die Anpassung der Ureinwohnergemeinschaften an die Forderungen der amerikanischen Kultur ist die Flut von Kasinos und Bingohallen, die überall im »Indianerland« aus dem Boden geschossen sind. Weil das Land der Indianer bundesstaatlicher Rechtsprechung unterliegt, können die Stämme Glücksspieleinrichtungen betreiben, auch wenn das Glücksspiel in den Bundesstaaten, in denen sich ihr Reservat befindet, ungesetzlich oder nur eingeschränkt zulässig ist; auf diese Weise locken sie Tausende von Spielern an, die sonst Hunderte von Kilometern weit fahren müßten, um ein bißchen Geld aufs Spiel setzen zu können. Da außerdem in bundesstaatlichen Reservaten Geschäftsunternehmen meist von der Besteuerung ausgenommen sind – Steuern müssen sie nur an den Stamm zahlen –, lassen sich oft phänomenale Gewinne erzielen. Der berühmteste Fall dürften die Mashantucket Pequot von Connecticut sein, eine winzige Gemeinschaft, deren Vorfahren zur einst mächtigen Pequot-Konföderation gehörten, die im 17. Jahrhundert von englischen Siedlern nahezu ausgerottet wurde. Nachdem sie mit Erfolg ihre staatliche Anerkennung als »Indianerstamm« eingeklagt hatten, nutzten sie ihren neuerworbenen Status, um das größte Kasino in ganz Amerika zu bauen.

Vielerorts haben sich die Kasinos als der vielleicht zerstörerischste Faktor seit den Zeiten der Landzuteilungspolitik erwiesen. Allein schon ihre Dimensionen verleihen ihnen eine überwältigende Präsenz; sie wirken wie ein Wolkenkratzer mitten im Dorf (in manchen Fällen trifft diese Charakterisierung im buchstäblichen Sinne zu) und stellen einen gigantischen Brückenkopf der euro-amerikanischen Kultur dar. Wenn plötzlich Tausende von Besuchern und Millionen von Dollars in vorher verarmte – und oft abgelegene – Gemeinschaften strömen, die ohnehin um die Aufrechterhaltung ihres Wertesystems und ihres Zusammenhalts ringen, so versetzt das dem prekären Gleichgewicht zwischen unterschiedlichen Gruppen den Todesstoß und führt unter Umständen – wie verschiedentlich der Fall – zu regelrechten gemeinschaftsinternen gewalttätigen Kämpfen.

Im Reservat der Mohawk bei Akwesasne zum Beispiel hat das Glücksspiel (zusammen mit dem Schleichhandel an der Grenze zu Kanada) eine ungeheure Kluft zwischen Reich und Arm aufgerissen und die jahrhundertealte Debatte um die Frage neu entfacht, was es bedeutet, ein Mohawk zu sein. Die kasinofeindlichen »Traditionalisten« werfen den gegnerischen »Kriegern« vor, sie hätten sich durch den amerikanischen Materialismus ihrer Kultur entfremdet, während die »Krieger« behaupten, die Traditionalisten hätten sich durch die amerikanische Staatsmacht den Mumm rauben und in fügsame Untertanen verwandeln lassen: durch die Ausbeutung der amerikanischen Sucht nach Glücksspielen und Rauchen, so machen sie geltend, setzten sie nur den alten Kampf um den Schutz und die Erhaltung ihrer Gemeinschaften mit anderen Mitteln fort. In den 80er Jahren kam dieser immer mehr an Schärfe gewinnende Konflikt in einer Reihe von tätlichen Auseinandersetzungen, Brandstiftungen und sogar Mordanschlägen zum offenen Ausbruch, woraufhin sich die traditionalistische Führung gezwungen sah, Staatspolizei zu Hilfe zu rufen – für Menschen, die durchweg großes Gewicht auf ihre Souveränität und Unabhängigkeit legten, eine bittere Demütigung und ein schlagender Beweis, wie weit der erdrückende Einfluß des modernen Amerika ihre Autorität bereits untergraben hatte.

Sogar Indianer, die in dem Glücksspielbetrieb eine legitime Aktivität sehen – die Erosion ihres Landes und die Kürzungen der staatlichen Gelder lassen schließlich vielen Stämmen gar keine andere Wahl –, fragen sich manchmal, ob sich dieser Weg nicht vielleicht als kontraproduktiv erweisen wird. Sie sehen die Ureinwohner Amerikas in einem ewigen Dilemma gefangen: Leben sie nach Maßgabe des Klischees, das sie als »arm«, »faul« und »von der Sozialfürsorge abhängig« zeigt, gelten sie als Schmarotzer, die dem amerikanischen Steuerzahler auf der Tasche liegen und die Forderung an den Staat provozieren, sie nicht länger zu verhätscheln; zeigen sie hingegen ein gewisses Maß an Initiative und wird erkennbar, daß es ihnen gut geht, dann verlangen empörte Bürger sogleich, ihre Reservate aufzulösen und sie »wie alle anderen zu behandeln« – man denke daran, was mit den »Fünf Zivilisierten Stämmen« und den abgewickelten Gruppen wie den Menominee passierte. Auf längere Sicht kann deshalb der Erfolg – und einige der Kasinos haben sich offenbar als profitabel genug erwiesen, um des Engagements der Mafia gewürdigt zu werden; das sicherste Zeichen des Erfolgs – ebenso gefährlich sein wie das Scheitern. So weist der Sioux Philip S. Deloria, ein Rechtsanwalt, darauf hin:

> ... jeder, der sich fragt, ob die Abwicklung immer noch am Werk ist, braucht sich nur zu überlegen, ob eine eigenständige politische und rechtliche Existenz der Indianer in diesem Land geduldet würde, wenn die Indianer einmal nicht mehr arm sind oder von der Mehrheit der Bevölkerung nicht mehr als kulturell andersartig betrachtet werden. Keine Frage, daß es das nicht geben würde ...
> Den indianischen Regierungen ... wird nicht die gleiche Stellung eingeräumt wie anderen Regierungen. In den kleinen Ländern Europas, die oft ihrer Größe und Bevölkerungszahl nach mit indianischen Stämmen verglichen werden, findet keine ständige Überprüfung der demographischen Verhältnisse statt. Niemand fragt, ob Monaco oder Liechtenstein sich kulturell hinlänglich von den Nachbarländern unterscheiden, um die Fortdauer ihrer Eigenständigkeit gerechtfertigt erscheinen zu lassen. Anders als bei den indianischen Stämmen gilt ihre politische Stellung als verbürgt.

Zum Teil war es die Einsicht in die Abhängigkeit der Indianer von den Wechselfällen der politischen Strömungen und Meinungen, was in den 70er Jahren die Radikalen zu dem erfolglosen

Versuch veranlaßte, auf eine vollständige Abtrennung »der Lebensverhältnisse und Perspektiven indianischer Stämme und indianischer Menschen ... von den Funktionsweisen des herrschenden politischen Systems der USA« und auf eine Wiederanknüpfung an die Politik der Vertragsschlüsse zu dringen. Die späteren Ereignisse haben den Befürchtungen der Radikalen recht gegeben. Weniger als ein Jahrzehnt, nachdem Präsident Nixon ausdrücklich die Abwicklungspolitik widerrufen hatte, brachte der Kongreß ein neues Gesetz ein, das praktisch auf eine Aufkündigung aller vertraglichen Verpflichtungen der USA hinausgelaufen wäre – dem Gesetzesentwurf war für diesmal kein Erfolg beschieden. Nichtindianische Anhänger des Jagdsports, die sich darüber ärgern, daß die Indianer immer noch vertraglich gesicherte Jagd- und Fischereirechte ausüben, die Nichtindianern verwehrt bleiben, fordern »gleiche Rechte und Chancen« und haben auf ihren Autos Aufkleber mit dem Slogan »Schützt das Wild – Erlegt einen Indianer!«. James Watt, der Innenminister unter Ronald Reagan war, bezeichnete die Indianer als »Asoziale«, deren Siedlungsgebiete »Beweis für das Scheitern des Sozialismus« seien; er erklärte, er würde sie liebend gern »befreien«. Präsident Reagan selbst legte 1988 in Moskau bei der Antwort auf eine Frage nach den Ureinwohnern Amerikas eine Ahnungslosigkeit und Voreingenommenheit an den Tag, die sogar bei diesem Mann verblüfft.

> Lassen Sie mich Ihnen ein bißchen was über den Indianer in unserem Land sagen. Wir haben Millionen Hektar Land für sogenannte Schutzgebiete, oder ich sollte besser Reservate sagen, zur Verfügung gestellt. Sie erklärten von Anfang an, sie wollten ihre Lebensweise beibehalten, wie sie immer gelebt hatten, dort in der Wüste und den Prärien und so weiter, und wir richteten diese Reservate ein, daß sie das konnten, und sorgten dafür, daß sich ein Amt für Indianische Angelegenheiten um sie kümmerte, gleichzeitig bieten wir ihnen Bildungsmöglichkeiten, Schulen in den Reservaten, und wenn sie wollen, können sie auch die Reservate verlassen und als amerikanische Bürger unter uns anderen leben, und viele tun das. Manche ziehen allerdings immer noch die frühere Lebensweise vor, und wir haben

alles in unseren Kräften Stehende getan, um ihren Vorstellungen darüber, wie sie leben möchten, gerecht zu werden. Vielleicht haben wir einen Fehler gemacht. Vielleicht hätten wir ihnen nicht ihren Willen lassen sollen, als sie sich für die Beibehaltung dieser Art von primitivem Lebensstil entschieden. Vielleicht hätten wir sagen sollen: »Nein, los, schließt euch uns an, seid Bürger.«

Die Ureinwohner sind verständlicherweise beunruhigt, daß sie von seiten der amerikanischen Gesellschaft so widersprüchliche Signale empfangen, sind irritiert über das unentwirrbare Gemenge aus Mitgefühl und Verachtung, Zuwendung und Ressentiment, Feindseligkeit und verkniffener politischer Linientreue, wobei sich manchmal sogar beides in ein und demselben Individuum findet. Vine Deloria jr. hat das in einem Fernsehinterview aus dem Jahre 1990 folgendermaßen formuliert:

Die Amerikaner sind zu schizophren ... Sie wollen, daß die Indianer einfach wie alle anderen sind, von Reservaten keine Spur, und sie wollen Reservate, wo man farbenprächtige Indianer mit Federschmuck antrifft, die sie im Sommer besichtigen können. Und wenn man ihnen sagt, das ist inkonsequent, sagen sie: »Wieso denn?« Jeder von ihnen denkt, er hat unter seinen Vorfahren eine indianische Prinzessin, und ist ganz dick mit uns, und das sind tief verwurzelte Haltungen. Wenn man das aus ihrem Kopf herausbringen wollte, müßte man schon zur Lobotomie greifen.

Wie kann da überraschen, daß manche Stammesführer, die gegen diese beunruhigende Situation ankämpfen und sich ihres geringen Spielraums schmerzlich bewußt sind, gelegentlich den Eindruck machen, als strebten sie nach der Quadratur des Kreises und wollten gleichzeitig vertrauenerweckend ähnlich und vertrauenerweckend anders erscheinen. Bei rituellen Gelegenheiten bedienen sie die infantilen, unrealistischen Erwartungen der euro-amerikanischen Kultur – in der die seltenen Zeitungsberichte über Vorgänge bei den Ureinwohnern im Zweifelsfall immer noch mit Schlagzeilen wie »Indianer auf dem Kriegspfad« aufwarten –, indem sie »Stammesinsignien« – heutzutage handelt es sich fast unvermeidlich um den Federschmuck der Plains-Indianer – verleihen und gravitätisch vom »Großen Geist« und von »Mutter Erde« reden. Im alltäglichen Umgang mit Regierungsbehörden und mit Kapitalgesellschaften hingegen müssen sie mit dem Selbstbewußtsein eines Firmenanwalts über »Geschäftspläne« und »Dienstverträge« zu verhandeln lernen.

In den Augen einiger der älteren und traditionalistischeren Ureinwohner übertrifft dieser Drahtseilakt an Anrüchigkeit sogar noch jedes Maß an politischer Wendigkeit. Die Jüngeren, so fürchten sie, seien nicht einfach nur geschickt darin, den Indianer der europäischen Phantasie zu *spielen*, sondern hätten sich regelrecht in ihn *verwandelt*: nach Jahrhunderten der kulturellen Anpassung habe die euro-amerikanische Vorstellung, wie ein Indianer beschaffen sein *soll*, endgültig das Gefühl davon, was sie in Wirklichkeit *sind*, verdrängt. Der Hauptübeltäter, meinen sie, sei das Fernsehen, das die verlockende Verheißung der »amerikanischen Lebensform« noch in die abgeschiedenste Gemeinschaft hineintrage; hinzu komme noch das Schulsystem. Lassen wir erneut *Red Earth, White Lies* zu Wort kommen:

> Nichts ist ruhig unter dem Firnis des Indianerlandes; möglicherweise sind wir Zeuge der endgültigen Absorption der ursprünglichen Landesbewohner durch die moderne Konsumgesellschaft. Das Streben nach Bildung in der letzten Generation hat mehr zur Auflösung des Identitätsbewußtseins der Indianer beigetragen als jedes Integrationsprogramm, mit dem es der Staat vorher versuchte. Die Ironie der Situation liegt darin, daß die Indianer ehrlich glauben, viel erreichen zu können, wenn sie ihren Kindern durch Bildung ein besseres Leben zu verschaffen suchen. Das College und die Oberschulbildung hat indes mittlerweile eine Generation von Technikern und Akademikern hervorgebracht, bei denen das indianische Blut nur mehr eine zufällige Beigabe ist. Die Leute wollen gut leben, und dafür sind sie bereit, ihre Vergangenheit wegzuwerfen.

Die bittere Geschichte der Passamaquoddy in Maine spricht Bände. Durch den Sieg, den sie 1980 vor Gericht errangen, traten sie plötzlich aus dem Schatten und verwandelten sich in gewichtige Landbesitzer und Unternehmer. Die bundesstaatlichen Leistungen, auf die sie jetzt als gesetzlich anerkannter »indianischer Stamm« Anspruch hatten, ermöglichten ihnen die Einrichtung neuer, gutausgestatteter Schulen – die unverzüglich damit begannen, die Kultur zu zerstören, die der armen und verachteten Minderheit gelungen war, jahrhundertelang zu bewahren. Keine Frage, daß dieses Erziehungssystem einer kleinen Zahl von Kindern der Passamaquoddy dabei hilft, »Techniker und Akademiker« zu werden, aber vielen anderen beschert es Desorientierung, Enttäuschung und all die typischen Probleme, die mit geringem Selbstwertgefühl und Leistungsschwäche einhergehen. Wayne Newell, ein Stammesmitglied, das in einer der Schulen arbeitet, stellt voll Kummer fest:

> Das gegenwärtige Erziehungsmodell tut nichts weiter, als dich dem zu entfremden, der du bist ... Ich gebe Ihnen dafür ein gutes Beispiel aus dieser Gemeinschaft. Wie bekannt, sagen sie, jawohl, man soll die einheimische Sprache in der Schule lehren, und wir tun das, aber im Verhältnis nimmt der Unterricht in der einheimischen Sprache, einschließlich Schriftsystem und Wortschatz, ein Zehntel der Zeit ein, die für Englisch aufgewendet wird. Würden wir die Zeit gleichmäßig zwischen den beiden Sprachen aufteilen, wäre das toll, die Leute, darunter auch Indianer, haben Angst vor dem Risiko, weil ihnen dann irgendwie das Englisch fehlt, und gnade ihnen Gott, wenn sie kein Englisch sprechen können ...
> Tag für Tag mitzuerleben, wie die eigene Sprache stirbt, ist eine wirklich qualvolle Erfahrung ... Es ist wirklich eine Qual. Und ich glaube nicht, daß Menschen das wirklich verstehen können, solange sie diese Not nicht selber erlebt haben.

Die Erfahrung der Passamaquoddy ist nur eine besonders ausgeprägte Form dessen, was bei den Stämmen überall im Lande passiert. Hunderte von Kilometern entfernt, im Reservat Pine Ridge, erzählt Johnson Holy Rock eine ähnliche Geschichte:

> Mein Enkel versteht mich nicht, wenn ich mit ihm in meiner eigenen Sprache spreche. [Vor langer Zeit] machte Thomas Jefferson eine

> Prophezeiung, ich sehe darin eine Prophezeiung, denn er sagte: diese Leute dürfen nicht getrennt von unserer Gesellschaft leben. Eines Tages müssen sie Bestandteil des Hauptstroms der amerikanischen Gesellschaft werden ... Bald ist es soweit, bald ist es soweit. Unsere einheimische Sprache stirbt ... Ich hörte, wie einer unserer jungen Männer öffentlich äußerte: niemand kann mir je meine Kultur wegnehmen, die gehört mir für alle Zeit, und ich dachte bei mir, der junge Mann da kann nicht einmal mehr unsere einheimische Sprache sprechen. In seinen Augen besaß er noch diese Kultur, tatsächlich aber war ein Teil seiner Kultur schon in einer schmerzlosen Operation weggeschnitten, er wußte es nur nicht, und das ist heute der Stand.

Vor einer Generation warnte Clyde Warrior, wenn die gebildeten Indianer die Welt durch amerikanische Augen sähen und sich selbst nach amerikanischen Maßstäben beurteilten, werde das zu Problemen führen, im Vergleich mit denen, »die früheren sozialen Gebrechen als Bagatellen erscheinen« müßten. Er sollte recht behalten. Während die Anzeichen physischer Not – übertragbare Krankheiten, Säuglingssterblichkeit, mangelhafte Hygiene – in manchen Ureinwohnergemeinschaften langsam abnehmen, nehmen die Symptome geistiger und seelischer Krisen zu; die Quote der Drogen- und Alkoholabhängigen, der Selbstmorde (vor allem bei Halbwüchsigen), der Mordfälle, der innerfamiliären Gewalttaten und der »durch Fahrlässigkeit verschuldeten« Todesfälle schnellt empor. Immer stärker sickern die Probleme der Armut, der Entfremdung und des moralischen Verfalls, die sich überall in Amerika beobachten lassen, ins Indianerland ein, wobei als Vermittler teils das Fernsehen, teils aus den Städten nach Hause zurückkehrende Stammesangehörige fungieren. Viele indianische Eltern und Großeltern klagen darüber, daß sie ihre Kinder nicht mehr unter Kontrolle haben; diese geben in einigen Reservaten ihre Sippenbande und Familienbeziehungen auf und bilden Gangs, die sich am Vorbild der schwarzen und hispanoamerikanischen Jugendbanden in Los Angeles und Chicago orientieren. Glaubt man Sergeant Juan Arvizu, einem Mitglied der Stammespolizei der Salt River Pima, dann geht das ramponierte Sozialgefüge mit besorgniserregender Geschwindigkeit in die Brüche: »Vor drei Jahren hatte in unserer Gemeinschaft noch niemand etwas von Schießereien aus vorbeifahrenden Autos gehört. Heute kennen wir Mord, Beschuß aus dem fahrenden Auto, Autoknacken, Einbruch und Diebstahl, Drogenhandel und Waffengewalt.«

Diese Veränderungen sind von zentraler Bedeutung für das vielleicht grundlegendste – und zweifellos heikelste – Problem, dem sich die heutigen Ureinwohner Amerikas gegenübersehen: Wer, und was, ist ein Indianer? Auch wenn es nie eine einzige, absolut eindeutige europäische Definition des Indianers gab, bestand doch bei den meisten Euro-Amerikanern – von einigen bemerkenswerten Ausnahmen wie Richard Pratt oder John Collier abgesehen – die Tendenz, als Hauptkriterium die »Blutszugehörigkeit« zu betrachten. Für eine Gesellschaft, deren Antwort auf die »Indianerfrage« fast stets in dem Versuch bestand, den Indianer aus der Welt zu schaffen, lagen die Vorteile dieses Kriteriums auf der Hand: die Ureinwohner bilden nur eine kleine Minderheit, und wenn ihre Identität nichts weiter als eine Sache der Gene ist, dann kann man davon ausgehen, daß sie durch sexuelle Mischung schließlich spurlos im Hauptstrom verschwinden. Diese Denkart wurde 1934 im Senat anläßlich der Anhörungen zum Indianerneuordnungsgesetz kraß deutlich, als John Collier vorschlug, der Staat solle jeden, der mindestens zu einem Viertel indianischer Herkunft sei, als Indianer anerkennen. Der Vorsitzende des Ausschusses, Senator Burton K. Wheeler, bestand dagegen auf einer »Mindestmenge« von einem halben »Blutmaß« mit der Begründung: »Wir versuchen doch, das Indianerproblem loszuwerden, nicht, es noch größer zu machen.«

Den meisten Ureinwohnervölkern dagegen galt traditionell als bestimmender Faktor nicht die »Rasse«, sondern das Brauchtum; im Kern gehörte man zu einer Gesellschaft, weil man selbst und die anderen Mitglieder wußten, daß man dazugehörte. Blutsverwandtschaft war wichtig, weil die Herkunft – im allgemeinen vor allem die Abkunft mütterlicherseits – den Ort bestimmte, den man im System der Großfamilien und Sippen einnahm; aber die Sache war weit subtiler und komplizierter, als daß sie sich auf eine bloße Logik der »Blutmenge« hätte reduzieren lassen. Tatsächlich war es für jemanden ohne alle verwandtschaftlichen Beziehungen möglich, in die Gemeinschaft Aufnahme zu finden und auf rituellem Wege »Verwandte« zu erwerben, wie die zahlreichen »weißen Indianer« – Siedler, die von Ureinwohnern geraubt und adoptiert wurden – während der Kolonialzeit bezeugen. Viele angesehene und unbestreitbar »indianische« Ureinwohner waren im strengen Sinne »mischblütig«: der Komantschenführer Quanah Parker zum Beispiel war der Sohn einer Weißen.

Im laufenden Jahrhundert allerdings hat sich in manchen Stämmen die Rassenfrage zu einem häßlichen und qualvollen Stein des Anstoßes entwickelt. Während der Zeit der Internate, als »Weißhäutigkeit« für das höchste Ideal galt, nach dem Ureinwohner streben konnten, hielten sich »mischblütige« Kinder manchmal auf ihre größere »Weißblütigkeit« etwas zugute und verhöhnten den Reinblütigen als »doofen Indianer«. Wenn sie erwachsen waren, verhalfen den »Mischblütigen« ihre Beziehungen zur nichtindianischen Gesellschaft und die Tatsache, daß sie im allgemeinen fließender Englisch sprachen, vielfach zu den angesehensten Positionen in der Stammesselbstverwaltung; in manchen Fällen – man denke an Dick Wilson in Pine Ridge – nutzten sie ihre Stellung, um sich selbst und ihre Verwandten auf Kosten der armen und an den Rand gedrängten »reinblütigen« Familien Vorteile zu verschaffen. (Es ließe sich geltend machen, daß auch die »Reinblütigen« in einem gewissen Maße von den »Mischblütigen« profitierten, weil diese ihnen als Schutzwall gegen die Außenwelt dienten.) Die Reinblütigen revanchierten sich damit, daß sie bei Stammestreffen ihre überlegene Kenntnis der einheimischen Sprache und der Stammesüberlieferung ausspielten und die »Mischblütigen« als »keine richtigen Indianer« verunglimpften. »Nur ein Reinblütiger kann durch und durch Indianer sein«, erklärte mir ein Reinblütiger einmal. »Ein Dreiviertelblütiger ist zu Dreivierteln Indianer, ein Halbblütiger ist zur Hälfte Indianer und so weiter.«

Die »Mischblütigen«, zumal diejenigen, die in den letzten 40 Jahren zunehmend Wert darauf legten, als Indianer zu gelten, weisen das als eine »für Weiße typische Vorstellung« zurück: warum, fragen sie, sollte ein Ureinwohner ein willkürliches, kulturell fremdbürtiges Kriterium akzeptieren, das nur den Euro-Amerikanern dabei hilft, den Indianer aus der Welt wegzudefinieren? Diese Überlegung hat zwar unbestreitbar Hand und Fuß, ebenso unbestreitbar ist allerdings, daß es in vielen Gemeinschaften zwischen »Anteil an indianischem Blut« und »Anteil an indianischer Kultur« einen wachsenden praktischen Zusammenhang *gibt*. Quanah Parkers Mutter, die als Kind geraubt wurde und in einer Komantschenwelt aufwuchs, *wurde* eine Komantschin: demgegenüber bringt es heutzutage das Kräfteungleichgewicht zwischen der Stammesgemeinschaft und der ungeheuer einflußreichen Kultur, von der die Stammesgemeinschaft eingekreist ist, fast unfehlbar mit sich, daß ein Nichtindianer, der in eine indianische Familie einheiratet, den enormen Druck zur Amerikanisierung, dem die Familienmitglieder ohnehin bereits ausgesetzt sind, noch verstärkt. So lernen heute zum Beispiel nur sehr wenige Nichtindianer, mögen sie auch noch so kulturell interessiert und aufgeschlossen sein, die Muttersprache ihres indianischen Ehepartners, was zur Folge hat, daß die Kinder der beiden mit an Sicherheit grenzender Wahrscheinlichkeit englischsprachig aufwachsen, weil sie Englisch nicht in der Schule und im Fernsehen, sondern auch – vorwiegend, wo nicht sogar ausschließlich – zu Hause hören.

Die Zahlen für Mischehen liefern einen Hinweis darauf, wie außerordentlich verbreitet dieser Vorgang ist. Während nur etwa ein Prozent der weißen Amerikaner und zwei Prozent der schwarzen Amerikaner Partner aus einer anderen Rasse heiraten, hatten 1990 über 50 Prozent der verheirateten amerikanischen Ureinwohner nichtindianische Ehegatten. Wenn dieser Trend anhält, wird einer fundierten Schätzung zufolge die Zahl der Ureinwohner mit 50 oder mehr Prozent »indianischem Blut« – Wheelers Schwellenwert fürs »Indiandersein« – von rund 87 Prozent im Jahre 1980 auf etwa acht Prozent im Jahre 2080 gesunken sein.

Wird es sich bei den 92 Prozent mit *weniger* als 50 Prozent »Blutanteil« immer noch um »Indianer« handeln? Wenn »Indianertum« keine *rassische* Eigenschaft ist, wie läßt es sich dann bestimmen? Hängt es davon ab, ob man in einer Stammesgemeinschaft lebt? Mehr als 50 Prozent aller Ureinwohner sind mittlerweile verstädtert. Hängt das »Indianertum« davon ab, daß man eine »traditionelle« Stammeskultur pflegt? Weniger als 23 Prozent aller Indianer sprechen heute noch zu Hause eine Stammessprache. Eine nützlichere und für viele annehmbare Antwort wurde kürzlich ins Spiel gebracht, um einen erbitterten Streit darüber zu entschärfen, wer von sich behaupten könne, ein echter »indianischer« Künstler zu sein. Dieser Antwort zufolge ist »ein Indianer jemand, der als Angehöriger eines anerkannten indianischen Stammes Anerkennung findet«.

Aber selbst diese Definition hat ihre Probleme: Ein Kind zum Beispiel, bei dem der Stamm der Mutter patrilineal, der Stamm des Vaters dagegen matrilineal organisiert ist, gehört unter Umständen zu keinem der beiden Stämme, obwohl es biologisch von reiner indianischer Herkunft ist, in einer Stammesgemeinschaft lebt und die Stammessprache spricht. Außerdem schließt die Definition jene wachsende Zahl von Menschen aus, die sich als den Ureinwohnern zugehörig betrachten und wie Ureinwohner *empfinden*, aber in keiner direkten Beziehung zu irgendeinem anerkannten Stamm stehen.

Was das Ganze noch undurchsichtiger macht, sind die Zehntausende von euro-amerikanischen New Age-Anhängern, die sich, während die indianische Jugend ihre Mythen und Tänze zugunsten von Fernsehen und Bandenkriegen im Stich gelassen haben, dem schamanistischen Trommeln und den Schwitzhütten zugewandt haben, in der Hoffnung, dadurch dem Geheimnis des Lebens auf die Spur zu kommen. Gelegentlich hat es den Anschein, als genügten Einfühlsamkeit und ein gewisses Konsumverhalten, um sich als »Ureinwohner« zu profilieren, wobei eine Vielzahl verschiedener Fraktionen um den Anspruch konkurrieren, *sie allein* wüßten, was es heißt, ein »echter« Indianer zu sein.

Hier stehen wir vor komplizierten, sperrigen und letztlich vielleicht unlösbaren Problemen, die nicht nur mit der langen und tragischen Begegnung zwischen den Europäern und den ursprünglichen Bewohnern Amerikas zusammenhängen, sondern auch damit, wie wir alle in einer Welt, von der unser Identitätsbewußtsein und die Geschichten, die wir über uns erzählen, in wachsendem Maße in Frage gestellt werden, bemüht sind, unserem Leben einen Sinn abzugewinnen. Es wäre allerdings völlig falsch zu glauben, daß die stürmische Geschichte der letzten fünf Jahrhunderte sich hiermit zu einer postmodernen Maskerade verflüchtigt habe. Nach wie vor gibt es in ganz Amerika verstreut Hunderte von Gemeinschaften, die sich als »indianische« Gemeinschaften wissen und in einem strapaziösen, Tag für Tag sich erneuernden Kampf ums physische und spirituelle Überleben begriffen sind. In ihren – wie sehr auch getrübten und verwirrten – Augen bleibt ihr Kampf der gleiche, den schon ihre Vorfahren führten: das Bemühen, festzuhalten, was ihnen an Territorium und Subsistenzmitteln noch gehört, und festzuhalten an der Vision, die ihre Beziehungen untereinander und zur Welt mit Lebenskraft erfüllt.

In Stämmen überall in den USA werden Weissagungen tradiert, die darauf antworten, was passieren wird, wenn dieser Kampf verlorengeht. Es gibt scharenweise apokalyptische Überlieferungen, die für den Fall, daß die Euro-Amerikaner weiterhin die Erde verschmutzen und ausplündern, vor brennenden Himmeln, vergifteten Gewässern und der Selbstzerstörung der Menschheit warnen. Die Hopi sind überzeugt davon, daß der Untergang der Lebensweise der Hopi unmittelbar die globale Vernichtung zur Folge hat. Zu den verblüffendsten Voraussagen zählen die 27 Weissagungen von Skanientariio, einem heiligen Mann der Irokesen im 18. Jahrhundert (der einst Thomas Jefferson ins Gewissen redete):

> In der Zukunft wird unser Volk eine Form der Beförderung erleben, bei der kein Pferd zieht und nichts schiebt ... Sie werden erleben, wie Dinge aus Metall am Himmel über uns fliegen ... Der Tag wird kommen, da man die Bäume von der Krone abwärts sterben sehen wird, da man nicht mehr aus den Flüssen trinken und in ihnen schwimmen können wird und da die Fische an der Oberfläche der Gewässer treiben werden ... Ihr werdet den Tag kommen sehen, da wir nicht mehr unsere Zeremonien veranstalten können, weil unsere Kinder nicht mehr imstande sind, ihre Muttersprache zu sprechen. Dies wird die Zeit sein, da sich all die großen Veränderungen auf der Erde ereignen werden ...

Es hält schwer, Äußerungen wie diese nicht ethnologisch zu deuten und nämlich als halbbewußte Alarmsignale oder Warnrufe von Kulturen zu interpretieren, die auf irgendeiner Ebene mitbekommen, daß sie dabei sind, unterzugehen. Ich bin in mehreren Gemeinschaften älteren Indianern begegnet, die mir fast begierig von Träumen oder Visionen erzählten, die sie erlebt hatten und bei denen es um die drohende Apokalypse ging; es war, als stünden sie unter dem Eindruck, daß nur das Ende der Welt sie jetzt noch retten könne. Ich halte es allerdings auch für wichtig, in diesen apokalyptischen Visionen gleichermaßen einen Ausdruck der indianischen Weltsicht – der »Fortschritt« nicht als frohgemuter Marsch vorwärts und aufwärts, hin zu immer größerem Wohlstand und zu immer mehr Freiheit gilt, sondern als Blasphemie gegen den Schöpfer, der uns an diesen Ort gestellt und uns gelehrt hat, wie wir leben sollen – und eine Kritik an unserer eigenen Kultur zu erkennen. Im Lichte unserer eigenen Ängste – nukleare Abfälle und globale Erwärmung betreffend oder auch die Frage, ob die Naturwissenschaften uns retten können – dürften nur wenige von uns solche Warnungen vor einer ökologischen Kernschmelze oder vor dem Tod durch Umweltverschmutzung, Epidemien oder Holocaust lesen, ohne daß es ihnen kalt den Rücken hinunterläuft.

Dennoch sind diese Prophezeiungen des Untergangs noch nicht das letzte Wort – jedenfalls vorerst noch nicht. Selbst heute, selbst in der gegebenen Situation, gibt es Gegenwehr. Im »Indianerland« regt sich etwas, wobei die Art und Weise des Aufbruchs schwer zu beschreiben und schwer dingfest zu machen ist. Tausende von amerikanischen Ureinwohnern kehren zu Ritualen wie dem Sonnentanz zurück und versammeln sich zu stammesübergreifenden Festen, um zu tanzen, zu singen und Familienbande und soziale Bindungen zu stärken. In den Städten finden sie sich zu Gruppen zusammen, formen neue Bündnisse und Zusammenhänge – was nichts Besonderes ist, wenn man an die ständige Abfolge von Verschmelzungen, Bundesschlüssen und Spaltungen denkt, die für das Stammesleben vor der Ankunft der Europäer typisch war – und greifen alte Traditionen wie die Schwitzhütte wieder auf. Zugegeben, die meisten der »Traditionen« entstammen der Kultur der Prärieindianer, aber wie die Präriekultur selbst mit ihrer starken Abhängigkeit vom Pferd ja bezeugt, sind die Ureinwohnergesellschaften seit jeher anpassungsfähig, innovationsfreudig und bereit gewesen, voneinander zu lernen.

In vielen Reservaten finden sich auch deutliche Zeichen einer lokalen Erneuerung. In den Bergen von Süddakota schicken eine Reihe von Siouxfamilien, ohne viel Aufhebens darum zu machen, ihre Kinder erst in die Schule, wenn diese fließend Lakota sprechen. Eine Reihe von Irokesengemeinschaften hegen die feste Überzeugung, daß – mit den Worten eines ihrer Sprecher gesagt – ihre Sprache »die Seele der irokesischen Nation ist« und daß »wir ohne sie keine Nation haben, weil wir über Wissen verfügen ... das sich ins Englische nicht übersetzen läßt«; sie haben deshalb »Überlebensschulen« eingerichtet, um ihre Kinder mit der eigenen Sprache und Kultur zu durchtränken. Der traditionalistische Häuptling des Mohawk Bear Clan Tom Porter und eine Gruppe von Anhängern haben die Lichter und Kasinos von Akwesasne zurückgelassen und sind auf ein Stück Land im Mohawk-Tal gezogen – an einen Ort, der zum ursprünglichen Gebiet des Stammes gehörte, aus dem sie im 18. Jahrhundert vertrieben wurden –, um eine Art von Mohawk-Utopia zu gründen, in dem alle gemäß dem Großen Gesetz von Deganawida leben. In ein oder zwei Gemeinschaften hat sich sogar die alte Kluft zwischen »Traditionalisten« und »Progressiven«, »Reinblütigen« und »Mischblütigen« geschlossen und ist einem neuen Geist der Einigkeit gewichen.

Im Jahre 1986 führte der traditionalistische Häuptling der Onondaga, Oren Lyons, vor einem Kongreß aus:

> Wir werden darüber entscheiden, wie unsere Kultur aussieht. Es wurde darauf hingewiesen, daß Kultur sich ständig wandelt. Sie ist heute nicht mehr dieselbe, die sie vor hundert Jahren war. Wir sind immer noch eine lebenskräftige, aktive indianische Gesellschaft. Wir werden uns nicht in ein Museum stecken lassen oder eure Interpretation unserer Kultur übernehmen. Ich hoffe, was ich gesagt habe, wird mit dem gleichen Respekt aufgenommen, mit dem ich es vorgetragen habe ...

> … wir überleben auch weiter. Unser Häuptlingsrat besteht aus angesehenen, würdigen Männern. Sie sind tief durchdrungen vom Geiste der nationalen Identität, der Freiheit und der Selbstbestimmung. Wenn wir umherreisen und mit den Ältesten der anderen verschiedenen Nationen und Volksgruppen zusammentreffen, begegnen wir Freunden.
>
> Ich kann für niemanden außer für die Sechs Irokesischen Nationen sprechen, aber ich darf Ihnen sagen, daß wir Kinder haben, die in dem Glauben aufwachsen, daß sie Onondaga sind. Wir haben Langhäuser, die voll von unseren jungen Leuten sind. Wir haben ein irokesisches Nationalteam für das Lacrosse-Ballspiel, das Wettkämpfe mit Mannschaften aus Kanada, den USA, England und Australien austrägt.
>
> Es ist eine Tatsache, daß eine kleine Gruppe von Menschen im Nordosten einen rund 490 Jahre währenden Angriff überlebt hat. Sie erhalten ihre ursprüngliche Art, sich zu regieren, aufrecht. Sie fahren auch Auto, haben Fernseher und besteigen Flugzeuge. Wir machen die Brücken, über die Sie gehen, und bauen die Gebäude, in denen Sie leben.
>
> Was sind wir also? Sind wir Traditionalisten oder sind wir assimiliert? Wenn Sie es schaffen, auf Ihre Schubladen und Definitionen zu verzichten, werden Sie eine lebendige und fortbestehende Gesellschaft in uns erkennen. Wir glauben, daß der Wampum und die zeremoniellen Masken in unsere Heime gehören. Wir werden unsere Rituale beibehalten. Wir haben das Recht zu existieren, und dieses Recht geben uns nicht Sie oder Ihre Regierung.

Seit ihrem ersten Eintreffen in der »Neuen Welt« haben die Europäer und ihre Nachkommen in der westlichen Hemisphäre versucht, die Ureinwohner Amerikas in ein ganzes System von rigiden, einfachen »Schubladen und Definitionen« zu pressen, während die Ureinwohner bemüht waren, dieses System durcheinanderzubringen und sich ihm zu entziehen. Die Ureinwohner sind nicht wie »Schnee in der Sonne« weggeschmolzen und sind auch nicht im Schmelztiegel der »Zivilisation« verschwunden. Erlebt haben sie während der vergangenen fünf Jahrhunderte eine Geschichte fast unvorstellbaren Leides und Elends, aber auch einer außerordentlichen Wandlungsfähigkeit und Erneuerungskraft. Der verschlagene, gestaltenreiche, widersprüchliche, heroische Trickster, den viele heutige Indianer für die Schlüsselfigur der amerikanischen Ureinwohnerkultur halten, wird uns auch in Zukunft immer wieder überraschen.

QUELLEN UND WEITERFÜHRENDE LITERATUR

Bemerkung

Die Literatur über die Ureinwohner Nordamerikas ist unermeßlich. Sie reicht von normalen (oft eher konservativen, einfallslosen) Monographien bis hin zu Polemiken und erstaunlichen Büchern über Spiritualität. Um ein möglichst vollständiges Bild zu zeichnen, habe ich mich auf ein weites Spektrum veröffentlichter – und einiger unveröffentlichter – historischer und ethnographischer Arbeiten gestützt. Ausführlich benutzt habe ich auch mündliche Überlieferungen, Autobiographien und Transkriptionen meiner eigenen Gespräche. Im folgenden sollen, zusammen mit Vorschlägen für weiterführende Lektüre, die Hauptquellen der einzelnen Kapitel kurz vorgestellt werden. Wo es ging, habe ich leicht erhältliche Texte mit ihren eigenen Bibliographien empfohlen.

Allgemeine Bücher

Einer der ersten – und noch immer einflußreichsten – amerikanischen Historiker, der in den 50er und 60er Jahren einen aufgeklärteren und einfühlsameren Blick auf die amerikanischen Ureinwohner eröffnete, war Alvin M. Josephy jr. Sein sorgfältig recherchiertes und dicht geschriebenes *Indian Heritage of America* (London/Jonathan Cape 1972) ist wahrscheinlich noch immer die maßgebliche Synthese von Archäologie, Ethnologie und Geschichte, die einem allgemeinen Publikum zugänglich ist.

Sowohl Angie Debos *A History of the Indians of the United States* (Norman/Oklahoma 1970; Neudruck 1989) als auch William T. Hagans *American Indians* (Chicago 1979) bieten einen klaren historischen Überblick. Debo wirkt manchmal leicht überholt, ist aber informativ, leidenschaftlich und lebendig. Der *Atlas of the North American Indian* von Carl Waldman (New York/ Facts on File 1985) bietet eine bündige historische Zusammenfassung und eine unschätzbare Reihe von Landkarten.

Für die Ethnographie bleibt das 20bändige *Handbook of North American Indians*, hrsg. von William C. Sturtevant (Washington, D. C./Smithsonian Institution; verschiedene Erscheinungsdaten) die umfassendste und maßgebliche Quelle. Harold Drivers *Indians of North America* (University of Chicago Press 1979) bietet eine wissenschaftlich anthropologische Zusammenfassung in einem Band, auch wenn man angesichts seines Aufbaus und erbarmungslos akademischen Tons nachvollziehen kann, warum viele amerikanische Ureinwohner die herrschende Anthropologie fremd und pervers finden.

Ein wissenschaftlicher Pionier auf dem Gebiet der amerikanischen Indianerforschung war D'Arcy McNickle, ein Mitglied des Flathead-Stammes und ausgebildeter Anthropologe. Sein *Native American Tribalism: Indian Survivals and Renewals* (New York/ Oxford University Press 1973) gibt eine kurze, sehr eingängige Darstellung der historischen und politischen Kräfte, die die Erfahrung der Ureinwohner Nordamerikas geprägt haben und weiter prägen. Sein Vermächtnis lebt im D'Arcy McNickle Center for the History of the American Indian in der Newberry Library von Chicago fort, eine Institution, die für die Förderung der Forschung auf diesem Gebiet wahrscheinlich mehr getan hat als irgendeine andere. *Indians in American History* (Arlington Heights, Illinois/Harlan Davidson 1988), hrsg. vom gegenwärtigen Direktor des Zentrums, Frederick E. Hoxie, bietet eine ausgezeichnete Einführung in einige aktuelle akademische Fragen der Geschichte der amerikanischen Ureinwohner.

Es liegen einige allgemeine Sammlungen der mündlichen Geschichte der amerikanischen Indianer vor: Die meisten Bücher konzentrieren sich verständlicherweise auf bestimmte Völker oder Gebiete. Um einen Eindruck von der mündlichen Tradition zu vermitteln, gibt *American Indian Myths and Legends*, ausgewählt und hrsg. von Richard Erdoes und Alfonso Ortiz (New York/

Pantheon Book 1984) einen guten Querschnitt von Schöpfungsberichten, Trickstergeschichten usw. und ein oder zwei schiefe, aber aufrüttelnde Geschichten der amerikanischen Ureinwohner über die Ankunft der Europäer. Es gibt auch eine kurze und erhellende Einleitung der Herausgeber.

Einleitung

Die meisten Zitate der Teilnehmer am Wounded Knee Ride von 1990 sind meinen eigenen Interviews im Pine Ridge-Reservat in Süddakota entnommen, wo ich an einer zweiteiligen Fernsehdokumentation (*Savagery and the American Indian*) für die BBC arbeitete.

I. URSPRÜNGE

1. Wie es wirklich war: Zwei Ansichten von Geschichte

Folgende Bücher halfen mir, dieses Kapitel zu schreiben: *Myths and Legends of California and the Old Southwest*, gesammelt von Katharine Berry Judson (1912 erstmals veröffentlicht; neu aufgelegt bei Bison Books/University of Nebraska Press 1994), denen die Shastika-Schöpfungsgeschichte entnommen ist; Alan Watts' *The Way of Liberation: Essays and Lectures on the Transformation of the Self* (New York/Weatherill 1983); *God is Red* (New York/Delta Books 1975) und *Red Earth, White Lies: Native Americans and the Myth of Scientific Fact* (New York/Scribner 1988), beide von Vine Deloria jr.; und *Stolen Continents: The Americas through Indian Eyes Since 1492* (New York/Houghton Mifflin 1992) von Ronald Wright. Folgende anthropologische Texte wurden herangezogen und zitiert: Harold E. Drivers *Indians of North America* (2. Auflage, Chicago/University Press 1969); Peter Farbs *Man's Rise to Civilization: As Shown By the Indians of North America From Primeval Times to the Coming of the Industrial State* (London/Secker and Warburg 1969); und *Primitive Culture: Researches into the Development of Mytho-*

logy, Philosophy, Art and Custom von Edward B. Tylor (London/John Murray 1871). Das Le Jeune-Zitat stammt aus ›Le Jeunes's Relation‹ in Reuben Gold Thwaites 73bändigen *The Jesuit Relations and Allied Documents* (1896, Neudruck New York 1959).

Der Tewa-Anthropologe Alfonso Ortiz schrieb umfassend über die Pueblo-Kultur und wird in Kapitel 7 ausführlich zitiert. Der hier benutzte Auszug (S. 45–46) ist ›Through Tewa Eyes: Origins‹: *National Geographic Magazine*, Oktober 1991), entnommen.

Die Lakota-Schöpfungsgeschichte ist einem unveröffentlichten Manuskript der Lakota-Wissenschaftlerin Charlotte Black Elk entnommen. Das Zitat von N. Scott Momaday (S. 40) stammt aus einem Interview mit dem Autor von 1990.

Die Schriften über Spiritualität und Kosmologie der amerikanischen Ureinwohner variieren oft zwischen trockenem akademischem Reduktionismus und naivem New-Age-Eifer. Das Standardbuch *The Religions of the American Indians* von Ake Hultkrantz (Berkeley and Los Angeles/University of California Press 1979) ist informativ, aber phantasielos; Ruth Underhills *Red Men's Religion: Beliefs and Practices of the Indians of Mexico* (Chicago/University of Chicago Press 1965) scheint mir – bei aller fehlenden political correctness des Titels – einen intuitiveren und verständnisvolleren Zugang zum Gegenstand zu haben. Die oben erwähnten zwei Bücher von Deloria bleiben in meinen Augen die beste Einführung in die Perspektive der Ureinwohner auf die hier behandelten Fragen.

2. *Kontakt*

Die Zitate über Kolumbus (S. 50) stammen jeweils aus Samuel Morisons *Christopher Columbus, Mariner* (London 1956) und aus ›Tabor Currents – Current news für Alumni, parents and friends of Tabor Academy‹, November 1994. Das Collis-Zitat stammt aus *The Vision of Glory: the Extraordinary Nature of the Ordinary* (London/Penguin Books 1975).

Die Frage nach der ursprünglichen Bevölkerung ist außerordentlich umstritten und noch weit von einer Lösung entfernt. In meiner Darstellung beziehe ich mich vor allem auf Francis Jennings' *The Invasion of America: Indians, Colonialism and the Cant of Conquest* (New York 1976), das eine energische (manche würden sagen: maßlose) Kritik an Mooney und Kroeber enthält, und auf Russell Thorntons solideres *American Indian Holocaust and Survival: A Population History Since 1492* (Norman/Oklahoma 1987), das wahrscheinlich den am meisten akzeptierten und wissenschaftlichen Überblick über den Gegenstand und eine ausgezeichnete Bibliographie enthält.

Das Zitat von John Snelling (S. 60) ist *The Elements of Buddhism* entnommen (Shaftesbury, Dorset/Element Books 1990). Trickstergeschichten finden sich in mehreren Geschichtensammlungen amerikanischer Ureinwohner, einschließlich *American Indian Myths and Legends* (Hrsg. Erdoes und Ortiz) und *Tales of the North American Indians*, hrsg. von Stith Thompson (Neuauflage, Bloomington, Indiana/Indiana University Press 1966). Der Chippewa-Schriftsteller und -Akademiker Gerald Vizenor hat ausführlich über das Tricksterthema geschrieben: in Romanen wie *The Trickster of Liberty: Tribal Heirs to a Wild Baronage at Petronia* (Minneapolis 1988) und *Hotline Healers* (Hanover/NH 1997), im Drehbuch *Harold of Orange* (1983) und in einem schwierigen, aber lohnenden Sachbuch.

Das Innu-Zitat (S. 61) stammt aus meinem eigenen Interview mit dem Jäger Pien Penashue 1993, als ich mich im Zusammenhang mit einer BBC-Fernsehdokumentation, *The Two Worlds of the Innu*, einige Wochen in Jagdlagern der Innu in Labrador aufhielt. Das Konzept der »Herren der Tiere« wird in Underhills *Red Men's Religion*, Ake Hultkrantz' *Belief and Worship in Native North America*, hrsg. von Christopher Vecsey (Syracus 1981) und mehreren Arbeiten des Ethnologen Frank Speck diskutiert. Calvin Martins *Keepers of the Game: Indian-Animal Relationships and the Fur Trade* (Berkeley 1978) bietet eine kontroverse Ansicht über den Einfluß des Glaubens an Tierherren auf das Verhalten der amerikanischen Ureinwohner in der Kolonialzeit.

Die Zitate des späten Nanepashemet (S. 63 und 76), der seinerzeit Research Associate am Plimoth Plantation Museum in Plymouth, Massachusetts, war, stammen aus meinem eigenen Interview 1990 mit ihm.

Für den Abschnitt über den mittelalterlichen Begriff des »Wilden« und die Suche nach dem irdischen Paradies bildeten sowohl Bernard Sheehans *Savagism and Civility: Indians and Englishmen in Colonial Virginia* (New York/Cambridge University Press 1980) als auch H. C. Porters *The Inconstant Savage: England and the North American Indian, 1500–1660* (London/Duckworth 1979) eine reiche Informationsquelle. Ronald Wrights *Stolen Continents: The Americas through Indian Eyes Since 1492* (New York/Houghton Mifflin 1992) gibt eine kurze, höchst lesenswerte Darstellung der spanischen Eroberung von Mexiko und Peru; für frühe Kontakte zwischen Europäern und amerikanischen Ureinwohnern weiter nördlich verweise ich auf Neal Salisburys unschätzbares *Manitou and Providence.*

II. INVASION

3. Nordosten: Eins

Das Eingangszitat (S. 81) von Wahunsonacock steht in *Native American Testimony. An Anthology of Indian and White Relations: First Encounter to Dispossession*, hrsg. von Peter Nabokov (New York/Harper Torchbooks 1979). Das Gedicht von Freneau wird in Brian W. Dippies *The Vanishing American: White Attitudes and U. S. Indian Policy* (Kansas 1982) zitiert.

Bei der Darstellung der Gesellschaften der amerikanischen Ureinwohner der Ostküste, ihrer Beziehung zum Land und ihrer Rezeption durch die ersten europäischen Entdecker und Siedler habe ich mich besonders auf drei Bücher bezogen: Neal Salisburys *Manitou and Providence*; William Cronons innovatives (und schön geschriebenes) *Changes In the Land: Indians, Colonists, and the Ecology of New England* (New York/Hill and Wang 1983) und Francis Jennings *The Invasion of America: Indians, Colonialism and the Cant of Conquest* (New York/

W. W. Norton 1976). Jennings referiert auch gut die Debatte über das Ausmaß und Wesen der indianischen Kriegsführung. Für eine ausführlichere Untersuchung des Pelzhandels siehe H. A. Innis' *The Fur Trade in Canada: An Introduction to Canadian Economic History* (Toronto 1964).

Für die Behandlung der Frage der Auswirkung der europäischen Krankheiten auf die ursprüngliche Bevölkerung bildet Russell Thorntons *American Indian Holocaust and Survival: A Population History Since 1492* (Norman/Oklahoma 1987) einen guten Ausgangspunkt. Die übergreifendere Frage des Einflusses der beiden Amerika auf den Rest der Welt und *vice versa* wird in *The Columbian Exchange: Biological and Cultural Consequences of 1492* von Alfred W. Crosby (Westport/Connecticut 1972) und in Jack Weatherfords idiosynkratischem und engagiertem *Indian Givers: How the Indians of the Americas Transformed the World* (New York 1988) untersucht.

Trotz der vielen Primärquellen scheint es zur Frühgeschichte der Besiedlung Virginias wenig Literatur zu geben. Für einen großen Teil des von mir herangezogenen Materials bin ich wieder Bernard Sheehans knappem und elegantem *Savagism and Civility: Indians and Englishmen in Colonial Virginia* und H. C. Porters *The Inconstant Savage: England and the North American Indian, 1500–1660* sehr verpflichtet. Für eine sorgfältig recherchierte und sehr lesbare Fallstudie in der Geschichte der Beziehungen zwischen Kolonisten und amerikanischen Ureinwohnern der Ostküste verweise ich auf James H. Merrells *The Indians' New World: Catawbas and Their Neighbours from European Contact through the Era of Removal* (Chapel Hill 1989).

4. Nordosten: Zwei

Das Eingangszitat (S. 116) ist William S. Simmons' *Spirit of the New England Tribes: Indian History and Folklore, 1620–1984* (Hanover, NH/University Press of New England 1986) entnommen, eine faszinierende Sammlung mündlicher Überlieferungen aus den Ureinwohnergemeinden Neuenglands.

Für meine Darstellung der indianisch-englischen Beziehungen stütze ich mich sehr auf Francis Jennings' *The Invasion of America: Indians, Colonialism and the Cant of Conquest* (New York/ W. W. Norton 1976) – das einige Kritiker als zu polemisch und feindselig gegenüber den Kolonisten erachten – und Neal Salisburys *Manitou and Providence*, auch wenn Alden T. Vaughans *New England Frontier: Puritans and Indians, 1620–1675* (Boston 1965), das in seiner freundlicheren Behandlung der Engländer den meisten früheren Historikern folgt, eine nützliche Quelle ist. Die Zitate von Captain John Mason (S. 137–140) sind *A Brief History of the Pequot War* entnommen, 1736 erstmals veröffentlicht und 1966 neu aufgelegt als Nr. 32 der Faksimile-Reihe March of America (Ann Arbor, Michigan). Für eine kurze, klare und moderne Darstellung des »Pequot-Krieges« verweise ich auf das zweite Kapitel von *Now That The Buffalo's Gone: A Study of Today's American Indians* von Alvin M. Josephy jr. (Norman/ Oklahoma 1984).

5. Irokesen: New York und »Ohio Country«

Es gibt eine umfangreiche Literatur über die Irokesen, besonders über die Mythen und Legenden und die politische und soziale Struktur der *Hotinonshonni*. Für den allgemeinen Hintergrund erwies sich Dean R. Snows *The Iroquois* (Cambridge, Mass./ Blackwell Publishers 1994), das Ethnographie mit einer einfachen archäologischen und historischen Erzählung verbindet, als unschätzbar. Sowohl Francis Jennings' *The Ambiguous Iroquois Empire: The Covenant Chain Confederation of Indian Tribes from Its Beginnings to the Lancaster Treaty of 1744* (New York/W. W. Norton 1984) als auch die Irokesenkapitel in Ronald Wrights *Stolen Continents: The American through Indian Eyes Since 1492* (New York/Houghton Mifflin 1992) boten ergiebige Quellen historischen Materials.

Die mündliche Überlieferung der Irokesen ist sehr reich und vielfältig (allein von der Ursprungsgeschichte gibt es mehr als vierzig verschiedene aufgezeichnete Versionen). Im Rahmen dieses Buches muß es genügen, auf ihre Macht, Reichweite und Schönheit hinzuweisen. Die Ursprungsgeschichte (S. 149–150) entstammt der in Deans *The Iroquois* enthaltenen Version, während der Beginn der Peacemaker-Geschichte (S. 152–153), die zu lang war, um vollständig zitiert zu werden, den *Traditional Teachings* (North American Indian Travelling College 1984) entnommen ist. Für weitere Lektüre bleibt *Myths and Legends of the New York State Iroquois* von Harriet Maxwell Converse, hrsg. und mit Anmerkungen versehen von Arthur C. Parker, 1908 erstmals veröffentlicht, 1981 neu aufgelegt (New York State Museum Bulletin 125, Albany/NY) wohl die einzige maßgebliche und umfassende Quelle, auch wenn die Sprache heute stellenweise ziemlich verschroben und blumig klingt. Für eine irokesische Perspektive auf die Geschichte der amerikanischen Ureinwohner bin ich *Wampum Belts* von Te-ha-ne-torens (Akwesasne Notes/Mohawk Nation 1972) verpflichtet, einer faszinierenden (illustrierten) Beschreibung einiger gemusterter Gürtel, auf denen die *Hotinonshonni* wichtige Ereignisse aufzeichneten.

Das Zitat von Lewis Henry Morgan ist seinem Klassiker von 1851 *The League of the Ho-de'-no-sau-nee or Iroquois*, 1991 neu aufgelegt (North Dighton, Mass./JG Press) entnommen, das wertvolle Einsichten nicht nur in die irokesische Gesellschaft, sondern auch in die Ursprünge der Sozialwissenschaft ermöglicht. In bezug auf weiteres Material hinsichtlich des Einflusses der *Hotinonshonni* auf die amerikanische Kultur verweise ich auf Edmund Wilsons *Apologies to the Iroquois* (Neuauflage 1992, Syracus).

Für eine detaillierte (wenn nicht idiosynkratische) Untersuchung der Art und Weise, in der amerikanische Indianer in europäische Herrschaftskonflikte verwickelt wurden, siehe Francis Jennings' *Empire of Fortune; Crowns, Colonies and Tribes in the Seven Years War in America* (New York/W. W. Norton 1988). Dasselbe Thema im Medium der persönlichen Erfahrung einer Familie behandelt John Demos packendes *The Unredeemed Captive: A Family Story from Early America* (New York 1994). Kenneth M. Morisons »Native Americans and the American Revolution: Historic Stories and Shifting Frontier Conflict« in *Indians in American History*, hrsg. von Frederick E. Hoxie (Arlington

Heights/Illinois 1988) kontrastiert interessanterweise die koloniale und die indianische Rezeption des Freiheitskrieges; *The American Revolution in Indian country: Crisis and diversity in Native American communities* von Christopher G. Calloway (1995) ist eine sorgfältig recherchierte Darstellung der Auswirkung des Krieges auf die eingeborene Bevölkerung, obwohl die britischen Absichten gegenüber den Indianern wohl zu optimistisch eingeschätzt werden.

Anthony F. C. Wallace' *The Death and Rebirth of the Seneca* (New York Vintage Books 1972) zeichnet detailliert den Niedergang eines irokesischen Volkes vor und während der amerikanischen Revolution und ihren nachfolgenden Kampf ums Überleben und die geistige Erneuerung nach.

Für zeitgenössische irokesische Perspektiven bezüglich der Frage von Landrechten und Souveränität verweise ich auf »Traditional Native Philosophies Relating to Aboriginal Rights« von Oren Lyons, in *The Quest for Justice: Aboriginal Peoples and Aboriginal Rights*, hrsg. von Menno Boldt und J. Anthony Long (Toronto 1985) und »The Sovereignty and Land Rights of the Houdenosaunee« von Irving Powless jr., in *Iroquois Land Claims*, hrsg. von Christopher Vecsey und William A. Starna (Syracus 1988).

6. Cherokee: der Südosten und die »Fünf Zivilisierten Stämme«

Daß so außerordentlich viel über die »Fünf Zivilisierten Stämme« geschrieben worden ist, mag daran liegen, daß ihre Erfahrung die Phantasie von Generationen von Amerikanern beschäftigt hat. Die schiere Masse an erhältlichen Titeln kann erdrückend sein. James Mooneys Pionierarbeit *History, Myths and Sacred Formulas of the Cherokees* (Neuauflage 1982, Nashville/Tennessee) ist wahrscheinlich noch immer die nützlichste Quelle für die Ethnographie der Cherokee und bietet zusätzlich eine nützliche historische Zusammenfassung. Für die allgemeine Geschichte stütze ich mich auch stark auf drei andere Bücher: die Cherokee-Kapitel in Ronald Wrights *Stolen Continents: The Americas through Indian*

Eyes Since 1492 (New York/Houghton Mifflin), besonders für die frühere Periode, Debos *A History of the Indians of the United States*, das in bezug auf die »Fünf Zivilisierten Stämme« besonders informativ ist (Debos eigene Spezialität), und Grace Steele Woodwards *The Cherokees* (Norman/Oklahoma 1963), das – trotz seines heute eher altmodischen und paternalistischen Tons – den Hintergrund der Zwangsumsiedlung gut ausleuchtet. John Ehles neuer Titel *Trail of Tears: the Rise and Fall of the Cherokee Nation* (New York/Doubleday 1988) ist populärer, weniger akademisch, aber gründlich recherchiert und informativ. Sowohl *The Cherokee Indian Nation: A Troubled History*, hrsg. von Duane King (Tennessee 1978) als auch *Cherokee Removal: Before and After*, hrsg. von William L. Anderson (Athen/Georgia 1991) bieten einige interessante Neubewertungen und neue Einsichten.

Für eine detaillierte Untersuchung der Umsiedlung verweise ich auf *Indian Removal: The Emigration of the Five Civilized Tribes of Indians* von Grant Foreman (revidierte Auflage, Norman/Oklahoma 1986). Für eine eingehende Darstellung der US-Indianerpolitik allgemein bilden Francis Paul Pruchas zwei Bände *The Great Father: The United States Government and the American Indian* (Lincoln/Nebraska 1984) das Standardwerk.

Die Exzerpte aus der mündlichen Tradition der Cherokee (S. 187–188, 193, 199) sind *A Cherokee Vision of Eloh'* entnommen, hrsg. von Howard L. Meredith und Virginia E. Milan, übersetzt von Wesley Proctor (Indian University Press/Bacone College 1981). Für eine Sicht der Cherokee auf jüngere Ereignisse siehe *Nations Remembered: An Oral History of the Five Civilized Tribes, 1865–1907*, hrsg. von Theda Perdue (Westport/Connecticut 1980). Das Speckled Snake-Zitat auf S. 217 steht in *Touch the Earth: A Self-Portrait of Indian Existence* (New York 1971).

Kontrastierend beschreiben *The Removal of the Choctaw Indians* von Arthur H. DeRosier jr. (Knoxville/Tennessee 1970) und Angie Debos *The Rise and Fall of the Choctaw Republic* (Norman/Oklahoma 1934) die Erfahrung eines anderen, weniger bekannten »Zivilisierten Stammes«, während John R. Fingers *The*

Eastern Band of Cherokees: 1819–1900 (Knoxville/Tennessee 1984) die Geschichte jener Cherokee erzählt, die der Umsiedlung entgehen konnten. Für die jüngere Geschichte und gegenwärtige Situation der verbliebenen Südostindianer siehe *Cherokee Americans: The Eastern Band of Cherokees in the Twentieth Century*, auch von John R. Finger (Lincoln/Nebraska 1991) und *Indians of the Southeastern United States in the Late 20th Century*, hrsg. von Anthony J. Paredes (Tuscaloosa/Alabama 1992).

In bezug auf den Nativismus bin ich Gregory Evans Dowds erkenntnisreichem *A Spirited Resistance: The North American Indian Struggle for Unity, 1745–1815* (Baltimore 1992) und R. David Edmunds *Tecumseh and the Quest for Indian Leadership* (New York 1984) verpflichtet. Über die Erfahrung »weißer« Gefangener, die von Gemeinden amerikanischer Ureinwohner adoptiert wurden, empfehle ich das Kapitel über »The White Indians of Colonial America« in James Axtells erhellendem Buch *The European and the Indian: Essays in the Ethnohistory of Colonial North America* (New York 1981).

7. Pueblo, Pima und Dineh: der Südwesten

Ich möchte zwei Autoren meinen tiefempfundenen Dank aussprechen: Alfonso Ortiz' für sein bemerkenswertes Buch *The Tewa World: Space, Time, Being and Becoming in a Pueblo Society* (Chicago 1969), eine außergewöhnliche Untersuchung der Tewa-Gesellschaft und für einen detaillierten Text der Schöpfungs- und Wanderungsgeschichte der Tewa, auf dem meine eigene, dichtere Version (S. 248–249, 250–251 und 252) basiert; und Ramón Guitérrez' für sein brillant geschriebenes Buch *When Jesus Came, the Corn Mothers Went Away: Marriage, Sexuality and Power in New Mexico, 1500–1846* (Stanford/California 1991) für seine lebendige und originelle Beschreibung der Beziehung zwischen den Pueblo und den franziskanischen Missionaren, die zu ihrer Bekehrung geschickt wurden. Diese Arbeiten sind ohne erkennbare Alternative: Ohne sie hätte dieses Kapitel so nicht geschrieben werden können.

Für den weiteren Hintergrund der Pueblo-Kultur und -geschichte waren drei andere Bücher besonders hilfreich: Joe Sandos *Pueblo Nations: Eight Centuries of Pueblo History* (Santa Fé/New Mexico 1992); *The Pueblo Indians of North America* von Edward P. Dozier (Prospect Heights/Illinois 1983) und *New Perspectives on the Pueblos*, hrsg. von Alfonso Ortiz (Albuquerque/New Mexico 1972). Für Material über Hopi-Wanderungen und -Kultur bin ich dem *Book of the Hopi* von Frank Waters (New York 1970) zu Dank verpflichtet.

Für die allgemeine Geschichte der Beziehungen zwischen Indianern und Nichtindianern im Gebiet war Edward H. Spicers Standardwerk *Cycles of Conquest: The Impact of Spain, Mexico and the United States on the Indians of the Southwest, 1533–1960* (Tucson 1962) außerordentlich wertvoll. Henry F. Dobyns »Indians in the Colonial Spanish Borderlands«, in *Indians in American History*, hrsg. von Frederick E. Hoxie (Arlington Heights/Illinois 1988) gibt eine nützliche kurze Einführung in den Gegenstand und enthält eine gute Bibliographie.

Der am Anfang des Kapitels zitierte Tohono O'odham-Mythos erscheint in *American Indian Myths and Legends* (hrsg. von Erdoes und Ortiz). Die Pima-Darstellung der Casa Grande (S. 241 bis 242) wurde mir 1993 im Reservat des Gila-Flusses von Eleanor Whittier mündlich mitgeteilt. Die mündliche Überlieferung der Zuñi bezüglich Pater Juan Greyrobe (S. 273) steht – zusammen mit anderem faszinierendem Material – in der Zeitung »Zuñi History: Victories in the 1990s«, hrsg. 1991 von The Institute of the North American West in Seattle, Washington: Ich danke Andrew L. Othole, Koordinator für Kulturerhaltung und -pflege in Zuñi-Pueblo, für den Hinweis. Die Aussage des Gouverneurs von Taos (S. 275) wird in Debos *A History of the Indians of the United States* zitiert.

8. Der Ferne Westen

Angesichts der Dimension der Ereignisse, die sich dort abgespielt haben, ist wenig über die europäische Invasion Kaliforniens geschrieben worden. Jack Forbes *Native Americans of California and Nevada* (revidierte Ausgabe; Happy Camp/California 1993) gibt einen guten Überblick, ist besonders informativ in bezug auf die späte Phase und bietet nützliche Bibliographien und Anmerkungen. Es enthält frappierende zeitgenössische Zitate, einschließlich die von H. H. Bancroft (S. 303), J. Ross Browne (S. 314) und Horace Bell (S. 312). Für eine moderne indianische Untersuchung der spanischen Missionen empfehle ich *The Missions of California: A Legacy of Genocide*, hrsg. von Rupert Jeanette Henry Costo (San Francisco 1987).

The California Indians: a Source Book, zusammengestellt und hrsg. von R. F. Heizer und M. A. Whipple (revidierte Ausgabe; Berkeley/California 1971), enthält eine wertvolle Sammlung ethnographischer, anthropologischer, archäologischer und historischer Arbeiten verschiedenster Autoren. Thorntons *American Indian Holocaust and Survival: A Population History Since 1492* ist eine wissenschaftliche Aufarbeitung des Völkermords an den kalifornischen Indianern – der sachliche Ton macht alles nur noch entsetzlicher – und ist die Quelle des Maidu-Liedes am Anfang des Kapitels und des Luiseño-Liedes (S. 292).

Die anderen Indianerzitate kommen aus verschiedenen Quellen. Janitins Bericht von der Gefangennahme und Versklavung (S. 294–296); Lucy Youngs Erinnerung an den Traum ihres Großvaters (S. 300); die Erzählung von der Ermordung Stones und Kelseys (S. 304–305) und die Kapitulationsrede von Chief Joseph (S. 318) stehen alle in *Native American Testimony. An Anthology of Indian and White Relations: First Encounter to Dispossession*, hrsg. von Peter Nabokov (wahrscheinlich die beste und bildhafteste erhältliche Sammlung indianischer Zeugnisse); das Zitat aus der Ursprungsgeschichte der Wintu und der *Song of Waida Werris* (S. 291) stehen in Jeremiah Curtins *Creation Myths of America* (erstmals 1899 herausgegeben; Reprint London 1995), das auch eine erhellende Einführung enthält; und Sara Winnemuccas Erinnerung an den ersten Anblick »weißer« Männer (S. 300) stammt aus *Life Among the Piutes: Their Wrongs and Claims* von Sara Winnemucca Hopkins, erstmals 1883 veröffentlicht, Reprint Reno/Nevada 1994. Lauren Bomellyns Zitat (S. 285) und seine

Darstellung des Tolowa-Massakers (S. 305–307) sind dem Transkript meines eigenen Interviews mit ihm entnommen.

Ich bin *The Destruction of California Indians: A collection of documents from the period 1847 to 1865 in which are described some of the things that happened to some of the Indians of California* (1974; Reprint Lincoln/Nebraska 1993) sehr verpflichtet, ein faszinierendes und ungewöhnliches Buch, das mir sehr viel unbekanntes Material zugänglich machte und die Hauptquelle für die meisten der von mir zitierten zeitgenössischen Zeitungsartikel und Militärberichte ist.

Bei der Darstellung der Entwicklung der »wissenschaftlichen« Rassentheorien und des Einflusses des Darwinismus habe ich mich auf Brian W. Dippies *The Vanishing American: White American Attitudes and U. S. Indian Policy* (Lawrence/Kansas 1982) gestützt, aus dem viele der wichtigen zeitgenössischen Zitate stammen, und auf Robert F. Berkhofers jr. ausgezeichnetes und knappes Buch *The White Man's Indian: Images of the American Indian from Columbus to the Present* (New York 1978).

Wie schon im Text erwähnt, hat die Geschichte der Nez Percé unverhältnismäßig mehr Aufmerksamkeit erregt als das Schicksal ihrer Nachbarn weiter südlich. Es gibt eine gute Zusammenfassung der Ursachen und des Verlaufs des »Chief Joseph's War« in Angie Debos *A History of the Indians of the United States*; für weitere Einzelheiten siehe Alvin M. Josephys monumentales *The Nez Perce Indians and the Opening of the Northwest* (gekürzte Ausgabe; Lincoln/Nebraska 1979) – aus dem ich die Totenbettrede von Old Chief Joseph genommen habe –, das auch eine ausgezeichnete Bibliographie enthält. Das Zitat von *Hemene Moxmox* (Yellow Wolf) (S. 316) stammt aus dem lebendig und bewegend geschriebenen *Yellow Wolf: His Own Story* von Lucullus V. McWorther (erstmals 1940 erschienen; Neuauflage Caldwell/Idaho 1991). Ich bin auch dem späten Joe Redthunder verpflichtet, einem Nachfahren der Joseph-Gruppe, der mir 1993 eine faszinierende mündliche Darstellung des Krieges und des langen Rückzugs seiner Vorfahren in Richtung Kanada gab.

Die Beschreibung von Ishi (S. 321) stammt aus *Ishi in Two Worlds: A Biography of the Last Wild Indian in North America* von Theodora Kroeber (Berkeley/California 1961), eine lesenswerte, ehrliche und manchmal bewegende Darstellung von A. L. Kroebers Witwe. Die Auszüge von T. T. Waterman (S. 313 und 322) stehen in »Ishi, the Last Yahi« in *The California Indians: a Source Book* (siehe oben).

9. Die Great Plains

Daß es eine beträchtliche Literatur über den »Krieg um die Plains« gibt, hängt vielleicht mit dem hohen Stellenwert zusammen, den dieser Krieg in der amerikanischen Volkskultur einnimmt, obwohl die meisten Darstellungen wenig Interesse oder Mitgefühl (es sei denn in sehr allgemeiner Weise) für das Schicksal der amerikanischen Ureinwohner zeigen. Wahrscheinlich die beste Darstellung aus dem wissenschaftlichen mainstream ist Robert M. Utleys *The Indian Frontier of the American West, 1846–1890* (Albuquerque/New Mexico 1983). Dee Browns ungeheuer erfolgreiches *Bury My Heart at Wounded Knee: an Indian History of the American West* (London 1971) ist sowohl von Historikern als auch von einigen Indianern wegen seines vereinfachenden, zu romantischen Blicks auf die amerikanischen Ureinwohner kritisiert worden, doch ist es gründlich recherchiert, lesenswert und informativ. Ich verdanke ihm einiges Material, das ich in meiner Darstellung des Krieges von Little Crow zitiert habe. Für den Hintergrund der späteren Konflikte in den nördlichen Plains habe ich mich auch auf James C. Olsons *Red Cloud and the Sioux Problem* (Lincoln: Nebraska, 1975) und Robert M. Utleys *The Last Days of the Sioux Nation* (New Haven 1963) bezogen. Für einen kurzen Überblick über die Geistertanzbewegung und Anregungen für weiterführende Lektüre empfehle ich *American Indian Holocaust and Survival: A Population History Since 1492* von Russell Thornton.

Das Zitat auf S. 326–327 stammt aus *Struggle for the Land: Indigenous Resistance to Genocide, Ecocide and Expropriation in Contemporary North America* von dem indio-amerikanischen Schriftsteller Ward Churchill (Monroe/Maine 1993), das die Idee der »buffalo commons« kritisch untersucht und eine weit radikalere Lösung für die ökonomischen Probleme der Plains vorschlägt. Die Beschreibung der Büffel jagenden Querechos (S. 328 bis 329) stammt aus *The Eyes of Discovery: the Pageant of North America as seen by the First Explorers* von John Bakeless (New York 1950).

Die Beschreibung auf S. 343 der Pockenepidemie unter den Mandan durch den Künstler George Catlin ist seinen *Letters and Notes on the Manners, Customs and Conditions of the North American Indians* (zwei Bände, Erstveröffentlichung 1844, Reprint New York 1973) entnommen. Heutige Wissenschaftler haben – mit einigem Recht – Catlin der Romantisierung der Ureinwohner beschuldigt, aber vieles von dem, was er schreibt, erscheint mir nicht nur mitfühlend, sondern auch scharfsichtig. Man vergleiche zum Beispiel seine Beschreibungen des Indianerlebens mit denen des Historikers Francis Parkman in dem fast zeitgleich erschienenen Buch *The Oregon Trail* (1849; Reprint New York 1950).

Für den historischen, archäologischen und ethnographischen Hintergrund bin ich George Bird Grinnells Klassiker *The Cheyenne Indians: Their History and Way of Life* (zwei Bände; Erstveröffentlichung 1923, Reprint Lincoln/Nebraska 1972) verpflichtet. Der größte Teil der mündlichen Überlieferung der Cheyenne, die ich zitiere, ist den bewegenden und faszinierenden *Cheyenne Memories* von John Stands In Timber und Margot Liberty (Lincoln/Nebraska 1972) entnommen.

Die Sioux-Zitate kommen aus verschiedenen Quellen. Standing Bears Beschreibung der Jagd (S. 335) und die Zitate über den Kampf gegen »die Weißen« (S. 359–360) stehen in *The Sixth Grandfather: Black Elk's Teachings Given to John G. Neidhardt*, hrsg. von Raymond J. DeMallie (Lincoln/Nebraska 1984), eine reiche Quelle mündlichen Materials aus Interviews mit Black Elk und anderen »alten Männern« der 30er Jahre des 20. Jahrhunderts. Die Exzerpte aus »The Gifts of the Sacred Pipe« (S. 336 bis 337) sind *The Sacred Pipe: Black Elk's Account of the Seven Rites of the Oglala Sioux* entnommen, hrsg. von Joseph Epes Brown (Norman/Oklahoma 1953, Neudruck London 1973). Die Inschrift von Black Elk am Kopf des Kapitels stammt aus *Black Elk Speaks* von John G. Neihardt (London 1974). Die zeitgenössischen Zitate von Black Elks Urenkelin Charlotte Black Elk (S. 368–369) stammen aus einer Reihe von Interviews, die ich im Pine Ridge Reservat 1990 für die zweiteilige Fernseh-Dokumentation des BBC *Savagery and the American Indian* aufgenommen habe.

Die Iktome-Geschichte (S. 340–341) steht in *American Indian Myths and Legends* (hrsg. von Erdoes und Ortiz) und Frank Fool's Crows Erklärung des Sonnentanzes (S. 338) in Thomas E. Mails *Sundancing at Rosebud and Pine Ridge* (Sioux Falls/South Dakota 1978). Die Zitate von Luther Standing Bear (S. 339–340) sind seinem bemerkenswerten *Land of the Spotted Eagle* entnommen (Erstveröffentlichung 1933; Neudruck Lincoln/Nebraska 1978), eine brillante und wortgewandte Reflexion über sein eigenes Leben und den Zusammenstoß zwischen den Sioux und Anglo-Amerikanern.

Die Zerstörung des Indianischen Territoriums während und nach dem Bürgerkrieg scheint nicht dieselbe Aufmerksamkeit erhalten zu haben, wie die Umsiedlungen der 30er Jahre des 19. Jahrhunderts, doch bieten Angie Debos *A History of the Indians of the United States*, Thea Perdues *The Cherokee* (New York 1989) und *The Indians in Oklahoma* des Cherokee-Wissenschaftlers Rennard Strickland (Norman/Oklahoma 1980) alle kurze Überblicke. Als ausführlichere Arbeiten empfehle ich die bibliographischen Essays von William L. Anderson in *Cherokee Removal: Before and After* und von Rennard Strickland in Morris L. Wardells *A Political History of the Cherokee Nation, 1838–1907* (Neudruck Norman/Oklahoma 1977).

Bezüglich der wechselnden Ansichten über »den Indianer« und der Entwicklung der Regierungspolitik bin ich wieder *The Vanishing American: White Attitudes and U. S. Indian Policy* von Brian W. Dippie und Robert F. Berkhofers jr. *The White Man's Indian: Images of the American from Columbus to the Present* verpflichtet.

III. INNERE FRONTEN

10. Den Indianer töten, um den Menschen zu retten

Zu den Hintergründen der Assimilationspolitik und des Internatssystems schulde ich insbesondere zwei Büchern Dank, Frederick Hoxies *A Final Promise: The Campaign to Assimilate the Indians, 1880–1920* (Lincoln/Nebraska 1984) und *Education for Extinction* von David Wallace Adams (Lawrence/Kansas 1995). Auch hier wieder waren sowohl *The White Man's Indian: Images of the American Indian from Columbus to the Present* von Robert F. Berkhofer jr. als auch Brian W. Dippies *The Vanishing American: White Attitudes and U. S. Indian Policy* von unschätzbarem Wert für mich. Die meisten der Zitate von Politikern, Bürokraten und Pädagogen stammen aus diesen vier Werken, wobei allerdings Theodore Roosevelts markige Verteidigung der »zivilisierten Völker des Indianerterritoriums« (S. 417) dem von Wilcomb E. Washburn herausgegebenen Buch *The Indian and the White Man* (New York 1964) entnommen ist.

American Indian Policy in the Twentieth Century, hrsg. von Vine Deloria jr. (Norman/Oklahoma 1985), bietet einen Überblick über eine Reihe der wichtigsten Probleme der Indianerpolitik seit dem Ende der »Indianerkriege« und hat mir zu etlichen nützlichen Einsichten verholfen, während ich an diesem und den folgenden Kapiteln schrieb. Wer eine ausführlichere und systematischere Untersuchung der Indianerpolitik der Bundesregierung sucht, sei abermals an *The Great Father: The United States Government and the American Indian* von Francis Paul Prucha verwiesen.

Das Zitat von Quanah Parker am Anfang des Kapitels (S. 373) findet sich in Angie Debos *A History of the Indians of the United States*, Red Clouds Klage hingegen in *Red Cloud and the Sioux Problem* von James C. Olson. Standing Bears Aussage vor Gericht ist dem Buch *Native American Testimony. An Anthology of Indian and White Relations: First Encounter to Dispossession* (hrsg. von Peter Nabokov) entnommen. Alle Passagen, in denen Luther Standing Bear (kein Verwandter) zu Wort kommt, entstammen dem bereits genannten Buch *Land of the Spotted Eagle.*

Ein in seiner Verschiedenheit interessantes Gegenstück – und eine auf ihre Art faszinierende Geschichte – bieten *Indian Boyhood* (1902) und *From the Deep Woods to Civilization: Chapters in the Autobiography of an Indian* (1916) von Charles Alexander Eastman. Der Autor, ein Santee-Sioux, dessen Familie nach dem Little Crows Krieg aus Minnesota floh, bekam seinen ersten »Weißen« erst mit sechzehn zu sehen, absolvierte aber später eine Ausbildung als Arzt – eine Leistung, die den Befürwortern der Assimilation und ihrem Glauben an die »Zivilisierbarkeit« der Indianer Recht zu geben schien. Wie im vorangegangenen Kapitel stammt auch diesmal das Zitat von John Stands In Timber (S. 397–398) aus *Cheyenne Memories* von John Stands In Timber and Margot Liberty, während die Zitate von Charlotte Black Elk (S. 398–400) Interviews entnommen sind, die ich 1990 durchgeführt habe. Die selbe Interviewreihe bildet auch die Quelle für die Internatserinnerungen (S. 310–311).

Auch für die Geschichte von Loloma und Yukioma und für die Hopi-Zitate (S. 401) schulde ich Frank Waters' *Book of the Hopi* Dank. Don C. Talayesvas Erfahrungen (S. 412–414) findet man aufgezeichnet in *Sun Chief: The Autobiography of a Hopi Indian*, hrsg. von Leo W. Simmons (erschienen 1942, nachgedruckt New Haven 1970), vielleicht der eindrucksvollsten einer Reihe von Ureinwohnerbiographien, die in den 30er und 40er Jahren entstanden. Siehe auch zum Beispiel *Son of Old Man Hat: A Navajo Autobiography*, aufgezeichnet von Walter Dyk (erschienen 1938, nachgedruckt in Lincoln/Nebraska 1967).

Die Zitate der Teilnehmer an den Ratsversammlungen im Indianischen Territorium (S. 394) stammen aus Angie Debos *A History of the Indians of the United States*. Bei der Beschreibung der späteren Geschichte des Indianerterritoriums stütze ich mich stark auf ein anderes Werk von Debo, *And Still the Waters Run: the Betrayal of the Five Civilized Tribes* (erschienen 1940; neuveröffentlicht Princeton/NJ 1991), das die Quelle der meisten Zitate ist, bei denen es um die Auflösung der »Fünf Zivilisierten Stämme« geht.

11. *New Deal und Abwicklung*

Bei der Niederschrift des Abschnitts über Collier und den indianischen New Deal waren mir mehrere Werke eine große Hilfe. *John Collier's Crusade for Indian Reform, 1920–1945* von Kenneth R. Philp (Tuscon 1977) ist als Quelle für Colliers Leben und Laufbahn von unschätzbarem Wert und besonders aufschlußreich im Blick auf den politischen Hintergrund des auf die Indianer bezüglichen Teils des New Deal; zwei Bücher von Collier selbst, *Indians of the Americas: The Long Hope* (New York 1947) und *From Every Zenith: A Memoir and some Essays on Life and Thought* (Denver 1963) vermitteln einen starken Eindruck von der Leidenschaft und visionären Begeisterung des Autors (wie von seinem gelegentlich undurchdringlich blumigen Stil). Mit seiner Darstellung der Indianerpolitik in der Zeit vor Collier – wie auch mit dem Auszug aus dem Bericht von Walter M. Camp (S. 428–429) – hat mir Frederick Hoxies Buch *A Final Promise: The Campaign to Assimilate the Indians, 1880–1920* (Lincoln/Nebraska 1984) gute Dienste geleistet. *The Vanishing American* von Brian W. Dippie lieferte mir auch hier wertvolle Hintergrundinformationen und einige hervorragende Zitate, darunter auch das von Ernest Thompson Seton auf S. 446.

The Nations Within: the Past and Future of American Indian Sovereignty von Vine Deloria jr. und Clifford Lytle (New York 1984) war außerordentlich hilfreich, insbesondere mit seiner Analyse des Indianerneuordnungsgesetzes und seiner ausführlichen Schilderung der »Indianerkongresse« Colliers, der ich die Zitate von Rev. C. Aaron (S. 448) und Mitchell Red Cloud (S. 454) entnommen habe. Die Texte im Zusammenhang mit dem Protest der Pueblos gegen das Bursum-Gesetz und ihrem an das »Volk der Vereinigten Staaten« gerichteten Appell ist in *Pueblo Nations: Eight Centuries of Pueblo History* (Santa Fé/New Mexico 1992) von Joe Sando erschienen. Die meisten der anderen Ureinwohnerzitate sind dem Buch *Indian Self-Rule: First-Hand Accounts of Indian-White Relations from Roosevelt to Reagan*, hrsg. von Kenneth R. Philp (Salt Lake City/Utah 1986), entnommen, einer ungewöhnlichen und ungemein hilfreichen Sammlung von Ansichten und Erinnerungen zahlreicher Schlüsselfiguren in der Indianerpolitik und Indianerverwaltung der letzten 60 Jahre. Ich schulde Dr. Floyd O'Neill, dem pensionierten Leiter des Zentrums für den Amerikanischen Westen an der Universität Utah, Dank dafür, daß er mich auf das Buch aufmerksam machte (und mir ein Exemplar besorgte!).

Indian Self-Rule bildet auch die Quelle für die Zitate, die dem Abschnitt über die Abwicklung vorangestellt sind. Zum Hintergrund der Abwicklungspolitik waren sowohl *The Nations Within: the Past and Future of American Indian Sovereignty* von Vine Deloria jr. und Clifford Lytle als auch *American Indian Policy in the Twentieth Century* von Vine Deloria jr. abermals sehr hilfreich. Auch »The Evolution of the Termination Policy« von Charles F. Wilkinson und Eric R. Biggs in *American Indian Law Review*, Bd. V, Nr. 1, war eine nützliche Quelle.

Meine Darstellung der Abwicklung der Klamath stützt sich auf eine Reihe von Dokumenten, darunter zwei unveröffentlichte Beiträge, für die ich mich herzlich bedanken möchte: es handelt sich um »The Klamath Tribe: An Overview of Its Termination« von Kathleen Shaye Hill und um »Identification of Selected Problems of Indians Residing in Klamath County, Oregon – An Examination of Data Generated Since Termination of the Klamath Reservation«, eine Dissertation von Charles Crane Brown. Die Wortwechsel zwischen Boyd Jackson und Senator Arthur V. Watkins (S. 472–473) entstammen den Sitzungsprotokollen der parlamentarischen Unterausschüsse für Indianische Angelegenheiten vom Februar 1954. Die Zitate von Chuck Kimbol (S. 475) und Gordon Bettles (S. 475) stammen aus eigenen Interviews mit Stammesangehörigen im Jahre 1985.

12. *Die Neuen Indianer*

Meine Erörterung der in den 60er Jahren aufkommenden aktiven Protestbewegung der Ureinwohner stützt sich auf mehrere Werke. *Red Power: The American Indians' Fight für Freedom* von Alvin M. Josephy jr. (New York 1971), eine unschätzbare dokumentarische Darstellung des Zeitraums, hat die Eingangszitate von Clyde Warrior (S. 481–482) und Mel Thom (S. 482) geliefert sowie die Zusammenfassungen ihrer Ansprachen. Die Zitate von Vine Deloria jr. (S. 489–490 und 500) sind seinem Buch *Custer Died For Your Sins: An Indian Manifesto* (1970; nachgedruckt bei Norman/Oklahoma 1988) entnommen, dessen Mischung aus launigem Humor, Ironie und Zorn es zum vielleicht maßgebenden Ausdruck des indianischen Radikalismus der 60er Jahre machen. Das Zitat von Earl Old Person (S. 490) findet sich in *A History of the Indians of the United States* von Angie Debo, während die Zitate von Helen Peterson (S. 486) und Philip S. Deloria (S. 497) aus *Indian Self-Rule: First-Hand Accounts of Indian-White Relations from Roosevelt to Reagan*, hrsg. von Kenneth R. Philp (Salt Lake City/Utah 1986), stammen. Die meisten der übrigen Zitate von Ureinwohnern im ersten Teil des Kapitels sind Stan Steiners unentbehrlicher Schrift *The New Indians* (New York 1968) entnommen, einer herausragenden Darstellung der Anfangszeit der Bewegung, die auch nach 30 Jahren noch lebendig und aufregend wirkt. Daß ich den Titel für dieses Kapitel von Steiner übernommen habe, ist Ausdruck der tiefen Schuld, in der ich ihm gegenüber stehe.

Weitere Informationen verdanke ich dem bereits mehrfach angeführten Buch *The Nations Within: the Past and Future of American Indian Sovereignty* von Vine Deloria jr. und Clifford Lytle. *Now That The Buffalo's Gone: A Study of Today's American Indians* von Alvin M. Josephy jr. liefert eine hervorragende Kurzdarstellung des Kampfes um die Fischereirechte im Nordwesten und bietet außerdem eine ausführliche Bibliographie. Dem gleichen Buch schulde ich Dank für sein unschätzbares Kapitel über den Aufstieg der Amerikanischen Indianerbewegung und die Gewalttätigkeiten im Pine Ridge-Reservat in den 70er Jahren; diesem Kapitel entstammen das Zitat über die »Geburt« der Indianerbewegung (S. 520) und der Briefauszug (S. 528).

Das Motto von Dennis Banks stammt aus *Lakota Woman* von Mary Crow Dog, zusammen mit Richard Erdoes (New York 1991), das auch die Quelle für Mary Crow Dogs Erinnerungen an Wounded Knee im hinteren Teil des Kapitels bildet. Das Zitat von Albert White (S. 510) steht in *Indians in Minnesota* von Elizabeth Ebbott (Minneapolis 1985). Die Zitate von Leonard Peltier, Len Foster und Frances Wise finden sich in »American Indian Ethnic Renewal« von Joane Nagel, in: *American Sociological Review*, Bd. 60 (Dezember: 947–965), S. 958–959. Lenada James' Äußerungen zu Alcatraz (S. 515) habe ich *Indian Self-Rule: First-Hand Accounts of Indian-White Relations from Roosevelt to Reagan*, hrsg. von Kenneth R. Philp, entnommen, das eine Vielzahl von Ansichten über und Erinnerungen an die indianische Protestbewegung enthält.

Eine interessante Interpretation der Bewegung der Cherokee der Fünf Distrikte bietet »New Militants or Resurrected State? The Five County Northeastern Oklahoma Cherokee Organization« von Albert L. Wahrhaftig und Jane Lukens-Wahrhaftig in *The Cherokee Indian Nation: A Troubled History*, hrsg. von Duane H. King (Knoxville/Tennessee 1979).

Mehrere neuere Bücher beschäftigen sich mit dem anhaltenden Kampf der Sioux um die Anerkennung ihrer vertraglichen Rechte und die Rückgabe der Black Hills – siehe zum Beispiel *In the Spirit of Crazy Horse* von Peter Matthiessen (New York 1984), *Struggle for the Land: Indigenous Resistance to Genocide, Ecocide and Expropriation in Contemporary North America* von Ward Churchill und *Black Hills/White Justice: The Sioux Nation Versus the United States 1775 to the Present* von Edward Lazarus (New York 1991). Zur staatlichen Kampagne gegen die Amerikanische Indianerbewegung siehe *Blood of the Land: The Government and Corporate War Against the American Indian Movement* von Rex Weyler (New York 1982). Jimmie Durham bietet in seinem Buch *A Certain Lack of Coherence: Writings on Art and Cultural Politics* (London 1993) einen kurzen, aber gedankenreichen Einblick in die Amerikanische Indianerbewegung aus der Sicht eines Insiders.

Epilog

Die Zitate von LaDonna Harris, Edward C. Johnson, Philip S. Deloria und Oren Lyons stammen alle aus *Indian Self-Rule: First-Hand Accounts of Indian-White Relations from Roosevelt to Reagan*, hrsg. von Kenneth R. Philp. Der Auszug aus den Zuñi-Weissagungen stammt aus *The Zunis: Self-Portrayals* vom Volk der Zuñi, übersetzt von Alvina Quam (Albuquerque/New Mexico 1972). Die irokesische Prophezeiung (S. 555) findet sich aufgezeichnet in *Traditional Teachings* (North American Indian Travelling College 1984).

Das Zitat von Gouverneur Frank Tenorio (S. 540) steht in *The Native American Almanac: A Portrait of Native America Today* von Arlene Hirschfelder und Martha Kreipe de Montaño (New York 1993). Die Zitate von Johnson Holy Rock und Wayne Newell sowie der Auszug aus dem Interview mit Vine Deloria jr. sind allesamt meinen eigenen Unterhaltungen mit Ureinwohnern entnommen, die 1990 aufgezeichnet wurden.

Sergeant Juan Arvizus Äußerungen (S. 551) finden sich in einem Zeitungsartikel von Seth Mydans unter der Überschrift »Teen gangs stalking Indian reservations«, erschienen am 19. März 1995 in *The Plain Dealer*. Das Zitat von Präsident Ronald Reagan ist einer Abschrift der BBC-Fernsehnachrichten vom 31. Mai 1988 entnommen.

Mit Daten über Mischehen und Sprachensterben bei den Ureinwohnern hat mich wiederum »American Indian Ethnic Renewal« von Joane Nagel, in: *American Sociological Review*, Bd. 60 (Dezember: 947–965), S. 958–959, versorgt sowie Russell Thornton, *American Indian Holocaust and Survival: A Population History Since 1492*.

Peter Matthiessens Buch *Indian Country* (London 1986) bietet eine gut lesbare Darstellung einiger politischer und umweltpolitischer Probleme, mit denen die Ureinwohnergemeinschaften konfrontiert sind. Eine dem neuesten Stand gemäßere (und manchmal kritischere) Analyse der Situation findet man in *Killing the White Man's Indian: Reinventing Native Americans at the End of the Twentieth Century* von Fergus M. Bordewich (New York 1996).

The Native American Almanac: A Portrait of Native America Today von Arlene Hirschfelder und Martha Kreipe de Montaño ist ein bruchstückhafteres, aber nützliches Kompendium, in dem Informationen über die zeitgenössischen Indianer zusammengetragen sind. Wer etwas darüber erfahren will, wie die Ureinwohner ihr gegenwärtiges Leben *empfinden*, der lese die Werke von Romanschriftstellern und Dichtern wie N. Scott Momaday, Louise Erdrich, Gerald Vizenor, Leslie Marmon Silk, Lucy Tapahonso und Joy Harjo.